JN059908

TOEIC®
L&R テスト
PART 5
至高の1500問

三輪裕範　著

コスモピア

はじめに

まずは本書を手に取っていただいたことに対しまして、皆様に心より厚く御礼申し上げたいと思います。ありがとうございます。

TOEIC® L&Rテストは今や就活のときはもとより、就活を終えて企業に就職した後にも各種昇進・昇格条件として、さらには海外留学や駐在の選考にも利用されるなど、学生、社会人にとって避けては通れない英語試験になっています。本書ではそんなTOEIC® L&Rテストのリーディング問題で最初の難関として立ちはだかるPART 5（短文穴埋め問題）について、どのように問題を考えていけば正解を導き出せるのかということに重点を置いて、受験者の皆さんが理解しやすいよう、できるだけ懇切丁寧な解説をすることに最大限努力しました。

TOEIC® L&RテストのPART 5問題についてはすでに定評ある類書が何冊も出版されていますが、本書にはそうした類書には見られない大きな特長が3つあります。まず第一に、本書はPART 5問題としてはこれまで日本で出版されたどの問題集をもはるかに上回る過去最高の1500問を提供しています。例題を含めれば全部で1544問にもなります。また、本書では1500問のうち半分の750問を語彙問題にしています。語彙問題だけで750問（例題を入れると759問）というのは日本では前代未聞の多さです。なぜそれほど多くの語彙問題を作ったかと言いますと、PART 5では毎回全30問の約3分の1の10問前後が語彙問題になるなど、これがPART 5の中での最重要問題であるからです。また、PART 6やPART 7でも語彙問題が必ず数問出題されますので、まさに語彙問題を確実に正解していくことが高得点取得の最大の鍵を握ることになるわけです。

語彙問題がPART 5のほかの問題と違って特に難しいのは、選択肢にある語彙の意味を知らなければいくら論理的に考えても正解を導き出すことが非常に難しいということです。しかし、それは逆に言えば、選択肢として出てくる語彙の意味さえ知っていれば、その問題は一瞬にして正解できるということでもあります。PART 5で出題される語彙の範囲はだいたい決まっていて、それほど難しい語彙が出題されるわけではありません。むしろ基本語彙が中心です。そんな出題傾向を持つ語彙問題の演習として、出題されないような難しい語彙が多く入った問題集をいくら解いても得点アップには繋がりません。重要なことは繰り返し出題される語彙が入った問題をできるだけ多く解いていくことです。本書には演習だけで語彙問題が750問、それに模試10回分の中にも語彙問題が107問入っていますので全部で857問という膨大な語彙問題を解くことができるわけです。本書の語彙問題でしっかり演習を積んでいただければ、本番の語彙問題でも絶対の自信を持って解くことができるようになるはずです。

本書の第二の特長は、各演習問題の冒頭にある解説部分について例題をもとにしてできるだけ詳しく書いたことです。品詞問題、前置詞・接続詞・副詞問題、前置詞問題、動詞問題、代名詞・関係詞・数量問題、語彙問題の冒頭で書かれている解説について、類書では例題がそれぞれ2、3問程度しかありませんが、本書では合計で44問もの例題

をもとにして解説もできるだけ詳しく書いています。例えば語彙問題と並ぶPART 5の最重要問題である品詞問題については10の例題によって、出題される品詞問題にはどのようなパターンがあり、それを正解するにはどのように解いていけばいいのかということを類書にないほど詳しく説明しています。その意味では、実際に演習問題を解いていく前に、ぜひこの解説部分を熟読して問題と解答のパターンを頭に叩き込んでいただきたいと思います。

　本書の第三の特長は演習問題及び模試問題1500問の解説の仕方が類書とは根本的に異なっていることです。具体的には、類書では各問題の解説として「選択肢（A）を空所に入れると文意が通るので（A）が正解だ」といった説明になっているものが散見されますが、こうした解説の仕方ではただ正解を最初から教えているのと同じで、なぜそれが正解になるのか読者にはまったく理解できません。本書ではそうした一見解説のように見えながら実際にはまったく解説になっていないような説明はできるだけ避けるように努めました。そのために私が採ったのは、まずは問題文の空所前後や文全体から空所にはどのような選択肢が正解として入る可能性があるかを示した上で、不正解の3つの選択肢がなぜ正解ではないのかというその理由の説明に重点を置き、正解を最後に持ってくるという類書とは一線を画したやり方でした。もっとも、ひとつひとつの問題に費やせる文字数には一定の制限がありますので、必ずしも十分に解説できていないところもあるかと思います。そうした部分につきましては、今後皆様の貴重なご意見も踏まえながら改善させていただければと思っています。

　以上、類書にはない本書の3つの特長について述べてきましたが、最後にもうひとつだけ付け加えさせていただければと思います。それは本書の解説はもちろん、1500問すべての問題を私が個人で作成したということです（もちろん、問題文についてはしっかりネイティブ・チェックをしてもらっています）。類書では問題作成は専門業者が行い、解説だけを著書が書くというスタイルが多いのですが、私は自分ですべての問題を作成し、すべての解説を書くというスタイルを採りました。そのため問題作成から解説の執筆が終わるまで約1年半を要するという長丁場になりましたが、毎日真剣に勉強されている受験者の皆様のためにも問題と解説に一貫性を持たせ、これまでにないような素晴らしい問題集を作りたいとの一心で執筆作業を行なってきました。それが成功しているかどうかにつきましては皆様のご判断に委ねるしかありませんが、本書がTOEIC®L&Rテストという高い山を登っていく上で、皆様にとっての最も信頼できる水先案内人兼ベスト・パートナーになれますことを心より願っております。

　最後に個人的なことで大変恐縮ですが、本書は闘病しながら苦労して書き上げたもので、それ以前はもとより、闘病中も親身になって私を精神的、肉体的両面で支えてくれた妻の久美子に本書を捧げたいと思います。

2024年1月

三輪 裕範

CONTENTS

第**1**部 文法問題 …………………………………… 10

本書の構成と使い方

本書ではPART 5の徹底対策として、第1部で文法問題450問、第2部で語彙問題750問、第3部でPART 5形式の模擬テスト10回分、300問を解いていくことになります。つまり、合計で1,500問という圧倒的な問題量が用意されています。下記の指示文にしたがって、問題を解いてください。

指示：各文において語や句が抜けています。各文の下には選択肢が4つ与えられています。文を完成させるのに最も適切な答えを (A) ～ (D) の中からひとつ選んでください。

第1部　文法問題

文法問題は、①品詞問題、②前置詞・接続詞・副詞問題、③前置詞問題、④動詞問題、⑤代名詞・関係詞・数量問題の5つから構成されています。全部で450問を解いていくことになります。

Audio 001

すべての問題について、正解の語句を補った文の音声を聞くことができます。番号に対応する音声データを再生してください。

問題ページの前に、主要な問題パターンについての解説ページがあります。問題を解く前にこちらの解説を読んでおくと、効果的に学習することができます。

問題ページは、見開きで最大6問の問題が掲載されています。左ページに問題、右ページには解答と解説、日本語訳、語注がレイアウトされています。

第2部 語彙問題

語彙問題は①イディオム問題、②コロケーション問題、③文脈問題の3つから構成されています。本書では語彙問題を重点的に学習できるように、合計で750問を掲載しています。

問題ページの前に、主要な問題パターンについての解説ページがあります。問題を解く前にこちらの解説を読んでおくと、効果的に学習することができます。

問題ページは、見開きで最大6問の問題が掲載されています。左ページに問題、右ページには解答と解説、日本語訳、語注がレイアウトされています。

第3部 模擬テスト

実際の試験と同じように、PART 5形式の30問を解いていくことになります。合計で10回分のテスト、300問が用意されています。

問題編ではあらかじめ解答時間を設定してから、30問を解くようにしてください。中級者は10分、上級者は8分が解答時間の目安になります。

解答解説編では、最初に正答一覧を確認することができます。また各問題について解説、日本語訳、語注が掲載されていますので、学習にお役立てください。

音声ダウンロードの方法

方法1 スマートフォンで聞く場合

下記のサイトにアクセスしてください。アプリを使う場合は SoundCloud にアカウント登録（無料）が必要になります。

https://soundcloud.com/yqgfmv3ztp15/sets/toeic1500

※ストリーミング再生になりますので、通信制限などにご注意ください。また、インターネット環境がない状況でのオフライン再生はできません。

方法2 パソコンで音声ダウンロードする場合

下記のサイトにアクセスしてください。中央のボタンをクリックすると、ダウンロードができます。ZIP 形式の圧縮ファイルを解凍してお使いください。

https://www.cosmopier.com/
download/4864542098

音声付き電子版（無料）の使い方

❶コスモピア・オンラインショップにアクセスしてください。（無料ですが、会員登録が必要です）

https://www.cosmopier.net/

❷ログイン後、カテゴリ「電子版」のサブカテゴリ「電子版 書籍 英語」をクリック。

❸本書のタイトルをクリックし、「カートに入れる」をクリックしてください。

❹「カートへ進む」→「レジに進む」と進み、「クーポンを変更する」をクリック。

❺「クーポン」欄に下記の無料引き換えコードを入力し、「登録する」をクリックしてください。

❻０円になったのを確認して、「注文する」をクリックしてください。

❼ご注文を完了すると、「マイページ」に電子書籍が登録されます。

電子版：無料引き換えコード
T5y2M4

●対応機種
・PC（Windows/Mac） ・iOS（iPhone/iPad）
・Android（タブレット、スマートフォン）

★クラウドサーカス社 ActiBook 電子書籍です。ブラウザベース（HTML5）でご利用いただけます。

アプリ版の利用方法

本書の内容をスマートフォンやタブレット端末で学習できるアプリ版がリリースされました。下記の URL または QR コードから abceed のアプリ（無料）をダウンロードの上、本書の書名で検索し、本書を選択してください。

 https://www.abceed.com/

＊ abceed は株式会社 Globee のサービスです。（2024 年 4 月現在）

アプリで利用できる機能は下記のようになっています。Pro プランをご利用になりたい方は「Pro 講読」のボタンより月額課金の手続きを行ってください。

Free プラン（無料）で利用できる機能

❶ 音声再生

　本書に掲載されている問題文の音声を再生することができます（音声は、空所に正解の語句を補った形で収録されています）。倍速再生、シャッフル再生、区間リピート再生も可能です。

Pro プラン（有料）で利用できる主な機能

❶ アプリ機能

　アプリ単体で本書のすべての問題を解いていくことができます（4 択式）。正解の確認後に、本書に掲載されている解説を読むことも可能です。アプリ機能には、書籍の掲載順に学習していく「習得モード」、すべての問題から任意の問題を選ぶ「一覧モード」、すでに学習した問題から条件に沿って AI が出題する「復習モード」という 3 つのモードが用意されています。「復習モード」では、過去に間違えた問題から出題する、といった使い方も可能です。

❷ マイリスト無制限登録

　後から見返したい問題を件数無制限で登録しておくことができます。

❸ My 単語帳

　問題に出てきた単語を後から復習したい場合は、文中の単語を長押しすると、My 単語帳に登録しておくことが可能です。

❹ SW トレーニング

　問題文とその音声を使って、音読、オーバーラッピング、リピーティング、シャドーイング、瞬間英作文のトレーニングをすることが可能です。

第1部

文法問題

Chapter 1 ■全180問

品詞問題

（1）名詞が正解になるパターン

パターン①　空所前に冠詞があり、空所後に前置詞がある

例題1　The ------- of employees in the decision-making process results in relatively peaceful labor-management relations.

(A) participate　　　　(B) participant
(C) participation　　　(D) participatory

　これは品詞問題の最も典型的なパターンのひとつで、空所前にthe、a、anなどの冠詞があり、空所後にはこの例題のofのような前置詞があります。こうした文の場合、空所には名詞が入ります。選択肢を見ると、（A）は動詞、（D）は形容詞なので正解から除外されます。残る（B）と（C）が名詞ですが、（B）は「参加者」という意味なので文意にそぐいません。最後に残った（C） participationが「参加」という意味の名詞で文意に合致するのでこれが正解になります。

【正解】（C）
【訳】意思決定過程における従業員の参加は比較的友好的な労使関係をもたらす。
【注】decision-making process 意思決定過程、result in ～という結果になる、Labor-management relations 労使関係

パターン②　空所前に動詞がある

例題2　Employees must obtain ------- from their immediate supervisor before leaving the work station.

(A) permit　　　　(B) permissible
(C) permissibly　　(D) permission

品詞問題では選択肢に特定の単語の名詞、動詞、形容詞、副詞の4つの品詞が並び、文中におけるその正しい使い方を理解しているかどうかを見ます。PART 5の30問のうち7、8問が品詞問題であり、語彙問題と並び最も重要な出題項目といえます。品詞問題の解き方には一定のパターンがあるので、それらのパターンを理解すれば正解を導きやすい問題でもあります。

ふたつ目のパターンは、空所前に動詞があって、空所後に前置詞がある場合です。この例題では空所前にあるobtain「獲得する」が目的語を取る他動詞なので、空所には名詞が入ることになります。(B) は形容詞、(C) は副詞なので除外されます。(A) は「許可する」という動詞の意味のほかに「許可証」という名詞の意味もありますが、permitは公的な書類でsupervisor「上司」からもらうものではないのでこれも不適です。残る (D) のpermissionが「許可」という名詞なのでこれが正解になります。

【正解】 (D)
【訳】従業員は自分の持ち場を離れる前に直属の上司から許可を得なければならない。
【注】immediate supervisor 直属の上司、work station 持ち場

パターン③　空所前に形容詞がある

例題3　Ferguson University expressed its sincere ------- to all of the alumni, corporations and foundations that have made generous donations.

(A) appreciate
(B) appreciation
(C) appreciative
(D) appreciatively

名詞が正解になる3つ目のパターンは、空所前に形容詞があるときです。形容詞は名詞を修飾するので、空所前に形容詞があるときは、空所には名詞が入るのではないかとまず考えてみます。この例題の場合も空所前にsincere「心からの」という形容詞があります。選択肢を見ると (A) は動詞、(C) は形容詞、(D) は副詞なのでどれも不適です。(B) appreciation「感謝」が名詞なのでこれが正解になります。

【正解】 (B)
【訳】ファーガソン大学は寛大な寄付をしてくれた卒業生、企業、基金すべてに対して心から感謝の意を表明した。
【注】express 表明する、sincere appreciation 心からの感謝、alumni 卒業生

例題4　Mortimer Engineering acknowledges its ------- to provide the
safest possible working conditions for its workers.

(A) obligatory　　　　　　(B) obligatorily
(C) obligation　　　　　　(D) obligate

　名詞が正解になる4つ目のパターンは空所前に所有格代名詞が来る場合です。この例題ではitsという所有格代名詞があるので、空所には名詞が入ることになります。選択肢（A）は形容詞、（B）は副詞、（D）は動詞なのでどれも不適です。残る（C）obligation「義務」が名詞なので、これが正解になります。なお、所有格については代名詞だけでなく、Mike'sなどの人名や、manager'sなどの一般名詞の所有格についても同じ扱いとなり、その後には名詞が来ます。

【正解】（C）
【訳】モーティマー・エンジニアリング社は自社の労働者に対して最も安全な労働環境を提供する
　　　義務を認識している。
【注】acknowledge 認識する、working conditions 労働環境

例題5　This seminar looks at concepts and methods to plan and conduct
a ------- inspection program for your workplace.

(A) safety　　　　　　(B) safe
(C) safely　　　　　　(D) safer

　名詞が正解になるパターンの例外として、注意すべき問題を紹介しておきます。それは複合名詞と呼ばれるもので、名詞＋名詞という形を取ります。空所＋名詞という形であれば、後述する例題7のように形容詞＋名詞というパターンが最も一般的な形なのですが、例外として複合名詞の問題が出題されます。この例題では空所後にinspectionという名詞があるので、空所には形容詞が入ると考えて（B）safeを選んでしまう人がいるかもしれません。しかし、この文ではsafe inspection「安全な検査」を行うのではなく、safety inspection「安全検査」を行うというのが文意ですので、（A）が正解となります。なお、これ以外の複合名詞としては下記のようなものがあります。

construction site、safety regulation、profit analysis、health examination、
accounting department、acceptance letter、job description、sales
representative、retirement party、replacement parts

【正解】（A）

【訳】このセミナーは、あなたの職場で安全検査を計画し、実行するための考え方と方法について
　　　検討するものである。

【注】concept 概念、考え方、method 方法、conduct　行う、実施する

（2）動詞が正解のパターン

パターン⑥　空所前に助動詞がある

例題6　All applicants must ------- an official application form, pay the fee,
　　　and provide all of the documents requested.

　　　(A) complete　　　　　　　(B) completion
　　　(C) completely　　　　　　(D) completed

　　品詞問題として次に取り上げるのは、動詞が正解になるパターンです。動詞が正解
になるパターンの代表例としては、空所前にmust、should、canなどといった助動
詞がある場合です。この例題の場合は空所前にmustがありますので、空所には動詞
の原形が入ります。(B)は名詞、(C)は副詞、(D)は動詞の過去形ないしは過去分
詞なのでどれも不適です。(A)completeが動詞の原形ですのでこれが正解となります。

【正解】（A）

【訳】すべての申請者は公式申請用紙に記入し、料金を支払い、要求されたすべての書類を提出し
　　　なななければならない。

【注】complete 完成させる、application form 申請用紙、fee 料金、document 書類

（3）形容詞が正解のパターン

パターン⑦　空所後に名詞がある

例題7　Rider Corp. has developed an ------- strategy to promote their
　　　products ahead of competitors.

　　　(A) aggression　　　　　　(B) aggressive
　　　(C) aggressively　　　　　(D) aggressor

　　さて、次に品詞問題で形容詞が正解になるパターンを見ていきましょう。例題3
では空所前に形容詞があり、空所に名詞が正解として入る例を見ましたが、これは逆
に言えば、空所後に名詞がある場合、その前の空所には形容詞が入る可能性が高いこ
とを示しているわけです。この例題の場合、空所後にstrategy「戦略」という名詞が

ありますので、空所にはそれを修飾する形容詞が入ることになります。(A) は名詞、(C) は副詞、(D) も名詞なのでこれらの選択肢は除外されます。(B) aggressive「積極的な」が唯一の形容詞なのでこれが正解になります。

【正解】 (B)
【訳】 ライダー社は競争相手の会社に先駆けて、自分たちの製品の販売を促進するための積極的な戦略を立てた。
【注】 develop a strategy 戦略を立てる、competitor 競争相手

パターン⑧ 空所前に be 動詞やその他特定の動詞がある

例題 8 This memorandum of cooperation will become ------- immediately upon signature by the representatives of both companies.

(A) effect
(B) effective
(C) effectively
(D) effecting

　品詞問題で形容詞が正解になるもうひとつのパターンは、空所前に be 動詞がある場合です。あるいは、become、turn、grow など「～になる」、remain、keep、stay など「～のままである」、seem、appear、look、feel などといった動詞が空所前にある場合も形容詞が正解になります。この例題の場合は空所前に become という動詞がありますが、これはほぼ be 動詞と同じ役割を果たしていると考えることができます。さて、選択肢を見ると、(A) は名詞、(C) は副詞、(D) は動詞の進行形か現在分詞なのでどれも不適です。(B) effective「有効な」が形容詞なのでこれが正解になります。

【正解】 (B)
【訳】 この協力覚書は、両社の代表者が署名した後すぐに発効することになる。
【注】 memorandum 覚書、cooperation 協力、representative 代表者

(4) 副詞が正解のパターン

パターン⑨ 空所前後に動詞がある

例題 9 Upgrading to long-life lighting fixtures will ------- reduce energy use and require less maintenance.

(A) significant
(B) significance
(C) signify
(D) significantly

次に副詞が正解になるパターンを見てみましょう。副詞は動詞、形容詞、副詞、文全体など名詞以外のすべてを修飾することができる非常に汎用性の高い品詞です。そんな中でも品詞問題で副詞が正解になる最も典型的なのが、動詞の前後どちらかが空所になっているパターンです。この例題の場合は空所後にreduce「減らす」という動詞があり、その前にある空所にその動詞を修飾する副詞が入ることになるわけです。選択肢（A）は形容詞、（B）は名詞、（C）は動詞ですので、どれも空所には不適です。残る（D）significantly「大幅に」が副詞なのでこれが正解になります。

【正解】（D）
【訳】長期間持続する照明器具にアップグレードすることはエネルギー使用を大幅に減らし、より少ない維持管理ですむようになる。
【注】long-life 長持する、lighting fixture 照明器具、significantly reduce 大幅に減らす

パターン⑩　空所前に be 動詞やその他特定の動詞がある

例題 10　Springer Manufacturing's key mission is to minimize its impact on the environment and to ensure its products are ------- sustainable.

(A) environmentally　　(B) environmental
(C) environment　　　(D) environmentalist

品詞問題で副詞が正解になるもうひとつの典型的なパターンは、空所後が形容詞になっている場合です。こうした副詞＋形容詞というパターンはTOEICが非常に好むパターンで、PART 5 では頻繁に出てきます。この例題の場合は空所後にsustainable「持続可能な」という形容詞があり、それを空所に入る副詞が修飾するという形になります。選択肢を見ると、（B）は形容詞、（C）は名詞、（D）も名詞で、どれも不適です。残る（A) environmentally「環境的に」が副詞なのでこれが正解になります。

【正解】（A）
【訳】スプリンガー・マニュファクチャリング社の重要な使命は環境への影響を最小限にし、その製品が環境的に持続可能性のあることを確実にすることである。
【注】mission 使命、minimize 最小限にする、ensure ～を確実にする

1. The company's new CEO has extensive ------- and experience in business strategy and implementation.

(A) knows   (B) know
(C) knowledge   (D) knowledgeable

2. People can ------- see the difference between genuine leadership and spurious leadership.

(A) easy   (B) easily
(C) easier   (D) ease

3. The economist claims that important market trends become ------- when data is analyzed correctly.

(A) predict   (B) prediction
(C) predictable   (D) predictably

4. Questions and suggestions about the features of our products should be ------- to our Product Quality Center.

(A) direct   (B) direction
(C) director   (D) directed

5. This monthly news magazine is designed ------- to target readers in their fifties.

(A) specific   (B) specifically
(C) specify   (D) specified

6. Work is underway to install protective barriers around the entire ------- site.

(A) construct   (B) constructive
(C) constructing   (D) construction

1. 品詞問題を解く上で最も重要なことは、空所前後にある単語の品詞を見極めること。この問題では空所前にextensiveという形容詞があることから空所には名詞が入る。選択肢の中で名詞なのは（C）knowledgeだけなのでこれが正解。なお、空所後には、andの後にexperienceという名詞が来ていることからも空所には名詞が入ることがわかる。　　　　　　　　　　　　　　　**正解（C）**

【訳】その会社の新しいCEOはビジネス戦略と実践について広範な知識と経験を持っている。

【注】**extensive** 広範な、**strategy** 戦略、**implementation** 実践、実行

---

2. 空所後がseeという動詞になっていることに注目。動詞を修飾するのは副詞。選択肢を見ると、（A）は形容詞、（C）は比較級、（D）は名詞なのでどれも不適。（B）easilyが副詞なのでこれが正解。なお、この文のseeは「見る」という意味ではなく、「理解する」とか「わかる」という意味。　　**正解（B）**

【訳】人は本物のリーダーシップと偽物のリーダーシップの違いが容易にわかるものだ。

【注】**genuine** 本物の、**spurious** 偽物の、紛い物の

---

3. 空所前にbecomeという動詞が来ていることに注目。通常、becomeはbecome a teacherのように、あとに名詞を取る場合が多いが、ここではbe動詞と同じように、そのあとに形容詞が来る用法になっている。（A）は動詞、（B）は名詞、（D）は副詞なので、選択肢の中で唯一の形容詞である（C）predictableが正解になる。　　　　　　　　　　　　　　　　　　**正解（C）**

【訳】データが正しく分析されれば、重要な市場動向は予測可能になると経済学者は主張している。

【注】**market trend** 市場動向、**analyze** 分析する

---

4. これは空所前にあるbeを受ける動詞の態、具体的には能動態になるのか受動態になるのかを見極める問題。空所前にbeがあることから、空所は受動態であることがわかる。選択肢の中で受動態になる過去分詞は（D）directedだけなのでこれが正解。（A）は動詞の原形、（B）と（C）は名詞で、いずれも空所にふさわしくない。　　　　　　　　　　　　　　　　　　　　　　**正解（D）**

【訳】我が社の製品の特徴に関する質問や提言については、製品品質センターまでご連絡ください。

【注】**suggestion** 提言、提案、**feature** 特徴

---

5. 空所前がis designedと動詞の受動態になっていることに注目。動詞を修飾するのは基本的に副詞なので、選択肢の中から副詞を探せば正解に辿り着ける。選択肢を見ると、（A）は形容詞、（C）は動詞、（D）は過去分詞で、副詞は（B）だけなのでこれが正解。なお、このspecificallyという副詞はTOEICでは頻繁に登場する。　　　　　　　　　　　　　　　　　　　**正解（B）**

【訳】この月刊ニュース・マガジンは特に50歳代の読者を対象にして作られている。

【注】**design** 考案する、設計する、**readers in their fifties** 50歳代の読者

---

6. 空所後にsite「場所」という名詞が来ているので、空所は名詞を修飾する形容詞だと思った人もいるかもしれない。しかし、この問題では（D）のconstructionという名詞が正解。たしかに、一般的には名詞があとにあればそれを修飾するのは形容詞だが、この問題のように「名詞＋名詞」（複合名詞）もTOEICではよく出題される。例題パターン⑤を参照。　　　　　　　　　**正解（D）**

【訳】建設現場全体の周辺に防御壁を据え付ける作業が行われている。

【注】**underway** 進行中である、**install** 据え付ける、**entire** 全部の

7. This guide lists the courses that students need to take in order to graduate from the university in a ------- manner.

(A) time
(B) timed
(C) timing
(D) timely

8. The company's standard procedures in developing new products have ------- significantly over the past few decades.

(A) changing
(B) changeable
(C) change
(D) changed

9. If Mr. Regis ------- completes the company's mid-career training course, he will be considered for a promotion to sales manager.

(A) succession
(B) successful
(C) succeed
(D) successfully

10. Dr. Thomas Hayashi, a renowned business strategist, will be the guest ------- at the company's next strategy meeting.

(A) speaks
(B) speaker
(C) spoke
(D) speech

11. Clarence Company will hold a ------- dinner party for its loyal clients at a hotel downtown.

(A) special
(B) specialty
(C) specialized
(D) specially

12. The marketing director is enthusiastic about creating a new TV commercial to advertise the new product -------.

(A) aggression
(B) aggressor
(C) aggressive
(D) aggressively

7. 空所後がmannerという名詞であることから、空所には名詞を修飾する形容詞が入る。選択肢では（A）を除いて残りの3つはどれも形容詞としての働きをするが、（B）も（C）もmannerを修飾する形容詞として使われることはない。したがって、正解は（D）timely。in a timely mannerは「タイミングよく」という意味の熟語でTOEICでもよく出てくる。　　　　　　　　　　**正解（D）**

【訳】このガイドブックは学生がタイミングよく大学を卒業するために履修する必要があるコースをリストアップしている。

【注】graduate 卒業する、manner 方法

---

8. 空所前にhaveがあることに注目。それと同時に、この文では主語がThe company's standard procedures in developing new productsという少し長めになっていることを確認しておくことも重要。このあとにhaveが来ているということは、空所は動詞の現在完了形になることが予想できる。選択肢を見ると（D）が現在完了形になるのでこれが正解。　　　　　　　　　　**正解（D）**

【訳】その会社での新製品開発の標準的手続きは、過去数十年の間に大きく変わった。

【注】standard procedure 標準手続き、decade 10年

---

9. 空所後にcompletes「完了する」という動詞があることに注目。動詞を修飾するのは副詞なので、選択肢から副詞を選べばよい。（A）は名詞、（B）は形容詞、（C）は動詞なのでどれも不適。（D）successfullyが副詞なので、これが正解になる。PART 5では、文全体を読まないと解けない問題もあるが、この問題のように空所の前後だけで解けるものも数多い。　　　　　　　**正解（D）**

【訳】もしリージス氏が会社の中堅幹部トレーニング・コースを成功裏に終了することができれば、彼はセールス・マネージャーへの昇進を考慮されるだろう。

【注】consider 考慮する、検討する、promotion 昇進

---

10. 主語がDr. Thomas Hayashiと人になっていることを押さえることが重要。（A）と（C）はguestの後ろに関係代名詞がないと文として成立しないので除外される。残る（B）と（D）は両方とも正解候補だが、正解の根拠になるのが冒頭の主語が人になっていること。speechは人にはなり得ないので、人を表す（B）のspeakerが正解となる。　　　　　　　**正解（B）**

【訳】有名なビジネス戦略家であるトーマス・ハヤシ博士が、会社の次回の戦略会議のゲストスピーカーになる予定だ。

【注】renowned 有名な（＝famous）、strategist 戦略家

---

11. 空所後にはdinnerという名詞が来ているので、空所には名詞を修飾する形容詞が入る。選択肢を見ると、（B）は名詞、（D）は副詞なのでまず除外する。（A）と（C）は両方とも形容詞としての働きをするが、(C)は「特殊化する」という意味の単語の過去形ないしは過去分詞なので、ここではふさわしくない。したがって、正解は（A）specialになる。　　　　　　　**正解（A）**

【訳】クラレンス・カンパニーは常顧客のためにダウンタウンにあるホテルで特別なディナー・パーティーを開催する予定だ。

【注】hold a party パーティーを開催する、loyal client 常顧客

---

12. この問題のように空所が文の最後に来ている場合は、一応冒頭から全文を読むことが大切。この問題を解くためのポイントは、空所の少し前にadvertise「広告する」という動詞があることを押さえること。動詞を修飾するのは副詞なので（D）aggressivelyが正解となる。（A）と（B）は名詞、(C)は形容詞なのでどれも不適。　　　　　　　**正解（D）**

【訳】マーケティング・ディレクターは新製品を積極的に広告するための新しいテレビ・コマーシャル作成に熱心に取り組んでいる。

【注】enthusiastic 熱心な

13. The director of the marketing department insists that the company needs to ------- more in advertising in order to increase sales.

(A) investment (B) investor
(C) invest (D) investing

14. In a -------, the CEO will give a speech to mark the company's 50th anniversary.

(A) moment (B) moments
(C) momentary (D) momentarily

15. Edwin Savings Bank is proud of its security ------- protecting customers' confidential information.

(A) measurable (B) measured
(C) measures (D) measurement

16. Redwood Seafood Restaurant strives to use as much ------- sourced seafood as possible, to ensure the freshness of all the dishes on their menu.

(A) local (B) locally
(C) localized (D) locality

17. Alston Company ------- all newly hired staff members to attend the orientation seminar given by the HR Department.

(A) requiring (B) requires
(C) requirement (D) to require

18. Most analysts believe that the country's GDP will see a marked ------- this year because of big fiscal stimulus packages.

(A) increase (B) increasing
(C) increased (D) increases

13. この問題で押さえておくべきポイントは、空所前がneeds toとなっていること。needs to ～というのは「～する必要がある」という意味で、toという不定詞のあとの空所には動詞の原形が入る。選択肢の中で動詞の原形であるのは（C）investなのでこれが正解。（A）と（B）は名詞、（D）は動名詞あるいは進行形なのでどれも不適。　　　　　　　　　　　　　　　　　　　**正解（C）**

【訳】マーケティング部のディレクターは販売を伸ばすためにはもっと宣伝に投資する必要があると主張している。

【注】insist 主張する、increase 増加させる、伸ばす

14. 空所前にaという冠詞があることから、それに続く単語は名詞の単数形であることがわかる。選択肢を見ると、名詞の単数になっているのは（A）momentだけなのでこれが正解になる。（B）は名詞だが複数形であり、また（C）は形容詞、（D）は副詞なので空所にふさわしくない。　**正解（A）**

【訳】その会社のCEOは会社設立50周年を記念するスピーチをもうすぐ行うことになっている。

【注】in a moment すぐに、CEO 最高経営責任者、give a speech スピーチをする、

15. 空所後がprotecting customers' confidential informationと空所を後ろから修飾していることに気づくと、空所には名詞が入ることがわかる。選択肢（A）と（B）は両方とも形容詞の働きなので除外する。（D）は名詞だが「測定」という意味で文意が通らない一方、（C）measuresは「手段」という意味で、空所にピタリ当てはまるのでこれが正解になる。security measuresは名詞＋名詞という複合名詞。　　　　　　　　　　　　　　　　　　　　　　**正解（C）**

【訳】エドウィン銀行は顧客の秘密情報を守るために施している安全措置を誇りにしている。

【注】confidential information 秘密情報

16. 空所の少し前にuse、また空所後にsourced seafoodとあるように、このレストランでは、どこかでsourceされたseafoodを使うことに努力している。その「どこで」が空所に入る解答となる。そのような「どこで」を示すのは副詞である。選択肢（A）と（C）は形容詞、（D）は名詞。（B）locallyが副詞なのでこれが正解となる。　　　　　　　　　　　　　　**正解（B）**

【訳】レッドウッドシーフードはそこで提供するすべての料理の新鮮さを確保するため、できるだけ多く地場で採れたシーフードを使うように努めている。

【注】strive 努力する、ensure 確実なものにする

17. 空所前にはAlston Companyという主語があり、また空所後にはall newly hired staff membersという目的語があるので、空所には動詞が入る。選択肢（A）は現在分詞や動名詞、（C）は名詞、（D）はto 不定詞なのでどれも不可。（B）requiresだけが動詞なのでこれが正解になる。　**正解（B）**

【訳】アルストン社は人事部が主催するオリエンテーション・セミナーに新規雇用社員全員が参加することを求めている。

【注】newly hired staff members 新規雇用社員、HR Department 人事部

18. 空所前がmarked「著しい」という形容詞になっていることに気がつけば、空所には名詞が入ると判断できる。選択肢の中で名詞であるのは（A）と（D）だが、空所前がa markedと単数形になっているので、正解は（A）increaseとなる。（B）は現在分詞または動名詞、（C）は動詞の過去形か過去分詞となるので不可。　　　　　　　　　　　　　　　　　　**正解（A）**

【訳】多くのアナリストはその国の今年のGDPは巨額の財政刺激策によって大幅に増加するだろうと考えている。

【注】fiscal 財政的な、stimulus package 刺激策

19. We are sorry to inform you that item #550, which you ordered on May 15, is not available, as the manufacturer has ------- its production.

(A) discontinue   (B) discontinued
(C) discontinuing   (D) discontinuance

20. The owner of Milano Café devotes much of his time to ensuring that the quality of service is consistent and ------- to customers.

(A) satisfy   (B) satisfied
(C) satisfactory   (D) satisfactorily

21. We ask you to read over the ------- handbook prior to your interview at our headquarters on May 15.

(A) attached   (B) attaching
(C) attach   (D) attachment

22. The president praised Tom for his ------- contribution to the company.

(A) consistently   (B) consistency
(C) consistent   (D) consisting

23. The company's HR manager thinks the two candidates interviewed are ------- suitable for the position.

(A) equal   (B) equaled
(C) equally   (D) equality

24. The author of the book is famous for ------- funny stories for children.

(A) create   (B) creation
(C) created   (D) creating

19. 空所前がhasになっていることに着目。空所と合わせて現在完了形になると推測できる。現在完了形になるためには過去分詞が必要になるが、選択肢（B）discontinuedがまさにそれに当てはまるのでこれが正解。（A）は動詞の原形、（C）は現在分詞、（D）は名詞なのでどれもふさわしくない。discontinue productionという表現はTOEIC頻出。　　　　　　　　　　　　**正解（B）**

【訳】5月15日にご注文された商品番号550は、製造業者が製造を中止したため入手できないことをご連絡させていただきます。

【注】inform 連絡する、discontinue 中止する

20. 空所前がconsistent andとなっていることから、空所にもconsistentと同じような形容詞が入ることが予想される。選択肢を見ると、（A）は動詞、（D）は副詞なので除外する。残る（B）と（C）はどちらも形容詞の働きをするが、（B）は過去分詞で受け身の意味となり文意にそぐわないので、正解は（C）satisfactoryとなる。　　　　　　　　　　　　　　　　　　　　　　**正解（C）**

【訳】ミラノカフェのオーナーはサービスの質が常に一貫して顧客に満足なものになるように大半の時間を割いている。

【注】devote 充てる、捧げる、consistent 一貫した、ensure 確かにする

21. 空所前にtheという冠詞、空所後はhandbookという名詞が来ていることから、空所には形容詞が入ることが予想される。選択肢を見ると、形容詞としての役割を果たせるのは過去分詞の（A）と現在分詞の（B）。（B）の現在分詞は能動的な意味（添付している）になり意味が通らないが、（A）attachedは受動的な意味（添付された）で文意が通るので（A）が正解。　　　　**正解（A）**

【訳】本社での5月15日の面接の前に、添付されているハンドブックを通読するようお願いします。

【注】attach 添付する、prior to ～の前に、headquarters 本社

22. 空所後にcontribution「貢献」という名詞が来ていることに注目。名詞を修飾するのは形容詞または分詞なので、正解候補になるのは（C）と（D）。（D）は現在分詞だが、consistingは通常、consisting of「～から成る」という形で名詞を後ろから修飾する。したがって、唯一の形容詞である（C）のconsistentが正解になる。（A）は副詞、（B）は名詞で、どちらもcontributionという名詞を修飾することはできない。　　　　　　　　　　　　　　　　　　　　　　　**正解（C）**

【訳】社長はトムの一貫した会社への貢献を称賛した。

【注】praise 称賛する、褒める、consistent 一貫した

23. 目をつけるべきポイントは、空所後にsuitable「適切な、向いている」という形容詞が来ていること。形容詞をその前で修飾できるのは副詞なので、正解は（C）のequally「等しく、同じように」になる。（A）のequalは形容詞と動詞の両方の意味があるが、どちらの意味でも文意が通らない。（B）のequaledは動詞の過去形、（D）のequalityは名詞でどちらも不適。　　　　**正解（C）**

【訳】人事部のマネージャーは面接を行った候補者二人ともそのポジションに同じくらいふさわしいと思っている。

【注】HR 人事部、candidate 候補者

24. 空所前にforという前置詞が来ていることに注目。前置詞のあとには名詞あるいは動名詞が来るので、正解候補になるのは（B）と（D）。正解を見わけるポイントは空所後を見ること。空所後には目的語になるfunny storiesという単語があるので、それを目的語として取ることができる動名詞の（D）creatingが正解ということになる。　　　　　　　　　　　　　　　　　　**正解（D）**

【訳】その本の著者は子ども用の面白い物語を作ることで有名である。

【注】author 作家、著者、funny 面白い

25. Most of the participants at the conference showed great ------- in the economist's presentation about inflation.

(A) interesting   (B) interested
(C) interest   (D) interests

26. Alpha Corporation was very fortunate to hire such an ------- accountant like Mr. Owens.

(A) exceptional   (B) excepting
(C) except   (D) exception

27. The flower festival ------- at the city convention center yesterday was a huge success.

(A) holding   (B) holds
(C) held   (D) was held

28. Oak City is ------- known for its great food and beautiful scenery.

(A) general   (B) generally
(C) generalize   (D) generalization

29. The examination will test your ability to handle ------- medical emergency situations.

(A) vary   (B) variety
(C) variously   (D) various

30. It is more ------- to buy groceries and make your own meals than to eat at a restaurant every day.

(A) economic   (B) economics
(C) economy   (D) economical

25. 空所前がgreatという形容詞であることに着目。前に形容詞があれば、そのあとの空所には名詞が入ることになる。（C）と（D）が名詞だが、このふたつの違いは語尾の-sだけ。しかし、この-sがあるかどうかでその意味には大きな違いがある。interestは「興味」とか「利子」という意味だが、interestsは「利害（関係）」いう意味なので、文意が通る（C）が正解になる。　　　正解**(C)**

【訳】会議に出席したほとんどの人がインフレに関する経済学者のプレゼンテーションに大きな興味を示した。

【注】participant 参加者、conference 会議

26. ポイントは空所後にaccountant「会計士」という名詞が来ていること。名詞を修飾するのは形容詞なので、選択肢の中から形容詞を探せばよい。選択肢の中で形容詞は（A）のexceptionalしかないのでこれが正解になる。（B）exceptingと（C）exceptはどちらも、「～を除いて」という意味の前置詞、また（D）は名詞なのでどれも不適。　　　正解**(A)**

【訳】アルファ社はオーエンス氏のような非常に優れた会計士を雇うことができ大変幸運であった。

【注】fortunate 幸運な、hire 雇う、雇用する

27. 最重要ポイントは、文の後半にwas a huge successという語句があることに気づくこと。これに気づけば、その前のThe flower festival ------- at the city convention center yesterdayが主語であることがわかる。（B）も（D）も主語＋動詞という形になるが、そのあとにwasという動詞が再び出てくるので不可。また、（A）は能動態のため奇妙な文意になるが、（C）heldは受動態で文意が通るのでこれが正解になる。　　　正解**(C)**

【訳】市の会議場で昨日開催されたフラワーフェスティバルは大成功だった。

【注】huge 巨大な、success 成功

28. 空所後にあるknownは形容詞になっていることから、空所には形容詞を修飾する副詞が入る。選択肢の中で副詞は（B）generallyなのでこれが正解。（A）は形容詞、（C）は動詞、（D）は名詞なのでどれも不適。generally known for(一般的に知られている)はTOEICでよく出てくる表現なので、このまま覚えておこう。　　　正解**(B)**

【訳】オーク・シティはその素晴らしい食べ物と美しい風景で一般的に知られている。

【注】generally 一般的に、scenery 風景

29. 空所後にmedical emergency situations「緊急医療事態」という名詞句が来ていることから、空所には形容詞が入ることがわかる。選択肢の中で形容詞は（D）variousなので、これが正解になる。（A）は動詞、（B）は名詞、（C）は副詞。なお、PART 5では、このvarious系の問題は正解の品詞を変えてよく出題される。　　　正解**(D)**

【訳】その試験はさまざまな緊急医療事態に対処するあなたの能力をテストするものである。

【注】handle 扱う、対処する、emergency 緊急

30. 空所前がIt is moreとなっていることから、空所にはisを補う形容詞が入る。選択肢（B）と（C）は名詞なので除外する。残る（A）と（D）はどちらも形容詞である。ではどちらを選ぶか。決め手になるのは意味の違い。（A）は経済に関するという意味なので文意が通らない。（D）economicalは「経済的な」、「安価な」という文意にピタリの意味なのでこれが正解になる。　　　正解**(D)**

【訳】毎日レストランで食事をするよりも食品を買って自分で食事を作る方がより安上がりである。

【注】grocery 食品

31. Fargo Corporation's CEO objected to ------- a new facility because of budget constraints.

(A) construct   (B) constructing
(C) construction   (D) constructed

32. When you look at the company's policies closely, you can see that it's a ------- run operation.

(A) professional   (B) professionally
(C) profession   (D) professor

33. The school offers 24-hour ------- assistance via e-mail and chat for people enrolled in its online courses.

(A) technical   (B) technology
(C) technique   (D) technically

34. The merger agreement between Donilon Manufacturing and Marriott Enterprises still has to be ------- at the shareholders' meetings.

(A) approving   (B) approval
(C) approve   (D) approved

35. This letter serves as ------- of our offer of employment.

(A) confirm   (B) confirmation
(C) confirmed   (D) confirming

36. In recent years there has been a ------- consensus among employees that Mr. Jones will very likely be the next CEO.

(A) grow   (B) grew
(C) growing   (D) growth

31. ポイントは空所前にあるobjected toが「〜に反対する」という意味の熟語で、toがto不定詞ではなく前置詞であることを見抜けるかどうか。これが理解できれば、空所には名詞または動名詞が入ることがわかる。選択肢で名詞または動名詞に該当するのは（B）と（C）だが、（C）の場合は空所後にofという前置詞が必要。したがって、正解は（B）constructingとなる。（A）は動詞の原形、（D）は動詞の過去形か過去分詞なのでどちらも不適。　　　　　　　　**正解（B）**

【訳】ファーゴ社のCEOは予算的な制約のため新しい施設を建設することに反対した。

【注】**facility** 施設、**budget constraint** 予算上の制約

32. 空所前に冠詞のa、また後にはrun operationという動詞＋名詞が来ていることに注目。-------runでoperationを修飾する役割を果たすことになるので、このrunはrunの過去分詞。過去分詞（形容詞）をその前で修飾するのは副詞なので（B）professionallyが正解になる。　　**正解（B）**

【訳】その会社の方針をよく見れば、それが専門家によって上手く経営されていることがわかる。

【注】**closely** しっかり、よく、**operation** 事業、運営

33. 空所後がassistanceという名詞になっていることに注目。ということは、空所には名詞を修飾する形容詞が入ることになる。選択肢を見ると、その中で形容詞であるのは（A）technicalだけなのでこれが正解になる。なお、（B）と（C）は名詞、（D）は副詞なので、いずれも空所にはふさわしくない。　　　　　　　　　　　　　　　　　　　　　　　　　　　　　　**正解（A）**

【訳】その学校はオンラインコースに登録した人のためにEメールとチャットを通じて24時間技術的な支援を行なっている。

【注】**via** 〜を通じて、**enroll** 登録する

34. 空所前にbeがあることに注目。beがあるということはその後に来るのは名詞、形容詞、動詞の現在分詞（進行形）、動詞の過去分詞（受動態）のいずれかになる。そこで選択肢を見ると、動詞の原形である（C）を除き一応すべて正解候補にはなる。しかし、（A）も（B）もどちらも文意が通らない。受動態の意味になる（D）approvedが文意にピタリ合致するのでこれが正解。　　**正解（D）**

【訳】ドニロン社とマリオット社の合併合意はまだ株主総会で承認されなければならない。

【注】**merger agreement** 合併合意、**shareholders' meeting** 株主総会

35. 空所前にas、また空所後にもofという前置詞が来ていることに着目。このように空所前後に前置詞があるということは空所には名詞が入ることを示している。そこで選択肢を見ると、（A）は動詞、（C）は動詞の過去形か過去分詞なので除外。（D）は動名詞だと考えれば名詞の役割も可能だが、空所後にofがあり文意が通らないので正解は（B）confirmationとなる。　　　　　　**正解（B）**

【訳】この手紙は当社における雇用提供（採用）を確認するものです。

【注】**serve** 役目を果たす

36. 空所前に冠詞のa、その後にconsensusという名詞が来ているということは、空所には形容詞が入ることを示している。選択肢（A）は動詞、（B）は動詞の過去形、（D）は名詞なのでどれも不適。残る（C）のgrowingが形容詞としてのはたらきをする現在分詞なのでこれが正解。　　**正解（C）**

【訳】ジョーンズ氏が次のCEOになるだろうという一致した意見が近年従業員の間で高まってきている。

【注】**consensus** 一致した意見、合意

37. A poll released on Monday found that 50% of ------- nationwide approved of the president's economic policies.

(A) respond   (B) respondent
(C) respondents   (D) response

38. Due to bad weather, typically ------- subways and buses were running at low capacity.

(A) crowded   (B) crowding
(C) crowd   (D) crowds

39. Mr. Adams was congratulated by his supervisor for ------- completing the company's software training course.

(A) succeed   (B) successful
(C) successfully   (D) success

40. The company was granted a ten-day ------- for filing tax returns because of its CEO's sudden illness.

(A) extend   (B) extension
(C) extending   (D) extensive

41. The safety manager will conduct an ------- of the construction site and fire prevention measures on a daily basis.

(A) inspector   (B) inspected
(C) inspection   (D) inspecting

42. Climate change is a ------- established fact, but many prominent politicians still express skepticism about it.

(A) science   (B) sciences
(C) scientific   (D) scientifically

37. 空所前が50%という数字になっていることに注目。このように前が数字になっているということは、空所には名詞が入ることを示している。選択肢の中では動詞である（A）を除き、ほかはすべて名詞である。これら選択肢には（B）と（D）は単数形、（C）は複数形という違いがある。50%を受ける名詞は複数形なので正解は（C）respondentsとなる。　　　　　　　　　**正解（C）**

【訳】月曜日に発表された世論調査によると、全国民の50パーセントが大統領の経済政策を是としている。

【注】**poll** 世論調査、**respondent** 応答者、**approve** 良いと認める、賛同する

---

38. 空所後がsubways and busesと名詞になっていることから、空所には名詞を修飾する形容詞が入ることが分かる。選択肢の中で形容詞の役割を果たし得るのは過去分詞の（A）と現在分詞の（B）のふたつだが、subways and busesはcrowdingするものではなく、crowdedされるものなので正解は（A）となる。　　　　　　　　　　　　　　　　　　　　　　　**正解（A）**

【訳】悪天候のため、通常は混雑している地下鉄やバスも乗客が少ない状態で運行していた。

【注】**typically** 通常は、**low capacity** 低容量の、人数が少ない

---

39. 空所後がcompletingという動名詞になっていることに注目。動名詞というのは動詞の意味を含んだ名詞ということであり、その前に空所があるということは空所には動詞を修飾する副詞が入ることを示している。選択肢（A）は動詞、（B）は形容詞、（D）は名詞なのでどれも不可。（C）successfullyが副詞なのでこれが正解となる。　　　　　　　　　　　　　　**正解（C）**

【訳】アダムズ氏は、会社のソフトウェア・トレーニングコースを成功裡に終了することができたので上司に祝福された。

【注】**congratulate** 祝福する、**supervisor** 上司

40. 空所前にwas granted a ten-dayと書かれていることから、10日間の何かが与えられた（was granted）ことが理解できる。つまり、ten-dayの後には何かの名詞が入るということである。選択肢を見ると、（A）は動詞、（C）は進行形か現在分詞、（D）は形容詞なので、唯一の名詞である（B）extensionが正解になる。　　　　　　　　　　　　　　　　　　　　　**正解（B）**

【訳】CEOが急病のため、その会社は税務申告について10日間の延長が与えられた。

【注】**grant** 与える、**file tax returns** 税務申告する、**sudden illness** 急病

---

41. 空所前にanという冠詞、後にofという前置詞が来ていることから、空所には名詞が入る。選択肢の中で（B）は動詞の過去形か過去分詞なので除外。（D）は動名詞として名詞になり得るが、動名詞は完全に名詞化した場合を除き基本的に冠詞がつかないのでこれも除外。残る（A）と（C）が名詞だが、（A）のinspectorをconductすることはあり得ないので（C）が正解。conduct an inspection「検査を行う」はTOEIC頻出語句。　　　　　　　　　　　　　　　**正解（C）**

【訳】安全管理担当マネージャーは毎日、建設現場と火災予防措置の点検を行うことになっている。

【注】**construction site** 建設現場、**fire prevention measures** 火災予防措置

42. 空所後はestablished factという形容詞＋名詞の形になっているので、空所には形容詞を修飾する副詞が入ると考えられる。選択肢（A）と（B）は名詞、（C）は形容詞なのでどれも不適。（D）scientificallyが副詞なのでこれが正解になる。なお、butの前までの文は空所がなくても文として成立することからも、空所には追加情報を与える役割を果たす副詞が入ることがわかる。　　**正解（D）**

【訳】気候変動は科学的に立証された事実であるが、著名な政治家の中には依然として疑義を表明する者もいる。

【注】**established** 立証された **prominent** 有名な、著名な、**skepticism** 懐疑的な態度

43. Please read this information carefully before ------- to a graduate program at the university.

(A) apply   (B) application
(C) applying   (D) applied

44. According to the terms of our service agreement, your subscription will be ------- renewed for another year if you do not take any action.

(A) automatic   (B) automatically
(C) automated   (D) automation

45. After ------- a company, you must submit the following documents to the national tax office.

(A) establish   (B) establishes
(C) establishment   (D) establishing

46. This report provides a detailed ------- of the use of semiconductors in car production.

(A) analysis   (B) analyze
(C) analyst   (D) analyzing

47. Analysts believe that more extreme measures will be ------- for the company to become profitable again.

(A) require   (B) requires
(C) requiring   (D) required

48. The play was so ------- that many in the audience walked out after the first act.

(A) bored   (B) bore
(C) boredom   (D) boring

43. 空所前にbeforeという接続詞があることに注目。これは典型的な接続詞＋-ing問題で、空所には動詞の-ing形が入るので（C）applyingが正解になる。この文は通常before you apply to…と叙述されることが多いが、この文のように主語のyouを省略する代わりに動詞の-ing形を持ってくることができる。beforeのほかにwhen＋-ingという形もよく使われる。　　　　**正解（C）**

【訳】当大学の大学院課程に応募される前にこの情報をよくお読みください。

【注】**apply to** 応募する、**graduate program** 大学院課程

---

44. 問題42と同じく、空所がなくても文として成立することに注目。つまり、空所には文を成立させる上で不可欠ではない品詞、具体的には副詞が入ることになる。また、空所前後がbe renewedと動詞の受動態になっていることからも、空所には動詞を修飾する副詞が入ることがわかる。選択肢を見ると（B）が副詞なのでこれが正解。（A）は形容詞、（C）は過去分詞、（D）は名詞。　　**正解（B）**

【訳】サービス契約の内容によると、あなたが何も行動を起こさなければ、購読は自動的に一年更新されることになっている。

【注】**subscription** 購読、**renew** 更新する

45. これも先の問題43と同じく接続詞＋-ingの問題である。先の問題ではbeforeであったが、この問題では空所前に接続詞のafterが来ている。選択肢の中で動詞の-ing形は（D）establishingなのでこれが正解。（A）と（B）は動詞であるがどちらも主語がないので不可。また（C）は空所の後にofという前置詞があれば正解だが、それがないのでこれも不正解。　　　　**正解（D）**

【訳】会社設立後は、次の書類を国の税務署に提出しなければならない。

【注】**establish** 設立する、**following** 次の、**tax office** 税務署

---

46. 空所前がdetailedという形容詞、また後にはofという前置詞があることから、空所には名詞が入ることがわかる。選択肢の（B）は動詞なので除外する。残りの3つは名詞ないしは動名詞である。（C）は「分析者」という人物であり、detailedという形容詞と馴染まない。（D）の動名詞は前にa detailedと冠詞があるので不適。したがって、正解は（A）analysisになる。　　**正解（A）**

【訳】このレポートは自動車製造における半導体の利用についての詳細な分析をしている。

【注】**detailed** 詳細な、**analysis** 分析、**semiconductor** 半導体

---

47. 空所前にbeがあるときには、空所には形容詞、動詞の受動態か進行形などが入ることを予想する。選択肢を見ると、（A）は動詞の原形、（B）は動詞に三単現の-sが入った形なのですぐ除外する。（C）は動詞の進行形であるが、主語のmore extreme measuresはrequiringするものではなく、requiredされるものなので（D）が正解になる。　　　　**正解（D）**

【訳】その会社が再び利益をあげるようになるにはもっと極端な方策が必要になるとアナリストたちは考えている。

【注】**extreme measures** 極端な方策、**become profitable** 利益を出す

---

48. 空所前にsoという副詞があることに注目。前に副詞があるということは、その後には形容詞が来ることが予想される。そこで選択肢を見ると、（A）が過去分詞、（D）が現在分詞で形容詞としての役割を果たす単語があるが、play「劇」はboringさせるものでboredするものではないので、正解は（D）になる。　　　　**正解（D）**

【訳】その劇は非常に退屈だったので、観客の多くは第一幕が終わった後で退席した。

【注】**audience** 観客、**walk out** 退席する、**first act** 第一幕

---

49. Bonuses will be calculated on the ------- of employees' annual salaries and length of service at the company.

(A) base
(B) basis
(C) basic
(D) basically

50. This is a powerful, ------- written book that should be read by anyone who wants to better understand the present economic situation.

(A) beauty
(B) beautify
(C) beautiful
(D) beautifully

51. Management experts say that micromanaging employees is unlikely to raise -------, and actually tends to result in lower profits.

(A) produce
(B) producing
(C) productivity
(D) productively

52. The new CEO is committed to ------- around the troubled company, and believes this cannot happen unless there is more cooperation among employees.

(A) turns
(B) turn
(C) turned
(D) turning

53. This document outlines what might be considered ------- circumstances with regard to the city's environmental regulations.

(A) exception
(B) exceptional
(C) exceptionally
(D) except

54. For the first time in ten years, the company's expansion is ------- to slow considerably this year.

(A) expect
(B) expectation
(C) expecting
(D) expected

49. 空所前に定冠詞のthe、後に前置詞のofが来ていることから、空所には名詞が入ることがわかる。(C)は形容詞、(D)は副詞なのでまず除外する。残るは（A）と（B）のふたつで両方とも名詞である。ではどちらを選ぶか。ここで重要になるのがon the basis ofという熟語の知識。baseとbasisは同じような名詞だが、on the base ofという言い方はしないので（B）が正解になる。　　**正解（B）**

【訳】ボーナスは従業員の年収と在社期間を基にして計算される。

【注】**calculate** 計算する、**annual salary** 年収

---

50. この問題で注目すべきは空所後のwrittenという過去分詞。形容詞の働きをする過去分詞を修飾するのは副詞である。選択肢を見ると、（A）は名詞、（B）は動詞、（C）は形容詞で、残る（D）beautifullyが副詞なのでこれが正解になる。なお、beautifully written book「美しく書かれた本」という表現は英語では決まり文句として多用される。　　**正解（D）**

【訳】これは現在の経済状況をよりよく理解したと思っているすべての人に読まれるべき、力強く美しい言葉で書かれた本である。

【注】**present** 現在の、**economic situation** 経済状況

---

51. 空所前にraise「上げる」という他動詞があることに注目。他動詞があるということは、その後には目的語になる名詞が入ることを示している。選択肢（A）は動詞、（D）は副詞なので除外する。残る（B）と（C）が正解候補になるが、（C）は動名詞でraise producingという言い方はしない。したがって、正解は（C）productivityとなる。　　**正解（C）**

【訳】細部にわたって従業員を管理することは生産性を上げることにはならず、実際には利益低減という結果になる傾向があると企業経営の専門家は言っている。

【注】**micromanage** 細かく管理する、**productivity** 生産性、**result in** ～という結果になる

---

52. これはcommitted toの後には動詞の原形が来るのか、-ing形の動名詞が来るのかを問う問題。committed toのtoを不定詞だと勘違いしている人がいるが、これは前置詞のtoである。toが前置詞であることがわかれば、その後には名詞か動名詞が来ることが理解できる。選択肢の中で動名詞であるのは（D）turningなのでこれが正解になる。　　**正解（D）**

【訳】新任のCEOは不振の会社業績を好転させることに専念しているが、それは従業員の間でさらなる協力がなければ実現できないと考えている。

【注】**turn around** 業績を好転させる、**cooperation** 協力

---

53. 空所後にcircumstancesという名詞があることに注目。名詞を前で修飾するのは形容詞なので空所には形容詞が入ることになる。選択肢を見ると、（B）exceptionalが形容詞なのでこれが正解。（A）は名詞、（C）は副詞、（D）は前置詞なのでどれも不適。なお、問題文では書かれていないが、consideredの後にはasが省略されていると考えるとわかりやすい。　　**正解（B）**

【訳】この書類は市の環境規制に関して例外的な状況だと考えられることについて概説している。

【注】**circumstances** 状況、**with regards to** ～に関して、**environmental regulation** 環境規制

---

54. 空所前がisというbe動詞、またその後にto不定詞があることから、空所には形容詞あるいはそれに準じた分詞が入ると予想される。選択肢を見ると、（A）は動詞、（B）は名詞なので除外する。残るは現在分詞の（C）と過去分詞の（D）だが、company's expansion「会社の成長」がexpectする（expecting）ことはなく、expectされる（expected）ものなので（D）が正解になる。　　**正解（D）**

【訳】この10年で初めて、今年はその会社の成長がかなり減速することが予想されている。

【注】**slow** 落ち込む、減速する、**considerably** かなり、大幅に

55. Some of the company's board members indicated that they did not object to ------- the proposal, but the process should follow the relevant company rules.

(A) advance   (B) advanced
(C) advancing   (D) advancement

56. Determining the best way to deliver the company's message to its ------- customers was no easy task.

(A) intention   (B) intend
(C) intending   (D) intended

57. Mike Lindsay has launched five successful businesses and written several books on -------.

(A) innovate   (B) innovating
(C) innovation   (D) innovated

58. This season will be especially challenging in terms of logistics, as we expect to make a record number of -------.

(A) shipment   (B) shippers
(C) ship   (D) shipments

59. Grace Furniture offers top-quality products at ------- prices, and the highest standard of service in the industry.

(A) afford   (B) affordable
(C) affordably   (D) affordability

60. Mr. Gupta will be working under the ------- of the production manager and overseeing the installation of our products at customers' project sites.

(A) direct   (B) director
(C) direction   (D) directing

55. この問題のポイントは空所前にあるtoを不定詞と考えるか、それとも前置詞と考えるかにある。object toのtoは不定詞と勘違いしやすいが、正しくは前置詞である。したがって、その後には名詞かそれに準じた動名詞が来る。選択肢の中では（C）が動名詞、（D）が名詞だが、空所後にはthe proposalと目的語があるので動名詞の（C）advancingが正解になる。　　　　　　　正解（C）

【訳】その会社の取締役会のメンバーの何人かはその提案には反対しないが、会社の関連するルールに基づいて進めるべきだと主張した。

【注】**object to** 〜に反対する、**relevant** 関連する

56. 空所後がcustomers「顧客」という名詞になっていることから、空所には名詞を修飾する形容詞あるいはそれに準じた分詞が入ることが予想される。選択肢を見ると、（A）は名詞、（B）は動詞なので除外する。残るは（C）と（D）だが、メッセージが向けられるのは意図している（intending）顧客ではなく、会社によって意図された（intended）顧客なので（D）の過去分詞が正解となる。　　　　　　　　　　　　　　　　　　　　　　　　　　　　　　　　　　　正解（D）

【訳】会社のメッセージを意図された顧客に届ける最良の方法を決めるのは決して簡単なことではなかった。

【注】**deliver** 届ける、**no easy task** 簡単なことではない

57. 空所前にonという前置詞があることから、その後の空所には名詞が入ることが予想される。（A）は動詞、（D）は過去形ないしは過去分詞なので除外する。（B）は現在分詞あるいは動名詞とも考えられるが、動名詞の場合は通常その後に目的語が続くのでこれもふさわしくない。したがって、（C）innovationが正解となる。　　　　　　　　　　　　　　　　　　　　正解（C）

【訳】マイク・リンゼイは5つの成功したビジネスを立ち上げ、イノベーションに関する数冊の本を書いた。

【注】**launch** 立ち上げる、**successful** 成功した

58. 空所前にofという前置詞があることから、空所には名詞が入ることがわかる。（C）は動詞なので除外する。残りの（A）、（B）、（D）は名詞だが、a number ofの後には複数名詞が入るので（A）も外れる。（B）は複数名詞だが「荷主」という意味で文意が通らないので（D）shipmentsが正解になる。　　　　　　　　　　　　　　　　　　　　　　　　　　　　　正解（D）

【訳】今シーズンは記録になるほど多くの品物を送ることが予想されるので、配送に関しては特に厳しいシーズンになるだろう。

【注】**especially** 特に、**in terms of** 〜に関して、**logistics** 配送、輸送

59. 空所前にatという前置詞、後にpricesという名詞があることから、空所には形容詞が入る。選択肢（A）は動詞、（C）は副詞、（D）は名詞なのでどれも不適。（B）affordableが形容詞なのでこれが正解になる。at affordable pricesは「お手頃な価格で」という意味の成句で、TOEICの頻出表現のひとつである。　　　　　　　　　　　　　　　　　　　　　　　　　　正解（B）

【訳】グレース・ファニチャーはお手頃な価格で最高品質の商品と業界最高水準のサービスを提供している。

【注】**top-quality** 最高品質の

60. 空所前にtheという冠詞、空所後にofという前置詞があることから、空所には名詞が入る。選択肢を見ると（A）は動詞なので除外する。（D）は動名詞で、空所前にtheという冠詞があるので不適。動名詞には基本的に冠詞がつかない。（B）と（C）が名詞だが、空所後にof the production managerとあるので、同じように人物を表す（B）は不適。したがって、正解は（C）direction。　　　正解（C）

【訳】グプタ氏は生産担当マネージャーの指示のもとで働き、顧客のプロジェクト現場で我が社の製品の据付を管理する業務を行う。

【注】**oversee** 管理する、**installation** 据付

61. Please be aware that you have an outstanding invoice for $500 that
------- your immediate attention.

(A) required   (B) requiring
(C) requires   (D) requirement

62. At Lenton Bank, we offer loans at limited-time ------- rates.

(A) introduce   (B) introduced
(C) introductory   (D) introducing

63. I ------- declined the offer to become a board member of the
company because it didn't feel like the right thing for me to do at
the time.

(A) respect   (B) respecting
(C) respectful   (D) respectfully

64. Please note that ------- May 1 Sumner Road will be closed to traffic
from 9:00 A.M. to 5:00 P.M. due to construction work.

(A) start   (B) starts
(C) starting   (D) started

65. Professor McDonald will give a ------- on the future of energy at our
next board meeting.

(A) present   (B) presentation
(C) presenter   (D) presenting

66. A successful strategic plan can help expand your customer -------
and lead to additional revenue.

(A) base   (B) basis
(C) basing   (D) based

61. 本問の最大のポイントは空所前のthatが関係代名詞であることを見抜くこと。また空所後にyour immediate attentionという名詞句があることから空所には動詞が入る。（B）は進行形だがisがないので文として成立しない。また（D）は名詞なので不可。（A）は動詞の過去形だが過去形では文意が通じない。したがって、正解は動詞の現在形の（C）requiresとなる。　**正解（C）**

【訳】現在あなたには500ドルの未払金があり、すぐにお支払いをしていただきたくお願いします。

【注】outstanding 未払いの、immediate 即座の

62. 空所後にratesという名詞があることから、空所には形容詞が入ると考えられる。選択肢（A）は動詞なので除外する。その他の3つは形容詞のはたらきをすることが可能だが、（B）は過去分詞、（D）は現在分詞でどちらも英語表現としておかしい。したがって、「入門の」、「初期の」という意味の形容詞である（C）が正解になる。　**正解（C）**

【訳】レントン銀行では期間限定の初回金利レートのローンを提供しています。

【注】introductory rate 借入の当初の期間だけ低金利になっているローン金利

63. 空所後がdeclinedという動詞になっていることに注目。動詞を修飾するのは副詞なので、空所には副詞が入る。選択肢（A）は動詞か名詞、（B）は現在分詞か動名詞、（C）は形容詞なのでどれも不可。（D）respectfullyが副詞なのでこれが正解。なお、respectfully decline「丁重にお断りする」はコロケーションとして覚えておくと便利。　**正解（D）**

【訳】私はその会社からの取締役になってほしいとの申し出を丁重にお断りしたが、それはそうすることが正しいとは当時思えなかったからである。

【注】decline 断る、board member 取締役

64. 空所前のthatは関係代名詞ではなく接続詞であることを理解することがポイント。thatが接続詞であるということは、その直後の空所には動詞は入らないことを意味する。選択肢（A）、（B）、（D）はそれぞれ動詞の原形、三単現の-sが付いた形、過去形なのでどれも不可。したがって、「5月1日より開始」という意味の分詞構文になる（C）startingが正解になる。　**正解（C）**

【訳】5月1日より、サムナーロードは建設工事のため午前9時から午後5時まで通行止めとなることにご注意ください。

【注】due to ～のため、construction work 建設工事

65. 空所前がaという冠詞、その後がonという前置詞になっていることから、空所には名詞が入る。選択肢はいずれも名詞か動名詞だが、（A）は名詞だと「プレゼント」「贈り物」という意味になるので、ここでは文意に合わない。また、give a presenterやpresentingという言い方はしないので、正解は（B）presentationになる。なお、give a presentationは「プレゼンをする」という慣用句なので、このまま覚えておこう。　**正解（B）**

【訳】マクドナルド教授は我が社の次の取締役会でエネルギーの将来に関するプレゼンをすることになっている。

【注】board meeting 取締役会

66. この問題では空所後がand leadと動詞となっていて、また空所の少し前にもexpandという動詞がある。つまり、expand ... and leadという動詞が並列する形になっている。ということはexpandの後はその目的語となる名詞が来ることになる。（C）は現在分詞、（D）は過去分詞なので除外する。（A）と（B）はどちらも名詞で正解候補だが、customer basisという言い方はしないので、正解は（A）baseとなる。なお、customer baseは顧客基盤という意味の成句。　**正解（A）**

【訳】成功する戦略計画を立てることができれば顧客基盤を拡大し、収益を増やすことにつながる。

【注】strategic 戦略的な、revenue 収益

67. An upcoming winter storm will make it ------- impossible for holiday travelers to get to their destinations on schedule.

(A) nearness   (B) nearly
(C) nearest   (D) near

68. MCA Corp. has undergone a ------- transformation over the past 18 months, with four of its subsidiaries now combined into one company.

(A) significance   (B) signify
(C) significant   (D) significantly

69. Some companies try to avoid ------- top talent as they demand more competitive payment packages.

(A) hire   (B) hire
(C) to hire   (D) hiring

70. The magazine's writing style has to be clear and easy to understand as it is ------- distributed to a diverse readership.

(A) wider   (B) widely
(C) wide   (D) widen

71. The company's financial analysis includes a yearly and quarterly ------- of profits and financial statements.

(A) comparison   (B) compare
(C) comparative   (D) comparatively

72. Everyone in the office agrees that Tina's work ethic is her most ------- trait.

(A) admire   (B) admiration
(C) admirable   (D) admiring

67. 空所後にimpossibleという形容詞が来ているので、空所には形容詞を修飾する副詞が入る。選択肢を見ると、（A）は名詞、（C）は形容詞の最上級、（D）は形容詞なのでどれも不可。残りの選択肢（B）nearlyが副詞なのでこれが正解。なお、これはnear impossibleとnearを正確に選ぶ人が多いためにTOEICでよく出題される問題のひとつである。　　　　　　　**正解（B）**

【訳】これからやって来る冬の嵐は休暇で旅行をする人たちがスケジュール通りに目的地に到着することをほとんど不可能にしてしまうだろう。

【注】**upcoming** もうすぐやって来る、**nearly** ほとんど、**destination** 目的地

68. 空所前にaという冠詞、その後にtransformationという名詞があることから、空所には名詞を修飾する形容詞が入る。選択肢を見ると、（A）は名詞、（B）は動詞、（D）は副詞であるため除外される。残る（C）significantが形容詞なのでこれが正解になる。なお、withは付帯状況のwithと言われるが、この場合はand「そして〜になる」とほぼ同義と考えてよい。　　　　**正解（C）**

【訳】MCA社は過去18ヶ月の間に大幅に変革し、4つの子会社を合併してひとつにした。

【注】**undergo** 経験する、**transformation** 変革、**subsidiary** 子会社

69. これはavoidの後は動名詞になるのか、それともto不定詞が来るのかについての知識を問う問題。答えは動名詞なので正解は（D）hiringとなる。これについては覚えるしかない。なお、avoidと同じように後に動名詞をとる動詞には、finish、enjoy、consider、deny、keep、quit、recall、recommend、suggestなどがある。　　　　　　　　　　　　　　　　　　　　　　　**正解（D）**

【訳】会社の中には最優秀の才能を持った人材を雇用することを避けようとするところもあるが、それは彼らがより高額の報酬体系を要求するからである。

【注】**demand** 要求する、**competitive** 競争力のある

70. 空所前にはis、そして後にはdistributedという過去分詞がある。つまりこれは受動態の表現で、it（＝the magazine）が配布されている（distributed）という意味になると考えられる。受動態であれ能動態であれ、distributeのような動詞を修飾するのは副詞なので空所には副詞が入る。（A）は形容詞の比較級、（C）は形容詞、（D）は動詞。（B）widelyが副詞なのでこれが正解になる。　　**正解（B）**

【訳】その雑誌は多様な読者に広く配布されているので、その記事の文章スタイルは明確でわかりやすいものでなければならない。

【注】**diverse** 多様な、**readership** 読者

71. 空所前にyearly and quarterlyとふたつの形容詞があり、その後ろに前置詞が来る形になっていることに注目。こうした形になっているときに空所に入るのは必ず名詞である。選択肢（B）は動詞、（C）は形容詞、（D）は副詞で、名詞であるのは（A）comparisonなのでこれが正解になる。**正解（A）**

【訳】その会社の財務分析には年間と四半期ごとの利益や財務諸表の比較が含まれている。

【注】**financial analysis** 財務分析、**profit** 利益、**quarterly** 四半期の

72. 空所前にmostという副詞が、また空所後にはtraitという名詞があることから、空所には形容詞が入ることが理解できる。選択肢を見ると、（A）は動詞、（B）は名詞なので除外する。残る（C）は形容詞で、（D）は現在分詞。現在分詞も形容詞的な働きをするが、admiring traitとは言わないので正解は（C）admirable。なお、空所前のtheのないmostは最上級ではなくveryと同じ意味。

正解（C）

【訳】ティナの労働倫理は彼女の非常に立派な特質だということでオフィス全員の意見が一致している。

【注】**admirable** 称賛に値する、立派な、**trait** 特質、特徴

73. Your job application has been received and you are being ------- for employment.

(A) consider
(B) considerate
(C) consideration
(D) considered

74. Martindale's mayor has announced an ------- to open more high-quality childcare centers throughout the city.

(A) initiate
(B) initiative
(C) initiating
(D) initiation

75. Amid an aging society, the incidence of neurological disorders is ------- increasing.

(A) gradual
(B) gradually
(C) graduate
(D) graduated

76. It is ------- to review your insurance needs on a regular basis.

(A) advisable
(B) advise
(C) advising
(D) advice

77. The community health center is offering ------- hours to meet growing demand.

(A) extend
(B) extension
(C) extending
(D) extended

78. Senior citizens have the ------- to transform the country's economy and healthcare system.

(A) potent
(B) potential
(C) potentially
(D) potentiate

73. 空所前がare beingになっていることから、空所には形容詞か動詞の過去分詞（受動態）が入る。（A）は動詞の原形、（C）は名詞なので除外する。残る（B）は形容詞、（D）は過去分詞なのでどちらも正解候補となる。しかし、空所後にはfor employmentという語句があるので、文脈上（B）では文意が通らない。したがって、正解は（D）considered。なお、文の前半も文脈を理解し正解を導く助けになる。　　　　　　　　　　　　　　　　　　　　　　　　　　　　　　　　　　**正解（D）**

【訳】あなたの求人申込申請書は受理され、現在雇用の可否が検討されています。

【注】consider 検討する、employment 雇用

74. 空所前にanという冠詞があるということは空所には名詞が入ることを意味している。選択肢（A）は動詞なので除外する。（B）と（D）が名詞で、（C）は動名詞。動名詞の場合は後にto不定詞は来ないので（C）は不可。また、（D）initiationは「入会」とか「開始」という意味なので文意が通らない。したがって、正解は（B）initiativeとなる。　　　　　　　　　　　　　　　　　　　　　　**正解（B）**

【訳】マーチンデールの市長は市の至る所で高品質の児童ケアセンターを開設する新たな取り組みを発表した。

【注】mayor 市長、initiative 新たな取り組み、throughout ～の至る所で、～のあらゆる場所で

75. 空所前がisで、後がincreasingとなっていることから、この部分が動詞の進行形であることがわかる。動詞を修飾するのは副詞なので空所には副詞が入る。選択肢（A）は形容詞、（C）は名詞あるいは動詞、（D）は動詞の過去形あるいは過去分詞なのでどれも不可。したがって、副詞の（B）graduallyが正解となる。　　　　　　　　　　　　　　　　　　　　　　　　　　**正解（B）**

【訳】高齢化社会の中、神経障害の件数は徐々に増えている。

【注】aging society 高齢化社会、neurological disorder 神経障害、神経疾患

76. これはIt is … to ～という構文なので、空所には形容詞が入る。選択肢（B）は動詞、（C）は現在分詞か動名詞、（D）は名詞なのでどれも不可。（C）は現在分詞だとした場合、形容詞的な役割を果たすことはできるが文意が通らない。したがって、正解は唯一の形容詞である（A）advisableとなる。It is advisable～は「～することは望ましい」という意味の慣用句なので、そのまま覚えよう。　　　　　　　　　　　　　　　　　　　　　　　　　　　　　　　　　　　**正解（A）**

【訳】ご自身の保険ニーズについて定期的に見直しをされることをお勧めします。

【注】review 見直す、insurance 保険、on a regular basis 定期的に

77. 空所前にはis offeringという動詞の進行形が、また空所後にはhoursという名詞があるということは、------- hoursでofferingの目的語になっていると考えられる。hoursという名詞を修飾するのは形容詞かそれに準じた分詞。（A）は動詞、（B）は名詞なので除外。（C）は現在分詞だがこれでは「延長する期間」という変な意味になるので、正解は文意の通る過去分詞の（D）extendedとなる。　　　　　　　　　　　　　　　　　　　　　　　　　　　　　　　　**正解（D）**

【訳】そのコミュニティの健康センターは増加する需要を満たすために開業時間を延長している。

【注】extended 延長された、demand 需要

78. 空所前にtheという冠詞があることに着目。冠詞が前にあるということは空所には名詞が入ることを意味する。選択肢（A）は形容詞、（C）は副詞、（D）は動詞なので、正解は（B）のpotentialとなる。なお、potentialは一般的には形容詞としての用法が思い浮かぶが、「潜在力」という意味の名詞としても用いられる。　　　　　　　　　　　　　　　　　　　　　　　　　　　　　　　　**正解（B）**

【訳】高齢者はその国の経済と医療制度を変革する潜在力を持っている。

【注】senior citizen 高齢者、potential 潜在力、transform 変革する

79. Creating a pleasant user experience is a prime factor in customer
-------.

(A) satisfy (B) satisfied
(C) to satisfy (D) satisfaction

80. If you need expert advice on ------- issues related to e-commerce,
get in touch with our highly experienced lawyers.

(A) legalized (B) legal
(C) legally (D) legalize

81. To get the best results from our printer, please only use those ink
cartridges ------- mentioned in the product manual.

(A) specify (B) specific
(C) specifically (D) specification

82. In an effort to achieve operational excellence, Manger Corporation
is ------- looking for ways to improve its manufacturing process.

(A) continually (B) continual
(C) continue (D) continuation

83. Jenkinstown's residents are asking for ------- that the construction
project will be completed by the end of this year.

(A) assure (B) assurance
(C) assured (D) assuring

84. Everything about the new product was just as ------- and exactly
what I had hoped for.

(A) advertised (B) advertise
(C) advertisement (D) advertising

79. 空所前がcustomerという名詞になっている。名詞は分詞などによって後から修飾される場合もあるが、この問題のように空所後に何も語句がない場合は分詞で修飾されることはなく、名詞＋名詞という複合名詞である場合が多い。この問題もcustomer satisfaction「顧客満足」という複合名詞なので（D）が正解になる。　　　　　　　　　　　　　　　　　　　　　　　　　**正解（D）**

【訳】ユーザーに楽しい経験をしてもらうことは顧客満足の第一の要因である。

【注】**pleasant** 楽しい、**prime factor** 第一の要因

---

80. 空所後にはissuesという名詞があるので、空所には形容詞かそれに準じた分詞が入ることが予想される。選択肢（C）は副詞、（D）は動詞なので除外。（A）は過去分詞なので正解候補だが、legalizedは単なる「法律の」という意味ではなく、「合法化された」という意味なので空所に入れても意味をなさない。したがって、「法律上の」という意味の形容詞である（B）legalが正解。**正解（B）**

【訳】Eコマースに関する法律上の専門的アドバイスが必要であるなら、私どもの経験豊富な法律家にご相談ください。

【注】**expert advice** 専門的アドバイス、**highly experienced** 経験豊富な

---

81. 空所前がcartridgesという名詞、その後がmentionedという過去分詞になっている。つまり、この部分はcartridges which are ------- mentionedと関係代名詞が省略されていると考えればよい。mentionedという動詞の過去分詞を修飾するのは副詞である。（A）は動詞、（B）は形容詞、（D）は名詞なのでどれも不適。（C）specificallyが副詞なのでこれが正解になる。　**正解（C）**

【訳】我が社のプリンターから最高の成果を得るためには、製品手引書の中で特に言及されているインクカートリッジのみご使用ください。

【注】**result** 結果、**specifically** 特に、明確に、**mention** 述べる、言及する

---

82. 空所前がis、またその後がlooking forとなっていることから、これは動詞の進行形であることがわかる。動詞を修飾するのは副詞なので空所には副詞が入る。選択肢を見ると、（B）は形容詞、（C）は動詞、（D）は名詞。（A）continuallyが副詞なのでこれが正解。なお、look forの前にはcontinuallyのほかに、actively「積極的に」も一緒によく使われる。　　　　　　**正解（A）**

【訳】優れた操業ができるように、マンジャー社は製造工程を改善する方法を継続して追求している。

【注】**in an effort to** 〜しようとして、**operational** 操業の、作業の、**way** 方法

---

83. 空所前にforという前置詞があることは、空所には名詞が入ることを示唆している。また、空所後にはthatという接続詞（〜ということ）が来て、その後が節になっているので、空所には名詞が入ることが確定する。選択肢（A）は動詞、（C）は過去形ないしは過去分詞なのでどちらも不可。（D）は動名詞だがassureは人を目的語に取り、assure 人 that...の形で使うのでこれも不可。（B）assuranceが名詞なのでこれが正解となる。　　　　　　　　　　　　　　　　　**正解（B）**

【訳】ジェンキンスタウンの住民は建設工事が今年の年末までに完成するという保証を求めている。

【注】**resident** 住民、**assurance** 保証、断言、約束

---

84. この問題のポイントは空所前のasの意味を理解すること。asにはさまざまな意味があるが、ここでのasは「〜のように」という様態を表す。（B）は動詞、（C）は名詞、（D）は現在分詞だが、いずれもasの後に来ることはない。したがって、正解は（A）advertised。なお、as advertisedは「"広告の通り」という慣用句。そのほかにもas notedとかas shownなどもよく使われる。　**正解（A）**

【訳】その新製品のすべては広告の通りで、まさに私が望んだものだった。

【注】**advertise** 広告する、**exactly** まさしく、すべての点で

85. The information contained in this document is ------- general to avoid being exhaustive.

(A) intent   (B) intention
(C) intentional   (D) intentionally

86. The construction industry has started showing signs of recovery with ------- improvement in sales volume.

(A) margin   (B) marginal
(C) marginally   (D) margins

87. I received a ------- that my order was delivered, but it hasn't arrived yet.

(A) notify   (B) notifying
(C) notification   (D) notified

88. Without proper planning and ------- assessment, a new venture can easily fail.

(A) risk   (B) risky
(C) riskily   (D) risking

89. Guest seating will begin at 3:00 P.M. and the opening ceremony will begin ------- at 4:00 P.M.

(A) prompt   (B) promptly
(C) prompted   (D) promptness

90. GEOS 10 software is ------- to use and does not require any special training.

(A) easy   (B) easily
(C) ease   (D) easiest

85. 空所後がgeneralという形容詞になっているということは、空所には形容詞を修飾する副詞が入ることになる。（A）は名詞、（B）も名詞、（C）は形容詞なのでどれも不可。（D）intentionallyが副詞なのでこれが正解になる。intentionally generalというのは、書類に書かれた情報の内容が具体的なものではなく、「意図的に一般化された」書き方になっているということ。　　**正解（D）**

【訳】この書類に含まれた情報は意図的に一般化された書き方になっており、すべての情報を網羅することを避けている。

【注】contain 含む、intentionally 意図的に、exhaustive 徹底的な、網羅的な

86. 空所前がwithという前置詞、後にimprovementという名詞があるということは、空所には名詞を修飾する形容詞が入る。選択肢を見ると、（A）は名詞、（C）は副詞、（D）は名詞の複数形でどれも不適。（B）marginalが形容詞なのでこれが正解。なお、show signs of「〜の兆候を示す」はよく使われる慣用句。　　**正解（B）**

【訳】建設業界は販売額がわずかに改善するなど回復の兆しを示し始めた。

【注】recovery 回復、marginal わずかな、improvement 改善

87. これは問題83とよく似た問題。83では空所前にforという前置詞があったが、この問題ではaという冠詞が来ている。一方、空所後はどちらも接続詞のthatが来ており文構造的には同じ。つまり、この問題でも空所には名詞が入る。（A）は動詞、（B）は現在分詞、（D）は過去分詞なのでどれも不可。（C）notificationが名詞なのでこれが正解となる。　　**正解（C）**

【訳】私が注文した商品は配達済みだという連絡を受けたが、まだ届いていない。

【注】notification 通知、deliver 配達する

88. 空所後がassessmentという名詞になっていることから、名詞を修飾するのは形容詞だと早合点しないこと。問題79と同じように名詞＋名詞の形の複合名詞はTOEICで頻出。これも（B）のrisky assessmentではなく、（A）のrisk assessmentが正しい言い方なのでこれが正解。risky assessmentでは「リスクのある評価」という変な意味になってしまう。　　**正解（A）**

【訳】正しい計画とリスク評価がなければ、新しい事業は簡単に失敗してしまう。

【注】proper 正しい、assessment 評価

89. 空所前がbeginという動詞になっていることから、空所には動詞を修飾する副詞が入る。選択肢（A）は形容詞、（C）は動詞の過去形か過去分詞、（D）は名詞なのでどれも不適。（B）promptlyが副詞なのでこれが正解。promptlyはpromptが「すぐ」とか「素早く」という意味なので「すぐに」という意味だと思いがちだが、時間が「ちょうどに」という意味もあるTOEIC頻出の副詞。　　**正解（B）**

【訳】ゲストの着席は3時に開始され、開会式は4時ちょうどに開始されることになっている。

【注】opening ceremony 開会式

90. 空所前にisというbe動詞が、また空所後にはtoという不定詞があることから、空所には形容詞が入ることがわかる。選択肢を見ると、（B）は副詞、（C）は名詞なのでまず除外する。残る（A）は形容詞、（D）は形容詞の最上級なのでこれらも不適。空所前にtheがあれば（D）も正解になるが、それがないので正解は（A）easyとなる。　　**正解（A）**

【訳】GEOS 10ソフトウェアは使いやすく、特別な訓練を必要としない。

【注】require 必要とする、要求する

91. Golden Travel is a growing company which is well ------- for offering affordable holiday packages exclusively to people over 60.

(A) know   (B) knowing
(C) knowledgeable   (D) known

92. The ------- measures aim to improve the company's workplace safety.

(A) proposal   (B) propose
(C) proposed   (D) proposing

93. Dozens of business leaders from around the world have confirmed their ------- in the conference on electric vehicles.

(A) participate   (B) participation
(C) participatory   (D) participant

94. The Winston Hotel is ------- located within walking distance from all the city's famous sites.

(A) ideal   (B) idealize
(C) ideally   (D) idealization

95. Road improvements on Porter Street are nearing ------- and expected to be finished by the end of next week.

(A) completion   (B) complete
(C) completely   (D) completed

96. The return of tourism is ------- to the growth and sustainability of Everton's economy.

(A) vitally   (B) vital
(C) vitality   (D) more vital

91. 空所前にis wellというbe動詞＋副詞、また空所後にはforという前置詞があることから、空所には形容詞あるいはそれに準じた過去分詞が入る。(A) は動詞、(B) は現在分詞なので除外する。(C) は形容詞だがwell knowledgeableとは言わないので不可。(D) は過去分詞で、well known for「〜でよく知られる」という意味になり文意が通るのでこれが正解。　　**正解（D）**

【訳】ゴールデン・トラベル社は60歳以上の人たち限定のお手ごろ価格のパッケージ旅行を提供していることでよく知られた成長企業である。

【注】growing company 成長企業、exclusively 限定的に、もっぱら

92. 空所前にtheという冠詞、後にmeasuresという名詞があるので、空所には形容詞ないしは分詞が入る。選択肢 (A) は名詞、(B) は動詞なのでどちらも不適。measuresは (D) のようにproposingするものではなく、(C) のようにproposedされるものなので (C) が正解になる。　　**正解（C）**

【訳】提案されている方策はその会社の労働現場の安全を改善することを目的にしている。

【注】measure 方策、手段、aim 狙う、意図する

93. 空所前にtheirという所有格代名詞があることから、空所には名詞が入る。選択肢を見ると、(A) は動詞、(C) は形容詞なので除外する。残りの (B) と (D) はともに名詞であるが、(D) は参加者という人を表す名詞で文意に合わない。したがって、正解は (B) participationとなる。　　**正解（B）**

【訳】多数の世界のビジネスリーダーたちが電気自動車に関するその会議に参加することを確認した。

【注】dozens of 多数の、confirm 確認する、electric vehicle 電気自動車

94. 空所前がis、後がlocatedとなっていることから、これは受動態の文であることが理解できる。また、特に空所後にlocatedという形容詞的役割を果たす過去分詞が来ていることから、空所には副詞が入る。選択肢 (A) は形容詞、(B)は動詞、(D) は名詞なのでどれも不適。(C) ideallyが副詞なのでこれが正解。なお、within walking distance「歩いて行ける」はTOEIC頻出表現。　　**正解（C）**

【訳】ウィンストン・ホテルは市のすべての有名な場所に歩いて行ける理想的な場所にある。

【注】ideally located 理想的な場所にある、site 場所

95. この問題のポイントは空所前のnearingが他動詞であることを理解すること。それが理解できれば、他動詞は後に目的語を取るので名詞が有力候補になることが予想できる。選択肢を見ると、(B) は動詞、(C) は副詞、(D) は過去形あるいは過去分詞なのでどれも不適。(A) completionが名詞なのでこれが正解になる。near completionは「完成が近づく」という意味の成句。　　**正解（A）**

【訳】ポーター通りの道路補修作業は完成に近づきつつあり、来週末までには終了する予定である。

【注】road improvement 道路補修作業

96. 空所前がisというbe動詞なので、空所には名詞または形容詞が入るとまずは考える。選択肢 (A) は副詞なので除外する。(C) は名詞だが、文意に合わない。残る (B) が形容詞、(D) が形容詞の比較級で正解候補だが、(D) の比較級の場合は空所後のどこかにthanが必要なのに対し、この文にはそれがないので正解は (B) vitalとなる。なお、vitalは「不可欠な」とか「極めて重要な」という意味。　　**正解（B）**

【訳】観光産業が戻ってくることはエバートン経済の成長と持続可能性にとって不可欠である。

【注】tourism 観光業、sustainability 持続可能性

97. This beautifully ------- and spacious home is large enough for a big family.

(A) decoration   (B) decorate

(C) decorated   (D) decorating

98. ------- shuttle bus service is available upon request from 6 A.M. to 8 A.M. daily.

(A) Compliment   (B) Complimenting

(C) Complimented   (D) Complimentary

99. We welcome ------- to our magazine, as long as they are unique and original.

(A) contribute   (B) contributions

(C) contributory   (D) contributor

100. An ------- public speaker, Jonathan Lucas has given talks at many academic and cultural events.

(A) accomplished   (B) accomplish

(C) accomplishing   (D) accomplishment

101. Even in a ------- changing business world, networking remains as important as ever.

(A) dramatic   (B) dramatics

(C) dramatically   (D) dramatized

102. The park commission is seeking outdoor ------- to guide groups of children along the trails of Blue Peak Mountain.

(A) enthusiasm   (B) enthusiasts

(C) enthusiastic   (D) enthusiastically

97. 空所前がbeautifullyという副詞になっていることに注目。また、空所の後ろがand spacious となっており、空所にはspaciousと同じ形容詞か形容詞のはたらきをする分詞が入るとわかる。(A) は名詞、(B) は動詞なのでどちらも不適。(D) は現在分詞だが、beautifully decorating homeで は英語として不自然。(C)decoratedが過去分詞でこれが正解になる。beautifully decoratedは「美 しく飾られた」という意味の成句。　　　　　　　　　　　　　　　　　　　　　　**正解 (C)**

【訳】この美しく飾られて広々とした家は大家族にも十分なぐらい大きい。

【注】spacious 広々とした

98. 空所後がshuttle bus serviceという複合名詞になっていることに注目。したがって、空所には 名詞を修飾する形容詞かそれに準じた分詞が入る。選択肢 (A) は名詞か動詞なので除外する。(B) は現在分詞、(C) は過去分詞だが、この場合のcomplimentは褒めるという意味になり文意にそ ぐわない。(D) Complimentaryは「無料の」という意味の形容詞で文意が通るのでこれが正解。 complimentaryはTOEIC頻出単語。　　　　　　　　　　　　　　　　　　　　　　**正解 (D)**

【訳】ご要望があれば、毎日午前6時から8時までの間、無料のシャトルバス・サービスをご利用いただけます。

【注】available 利用可能、upon request 要望があれば

99. 空所前にwelcome「歓迎する」という他動詞があるので、その後には目的語としての名詞が来 る。選択肢 (A) は動詞、(C) は形容詞なので除外する。(B) と (D) はともに名詞だが、(D) の場 合は空所前にaなどの冠詞が必要になるが、それがないので (B) contributionsが正解になる。なお、 このcontributionsは「貢献」ではなく「寄稿」という意味。　　　　　　　　　　　**正解 (B)**

【訳】我々は内容がユニークでオリジナルなものであれば皆様からの寄稿を歓迎します。

【注】as long as 〜である限りは

100. 空所前がanという冠詞、またその後がpublic speakerという名詞句になっていることから、 空所には形容詞またはそれに準じた分詞が入る。(B) は動詞、(D) は名詞なので除外する。残るは (A) と (C) の分詞だが、(C) では「成し遂げつつある」という変な意味になってしまうので不適。した がって、「熟達した」という意味のある過去分詞の (A) accomplishedが正解になる。　**正解 (A)**

【訳】熟達したパブリック・スピーカーであるジョナサン・ルーカスは多くの学術や文化イベントでスピーチを行なっ てきている。

【注】give talks スピーチを行う

101. 空所前にaという冠詞、その後にはchangingという現在分詞があることから、空所には現在 分詞を修飾する副詞が入る。選択肢 (A) は形容詞、(B) は名詞、(D) は過去分詞なのでどれも不適。 (C) dramaticallyが副詞なのでこれが正解。このdramatically changing「急激に変化する」のほ かに、rapidly changing「急激に変化する」という表現もTOEICではよく出てくる。　**正解 (C)**

【訳】劇的に変化する現在のビジネス界においてさえ、人的繋がりは今までと同様に依然として重要である。

【注】networking 人的繋がり、as 〜 as ever 相変わらず、依然として

102. 空所前がis seeking outdoorとなっていることから、アウトドアに関する何かを求めている ことがわかる。また、空所後にはto guide groups of childrenとあることから、子どもたちを引率 する人物を求めているのではないかと推測できる。そこで選択肢を見ると、(B) enthusiastsが「熱 心な人」という意味なのでこれが正解になる。　　　　　　　　　　　　　　　　　　**正解 (B)**

【訳】公園管理委員会は子どもたちのグループを引率してブルーピーク山のトレイルを歩いてくれる野外活動に熱心 な人を求めている。

【注】commission 委員会、seek 求める

103. Every item in the store was ------- selected for its eco-friendliness and sustainability.

(A) care
(B) careful
(C) caring
(D) carefully

104. Tourism is a key ------- driver for the region, which receives more than a million visitors every year.

(A) economical
(B) economic
(C) economically
(D) economy

105. Upon admission to Summerville University, new students are required to pay an ------- fee of $500.

(A) enroll
(B) enrollment
(C) enrolled
(D) enrolling

106. Clayton Industry's technical department has close -------
relationships with some of the top engineering firms in the country.

(A) worked
(B) works
(C) worker
(D) working

107. If the applicant becomes a ------- for the position, one of their references must come from their most recent supervisor.

(A) final
(B) finally
(C) finalist
(D) finalize

108. ------- built in 1930, the hotel has gone through many transformations over the years.

(A) Origin
(B) Originally
(C) Originated
(D) Original

103. 空所前後がwas ------- selectedとなっているので、これは受動態の文である。受動態の動詞を修飾するのは副詞なので副詞を探せばよい。選択肢（A）は名詞、（B）は形容詞、（C）は現在分詞か動名詞なのでどれも不適。（D）carefullyが副詞なのでこれが正解になる。なお、冒頭にあるeveryに修飾される名詞は単数形になるので、その後がwasやitsになっていることに注意。　**正解（D）**

【訳】その店のすべての商品は環境にやさしいことと持続可能性を考慮して注意深く選ばれた。
【注】**carefully** 注意深く、**eco-friendliness** 環境にやさしいこと

---

104. 空所後にdriverという名詞があるので、空所には名詞を修飾する形容詞が入る。選択肢を見ると、（C）は副詞、（D）は名詞なので除外する。残りの（A）と（B）が形容詞なので正解候補だが、両者には意味の違いがある。（B）は「経済的な」という意味だが、（A）は「節約する」という意味で文意に合わない。したがって、（B）economicが正解になる。　**正解（B）**

【訳】毎年100万人以上の訪問客を受け入れているその地域にとって、観光業は鍵となる経済的推進力である。
【注】**tourism** 観光業、**driver** 推進力、**region** 地域

---

105. 空所前にanという冠詞、また後にはfeeという名詞がある。通常なら、空所には名詞を修飾する形容詞が入るのだが、これは名詞＋名詞の複合名詞の問題である。（A）は動詞、（C）は過去形か過去分詞、（D）は動名詞か現在分詞なのでどれも不適。（B）enrollmentが名詞なのでこれが正解になる。enrollment fee「入学金」は成句なのでこのまま覚えておこう。　**正解（B）**

【訳】サマービル大学への入学が許可された際に、新入学生は500ドルの入学金を支払わなければならない。
【注】**upon admission** 入学許可時に

---

106. 空所前がcloseという形容詞、後がrelationshipsという名詞になっていることから、空所には形容詞ないしはそれに準じた分詞が入る。選択肢を見ると、（B）は動詞の三単現ないしは名詞、（C）は名詞なので除外する。残る（A）と（D）のうち、（A）は過去分詞だが、worked relationshipsとは言わない。したがって、現在分詞の（D）workingが正解となる。　**正解（D）**

【訳】クレイトン産業の技術部門はいくつかの国内トップのエンジニアリング会社と緊密な仕事上の関係を持っている。
【注】**close** 緊密な、**working relationships** 仕事上の関係

---

107. 空所前にaという冠詞、その後にforという前置詞があることから、空所には名詞が入ることがわかる。選択肢を見ると、（A）は形容詞、（B）は副詞、（D）は動詞なのでどれも不適。（C）finalistだけが名詞なのでこれが正解になる。冠詞＋空所＋前置詞というパターンはTOEICの最頻出パターンのひとつ。　**正解（C）**

【訳】もし応募者がその仕事の最終選考者になった場合は、身元照会状の一通は最も直近に仕えた上司からのものでなければならない。
【注】**finalist** 最終選考通過者、**reference** 身元照会状、**supervisor** 上司

---

108. 空所後がbuilt in 1930となっているので、builtが「建てられた」という意味の過去分詞であることがわかる。このような過去分詞を修飾するのは副詞である。選択肢を見ると、（A）は名詞、（C）は過去形ないしは過去分詞、（D）は形容詞なのでどれも不適。（B）Originallyが副詞なのでこれが正解となる。冒頭の部分は、Since it was originally built in 1930と理解すればわかりやすい。　**正解（B）**

【訳】1930年に最初に建てられたそのホテルはこれまで長年にわたって多くの変化を経てきた。
【注】**go through** 経験する、**over the years** 長年にわたって

109. Emory Clothing has ------- stores in each of the major cities in the region.

(A) multiple
(B) multiples
(C) multiplied
(D) multiply

110. Dr. Patel has made a ------- argument as to why the housing market will not expand indefinitely.

(A) convince
(B) convincing
(C) convincingly
(D) convinced

111. It is extremely important to be well prepared before ------- your studies in a foreign country.

(A) begin
(B) began
(C) begun
(D) beginning

112. ------- the company's equipment without a supervisor's approval may result in disciplinary action.

(A) Uses
(B) Using
(C) Used
(D) User

113. The bottled water company has long ------- the purity of its water which comes from the French Alps.

(A) emphasize
(B) emphasis
(C) emphasized
(D) emphasizing

114. Some ------- were found during the final inspection of the new product.

(A) defections
(B) defective
(C) defected
(D) defects

109. 空所後にはstoresという名詞があることから、空所には名詞を修飾する形容詞が入る。選択肢を見ると、（B）は名詞、（D）は動詞なので除外する。残るは形容詞の（A）と過去分詞の（C）だが、（C）のmultipliedは「増加させた」とか「拡大された」という意味になり文意に合わない。したがって、正解は（A）multipleになる。　　　　　　　　　　　　　　　　　　　　　　　　　　**正解（A）**

【訳】エモリー衣料はその地域の主要都市それぞれに複数の店舗を持っている。

【注】**multiple** 多数の、複数の

---

110. 空所前にaという冠詞、空所後にはargumentという名詞があるということは、空所には名詞を修飾する形容詞あるいはそれに準じた分詞が入ることを意味する。選択肢（A）は動詞、（C）は副詞なので除外する。（B）は現在分詞、（D）は過去分詞で正解候補だが、（D）過去分詞の場合は「説得された議論」という変な意味になるので（B）convincingが正解となる。　　　　**正解（B）**

【訳】パテル博士は住宅市場がなぜいつまでも拡大しないのかということについて説得力のある議論を行なった。

【注】**convincing** 説得力のある、**argument** 議論、**indefinitely** いつまでも、永久に

---

111. 空所前にbeforeがあるが、これは接続詞、前置詞どちらの可能性もある。接続詞であれば後ろには主語＋動詞または分詞、前置詞であれば名詞または動名詞が来る。空所後にはyour studiesと目的語になり得る名詞句があるので、このbeforeが前置詞であれ接続詞であれ、動詞の-ing形＋目的語をとることになる。-ing形になっているのは（D）beginningなのでこれが正解となる。

正解（D）

【訳】外国で勉強を開始する前にはよく準備しておくことが極めて重要である。

【注】**extremely** 極めて、**well prepared** よく準備できている

---

112. この問題では空所からapprovalまでが主語であることを見極めることが最大のポイント。空所後にあるapprovalまでの間に主語になり得る語句はないので、空所には主語になる品詞が入る。選択肢の中で主語になれるのは動名詞の（B）Usingだけなのでこれが正解になる。　　　**正解（B）**

【訳】上司の許可なく会社の機材を使用することは懲戒処分を招くことになる可能性がある。

【注】**approval** 承認、**disciplinary** 懲罰の

---

113. 空所前にlongという単語があるが、longには形容詞だけでなく副詞の意味もある。ここでは「長く」という意味の副詞として使われている。副詞が前にあるということは空所には副詞が修飾する動詞が入ることを意味する。（B）は名詞、（D）動名詞ないしは現在分詞なので除外する。（A）も動詞だがlongの前にhasがあるので（A）は不可。したがって、（C）emphasizedが正解となる。

正解（C）

【訳】飲料水を販売する会社は自社の水がフレンチ・アルプス由来の純粋なものであることを長く強調してきた。

【注】**emphasize** 強調する、**purity** 純度、純粋

---

114. 空所前にsomeという形容詞があることから、空所には形容詞が修飾する名詞が入る。選択肢の（B）は形容詞、（C）は動詞の過去形ないしは過去分詞なので除外する。残る（A）も（D）も名詞だが、（A）は「亡命」とか「離脱」という意味なので文意に合わない。したがって、「欠陥」という文意に合致する（D）defectsが正解となる。　　　　　　　　　　　　　　　**正解（D）**

【訳】新製品の最終検査を行なっている間にいくつかの欠陥が発見された。

【注】**inspection** 検査

115. The company remains ------- optimistic about the stock market and expects a modest upward trend.

(A) fair
(B) fairly
(C) fairness
(D) fairer

116. Successful candidates should be naturally inquisitive and possess a range of ------- skills and experience.

(A) relevant
(B) relevancy
(C) relevantly
(D) most relevant

117. The Feynman Teaching Award will be given to an elementary school teacher who has exhibited ------- in teaching.

(A) excel
(B) excellent
(C) excellence
(D) excelled

118. The improvements and renovations need to be completed before the store's ------- opening at the end of the year.

(A) anticipated
(B) anticipate
(C) anticipating
(D) anticipation

119. Outstanding leaders are able to energize and inspire people and ------- communicate their vision for the future.

(A) vivid
(B) vividly
(C) more vivid
(D) vividness

120. This workshop is open exclusively to those who ------- in the previous workshops in the series.

(A) participated
(B) participate
(C) participation
(D) participatory

115. 空所前がremainsという動詞、また空所後がoptimisticという形容詞になっている。空所のないremains optimisticだけでも「楽観的である」という意味になるが、この問題では空所にoptimisticを修飾する副詞を求めている。選択肢（A）は形容詞、（C）は名詞、（D）は形容詞の比較級なのでどれも不適。唯一の副詞である（B）fairlyが正解になる。　**正解（B）**

【訳】その会社は株式市場についてかなり楽観的で、今後は多少の上昇傾向になっていくと考えている。

【注】**fairly** かなり、**modest** 控えめな、**upward trend** 上昇傾向

- -

116. 空所後にはskills and experienceという名詞があるので、空所には名詞を修飾する形容詞が入る。選択肢（B）は名詞、（C）は副詞、（D）は形容詞の最上級なのでどれも不適。（A）relevantが形容詞なのでこれが正解となる。（B）も複合名詞として正解になると思ったかもしれないが、relevancy skills やrelevancy experience という言い方はしない。　**正解（A）**

【訳】採用される候補者は生まれつき探究心が強く、さまざまな関連するスキルと経験を持っていなければならない。

【注】**inquisitive** 探究心のある、**a range of** さまざまな、ある範囲の

- -

117. 空所前がhas exhibitedという他動詞の現在完了形になっていることに注目。他動詞がその後に目的語として取ることができるのは名詞。選択肢を見ると、（A）は動詞、（B）は形容詞、（D）は動詞の過去形か過去分詞なのでどれも不適。（C）excellenceが名詞なのでこれが正解となる。なお、ここでは「示す」という意味の動詞だが、exhibitには名詞として「展示会」や「添付書類」という意味もあり、TOEICで頻出する。　**正解（C）**

【訳】ファインマン教育賞は優秀な教育を行なった小学校の教師に与えられる。

【注】**excellence** 卓越、優秀

118. 空所後にopeningという名詞または動名詞があることから、空所には名詞を修飾する形容詞かそれに準じた分詞が入る。選択肢を見ると、（B）は動詞、（D）は名詞なのでまず除外する。残りの（A）は過去分詞、（C）は現在分詞でどちらも正解候補だが、（C）では「期待する開店」という変な意味になってしまうので不可。店の開店は「期待される」ものなので（A）anticipatedが正解となる。　**正解（A）**

【訳】年末に期待されるその店の開店までには、店の改善改装は終わっている必要がある。

【注】**improvement** 改善、**renovation** 改装、リフォーム

- -

119. 空所後にcommunicateという動詞があることに注目。動詞が後にあるということは空所には動詞を修飾する副詞が入ることを意味する。選択肢を見ると、（A）は形容詞、（C）は形容詞の比較級、（D）は名詞なのでどれも不適。（B）vividlyが副詞なのでこれが正解になる。vividly communicateはTOEICにもよく出てくるコロケーション。　**正解（B）**

【訳】優れた指導者は人を活気づけ鼓舞することができ、また将来へのビジョンを生き生きと伝えることができる。

【注】**inspire** 鼓舞する、**vividly** 生き生きと

- -

120. 空所前にthose whoというTOEICで頻出する表現が出ている。これは「〜する人たち」という意味なので、whoの後の空所には動詞が入る。選択肢（C）は名詞、（D）は形容詞なので除外する。（A）、（B）はともに動詞なので正解候補となる。しかし、空所後にはin the previous workshopsとあるので、空所には動詞の過去形である（A）participatedがふさわしい。　**正解（A）**

【訳】このワークショップにはこのシリーズの過去のワークショップに参加した人たちだけが出席することができる。

【注】**exclusively** もっぱら、**previous** 前の、以前の

- -

121. Despite its amazing scientific -------, humanity still faces many serious problems.

(A) develops
(B) developments
(C) developing
(D) developmental

122. Mr. Taylor Westwood, CEO of Kids Farm, will speak about a number of topics, including ------- markets for children's clothes.

(A) expand
(B) expansion
(C) expanding
(D) expands

123. A merger and acquisition can add ------- value to a business, but it can also be very complicated and time-consuming.

(A) consider
(B) considerate
(C) considerable
(D) consideration

124. An active investor and a large shareholder ------- strong interest in taking the company private.

(A) expressive
(B) expresses
(C) expression
(D) expressed

125. Prices can rise as a result of the increase in ------- costs or employee wages, or an increase in demand.

(A) production
(B) productivity
(C) productive
(D) producing

126. Business analysts were disappointed because the company failed to explain ------- the reasons for its declining profits.

(A) clear
(B) clearly
(C) cleared
(D) clarify

121. 空所前にamazing scientificという2つの形容詞があるので、空所には形容詞が修飾する名詞が入ることがわかる。選択肢を見ると、（A）は動詞の三単現、（D）は形容詞なので除外する。（C）は動名詞か現在分詞だがどちらも単独で形容詞の後に来ることはできないので、（B）のdevelopmentsが正解になる。　　　　　　　　　　　　　　　　　　　　　　　　　　正解（B）

【訳】驚くべき科学的発展をしたにもかかわらず、人類は依然として数多くの深刻な問題に直面している。

【注】amazing 驚くべき、humanity 人類、face 直面する

---

122. 空所後にmarketsという名詞があるので、空所には名詞を修飾する形容詞かそれに準じた分詞が入ることが予想される。選択肢を見ると、（A）は動詞、（B）は名詞、（D）も動詞の三単現なのでどれも不適。現在分詞である（C）のexpandingは「拡大する」という能動的な意味であり、文意に合致するのでこれが正解になる。　　　　　　　　　　　　　　　　　　　　正解（C）

【訳】キッズファームのCEOであるテイラー・ウェストウッド氏は、拡大する子ども用衣料の市場を含め多くのトピックについて話をすることになっている。

【注】a number of 多くの、expanding market 拡大する市場

---

123. 空所後がvalueという名詞になっているので、空所には名詞を修飾する形容詞が入る。選択肢を見ると、（A）は動詞、（D）は名詞なのでまず除外する。（B）と（C）は両方とも形容詞なので正解候補になるが、（B）は「思いやりのある」という意味でこれでは文意が通らない。（C）considerableは「かなりの」という意味で文意が通るのでこれが正解になる。　　　　　　正解（C）

【訳】企業の合併買収はビジネスにかなりの価値をもたらすことができるが、その一方でそれを行うのは非常に複雑で時間がかかる。

【注】merger and acquisition 企業の合併買収、time-consuming 時間がかかる

---

124. 空所前がshareholderという名詞、また空所後にはstrong interest「強い関心」という目的語になる名詞句があるので、空所には動詞が入ることが予想される。選択肢を見ると、（A）は形容詞、（C）も名詞なので除外する。（B）は動詞の三単現だが、主語が複数なので不可。したがって、過去形の動詞である（D）expressedが正解になる。　　　　　　　　　　　　　　　　正解（D）

【訳】ある積極的な投資家と大株主はその会社を非上場にすることに強い関心を示した。

【注】shareholder 株主、take the company private 会社を非上場にする

---

125. これはこれまでにも何度か出てきた複合名詞の問題。空所後がcostsという名詞になっていることから、名詞を修飾するのは形容詞だと思って（C）を正解だと早合点しないこと。（B）でも（C）でも（D）でも良さそうに思えるかもしれないが、英語では生産コストのことをproduction costというので（A）が正解になる。　　　　　　　　　　　　　　　　　正解（A）

【訳】物価は生産コストや従業員の賃金上昇、あるいは需要の増加の結果として上がることがある。

【注】prices 物価、as a result of ～の結果として、wage 賃金、demand 需要

---

126. 空所前にexplainという動詞があることから、空所には動詞を修飾する副詞が入る。選択肢（A）は形容詞、（C）は動詞の過去形ないしは過去分詞、（D）は動詞なので、いずれも空所にはふさわしくない。（B）のclearlyが副詞なのでこれが正解になる。　　　　　　　　　　正解（B）

【訳】ビジネスアナリストたちはその会社が減益の理由を明確に説明しなかったので失望した。

【注】disappointed 失望した、clearly 明確に、declining profits 減益

127. Recently the company has received an increasing number of ------- from its customers regarding the level of customer service.

(A) complain   (B) complaining
(C) complaints   (D) complainer

128. Bob's Furniture has been ------- serving customers in the Linkwood area since it was established 50 years ago.

(A) faithful   (B) faithfully
(C) faith   (D) faithfulness

129. Visitors are not allowed to enter the research center without ------- approval from the director.

(A) writing   (B) write
(C) written   (D) wrote

130. Many municipal governments have been making efforts to revitalize their ------- economies by attracting more tourists.

(A) local   (B) localized
(C) locality   (D) locally

131. Attractive tax ------- were offered by the government in order to encourage more foreign investment.

(A) breakers   (B) breakings
(C) brokers   (D) breaks

132. All new employees are strongly recommended to read the company's annual report, which ------- its recent financial results and product developments.

(A) details   (B) detailing
(C) detailed   (D) detail

127. これは空所の前後両方に前置詞がある問題だが、重要なのは空所前がan increasing number of「より多くの」という意味の熟語であるのを知っていること。increasingのないa number ofは「多数の」という意味なので、ofの後は名詞になる。選択肢（A）は動詞なので除外する。（B）は動名詞になり得るが、a number of の後は複数形になるので不可。（D）も名詞だが、複数ではなく文意も通らない。したがって、（C）complaintsが正解になる。　　　　　　　　　　　**正解（C）**

【訳】最近、その会社は顧客サービスの水準に関してより多くの顧客から不満を受けるようになった。

【注】complaint 不満、regarding 〜に関して

128. 空所後にservingという動詞があることから、空所には動詞を修飾する副詞が入る。選択肢を見ると、（A）は形容詞、（C）は名詞、（D）も名詞なのでどれも不適。（B）faithfullyが副詞なのでこれが正解になる。なお、faithfully serveは「誠実に奉仕する」という意味で、TOEICでも老舗の店がその地域で長く営業している文章などでよく出てくる。　　　　　　　　　　**正解（B）**

【訳】ボブズ・ファーニチャーは50年前に創業して以来、リンクウッド地域のお客様に誠実に奉仕してきている。

【注】establish 創設する、創業する

129. 空所前にはwithoutという前置詞、また空所後にはapprovalという名詞があることから、空所には形容詞ないしはそれに準じた分詞が入る。選択肢（B）は動詞、（D）は動詞の過去形なので除外する。残る（A）は動名詞ないしは現在分詞だが、writing approvalでは「書いている承認」という変な意味になるので、「書面での」を意味する過去分詞の（C）writtenが正解になる。　**正解（C）**

【訳】訪問者は研究センターの所長からの書面での承認がなければ入ることはできない。

【注】not allowed to 〜することは許されない、approval 承認

130. 空所後にeconomies「経済」という名詞があるので、空所には名詞を修飾する形容詞が入る。選択肢を見ると、（C）は名詞、（D）は副詞なので除外する。残る（A）は形容詞、（B）は過去分詞なので一応どちらも正解候補になる。しかし、（B）のlocalizedは「現地化された」という意味で文意に合わないので（A）localが正解になる。　　　　　　　　　　　　　　　　**正解（A）**

【訳】多くの地方自治体はより多くの観光客を集めることによって地域経済を活性化させようと努力している。

【注】municipal 地方自治体の、revitalize 活性化させる

131. 空所後はwereというbe動詞になっているので、空所前が主語になる。Attractiveはtax ------- 全体を修飾する形容詞なのでtax -------が主語となり、空所には名詞が入る。選択肢（A）tax breakers、（B）tax breakings、（C）tax brokersという言い方はしない。したがって、（D）breaksが正解になる。tax breaksは「優遇税措置」という意味。　　　　　　　**正解（D）**

【訳】外国からより多くの投資を促進するために魅力的な優遇税制措置が政府から提供された。

【注】attractive 魅力的な、foreign investment 外国投資

132. 空所前にwhichという主格の関係代名詞、後にはits recent financial resultsという名詞句があるので空所には動詞が入る。選択肢（B）は動名詞か現在分詞なので除外する。残り3つは動詞でどれも正解候補だが、この文は現在形なので過去形の（C）は不適。また、whichが受ける先行詞はreportという単数形なので（D）も不適。したがって、（A）detailsが正解になる。　**正解（A）**

【訳】会社の年次報告書には最近の会社の財務結果と製品開発についての詳細な記載があるので、新入社員全員にはそれを読むことを強く求める。

【注】annual report 年次報告書、financial results 財務結果

133. Laguna City's officials plan to use as many ------- materials as possible in the construction of the new convention center.

(A) recycle (B) recycled
(C) recycling (D) recycles

134. The company's new president is a strong ------- of promoting a healthy work-life balance among employees.

(A) supporter (B) support
(C) supporting (D) supportive

135. Luminex Music Festival features performances by a wide ------- of artists from around the world.

(A) various (B) vary
(C) variety (D) variation

136. The baseball player underwent surgery and is expected to return ------- after the start of the regular season.

(A) short (B) shortly
(C) shorter (D) shortage

137. Madison Electronics wants to penetrate international markets with its ------- products.

(A) innovate (B) innovation
(C) innovative (D) innovatively

138. Sandy's ------- to submit her application to the university by the due date resulted in her being denied acceptance.

(A) failed (B) fails
(C) failure (D) fail

133. 空所後にはmaterialsという名詞があるので、空所には名詞を修飾する形容詞ないしは分詞が入る。選択肢（A）と（D）は動詞か名詞なので除外する。残る（B）は過去分詞、（C）は現在分詞でどちらも正解候補。しかし、（C）の現在分詞では「リサイクルする材料」となって文意が通らない。したがって、過去分詞の（B）recycledが正解になる。　　　　　　　　　　　　　**正解（B）**

【訳】ラグナ市の高官は新しいコンベンション・センターの建設にあたってはできるだけ多くリサイクルされた材料を使う予定である。

【注】**official** 高官、役人、**material** 材料

---

134. 空所前にstrongという形容詞、また空所後にはofという前置詞があるので空所には名詞が入る。選択肢を見ると、（C）は動名詞ないしは現在分詞、（D）も形容詞なので除外する。残る（A）も（B）も名詞でどちらも正解候補だが、空所前にa strongと冠詞があるので（B）のsupportも不適。主語がThe company's new presidentという人なので、空所には（A）supporterという人が入る。　　　　　　　　　　　　　**正解（A）**

【訳】その会社の新社長は従業員の健康的なワークライフバランスを推進する力強いサポーターである。

【注】**promote** 促進する、**healthy** 健康的な

---

135. これは前問と同じで、空所前が形容詞、後が前置詞になっているので空所には形容詞が修飾する名詞が入る。選択肢（A）は形容詞、（B）は動詞なので除外する。（C）と（D）はともに名詞だが意味が異なる。（D）のvariationは「変化」という意味で文意が通らない。（C）varietyは「種類」という意味で文意に合致する。a wide variety ofは「さまざまな種類の」という意味のTOEIC最頻出熟語。　　　　　　　　　　　　　**正解（C）**

【訳】ルミネックス音楽祭は世界中からの多様なアーチストによる演奏を呼び物にしている。

【注】**feature** 呼び物にする、特色となる、**performance** 演奏

---

136. 空所前にreturnという動詞、また空所後はafterという前置詞がある。つまりafter以下がなくても空所直後で文が完結するので、空所にはreturnという動詞を修飾するものを考えればよい。動詞を修飾するのは副詞である。選択肢（A）は形容詞、（C）は形容詞の比較級、（D）は名詞なのでどれも不適。（B）shortlyが副詞なのでこれが正解になる。　　　　　　　　　　　　　**正解（B）**

【訳】その野球選手は手術を受けたが、レギュラーシーズン開始後すぐに復帰する予定である。

【注】**undergo**（治療や手術などを）受ける、**surgery** 手術、**shortly** すぐに

---

137. 空所前にitsという代名詞、また後ろにはproductsという名詞があることから、空所には形容詞が入る。選択肢を見ると、（A）は動詞、（B）は名詞、（D）は副詞なのでどれも不適。（C）innovativeが形容詞なのでこれが正解になる。名詞＋名詞の複合名詞かと思った人もいるかもしれないが、innovation productとは言わない。　　　　　　　　　　　　　**正解（C）**

【訳】マディソン・エレクトロニクス社は革新的な製品で国際市場に進出したいと考えている。

【注】**penetrate** 進出する、**innovative** 革新的な

---

138. 空所前がSandy'sという人物の所有格を表すアポストロフィの-sがついていることに留意。空所前に所有格があるということは、その後ろの空所には名詞が入ることを意味する。選択肢（A）は動詞の過去形か過去分詞、（B）は三単現の-sが入った動詞、（D）は動詞の原形なのでどれも不適。（C）failureが名詞なのでこれが正解になる。　　　　　　　　　　　　　**正解（C）**

【訳】サンディは期限内に大学への入学願書を提出しなかったので入学を許可されなかった。

【注】**submit** 提出する、**application** 申請書、**deny** 否定する

139. You need to ------- your subscription prior to the expiration date to avoid an interruption of service.

(A) renew
(B) renewal
(C) renewing
(D) renewed

140. Barnard Department Store has filed for bankruptcy and plans to hold a ------- sale soon.

(A) liquid
(B) liquidation
(C) liquidity
(D) liquidate

141. A detailed analysis of the marketing campaign showed that it was much less ------- than originally expected.

(A) effect
(B) effects
(C) effective
(D) effectively

142. Many law firms have had difficulty deciding when to start ------- social media.

(A) use
(B) usefully
(C) using
(D) used

143. The highly ------- workshop includes a detailed presentation on the latest trends in marketing.

(A) inform
(B) informative
(C) information
(D) informatively

144. When you come in for your first visit, we'll conduct a thorough ------- of your teeth and gums.

(A) examine
(B) examining
(C) examined
(D) examination

139. 空所前がneed toという動詞＋to不定詞という形で、また空所後にはyour subscription「あなたの購読」という目的語になる名詞句があることから、空所には動詞の原形が入る。選択肢（B）は名詞、（C）は動名詞か現在分詞、（D）は動詞の過去形か過去分詞なのでどれも不適。（A）renewが動詞の原形なのでこれが正解になる。　　　　　　　　　　　　　　　　　　**正解（A）**

【訳】購読サービスの中断を避けるためには期限切れまでに購読の更新が必要になります。

【注】renew 更新する、expiration 期限切れ、interruption 中断

140. 空所前にはaという冠詞、また空所後にはsaleという名詞があることから空所には形容詞が入ると思ったかもしれないが、これも複合名詞の問題。選択肢（A）は形容詞、（D）は動詞なので除外する。（B）と（C）は両方名詞だが、（C）は「流動性」という意味なので不適。liquidation saleで「清算セール」という意味になり文意が通るので（B）が正解になる。　　　　　　　**正解（B）**

【訳】バーナード百貨店は倒産申請を終わり、すぐに清算セールを行う計画である。

【注】file for bankruptcy 倒産申請をする

141. 空所前にはwas much less、また空所後にはthanがあるので、これが比較級の文であることがわかる。比較級になるのは形容詞なので空所には形容詞が入る。選択肢（A）は名詞、（B）は名詞の複数形ないしは動詞の三単現、（D）は副詞なのでどれも不適。（C）effectiveが形容詞なのでこれが正解になる。　　　　　　　　　　　　　　　　　　　　　　　　　　　　　　**正解（C）**

【訳】マーケティング・キャンペーンを詳細に分析したところ、当初の予想よりも遥かに効果が薄かったことがわかった。

【注】analysis 分析、effective 有効な、originally expected 当初予想された

142. 空所前にstartという動詞、また空所後にはsocial mediaという目的語になる名詞句があることから、空所には動詞または動名詞が入ることが予想される。選択肢を見ると、（B）は副詞なので除外する。（A）はstart use、（D）でもstart usedという文法的におかしい言い方になるので不可。したがって、正解は動名詞の（C）usingになる。なお、英語ではSNSとは言わずsocial mediaと言う。　　　　　　　　　　　　　　　　　　　　　　　　　　　　　　　　　　　**正解（C）**

【訳】多くの法律事務所はいつソーシャルメディアを使い始めればいいのか決めかねていた。

【注】law firm 法律事務所、difficulty 困難

143. 空所前がhighlyという副詞、また空所後にはworkshopという名詞があるので、空所には副詞が修飾し、名詞が修飾される形容詞が入る。選択肢を見ると、（A）は動詞、（C）は名詞、（D）は副詞なのでどれも不適。（B）informativeが形容詞なのでこれが正解になる。highly informativeは「非常に有益な」という意味で、コロケーションとしてTOEICでも頻出。　　　　　　**正解（B）**

【訳】その大変有益なワークショップではマーケティングの最新傾向に関する詳しいプレゼンテーションも行われる。

【注】include 含む、trend 傾向

144. 空所前にはthoroughという形容詞、また後にはofという前置詞があることから、空所には形容詞が修飾する名詞が入る。選択肢を見ると、（A）は動詞、また（C）は動詞の過去形か過去分詞なので除外する。（B）は動名詞で、空所前にa thoroughと冠詞があるので不可。動名詞には基本的には冠詞がつかない。したがって、正解は名詞の（D）examinationになる。　　　　　**正解（D）**

【訳】当クリニックに初めて訪問される際には、あなたの歯と歯茎を徹底的に検査します。

【注】thorough 徹底的な、完全な、gum 歯茎

145. Employees are strongly encouraged to work ------- with their colleagues and respect their skills and experience.

(A) collaborate
(B) collaboration
(C) collaborative
(D) collaboratively

146. The extraordinary ------- in the housing market is expected to return to more modest levels this year.

(A) growth
(B) grow
(C) growing
(D) grown

147. Loyal customers who recommend your brand to others will help you ------- new customers at no cost to your company.

(A) acquired
(B) acquiring
(C) acquire
(D) acquisition

148. When arranging your home to appeal to potential buyers, it is important to remove ------- items from view.

(A) personality
(B) personalized
(C) person
(D) personal

149. The company has ------- increased its market share by launching new products at competitive prices.

(A) consistently
(B) consistent
(C) consistency
(D) consistencies

150. Dr. Lawrence Kwan is slated to present a ------- on his research in machine learning.

(A) talking
(B) talk
(C) talker
(D) talkative

145. 空所前にworkという動詞があるので、空所には動詞を修飾する副詞が入る。選択肢を見ると、(A) は動詞、(B) は名詞、(C) は形容詞なので除外する。(D) collaborativelyが副詞なのでこれが正解になる。collaborativelyは「協力して」という意味で、コロケーションとしてworkと相性がよい。副詞としてはcollaborativelyのほか、effectively、cooperatively、harmoniouslyなどもworkとよく結びつく。　　　　　　　　　　　　　　　　　　　　　　　　　　**正解（D）**

【訳】従業員は同僚と協力して働き、お互いのスキルや経験を尊重することが強く求められる。

【注】colleague 同僚、respect 尊重する

146. 空所前にextraordinaryという形容詞があるので、空所には形容詞が修飾する名詞が入ることがわかる。選択肢を見ると、(B) は動詞、(D) は動詞の過去分詞なので除外する。(C) は動名詞になり得るが、extraordinary growingという言い方はしない。したがって、正解は名詞の (A) growthということになる。　　　　　　　　　　　　　　　　　　　　　　　　　　　　**正解（A）**

【訳】住宅市場の異常な成長については、今年はより穏やかな水準に戻ることが予想されている。

【注】extraordinary 異常な、growth 成長、modest 穏やかな、控え目な

147. 空所前にhelp youとあることに注目。help someoneの後には動詞の原形が来るので、選択肢の中から動詞の原形を探せばよい。選択肢 (A) は過去形あるいは過去分詞、(B) は動名詞あるいは現在分詞、(D) は名詞なのでどれも不適。(C) acquireが動詞の原形なのでこれが正解。help you to doとto を入れることも可能だが、toなしの方が多用される。　　　　　　　　　　　　**正解（C）**

【訳】他者にあなたのブランド商品を薦めてくれる義理堅い顧客は、まったく費用をかけずに新しい顧客を獲得するのに一役買ってくれる。

【注】loyal 忠実な、義理堅い、recommend 推薦する、薦める

148. 空所前にremoveという動詞、また空所後にはitemsという目的語になる名詞があるので、空所には形容詞ないしはそれに準じた分詞が入る。選択肢を見ると、(A) と (C) は名詞なので除外する。(B) は過去分詞で正解候補だが、(B) では「個別の」とか「名前入りの」という意味になってしまう。したがって、(D) personalが正解になる。　　　　　　　　　　　　　　　　**正解（D）**

【訳】購入する可能性のある人にあなたの家を魅力的に見せようとする場合には、個人の品物は見えないよう取り除いておくことが重要である。

【注】potential 潜在的な、remove 取り除く

149. 空所後にincreasedという動詞があるので、空所には動詞を修飾する副詞が入る。選択肢 (B) は形容詞、(C) は名詞、(D) も名詞なのでどれも不適。(A) consistentlyが副詞なのでこれが正解となる。なお、launching new productsとは「新製品を立ち上げる、展開する」という意味で、TOEICではPART 5だけでなく、PART 6やPART 7にも頻出する。　　　　　　　　**正解（A）**

【訳】その会社は競争力のある価格で新製品を立ち上げることによって一貫してマーケットシェアを伸ばしてきた。

【注】consistently 一貫して、着実に、competitive 競争力のある

150. 空所前にaという冠詞、また空所後にはonという前置詞があるので、空所には名詞が入るお馴染みのパターン。選択肢 (D) は形容詞なので除外する。それ以外の選択肢はどれも名詞あるいはそれに準じたものだが、present a talkingとは言わない。またpresent a talkerも文意が通じない。(B) present a talkで「講演する」という意味になるのでこれが正解。　　　　　　　　　　　**正解（B）**

【訳】ローレンス・クワン博士は機械学習に関する彼の研究について講演する予定である。

【注】be slated ～する予定である、present a talk 講演する

151. The region's infrastructure is in desperate need of -------, and there are still many people without access to broadband.

(A) attend
(B) attentive
(C) attentively
(D) attention

152. The conference on artificial intelligence was a ------- success, and we look forward to hosting more conferences in the future.

(A) remarkable
(B) remark
(C) remarkably
(D) remarking

153. Donating to charities you care about not only benefits the people they help, but can also be personally ------- for you.

(A) reward
(B) rewarding
(C) rewarded
(D) rewards

154. Being a life-long learner and continuously developing new ------- skills are two keys to professional success.

(A) practice
(B) practicing
(C) practically
(D) practical

155. The company has ------- a dispute with its former CEO after suspending his retirement compensation package.

(A) settling
(B) settlement
(C) settled
(D) settler

156. Customers can cancel their ------- at any time before traveling, although they are asked to give reasonable advance notice.

(A) bookings
(B) bookish
(C) books
(D) booked

151. 空所前にin need ofという前置詞を含んだ「～が必要である」という意味の熟語があることに注目。必要とするものは物や事などの名詞なので空所には名詞が入る。選択肢（A）は動詞、（B）は形容詞、（C）は副詞なのでどれも不適。（D）attentionが名詞なのでこれが正解になる。in need of attentionで「関心を払う必要がある」という意味になる。　　　　**正解（D）**

【訳】その地域のインフラには関心を向けることが絶対に必要で、その地域には依然としてブロードバンドにアクセスできない人が数多くいる。

【注】region 地域、desperate 必死の、死に物狂いの

152. 空所前にはaという冠詞、空所後にはsuccessという名詞があるので、空所には形容詞が入る。選択肢（B）は動詞ないしは名詞、（C）は副詞なので除外する。（D）は現在分詞で形容詞的な役割を果たせるが、successを形容するのにremarkingは使えないので、正解は形容詞の（A）remarkableとなる。　　　　**正解（A）**

【訳】人工知能に関するその会議は大変な成功を収めることができたので、将来はもっと多くの会議を主催できることを期待している。

【注】remarkable 注目に値する、目立った、host 主催する

153. 空所前にpersonallyという副詞があるので、空所には副詞が修飾する形容詞か動詞が来ることが予想される。しかし、personallyの前にisがあるので、空所には動詞ではなく形容詞が入ることがわかる。選択肢（A）と（D）は名詞か動詞なので不適。（C）も「報いられた」という変な意味になるので、正解は現在分詞の（B）rewardingになる。　　　　**正解（B）**

【訳】自分が関心を持っている慈善事業に寄付することは人の助けになるだけでなく、あなた個人も満足感が得られることになる。

【注】donate 寄付する、benefit 恩恵をもたらす、rewarding 満足感が得られる

154. 空所後にskillsという名詞があるということは、その前の空所には名詞を修飾する形容詞が入ることを意味する。選択肢を見ると、（A）は動詞か名詞、（C）は副詞なので除外する。（B）は形容詞的な役割のある現在分詞だが、practicing skillsという言い方はしない。したがって、正解は形容詞である（D）practicalとなる。　　　　**正解（D）**

【訳】生涯学び続ける人であることと、常に新しい実用的なスキルを身につけることは仕事で成功するための2つの鍵である。

【注】life-long 一生涯の、practical 実際的な、実用的な

155. 空所前にhasという動詞がある場合には、まずこれが現在完了形ではないかと疑うことが大切。この問題も空所後に動詞の目的語となるa disputeという名詞があるので、これが現在完了形であることがわかる。選択肢を見ると、（A）は進行形、（B）と（D）は名詞なのでどれも不適。（C）がhas settledと現在完了形になるのでこれが正解になる。　　　　**正解（C）**

【訳】その会社は前CEOに対する退職報酬の支払いを止めた後、彼との論争を解決した。

【注】dispute 論争、紛争、compensation 報酬

156. 空所前に所有格代名詞のtheirがあるので空所には名詞が入る。選択肢を見ると、（B）は形容詞、（D）は動詞の過去形か過去分詞なので除外する。残る（A）も（C）も名詞であるが、（C）のbooksでは本の注文をキャンセルするような意味になってしまうので文意的に不可。（A）のbookingsには「予約」という意味があり、文意的に合うのでこれが正解。　　　　**正解（A）**

【訳】お客様は旅行の前ならいつでも予約をキャンセルすることができますが、妥当な範囲で前もって連絡することを求められます。

【注】advance notice 前もっての連絡

157. Many business leaders are so preoccupied with short-term goals that they do not take time to think -------.

(A) strategy
(B) strategically
(C) strategic
(D) strategies

158. Obtaining a widely recognized accounting ------- can help you land a good job.

(A) certify
(B) certified
(C) certification
(D) certifiable

159. The company's return policy is very -------, making it difficult for customers to get full refunds.

(A) confusing
(B) confused
(C) confuse
(D) confusion

160. Health care ------- must be able to inform patients about various treatment options.

(A) provisions
(B) provides
(C) provisional
(D) providers

161. The logistics consulting company offers efficient supply chain solutions and simplifies the ------- process.

(A) distribute
(B) distribution
(C) distributing
(D) distributed

162. Derby Hotel's breathtaking mountain setting offers a ------- change for people who live in big cities.

(A) refresh
(B) refreshment
(C) refreshing
(D) refreshed

157. 空所前にthinkという動詞があるので空所には副詞が入る。選択肢を見ると、（A）は名詞、（C）は形容詞、（D）も名詞なのでどれも不適。（B）strategicallyが副詞なのでこれが正解になる。なお、この文ではso preoccupied ... that 〜という構文になっていることに注意。take time to thinkは「時間をかけて考える」という意味。　　　　　　　　　　　　　　　　　　　**正解 (B)**

【訳】多くのビジネス指導者は短期目標にとらわれすぎているため、時間をかけて戦略的に考えようとしない。

【注】**preoccupied** 気を取られている、**short-term goals** 短期的目標

---

158. 空所後がcanという助動詞になっているということは、その前までの部分が主語になることを意味する。文頭はObtainingという動名詞になっているので、空所前までがその動名詞を受ける目的語となる名詞句であり、空所には名詞が入る。（A）は動詞、（B）は動詞の過去形あるいは過去分詞、（D）は形容詞なのでどれも不可。（C）certificationが名詞なのでこれが正解になる。　　**正解 (C)**

【訳】広く認められた会計学の認定書を取ることはよい仕事につくのに役立つ。

【注】**obtain** 獲得する、**accounting certification** 会計学の認定書、**land a job** 仕事につく

---

159. 空所前にveryという副詞があるので、空所には副詞が修飾する形容詞が入る。選択肢（C）は動詞、（D）は名詞なのでまず除外する。残る（A）は現在分詞、（B）は過去分詞なので、どちらも正解候補だが、（B）のThe company's return policy is confusedでは「会社の商品返却方法は混乱されていた」という奇妙な意味になるので、「混乱させる」という意味の（A）confusingが正解になる。　　　　　　　　　　　　　　　　　　　　　　　　　　　**正解 (A)**

【訳】その会社の商品返却方法は大変わかりにくく、顧客が全額返金を受け取ることを難しくしていた。

【注】**confusing** 紛らわしい、混乱させる、**refund** 返金

---

160. 空所後にmustという助動詞があるということは、空所前が主語となる名詞句になることを意味している。選択肢を見ると、（B）は動詞、（C）は形容詞なので除外する。残る（A）と（D）は名詞でどちらも正解候補。しかし、空所後にinform patientsとあるので主語は人や組織であると考えられる。（A）は「食糧」とか「規定」という意味で人や組織ではないので、正解は人を表す（D）providersとなる。　　　　　　　　　　　　　　　　　　　　　　　　**正解 (D)**

【訳】医療提供者は患者に対してさまざまな治療の選択肢があることを知らせることができなければならない。

【注】**health care provider** 医療提供者、**treatment options** 治療の選択肢

---

161. 空所前にtheという冠詞、そして空所後にはprocessという名詞があるので、空所には形容詞かそれに準じた分詞が入ると思ったかもしれない。しかし、これも名詞＋名詞の複合名詞の問題である。空所後に名詞があるからといって形容詞や分詞が入ると早合点しないこと。選択肢の中で名詞であるのは（B）distributionなのでこれが正解になる。　　　　　　　　　　　　　　　**正解 (B)**

【訳】その輸送関連のコンサルティング会社はサプライチェーンの効率的な解決策を提供し、流通過程を単純化させている。

【注】**simplify** 単純化する、**distribution process** 流通過程、**efficient** 効率的な

---

162. 空所前にaという冠詞、空所後にはchangeという名詞があるので、空所には形容詞ないしはそれに準じた分詞が入る。選択肢（A）は動詞、（B）は名詞なので除外する。残る（C）は現在分詞、（D）は過去分詞。（D）のa refreshed changeでは「元気を回復させられた変化」という奇妙な意味になる。（C）refreshingは「元気を回復させる」という意味で文意も通るのでこれが正解。　　**正解 (C)**

【訳】ダービーホテルの息をのむような山の景色は、大都市に住む人々にとって元気を回復させてくれる変化をもたらしてくれる。

【注】**breathtaking** 息をのむような、**setting** 状況、景色

163. This workshop is intended ------- better collaboration and communication among our employees.

(A) facilitate
(B) to facilitate
(C) facilitation
(D) facilitating

164. The cost of this year's networking event is $150 and ------- a buffet breakfast and a box lunch.

(A) included
(B) includes
(C) including
(D) inclusive

165. Every single auto part that comes out of our factory goes through a series of rigorous tests conducted by ------- experts before being shipped.

(A) season
(B) seasonal
(C) seasoned
(D) seasons

166. Weather forecasts help farmers enhance productivity by ------- determining the best times to fertilize crops.

(A) accurate
(B) accuracy
(C) accurateness
(D) accurately

167. Harrison Corporation is known for treating all job ------- fairly throughout the recruitment process.

(A) application
(B) applicants
(C) apply
(D) applied

168. Mr. Green began his ------- legal career at this firm just after graduating from Morrison University.

(A) impress
(B) impression
(C) impressive
(D) impressively

163. 空所前はis intendedという動詞の受動態になっているが、通常intended の後にはforという前置詞かto不定詞が入る。forの場合はその後に名詞を取るが、intendedの後にも、選択肢にもforはないので名詞の（C）は不可。（A）は動詞、（D）は動名詞か現在分詞だが、ともにintendedに直接続けられないのでどちらも不適。（B）のto不定詞は「促進するために」という目的を表し文意も通る。　　　　　　　　　　　　　　　　　　　　　　　　　　　　　　　　**正解（B）**

【訳】このワークショップは従業員の間でのより良い協力とコミュニケーションを促進することを目的としている。

【注】facilitate 促進する、collaboration 協力

164. 空所前のandによって、文を前半と後半に分けて考えることができる。空所がある後半の主語は前半と同じく冒頭のThe costである。後半には前半のisのような動詞の現在形がないので、空所には前半と同じく動詞の現在形が入る。（A）は動詞の過去形、（C）は現在分詞、（D）は形容詞なのでどれも不可。（B）includesが動詞の現在形なのでこれが正解になる。　　　　　　　**正解（B）**

【訳】今年のネットワーキングイベントの料金は150ドルで、それにはビュッフェ式の朝食と弁当の昼食が含まれている。

【注】include 含む

165. 空所後にexpertsという名詞があるので、空所には名詞を修飾する形容詞ないしはそれに準じた分詞が入る。選択肢（A）も（D）も名詞か動詞なので除外する。（B）は形容詞、（C）は過去分詞なのでどちらも正解候補だが、（B）のseasonalは「季節の」という意味で文意に合わない。したがって、「経験豊富な」という意味を持つ（C）seasonedが正解となる。　　　　　**正解（C）**

【訳】我々の工場から出荷されるすべての自動車部品は、出荷前に経験豊富な専門家によって行われる一連の厳格なテストを経ている。

【注】auto part 自動車部品、rigorous 厳格な、厳正な、ship 出荷する

166. 空所前にbyという前置詞があるので、空所後はdeterminingという動名詞になっている。動名詞を修飾するのは副詞なので空所には副詞が入る。選択肢（A）は形容詞、（B）と（C）は名詞なのでどれも不可。（D）accuratelyが副詞なのでこれが正解になる。なお、問題147と同じく、ここでもhelp someone＋動詞の原形という形が出ていることに留意。　　　　　　**正解（D）**

【訳】天気予報によっていつ作物に肥料を撒くのが最良の時期かを正確に決めることができるので、農家の生産性向上に役立っている。

【注】weather forecast 天気予報、productivity 生産性、fertilize 肥料をまく

167. 空所前にtreating all jobという語句、後ろにfairlyという副詞があるので、all job -------の部分はtreatingの目的語となる名詞句である。選択肢（C）は動詞、（D）は過去形か過去分詞なので不可。（A）は名詞だが文意に合わず、またallに呼応する複数形の-sもないので不可。したがって、正解は（B）applicantsとなる。job applicants は「求職者」という意味のTOEIC頻出語。　　　　**正解（B）**

【訳】ハリソン社は求人募集の全過程ですべての求職者を公平に扱うことで知られている。

【注】is known for ～で知られている、treat 取り扱う、fairly 公平に

168. 空所前にhisという代名詞、後ろには空所を挟んでlegal careerとあるが、空所がなくてもhis legal careerで十分成立する。legal careerをひとつの塊の名詞句と捉えると、空所には名詞を修飾するもうひとつの形容詞が入ると考えられる。選択肢（A）は動詞、（B）は名詞、（D）は副詞なのでどれも不可。（C）impressiveが形容詞なのでこれが正解になる。　　　　　　　　　　　　**正解（C）**

【訳】グリーン氏はモリソン大学を卒業したあとすぐにこの法律事務所で素晴らしい法律家としてのキャリアを歩み始めた。

【注】impressive 素晴らしい、印象的な、legal career 法律家としてのキャリア

169. Company policy ------- states that any accidents must be reported immediately to supervisors.

(A) explicitly   (B) explicit
(C) more explicit   (D) explicitness

170. For a ------- period of time, Sundance Electronics is offering a 10% discount on its entire line of dishwashers and refrigerators.

(A) limit   (B) limiting
(C) limitation   (D) limited

171. The requirements for ------- success can change quickly in a shifting external business environment.

(A) continue   (B) continued
(C) continuously   (D) continuation

172. Super Energizer, our best-selling energy drink, is ------- of all our beverage products in that it is made entirely from natural ingredients.

(A) represent   (B) represented
(C) representative   (D) representation

173. Henrickson Group posted a net profit of $10 million, an increase of 7.5% compared with the ------- year.

(A) preceding   (B) preceded
(C) precede   (D) precedes

174. Allison Financial is ------- seeking ambitious and highly motivated financial experts to join its team.

(A) active   (B) actively
(C) activate   (D) activity

169. 空所前にCompany policyという名詞句が、また後ろにはstatesという動詞があるので、この文はCompany policyが主語で、statesがそれを受けた動詞ということになる。動詞を前で修飾するのは副詞なので空所には副詞が入る。選択肢（B）は形容詞、（C）は形容詞の比較級、（D）は名詞なのでどれも不可。（A）explicitlyが副詞なのでこれが正解になる。　**正解（A）**

【訳】会社方針には、いかなる事故もすぐに上司に報告されなければならないと明確に書いている。

【注】explicitly 明確に、state 述べる、immediately すぐに

170. 空所後にperiodという名詞があることから、空所には名詞を修飾する形容詞ないしはそれに準じた分詞が入る。選択肢（A）は名詞か動詞、（C）は名詞なので除外する。（B）は現在分詞、（D）は過去分詞でどちらも正解候補だが、（B）では「制限する時間」という意味になってしまい、文意が通らない。したがって、正解は「制限された時間」という意味の（D）limitedになる。　**正解（D）**

【訳】期間限定で、サンダンス・エレクトロニクス社は同社のすべての食洗機と冷蔵庫を10パーセント引きで提供している。

【注】entire 全体の、dishwasher 食洗機、refrigerator 冷蔵庫

171. 空所後にsuccessという名詞があることから、空所には名詞を修飾する形容詞かそれに準じた分詞が入ることが予想される。選択肢を見ると、（A）は動詞、（C）は副詞、（D）は名詞なのでどれも不可。（B）continuedが過去分詞として形容詞の役割を果たすのでこれが正解になる。なお、後半に出てくるshiftingは同じく形容詞的なはたらきをする現在分詞である。　**正解（B）**

【訳】継続して成功するための要件は、日々移り変わる外的ビジネス環境の中ではすぐに変わってしまう。

【注】requirement 要件、external 外的な、environment 環境

172. 空所前にはisというbe動詞が、後にはofという前置詞があるので、空所には形容詞かそれに準じた分詞が入る。選択肢（A）は動詞、（D）は名詞なので除外する。（B）は過去分詞で空所後の前置詞がbyなら意味はおかしいものの文法的には可能だが、ofになっているので不可。したがって、正解は形容詞の（C）になる。representative ofは「～を代表する」という意味の熟語。　**正解（C）**

【訳】我が社のベストセラーエナジードリンクであるスーパー・エナージャイザーはそれがすべて自然素材で作られているという点で我が社の全飲料商品を代表している。

【注】beverage 飲料、entirely 全て、ingredient 材料、素材

173. 空所後がyearという名詞になっているので、空所には形容詞かそれに準じた分詞が入る。選択肢（C）は動詞、（D）も三単現の-sがついた動詞なので除外する。（A）は現在分詞、（B）は過去分詞なのでどちらかを選ぶことになるが、この文のように「前年」という意味では（B）のprecededは使わず、preceding yearと現在分詞を使うので（A）が正解になる。　**正解（A）**

【訳】ヘンリクソン・グループは1000万ドルの純利益をあげたが、これは前年比7.5％の増加であった。

【注】net profit 純利益、increase 増加

174. 空所前にisというbe動詞が、また空所後にはseekingという動詞があるので、これは進行形の動詞であることがわかる。進行形でなくても動詞を修飾するのは副詞なので空所には副詞が入る。選択肢（A）は形容詞、（C）は動詞、（D）は名詞なのでどれも不適。（B）activelyが副詞なのでこれが正解になる。actively seek「積極的に探す」という語句はPART 5以外でも頻出。　**正解（B）**

【訳】アリソン・フィナンシャルは、同社で一緒に働いてくれる意欲的でやる気のある金融専門家を積極的に探している。

【注】ambitious 意欲的な、motivated やる気のある、financial expert 金融専門家

175. All store managers carry out their work under the ------- of the regional manager.

(A) guide   (B) guiding
(C) guidance   (D) guided

176. Samuel Energy employees are anticipating ------- bonuses at the end of this year.

(A) size   (B) sizable
(C) sizing   (D) sized

177. Mr. Park's investment strategy has been greatly ------- by the teachings of Lance Dupree.

(A) influence   (B) influential
(C) influencing   (D) influenced

178. There are many ------- signs that the company's financial status has been improving.

(A) encouragement   (B) encourage
(C) encouraged   (D) encouraging

179. Mr. Campbell's biography ------- that, in addition to being a leader in computer technology, he is an accomplished sculptor.

(A) indicates   (B) indication
(C) indicating   (D) to indicate

180. Hiring Ms. Burns was one of the best decisions the company made last year, as she has been a ------- addition to the marketing team.

(A) value   (B) valuable
(C) valuing   (D) valuably

175. 空所前にtheという冠詞、後にofという前置詞があるので、空所には名詞が入るというおなじみの問題。選択肢を見ると、（D）は動詞の過去形か過去分詞なのでまず除外する。（A）は名詞にも動詞にもなり、（B）は動名詞にもなり得るが、under the guideともunder the guidingとも言わないので、正解は（C）guidanceになる。under the guidance ofは成句。　　　　**正解（C）**

【訳】すべての店舗マネージャーは地域マネージャーの指導のもとに業務を行う。

【注】carry out 遂行する、行う、under the guidance of ～の指導のもとに

---

176. 空所前にはare anticipatingと動詞の進行形、また空所後にはbonusesという名詞があるので、空所には形容詞かそれに準じた分詞が入る。（A）は名詞なので除外する。（C）は現在分詞、（D）は過去分詞だが、どちらも「測る」とか「測られた」という意味なので文意が通らない。したがって、「相当大きい」という意味の形容詞である（B）sizableが正解になる。　　**正解（B）**

【訳】サミュエル・エネルギーの従業員は今年の年末に相当大きなボーナスが支給されると期待している。

【注】anticipate 期待する、sizable 相当大きい

---

177. 空所前にhas been greatly、また空所後にbyという前置詞があるので、これが受動態の文であることがわかる。受動態にするためには動詞の過去分詞が必要になる。選択肢を見ると、（A）は動詞の原形か名詞、（B）は形容詞、（C）は動名詞か現在分詞なのでどれも不可。（D）influencedが過去分詞なのでこれが正解になる。　　**正解（D）**

【訳】パク氏の投資戦略はランス・デュプリーの教えに大きな影響を受けている。

【注】investment strategy 投資戦略、teaching 教え

---

178. 空所前にはmanyという形容詞、また空所後にはsignsという名詞があるので、空所にはmanyのほかにもうひとつ形容詞が入る。選択肢（A）は名詞、（B）は動詞なので除外する。（C）は過去分詞だが、これだと「勇気づけられた兆候」という奇妙な意味になる。したがって、正解は現在分詞の（D）encouragingになる。encouraging signsは「勇気づける兆候」という意味の成句。

正解（D）

【訳】その会社の財務状況が改善しているという多くの勇気づけられる兆候がある。

【注】financial status 財務状況、improve 改善する

179. 空所前にはMr. Campbell's biographyという主語になる名詞句があり、またその後には接続詞のthatが来ているので、空所には動詞が入る。選択肢を見ると、（B）は名詞、（C）は動名詞か現在分詞、（D）はto不定詞と、どれも主語を受ける語としてはふさわしくない。したがって、動詞の（A）indicatesが正解となる。　　**正解（A）**

【訳】キャンベル氏の伝記は彼がコンピューター技術の指導者であるだけでなく、熟達した彫刻家でもあることを示している。

【注】biography 伝記、in addition to ～に加えて、accomplished 熟達した、老練な

180. 空所前にはaという冠詞、後ろにはadditionという名詞があるので、空所には名詞を修飾する形容詞かそれに準じた分詞が入る。選択肢（A）は名詞、（D）は副詞なので除外する。（C）は現在分詞だが、「追加を評価する」という意味になり文意に合わない。したがって、形容詞の（B）valuableが正解となる。valuable addition「貴重な補強、追加」はTOEIC最頻出表現のひとつ。　**正解（B）**

【訳】バーンズ氏を雇用したことはその会社が昨年行った最高の決定のひとつであり、彼女は同社のマーケティングチームの貴重な補強となっている。

【注】decision 決定、valuable 貴重な、役に立つ、addition 追加、補強

Chapter 2 ■全100問

前置詞・接続詞・副詞問題

（１）空所後が句か節のどちらであるかを理解する

パターン① 空所後が「句」になる

例題 1   Building an office building in the city can be a daunting task -------
the rising cost of materials and labor.

(A) due to   (B) while
(C) in addition to   (D) even

　前置詞・接続詞・副詞問題では空所後が主語＋動詞という形を持った「節」なのか、それとも主語、動詞を持たない語の塊である「句」なのかを見極めることが大切です。この例題では、空所後がthe rising cost of materials and laborという句（名詞句）になっています。名詞句が空所後にある場合、空所には前置詞が入ることになります。選択肢を見ると、（B）は接続詞、（D）は副詞なので不正解です。残る（A）due toと（C）in addition toは前置詞（厳密には群前置詞）ですが、（C）は「〜に加えて」という意味ですから文意に合致しません。(A)は「〜のため」という意味で文意に合致します。

【正解】 （A）
【訳】材料費と人件費上昇のため市中にオフィスビルを建設するのは困難な仕事になるかもしれない。
【注】daunting task 困難な仕事、cost of materials and labor 材料費と人件費

パターン② 空所後が「節」になる

例題 2   Please make an appointment before coming to our office -------
our staff is frequently out of the office for business meetings.

(A) unless   (B) almost
(C) regarding   (D) since

語彙問題と品詞問題に次いでPART 5で重要なのが前置詞・接続詞・副詞問題です。前置詞・接続詞・副詞問題を解く上での重要なポイントがふたつあります。具体的には①空所後が句か節のどちらであるかを理解する、②文が逆接か順接のどちらであるかを見極める、ということです。それでは、このふたつのことを中心に例題を使って見ていくことにしましょう。

今度は空所後が節になっている問題です。節とは主語と動詞で構成される意味の塊のことです。この例題の空所後にはour staff is frequently out of officeと主語と動詞があります。空所後が節になっている場合、空所には接続詞が入ります。選択肢を見ると、(B) は副詞、(C) は前置詞ですので正解候補から外れます。残る (A) unlessと(D) sinceが接続詞ですが、(A) は「もし～でなければ」という意味ですので、これを入れても文意が通りません。(D) は「～なので」という理由や原因を表す接続詞で文意が通りますので、これが正解になります。

【正解】 (D)
【訳】 我が社のスタッフはビジネス会議のため外出してしばしばオフィスにいませんので、来社される前はぜひアポイントを取るようにお願いします。
【注】 **make an appointment** アポイントを取る、**out of the office** 外出して

(2) 逆接か順接かを見極める

パターン③ 逆接

例題3 ------- parking is limited around our head office, the office is easily accessible by public transportation.

    (A) As well as   (B) Whether
    (C) Although   (D) Since

前置詞・接続詞・副詞問題のもうひとつの重要なポイントは、カンマを挟んだ前後が順接の関係にあるのか、それとも逆接の関係なのかを見極めることです。この例題では、文の前半で「駐車場は限られている」とある一方、後半では「公共交通を利用すれば簡単にアクセス可能」とありますので、カンマの前後が逆接の関係になっています。また、空所後は節になっていますので、空所には逆接の接続詞が入ることになります。選択肢 (A) as well asは前置詞なのでまず除外されます。残る3つはどれも

接続詞ですが、(B)whetherは「〜かどうか」という意味で文意に合いません。残る(C)と (D) のうち、(D) sinceは「〜なので」という意味の順接の接続詞で文意が通りませんが、(C) althoughは「〜ではあるが」という逆接の接続詞で文意に合致します。

【正解】（C）
【訳】我が社の本社周辺で駐車できる場所は限られているが、公共交通機関を使えば簡単に来ることができる。
【注】 **limited** 限られている、**head office** 本社、**public transportation** 公共交通

パターン④ 順接

例題4 Startups typically have lower profit margins ------- their operations may not have the efficiencies that more mature companies have developed over the years.

(A) because   (B) nevertheless

(C) despite   (D) whereas

今度は順接の問題です。空所後は主語と動詞がありますので、これは節になります。次に空所前後が順接、逆接のどちらになっているかを確認する必要があります。前半については「スタートアップは通常利益幅が低い」という意味で、後半は「彼らの事業には成熟した会社が持っているような効率性がない」という意味です。つまり、空所後は前半の原因や理由を説明する節になっているわけです。選択肢を見ますと、(B)は副詞、(C) は前置詞なので除外されます。残る (A) と (D) が接続詞ですが、(D) whereasは「〜である一方」という意味で対比や対照を表すので文意に合いません。(A) becauseが「なぜなら」という意味の順接の接続詞ですので、これが正解になります。

【正解】（A）
【訳】通常スタートアップ企業というのは利益幅が相対的に低いが、それはスタートアップには成熟した企業が長年培ってきたような事業の効率性がないからかもしれない。
【注】 **typically** 通常は、**profit margin** 利益幅、**efficiency** 効率性、**mature** 成熟した

（3）頻出する群前置詞

パターン⑤ 逆接の群前置詞

例題5 A new housing development is planned for 15th Street and Santel Boulevard ------- strong opposition from local residents.

(A) in conjunction with (B) in spite of

(C) in case of   (D) in the event that

前置詞・接続詞・副詞問題で最近増えているのが、ふたつ以上の語がまとまってひとつの前置詞の働きをする群前置詞が選択肢に入ってきていることです。群前置詞でも解き方のポイントは、①句と節の見極め、②順接と逆接の見極めのふたつになります。例題を見ていくことにしましょう。まず句と節の見極めですが、空所後には主語と動詞がありませんので句になります。次に順接か逆接かという点については、前半は「新しい住宅開発が計画されている」という意味で、空所後は「住民からの強い反対」という意味ですので、空所を挟んだ前後は住民の強い反対「にもかかわらず」という逆接の関係になります。選択肢 (D) は「〜という場合には」という接続詞ですのでまず除外します。残る3つの群前置詞については、(A) は「〜と関連して」、(C) は「〜の場合は」という意味ですので順接、逆接とは無関係で文意も合いません。(B) が「〜にもかかわらず」という逆接の接続詞で文意も合いますので、これが正解です。

【正解】（B）
【訳】地元住民からの強い反対にもかかわらず、15 番街とサンテル通りの角で新しい住宅開発が計画されている。
【注】housing development 住宅開発、opposition 反対

パターン⑥　順接の群前置詞

例題6　------- overwhelming demand, there will be an encore
　　　　performance by the beloved singer at the Omni Theater.

(A) In terms of　　　　(B) As long as
(C) In response to　　　(D) Even so

　例題5では逆接の群前置詞を見ましたので、ここでは順接の群前置詞を取り上げてみたいと思います。この例題では、空所後はoverwhelming demandという句になっています。次に意味に関しては、前半は「圧倒的な需要」という意味で、カンマ後の後半は「歌手のアンコール公演がある」という意味です。つまり前後は、圧倒的な需要がある「ことに応えて」アンコール公演を行うという順接の関係にあるわけです。そこで選択肢を見ると、(B) は「〜である限りは」という意味の接続詞、(D) は「それでも」という意味の副詞なので除外されます。残りの (A) と (C) が群前置詞ですが、(A) は「〜に関しては」という意味なので文意に合いません。(C) が「〜に応じて」という意味の順接の群前置詞で文意にも合致します。

【正解】（C）
【訳】圧倒的な需要に応えて、愛されているその歌手のアンコール公演がオムニ劇場で行われることになった。
【注】overwhelming 圧倒的な、demand 需要、performance 公演、beloved 愛された

1. Tim requested a refund ------- the merchandise he ordered was never delivered to him.

(A) despite
(B) why
(C) concerning
(D) because

2. The president of the company emphasized the exceptional results that Jennifer has achieved ------- the last five years.

(A) as
(B) even
(C) over
(D) while

3. More than 20% of new employees resigned in less than a year ------- the company's toxic work environment.

(A) because of
(B) when
(C) without
(D) also

4. Some people consider Miguel Rodrigo to be the greatest soccer player ------- to walk the planet.

(A) as
(B) just
(C) before
(D) ever

5. Recipients of our monthly award will be notified three weeks ------- their name being announced.

(A) due to
(B) prior to
(C) even if
(D) so that

6. Participants may make an audio or video recording, ------- they do not disrupt the meeting.

(A) by the time
(B) somehow
(C) provided that
(D) despite

1. 空所前にはrequested a refundとあり、空所後はnever deliveredとなっているので商品が配達されなかったことがわかる。つまり、返金を要求した、なぜならという流れになる。また、空所以下は主語と動詞がある節なので、空所には理由を表す接続詞が入る。（A）と（C）は前置詞、（B）は副詞なのでどれも不可。（D）becauseが接続詞なのでこれが正解になる。　　　　正解（D）

【訳】ティムは注文した商品が届かなかったので返金を要求した。

【注】refund 返金、merchandise 商品

---

2. 空所後がthe last five yearsと名詞句になっていることに注目。名詞や名詞句の前に来ることができるのは前置詞である。選択肢（B）は副詞、（D）は接続詞なので除外する。（A）のasは接続詞でも前置詞でも使えるが、前置詞の場合は「～として」とか「～のときに」という意味になり、文意に合わない。したがって、正解は（C）overになる。　　　　正解（C）

【訳】その企業の社長はジェニファーが過去5年間に成し遂げた素晴らしい仕事について強調した。

【注】emphasize 強調する、exceptional 非常に優れた、例外的な、achieve 成し遂げる

---

3. 問題文の始めにemployees resignedとあり、空所後にはtoxic work environmentとあるので、空所にはemployeesがresign した原因を表す前置詞か接続詞が入ると考えられる。空所後は名詞句なので、ここでは前置詞が入る。（B）は接続詞、（D）は副詞なので除外する。（A）と（C）が前置詞だが、（C）は「～がない」という意味なので文意に合致しない。したがって、原因を表す前置詞の（A）because ofが正解になる。　　　　正解（A）

【訳】その会社は労働環境が有害であるため、新入社員の20パーセント以上が1年以内に辞職した。

【注】resign 辞職する、toxic 有害な、work environment 労働環境

4. 空所前にthe greatest soccer playerと最上級が来ていることと、空所なしでto以下を続けても文として成立することに注目。つまり、空所には接続詞や前置詞ではなく、語句を強調する副詞が入ることが予想される。選択肢には最上級を強調する副詞の(D)everがあるのでこれが正解になる。(B)justも副詞だが文意に合わないので不可。　　　　正解（D）

【訳】ミゲル・ロドリゴはこれまでの人類史上最も偉大なサッカー選手であると考える人もいる。

【注】walk the planet 人類史上において（「地上を歩く」というのが文字通りの意味）

---

5. 空所後がtheir name being announcedと名詞句になっているので、空所には前置詞が入る。選択肢の中で前置詞は（A）と（B）。しかし、（A）due toは「～のために」という原因を表す前置詞で文意に合致しない。したがって、正解は「～の前に」という意味の（B）prior toになる。（C）は「たとえ～でも」、また（D）は「～できるように」という意味の接続詞。　　　　正解（B）

【訳】月間表彰受賞者は、表彰者の名前が発表される3週間前に通知される。

【注】recipient 受賞者、award 表彰、notify 知らせる、通知する

---

6. 空所後が主語＋動詞という節なので空所には接続詞が入る。（B）は副詞、（D）は前置詞なので除外する。（A）と（C）は接続詞でどちらも正解候補。正解候補が複数ある場合、正解を選ぶ決め手になるのは文の内容との整合性になる。（A）は「～までに」という意味だが、これでは文意が通らない。（C）provided thatは「～するかぎりは」という意味で文意が通るのでこれが正解になる。　　正解（C）

【訳】会議参加者は会議を混乱させないかぎりは、会議内容についてオーディオ録音でもビデオ録画でもしてよい。

【注】participant 参加者、disrupt 混乱させる

7. We'll be sending an exclusive coupon to our Diamond Club Members ------- in time for the year-end shopping season.

(A) still   (B) just
(C) although   (D) as well as

8. ------- the company's announcement, it expects to invest roughly $30 million in the construction of the new facility.

(A) According to   (B) Although
(C) Even if   (D) Without

9. Teachers must build a rapport with their students ------- foster a positive learning environment.

(A) by means of   (B) besides
(C) when   (D) in order to

10. You are allowed to work full-time ------- waiting for a response to your post-graduate work permit application.

(A) by the time   (B) while
(C) unless   (D) similarly

11. The dam on the river was constructed ------- 90 years ago when the economy was in deep recession.

(A) nearly   (B) for
(C) rather   (D) even if

12. The percentage of people who watch traditional TV programs is declining ------- the number of people who subscribe to streaming services is growing.

(A) because   (B) prior to
(C) while   (D) despite

7. 先の問題4と同じように空所がなくても文として成立するので、空所には意味を強調する副詞が入る可能性が高い。（C）は接続詞、（D）は前置詞なので除外する。（A）のstillは副詞だが、これを入れると「まだ間に合って」という変な意味になる。もうひとつの副詞（B）justを入れると、「ちょうど間に合って」と文意的にも合致するので、これが正解になる。　　　　　**正解（B）**

【訳】年末のショッピング・シーズンにまさに間に合うように、私どもダイアモンド・クラブ・メンバーの方々にはこれから専用クーポンをお送りいたします。

【注】exclusive 特定の人だけに限られた、独占的な

---

8. 空所後がthe company's announcementと名詞句になっているので空所には前置詞が入る。選択肢（B）と（C）は接続詞なので除外する。残る（A）と（D）が前置詞だが、（D）を入れると「会社側からの発表なしに投資を行う」という変な意味になり文意が通らない。（A）According toは「～によれば」という意味で、文意にピタリ合致するのでこれが正解になる。　　　　　**正解（A）**

【訳】会社側の発表によると、新しい施設を建設するために約3000万ドルの投資を予定している。

【注】invest 投資する、roughly 約、おおよそ、facility 施設

---

9. 空所後にfoster「育む」という動詞の原形が来ていることに注目。選択肢を見ると、（A）と（B）は前置詞、（C）は接続詞で、どれも動詞の原形の前に来る語句としては不適切で文意も通らない。それに対して、（D）in order toは「～するために」という目的を表す不定詞で、その後に動詞の原形をとることができるのでこれが正解になる。　　　　　**正解（D）**

【訳】教師は前向きな学習環境を育むために、生徒たちと信頼関係を構築しなければならない。

【注】rapport 信頼関係、foster 育てる、育む、positive 肯定的な、前向きな

---

10. 空所前で文として完結しているので、空所以降は文の構成に不可欠ではない副詞句または副詞節になると考えられる。副詞句なら空所に入るのは前置詞だが、副詞節なら接続詞が入る。選択肢を見ると、まず副詞の（D）では文意が通らないので除外する。その他の選択肢はどれも接続詞としての役割を果たすが、接続詞でも後ろに-ing形を取れる接続詞と取れないものがある。選択肢の中で-ing形を取れるのは（B）のwhileだけなのでこれが正解になる。　　　　　**正解（B）**

【訳】大学院卒業後の労働許可申請に関する返答を待っている間は、フルタイムで仕事をすることができる。

【注】post-graduate 大学院卒業後の、work permit application 労働許可申請

---

11. 空所後が90という数詞になっていることに注目。こうした数詞の前に入ることができるのは副詞。選択肢（B）は前置詞、（D）は接続詞なので除外する。残る（A）と（C）が副詞だが、（C）は「いくぶん」とか「ある程度は」などという意味なので文意に合わない。一方、（A）のnearlyは「ほぼ」とか「ほとんど」という意味で文意にピタリ合致する。　　　　　**正解（A）**

【訳】その川のダムは経済が深刻な不況に喘いでいたほぼ90年前に建設されたものである。

【注】recession 不況、景気後退

---

12. 問題10と同様、空所前で完結した文になっていることに注目。一方、空所後もthe number of people who subscribe to streaming servicesという主語とis growingという動詞がある文になっているので、空所には接続詞が入る。（B）と（D）は前置詞なので除外する。残る（A）と（C）が接続詞だが、空所前後で意味が反対になっているので、「～の一方で」という逆接の（C）が正解。　　　**正解（C）**

【訳】伝統的なテレビ番組を見る人の割合は低下している一方、ストリーミング・サービスに加入している人の数は増加している。

【注】decline 減少する、subscribe to ～を定期購読する、加入する

13. The company's CEO is expected to meet with a number of business partners ------- his stay in New York.

(A) when   (B) also
(C) in case of   (D) during

14. ------- installing a new accounting software, the company still had trouble with travel expense reimbursement.

(A) Despite   (B) Even though
(C) So that   (D) Because of

15. Culper Corporation dramatically improved its balance sheet, ------- enabling it to complete the acquisition of its competitor.

(A) together   (B) though
(C) thus   (D) hardly

16. It looks like the future of the company will be challenging ------- it improves its manufacturing capabilities significantly.

(A) without   (B) unless
(C) additionally   (D) soon

17. Howell University is ranked second ------- in student satisfaction and is third in graduation rates.

(A) both   (B) overall
(C) nevertheless   (D) until

18. ------- employees are the heartbeat of any successful organization, businesses must show appreciation for their contributions.

(A) Even though   (B) Given that
(C) In regard to   (D) Always

13. 空所後がhis stay in New Yorkと名詞句になっていることに注目。名詞句をとるのは前置詞。(A)は接続詞、(B)は副詞なので除外する。(C)と(D)が前置詞だが、(C)は「〜の場合は」という意味で、前半でCEOのビジネスパートナーとの面談が示唆されているので文意に合致しない。(D)duringは「〜の間に」という意味で文意に合致する。　　　**正解(D)**

【訳】その会社のCEOはニューヨーク滞在中に多くのビジネスパートナーとの面談を予定している。

【注】**be expected to** 〜が予定されている、**a number of** 多くの

14. 空所後が名詞句になっているので、空所には前置詞が入る。(B)と(C)は接続詞なので除外する。(A)と(D)が前置詞だが、空所前後で「新しい会計ソフトウェアを入れた」が「依然としてトラブルがあった」と、文意が逆転していることに注目。(D)は「〜のために」という順接なので文意に合わない。(A)Despiteが「〜にもかかわらず」という逆接を示すのでこれが正解になる。　**正解(A)**

【訳】新しい会計ソフトウェアを入れたにもかかわらず、その会社は依然として出張旅費精算にトラブルがあった。

【注】**install** 取り付ける、インストールする、**accounting** 会計、**reimbursement** 返済

15. 空所前後が順接か逆接かを見極めることがポイント。空所前は「貸借対照表を劇的に改善した」とあり、後半には「競争相手を買収した」とあるので、前後は順接の関係にある。(B)は逆接の接続詞、(D)は逆接の副詞なので除外する。(A)と(C)はともに順接の副詞だが、(A)では文意が通らない。(C)thusは文意にピタリ合致するのでこれが正解になる。　　　**正解(C)**

【訳】カルバー社は貸借対照表を劇的に改善し、それによって競争相手の買収が可能になった。

【注】**dramatically** 劇的に、**complete** 完了する、**acquisition** 買収

16. 空所後がit improvesと主語＋動詞という節になっているので、空所には接続詞が入る。選択肢(A)は前置詞、(C)と(D)は副詞なのでどれも不適。(B)unlessが接続詞なのでこれが正解になる。なお、この問題では空所前後を読まずに正解を導くことができたが、こうした問題は多くないので、空所前後が順接、逆接どちらになっているかを確認することが基本。　　　**正解(B)**

【訳】生産能力を相当改善しないかぎり、その会社の将来は困難であるように思われる。

【注】**challenging** 困難な、**manufacturing capability** 生産能力、**significantly** 相当に

17. andの前後の文が順接の並列関係になっている。空所後にinという前置詞があるので、接続詞か前置詞の(D)は不適。空所の後ろの方にandがあるので(A)のbothを正解と考えたかもしれないが、andの後にis thirdとあるのでこれも不適。残る副詞の(B)と(C)が正解候補になるが、(C)は逆接の意味になるので不可。したがって、(B)overallが正解になる。　　　**正解(B)**

【訳】ハウエル大学は学生の満足度で全体の2位、また卒業率では3位にランクされている。

【注】**overall** 全体として、**student satisfaction** 学生満足度、**graduation rate** 卒業率

18. 文の前半と後半が順接か逆接かを考える。前半は「従業員が大切」であると言っており、後半も「従業員に感謝を示さなければならない」とあるので、前半と後半は順接の関係にあると考えられる。また、空所後は主語と動詞がある節なので空所には接続詞が入る。(C)は前置詞、(D)は副詞なので除外する。(A)は逆接の接続詞なので、順接の接続詞である(B)Given thatが正解になる。　　　**正解(B)**

【訳】成功するどんな組織においても従業員が最も大切な心臓部であることを考えれば、企業は彼らの貢献に対して感謝の意を示さなければならない。

【注】**heartbeat** 鼓動、心臓部、**appreciation** 感謝、**contribution** 貢献

19. ------- his loyal support of the current administration, Mr. Anderson did not fully approve of its economic policies.

(A) In fact   (B) In addition to
(C) Even   (D) Notwithstanding

20. Simpson Technologies has ------- chosen a group of qualified candidates who were recommended by their own employees, and will interview them all next week.

(A) sometimes   (B) already
(C) often   (D) yet

21. Mortenson Industry wants to find a good business partner ------- expand its business on the international market.

(A) promptly   (B) as a result of
(C) in advance   (D) so as to

22. Leadership is a skill that anyone can develop, ------- an innate ability.

(A) rather than   (B) in addition
(C) together with   (D) apart from

23. Although rumors about Kaplan Systems' imminent bankruptcy have spread widely, they have ------- to be confirmed.

(A) quite   (B) somehow
(C) yet   (D) thus

24. Many changes have been made ------- factory employees can work in a safe environment.

(A) so that   (B) in case of
(C) although   (D) in the meantime

19. この問題でも前半と後半の文が順接か逆接かを見極めることが大切。前半では「政権を支持していること」が、また後半では逆に「完全には支持していない」とあるので、前半と後半は逆接になっている。もうひとつのポイントは空所後が名詞句であることを理解すること。これが理解できれば、空所には逆接の前置詞が入るとわかる。（B）と（D）が前置詞だが（B）は順接なので不可。逆接であるのは（D）Notwithstandingなのでこれが正解。　　　　　　　　　　　　**正解（D）**

【訳】アンダーソン氏は現政権の忠実な支持者であるが、その経済政策については完全には支持していなかった。

【注】current administration 現政権、approve 賛成する、是認する

20. 空所前にchosenという動詞があるので空所には副詞が入る。しかし、選択肢すべてが副詞なので正解は内容で判断する。前半では候補者を選んだこと、後半では来週彼らを面接するとあるので、候補者を既に選んだ→来週に面接というのが自然な流れになる。その観点からは(A)も(C)も不適。(D)も文の流れに逆行するので不可。（B）が「すでに」という意味なのでこれが正解になる。　**正解（B）**

【訳】シンプソン・テクノロジー社は従業員から推薦された有資格候補者のグループの選考をすでに終え、その全員を来週面接することにしている。

【注】qualified 有資格の、recommend 推薦する

21. 空所前にはpartnerという名詞が、また空所後にはexpandという動詞の原形が来ていることに注目。（A）は副詞、（C）は副詞句で、動詞の原形にそのまま結びついても意味を成さない。また前置詞句である（B）も動詞の原形とは結びつかない。したがって、動詞の原形を唯一取ることができ、文意も成立する（D）so as toが正解となる。　　　　　　　　　　　**正解（D）**

【訳】モーテンソン・インダストリー社は国際市場でビジネスを拡大するために、よきビジネスパートナーを見つけたいと思っている。

【注】expand 拡大する、on the international market 国際市場で

22. この問題でも重要なポイントは空所の前後関係が順接か逆接かを見極めること。前半ではリーダーシップというのは「誰でも伸ばせるスキル」であるとする一方、後半ではそれが「生まれつきの才能」であると、まさに逆接になっている。（B）と（C）は順接で、（D）は順接逆接に関係のない中立表現なので、唯一の逆接である（A）rather thanが正解になる。　　　　　　**正解（A）**

【訳】リーダーシップは生まれつきの能力というよりも、誰でもが伸ばせるスキルである。

【注】rather than 〜というよりもむしろ、innate 生まれつきの

23. この問題は空所前後だけでは解きにくい。最初から文を読んで内容を理解する必要がある。前半ではある会社の倒産の噂が広がった「けれども」(although)という逆接（譲歩）の接続詞があるので、後半はその逆の内容になるはず。(A)、(B)、(D)はどれを入れても逆の内容にならないが、have yet toで「まだ〜していない」という意味になるので（C）が正解になる。　　**正解（C）**

【訳】カプラン・システム社の倒産が近いという噂は広く流布したが、その噂についてはまだ確認されていない。

【注】imminent 差し迫った、bankruptcy 倒産、confirm 確認する

24. 空所を挟んだ前後がそれぞれ主語と動詞を持った節なので空所には接続詞が入る。また、空所を挟んだ前後の文が、多くの変更をおこなった→従業員が安全な環境で働けるように、という順接であることにも留意。（B）は前置詞、（D）は副詞句なので除外する。（A）と（C）が接続詞だが、（C）は逆接（譲歩）なので不可。したがって、順接の接続詞（A）so thatが正解になる。　　**正解（A）**

【訳】工場の従業員が安全な環境で働くことができるように多くの変革が実行された。

【注】so that 〜できるように、environment 環境

25. ------- positive feedback from customers, the newly launched product did not meet our sales goal.

(A) Although   (B) However
(C) Still   (D) Despite

26. ------- Davis Analytics lost more than 30% of its market capitalization in a week was severely criticized by its investors.

(A) That   (B) Because
(C) Whether   (D) Which

27. If you plan to visit the country during this peak period, it is wise to book your flight and accommodations well -------.

(A) out of date   (B) in advance
(C) over time   (D) at once

28. Customer satisfaction is becoming ------- more critical to companies' financial success.

(A) well   (B) unless
(C) ever   (D) among

29. Please take a moment to read through this booklet, ------- it contains useful information about our business.

(A) well   (B) yet
(C) in   (D) as

30. Futuretech was listed ------- the best 100 startups in the country by a prestigious business magazine.

(A) among   (B) whereas
(C) throughout   (D) accordingly

25. 空所を含む前半では「肯定的なフィードバック」というプラスのことが、後半では「販売目標を満たせなかった」とマイナスのことが書かれているので、前後の文は逆接である。また、空所後は句になっているので、空所には逆接の前置詞が入る。(A) は接続詞、(B) と (C) は副詞なので除外する。(D) Despiteが逆接の前置詞なのでこれが正解となる。　　　　**正解 (D)**

【訳】顧客からの肯定的なフィードバックにもかかわらず、新しく立ち上げた商品は販売目標を満たさなかった。

【注】positive 肯定的な、launch 立ち上げる、sales goal 販売目標

---

26. この問題のポイントは主語と動詞を見極めること。文章の中で動詞はlostとwasのふたつあるが、文全体の動詞になるのはwasである。つまり、空所からwasの前のweekまでが主語で、空所には主語になり得る接続詞が入る。(D) は関係代名詞なので不可。(B) と (C) は接続詞だが文意に合致しない。したがって、「〜ということ」を意味する (A) Thatが正解になる。　　　　**正解 (A)**

【訳】デイビス・アナリティックスが1週間で時価総額の30パーセント以上を失ったことは投資家から厳しく批判された。

【注】market capitalization 時価総額、severely 厳しく、criticize 批判する

---

27. well in advance「十分前に」という成句を知っていればすぐに (B) を選べるが、知らなくても文を読めば解ける。文の前半は「ピーク時にこの国を訪問するのなら」とあり、後半には「予約するのが賢明」とあるので、何か早めに予約すべきという趣旨だと推測できる。(A)、(C)、(D) のいずれも、その意にはそぐわないが、(B) は「前もって」という意味で文意に合致する。　　**正解 (B)**

【訳】もしこのピーク時にこの国を訪問することを計画しているのであれば、飛行機と宿泊施設は十分前もって予約しておくことが賢明である。

【注】book 予約する、accommodation 宿泊施設

---

28. 空所後にはmore criticalという形容詞の比較級があるので、空所にはmore criticalという形容詞の比較級を強調する副詞が入る。選択肢 (B) は接続詞、(D) は前置詞なので除外する。残る (A) のwellと (C) のeverは副詞だが、well moreとは言わない。(C) everには「今までにも増して」という強調の意味があるのでこれが正解になる。　　　　**正解 (C)**

【訳】顧客満足度は会社の財務的成功にとって、今までにも増して重要になってきている。

【注】customer satisfaction 顧客満足、critical 重要な

---

29. ポイントは空所前後が順接、逆接どちらになっているかを見極めること。文の前半は「小冊子を読んでほしい」とあり、後半は「有益な情報が含まれている」とあるので、前後は順接の関係にある。また空所以下は主語と動詞のある節なので、空所には順接の接続詞が入る。(A) と (B) は副詞、(C) は前置詞なのでどれも不可。したがって、順接の接続詞である (D) asが正解になる。　　**正解 (D)**

【訳】この小冊子には我々のビジネスについての有益な情報が含まれているので、少し時間をとって通読してください。

【注】read through 通読する、contain 含む

---

30. 空所後にはthe best 100 startupsという名詞句があるので、空所には名詞句を修飾する前置詞が入る。選択肢 (B) は接続詞、(D) は副詞なので除外する。(C) は前置詞だが「〜を通じて」という意味なので文意が通らない。したがって、「〜の中にある」という意味の (A) amongが正解。

正解 (A)

【訳】フューチャーテック社は権威あるビジネス雑誌によって、国内で最も優秀なスタートアップ企業100社の中に選ばれた。

【注】prestigious 権威のある

31. The development of this video game started ------- Ninja III was released 5 years ago.

(A) until   (B) after
(C) by   (D) during

32. Once the return is processed, you will receive an online store credit equal to the amount of the item(s), ------- all shipping charges.

(A) just   (B) almost
(C) past   (D) minus

33. All libraries in the county will be closed on Friday ------- scheduled staff training workshops.

(A) because of   (B) so that
(C) in spite of   (D) even if

34. ------- you overlooked this information, please be aware that formal attire is required for this special event.

(A) When   (B) In case
(C) Moreover   (D) Despite

35. Jenkins Corporation's production increased more than 10% ------- a shortage of raw materials.

(A) although   (B) though
(C) despite   (D) even

36. Many people will continue to die from smoking-related illnesses ------- more action is taken.

(A) without   (B) because
(C) unless   (D) if

31. 空所前後が主語と動詞を持った節になっているので、空所には接続詞が入る。選択肢（C）と（D）は前置詞なので除外する。（A）と（B）は両方接続詞だが、前半では「このビデオゲームの開発を開始した」とあり、後半では別のビデオゲームが「5年前に発売された」とあるので（A）のuntilでは文意が通らない。したがって、（B）afterが正解になる。　　　　　　　　　　　　　　正解（B）

【訳】このビデオゲームの開発はニンジャⅢが5年前に発売された後に始まった。

【注】development 開発、release 発売する

---

32. 文全体を読むと、これが商品の返品や返金に関するものであることがわかる。空所後はall shipping charges「送料」という名詞句なので、空所には前置詞が入る。選択肢を見ると、（A）と（B）は副詞なので除外する。（C）pastは前置詞としても使えるが、文意が通らない。（D）のminusは送料「を除いて」という意味で文意に合致するのでこれが正解になる。　　　　　正解（D）

【訳】返品処理ができ次第、あなたは送料を除いた金額と同等のオンラインストアで使えるポイントを受け取ることになります。

【注】process 処理する、amount 金額

---

33. 空所後は主語と動詞のない名詞句になっているので、空所には前置詞が入る。また、前半で「図書館が金曜日に閉館する」とあり、後半では「ワークショップが予定されている」とあるので、空所前後は順接の関係であることがわかる。選択肢（B）と（D）は接続詞なので除外する。（A）と（C）はともに前置詞だが（C）は逆接なので不適。（A）が順接なのでこれが正解になる。　正解（A）

【訳】金曜日にはスタッフ訓練のためのワークショップが予定されているので、郡内のすべての図書館は閉館されることになっている。

【注】country 郡、because of 〜のため

---

34. 空所を含む前半と後半は、それぞれ主語＋動詞を持つ節になっているので、空所にはふたつの節を繋ぐ接続詞が入る。選択肢（C）は副詞、（D）は前置詞なので除外する。（A）と（B）が接続詞なので文を読んで正解を判断する。（A）では「情報を見落としたとき」という変な意味になるが、（B）は「万が一情報を見落とした場合には」という意味で文意に合致するのでこれが正解になる。正解（B）

【訳】万が一この情報を見落とした場合には、今回の特別行事には正装をする必要があることにご注意ください。

【注】overlook 見落とす、attire 服装

---

35. 空所前にproduction increased、また後にはshortage of raw materialsとあるので、空所を挟んだ前後は逆接の関係にある。また空所後は名詞句になっているので、空所には逆接の前置詞が入る。選択肢（A）と（B）は接続詞、（D）も副詞なのでどれも不可。したがって、唯一の前置詞で逆接でもある（C）despiteが正解になる。　　　　　　　　　　　　　　正解（C）

【訳】ジェンキンス社の生産は、原材料が不足したにもかかわらず10パーセント以上増加した。

【注】production 生産、shortage 不足、raw material 原材料

---

36. 空所前後が主語と動詞を持った節なので、空所には接続詞が入る。次に確認するのは、空所前後が順接か逆接かということ。この問題では前半で「多くの人が死に続けるだろう」とあり、後半では「さらなる行動が取られる」とあるので、前後の文は逆接になっている。（A）は前置詞なので除外する。残りの3つは接続詞だが、逆接になるのは（C）unlessだけなのでこれが正解になる。　　正解（C）

【訳】さらなる行動が取られなければ、多くの人がこれからも喫煙関連の病気で死亡し続けるだろう。

【注】smoking-related illness 喫煙に関連した病気

37. ------- my job interview at the company, the HR manager left for a few minutes to take a phone call.

(A) While   (B) When
(C) During   (D) Despite

38. What is critical is ------- the current slowdown in the economy is symptomatic of a long-term downturn or not.

(A) while   (B) whether
(C) about   (D) for

39. Star Bank offers excellent career opportunities for new college graduates ------- experienced professionals.

(A) regarding   (B) as to
(C) as well as   (D) in terms of

40. Delaney Computer sold more products last year than it ------- had before.

(A) ever   (B) even
(C) yet   (D) just

41. Residents may be advised to leave their homes and head to a safer location ------- a disaster.

(A) according to   (B) in the event of
(C) depending on   (D) provided that

42. Tucker Automobile is committed to ensuring that all employees have access to equal opportunities, ------- their ethnicity or gender.

(A) in spite of   (B) regardless of
(C) instead of   (D) as soon as

37. 空所後は名詞句なので空所には前置詞が入る。その次は前半と後半の関係を見る。前半では「会社での面接」とあり、後半には「人事課長が席を外した」とあるので、空所には順接・逆接ではなく中立的な意味の前置詞が入ると考えられる。（A）と（B）は接続詞なので不適。（C）と（D）が前置詞だが（D）は逆接。（C）Duringが「〜の間」という中立的な意味なのでこれが正解になる。

正解（C）

【訳】私がその会社で求職の面接を受けている間に、人事課長は電話に出るために数分席を外した。

【注】**HR manager** 人事課長、**take a phone call** 電話に出る

38. 空所前のWhat is criticalが主語、その後のisが動詞で、空所以下も主語と動詞を持った名詞節であることを理解すれば、空所には接続詞が入ることがわかる。（C）と（D）は前置詞なので除外する。（A）と（B）が接続詞だが、（A）whileでは意味が通らない。最後にor notがあることからも、これと呼応する（B）whetherが正解になる。

正解（B）

【訳】重要なことは、現在の経済的落ち込みが長期的な低迷を指し示す兆候なのかどうかということである。

【注】**symptomatic** 兆候となる、**downturn** 低迷、悪化

39. 空所後にはexperienced professionalsという名詞句があるので、空所には前置詞が入る。また文全体がcollege graduatesとexperienced professionals両方に機会を提供するという並列の関係になっていることにも留意。選択肢はどれも前置詞。空所の前後を並列の関係として示すことができるのは（C）as well asだけなので、これが正解になる。

正解（C）

【訳】スター銀行は経験を積んだ専門家だけでなく新卒学生に対しても素晴らしいキャリア形成の機会を提供している。

【注】**excellent** 素晴らしい、**opportunity** 機会、**experienced** 経験を積んだ

40. 選択肢はすべて副詞なので、文の内容から正解を導き出す。空所前に「昨年より多くの商品を販売した」とあるので、than以下にはどれほど多く販売したのかというその度合いを示す副詞が入ることが予想される。選択肢（B）、（C）、（D）はどれも文意が通らない。（A）のeverには「今までに」という強調の意味があり文意に合致する。

正解（A）

【訳】ディレイニー・コンピューター社は昨年、これまでで最も多くの製品を販売した。

【注】**product** 製品

41. 空所後はdisasterと名詞になっているので、空所には前置詞が入る。（D）は接続詞だがそれ以外は前置詞。空所前には「安全な場所へ向かえ」とあり、また後には「災害」とあるので、空所には災害「の場合には」という意味の前置詞が入ると予想される。（A）も（C）も文意的に不適。（B）in the event ofがそれに合致するのでこれが正解。

正解（B）

【訳】災害緊急時の際には、住民は家を出てより安全な場所に向かってください。

【注】**resident** 住民、**head to** 〜に向かう、**disaster** 災害

42. 空所後にethnicity or genderと名詞句があるので、空所には前置詞が入る。（D）は接続詞なので除外する。残り3つは前置詞なので内容を見る。空所前には「平等な機会を得られる」とあり、後には「民族や性別」とあるので、空所には「〜に関係なく」という趣旨の前置詞が入ると予想される。（A）、（C）にはそうした意味はないので不可。（B）regardless ofが文意的に合致するのでこれが正解になる。

正解（B）

【訳】タッカー自動車は民族や性別に関係なく、すべての従業員が確実に平等な機会を得られることに専心している。

【注】**ensure** 確かにする、確保する、**ethnicity** 民族性、**gender** 性別

43. The book teaches proven methods of boosting your influence, ------- you can increase your chances of getting a new job or promotion.

(A) so that   (B) whether

(C) due to   (D) besides

44. Both public and consumer spending have remained subdued ------- the past three years.

(A) while   (B) because

(C) since   (D) over

45. Regrettably, your application was unsuccessful ------- the high number of qualified candidates for the position.

(A) except for   (B) due to

(C) still   (D) despite

46. Employment figures remained steady in the construction sector, ------- they increased significantly in the service sector.

(A) since   (B) otherwise

(C) therefore   (D) whereas

47. Maintaining a sustainable market presence has become more difficult ------- increasing competition for new customers.

(A) while   (B) because of

(C) than   (D) even

48. ------- your application is submitted, a confirmation e-mail will be sent to you.

(A) While   (B) Once

(C) Nevertheless   (D) Before

43. 空所前後が主語と動詞を持った節になっている。したがって空所には接続詞が入る。選択肢を見ると、(C) は前置詞なので除外する。(D) のbesidesには前置詞のほかに「そのうえ」とか「さらに」という接続詞の意味もあるが、ここでは文意が通じない。(B) も接続詞だが、ここでは意味を成さない。(A) so thatは「～できるように」という意味で文意も通じる。　　　　　　　　　　　**正解 (A)**

【訳】その本はあなたの影響力を強化するための実績のある方法を教えてくれており、それを学ぶことによって新しい仕事や昇進につながる機会を増加させることができる。

【注】proven 実績のある、立証された、boost 増加させる、アップさせる

44. 空所後がpast three yearsという名詞句になっているので、空所には前置詞が入る。選択肢を見ると、(A) と (B) は接続詞なので除外する。(C) sinceは接続詞にも前置詞にもなるが、前置詞の場合、sinceは3年前からなど「ある時点から」を意味するのでここでは不可。(D) のoverは「～にわたって」という期間を表す前置詞で文意に合致するので、これが正解になる。　　**正解 (D)**

【訳】公共支出も消費者支出も、過去3年間停滞したままである。

【注】consumer spending 消費者支出、subdued 停滞した、不活発な

45. 冒頭にRegrettablyとあり、空所前にもunsuccessfulとあるので、何か悪い知らせであることを予感させる。その原因を書いているのが空所以下になる。空所後は名詞句になっているので、空所には原因を表す前置詞が入る。選択肢 (C) は副詞なので除外する。残り3つは前置詞だが、原因を表すのは (B) due toだけなのでこれが正解になる。　　　　　　　　　　　　　　　　　**正解 (B)**

【訳】残念ながら、その仕事に対する有資格の応募者が多かったため、あなたの応募には応じられませんでした。

【注】regrettably 残念ながら、due to ～のため、qualified 資格のある、適任の

46. 空所前後が両方とも節になっているので、空所には接続詞が入る。また、空所前ではremained steadyとなっているが、後半ではincreased significantlyとあるので、文の前後の内容は逆接である。選択肢 (B) と (C) は副詞なので除外する。(A) と (D) が接続詞だが、(A) は順接で、(D) が逆接。したがって、(D) whereasが正解になる。　　　　　　　　　　　　　　　　　**正解 (D)**

【訳】建設業における就業率は安定している一方、サービス業では大きく増加した。

【注】employment figures 就業率、steady 安定した、一定の

47. 空所後がincreasing competition for new customersと名詞句なので、空所には前置詞が入る。また空所前後の内容を見ると、前半は「市場での存在感の維持」がより困難になったこと、後半では「競争激化」と書かれているので、空所には理由を表す前置詞が入ると考えられる。(A) と (C) が接続詞、(D) は副詞なので不可。(B) because ofが理由を表す前置詞なのでこれが正解になる。　　**正解 (B)**

【訳】新規顧客獲得競争が激しくなってきたので、市場で持続可能な存在感を維持することはより難しくなってきた。

【注】maintain 維持する、sustainable 持続可能な、持ち堪えられる

48. 空所を含む前半も、カンマ以降の後半も節になっているので、空所には接続詞が入る。内容的には前半は「申請が提出される」とあり、後半は「確認のメールが送られる」とある。つまり、前半→後半という時系列になるので、空所には前半が後半よりも前に行われたことを示す接続詞が入る。選択肢 (C) は副詞なので除外する。その他3つはどれも接続詞だが、(A) と (D) は時間的にあり得ない。(B) Onceは「～するとすぐに」という意味で時系列的にも合致する。　　　　　　　**正解 (B)**

【訳】申請書が提出されれば、すぐにあなた宛てに確認のEメールが送られます。

【注】application 申請、申込み、submit 提出する、confirmation 確認

49. The contract has been delayed because the company is ------- working on the section concerning liability in the case of on-the-job injury.

(A) already   (B) just
(C) yet   (D) still

50. The tourism industry has seen impressive social media-driven growth ------- the recent worldwide recession.

(A) in spite of   (B) although
(C) while   (D) thanks to

51. Experts predict that there will be more accidents at chemical plants ------- stronger safety measures are taken.

(A) because   (B) if
(C) unless   (D) without

52. The mayor's approval rating rose by 15 percent in July ------- the success of his environmental projects.

(A) owing to   (B) while
(C) even   (D) in spite of

53. ------- Bryce Hotel is conveniently located near shops and restaurants, people at the conference said it did not have enough meeting rooms.

(A) When   (B) While
(C) Since   (D) Despite

54. ------- the company is not in fact acting illegally, the termination of the employee could be seen as retaliation for whistle-blowing.

(A) As if   (B) Even if
(C) Due to   (D) So that

49. 空所を挟む形で、is working「取り組んでいる」と動詞の現在進行形になっているので、空所には動詞を修飾する副詞が入る。選択肢はすべて副詞なので、正解を選ぶには文全体を読む必要がある。前半は「契約が延期された」こと、後半はその理由として何かに「取り組んでいる」とあるので、文の流れとして空所は「まだ」という意味になる。(D) stillがまさにその意味なのでこれが正解になる。　　**正解（D）**

【訳】その会社は現場での負傷の際における責任に関する条項についてまだ取り組んでいるため契約は延期された。

【注】delay 延期する、concerning ～に関する、liability 責任

50. 空所後は名詞句なので空所には前置詞が入る。また前半は「観光業が成長した」こと、後半には「世界的な不況」とあることから、空所前後が逆接の関係であることがわかる。選択肢（B）と（C）は接続詞なので除外する。（A）と（D）が前置詞だが、（D）は順接なので不可。（A）in spite ofが逆接の前置詞なのでこれが正解になる。　　　　　　　　　　　　　　　　　　　　　　　　**正解（A）**

【訳】近年の世界的不況にもかかわらず、観光業はSNSに牽引されて素晴らしい成長を遂げた。

【注】impressive 強い感銘を与える、素晴らしい、recession 不況

51. 空所前後が両方とも節になっているので、空所には接続詞が入る。前半には「今後より多くの事故が起こるだろう」とあり、後半には「より強い安全対策をとる」とあるので、前後の関係を考えると、空所には逆接の接続詞が入ると考えられる。（D）は前置詞なので除外する。残る3つが接続詞だが、逆接であるのは（C）unlessだけなのでこれが正解になる。　　　　　　　　　　**正解（C）**

【訳】もしより強い安全対策が講じられなければ、化学プラントではより多くの事故が起こるだろうと専門家は予想している。

【注】expert 専門家、predict 予想する、safety measure 安全対策

52. 空所後にthe success of his environmental projectsという名詞句があるので、空所には前置詞が入る。前半には「支持率が上がった」とあり、後半に「プロジェクトの成功」とある。つまり、プロジェクトの成功で支持率が上がるという流れになるので、空所には順接の前置詞が入る。（A）と（D）が前置詞だが、（D）は逆接なので不可。（A）owing toが順接なのでこれが正解になる。　　　　　　　　　　　　　　　　　　　　　　　　　　　　　　　　　　　　　　　**正解（A）**

【訳】市長の環境プロジェクトが成功したので、7月の支持率は15パーセント上昇した。

【注】approval rating 支持率、environmental 環境の

53. 空所を含む前半も、カンマ以下の後半も節なので、空所には接続詞が入る。また前半で「ホテルが便利な場所にある」一方、後半では「十分な会議室がなかった」と、前後が逆接の関係になっている。選択肢（D）は前置詞なので除外する。その他3つは接続詞だが、（A）と（C）は順接なので不可。（B）Whileが逆接なのでこれが正解になる。　　　　　　　　　　　　　　　　　**正解（B）**

【訳】ブライスホテルは近くに店舗やレストランがある便利な場所に位置するが、十分な会議室がなかったとその会議に出席した人は語った。

【注】conveniently located 便利な場所にある、enough 十分な

54. 空所を含む前半とカンマの後の後半が両方とも節なので、空所には接続詞が入る。前半では「会社は違法行為をしていない」こと、後半では「従業員を解雇すれば内部告発の報復と見なされる可能性がある」とあるので、空所には譲歩を表す接続詞が入る。（C）は前置詞なので除外する。残る3つは接続詞だが、譲歩を表すのは（B）Even ifだけなのでこれが正解になる。　　　　　**正解（B）**

【訳】実際にはその会社は違法行為をしていなくても、従業員を解雇することは内部告発に対する報復と見なされる可能性がある。

【注】termination 解雇、終了、retaliation 報復、whistle-blowing 内部告発

55. Attendees should submit their proposals for the upcoming marketing campaign ------- tomorrow's meeting.

(A) ahead of
(B) as of
(C) together with
(D) thanks to

56. There were many people who ------- agreed with the radio personality, but listened to him anyway because he was entertaining.

(A) seldom
(B) already
(C) so
(D) rather

57. Mr. Patel's dedication will make him successful in sales ------- he has limited experience in this area.

(A) together with
(B) prior to
(C) since
(D) even though

58. Simon Bank cannot process your loan application ------- the necessary documentation.

(A) often
(B) including
(C) hardly
(D) without

59. ------- some people were born leaders, everyone possesses some leadership ability even if they aren't aware of it.

(A) Despite
(B) Because
(C) While
(D) As soon as

60. There are numerous living examples of young entrepreneurs who have achieved success ------- their hard work and perseverance.

(A) even if
(B) through
(C) in spite of
(D) in addition to

55. 選択肢はすべて前置詞なので、文全体を読んで正解を判断する。空所前には「会議出席者は提案を提出せよ」とあり、また空所後には「明日の会議」とあるので、空所には明日の会議「の前に」という意味の時間に関する前置詞が入ると予想される。選択肢の中で時間に関連する前置詞は(A)と(B)だが、(B)は「〜の時点で」という意味で文意に合わない。したがって、(A) ahead ofが正解。

正解（A）

【訳】出席者は明日の会議の前に、次回のマーケティング・キャンペーン用の提案を提出してください。

【注】**attendee** 出席者、**proposal** 提案、**upcoming** 次回の、間もなくやって来る

56. 空所後に動詞のagreedがあるので、空所には副詞が入る。選択肢もすべて副詞。前半では「ラジオパーソナリティに賛成した人は多数いる」とある一方、後半には「しかし彼のラジオ番組を聴いた」とあるので、「しかし」によって前後で辻褄が合わなくなっている。つまり、空所には前半の内容を否定する役割の副詞が入る。否定の意味がある副詞は(A) seldomだけなのでこれが正解。　**正解（A）**

【訳】ラジオパーソナリティの意見にほとんど賛成できない人は多かったが、それでも彼の話はおもしろかったので多くの人が彼の番組を聞いていた。

【注】**seldom** ほんんど〜ない、**entertaining** おもしろい、楽しませる

57. 空所前後がどちらも主語と動詞を持つ節なので、空所には接続詞が入る。また前半では「パテル氏が営業で成功する」とある一方、後半では「彼は限定的な経験しかない」と前後が逆接の関係になっている。選択肢(A)と(B)は前置詞なので除外する。(C)は接続詞だが順接なので不適。(D) even thoughが逆接の接続詞なのでこれが正解になる。　**正解（D）**

【訳】パテル氏は限定的な営業経験しか持っていないが、持ち前の献身的努力によって営業でも成功するだろう。

【注】**dedication** 献身、**limited** 限定的な

58. 空所後にnecessary documentation「必要な書類」という名詞句があるので、空所には前置詞が入る。選択肢を見ると、(A)と(C)は副詞なので除外する。(B)と(D)が前置詞なので、正解候補となる。しかし、(B)では「必要な書類を含めてローンの申請の手続きができない」という奇妙な意味になってしまうので不可。(D) withoutが文意に合致するのでこれが正解になる。　**正解（D）**

【訳】必要な書類がなければ、サイモン銀行はあなたのローン申請の手続きを進めることができない。

【注】**process** 手続きする、**loan application** ローン申請

59. 文の前半と後半の両方が節になっているので空所には接続詞が入る。また前半には「生まれつきの指導者もいる」とあり、後半では「誰でも何らかの指導力を持っている」とあるので、両者は対比あるいは逆接の関係にある。(A)は前置詞なので除外する。その他は接続詞だが、(B)は順接、(D)は中立で、どちらも文意に合致しない。(C) Whileが対比・逆接の接続詞なのでこれが正解になる。

正解（C）

【訳】生まれついての指導者という人もいるが、自分では気づいていないとしても誰もが何らかの指導力を持っている。

【注】**possess** 所有する、**aware of** 〜に気づいている

60. 空所後にhard work and perseverance「大変な努力と忍耐」という名詞句があるので、空所には前置詞が入る。選択肢(A)は接続詞なので除外する。その他は前置詞だが、(C)では大変な努力と忍耐「にもかかわらず」成功を収めた、また(D)も大変な努力と忍耐「に加えて」成功を収めたという奇妙な意味になる。唯一文意が通るのは「〜を通して」という意味の(B) through。

正解（B）

【訳】大変な努力と忍耐を通して成功を収めた若手起業家の生きた実例が数多くある。

【注】**numerous** 多くの、**entrepreneur** 起業家、**perseverance** 忍耐

61. The valuable information you provided makes marketing easier to understand ------- for a newcomer to the field.

(A) even
(B) still
(C) over
(D) almost

62. Students who need to remain in the residence halls ------- the spring break must make arrangements with the Housing Center.

(A) when
(B) while
(C) during
(D) along

63. The city of Waterford will ------- be constructing a new rapid transit system that can transport people more comfortably and efficiently.

(A) already
(B) soon
(C) always
(D) lately

64. Four students were told to stay home as a precaution, ------- they were not exhibiting any symptoms of illness.

(A) even though
(B) only if
(C) such as
(D) during

65. Roads and streets in the city are in good condition ------- regular maintenance and repair.

(A) instead of
(B) as long as
(C) because of
(D) adjacent to

66. After decades of debate and consultation with experts, the government has ------- approved a proposal to build a tunnel.

(A) due to
(B) always
(C) though
(D) finally

61. 空所前は「あなたが提供してくれた貴重な情報によってマーケティングがより理解しやすくなった」という意味。そして誰にとって理解しやすくなったのかというのがfor以下に書かれている。選択肢はすべて副詞であるが、(B)、(C)、(D) どれを入れても文意が通らない。一方、(A) のevenは「〜でさえ」という意味で、文意が通るのでこれが正解になる。 **正解 (A)**

【訳】あなたが提供してくれた貴重な情報によって、マーケティング分野の新参者でもより理解しやすくなった。

【注】valuable 貴重な、provide 提供する、newcomer 新参者

62. 空所後はspring break「春休み」という名詞句なので、空所には前置詞が入る。spring breakは一定の期間があるので、空所には期間を表す前置詞が入る。選択肢 (A) と (B) は接続詞なので除外する。(C) と (D) が前置詞だが、(D) は「〜に沿って」という意味なので不適。(C) duringは「〜の間」という期間を表す前置詞なのでこれが正解となる。 **正解 (C)**

【訳】春休み中も住居棟に残る必要がある学生は、住居センターで続きをしなければならない。

【注】remain 残る、いる、residence 住居

63. 空所前がwill、後がbe constructingと動詞の進行形になっているので、空所には動詞を修飾する副詞が入る。選択肢はすべて副詞なので内容から判断する必要がある。「市は新しい高速輸送システムを建設する予定」とあり、内容としては未来のことである。(A)、(C)、(D) は、どの副詞も未来のことには使えない。(B) が唯一未来のことを表す副詞なのでこれが正解になる。 **正解 (B)**

【訳】ウォーターフォード市は、より快適かつ効率的に輸送できる新しい高速交通網をすぐに建設する予定である。

【注】rapid transit system 高速交通網、efficiently 効率的に

64. 空所前後がそれぞれ主語と動詞のある節なので、空所には接続詞が入る。また前半では「予防のために家にいろと言われた」こと、後半では「病状が出ていない」とあるので、前後は逆接の関係にあると考えられる。選択肢 (C) と (D) は前置詞なので除外する。(A) と (B) が接続詞だが、(B) は「〜の場合にかぎり」という順接の意味。(A) even thoughが「〜であるにしても」という逆接なのでこれが正解になる。 **正解 (A)**

【訳】4人の学生は病状が出ていなくても、予防のため家にいるように言われた。

【注】precaution 予防、警戒、exhibit 示す、symptom 症状

65. 空所後はregular maintenance and repairと名詞句なので、空所には前置詞が入る。前半は「道路や通りの状況がよい」こと、また後半には「定期的な維持補修」とあるので、前後の文が順接の関係にあると推測される。選択肢 (B) は接続詞なので除外する。残り3つは前置詞だが、順接の前置詞は (C) because ofだけなのでこれが正解になる。 **正解 (C)**

【訳】定期的な維持補修のおかげで、市中の道路と通りはよい状態にある。

【注】regular 定期的な、maintenance and repair 維持補修

66. 文の前半では「何十年にもわたる議論と協議のあと」とAfterがあることに注目。また空所後にはapprovedという動詞があることから、空所には「ようやく〜した」という趣旨の副詞が入ると予想される。(B) と (D) が副詞だが、(D) finallyがまさに「ようやく」という意味の副詞なのでこれが正解。(A) は前置詞、(C) は接続詞。 **正解 (D)**

【訳】何十年にもわたる専門家との議論や協議の末、政府はようやくトンネルを建設する提案を承認した。

【注】decade 10年、consultation 相談、協議、approve 承認する

67. A $200 deposit must be received at least 20 days ------- your arrival at our hotel.

(A) still   (B) due to

(C) prior to   (D) while

68. Aniston Electronics said that it would pull out of local production in China ------- falling sales in the country.

(A) due to   (B) because

(C) despite   (D) while

69. Students are expected to attend all classes, ------- attendance is not a factor in determing final grade.

(A) besides   (B) although

(C) so   (D) with

70. ------- acquiring the start-up company, Medotec has accelerated investment to facilitate further development of its technology.

(A) Despite   (B) During

(C) Before   (D) Since

71. Brian has been writing articles for The Weekly Dispatch ------- working on his Ph.D. dissertation.

(A) rather   (B) in addition to

(C) due to   (D) as long as

72. The football game was attended by ------- 80,000 fans and viewed on television by more than 28 million people.

(A) enough   (B) also

(C) almost   (D) seldom

67. 空所後にyour arrival at our hotelという名詞句があるので、空所には前置詞が入る。また内容を見ると前半に「200ドルの前払金が必要」とあり、後半には「ホテルへの到着」とあるので、ホテル到着までに先に支払うことを要求されていることがわかる。(A) は副詞、(D) は接続詞なので除外する。(B) と (C) が前置詞だが、「〜の前に」という文意に合致する意味なのは (C) prior to。　**正解 (C)**

【訳】ホテルに到着する少なくとも20日前までには、200ドルの前払いが必要である。

【注】**deposit** 前払金、手付金、**prior to** 〜の前に

68. 空所後はfalling salesと名詞句になっているので、空所には前置詞が入る。次に文を見ると、前半では「中国での生産から撤退する」こと、後半では「販売の減少」とあるので、空所には「販売の減少」→「撤退」という順接の原因を表す前置詞が入る。選択肢 (B) と (D) は接続詞なので除外する。(A) と (C) が前置詞だが、(C) は逆接なので不可。(A) due toが順接の原因を表すのでこれが正解になる。　**正解 (A)**

【訳】アニストン・エレクトロニクス社は中国での販売が落ち込んだため、現地生産から撤退すると発表した。

【注】**pull out of** 〜から撤退する、中止する、**local production** 現地生産

69. 空所前後が節になっているので、空所には接続詞が入る。前半は「学生は全授業への出席を期待されている」こと、後半は「最終成績決定の要因にはならない」とあるので、前後の節は逆接の関係にあることがわかる。選択肢 (A) と (D) は前置詞なので除外する。(B) と (C) が接続詞だが、(C) は順接なので不可。(B) althoughが逆接なのでこれが正解となる。　**正解 (B)**

【訳】授業への出席は最終成績の決定要因にはならないが、学生はすべての授業に出席することを期待されている。

【注】**attendance** 出席、**final grade** 最終成績

70. 空所後からカンマまでがacquiring the startup companyとなっているので、これは接続詞+-ing形だと考えられる。選択肢 (A) と (B) は前置詞なので除外する。残る (C) と (D) が接続詞で、どちらも正解候補。ここで注目すべきは、後半がhas acceleratedと現在完了形になっていること。現在完了形に使う接続詞はsinceなので (D) が正解になる。　**正解 (D)**

【訳】そのスタートアップ企業を買収して以来、メドテック社は自社の技術開発をさらに促進するための投資を加速させた。

【注】**acquire** 獲得する、買収する、**accelerate** 加速させる、**facilitate** 促進する

71. 空所後がworking on his Ph.D. dissertationと動名詞になっているので、空所には前置詞が入る。内容的には前半は雑誌に「記事を書いている」とあり、後半では「博士論文に取り組んでいる」とふたつの仕事をしていることがわかる。(A)は副詞、(D)は接続詞なので除外する。(B)は「〜に加えて」、(C) は「〜のため」という意味の前置詞だが、文意的に (C) は不適で、(B) in addition toが合致する。　**正解 (B)**

【訳】ブライアンは博士論文に取り組むのに加えて、ウィークリー・ディスパッチ誌に記事も書き続けている。

【注】**article** 記事、**dissertation** 論文

72. これは適切な副詞を選ぶ問題で、選択肢もすべて副詞。後半にmore than 28 million peopleとmore thanが数字の程度を表しているので、空所にも80,000 fansを修飾する数字の程度を表す副詞が入ると考えられる。(A)、(B)とも数字の程度を表すことはできない。また否定の意味がある(D)も不適。したがって、(C) almostが正解になる。　**正解 (C)**

【訳】そのフットボールの試合にはほぼ8万人のファンが詰めかけ、2,800万人以上の人がテレビ中継を見た。

【注】**attend** 出席する、**view** 見る

73. Pinewood residents are proud of the city's historic structures and districts, ------- its beautiful landscape.

(A) in regards to
(B) as well as
(C) whether
(D) even though

74. ------- the hotel has been remodeled, it can offer guests even more convenience and luxury.

(A) Whether
(B) Due to
(C) Now that
(D) Soon

75. By making small adjustments to your lifestyle, you can reach your fitness goals ------- a rigorous exercise regimen.

(A) without
(B) unless
(C) if
(D) for

76. Restaurant servers are responsible for serving food and beverages ------- creating a pleasant dining experience for customers.

(A) still
(B) while
(C) though
(D) along

77. The number of spectators to the ball park has ------- to exceed the goal set for this year.

(A) yet
(B) still
(C) once
(D) about

78. ------- employees are meeting organizational objectives, when and where they work may be largely immaterial.

(A) As long as
(B) Unless
(C) In contrast to
(D) Likewise

73. 空所後に its beautiful landscape と名詞句があるので、空所には前置詞が入る。内容的には前半に「歴史的建造物や地区」とあり、後半には「美しい風景」と同様のものがあるので、空所には並列の前置詞が入ると考えられる。(C)、(D) は接続詞なので除外する。(A)、(B) は前置詞だが (A) は「～に関して」、(B) は「～だけでなく」という意味なので、並列の意味がある (B) as well as が正解になる。　　　　　　　　　　　　　　　　　　　　　　　　　　　　　　**正解 (B)**

【訳】パインウッド市の住民はその美しい風景だけでなく、歴史的建造物や地区についても誇りに思っている。

【注】resident 住民、landscape 風景

----

74. 空所を含む前半と後半のどちらも節なので、空所には接続詞が入る。内容的には前半には「ホテルが改装された」こと、後半には「宿泊客にとってより便利で豪華」になったとある。つまりホテルの改装→より便利で豪華という文の流れになると推測できる。(B) は前置詞、(D) は副詞なので除外する。(A) と (C) が接続詞だが、「今や～したので」という意味の (C) Now that が文意に合致する。　　　　　　　　　　　　　　　　　　　　　　　　　　　　　　　　　　　**正解 (C)**

【訳】ホテルは改装が終わったので、宿泊客にはより便利で豪華な宿泊を提供することができる。

【注】remodel 改装する、convenience and luxury 便利さと豪華さ

----

75. 空所後が名詞句なので、空所には前置詞が入る。内容は前半では「ライフスタイルを少し調整するだけでフィットネス目標が達成できる」とあり、後半には「激しい運動療法」とあるので、空所には「～がなくても」という趣旨の前置詞が入ると予想される。(B) と (C) は接続詞なので除外する。(A) と (D) が前置詞だが、(A) が「～がなくても」という意味なのでこれが正解になる。**正解 (A)**

【訳】あなたのライフスタイルを少し調整するだけで、激しい運動療法をしなくてもフィットネス目標を達成することができる。

【注】adjustment 調整、exercise regimen 運動療法

----

76. これは接続詞＋-ing の典型的な問題。したがって、空所には接続詞が入る。前半には「給仕は料理と飲み物を出すことに責任を負う」とあり、また後半には「快適な食事体験を作り出す」とあるので、前後は並列の関係になっている。(A) は副詞、(D) は前置詞なので除外する。残る (B) と (C) が接続詞だが、(C) は逆接なので、並列の (B) while が正解になる。　　　　　　　　　　　　　　**正解 (B)**

【訳】レストランの給仕は顧客に料理や飲み物を出すと同時に、顧客が楽しい食事体験ができることにも責任を負わなければならない。

【注】beverage 飲料、pleasant 心地よい、楽しい

----

77. 内容を見ると、前半では「球場への観客数」とあり、後半では「今年の目標」とある。ということは、空所には「まだ」とか「すでに」という意味の副詞が入ることが予想される。(D) は前置詞なので除外する。(C) も文意にまったく合わないので除外する。残るは (A) と (B) だが、have still to とは言わない。have yet to が「まだ～していない」という成句なので (A) が正解になる。

　　　　　　　　　　　　　　　　　　　　　　　　　　　　　　　　　　　　　正解 (A)

【訳】球場への観客数は今年の目標とした数字をまだ超えていない。

【注】spectator 観客、ball park 野球場、exceed 超える

----

78. 前半と後半がともに節なので、空所には接続詞が入る。前半は「従業員が組織的目標を満たす」こと、後半は「いつどこで働くかは重要ではない」とあるので、空所には「～であるかぎり」という趣旨の接続詞が入ると予想される。(C) は前置詞、(D) は副詞なので除外する。残る (A) と (B) が接続詞だが、文意に合致するのは「～であるかぎり」という意味の (A) As long as。　　　　**正解 (A)**

【訳】従業員が組織的目標を満たしているかぎりは、いつどこで働くかはほとんど重要ではない。

【注】organizational objective 組織的目標、largely ほとんど、immaterial 重要ではない

----

79. The city of Kensington has achieved its annual recycling target ------- the efforts of its residents.

(A) despite   (B) thanks to
(C) even   (D) because

80. ------- asked about his employment history, Tom described his experience in the construction and real estate industries.

(A) Already   (B) How
(C) When   (D) Whether

81. We provide affordable ------- high-quality interpretation services to a wide variety of clients.

(A) however   (B) yet
(C) while   (D) with

82. This form should be filled out and submitted to your supervisor ------- the performance appraisal interview.

(A) in advance of   (B) since
(C) previously   (D) nevertheless

83. Do not clock in early or stay late ------- you have received permission from your manager.

(A) instead   (B) rather
(C) unless   (D) otherwise

84. Company training programs must be updated in order to ------- prepare employees for future workplace changes.

(A) yet   (B) better
(C) even   (D) still

79. 空所後がthe efforts of its residentsと名詞句なので、空所には前置詞が入る。内容的には前半が「年間のリサイクル目標を達成した」こと、後半には「市民の努力」とあるので、市民の努力の「おかげで」目標が達成されたと考えるのが自然。(C) は副詞、(D) は接続詞なので除外する。(A) と (B) が前置詞だが、(A) は逆接なので不可。したがって、順接の (B) thanks toが正解となる。　**正解 (B)**

【訳】ケンジントン市は住民の努力のおかげで、年間のリサイクル目標を達成することができた。

【注】achieve 達成する、annual 年間の、thanks to 〜のおかげで

80. これは接続詞＋過去分詞の問題。先に接続詞＋現在分詞（-ing）が出てきたが、基本的にはこれと同じで、空所後に主語とbe動詞が省略されていると考えればよい。つまり空所前はTom was askedという意味である。選択肢 (A) と (B) は副詞なので除外する。(C) と (D) が接続詞だが、(D) は「〜かどうか」という意味で文意に合わない。したがって、(C) Whenが正解になる。　**正解 (C)**

【訳】トムは過去の雇用歴について聞かれたとき、建設業と不動産業における自身の経験について述べた。

【注】employment 雇用、describe 述べる、説明する、real estate 不動産

81. 空所前後にあるaffordableとhigh-qualityがどちらもinterpretation servicesを修飾している。つまりaffordable「でありながら」、high-qualityであるというbutとほぼ同じ意味の逆接の接続詞が空所には入る。(A) は副詞、(D) は前置詞なので除外する。(B) と (C) が接続詞だが、(C) は並列。したがって、逆接の (B) yetが正解となる。yetは副詞だけでなく接続詞の意味もある。　**正解 (B)**

【訳】私どもは幅広い顧客に対して、お手頃価格でありながら高品質の通訳サービスを行なっております。

【注】interpretation 通訳、a wide variety of 幅広い、client 顧客

82. 空所後がthe performance appraisal interviewと名詞句になっているので、空所には前置詞が入る。内容的には前半は「この書式を上司に提出する」ことが、後半は「勤務評価面接」とあるので、面接の「前に」書式の提出を求められていると考えるのが自然。(B) は接続詞、(C) と (D) は副詞なので不適。(A) in advance ofが前置詞で、意味的にも合致するのでこれが正解になる。**正解 (A)**

【訳】勤務評価面接の前に、この書式に記入して上司に提出してください。

【注】fill out 記入する、supervisor 上司、performance appraisal 勤務評価

83. 空所前後が主語と動詞を持つ節なので、空所には接続詞が入る。前半では「早く出勤したり遅くまで残業しないように」とあり、後半は「上司から許可をもらう」とあるので、許可を「もらわないかぎりは」早出の出勤も残業もするなと解釈するのが自然。(A)、(B)、(D) は副詞なので除外する。(C) unlessは「〜がなければ」という意味の唯一の接続詞で、文意にも合致する。　**正解 (C)**

【訳】あなたの上司から許可を受けていないかぎりは、早く出勤したり遅くまで残って残業してはいけない。

【注】clock in 出勤時間を記録する、stay late 残業する、permission 許可

84. 空所前にはin order toが、また空所後にはprepareと動詞の原形があるので本来なら空所がなくても文として成立する。つまり、空所には動詞prepareに何らかの意味を付加する副詞が入ると考えられる。選択肢はすべて副詞だが、(A)、(C)、(D) では文意が通らない。(B) betterは「よりよい準備をさせる」という意味になり文意が通るのでこれが正解。　**正解 (B)**

【訳】企業の訓練プログラムは、将来の職場の変化に対して従業員をよりよく準備させるために、最新のものに更新されなければならない。

【注】update 最新のものに更新する、prepare 準備させる、workplace 職場

85. ------- had the company set up shop than orders for its merchandise began rushing in.

(A) No sooner   (B) Even if
(C) Except for   (D) Provided that

86. The 25% rebate will be deposited into your bank account ------- five business days.

(A) toward   (B) while
(C) within   (D) even

87. United Fashions' executive committee has decided to put the budget on hold ------- more information has been gathered.

(A) by   (B) whether
(C) still   (D) until

88. The new movie theater is located on Galaxy Street, ------- to Lansbury Shopping Center.

(A) even   (B) opposite
(C) among   (D) rather

89. ------- its aggressive cost reduction measures, the company has been unable to overcome the impact of the depressed economy.

(A) Despite   (B) However
(C) Because   (D) Due to

90. People say the lack of snow in Boston this winter is ------- remarkable.

(A) accordingly   (B) yet
(C) quite   (D) finally

85. これは問題を見た瞬間に解けなければならない。空所後がhad the companyと倒置になっており、その少し後にはthanがあるので、これを見たらすぐにno sooner ... than ～「…するとすぐに～」という成句であることを理解することが大切。したがって、(A) No soonerが正解になる。その他の (B)、(C)、(D) ではどれも文として成立しない。　　　　　　　　　　　　**正解 (A)**

【訳】その会社は開業するとすぐに商品の注文がどっと入り出した。

【注】**set up shop** 開業する、開店する、**rush in** 急に入り出す

---

86. 空所後がfive business daysという名詞句なので、空所には前置詞が入る。また半には「25パーセントの払戻金」とあり、後半に「5日」とあるので、5日以内に返金があると推測できる。(B) は接続詞、(D) は副詞なので除外する。(A) と (C) が前置詞だが、(A) は「～に向けて」という意味なので不適。(C) withinが「～以内に」という意味で文意に合致する。　　　　**正解 (C)**

【訳】25パーセントの払戻金が、5営業日以内にあなたの銀行口座に振り込まれます。

【注】**rebate** 払戻金、**deposit** 預金する、振り込む、**bank account** 銀行口座

---

87. 空所前後がともに節なので、空所には接続詞が入る。前半で「予算を保留にすることに決めた」とあり、後半には「より多くの情報を集める」とあるので、より多くの情報が集まる「までは」保留にすると考えるのが自然。(A) は前置詞、(C) は副詞なので除外する。(B) と (D) が接続詞だが、(B)では意味が通らない。(D) untilが「～までは」という意味なのでこれが正解になる。　　**正解 (D)**

【訳】ユナイテッド・ファッションズ社の重役会は、もっと多くの情報を集めるまでは予算を一時保留にすることを決定した。

【注】**executive committee** 重役会、**put on hold** 保留にする、**budget** 予算

---

88. 前半に「新しい映画館はギャラクシー通りにある」とあり、後半には「ショッピングセンター」とあるので、映画館とショッピングセンターの位置関係が問題になる。(C) と (D) は、空所後のtoと結びつかないので不適。またeven toは言い方としては可能だが、この文脈では意味をなさない。したがって、opposite toとして意味が通る (B) が正解になる。なお、oppositeは前置詞としても使われ、Galaxy Street opposite Lansbury Shopping Centerとしても同じ意味。　**正解 (B)**

【訳】新しい映画館はギャラクシー通りにあり、ランズベリー・ショッピングセンターの向かい側になる。

【注】**be located** ～に位置する、**opposite to** ～の向かい側に、反対側に

---

89. 空所後はits aggressive cost reduction measuresと名詞句なので、空所には前置詞が入る。前半は「積極的なコスト削減手段」とあり、後半は「低迷する経済の影響を克服できなかった」とある。つまり、前半と後半は逆接の関係にある。(B) は副詞、(C) は接続詞なので除外する。(A) と (D) が前置詞だが、(D) は順接である一方、(A) Despiteが逆接なのでこれが正解になる。　　**正解 (A)**

【訳】積極的にコスト削減手段を講じたにもかかわらず、その会社は低迷する経済の影響を克服することができなかった。

【注】**aggressive** 積極的な、**measure** 手段、方策、**overcome** 克服する

---

90. 空所後はremarkableという形容詞なので、空所には形容詞を修飾する副詞が入る。選択肢はすべて副詞だが、それぞれ意味も使い方も異なる。(A) のaccordinglyは文頭や文末に置かれることが多いので除外する。(B)、(D) については、yet remarkableやfinally remarkableとは言わない。(C) のquiteは「非常に」や「すごく」という意味で文意に合致する。　　　　　　　**正解 (C)**

【訳】今年の冬、ボストンで雪が降らなかったのは非常に異例なことだと人々は言っている。

【注】**lack** 不足、**remarkable** 異例の、注目に値する

---

91. Finstra Financial has strengthened its asset management business ------- the acquisition of Max Capital Partners.

(A) together (B) with
(C) whenever (D) when

92. The company chose Jackson City as its next plant location ------- it offers a high-quality work force and attractive tax incentives.

(A) because (B) although
(C) due to (D) as well

93. The article you are trying to view is for subscribers -------, so please register to access this content.

(A) even (B) only
(C) often (D) nonetheless

94. Please note that handouts for the upcoming meeting are ------- made available five days before the meeting date.

(A) during (B) still
(C) usually (D) while

95. Cyberattacks affect small and large companies -------, sometimes with devastating consequences.

(A) only (B) together
(C) alike (D) altogether

96. ------- a broad range of insurance products, we offer insurance consulting and risk management services.

(A) Whereas (B) Besides
(C) Despite (D) Rather

91. 空所後はthe acquisition of Max Capital Partnersと名詞句になっているので、空所には前置詞が入る。前半で「資産管理ビジネスを強化した」こと、後半ではある企業を「買収した」とあるので、買収→強化という文の流れになる。選択肢（C）と（D）は接続詞なので除外する。（A）と（B）が前置詞だが、（A）は文意的にも表現的にも不適なので（B）withが正解になる。　**正解（B）**

【訳】フィンストラ・フィナンシャル社はマックス・キャピタル・パートナーズ社の買収によって、資産管理ビジネスを強化した。

【注】**strengthen** 強化する、**asset management** 資産管理、**acquisition** 買収

---

92. 空所前後がともに節なので、空所には接続詞が入る。前半には「会社がジャクソン市を次の工場建設地として選んだ」とあり、後半には「素晴らしい労働力と魅力的な税制優遇が提供される」とあるので、後半の節は前半の理由になっていると考えられる。（C）は前置詞、（D）は副詞なので除外する。（A）と（B）が接続詞だが、理由を表すのは（A）because。（B）は逆接で文意が通らない。　**正解（A）**

【訳】その会社は次の工場建設地としてジャクソン市を選んだが、それは同市が素晴らしい労働力と魅力的な税制優遇措置を提供しているからである。

【注】**attractive** 魅力的な、**tax incentive** 税制優遇措置

---

93. この問題は文の内容から考えるとよい。選択肢はすべて副詞なので、文意に合った副詞を選ぶ。前半には「あなたが見ようとしている記事は購読者のため」とあり、後半には「この記事にアクセスするには登録してほしい」とあるので、記事は購読者「のみ」のものだと推測できる。選択肢の中で「のみ」という意味を持つのは（B）onlyだけなのでこれが正解。　**正解（B）**

【訳】あなたがご覧になろうとしている記事は購読者限定のものですので、このコンテンツにアクセスするにはご登録をお願いします。

【注】**view** 見る、**subscriber** 購読者

---

94. 空所前後が動詞の受動態なので、空所には動詞を修飾する副詞が入る。（A）は前置詞、（D）は接続詞なので除外する。（B）と（C）が副詞。前半では「会議の配布資料」とあり、後半には「会議の5日前にはできあがる」とある。（B）では「まだできあがる」という奇妙な意味になるが、（C）usuallyは「通常は」という意味で、文意に合致するのでこれが正解になる。　**正解（C）**

【訳】来る会議の配布資料は通常、会議日の5日前にはできあがりますのでご留意ください。

【注】**handout** 配布資料、**usually** 通常は、いつもは

---

95. 選択肢はすべて副詞。空所以下は考える必要はなく、前半だけを読んで解くことができる。前半部は「サイバーアタックは小企業と大企業に影響を与える」という意味になる。選択肢(A)は「〜だけ」、（B）は「〜と一緒に」、（D）は「まったく」とか「全部で」という意味で、どれも文意に合わない。（C）alikeは「〜と同様に」という意味で文意に合致する。　**正解（C）**

【訳】サイバーアタックは小企業も大企業も同様に影響を与え、ときには壊滅的な結果をもたらすことがある。

【注】**affect** 影響する、**devastating** 壊滅的な、**consequence** 結果

---

96. 空所後は名詞句なので、空所には前置詞が入る。前半に「幅広い保険商品」とあり、後半には「保険相談とリスク管理サービスも提供」とあるので、空所には保険商品「以外にも」という趣旨の前置詞が入ると予想される。（A）は接続詞、(D)は副詞なので除外する。（B）と（C）が前置詞だが、（C）は逆接で意味が通らない。（B）Besidesは「〜以外に」という意味なのでこれが正解になる。

正解（B）

【訳】幅広い保険商品以外にも、私どもは保険相談やリスク管理サービスも提供しております。

【注】**a broad range of** 幅広い、**insurance** 保険

97. ------- that Portex Fabrics has a large backlog of orders, it's likely that it will comfortably meet its revenue goal this year.

(A) In case   (B) Otherwise
(C) Considering   (D) However

98. Everton Industries was failing so badly that it stopped paying its employees -------.

(A) altogether   (B) enough
(C) still   (D) along

99. A study found that employees want to spend an average of two days in the office per week, ------- employers prefer three.

(A) just   (B) whereas
(C) among   (D) since

100. Student interns have to work hard all summer because ------- the most diligent among them receive job offers.

(A) also   (B) with
(C) including   (D) only

97. 空所を含む前半と後半はともに節なので、空所には接続詞が入る。前半に「大量の注文が残っている」とあり、後半は「今年の収益目標を満たす」とあるので両者は順接の関係にある。（B）と（D）は副詞なので除外する。（A）と（C）が接続詞だが、（A）は「～だといけないから」という意味で文意が通らない。（C）Consideringは「～を考えれば」という意味で文意に合致する。　**正解（C）**

【訳】ポーテックス・ファブリックス社は大量の注文を抱えていることを考えれば、同社は今年の収益目標を楽に達成できる可能性が高い。

【注】**backlog** 注文等の未処理分、**revenue** 利益、収益

---

98. 空所前にstopped payingと動詞があるので、空所には動詞を修飾する副詞が入る。この文ではso that構文が使われて、「あまりに業績が悪かったので従業員への支払いを止めた」という意味になる。空所には支払いを止めた状況や程度を表す副詞が入る。（D）は前置詞なので除外する。残る3つが副詞だが、（B）と（C）は意味的に不適。したがって、「完全に」という意味の副詞である（A）altogetherが正解になる。　**正解（A）**

【訳】エバートン・インダストリー社は業績が非常に悪かったので、従業員への支払いを完全に止めた。

【注】**fail** 失敗する、**altogether** すっかり、完全に

---

99. 空所前後がともに節なので、空所には接続詞が入る。文の前半に「従業員は1週間に2日の出勤を望んでいる」とあり、後半には「雇用主は3日を望んでいる」とあるので、両者の望みは対照的。（A）は副詞、（C）は前置詞なので除外する。（B）と（D）が接続詞だが、（D）は原因や理由を表すので文意的に通らない。（B）には「～である一方」という対比の意味があり文意が通る。　**正解（B）**

【訳】ある調査によると、従業員は1週間で平均2日オフィスに出勤することを望んでいるのに対して、雇用者は1週間に3日の出勤を望んでいる。

【注】**study** 調査、研究、**spend** 費やす、過ごす

---

100. 内容的には、前半には「学生インターンは夏中一生懸命に働かなければならない」とあり、後半には「最も勤勉な者が就職の誘いを受ける」とあるので、文の流れとしては学生インターンは一生懸命に働く必要がある→なぜなら最も勤勉な者「だけ」が就職の誘いを受けるからということになる。選択肢の中でそれに合致するのは（D）onlyなのでこれが正解になる。　**正解（D）**

【訳】学生インターンは夏中一生懸命に働かなければならない、なぜなら彼らの中で最も勤勉に働いた者だけが就職の誘いを受けるからである。

【注】**diligent** 勤勉な、**job offer** 就職の誘い

Chapter 3 ■全50問

前置詞問題

（１）基本的意味とイメージをつかむ

パターン① 前置詞 for のイメージから解く問題

> **例題 1** The inspector stayed at the factory ------- several weeks and
> found a host of regulatory violations.
>
> (A) off (B) from
> (C) except (D) for

　この例題はまさに典型的な前置詞問題です。選択肢には4つの基本的な前置詞が並んでいます。ここで重要なことは、選択肢に並ぶそれぞれの前置詞の基本的な意味とイメージをしっかりつかむことです。例えば (A) のoffは「〜から離れて」、「〜から取れて」というのが基本的な意味とイメージです。また (B) のfromは「〜から」という意味を持ち、起点から離れるというのがその基本イメージです。(C) は「〜を除いて」という除外のイメージ、(D) のforは「〜のために」、「〜に向かって」、「〜の間」などさまざまな意味がありますが、その基本的意味とイメージは「〜に向かう」ということです。

　例題を見てみますと、空所後にseveral weeks「数週間」という期間が書かれていますので、空所には期間を表す前置詞が入ることになります。上記の通り、(A) は「〜から離れて」、(B) は「〜から」、(C) は「〜を除いて」という意味ですから、意味的にもイメージ的にもふさわしくありません。残る (D) のforが期間を表す前置詞なので、これが正解になります。なお、forの基本イメージは「〜に向かう」ということですが、この例題ではseveral weeksという期間に意識が向けられるということになります。

前置詞問題では4つの異なる基本的な前置詞が並んでいて、それらの中から文意に合致した前置詞を選ぶことになります。前置詞問題を解く上で最も重要なことは、①基本的な前置詞の意味とイメージを把握すること、②前置詞の入った熟語・成句表現を覚えることのふたつです。それでは、このふたつのポイントについて詳しく見ていくことにしましょう。

【正解】（D）
【訳】検査員は工場に数週間滞在し、一連の規則違反を発見した。
　【注】inspector 検査員、a host of 一連の、regulatory violation 規則違反

パターン②　前置詞 at のイメージから解く問題

例題2　More than 50 musicians from around the world are expected to perform ------- the Villanova Music Festival.

(A) up
(B) at
(C) on
(D) of

　前置詞の基本的な意味とイメージに関わる代表的な問題をもうひとつ見ておきましょう。この例題では、空所後にthe Villanova Music Festivalとあるので、空所には場所を表す前置詞が入ることが予想されます。選択肢 (A) upは副詞のイメージが強いかもしれませんが、「～の上の方に」という意味の前置詞としても使われます。(C) onは「～の上に」、「～について」、「～によって」などさまざまな意味があり、その基本イメージは何かの上に接触していることです。また (D) ofにもさまざまな意味がありますが、その基本的意味は「～の」ということで、基本イメージは部分と全体の繋がりを示しています。これら (A)、(C)、(D) については意味的にもイメージ的にも文意に合いません。残る (B) のatはまさに物事の一点を示す前置詞ですので文意に合致します。

【正解】（B）
【訳】世界中から50人以上の音楽家がヴィラノヴァ音楽祭で演奏する予定である。
　【注】expected to ～する予定である、perform 演奏する

（2）熟語・成句表現

例題3　Many customers have been impressed ------- Forrester
Cosmetics' excellent beauty products for over 50 years.

(A) with　　　　　　　　(B) over
(C) to　　　　　　　　　(D) at

　前置詞問題を解くための第二の重要ポイントは、熟語や成句をしっかり覚えるよう
にすることです。熟語や成句と言われる語句には前置詞が含まれるものが多く、知っ
ていれば一瞬にして正解がわかりますが、知らなければいつまで経っても正解に辿り
着けない可能性が高くなります。
　この例題では、空所前にimpressedという動詞の過去分詞が来ています。これは
impressという動詞と相性のよい前置詞がわかっていれば一瞬にして正解を導くこと
のできる問題です。逆に言えば、impressと相性のよい前置詞が入った熟語を知ら
なければ、例題1で見たような前置詞の基本的意味やイメージから合理的に推論して
いっても間違えてしまう可能性が高いということです。この例題に関しては、(be)
impressed withで「～に感銘を受ける」という意味の熟語になりますので、（A）の
withが正解になります。

【正解】（A）
【訳】50年以上に渡り、多くの顧客がフォレスター化粧品の素晴らしい美容品に感銘を受けてきた。
【注】**excellent** 素晴らしい、優れた、**beauty product** 美容品、化粧品

例題4　The famous Santel Winery is located ------- walking distance from
our hotel, and offers tastings of its exceptional wines.

(A) off　　　　　　　　(B) against
(C) beyond　　　　　　(D) within

　前置詞が入った熟語・成句問題についてもうひとつ見ておきましょう。この例題で
は空所前にlocated、また空所後にwalking distance「歩いて行ける距離」とありま
すので、空所前後で「歩いて行ける距離にある」という意味になります。実はこれも
熟語でこの熟語を知っている人であれば、walking distanceという語句を見た瞬間
にその前にはwithinという前置詞が入ることがわかります。ただ、この問題の場合

は例題3とは違って、選択肢にある前置詞の基本的意味とイメージを理解していれば解くことができます。(A)offは「～から離れて」、(B)againstは「～に対して」、(C)beyondは「～を越えて」、また (D) は「～の中で」、「～以内に」という意味ですので、意味からwithinが正解であることを導くこともこの問題では可能です。

【正解】 (D)
【訳】 あの有名なサンテル・ワイナリーが我がホテルから歩いて行ける距離にあり、そこでは非常に素晴らしいワインのテイスティングをすることができます。
【注】 **within walking distance** 歩いて行ける距離にある、**exceptional** 非常に優れた

(3) まぎらわしい前置詞の区別

パターン⑤ by と until

例題5　The store managers' meeting tomorrow is expected to be finished ------- 3:00 P.M. at the latest.

(A) after　　　　　　　　　　(B) by
(C) throughout　　　　　　　(D) until

　前置詞問題を解く第三のポイントは、日本語にすれば同じような意味になるまぎらわしい前置詞の意味をしっかり理解しておくことです。こうした前置詞としてTOEICのPART 5 で特に多く出題されるのがbyとuntilです。どちらも日本語にすれば、「～まで」とか「～までに」という非常に似た意味になりますが、英語では両者に明確な意味の違いがあります。

　この例題では、選択肢 (A) afterと (C) throughoutはどちらも文意にまったくそぐわないものになっていますのでまず除外します。残るは (B) byと (D) untilの2つですが、この2つの前置詞には明確な意味の違いがあります。具体的にはbyは日本語にすれば「～までには」という「期限」を示す一方、untilは「～までずっと」という「継続」を意味するということです。例題では店長会議が「遅くとも3時までには終了する予定である」という意味になると考えられますので、「期限」を表すbyが正解になります。

【正解】 (B)
【訳】 明日の店長会議は遅くとも3時までには終了する予定である。
【注】 **store manager's meeting** 店長会議、**at the latest** 遅くとも

1. Steel stocks rose sharply ------- anticipation of massive global infrastructure spending.

(A) on   (B) for
(C) in   (D) at

2. The head of the engineering department at South University is ------- the world's most famous experts in the field.

(A) up   (B) by
(C) among   (D) between

3. Attendees immediately recognized the man standing ------- the door of the conference room.

(A) from   (B) amid
(C) into   (D) beside

4. It seems almost impossible to finish the sales report ------- tomorrow.

(A) until   (B) by
(C) on   (D) at

5. ------- sharp contrast with Bill, John was lavished with praise by their teachers.

(A) In   (B) For
(C) With   (D) To

6. Construction of a new residential condominium ------- Winston Road is now underway and is set to be completed by October.

(A) at   (B) on
(C) to   (D) for

1. これは前置詞が含まれた熟語の知識を問う問題で、知っていなければ正解を導くことは難しい。空所に（C）inを入れるとin anticipation of「〜を期待して」という熟語になり文意が通る。これと似た熟語としてはin recognition of「〜の功績を認めて」、in appreciation of「〜を感謝して」があり、PART 6やPART 7でも頻出する。　　　　　　　　　　　　　　　　　　　　　　　正解（C）

【訳】大規模な世界的インフラ支出を期待して鉄鋼会社の株は急騰した。

【注】sharply 急激に、massive 大規模な、spending 支出

2. 選択肢（A）は「上に」、（B）は「によって」という意味で文意に合わないので除外する。（C）、（D）はどちらも「〜の間で」という意味があるので迷いやすいが、（C）は3者以上、（D）は2者について使うという基本的な違いがある。この問題の場合は、空所後がworld's most famous expertsと3者以上のexpertsを意味しているので（C）amongが正解になる。　　　　　　　　正解（C）

【訳】サウス大学の工学部長はその分野における世界で最も有名な専門家の一人である。

【注】engineering department 工学部、field 分野

3. 空所前にthe man standing「立っている男」とあり、空所後にはthe doorとあるのでドアの近辺に立っている男について言及していると推測できる。選択肢（A）は「〜から」、（B）は「〜の間で」、（C）は「〜の中に」という意味なのでどれも文意に合わない。（D）besideは「〜のそばで」という意味で文意にピタリ合致する。　　　　　　　　　　　　　　　　　　　　　　正解（D）

【訳】出席者は会議室のドアのそばに立っている男のことがすぐに誰だかわかった。

【注】attendee 出席者、immediately 即座に、recognize 認識する

4. これは時間に関わる適切な前置詞を選ぶ問題。（C）はon Fridayのように特定の日を表し、（D）はat 7のように限定した時間を表すので（C）、（D）ともに不適。（A）と（B）は意味が似ているが、（A）は「〜まで」という継続の意味であるが、（B）は「〜までに」という行動の完了や期限を表す前置詞なので（B）byが正解になる。例題パターン⑤を参照。　　　　　　　　　　　　正解（B）

【訳】明日までに販売報告書を仕上げるのはほとんど不可能に思われる。

【注】almost ほとんど、impossible 不可能な

5. これも前置詞の入った熟語問題なので、知っていないとなかなか正解を見つけることはできない。文法的な知識だけで正解に辿り着くことは難しい。in contrast withは「〜と対照的に」という意味の熟語で文意にも合致するので（A）が正解になる。空所後にあるsharpはcontrastを強調している。なお、in contrast toも同じ意味。　　　　　　　　　　　　　　　　　　　　正解（A）

【訳】ビルとは極めて対照的に、ジョンは先生たちから褒めちぎられた。

【注】lavish 気前よく与える、praise 称賛

6. 空所前にはresidential condominium「住居マンション」が、また後ろにはWinston Roadとあるので、空所にはresidential condominiumがWinston Roadにあることを示す前置詞が入ると考えられる。（A）atは場所を表す前置詞だが特定の一点を示す。（C）のto、（D）のforともに方向を指し示す前置詞なので不適。（B）onには「〜に接して」という基本的な意味があり、roadやstreetと一緒に使われるのでこれが正解。　　　　　　　　　　　　　　　　正解（B）

【訳】ウィンストン通りにある新しい住居用マンションの建設は現在行われており、10月までには完成の予定である。

【注】residential 住居用の、underway 進行している、is set to 〜の予定である

7. The government has decided to provide various types of financial aid to companies ------- the verge of bankruptcy.

(A) in   (B) at
(C) on   (D) for

8. Mr. Reynolds, who has a doctoral degree in engineering, was first hired ------- a part-time assistant into our R&D department.

(A) with   (B) as
(C) in   (D) at

9. ------- the company, I would like to express my sincere appreciation to Mr. Fernandez for his long and tireless service.

(A) According to   (B) In conjunction with
(C) On behalf of   (D) With regard to

10. ------- the damage caused by the earthquake, the local economy is unlikely to recover anytime soon.

(A) Given   (B) For
(C) On   (D) As

11. Most economists believe that the key factor in the recent economic upturn is the increase ------- labor productivity.

(A) to   (B) in
(C) for   (D) at

12. Bed and Fragrance announced that it would shut down 200 of its retail stores around the country ------- the next few years.

(A) by   (B) over
(C) between   (D) among

7. これも前置詞の入った熟語問題である。熟語なので知らなければ正解を導き出せない可能性が高くなる。on the verge ofは「〜のふちにある」、「今にも〜しようとして」という意味の熟語で文意も通るので (C) が正解になる。vergeには「ふち」、「瀬戸際」という意味があり、ふちに接している (on) ということから状況が危ういことを表現している。　　　　　　　　　　　　　　　　　　**正解（C）**

【訳】政府は倒産の危機にある会社に対してさまざまな財政支援を行うことを決定した。

【注】**various** さまざまな、**financial aid** 財政支援、**bankruptcy** 倒産

8. 熟語の前置詞の場合は英文を読まずに正解を見つけられるが、この問題のようにそうでない場合は、まずは空所の前後を読む必要がある。空所前はwas first hired「最初に雇われた」、後にはa part-time assistantとあるので、最初は「〜として」雇われたと考えるのが自然。「〜として」という意味のある前置詞はasだけなので (B) が正解になる。　　　　　　　　　　　　　　　　　　**正解（B）**

【訳】レイノルズ氏は工学博士号を持っているが、最初彼は研究開発部のパートタイム・アシスタントとして雇用された。

【注】**doctoral degree** 博士号、**hire** 雇用する、**R&D** 研究開発

9. 文全体を読むと、前半は「会社」とあり、後半は「フェルナンデス氏に心からの感謝を述べたい」とあるので、会社を「代表して」という趣旨の前置詞が入ると予想できる。(A) は「〜によると」、(B) は「〜に関連して」、(D) は「〜に関して」という意味でどれも文意に合わない。(C) On behalf ofがまさに「〜を代表して」という意味で文意に合致する。　　　　　　　　　　　　　　　　　　**正解（C）**

【訳】私は会社を代表して、フェルナンデス氏の長年にわたる不断の貢献に対して心からの感謝の意を述べさせていただきたい。

【注】**express** 表明する、**sincere appreciation** 心からの感謝、**tireless** 不断の

10. 前半には「地震による被害」とあり、後半には「経済はすぐに回復しないだろう」とある。つまり文意としては地震被害が原因になって経済回復はしないという流れになる。選択肢 (A) のGivenには「〜を考慮に入れると」という意味があり、文意にピタリ合致する。なお、givenには形容詞として「特定の」や「一定の」、また名詞として「既成事実」という意味もある。　　　　　　　　　　**正解（A）**

【訳】地震によってもたらされた被害のことを考慮に入れると、地元経済はすぐには回復しない可能性が高い。

【注】**cause** 引き起こす、**recover** 回復する、**anytime soon** すぐに

11. これは空所前後だけを読めばよい。空所前後にincrease「増加」とlabor productivity「労働生産性」とあるので、「労働生産性の増加」という意味だと想像できる。(A) は「〜へ」、(C) は「〜へ向けて」、(D) は「〜の点で」という意味なのでどれも不適。(B) のinは「〜における」という意味で、これを入れると「労働生産性の増加」という意味になり文意が通る。　　　　　　　　　　　　　　**正解（B）**

【訳】最近の経済好転の鍵になっている要因は、生産性の増加であると多くのエコノミストは考えている。

【注】**factor** 要素、要因、**upturn** 上昇、好転

12. この問題も空所後の語句だけで正解を選ぶことができる。空所後はthe next few years「次の数年」となっているので、空所には期間を表す前置詞が入る。選択肢の中で期間を表す前置詞は (B) overだけなのでこれが正解。(A) は「〜によって」、(C) と (D) はともに「〜の間で」という意味で期間を表すことはできない。　　　　　　　　　　　　　　　　　　**正解（B）**

【訳】ベッド・アンド・フレグランス社は今後数年間で国内の200店舗を閉鎖すると発表した。

【注】**shut down** 閉鎖する、**retail store** 小売店舗

13. The number of craft breweries is increasing rapidly ------- the growing demand for unique local beers.

(A) aside from   (B) regardless of
(C) by means of   (D) on account of

14. When you come up ------- an idea, you should analyze it from all angles, assessing the impact the change will make on the company, its workers and its clients.

(A) with   (B) for
(C) in   (D) on

15. While risky decisions sometimes result in large rewards, they can also lead ------- devastating failures.

(A) in   (B) with
(C) to   (D) at

16. Employees are expected to notify their supervisors of any patents personally obtained ------- the period of their employment.

(A) at   (B) about
(C) on   (D) during

17. ------- our customers' loyalty and support, we are holding a half price sale on all our merchandise.

(A) In addition to   (B) In appreciation of
(C) In terms of   (D) In relation to

18. Located in the heart of the city, Mariposa Hotel is ------- walking distance from the famous Riverdale Park and many great restaurants.

(A) for   (B) in
(C) at   (D) within

13. 前半には「クラフトビール醸造所の数が急速に増えている」こと、また後半には「地ビールに対する需要が伸びている」とあるので、空所には原因を表す前置詞が入ると考えられる。(A) は「～とは別に」、(B) は「～に関係なく」、(C) は「～を用いて」という意味なのでどれも不適。(D) on account ofは「～のために」という原因を表す前置詞なのでこれが正解になる。　　**正解 (D)**

【訳】ユニークな地ビールに対する需要が伸びているために、クラフトビール醸造所の数が急速に増えている。

【注】**rapidly** 急速に、**demand** 需要

14. これは前置詞を含んだ熟語の問題。文は長いが全文を読む必要はなく、空所前後を読むだけでよい。空所後にan ideaとあるが、これと相性の良い前置詞は (A) のwith。come up with an ideaで「アイデアを思いつく」という意味になる。PART 6やPART 7でもよく出てくる慣用句なのでこのまま覚えてほしい。　　**正解 (A)**

【訳】何かアイデアを思いついたときには、すべての角度からそのアイディアを分析し、会社全体、従業員や顧客に変化がどのような影響をもたらすかを評価すべきである。

【注】**analyze** 分析する、**assess** 評価する

15. これはleadという動詞に相性のよい前置詞を選ぶ問題。lead は「～を導く」という意味である。空所後にdevastating failures「破壊的な失敗」という名詞句があるので、そちらの方向にleadするという意味になると推測される。そのような方向を示す前置詞は、選択肢の中では (C) のtoだけなのでこれが正解になる。　　**正解 (C)**

【訳】リスクのある決定は時に大きな報酬となって帰ってくることがある一方、破壊的な失敗を導くこともある。

【注】**result in** ～をもたらす、帰結する、**reward** 報酬、恩恵

16. 空所後はthe period of their employment「雇用されていた期間」となっているので、空所には一定の期間を表す前置詞が入ると予想される。選択肢 (A) atは「ある一点」を表し、(B) aboutは「～の周辺」というのが基本的な意味。また (C) onも「特定の時間」を表すので不適。(D) duringが「特定の期間」を表し文意に合致するのでこれが正解。　　**正解 (D)**

【訳】従業員は雇用期間中に個人的に取得したいかなる特許についても上司に知らせることが求められる。

【注】**notify** ～に知らせる、**patent** 特許、**obtain** 取得する、**employment** 雇用

17. 前半には「顧客のご愛顧と支援」とあり、また後半には「商品の半額セールをする」とあるので、顧客の支援「に感謝して」セールを行うと考えるのが自然。選択肢 (A) は「～に加えて」、(C) は「～に関して」、(D) は「～に関連して」という意味なので文意に合わない。(B) In appreciation ofは「～に感謝して」という意味でまさに文意に合致する。　　**正解 (B)**

【訳】お客様のご愛顧と支援に感謝して、すべての商品の半額セールをしています。

【注】**loyalty** 忠実さ、忠誠心、**merchandise** 商品

18. 空所後にwalking distance from「～から歩いて行ける距離」という語句があるので、(A) forと (C) atでは意味が通らず、おかしいことはすぐわかる。(B) inと (D) withinどちらを選ぶかで迷った人がいたかもしれないが、in walking distanceという言い方はしないので (D) が正解。within walking distanceはTOEIC頻出の成句。例題パターン④を参照。　　**正解 (D)**

【訳】市の中心にあるマリポサ・ホテルは有名なリバーデール公園や多くの素晴らしいレストランから歩いて行ける距離にある。

【注】**located** 位置する、**heart of the city** 市の中心

19. New Lexington is home ------- a multicultural population and is the country's financial and cultural hub.

(A) to   (B) by
(C) with   (D) about

20. Guests arriving after 7 P.M. can place their dinner orders at reception ------- check-in.

(A) about   (B) upon
(C) with   (D) against

21. Your package has been shipped and will be delivered ------- the end of this week.

(A) within   (B) along
(C) by   (D) for

22. Passengers departing ------- the international terminal must go to the exit processing counter before proceeding to their gate.

(A) of   (B) to
(C) since   (D) from

23. Participants have the choice of attending the training session ------- person or by webinar.

(A) in   (B) with
(C) among   (D) by

24. City officials plan to transform the building ------- a beautiful public space that can be used for both business and leisure purposes.

(A) onto   (B) into
(C) around   (D) amid

19. 空所前後の意味は「ニューレキシントンは多文化の人々にとっての本拠地である」と考えられるが、（B）byと（D）aboutは大きく意味が外れるので除外する。残る（A）と（C）ついてはどちらも意味的にはあり得るように思われるが、home toが「～の本拠地である」という成句なので（A）が正解。home withという言い方はしない。　　　　　　　　　　　　　　　　　　　　　　**正解（A）**

【訳】ニューレキシントンは多文化の人々にとっての本拠地であり、その国の金融と文化の中心地でもある。

【注】multicultural 多文化の、population 人口、hub 中心地

---

20. 空所前にはat receptionとあり、後にはcheck-inとあるので、ホテルか何かにチェックインする「とき」についての文だと推測できる。選択肢（A）と（D）はその意味がまったく外れているので除外する。（C）のwithはそこまで外れてはいないが「～するとき」という意味では使わない。（B）uponには「～するとすぐに」という意味がある。　　　　　　　　　　　　　　　**正解（B）**

【訳】午後7時以降に到着したお客様はチェックイン時に受付で夕食を注文することができます。

【注】place orders 注文する、reception 受付

---

21. 前半では「商品が発送され届く」ということ、後半には「今週末」とあるので今週「末までには」届くと考えられる。（B）alongは「～に沿って」、（D）forは「～のために」という意味なので除外する。（A）withinは「～以内に」という意味だが、withinの後には期間の長さを表す語句が来るので不適。（C）byが「～までに」という期限を表すのでこれが正解になる。　　　　　　**正解（C）**

【訳】お客様の商品は発送されましたので、今週末までには配達される予定です。

【注】ship 発送する、deliver 到着する

---

22. 空所前にはPassengers departingとあり、後にはthe international terminalとあるので、国際線ターミナル「から」出発する乗客の意だと推測できる。（A）ofにも「～から」という意味があるが、departing ofとは言わない。（B）toは「～へ」という意味なので反対方向になる。（C）sinceも意味が通らない。（D）fromが「～から」という意味で文意に合致する。　　　**正解（D）**

【訳】国際線ターミナルから出発する乗客はゲートに進む前に出国手続きカウンターに行かなければならない。

【注】depart 出発する、exit 出口、proceed to ～に進む

---

23. 空所前は「トレーニング・セッションの出席者は選択できる」とあるので、空所後にはその選択肢が書かれているはず。空所後にor by webinarとあるのでひとつの選択肢はウェビナーで、もうひとつは自身で「直接」出席することだと推測できる。「直接に」という意味の熟語になるのはin personなので（A）が正解になる。　　　　　　　　　　　　　　　　　　　　**正解（A）**

【訳】トレーニング・セッションの出席者は自分で直接出席するかウェビナーを使うか選択することができる。

【注】participant 出席者、参加者、choice 選択

---

24. この問題を解く最大のポイントはtransformという動詞に注目すること。transformは「～に変える」という意味なので、それに適した前置詞を選ぶ。（A）ontoは「～の上に」、（C）aroundは「～の周りに」、（D）amidは「～の中で」という意味でどれも文意に合わない。transform と相性のよいのは（B）into。transform A into Bという形で覚えてほしい。　　　　　　**正解（B）**

【訳】市の当局者はそのビルを美しい公共スペースに変えて、ビジネスと娯楽の両方の目的に使えるようにしたいと計画している。

【注】official 当局者、官僚、purpose 目的

25. The document will be ------- tremendous value to experts and policymakers dealing with energy issues.

(A) for   (B) above
(C) of   (D) in

26. McCarthy Consulting offers expert advice ------- a wide variety of business issues.

(A) on   (B) at
(C) with   (D) from

27. If you want to stay healthy ------- your life, exercise should be an important part of your lifestyle.

(A) toward   (B) throughout
(C) upon   (D) along

28. The senior partners ------- the law firm have approved the hiring of Benjamin Toomey as a new junior partner.

(A) on   (B) for
(C) to   (D) at

29. If you are not satisfied ------- an item you purchased, you may return it for a refund.

(A) to   (B) for
(C) with   (D) over

30. Our goal is to provide outstanding service ------- a timely manner.

(A) with   (B) about
(C) in   (D) for

25. 空所前にはThe document will beとあり、後にはtremendous valueとあるので、その書類にはすごい価値があるという意味になると推測される。しかし、be tremendous valueでは文法的に正しくない。これをtremendously valuableという意味にするためには（C）ofが必要になる。of value＝valuableという意味になることを覚えておいてほしい。　　　　　　　　　　　　**正解（C）**

【訳】その書類はエネルギー問題に対処しようとしている専門家や政策立案者にとってはすごく価値のあるものになるだろう。

【注】**tremendous** すごい、巨大な、**policymaker** 政策立案者、**issue** 問題

---

26. 前半では「専門的なアドバイスを提供する」とあり、後半には「幅広いビジネス問題」とあるので、ここはビジネスに「関する」専門的なアドバイスという意味だと推測できる。選択肢の中で「～に関する」という意味があるのは（A）onだけ。onの基本的イメージは何かに接触していることで、そこから触れる→関するという意味が出てきた。　　　　　　　　　　　　　　**正解（A）**

【訳】マカーシー・コンサルティングは幅広いビジネスの問題に関して専門的なアドバイスを提供している。

【注】**offer** 提供する、**a variety of** 幅広い

---

27. 空所前には If you want to stay healthy「健康でいたいなら」とあり、空所後にはyour life「あなたの一生」とあるので、ここはあなたが一生「の間」健康でいたいならという文意になると考えられる。選択肢の中でそうした期間を表すのは(B)throughoutだけなのでこれが正解になる。(A)は「～に向けて」、（C）は「～の上に」、（D）は「～に沿って」という意味。　　**正解（B）**

【訳】もしあなたが一生健康でいたいのなら、運動があなたのライフスタイルの重要な部分になる必要がある。

【注】**stay healthy** 健康でいる、**exercise** 運動

---

28. 空所前にThe senior partnersとあり、空所後にはthe law firm「法律事務所」とあるので、ここはその法律事務所「の」上級パートナーがという意味だと考えられる。（A）onは「～の上」とか「～に関する」という意味なので不適。（B）forと（C）toも方向を示す前置詞なので不適。（D）atはある一点を指し、「所属」を意味することができる前置詞で文意に合致する。　　**正解（D）**

【訳】その法律事務所の上級パートナーたちはベンジャミン・トゥーミーを新しいジュニア・パートナーとして雇用することを承認した。

【注】**approve** 承認する、**hiring** 雇用

---

29. これは動詞と相性のよい前置詞を選ぶ問題。空所前にsatisfiedという動詞がある。これと相性のよい前置詞はwithなので（C）が正解。be動詞＋satisfied +withで「～に満足する」という意味になる。そのほかの（A）to、（B）for、（D）overは、satisfiedとはコロケーションとして結びつかない。　　　　　　　　　　　　　　　　　　　　　　　　　　　　　　　　**正解（C）**

【訳】もしお買いになった商品にご満足されていないなら、返品していただければ返金いたします。

【注】**purchase** 購入する、**refund** 返金

---

30. 空所後はa timely mannerとあるが、このmannerは「礼儀作法」という意味ではなく、wayと同じく「方法」、「やり方」という意味である。つまりa timely mannerで「時宜にかなったやり方」という意味になる。そうした「方法、やり方」の前置詞として使うのは（C）のin。（A）withを選んだ人もいるかもしれないが、with a mannerという言い方はしない。　　　**正解（C）**

【訳】我々の目標は時宜にかなったやり方で傑出したサービスを提供することである。

【注】**outstanding** 傑出した、極めて優れた、**timely** 時宜にかなった

31. If you have any questions or concerns about our products, please do not hesitate to contact us ------- further information or clarification.

(A) through
(B) for
(C) against
(D) under

32. We plan to expand our business ------- active collaboration and alliances with both domestic and foreign companies.

(A) within
(B) amid
(C) without
(D) through

33. Greyson Hotel, with its landmark tower, is located ------- the famous Royal Theater.

(A) next
(B) in front
(C) across
(D) opposite to

34. The KPX's board of directors said it will approve the acquisition offer if it is determined to be ------- the best interest of the company.

(A) at
(B) in
(C) behind
(D) to

35. If your production line uses only human labor, your products will be more prone ------- defects.

(A) to
(B) for
(C) on
(D) regarding

36. The EV startup company was valued ------- five billion dollars after its initial public offering.

(A) for
(B) at
(C) in
(D) with

31. 空所前には、「躊躇せずに我々にコンタクトしてください」とあり、空所後には「さらなる情報あるいは説明」とあるので、さらなる情報や説明を「求める」場合はコンタクトしてほしいという流れになる。そのような「求める」という意味のある前置詞は（B）forだけなのでこれが正解。（A）は「〜を通して」、（C）は「〜に対して」、（D）は「〜の下に」という意味。　　　**正解（B）**

【訳】我が社の製品に関して質問や懸念があれば、さらなる情報や説明をいたしますので躊躇なくご連絡ください。

【注】concern 懸念、hesitate 躊躇する、clarification 不明点などの説明

---

32. 空所前には「ビジネスを拡大する計画」とあり、空所後には他社との「積極的な協力と提携」とあるので、協力と提携を「通じて」ビジネスを拡大させるという流れになると考えられる。選択肢の中でそれを満たすのは（D）through。（A）は「〜のうちに」、（B）は「〜の間に」、（C）は「〜がなくて」という意味なのでどれも文意に合致しない。　　　**正解（D）**

【訳】我が社は国内および外国の企業との積極的な協力と提携を通じてビジネスを拡大させる計画である。

【注】expand 拡大させる、collaboration 協力、alliance 提携

---

33. 空所前は「ホテルがある」ということ、また空所後はただ「ロイヤルシアター」とあるので、空所にはホテルとシアターの位置関係を表す前置詞が入ると考えられる。（A）はnext to、（B）もin front ofであれば正解。（C）acrossは「〜を横切って」という意味なのでacross the streetなら正解。（D）opposite toは「〜の向かい側に」という意味で文意に合致する。なお、oppositeは前置詞としても使われるので、ここではoppositeだけでも正解になる。　　　**正解（D）**

【訳】歴史的建造物の塔があるグレイソン・ホテルは有名なロイヤル・シアターの向かい側にある。

【注】landmark 歴史的建造物、史跡

---

34. 空所前は「もし〜であると判断されたなら買収提案を承認する」とあり、空所後には「会社の最高の利益」とあるので、文意としては「買収提案が会社の最高の利益になると判断されたら」ということだと推測できる。in the interest ofが「〜の利益になる」という意味の成句なので空所には（B）inが入る。in the interest ofという表現はビジネス英語全般にわたってよく使われる。　　　**正解（B）**

【訳】KPX社の取締役会は、その買収提案が会社の最大の利益になると判断された場合は承認すると述べた。

【注】board of directors 取締役会、determine 判断する、決定する

---

35. これは前置詞の入った一種の熟語問題。全文を読まなくても、後半を読むだけで解くことができる。空所前にはproneという形容詞が来ている。proneと相性のよい前置詞は（A）のtoなのでこれが正解になる。prone toで「〜する傾向がある」という意味。なお、proneには「うつ伏せの」という意味もある。　　　**正解（A）**

【訳】もし御社の生産ラインが人力だけを使用しているのであれば、より多くの欠陥品が出てきやすくなるだろう。

【注】human labor 人力、defect 欠陥品

---

36. 空所前にwas valued「評価された」とあり、空所後にはfive billion dollars「50億ドル」とあるので、空所には金額を表す前置詞が入る。文意から（C）inと（D）withは不適。残る（A）forと（B）atはどちらも後に金額が来ることができるが、forは「〜と引き換えに」という意味なので不適。50億ドルという一点の金額を表すには（B）のatが適切。　　　**正解（B）**

【訳】その電気自動車のスタートアップ企業は新規株式公開あと、50億ドルの企業価値があると評価された。

【注】value 評価する、initial public offering 新規株式公開

37. Our determined efforts have resulted ------- our company being named the best workplace in the country.

(A) about   (B) from
(C) in   (D) beyond

38. Paxton School will remain closed ------- further notice due to heavy snow.

(A) except   (B) until
(C) by   (D) with

39. Bob's Furniture has more than 50 stores ------- Florida, Georgia and North Carolina.

(A) throughout   (B) between
(C) among   (D) along

40. It is our policy to promote people ------- the company rather than hire people from outside.

(A) on   (B) beneath
(C) amid   (D) within

41. A study found that walking or cycling ------- driving to work is associated with a lower risk of diabetes.

(A) in terms of   (B) in regard to
(C) instead of   (D) in spite of

42. City officials promised to work closely with the community to address concerns ------- the construction of the new convention center.

(A) regarding   (B) during
(C) following   (D) including

37. これは空所前のresultという動詞と相性がよい前置詞を選ぶ問題。（A）aboutや（D）beyondはresultの後に来ることはない。（B）fromと（C）inはともにresultの後に来ることができるが、前半では「会社が努力した」こと、後半では「国内最高の職場であると指名された」とあるので、努力の結果→指名という流れになる。したがって結果を表す前置詞（C）inが正解。　　**正解（C）**

【訳】我が社が断固たる決意を持って努力した結果、我が社は国内最高の職場として名前が挙がった。

【注】**determined** 確固とした、断固たる、**result in** ～という結果になる

---

38. 空所前は「学校が閉鎖されたままである」と書かれ、後半には「激しい雪によるさらなる通知」とある。これらの前後関係から、さらなる通知「があるまでは」学校は閉鎖されたままであるという文意になると考えられる。その文意に合致する前置詞は（B）until。なお、until further noticeは「さらなる通知があるまでは」という意味の成句なのでこのまま覚えよう。　　**正解（B）**

【訳】パクストン校は激しい雪のため、さらなる通知があるまでは閉鎖されたままである。

【注】**remain closed** 閉鎖されたままである、**notice** 通知、連絡

---

39. 空所前がmore than 50 storesと複数形になっていることに注目。空所には複数のものに使われる前置詞が入る。（D）は「～に沿って」という意味なので除外する。（B）betweenは2者の間のことなので不適。（C）amongは3者以上のものに使えるが、このように後に名詞を羅列することはできない。（A）throughoutは「～のいたる所に」という意味で文意に合致する。　　**正解（A）**

【訳】ボブズ・ファーニチャーはフロリダ、ジョージア、ノースカロライナ州のいたる所に50以上の店舗を構えている。

---

40. 空所後にrather than hire people from outsideとあることに注目。rather thanがあることはその前と対比になっていることを意味する。つまり外部から人を雇うのではなく内部の人を昇格させるという文意だと推測できる。選択肢の中でそれに合致するのは「～のうちに」、「～の内部に」という意味の（D）within。　　**正解（D）**

【訳】外部から人間を雇うのではなく、会社内部の人間を昇進させることが我が社の方針である。

【注】**policy** 方針、**promote** 昇進させる、**rather than** ～よりむしろ

---

41. 空所前にはwalking or cyclingとあり、また空所後にはdriving to work「自動車通勤する」とあるので、空所を挟んでこの両者が代替の関係にあることがわかる。選択肢の中でそうした代替の意味を表せるのは（C）instead of「～の代わりに」なのでこれが正解。（D）in spite ofは「～にもかかわらず」という逆接の意味なので文意に合わない。　　**正解（C）**

【訳】ある研究によると、自動車通勤する代わりに歩くか自転車に乗って通勤すると糖尿病のリスクが軽減されることとがわかった。

【注】**study** 研究、調査、**associated with** ～に関連する、**diabetes** 糖尿病

---

42. 空所前にaddress concerns「問題に対処する」とあり、空所後にはconstruction of the new convention center「新しいコンベンションセンターの建設」とあるので、文意としては建設に「関する」問題に対処すると考えるのが自然。（A）が「～に関する」という意味なのでこれが正解になる。（B）は「～の間」、（C）は「～に続いて」、（D）は「～を含めて」という意味。　　**正解（A）**

【訳】新しいコンベンションセンター建設に関する問題に対処するため、市の役人はコミュニティと密接に連携していくことを約束した。

【注】**city official** 市の役人、**work closely** 密接に連携し働く

43. One employee has called ------- sick intermittently over the past few months due to chronic back pain.

(A) for   (B) in
(C) with   (D) to

44. ------- normal circumstances, hundreds of billions of dollars are spent in the country by international tourists.

(A) With   (B) Among
(C) Regarding   (D) Under

45. If you need to cancel or change your appointment, please call us ------- your earliest convenience.

(A) on   (B) at
(C) by   (D) to

46. JT Systems specializes ------- the design and development of automated manufacturing systems.

(A) in   (B) over
(C) on   (D) into

47. The company's social media marketing campaign will promote awareness ------- its brands and increase traffic to its stores.

(A) of   (B) to
(C) with   (D) through

48. The language learning app remains hugely popular ------- younger smartphone users.

(A) among   (B) toward
(C) within   (D) by

43. 文全体を読むと、一人の従業員が過去数ヶ月の間断続的にcalled ------- sickしたとある。空所前にcall、また後にsickという単語があるので何か電話と病気に関連していると推測できる。これはcall in sickという熟語の知識を問う問題で、勤務先などに病欠の電話をすることを意味する。したがって、（B）が正解。知らなければ解けないのでこのまま覚えよう。　　　**正解（B）**

【訳】ある従業員は過去数ヶ月の間、慢性的な腰痛を理由として断続的に病欠の連絡をしてきた。

【注】**intermittently** 断続的に、**chronic** 慢性的な、**back pain** 腰痛

44. 前置詞の入った熟語の問題。この熟語を知らなければ、どの選択肢の前置詞もその意味から考えるとすべて正解になりそうに思えるかもしれない。「そういう状況では」という意味の熟語はunder the circumstancesなので（D）が正解になる。近年のTOEICではこのような前置詞が入った熟語の問題がより多く出題されるようになっている。　　　**正解（D）**

【訳】通常の状況では、外国人観光客によって国内で数千億ドルが消費される。

【注】**circumstance** 状況、**international tourist** 外国人観光客

45. これも前置詞の入った熟語の知識を問う問題。後半では空所前に「電話してほしい」とあり、空所後には「最も早い都合」とあるので、空所がなくても「最も早く都合がつくときに」電話してほしいという文意だとわかる。それを表すのはat one's earliest convenienceという熟語なので（B）atが正解になる。　　　**正解（B）**

【訳】もしご予約をキャンセルあるいは変更する必要があれば、できるだけ早く電話をお願いします。

【注】**call** 電話する、**convenience** 便利、好都合

46. 動詞specialize「専門にする」と相性のよい前置詞を選ぶ問題。動詞にはparticipate in、depend on、laugh at、inform of、stem fromなど、動詞によっては特定の前置詞を取るものがある。specializeもそうした動詞のひとつで、後にはinが来る。したがって、（A）が正解。なお、specializeに似た動詞にmajor「専攻する」があるが、これも後にinが来る。　　　**正解（A）**

【訳】JTシステム社は自動生産システムのデザインと開発を専門としている。

【注】**development** 開発、**automated** 自動化された、**manufacturing** 生産

47. 文の前半には「マーケティング・キャンペーンは認知度を促進するだろう」とあり、また空所後には「そのブランド（its brands）」とあるので、ここは「ブランドの認知度を促進する」という文意になると推測される。ブランドの認知度という意味になる前置詞は（A）ofだけ。（B）、（C）、（D）どれを空所に入れてもブランドの認知度という意味にはならない。　　　**正解（A）**

【訳】その会社のSNSを使ったマーケティング・キャンペーンはブランドの認知度を促進し、来店する顧客を増加させるだろう。

【注】**promote** 促進する、**awareness** 認知度、**traffic** 人の出入り、客足

48. 空所前に「その言語アプリは非常に人気がある」とあり、後半には「若いスマホ使用者」とあるので、流れからそのアプリが若いスマホ使用者「の間で」人気があるという文意になると推測できる。選択肢で「〜の間で」という意味があるのは（A）among。（C）withinは「〜の範囲内で」と場所や、「〜以内に」と時間の長さについて使われるのでここでは不適。　　　**正解（A）**

【訳】その言語アプリは若いスマホ使用者の間で大人気になっている。

【注】**remain** 〜のままである、**hugely** 非常に

49. ------- receiving your order, we will arrange shipment promptly.

(A) Against　　　　　　　　　(B) Upon

(C) Unlike　　　　　　　　　 (D) Until

50. According to the highway construction schedule, lane closures will alternate ------- inbound and outbound lanes.

(A) between　　　　　　　　 (B) along

(C) against　　　　　　　　　(D) for

49. 前半は「あなたの注文を受けること」とあり、後半には「すぐに発送手配をする」とあるので、文意としては、注文を受ければ「すぐに」発送の手配をすると解釈するのが自然。選択肢の中で「すぐに」という意味があるのは（B）のUpon。（A）Againstは「〜に対して」、（C）Unlikeは「〜とは違って」、（D）Untilは「〜まで」という意味なのでどれも不適。　　**正解（B）**

【訳】あなたからの注文を受け取り次第、すぐに発送の手配をします。

【注】**shipment** 出荷、発送、**promptly** すぐに

50. この問題では空所前にあるalternateという動詞の意味を知っているかどうかがポイントになる。alternateは「交互にする」、「交替でする」という意味で、2つのものの間を行き来するというイメージがある。選択肢の中でそうしたイメージにふさわしいのは（A）のbetweenである。なお、alternateはbetweenのほかにwithという前置詞を取ることもある。　　**正解（A）**

【訳】ハイウェイの建設予定によると、道路閉鎖は市内行きと市外行きの交互に行われる予定である。

【注】**lane closure** 道路閉鎖、**inbound** 市内行き、**outbound** 市外行き

Chapter 4 ■全50問

動詞問題

（1）態

パターン① 述語動詞が受動態

例題1 Supervisors ------- to hold performance evaluation discussions with all employees whom they directly supervise.

(A) will require   (B) have required
(C) are requiring   (D) are required

　動詞問題で近年特に多く出題されるのは受動態か能動態かを見極める態の問題で、主語が「～される」場合は受動態、「～する」場合は能動態になります。この例題の主語はSupervisors「上司」で、空所後に「彼らが監督している全従業員と業績評価について話し合う」とあります。つまり、主語のSupervisorsはそうした話し合いを持つことを会社側から「要求されている」と考えられますので、空所は受動態になります。選択肢を見ると、（D）のare requiredだけが受動態ですので、これが正解になります。

【正解】 （D）
【訳】上司は直接監督している全従業員と業績評価について話し合いをしなければならない。
【注】hold 開催する、performance evaluation 業績評価、directly 直接に

パターン② 過去分詞の形容詞的用法

例題2 Mr. Kumar is a highly ------- investment advisor with extensive experience in the field of investment and financial advisory.

(A) to be accomplished   (B) accomplishing
(C) accomplished   (D) has accomplished

動詞問題では、基本的に①態、②時制、③主述の一致という3つの観点から出題されます。①の態では主語が「～される」（受動態）側になるのか、それとも「～する」（能動態）側になるのかを判断します。②は問題文中にある時制に関する語句を手がかりにして、最も適切な動詞の時制を選択します。そして、③の主述の一致では主語の単数、複数によってそれに適した動詞の形を選ぶことになります。

例題1は受動態の問題でしたが、受動態で使われる過去分詞の問題も見ておきましょう。この例題では空所前に副詞のhighly、空所後にinvestment advisorという名詞句がありますので、空所には形容詞か形容詞に準じた分詞が入ることが考えられます。選択肢（A）はto beがあり、（D）もhasがあるため、highlyとは繋がりません。残る（B）と（C）のうち（B）accomplishingは現在分詞で「達成する」という意味ですが、investment advisorを修飾するには不自然です。一方、（C）accomplishedは過去分詞で「達成された」＝「熟達した」という意味になり文意にピタリ合致します。

【正解】（C）
【訳】クマール氏は投資と金融助言分野で幅広い経験を持った大変優秀な投資アドバイザーである。
【注】extensive experience 幅広い経験、in the field of ～の分野で

パターン③　現在分詞の形容詞的用法

例題3　Ms. Russo's background includes more than eight years of
experience ------- operations in healthcare and mental health.

(A) management　　　　(B) managing
(C) managed　　　　　(D) is managing

例題2では形容詞の役割を果たす受動的な意味の過去分詞を見ましたので、今度は能動的な意味になる現在分詞を取り上げたいと思います。この例題で注目していただきたいのは、空所後にoperations in healthcare and mental healthという目的語になる名詞句があることです。つまり、空所には能動態になる現在分詞が入ることになるわけです。選択肢を見ると、（A）は名詞、（D）にはisがあり、その前のincludesと合わせて一文にふたつ動詞があることになりますので両方とも不適です。また、（C）のmanagedは過去分詞ですが、空所後の目的語を取れず文意が通りません。残る（B）のmanagingが現在分詞で、能動態として空所後の目的語を取ることができます。

（2）時制

パターン④	過去の時制を示唆する語句

例題4　Midas Enterprises ------- to Lawton Industrial Park last month because it provides enough space for the company to grow.

(A) is relocating　　　　　(B) will have relocated
(C) have relocated　　　　(D) relocated

　動詞問題で態と同程度に重要なのが、時制に関する問題です。時制に関する問題については問題文中のどこかに時制を示唆する語句が書かれている場合が多いので、それを見逃さないようにすることが大切です。この例題でも問題文の中頃にlast monthという語句がありますので、これによって空所には動詞の過去形が入ることがわかります。選択肢を見ると、(D) のrelocatedが過去形ですので、これが正解になります。

【正解】 (D)
【訳】マイダス・エンタープライズ社は先月にロートン工業団地に移転した。なぜなら、そこでは会社が今後成長するに十分な空間を提供してくれるからである。
【注】industrial park 工業団地、provide 提供する

パターン⑤	未来の時制を示唆する語句

例題5　By the end of this culinary program, graduates ------- a basis for a career in the food service industry.

(A) will have established　　(B) are establishing
(C) establish　　　　　　　(D) had established

　時制に関する問題をもうひとつ見ておきましょう。この例題でも注目していただきたいのは、冒頭にBy the end of this culinary programという未来を示す語句があることです。つまり、空所には未来表現、あるいは未来完了形かのどちらかが入ることがわかります。(B) は現在進行形、(C)は動詞の原形、(D) は過去完了形ですのでどれもふさわしくありません。(A) が未来完了形ですのでこれが正解となります。

【正解】 (A)
【訳】この料理課程の終了までに、卒業生は料理サービス産業の職業的基礎を確立しているでしょう。

【注】**culinary** 料理の、**graduate** 卒業生、**basis** 基礎

（3）主述の一致

パターン⑥　述語の動詞が複数形

例題6　A salary increase is usually used to recognize and reward
employees who ------- exceptional performance.

(A) is demonstrating　　　(B) are demonstrated
(C) demonstrate　　　　　(D) has demonstrated

　最後のパターンは、主述の一致に関する問題です。この例題で注目すべきは、空所
前がemployees whoと複数形の名詞＋関係代名詞になっていることです。つまり、
空所には動詞の複数形が入ることになります。（A）はisがあるので動詞の単数形、
また（D）もhasがあるので単数形です。残るは（B）と（C）で、両方とも複数形に
対応した形ですが、（B）のare demonstratedは受動態になっているので文として成
立しません。対して、（C）のdemonstrateは能動態の複数形ですのでこれが正解です。

【正解】（C）
【訳】給与の増加は非常に優れた業績を示した従業員の働きを認め、それに報いるために使われる。
【注】**recognize** 認める、**reward** 報いる、**exceptional performance** 非常に優れた業績

パターン⑦　述語の動詞が単数形

例題7　This seminar ------- to contemporary issues and concerns faced
in the hospitality industry.

(A) pertains　　　　　　　(B) is pertained
(C) has been pertaining　　(D) pertain

　もうひとつ主述の一致の問題を見ておきましょう。この例題では空所前にThis
seminarという単数の名詞がありますので、空所にも動詞の単数形が入ります。まず
（D）は動詞の複数形なので除外されます。残る3つはどれも動詞の単数形ですが、（B）
は受動態、（C）は現在完了進行形ですのでどちらも文として成立しません。（A）の
pertainsが現在形の単数で、いわゆる三単現のsがついていますのでこれが正解です。

【正解】（A）
【訳】このセミナーは、サービス産業が直面している現在の問題や懸念に関連したものになります。
【注】**pertain to** ～に関連する、**contemporary** 現在の、**hospitality industry** サービス業

1. The city's library ------- a wide selection of fiction and non-fiction books and a range of weekly magazines.

(A) will containing   (B) containing
(C) contains   (D) to contain

2. I remember ------- Jim that he had a bright future ahead of him.

(A) telling   (B) tell
(C) told   (D) to tell

3. The applicant for the job ------- with the director of personnel yesterday afternoon.

(A) will meet   (B) has met
(C) meets   (D) met

4. Please don't forget ------- a reservation for the rock concert next month at the city auditorium.

(A) making   (B) will make
(C) to make   (D) to have made

5. One survey showed that about a third of the city's residents ------- their jobs because of the recession.

(A) lose   (B) will lose
(C) have been lost   (D) had lost

6. By the time Mr. Harris retired at age 80, he ------- over 100 buildings in the city.

(A) had designed   (B) has been designing
(C) will have designed   (D) would design

1. 全体を読むと、市立図書館はいろいろな本や雑誌を持っているという文意だと推測できる。選択肢を見ると、（A）はwillの後が動詞の原形ではなく、進行形になっているので不適。（B）は進行形だが空所前にbe動詞がないので不適。（D）も主語に直接続けてto不定詞が来ることはできないので不適。残る（C）containsが現在形の動詞で文法的にも正しい。　　　　　　　　　　　　　　　**正解（C）**

【訳】市立図書館はフィクションとノンフィクションの幅広い書籍とさまざまな週刊誌を取り揃えている。

【注】contain 含む、a range of さまざまな

2. これはrememberという動詞の後に動名詞かto不定詞のどちらが来るのかを見極める問題。空所後のthat以下にhe hadとあるのでこれは過去のことである。rememberの後に動名詞が来れば過去の動作を表し、to不定詞が来れば未来の動作を表すので、空所には過去の動作を表す動名詞の（A）tellingが入る。　　　　　　　　　　　　　　　　　　　　　　　　　　　　　**正解（A）**

【訳】ジムには明るい未来があると、彼に語ったことを覚えている。

【注】bright 明るい、ahead of ～の先に

3. このような動詞問題を解く場合には問題文の中に時制を示す語句がないかをまずチェックすることが大切。この問題では文末にyesterday afternoonとあるので、これが過去の話であることがわかる。選択肢の中で過去時制であるのは（D）のmetなのでこれが正解になる。（A）は未来表現、（B）は現在完了形、（C）は現在形なのでどれも不適。　　　　　　　　　　　　**正解（D）**

【訳】その仕事への応募者は昨日の午後に人事部長と面談した。

【注】applicant 応募者、director of personnel 人事部長

4. これも問題2と同じく動名詞とto不定詞の使い方を区別する問題。しかし、文中にnext monthとあるのでこれは未来の話であることがわかる。問題2の動詞rememberと同じくforgetも過去の話は動名詞、未来の話はto不定詞を取ることになるので、（C）のto makeが正解になる。**正解（C）**

【訳】市民公会堂で来月開催される予定のロックコンサートの予約をすることを忘れないようにしてください。

【注】make a reservation 予約する

5. これは時制と態の複合問題。冒頭でshowedと過去形になっていることに注目。選択肢を見ると、（A）は現在形、（B）は未来表現になっているので両方とも不適。（C）についてはhave been lostと時制が現在完了形、かつ受動態なので不適。（D）had lostは過去完了形で態も能動態なので問題ない。　　　　　　　　　　　　　　　　　　　　　　　　　　　　　　　　　**正解（D）**

【訳】ある調査によると、市民の約3分の1が不況のために職を失っている。

【注】survey 調査、recession 不況

6. これも時制の問題。空所前までを読むと、「ハリス氏が80歳で引退したときまでに」と過去のある時点までの内容になっている。つまり空所には過去完了形が入ると予測できる。選択肢を見ると、（B）は現在完了進行形、（C）は未来完了形、（D）は過去形でどれも不適。（A）had designedが過去完了形になっているのでこれが正解になる。　　　　　　　　　　　　　　　　　　**正解（A）**

【訳】ハリス氏が80歳で引退したときまでに、彼は市の中で100以上のビルをデザインしていた。

【注】by the time ～するときまでに、retire 引退する

7. Passengers ------- to be aware of the gap between the platform and train at each station.

(A) reminded   (B) reminds
(C) will remind   (D) are reminded

8. The company should ------- more to reduce the risk of a cyberattack.

(A) have done   (B) doing
(C) had done   (D) had been doing

9. Mr. Yamamoto said he ------- if the director had given him all the information about the project in advance.

(A) would have succeeded   (B) would succeed
(C) succeeded   (D) will succeed

10. Findlay Corporation's board members have ------- the possibility of opening another retail store on the south side of town.

(A) discussed about   (B) been discussing about
(C) discussing   (D) discussed

11. One of the things Mr. Summers had his team ------- was how to anticipate customers' questions.

(A) learned   (B) to learn
(C) learn   (D) learning

12. Jason Spalding, an award-winning venture capitalist, ------- his guests to a lavish dinner at a fashionable restaurant yesterday.

(A) treats   (B) will treat
(C) treated   (D) was treated

7. この問題のポイントは選択肢のremindという動詞の意味を理解しているかどうかということ。remindは「～を思い出させる」という他動詞。したがって、能動態で使われる場合はその後に人などの目的語が来る。選択肢（A）、（B）、（C）とも時制の違う能動態であるが、空所後に目的語がないのでどれも不適。（D）are reminded toが「～することに注意してください」という意味で文意が通るのでこれが正解。 **正解（D）**

【訳】乗客の方々は各駅でプラットフォームと電車の間にある隙間に注意してください。

【注】passenger 乗客、aware of ～に気がつく、gap 隙間

8. この問題を解くポイントは空所前にある助動詞のshouldの後には動詞のどのような形が来るのかを理解すること。shouldだけでなく、will、can、may、would、couldなどの助動詞の後には動詞の原形が来る。選択肢で動詞の原形は（A）のhaveだけなのでこれが正解になる。他の選択肢はすべて動詞の原形ではない。 **正解（A）**

【訳】その会社はサイバーアタックのリスクを軽減するためにもっと多くのことをすべきだった。

【注】reduce 減らす、軽減する

9. 空所前は「山本氏が言った」と過去形になっており、空所後はif the director had givenと仮定法過去完了になっているので、空所はwould + have +過去分詞の形になる。選択肢（B）はwould + 動詞の原形と仮定法過去の書き方なので不適。（C）は過去形、（D）も未来表現なのでどちらも不適。（A）は上記のような仮定法過去完了の書き方になっているのでこれが正解になる。 **正解（A）**

【訳】山本氏は、もし責任者が彼に前もってそのプロジェクトに関するすべての情報を与えてくれていたなら成功していただろうと述べた。

【注】in advance 前もって

10. discussという動詞の使い方と時制を見極める問題。最大のポイントはdiscussが他動詞で、その後には前置詞が不要であることを理解しているかどうか。（A）と（B）はdiscussの後にaboutが入っているので不適。（C）は空所前にbeenがあれば正解だがそれがないので不適。（D）discussedは後に前置詞もなく時制も現在完了形となっているのでこれが正解。 **正解（D）**

【訳】フィンドレー社の取締役会メンバーは町の南側に小売店舗をもうひとつ開店させる可能性について議論してきた。

【注】board member 取締役会メンバー、possibility 可能性、retail store 小売店舗

11. ポイントはhaveという動詞がここではどのような用法・意味として使われているかを理解すること。haveには一般的に知られている「持っている」という単純な意味のほかに、have + 目的語＋動詞の原形で「～にしてもらう、させる」という使役の意味がある。選択肢（C）learnが動詞の原形なのでこれが正解。（B）は過去形、（C）はto不定詞、（D）は進行形なのでどれも不適。 **正解（C）**

【訳】サマーズ氏が彼のチームにやらせたことのひとつは、顧客の質問をどのように予期するかということだった。

【注】anticipate 予期する、期待する

12. これは動詞の時制の問題。問題文を読むと最後にyesterdayとあることに注目。つまり、この文は昨日という過去のことについて述べたものである。選択肢を見ると、（A）は現在形、（B）は未来表現なので除外する。（C）と（D）は過去形であるが、（D）はwas treatedと受動態なので文法的に不適。（C）treatedは能動態の過去形で文意も通る。 **正解（C）**

【訳】受賞歴のあるベンチャー・キャピタリストであるジェイソン・スポルディングは昨日、彼のゲストを人気のあるレストランの豪華な夕食でもてなした。

【注】treat もてなす、ご馳走する、lavish 豪華な

13. Next month the famous singer ------- to Japan for the first time in five years to perform a one-night-only show.

(A) has been returned   (B) has been returning
(C) will be returning   (D) returned

14. The owner of the store kindly offered me a 10% discount on a toaster, as the warranty -------.

(A) expire   (B) expired
(C) have expired   (D) had expired

15. Since he was first elected mayor of the city 10 years ago, John Desmond ------- to become a prominent figure in national politics.

(A) aspires   (B) aspired
(C) has aspired   (D) will aspire

16. Recently released data ------- a strong need for better access to high-quality preschool programs.

(A) showing   (B) shows
(C) had shown   (D) will be showing

17. Trenton Museum ------- in the upscale suburban town of Piedmont.

(A) will situate   (B) is situated
(C) is to situate   (D) had situated

18. The advantage of issuing shares ------- in the fact that the company need not return the shareholders' funds except in the event of bankruptcy or liquidation.

(A) lie   (B) lies
(C) lied   (D) will lie

13. この問題では冒頭にあるNext monthという未来を表す語句があることに注目。このような動詞の時制問題は、文のどこかに時制のヒントになる語句が書かれている場合が多い。選択肢（A）は受動態の現在完了形、（B）は能動態の現在完了進行形、（D）は過去形なのでどれも不適。（C）will be returningが未来進行形なのでこれが正解になる。　　　　　　　　　　　　**正解（C）**

【訳】来月、その有名な歌手が一夜限りの公演のために5年ぶりに来日する予定になっている。

【注】for the first time in five years 5年ぶりに、perform 公演する

14. 文の前半では「10パーセントの値引きをしてくれた」こと、また後半には理由を表すasの後に「保証が〜」とある。選択肢の動詞はexpire「失効する」なので、後半は「保証が失効していた」という過去完了形になれば文意が通る。選択肢の中で過去完了形は（D）had expiredなのでこれが正解になる。（A）は原形、（B）は過去形、（C）は現在完了形。　　　　　　　　　**正解（D）**

【訳】トースターの保証期限が既に切れていたので、その店のオーナーは親切にも10パーセントの値引きをしてくれた。

【注】offer 申し出る、warranty 保証

15. 注目すべきは冒頭にSinceという接続詞があること。sinceは前置詞や副詞としても使われるが、接続詞としても「〜して以来」という意味と、「〜なので」という2つの意味がある。この問題では「〜して以来」という意味で、この意味の場合は現在完了形と一緒に使われることが多い。選択肢の中で現在完了形は（C）has aspiredだけなのでこれが正解になる。　　　　　　　**正解（C）**

【訳】10年前に市長に選出されて以来、ジョン・デズモンドは国政の場で優れた人物になりたいと熱望してきた。

【注】mayor 市長、prominent 優れた、卓越した

16. 動詞の時制の問題。空所前にRecently released data「最近公表されたデータ」とあるので、それを受ける動詞は現在形になる。選択肢を見ると、（A）は進行形だが空所前にbe動詞がないので不適。（C）は過去完了形、（D）は未来進行形でどちらも不適。（B）showsが現在形なのでこれが正解。なお、dataはdatumの複数形だが通常は単数扱いとなる。　　　　　　　　　**正解（B）**

【訳】最近公表されたデータは質の高い就学前学習プログラムへのより良いアクセスが強く必要とされていることを示している。

【注】recently 最近、preschool 就学前の

17. 文全体から美術館がピードモントという町に「ある」ことが推測できる。その「ある」という意味を「〜に置く」という意味の他動詞situateでどう表現すべきかという問題。（A）、（C）、（D）はどれもsituateが他動詞であるにもかかわらず、その後に目的語がないので不適。一方、（B）is situatedは「置かれている」＝「ある」という意味になるのでこれが正解になる。　　　**正解（B）**

【訳】トレントン美術館は高級な郊外の町であるピードモントにある。

【注】upscale 高級な、高所得層の、suburban 郊外の

18. 空所前のThe advantage of issuing shares「株式を発行する利点」が主語になるが、狭義の主語はThe advantageという単数形である。sharesが複数形であることに惑わされないこと。この文は一般的な事実を述べているので動詞は現在形になる。（C）は過去形、（D）は未来表現なので不適。（A）は現在形だが三単現の-sがなく、（B）liesにはあるのでこれが正解になる。　　　**正解（B）**

【訳】株式を発行する利点は会社が倒産するか清算するかという場合を除いて、株主の資金を返却する必要がないことである。

【注】issue 発行する、lie in 〜にある、bankruptcy 倒産、liquidation 清算

19. We recommend that Ms. Jennifer Fernandez------- as a new member of the board.

(A) nominate   (B) nominated
(C) be nominated   (D) to nominate

20. When communicating with a credit reporting agency, it is extremely important that you ------- honest with the person you are dealing with.

(A) have been   (B) had been
(C) be   (D) will be

21. Mr. Murphy ------- the management of the huge manufacturing company in the coming months.

(A) take over   (B) took over
(C) has taken over   (D) will be taking over

22. Your request to travel to Canada to finalize the negotiations with Rintech Corporation ------- by the management.

(A) will approve   (B) approves
(C) approved   (D) has been approved

23. The production manager was informed that someone from headquarters ------- to inspect the factory.

(A) come   (B) was coming
(C) will have come   (D) were coming

24. This study analyzes the probability that various jobs ------- by automation and artificial intelligence.

(A) will be replaced   (B) was replaced
(C) will replace   (D) replaced

19. 冒頭にrecommendという動詞があることに注目。このrecommendのほかに、suggest、demand、require、insistなどの動詞があれば、それに続くthat節中の動詞は原形になる。しかし、動詞の原形だからといって（A）に飛びつかないこと。（C）もbe動詞の原形である。（A）nominateは他動詞なので目的語が必要だがそれがないので不可。したがって、受動態の（C）be nominatedが正解になる。　　　　　　　　　　　　　　　　　　　　　　　　　　　　　　**正解（C）**

【訳】我々は新しい取締役会メンバーとしてジェニファー・フェルナンデス氏が指名されることを推薦する。

【注】recommend 推薦する、nominate 指名する

- -

20. 文の中盤にあるimportantという形容詞に注目。上記の問題19ではrecommendという動詞の後のthat節中の動詞が原形になったが、importantという形容詞の後のthat節中の動詞も原形になる。（C）がbe動詞の原形なのでこれが正解になる。なお、important以外にもadvisable、essential、necessary、imperativeなどの形容詞の後も動詞の原形になる。　　　　　　　　　　**正解（C）**

【訳】信用調査会社名と連絡をとる際は、あなたに対応している人に正直であることが極めて大切である。

【注】credit reporting agency 信用調査会社、extremely 極めて

- -

21. 文末にin the coming months「これから何カ月かのうちに」と未来のことを表現する語句があるので、選択肢の中で未来表現のものを選べばよい。選択肢（A）は現在形、（B）は過去形、（C）は現在完了形なのでどれも不適。一方、（D）will be taking overは未来進行形なのでこれが正解になる。なお、take over the managementで経営を引き継ぐという意味になる。　　　　　　　　**正解（D）**

【訳】マーフィー氏はこれから何カ月かのうちにその巨大製造会社の経営を引き継ぐ予定である。

【注】huge 巨大な、manufacturing company 製造会社

- -

22. 冒頭から空所前までが広義の主語で、Your requestが狭義の主語になっていることに留意。つまり、空所には主語のYour requestがapprove「された」という受動態の語句が入ることが予想される。（A）、（B）、（C）はいずれも能動態なので不適。したがって、受動態の（D）has been approvedが正解になる。　　　　　　　　　　　　　　　　　　　　　　　　　　　**正解（D）**

【訳】リンテック社との交渉を最終的にまとめるためにカナダ出張するというあなたの要請は経営陣によって承認された。

【注】finalize 終了させる、仕上げる、negotiation 交渉、management 経営陣

23. これは時制の一致の問題。文の前半ではThe production manager was informedと過去形になっているので、that節以下も過去形になる。（A）は現在形、（C）は未来完了形なので除外する。残る（B）と（D）が過去形で、どちらも正解候補。しかし、空所の主語はsomeoneと単数形なのでそれに呼応した単数形の（B）was comingが正解になる。　　　　　　　　　　　　　　　　　**正解（B）**

【訳】生産責任者は工場を検査するために本社から誰か人が来ると告げられた。

【注】inform 知らせる、告げる、headquarters 本社、Inspect 検査する

- -

24. 空所前には、この研究はさまざまな仕事（various jobs）に関しての「可能性を分析している」とある。また選択肢はreplace「置き替える」という意味の動詞で、空所後にはbyという前置詞があるので空所には受動態が入る。（C）と（D）は能動態なので除外する。（A）と（B）が受動態だが、可能性について分析するのは未来のことなので（A）will be replacedが正解になる。　　　**正解（A）**

【訳】この研究はさまざまな職種が自動化と人工知能によって置き替えられてしまう可能性について分析している。

【注】study 研究、調査、analyze 分析する、various さまざまな

- -

25. This is to certify that Joan Sanderson ------- with Central Credit Union since last April.

(A) will employ
(B) has been employed
(C) is employing
(D) was employed

26. Mason Department Store said that it ------- its turnaround plan to deal with the fallout of the economic downturn.

(A) would accelerate
(B) to accelerate
(C) accelerating
(D) was accelerated

27. Before you ------- for spring break, please make sure your residence is secure and safe.

(A) will leave
(B) leave
(C) left
(D) leaving

28. Tyson Bank's lending rate was ------- from 2.5% to 3% last week.

(A) rise
(B) rose
(C) risen
(D) raised

29. We are delighted to ------- you that The Paradise Restaurant is now open for business.

(A) have inform
(B) informed
(C) inform
(D) will inform

30. This is the second month in a row that the number of subscribers ------- the company's expectations.

(A) has surpassed
(B) will surpass
(C) are surpassing
(D) was surpassed

25. 文末にsince last April（昨年の4月から）という語句があることに注目。文末近くに前置詞のsinceがあるときは現在完了形の文になっていることが多く、これもそうした問題のひとつ。（A）は未来表現、（C）は現在進行形、（D）は過去形なのでどれも不適。唯一現在完了形になっているのが（B）has been employedなのでこれが正解になる。　　　　　　　　　　　　　　　　　　**正解（B）**

【訳】これはジョーン・サンダーソンが昨年4月以降セントラル信用組合で勤務していることを証明するものである。

【注】certify 証明する、認定する、employ 雇用する

26. 空所前がsaidと過去形になっているので、that節以下の空所にも過去形が入る。選択肢（B）はitの後にtoが来ることはできない。（C）もbe動詞なしで直接acceleratingと-ing形になることはできないので不適。（D）は過去形だが、受動態にもかかわらず後にits turnaroundという目的語があるので不適。（A）would accelerateは助動詞willが過去形でかつ動詞も能動態なのでこれが正解になる。　　　　　　　　　　　　　　　　　　　　　　　**正解（A）**

【訳】メイソン百貨店は経済不況の影響に対処するために経営改善策を加速させると述べた。

【注】accelerate 加速させる、turnaround plan 経営改善計画、fallout 副次的影響

27. 文全体を読むと、「春休みでどこかに出発するときには」と未来の内容について言及していることがわかる。そうすると（A）will leaveを正解に選びたくなるが、それに引っ掛かってはいけない。英文法ではこの問題のように、「時」や「条件」を表す接続詞の後ろでは未来の内容も現在形で表すという決まりがあるので（B）leaveが正解になる。　　　　　　　　　　　　　　**正解（B）**

【訳】春休みでどこかに出かける前には、住居が安心安全な状態であることを確認してください。

【注】spring break（特に大学の）春休み、residence 住居、住宅

28. これは自動詞か他動詞かどちらが空所には適切かを選ぶ問題。この文は、銀行が貸付金利（lending rate）を2.5％から3％に「引き上げた」という内容になっている。ポイントは空所前にwasがあること。これによって文が受動態で、他動詞が必要になることがわかる。選択肢で他動詞なのは（D）raisedであり、受動態として過去分詞にもなっているのでこれが正解になる。　　　　　　**正解（D）**

【訳】タイソン銀行の貸付金利は先週2.5パーセントから3パーセントに引き上げられた。

【注】raise 引き上げる

29. 空所前にtoがあることに注目。空所と合わせてto不定詞になるので、空所には動詞の原形が入る。選択肢（A）は現在完了形、（B）は過去形か過去分詞形、（D）は未来表現なのでどれも不適。唯一動詞の原形である（C）informが正解になる。なお、be delighted toは「〜することがうれしい」という意味。類似表現にはbe glad / happy / pleased / elated / thrilled toなどがある。　**正解（C）**

【訳】パラダイス・レストランがただいま開店したことをお知らせできるのをうれしく思います。

【注】inform 〜に知らせる

30. この問題には単数複数、時制、態の3つのポイントがある。単数複数については空所前にthe number ofとあるので単数である。選択肢（C）は複数形なので除外できる。また冒頭にThis is the second monthとあるように現在のことを述べているので未来表現の（B）も不適。（D）の受動態では「購読者数は超えられた」となり文意が通らない。したがって、単数の能動態（A）has surpassedが正解になる。　　　　　　　　　　　　　　　　　　　　**正解（A）**

【訳】購読者数が会社の予想を超えたのはこれで2カ月連続である。

【注】in a row 連続して、subscriber 購読者、expectation 期待、予想

31. Production of the ultra-luxury car, PLX8, ------- due to declining demand.

(A) was stopped   (B) stopping
(C) to stop   (D) stop

32. Next week Dr. Peter Waxman ------- about the importance of environmental sustainability in business.

(A) spoke   (B) to speak
(C) will speak   (D) has spoken

33. Radison Financial ------- to release its first quarter financial results after the market closes next Monday.

(A) scheduled   (B) is scheduled
(C) will schedule   (D) scheduling

34. ------- our customer service representatives by e-mail or phone if you experience any issues with our products.

(A) Contacting   (B) Contacted
(C) Contacts   (D) Contact

35. This course is ideal for anyone who ------- to gain a working knowledge of marketing strategy.

(A) needs   (B) need
(C) needing   (D) needed

36. It is expected that over 30% of companies ------- machine learning and related AI tools into their operations by the end of next year.

(A) implements   (B) are implementing
(C) have implemented   (D) will have implemented

31. 空所前にPLX8とあるのでこれが主語だと思った人がいるかもしれないが、主語は冒頭のPro-ductionという単数名詞であることを押さえることが大切。したがって、空所には単数に呼応する動詞が入る。選択肢 (B) と (C) は空所前にbe動詞も何もないので不適。(D) も複数形なので不適。(A) was stoppedが単数形の受動態で文意もしっかり通るのでこれが正解になる。　　　**正解 (A)**

【訳】超高級車PLX8の生産は需要の減少により中止された。

【注】**production** 生産、**due to** 〜のために、**declining demand** 減少する需要

32. 文の冒頭にNext weekと未来の内容であることを示唆する語句があるので、空所には未来表現の動詞が入ることになる。選択肢を見ると、(A) は過去形、(D) は現在完了形なので除外する。(B) は空所前にbe動詞も何もなく、文として成立しないので不適。(C) のwill speakが唯一の未来表現なのでこれが正解になる。　　　**正解 (C)**

【訳】来週、ピーター・ワックスマン博士はビジネスにおける環境の持続可能性の重要性について講演を行う予定である。

【注】**importance** 重要性、**environmental** 環境の、**sustainability** 持続可能性

33. 空所後はto releaseとto不定詞＋動詞の原形となっているので、空所にはbe動詞＋形容詞か過去分詞が入ると考えられる。選択肢 (A) は過去分詞だがbe動詞がない。またscheduleは「予定する」という他動詞なので (C) も (D) も意味が通らない。(B) is scheduledはbe動詞＋過去分詞となり、「予定されている」という意味になるのでこれが正解。　　　**正解 (B)**

【訳】ラディソン・ホテルは来週月曜日に市場が終わったあと、第一四半期の財務結果を発表する予定になっている。

【注】**be scheduled to** 〜する予定である、**release** 発表する、**quarter** 四半期

34. 空所後にはour customer service representatives「カスタマー・サービスの担当者」という目的語になる名詞句があるので、空所には目的語をとる他動詞が入る。文の前半でもうひとつ注目すべきは主語が見当たらないことである。つまり、これは命令文だということになるので、空所には動詞の原形である (D) Contactが入る。　　　**正解 (D)**

【訳】我が社の商品に何か問題があれば、Eメールか電話でカスタマーサービスの担当者までご連絡ください。

【注】**representative** 担当者、係員、**issue** 問題

35. これは空所前にある関係代名詞whoに続く適切な動詞を選ぶ問題。ここで重要なのは関係代名詞whoの前にある先行詞が単数か複数のどちらであるかを見極めること。この問題の場合はanyoneと単数になっているので空所には単数に呼応した動詞が入る。選択肢を見ると、単数に呼応して三単現の-sが入っているのは (A) needsなのでこれが正解になる。　　　**正解 (A)**

【訳】このコースはマーケティング戦略の実用的な知識を習得する必要がある人に理想的である。

【注】**ideal** 理想的な、**gain** 獲得する、**working knowledge** 実用的な知識

36. 文末にby the end of next yearとあるので、この文は未来について述べていると考えられる。(A) は現在形、(C) は現在完了形なので除外する。(B) は現在進行形で「〜する予定である」と近未来のことを表すので不適。(D) will have implementedは未来完了形で「来年末までには〜し終わっているだろう」という意味になり、文意に合致するのでこれが正解になる。　　　**正解 (D)**

【訳】来年末までは30パーセント以上の企業が機械学習とそれに関連した人工知能を事業に取り入れていると予想されている。

【注】**implement** 実行する、実施する、**operation** 事業、業務

37. For more than half a century, M.J. Horton ------- elegant homes and gardens for the city's residents.

(A) will design
(B) has been designing
(C) was designed
(D) designs

38. The new library ------- with computer stations, and spaces for group study or individual research.

(A) was equipping
(B) has equipped
(C) is equipped
(D) will equip

39. Additional measures ------- to enhance convenience for visitors, including the provision of buses to and from Central Station.

(A) will take
(B) was taken
(C) will be taken
(D) has been taken

40. The company has requested that the recalled product ------- back to the place of purchase for a refund.

(A) bring
(B) brought
(C) be brought
(D) will bring

41. Applications will be judged solely on the basis of the content that participants -------.

(A) was submitted
(B) have submitted
(C) would be submitted
(D) has submitted

42. Department managers ------- to submit progress reports to the vice president on a monthly basis.

(A) require
(B) are requiring
(C) will require
(D) are required

37. 空所前にFor more than half a century「半世紀以上もの間にわたって」という語句があることに注目。こうした語句やsinceなどがあるときには現在完了（進行）形の問題である場合が多い。選択肢（A）は未来表現、（C）は過去形の受動態、（D）は現在形なのでどれも不適。（B）has been designingが唯一の現在完了進行形なのでこれが正解になる。　　　　　　　　　正解（B）

【訳】半世紀以上もの間にわたって、M.J.ホートン社は市民のために優雅な家と庭をデザインしてきた。

【注】**elegant** 優雅な、**resident** 住民

38. これは態の問題。正しい態を選ぶためには選択肢のequipが「～を備えつける」という意味の他動詞であることを理解することが大切。他動詞を能動態で使う場合は後に目的語が来るが、本問では空所後にwithという前置詞があるのでequipは能動態ではなく受動態になる。選択肢（C）is equippedが唯一受動態になっているのでこれが正解になる。　　　　　　　　　正解（C）

【訳】新しい図書館にはコンピューター端末と、グループでの勉強や個人での研究のためのスペースが備わっている。

【注】**individual research** 個人が行う調査、研究

39. 空所前にAdditional measures「追加の措置」とあり、空所後にはto enhance convenience「便宜を増すために」とあるので、「便宜を増すための追加措置を取る」という文意だと推測できる。主語measuresは複数なので単数形の（B）と（D）は除外する。またmeasuresは「取る」ものではなく、「取られる」ものなので（C）will be takenが正解になる。　　　　　　　　　正解（C）

【訳】訪問者の便宜を増すために、中央駅と往復するバスの提供を含めて追加措置が取られた。

【注】**measure** 措置、手段、**enhance** 増大させる、**provision** 提供

40. 冒頭近くにrequestedという動詞があることに注目。問題19でも見たように、このrequestのほかrecommend、demand、suggestなどの動詞があると、その後のthat節の動詞は原形になる。選択肢で動詞の原形になっているのは（A）と（C）だが、空所前のthat節の主語がrecalled productと物なので受動態の（C）be broughtが正解になる。　　　　　　　　　正解（C）

【訳】その会社は、リコールされた製品はそれを購入した場所に返却して返金を受け取るよう要請した。

【注】**bring back to** ～に返却する、**purchase** 購入

41. この問題のポイントは態と単数・複数の2点。空所前にあるthe content that participantsと選択肢の動詞submitを合わせると、ここは「参加者が提出した内容」という文意になる。つまり動詞は能動態の複数形になる。（A）は受動態で単数形、（C）は受動態、（D）は能動態だが単数形なのですべて不適。唯一能動態で複数形の（B）have submittedが正解になる。　　　　　　　　　正解（B）

【訳】申請は参加者が提出した内容のみに基づいて判断される。

【注】**judge** 判定する、判断する、**solely** ～だけ、**on the basis of** ～に基づいて

42. 空所前にmanagersという複数形の主語があり、空所後にはto不定詞が来ていることに注目。また、選択肢の動詞requireは後に目的語を必要とする他動詞であることにも留意。複数形については選択肢すべてクリアできているが、態については（A）、（B）、（C）とも能動態のため文として成立しない。（D）are requiredは受動態となって文意が通るのでこれが正解になる。　　　　　　　　　正解（D）

【訳】部門長は月毎に進捗状況報告書を副社長に提出することが必要である。

【注】**progress** 進捗、進展、**vice president** 副社長、**on a monthly basis** 月毎に

43. If the items are in stock, we ------- them within 24 hours of your order being placed.

(A) will dispatch   (B) dispatched
(C) have dispatched   (D) were dispatching

44. In the third quarter, the market did not recover as the company -------.

(A) expects   (B) was expected
(C) expected   (D) will expect

45. The main responsibilities of supervisors ------- managing work schedules and overseeing day-to-day operations.

(A) includes   (B) include
(C) is including   (D) are included

46. I recently declined an invitation ------- at one of the organization's events, because they did not answer all my questions.

(A) speak   (B) will speak
(C) to speak   (D) speaking

47. Impressive Travel ------- all the arrangements for your pet to travel with your family.

(A) will organize   (B) to organize
(C) have organized   (D) organize

48. The Davenport Hotel ------- multi-phase, million-dollar renovations to be completed in two years.

(A) is undergoing   (B) has undergone
(C) underwent   (D) had underwent

43. 空所後にwithin 24 hours of your order being placed「あなたが注文されてから24時間以内に」とあるので、空所には動詞の未来表現が入る。選択肢（B）は過去形、（C）は現在完了形、（D）は過去進行形なのでどれも不適。（A）will dispatchだけが未来表現なのでこれが正解。なお、dispatchはsendと基本的には同義だが、sendよりも急いで送る感じが強い。　　　**正解（A）**

【訳】もし在庫があれば、ご注文から24時間以内に商品を発送いたします。

【注】**be in stock** 在庫がある、**dispatch** 急送する

44. 時制と態がこの問題のポイント。前半にdid not recoverと過去形になっているので、空所にも過去形が入る。（A）は現在形、（D）は未来表現なので除外する。（B）と（C）は過去形だが、（B）のように受動態にすると「会社は期待された」という意味になるが、これでは何を期待されたかわからないので不適。（C）expectedの能動態であれば文意が通るのでこれが正解になる。　　　**正解（C）**

【訳】第三四半期については、市場は会社が期待したようには回復しなかった。

【注】**quarter** 四半期、**recover** 回復する

45. 空所前はThe main responsibilities of supervisors「上司の主要な責任」と複数形なので、空所にはそれに呼応した複数形の動詞が入る。選択肢（A）は単数形、（C）もisがある単数形なので除外する。（B）と（D）は複数形だが、受動態の（D）では「責任が含まされる」という変な意味になって文意が通らない。したがって、複数形で能動態の（B）includeが正解になる。　　　**正解（B）**

【訳】上司の主要な責任には労働スケジュールを管理し、毎日の作業を監督することが含まれる。

【注】**manage** 管理する、**oversee** 監督する、**day-to-day operations** 日々の作業

46. 空所後にはatという場所を示す前置詞があり、空所前だけでも文として成立するのでat以下は無視する。an invitation -------がdeclineの目的語になるので、空所にはan invitationを修飾する語句が入る。選択肢（A）、（B）、（D）はどれもan invitationを修飾できないが、（C）のto不定詞は修飾することができるのでこれが正解になる。　　　**正解（C）**

【訳】私はその団体のイベントのひとつで講演してほしいという招待を最近断ったが、というのも彼らは私の質問すべてに答えてくれなかったからである。

【注】**decline** 断る、**invitation** 招待、**organization** 団体、組織

47. これは主述一致の問題。空所前にある主語のImpressive Travelは単数形なので選択肢ではまず動詞の単数形を探す。選択肢を見ると、（C）と（D）は複数形になっているので除外する。（B）も主語のすぐ後にto不定詞が来ることはないのでこれも不適。（A）will organizeは 動詞に単数形の-sはないがwillという助動詞があるので原形で問題ない。　　　**正解（A）**

【訳】インプレッシブ・トラベル社はペットがご家族の皆さんと一緒に旅行できるようすべての手配をいたします。

【注】**arrangement** 手配

48. 文末のcompeted in two years「2年後に完成する」という語句に注目。つまり現在行っていることが2年後に完成するという文意になる。（B）は現在完了形、（C）は過去形、（D）は過去完了形で現在行なっていることではない。（A）is undergoingは現在進行形で、まさに現在行なっていることなのでこれが正解になる。　　　**正解（A）**

【訳】ダベンポート・ホテルは現在、いくつかの段階にわたって行われる百万ドルの費用がかかる改修工事をしており、今後2年後に終える予定である。

【注】**undergo** 経験する、受ける、**renovation** 改修工事

49. It is imperative that employees ------- the support they need to do their job well.

(A) give

(B) to give

(C) be given

(D) will give

50. More than 50,000 people are expected to attend various events that ------- throughout the city next week.

(A) took place

(B) were taking place

(C) will take place

(D) takes place

49. 冒頭にimperativeという形容詞があることに注目。問題20で見たimportantという形容詞と同様に、imperativeの後に来るthat節の動詞は原形になる。選択肢 (B) はto不定詞、(D) は助動詞willがあるので不適。(A) と (C) が原形だが、文の内容から従業員は援助を「与える」のではなく、「与えられる」と考えられるので、受動態の (C) be givenが正解になる。　　　　**正解 (C)**

【訳】従業員は彼らが仕事をうまく行うために必要な援助を与えられることが不可欠である。

【注】imperative 絶対必要な、不可欠な

50. 文末にnext week「来週」とあるので、文中のイベントは未来に行われるものだとわかる。選択肢を見ると、(A) は過去形、(B) も過去進行形、そして (D) は現在形なのでどれも不適。それに対して (C) will take placeが未来表現になっているのでこれが正解になる。なお、take placeはTOEIC頻出熟語のひとつで、「～が起こる」という意味。　　　　**正解 (C)**

【訳】来週市内のいたる所で開催されるさまざまなイベントには、5万人以上の人が参加すると予想されている。

【注】attend 出席する、various さまざまな

Chapter 5 ■全70問

代名詞・関係詞・数量問題

（1）代名詞

パターン①　代名詞の所有格が正解になる

例題1　All employees are invited to a celebration to commemorate ------- 20th anniversary in business.

(A) we　　　　　　　　(B) ours
(C) us　　　　　　　　 (D) our

　まず最も出題される確率の高い代名詞問題を見てみましょう。この例題では空所後に20th anniversary「20周年記念」という名詞句がありますので、空所には名詞を修飾する所有格が入ります。選択肢（A）は主格、（B）は所有代名詞、（C）は目的格ですのでどれも不適です。一方、（D）のourが所有格ですのでこれが正解になります。

【正解】（D）
【訳】全従業員は我が社の開業20周年を祝う祝賀行事に招待されている。
【注】**celebration** 祝賀行事、**commemorate** 祝う、記念する

パターン②　再帰代名詞が正解になる

例題2　Some students prefer to work on class assignments by -------, while others believe it is better to work in a group.

(A) themselves　　　　(B) them
(C) they　　　　　　　(D) their

　もうひとつ代名詞の典型的な問題を見ておきましょう。この例題で注目していただきたいのは、空所前にbyという前置詞があることです。このように空所前にbyがあっ

代名詞・関係詞・数量問題は毎回1、2問前後出題される傾向にあります。特に高い確率で出題されるのが代名詞問題で、よく出題されるのは所有格と再帰代名詞が正解になる問題です。関係詞については関係代名詞、関係副詞、複合関係詞の3つありますが、多く出題されるのが関係代名詞でその次に複合関係詞となります。数量問題については可算・不可算名詞の修飾に関する問題が中心です。

て、選択肢にさまざまな格の代名詞が並んでいる場合、ほぼ確実にby oneself「独力で」という表現なので、再帰代名詞が正解になります。なお、これと同じ意味の語句としてon one's ownという表現もありますので、一緒に覚えておきましょう。

【正解】（A）
【訳】学生の中にはクラスで与えられた課題を独力ですることを好む者がいる一方、グループで課題に取り組む方がよいと考える学生もいる。
【注】prefer 〜する方を好む、assignment 課題、宿題

パターン③ 関係詞 who の主語になる代名詞

例題3　As a charity organization, we are committed to ensuring equal opportunity for ------- who wishes to volunteer with us.

(A) others　　　　　　(B) anyone
(C) those　　　　　　(D) each other

　上記ふたつのパターン以外で代名詞問題として比較的よく出題されるパターンが、空所後にwhoが来ているパターンです。この例題でも空所後にwhoが来ていますが、ポイントはそのwhoの後にある動詞が単数か複数のどちらになっているかを確認することです。この問題の場合はwishesと単数形の動詞になっていますので、空所には単数形の代名詞が入ることになります。選択肢（A）と（C）は複数形ですので不適です。（D）のeach otherは副詞ではなくこれも代名詞ですが、主語になることができなので不適です。残る（B）が単数形の代名詞なのでこれが正解になります。

【正解】（B）
【訳】慈善団体として、我々のところでボランティアの仕事をしたいと思っている方なら、どなたに対しても平等な機会を確保することに尽力しています。
【注】charity organization 慈善団体、ensure 確保する、opportunity 機会

（2）関係詞（関係代名詞、関係副詞）

例題4　The Timken Museum, ------- was built more than 30 years ago, has undergone a complete renovation.

(A) where　　　　　　(B) which

(C) when　　　　　　 (D) there

　次に関係詞問題を見てみることにしましょう。この例題では空所前にThe Timken Museum という主語になる名詞があり、空所後もwasというその主語を受ける単数形のbe動詞がありますので、空所には関係代名詞の主格が入ることになります。（A）と（C）は関係副詞、また（D）は副詞ですので空所にはふさわしくありません。（B）のwhichが、先行詞が人以外の関係代名詞の主格になるのでこれが正解になります。

【正解】（B）
【訳】30年以上前に建てられたティムケン美術館は完全な修復工事を行なった。
【注】**undergo** 経験する、受ける、**renovation** 修復工事、リフォーム

例題5　------- you visit Sam's Steak & Grill, you can expect only the best to be served on your platter.

(A) Whichever　　　　(B) Whenever

(C) Wherever　　　　 (D) Whatever

　次に、複合関係詞について見ておきたいと思います。複合関係詞とは、簡単に言ってしまえば疑問詞に-everがついた形の関係詞です。複合関係詞の最大の特徴は、関係代名詞や関係副詞と違って先行詞を持たないことです。例題の選択肢にはどれも語尾が-everとなっている複合関係詞が並んでいますが、複合関係詞の基本的な意味は①「～する（とき、もの、場所）は～でも」、②「たとえ～しても」というふたつです。この例題では空所後がyou visit Sam's Steak & Grillとレストランを訪問する「とき」に関することですので、空所には「とき」に関する複合関係詞が入ることになります。選択肢の中で「とき」に関するものは（B）のwheneverですので、これが正解です。

【正解】（B）
【訳】サムズ・ステーキ・アンド・グリルに行くときはいつでも、出される料理のお皿の上には最高の料理だけが乗っていると期待することができます。
【注】**serve** 食事や飲み物などを出す、給仕する、**platter** 皿

（3）可算・不可算名詞の修飾する数量語

パターン⑥　不可算名詞を修飾できる数量語

例題6　While ------- furniture has been made in a modern style, many
people still prefer traditional style furniture.

(A) a few　　　　　　　　(B) many
(C) much　　　　　　　　(D) a number of

　次に数量問題の例題を見ておきましょう。この例題では空所後にあるfurniture「家具」を修飾する適切な数量語を選ぶことになりますが、それを正しく選ぶにはまずfurnitureが可算・不可算どちらの名詞であるかを知る必要があります。furnitureは代表的な不可算名詞ですので、空所には不可算名詞を修飾できる数量語が入ります。選択肢(A)、(B)、(D)はどれも可算名詞を修飾する数量語ですので不適です。(C)が唯一不可算名詞を修飾することができますのでこれが正解になります。

【正解】　(C)
【訳】多くの家具が現代風に作られているが、依然として多くの人は伝統的な様式の家具を好む。
【注】**modern** 現代的な、**traditional** 伝統的な

（4）比較級の強調

パターン⑦　even による比較級の強調

例題7　Thanks to food delivery apps, starting a food business from home
has become ------- more profitable than before.

(A) almost　　　　　　　(B) very
(C) such　　　　　　　　(D) even

　最後に比較の強調語についても見ておきたいと思います。この例題では空所後にmore profitableという比較級の語句があり、選択肢には強調の意味を持つ副詞が並んでいます。(A) almost、(B) very、(C) suchはどれも比較級を修飾することはできません。それに対して、(D)のevenはstillと並び、比較級の前に置くと「いっそう～である」という強調表現になりますのでこれが正解になります。

【正解】　(D)
【訳】食べ物の配達アプリのおかげで、自宅でフードビジネスを始めることは以前よりもずっと利益が出るようになった。
【注】**thanks to** ～のおかげで、**growth** 成長、**profitable** 利益が出る

1. If you are not completely happy with any of our merchandise, ------- will give you a full refund provided you return the items within three days.

(A) us   (B) ours
(C) our   (D) we

2. Written by a distinguished university professor, this book will help ------- learn English in just a few months.

(A) your   (B) yours
(C) yourself   (D) you

3. All the history books Nickolas intends to sell at the upcoming book festival are -------.

(A) him   (B) he
(C) himself   (D) his

4. This condominium is ideal for people ------- want to live close to downtown.

(A) who   (B) how
(C) whom   (D) which

5. We are trying our best to give students as ------- information as possible.

(A) many   (B) more
(C) much   (D) few

6. It is ------- possible nor desirable to regulate all banking activities.

(A) either   (B) almost
(C) neither   (D) near

1. これは適切な代名詞を選ぶ問題。空所後にwillという助動詞があるので、空所には主語になる代名詞が入る。us、ours、ourはどれも主語になることができないので、正解は（D）のweになる。TOEICのPART 5では、こうした代名詞の問題は頻出。代名詞問題はPART 5の中では比較的簡単な方なので確実に正解できるようにしておこう。 **正解（D）**

【訳】もし購入された商品に十分ご満足いただけなければ、3日以内に商品を返却していただければ全額返金いたします。

【注】merchandise 商品、provided もし〜ならば

2. 空所前にhelpという動詞があることに注目。helpはその後に目的語を取る他動詞。選択肢には主格および目的格のyou、所有格のyour、再帰代名詞のyourself、所有代名詞のyoursがあるが、その中で目的格は（D）のyouなのでこれが正解になる。なお、help＋目的格＋to＋動詞の原形でもよいが、アメリカ英語ではtoを省略するのが普通。 **正解（D）**

【訳】有名な大学教授によって書かれたこの本は、あなたがほんの数カ月で英語を学ぶのに役立つだろう。

【注】distinguished 著名な、有名な、際立った

3. 空所前にあるareの前までが広義の主語で、All the history booksが狭義の主語であることを理解することが大切。狭義の主語はAll the history booksという物なので、空所には＜所有格＋名詞＞を意味する所有代名詞が入る。（A）は目的格、（B）は主格、（C）は再帰代名詞なのでどれも不適。（D）のhisはhis booksを意味する所有代名詞で文意も通る。 **正解（D）**

【訳】ニコラスが来るブックフェアで売ろうとしているすべての歴史書は、彼のものである。

【注】intend 〜するつもりである、upcoming もうすぐやって来る

4. 空所前にある先行詞がpeopleという人であり、空所後にはwantという動詞があるので、空所には関係代名詞の主格が入る。選択肢を見ると、（B）は関係副詞、（C）は目的格なのでどちらも不適。また（D）は主格にはなるが、先行詞が人以外のものに対して使われる関係代名詞なのでこれも不適。（A）のwhoは先行詞が人の場合の関係代名詞の主格なのでこれが正解になる。 **正解（A）**

【訳】このコンドミニアムは、中心街に近いところに住みたいと思っている人には理想的である。

【注】ideal 理想的な、downtown 中心街（日本語の下町とは違う）

5. informationが可算名詞、不可算名詞どちらであるかを問う識別問題。informationは不可算名詞なので、それを修飾できる語を選ぶ。（A）と（D）は不可算名詞を修飾できないので不適。（B）と（C）は不可算名詞を修飾できるが、（B）を入れると、「よりできるだけ多くの」という意味不明な文になる。（C）muchを入れると、「できるだけ多くの情報」と文意がすっきり通る。 **正解（C）**

【訳】我々は学生たちに対してできるだけ多くの情報を与えるべく最善を尽くしている。

【注】try one's best 最善を尽くす、as 〜 as possible できるだけ・

6. 空所後にnorがあることに注目。norが後にあるので、その前の空所にはnorのペア表現として対になるneitherが入ると予想できる。予想通り、選択肢（C）にneitherがあるのでこれが正解。neither A nor Bで、「AもBもどちらもない」という意味。また、either A or Bは「AかBかのどちらか」、both A and Bは「AとBも」という意味のペア表現もTOEICではよく出題される。 **正解（C）**

【訳】すべての銀行業務を規制することは可能でも、また望ましいことでもない。

【注】desirable 望ましい、regulate 規制する、banking activity 銀行業務

7. There are ------- number of inaccuracies in the newspaper's article about the company.

(A) the   (B) a
(C) many   (D) much

8. Certificates will be given to ------- who participate in the seminar at the college.

(A) them   (B) they
(C) one   (D) those

9. Competition is ------- intense that most new companies only stay in business for less than a year.

(A) very   (B) so
(C) such   (D) much

10. We are continually shaped by daily interactions and activities, so none of ------- are the same as we were last month, last week or even yesterday.

(A) we   (B) ours
(C) our   (D) us

11. Many participants remarked that this year's neuroscience conference was ------- more interesting than they had anticipated.

(A) far   (B) really
(C) very   (D) so

12. There are no words to express my gratitude to Dr. Smith, whose guidance saved me both professionally ------- personally.

(A) or   (B) but
(C) and   (D) with

7. 空所前にare、空所後にもinaccuraciesとあるので、これは複数を表している文であることがわかる。（C）なら空所後がnumbersと複数形になっていなければならないし、（D）は不可算名詞にしか使えないのでどちらも不適。残るは（A）と（B）だが、（A）the number ofは「〜の数」という意味で単数。一方、（B）a number ofは「多数の」という複数の意味なのでこれが正解になる。

正解（B）

【訳】その会社についての新聞記事には数多くの間違いがある。

【注】**inaccuracy** 誤り、間違い、不正確、**article** 記事

8. 空所後にwho participateと動詞の複数形になっていることに注目。また、whoとなっているので空所には代名詞の主格が入ることがわかる。選択肢（A）は目的格、（C）は単数になるのでどちらも不適。（B）も空所前にtoがあるので不適。残る（D）thoseはthose whoで「〜する人」という複数の意味になるのでこれが正解になる。

正解（D）

【訳】大学でのそのセミナーに参加する人には証明書が与えられる。

【注】**certificate** 証明書、**participate in** 〜に参加する

9. これは文中のペア表現を知っていれば一瞬で解ける問題。逆に言えば、知らなければいくら理詰めに考えても正解できない。具体的にはso ... that 〜というペア表現で、「非常に……なので〜である」という意味である。したがって、（B）が正解になる。選択肢はどれも程度を強調する副詞であるが、（A）、（C）、（D）どれを入れても正しい英語にはならない。

正解（B）

【訳】競争が非常に激しいので、新しい会社のほとんどは1年しかビジネスを続けられない。

【注】**competition** 競争、**intense** 激しい、厳しい、**stay in business** ビジネスを続ける

10. これは空所前にあるnone of の後に人称代名詞のどの格が来るかを問う問題である。選択肢は（A）主格、（B）所有代名詞、（C）所有格、（D）目的格となっているが、none ofの後には（D）の目的格が入る。なお、noneは「誰も（何も）〜ない」という意味だが、3つ以上の人や物に関して使う。2つの人や物についてはneitherを用いる。

正解（D）

【訳】我々は日々の交流や行動によって絶えず形作られているので、1カ月前、1週間前、いや昨日の自分とさえ誰も同じではない。

【注】**continually** 絶えず、継続的に、**interaction** 交流、相互作用

11. 注目すべきは空所がなくてもこれが文として成立していること。つまり、空所には文の成立に不可欠ではないものが入ることになる。選択肢はすべて空所後のmore interestingを強調する副詞だが、moreという比較級を強調できるのは（A）のfarしかないのでこれが正解になる。なお、farのほかにmuch、a lot、even、stillなども比較級を強調することができる。

正解（A）

【訳】今年の神経科学会議は、予想していたよりもはるかにおもしろかったと多くの参加者は述べた。

【注】**remark** 述べる、**neuroscience** 神経科学、**conference** 会議

12. 空所の少し前にbothという単語があることに注目。空所前にbothがあるときは多くの場合、空所にはbothとペア表現になるandが入る。これもeither A or Bやneither A nor Bなどと同じように、覚えておけば一瞬で正解できる問題。選択肢を見ると予想通り（C）にandがあるので、これが正解になる。

正解（C）

【訳】スミス博士の指導は仕事面でもまた個人的にも私を救ってくれ、スミス博士にどう感謝の意を伝えたらよいのか言葉もない。

【注】**express** 表す、**gratitude** 感謝、**guidance** 指導、**professionally** 仕事面で

13. Alps Energy said that the acquisition and expansion plan would be announced ------- September.

(A) no later than   (B) no fewer than
(C) no less than   (D) no more than

14. Sales representatives at the clothing store pride ------- on the individual attention they give to customers.

(A) them   (B) themselves
(C) each other   (D) one another

15. Mr. Thompson, ------- company is one of the largest health insurers in the nation, said he has not seen an immediate impact from the new healthcare legislation.

(A) who   (B) whose
(C) whom   (D) whoever

16. Since we are from New England, we are somewhat prepared for harsh winters, although ------- are not as harsh as those in Iceland.

(A) we   (B) our
(C) ours   (D) us

17. In an era of low interest rates, many investors have looked for different ways to maintain ------- income.

(A) they   (B) their
(C) theirs   (D) them

18. The average apartment in New York City is ------- more expensive than a comparable one in most other major cities in the world.

(A) by   (B) few
(C) much   (D) little

13. 空所後にSeptemberと具体的な月が明示されているので、空所には時を示す語句が入ることがわかる。選択肢はどれも似ているように思えるかもしれないが、時を表すことができるのは（A）no later than「遅くとも」だけなのでこれが正解になる。（B）、（C）、（D）は原則として数についての比較級として使われる。　　　　　　　　　　　　　　　　　　　　　　　　　　　**正解（A）**

【訳】アルプス・エネルギー社は、遅くとも9月までにはビジネスの買収拡大計画を発表すると述べた。

【注】acquisition 買収、expansion 拡大

14. 文の前半を読むと、衣料品店の店員が何かに誇りを持っていることがわかる。また、文全体の動詞としてpride以外に適当なものが見当たらないので、このprideは動詞として使われている。prideは他動詞なので空所には目的語が入るが、他動詞＋再帰代名詞で「自分自身を～する」という意味になり文意が通るので（B）themselvesが正解になる。　　　　　　　　　　　　　　　　**正解（B）**

【訳】その衣料品店の販売員は、彼らが顧客に親切に個別対応していることを誇りにしている。

【注】sales representative 販売員、pride oneself on ～を誇りにする

15. 空所前がMr. Thompsonという人になっていること、また空所後にはcompanyと名詞があるので、空所にはcompanyを修飾する関係代名詞の所有格が入る。（A）は主格、（C）は目的格なので不適。疑問詞に-everがついた（D）のような語は複合関係詞と呼ばれるが、先行詞を取らないのでこれも不適。（B）whoseは関係代名詞の所有格で文意も通るのでこれが正解になる。　　**正解（B）**

【訳】トンプソン氏の会社は国の中でも最も大きな健康保険会社のひとつであるが、健康管理に関する新しい法律による直接の影響は見られないと述べた。

【注】immediate すぐの、直接の、legislation 法律

16. 文の前半では自分たちは寒いニューイングランド地方の出身なので厳しい冬には準備できているとあり、後半ではアイスランドほど厳しくはないがとある。つまり、厳しい冬への準備はできているがアイスランドの冬ほど「我々の冬」は厳しくないという趣旨だと推測できる。選択肢の中でその「我々の冬」を表せるのは＜所有格＋名詞＞を意味する所有代名詞の（C）oursである。　　**正解（C）**

【訳】我々はニューイングランドの出身なので厳しい冬にはある程度準備ができているが、それはアイスランドほど厳しいわけではない。

【注】somewhat 多少、幾分、harsh 厳しい

17. 空所後にはincomeという名詞があるので、空所には名詞を修飾することができる関係代名詞の所有格が入ることになる。選択肢を見ると、（A）は主格、（C）は問題16と同じく所有代名詞、また（D）は目的格になるのでどれも不適。（B）theirは関係代名詞の所有格で、incomeを修飾することができるのでこれが正解になる。　　　　　　　　　　　　　　　　　　　　　　　　　**正解（B）**

【訳】低金利の時代においては、多くの投資家は自分たちの収入を維持するために異なったさまざまな方法を探している。

【注】era 時代、interest rate 金利、investor 投資家、income 収入、所得

18. 先の問題11と同じく、空所後にあるmore expensiveという比較級を強調する語を選ぶ問題。（A）byはby farになると最上級を強調できるが、本問ではfarもなく最上級でもないので不適。（B）fewは比較級の強調には使えない。（D）littleもa littleであればOKだが、aがないのでこれも不適。（C）muchは比較級の強調に使えるのでこれが正解になる。　　　　　　　　　　**正解（C）**

【訳】ニューヨーク市の平均的なマンションは、世界の他の主要都市の同等のマンションよりもはるかに高価である。

【注】average 平均的な、comparable 同等な、major 主要な

19. ------- is awarded the contract will be required to submit a final report within one month of notification.

(A) Whoever   (B) Whenever

(C) That   (D) When

20. It has recently been brought to ------- attention that some of you have concerns about the noise from the construction site.

(A) me   (B) my

(C) myself   (D) mine

21. There are two types of people in the world: one is performers and ------- is spectators.

(A) another   (B) other

(C) the other   (D) one another

22. While ------- has been said about education reform in this country, nothing significant has been accomplished yet.

(A) what   (B) which

(C) much   (D) many

23. Although a large increase in employment is not anticipated, the technology industry will be hiring ------- workers to replace those who leave the industry.

(A) much   (B) few

(C) a lot   (D) many

24. Since ------- managers have more responsibilities than one person can normally handle, a good manager is one who delegates some of his or her work.

(A) almost   (B) most

(C) most of   (D) the most

19. この問題では空所からthe contractまでが主語になり、それが物ではなく人であることを理解することがポイント。つまり空所には人を表す語が入ることになる。選択肢（C）では文として成立しないので不適。また、（B）と（D）も主語としての人にはならず、文としても成立しない。（A）Whoeverは「誰が〜しても」という意味で文意が通るのでこれが正解。　　　　正解 **(A)**

【訳】その契約を与えられる人は誰でも、通知から1カ月以内に最終報告書を提出しなければならない。

【注】award the contract 契約を与える、submit 提出する、notification 通知

20. 選択肢を見れば、これは人称代名詞の問題だと理解できる。空所後にはattentionという名詞があるので、空所には名詞を修飾することができる所有格が入る。選択肢（A）は目的格、（C）は再帰代名詞、（D）は所有代名詞なのでどれも不適。（B）myが所有格なのでこれが正解になる。正解 **(B)**

【訳】あなた方のうち何人かは、建設現場からの騒音に懸念を抱いておられると最近になってわかりました。

【注】bring to one's attention 〜に注意を向ける、concern 懸念、心配

21. oneに呼応する語を選ぶ問題。（A）anotherはほかの不特定のもうひとつの物や人を表すのでここでは不適。（B）もotherがこの問題のように単数の場合は必ず前にtheが必要なのでこれも不適。（D）は「お互いに」という意味なので文意が通らない。（C）はone is A, the other is Bで、「一方はAで、他方はB」という意味になるのでこれが正解になる。　　　　正解 **(C)**

【訳】世界には2つのタイプの人間がいる。一方は演技者であり、他方はそれを見る観客である。

【注】performer 演技者、spectator 観客

22. 文の前半を読むと、「教育改革について空所に入る何かが言われてきたが」とある。また、選択肢を見ると「こと」や「多く」といった単語があるので、空所には「多くのこと」を表す語が入ると予測できる。選択肢を見ると、（A）、（B）ともに文意が通らない。（D）manyは空所後がhasと単数になっているので不適。（C）muchは不可算名詞で単数扱いなのでこれが正解になる。　　正解 **(C)**

【訳】この国では教育改革について多くのことが言われてきたが、意味のあることは何もまだ達成できていない。

【注】education reform 教育改革、significant 意味のある、accomplish 達成する

23. 空所後はworkersと可算名詞の複数形になっているので、空所には可算名詞に使える数量を表す語が入る。選択肢（A）は不可算名詞に使い可算名詞には使えない。（B）は可算名詞に使えるが「ほとんどない」という否定的な意味なので文意が通らない。（C）はa lot ofであれば正解だがofがないので不適。（D）manyは可算名詞に使えるのでこれが正解になる。　　　　正解 **(D)**

【訳】雇用が大幅に増えるとは予想されていないが、テクノロジー産業ではこの業界から離れる人の交替として多くの労働者を雇用するだろう。

【注】employment 雇用、anticipate 予想する、hire 雇用する、雇う

24. どの選択肢を使えばmanagersという複数形の名詞を修飾できるかを問う問題。（A）は副詞で、名詞を修飾するにはその後にallなどの形容詞が必要。（D）もmanagersとは直接結びつかない。（C）はmost of theとtheがあれば正解だがそれがないので不適。（B）はmost＋名詞で「ほとんどの〜」という意味になるのでこれが正解になる。　　　　正解 **(B)**

【訳】ほとんどのマネージャーは通常一人で扱える以上の仕事の責任を負っているので、優良なマネージャーは自分の仕事の一部を他者に委譲する。

【注】normally 通常は、delegate 委譲する

25. The staff at the Italian restaurant worked very ------- to arrange our company's retirement banquet for Mr. Reynolds.

(A) hard   (B) hardly
(C) hardest   (D) harder

26. Stanton is a relatively new city, but it has the ------- number of older residents in the state.

(A) large   (B) largest
(C) larger   (D) largely

27. Rockwell Construction plans to build a luxury apartment complex ------- will cater primarily to the rich and famous.

(A) what   (B) who
(C) which   (D) where

28. ------- of the machinery in the manufacturing plant has been replaced recently.

(A) Many   (B) A number
(C) A few   (D) Much

29. A report just released by the university says private hospitals are actually ------- efficient than public hospitals.

(A) least   (B) less
(C) lesser   (D) little

30. Most economists and investors view financial debt as a ------- more important issue than economic growth.

(A) very   (B) much
(C) too   (D) almost

25. 空所前はworked veryと動詞＋副詞となっているが、ここではveryを一旦外してworkedという動詞を修飾する語を考える。動詞を修飾するのは副詞である。(C)は形容詞の最上級、(D)は比較級なので除外する。(B)hardlyは副詞だが「ほとんど〜ない」という意味なので文意に合わない。(A)hardは「一生懸命に」という意味の副詞なのでこれが正解になる。　　　　　　　**正解 (A)**

【訳】そのイタリアン・レストランのスタッフは一生懸命に働いて、会社がレイノルズ氏のために開いた退職記念の晩餐会を手配してくれた。

【注】retirement 退職、banquet 晩餐会、祝宴

26. 空所前にtheがあるので、これは形容詞の最上級の問題ではないかと推測する。(C)は比較級だが、後半のどこにもthanがない、また(D)は副詞なので不適。(A)は空所前がaなら文として成立するが、そうではないので不適。(B)は＜the＋形容詞est＞で最上級となり文意も通る。　　**正解 (B)**

【訳】スタントンは比較的新しい市であるが、州内で最も多くの高齢の住民がいる。

【注】relatively 比較的、the largest number 最大数

27. 空所前にはapartment complexという人以外の名詞があり、空所後にはwill caterと助動詞＋動詞の原形になっているので、空所には人以外の関係代名詞の主格が入る。(A)は関係代名詞だが「〜であること・もの」という意なので不適。(B)は人の関係代名詞、(D)は関係副詞なので不適。(C)whichは、人以外の関係代名詞の主格なのでこれが正解になる。　　　　　　　　**正解 (C)**

【訳】ロックウェル建設は主に裕福な人や有名人の要望に応じた豪華なマンションを建設する予定である。

【注】cater to 〜の要望に応える、primarily 主として、主に

28. 文の後半に動詞の単数形であるhasがあるので空所には単数を表す語が入る。(A)Manyは複数形をとる語なので不適。(B)も空所後のofを入れるとA number of と複数の意味になるので不適。(C)はA few ofという言い方はしないし、空所後のmachineryは不可算名詞なので不適。(D)Muchは問題22と同様に単数形で不可算名詞に使えるのでこれが正解になる。　　　　　　**正解 (D)**

【訳】その製造工場にある多くの機械は、最近取り替えられたものである。

【注】machinery（集合としての）機械、recently 最近

29. 空所の少し後にthanがあるのでこれは比較級の問題であるとわかる。選択肢(A)のleastは「最も少ない」という意味の最上級なので不適。(D)は形容詞そのままなのでこれも不適。(B)のlessと(C)のlesserはともにlittleの比較級だが、(C)は「より小さい」という意味なので文意に合わない。残る(B)lessはefficientとうまく結びつく比較級で、文意も通るのでこれが正解になる。　　**正解 (B)**

【訳】大学によって発表されたばかりのレポートは、民間病院は実際には公立病院よりも効率が悪いと述べている。

【注】just released 発表されたばかりの、efficient 効率的な

30. この問題のポイントは、空所がなくてもa more important issueと問題なく文として成立することを見抜くこと。つまり、空所にはmoreを強調する語が入ることになる。選択肢(A)と(C)は強調の意味を持っているが、選択肢の中で比較級のmoreを強調することができるのは(B)のmuchだけなのでこれが正解になる。　　　　　　　　　**正解 (B)**

【訳】ほとんどのエコノミストと投資家は、財政負債の方が経済成長よりもはるかに重要な問題だと考えている。

【注】view 見る、考える、financial debt 財政負債、economic growth 経済成長

31. Currently under construction ------- this beautiful four-bedroom house with exceptional design features.

(A) is   (B) are
(C) will be   (D) were

32. Most auto insurance companies offer a discount if you add ------- car or driver to your policy.

(A) other   (B) the other
(C) another   (D) the another

33. ------- is most important is that the employees support the measures taken by the company to weather this economic crisis.

(A) What   (B) When
(C) How   (D) Who

34. David and I have known ------- for more than 30 years and share a commitment to education.

(A) another   (B) other
(C) each other   (D) one other

35. Ramsey Construction operates in a competitive market ------- building projects are often awarded to companies offering lower prices.

(A) how   (B) what
(C) which   (D) where

36. This factory sets a high productivity standard by ------- all others are judged.

(A) what   (B) which
(C) whom   (D) who

31. これはCurrently under constructionと文頭に述部が来ている倒置問題である。倒置の場合は＜動詞＋主語＞の語順になるが、その場合の動詞は後に来る主語に呼応する。本問の場合は空所後がthis beautiful four-bedroom houseと単数なので（A）のisが正解になる。なお、（C）の未来表現も単数主語を取れるが、冒頭にCurrently under constructionとあるので不適。　**正解（A）**

【訳】現在建設中なのが、この並はずれたデザイン的特徴を有する4つの寝室がある美しい家です。

【注】**currently** 現在、**under construction** 建設中、**exceptional** 例外的な、並はずれた

---

32. 空所前後は、「もう1台別の車や運転者を加えれば」という意味になるが、そのもう1台の車やもうひとりの運転者は特定されたものではない。（B）と（D）にはtheという特定のものを指す定冠詞があるので不適。（A）otherは単数の場合は常にtheを伴うのでこれも不適。（C）anotherはan otherの意味で不特定のものを指すのでこれが正解になる。　**正解（C）**

【訳】自分の自動車保険に別の車や運転者を加えた場合、ほとんどの自動車保険会社は割引を提供してくれる。

【注】**auto insurance company** 自動車保険会社、**policy** 保険契約（証書）

---

33. 文の最初の方にisが2つあるが、2つ目のisが文の述語動詞である。つまり、------- is most importantが主語になるので、空所には「～であること」という意味の語が入ると考えられる。（B）、（C）、（D）にはどれもそのような意味がないので不適。（A）whatはthe thing(s) that（～であること）という意味の関係代名詞で、文意に合うのでこれが正解になる。　**正解（A）**

【訳】非常に重要なことは、この経済危機を乗り切るために会社が取った方策を従業員が支持することである。

【注】**measure** 方策、手段、**weather**（嵐・困難などを）切り抜ける、乗り越える

---

34. 文の前半を読めば、2人が30年以上「お互いに」知り合いであることが推測できる。（A）も（B）も「お互いに」という意味では使われないので不適。（D）はone anotherであれば「お互いに」という意味になるがone otherなので不適。（C）each otherはまさに「お互いに」という意味なので、これが正解になる。なお、each otherは2者間だけでなく3者以上でも使える。　**正解（C）**

【訳】デイビッドと私は30年以上お互いに知っている間柄で、教育への献身を共有している。

【注】**share** 共有する、**commitment** 献身、専心、傾倒

---

35. 空所前にcompetitive marketという場所を示す先行詞がある。このように場所を示す名詞の先行詞があり、その後に状況の説明がある場合は関係副詞が必要になる。（B）と（C）は関係代名詞なので不適。（A）howも関係副詞だが、「～する方法」という意味なのでここでは不適。（D）whereは場所を示す関係副詞なのでこれが正解になる。　**正解（D）**

【訳】ラムゼー建設は、より低い価格を提示した会社にしばしば建設プロジェクト契約が与えられるという競争の激しい市場でビジネスを行なっている。

【注】**operate** 営業する、**competitive** 競争の激しい、**award** 与える、授与する

---

36. 選択肢を見ればこれが関係代名詞の問題であることがわかる。空所前にbyが来ているのは空所後の関係代名詞とともに意味のまとまりを形成するためで、先行詞はbyの前のstandardである。standardは人以外の名詞なので、人の関係代名詞である（C）と（D）は除外する。（A）whatは「～であること」という意味なので文意が通じない。（B）whichは人以外の関係代名詞なのでこれが正解になる。　**正解（B）**

【訳】この工場は、その他すべての工場がそれによって判断される高い生産性基準を設けている。

【注】**set the standard** 基準を設ける、**productivity** 生産性

37. A scholarship of $30,000 per year for a period of four years will be awarded to ------- of the successful applicants.

(A) others   (B) whoever
(C) each   (D) whom

38. Many community members are not artists -------, but people who are very interested in promoting and learning about art.

(A) they   (B) themselves
(C) them   (D) theirs

39. ------- shoppers visit product sites in order to get a good idea of how a product functions.

(A) Most   (B) Most of
(C) Almost   (D) The most

40. No sooner had the company been formed ------- a power struggle began between its chairman and its president.

(A) then   (B) until
(C) than   (D) before

41. Future technological developments will lead to ------- innovations that are very useful to human beings.

(A) much   (B) each
(C) every   (D) many

42. ------- writes the best caption for this photo will win a handsome prize.

(A) Those who   (B) Whoever
(C) Who   (D) Anyone

37. 空所前にbe awarded toとあるので、何かが誰かに与えられることになる。その誰かとは空所後のthe successful applicantsであるが、その前にofがあるので空所には代名詞が入る。(B)と(D)は関係詞なので除外する。(A) othersも代名詞だが、これでは意味が通らない。(C) eachは「各人」という意味の代名詞で文意も通るのでこれが正解になる。　　　　　　　　　　　正解 (C)

【訳】4年間にわたり、年間3万ドルの奨学金が合格した申請者各人に支給される。

【注】**scholarship** 奨学金、**period** 期間、**applicant** 申請者、応募者

38. 選択肢を見ればわかるように、これは適切な代名詞を選ぶ問題である。空所前にはartistsという名詞があり、また空所後は新しい文が続いているので、空所には名詞を強調する再帰代名詞が入る。(A)は代名詞の主格、(C)は目的格、(D)は所有代名詞なのでどれも不適。したがって、再帰代名詞である(B)のthemselvesが正解になる。　　　　　　　　　　　　　　　　　正解 (B)

【訳】コミュニティー構成員の多くは彼ら自身芸術家ではないが、芸術を促進したり芸術について学ぶことに大変興味を持っている人たちである。

【注】**promote** 促進する、振興する

39. mostに関連する語句の正しい使い方を選ぶ問題である。(B)についてはMost of theとtheがあればOKだが、それがないので不適。(C)もAlmost all theであればOKだが、all theがないので不適。(D)は、The most shoppersでは文にならないので不適。(A)はMost＋名詞で「ほとんどの〜」という意味になるのでこれが正解になる。　　　　　　　　　　　正解 (A)

【訳】商品がどのようなものであるかをよく理解するため、ほとんどの買い物客は商品サイトを見る。

【注】**get a good idea of** 〜をよく理解する、**function** 働く、機能する

40. 文頭にNo soonerという語句があることに注目。No soonerが文頭にあると、それは十中八九No sooner ... than 〜「…するとすぐに〜」という意味の成句である。選択肢を見ると、思った通り(C)にthanがあるのでこれが正解。なお、これと同じ意味の成句にHardly (scarcely) ... when〜もあるのでこれも一緒に覚えておこう。　　　　　　　　　　　　　　　　正解 (C)

【訳】その会社が設立されるとすぐに、会長と社長の間で権力闘争が始まった。

【注】**form** 形作る、設立する、**power struggle** 権力闘争、**chairman** 会長

41. 空所後にinnovationsと複数形の可算名詞が来ているのでそれに対応する数の形容詞を選ぶ。選択肢(B) eachと(C) everyは単数形なので不適。(A) muchはその後に不可算名詞を取ることはできるが、innovationsのような可算名詞を修飾できないのでこれも不適。(D) manyは後に可算名詞の複数形を取ることができるのでこれが正解になる。　　　　　　　　　　　正解 (D)

【訳】将来の技術的発展は人類にとって大変有益な多くの革新に繋がるだろう。

【注】**lead to** 〜に繋がる、導く、**innovation** 革新、新機軸

42. 空所後にwrites、また文の中頃にwill winと2つの動詞があるが、文全体の動詞になるのはwill winなので、空所には主語になる語が入る。また空所後はwritesとなっているので空所には単数形を取る語が入る。(A)は複数形なので不適。(C) Whoは主語にはならない。(D)はAnyone whoなら正解になるが、whoがないので不適。(B) Whoeverは単数形の主語になれるのでこれが正解。

正解 (B)

【訳】この写真に最も優れたキャプションを書く人はかなりの額の賞を獲得することになる。

【注】**caption** 短い説明文、**handsome** かなりの、気前のよい

43. Kimball Inn is a small and charming family-owned hotel that is
------- affordable and within walking distance from the beach.

(A) either   (B) both
(C) neither   (D) too

44. Companies should provide employees with suitable technology and
encourage them to utilize it to the fullest extent -------.

(A) necessary   (B) possible
(C) capable   (D) special

45. The store has so ------- furniture in various styles that you shouldn't
have any problem finding something you like.

(A) many   (B) few
(C) much   (D) little

46. Our professional team can address ------- issues that may arise in
the setup of your computer.

(A) all   (B) anything
(C) another   (D) each

47. Not ------- did the store manager give me a refund, but he offered
me a 25% discount on my next purchase.

(A) still   (B) only
(C) quite   (D) that

48. Unfortunately, ------- of these scientific models produces reliable
results in quantifiable risk assessments.

(A) some   (B) none
(C) nothing   (D) anything

43. 選択肢（D）をのぞいて、ほかはすべてペア表現で使われる語であることに注目。（A）eitherの場合は後にorが、また（C）neitherの場合には後にnorがあるはずだが、この文にはないので不適。（D）を入れたtoo affordableでは「あまりに手ごろな価格過ぎる」という奇妙な意味になってしまう。（B）bothは後のandと呼応するペア表現なのでこれが正解になる。　　　　　正解（B）

【訳】キンボール・インは手ごろな価格で、しかも海岸から歩いて行ける距離にある小さくて魅力的な家族経営のホテルである。

【注】family-owned 家族経営の、**within walking distance** 歩いて行ける距離

---

44. この文は空所がなくても成立する。つまり空所には文の成立に不可欠な語ではなく、文意を強調するなど副次的な意味の語が入ることが予想される。実際、空所の少し前にfullestと最上級がありそれを裏付けている。選択肢の中では（B）possibleだけが「可能なかぎり」という最上級を強調する意味になるのでこれが正解になる。なお、この用法ではpossibleは名詞の後に置かれることが多い。　　　　　正解（B）

【訳】会社は従業員に適切な技術を提供し、それを可能なかぎり最大限活用するように奨励すべきである。

【注】suitable 適切な、encourage 奨励する、utilize 活用する、**extent** 程度

---

45. これは可算・不可算名詞に関連した問題で、空所後のfurnitureがどちらであるかによって正解が変わる。可算名詞の複数は語尾に-sがあるが、furnitureにはないので不可算名詞である。（A）と（B）は可算名詞にしか使えないので不適。（C）と（D）はともに不可算名詞に使えるが、文を読めば「多くの家具」という意味になるはずなので（C）muchが正解になる。　　　　　正解（C）

【訳】その店にはさまざまなスタイルの非常に多くの家具があるので、自分が気に入ったものを見つけるのに何の苦労もしないだろう。

【注】various さまざまな、**shouldn't have any problem** 何の問題もないだろう

---

46. 空所後がissuesと複数形になっているので、複数形の名詞を後に取れる語を選ぶ。（B）anythingは名詞を修飾できないので不適。（C）anotherは後に単数形の名詞を取ることはできるが、複数形とは一緒に使えないので不適。（D）eachも（C）と同様に単数形の名詞を取るので不適。（A）allは複数形の名詞を取ることができるのでこれが正解になる。　　　　　正解（A）

【訳】我が社の専門チームはあなたがコンピューターをセットアップする際に、起こりうるすべての問題に対処することができる。

【注】address（問題などに）対処する、issue 問題、arise 起こる、発生する

---

47. 文頭にNot、また文の中頃にbutがあることに注目。この2つがあればまずnot only A but also B「Aだけではなく B も」というペア表現であると考えてよい。選択肢を見ると予想通り（B）にonlyがあるのでこれが正解。なお、この問題文のように、but alsoではなくalsoが省略されてbutだけになることもしばしばある。また、この文の前半はNot onlyを強調するために倒置になっている。　　　　　正解（B）

【訳】店のマネージャーは返金してくれただけでなく、次に買うときに25%割引してくれると申し出てくれた。

【注】discount 割引、purchase 購買、買うこと

---

48. 適切な代名詞を選ぶ問題。選択肢（C）nothingと（D）anythingは不特定のものを示す代名詞だが、空所にはthese scientific modelsという具体的なものの代名詞が入るのでどちらも除外する。残るは（A）someと（B）noneだが、冒頭にUnfortunately「残念ながら」という否定的なニュアンスの語があるため、（A）では文意が通らないが、（B）は文意に合致するのでこれが正解。　　　　　正解（B）

【訳】残念ながら、これら科学的モデルのどれも定量化可能なリスク評価に関する信頼できる結果を出すことができない。

【注】reliable 信頼できる、quantifiable 定量化可能な、assessment 評価

49. Online orders normally have a three-day lead time, but we may be able to accommodate your request ------- you need something sooner.

(A) would   (B) could
(C) should   (D) might

50. It is important to recognize and reward employees ------- ideas have been identified as warranting further development.

(A) who   (B) whose
(C) whom   (D) which

51. This training course is designed to provide practical guidance to ------- who are interested in gardening.

(A) those   (B) anyone
(C) anything   (D) someone

52. Star Motors is the ------- largest auto manufacturing company in the world and boasts one of the most automated manufacturing plants.

(A) three   (B) thirdly
(C) third   (D) triple

53. Under no circumstances ------- employees report for duty while under the influence of alcohol.

(A) may   (B) have
(C) would   (D) are

54. Effective managers know that a meeting is either productive ------- a waste of time.

(A) and   (B) but
(C) nor   (D) or

49. but以下に空所を挟んで2つの主語＋動詞があることに注目。つまり、空所には2つの節を何らかの形で繋ぐ助動詞が入る。選択肢を見ると助動詞しかないが、仮定法のifが省略されると＜should＋主語＞と倒置された語順になるという知識が頭に入っていれば、正解の（C）shouldを選べるはずだ。 **正解（C）**

【訳】通常オンラインでの注文は納品まで3日かかりますが、もしそれよりも早く商品をご希望であればご要望にお応えできるかもしれません。

【注】normally 通常は、accommodate one's request 要望に応える

---

50. 空所前にemployeesと人の名詞があり、空所後にはideasという名詞があるので、空所には空所を挟んで文を繋ぐ関係代名詞の所有格が入る。選択肢（A）whoは主格、（C）whomは目的格なのでどちらも不適。また（D）whichも人以外に使う関係代名詞の主格か目的格なので不適。（B）whoseは人でも人以外にも使える所有格なのでこれが正解になる。 **正解（B）**

【訳】さらなる開発に値すると考えられるアイデアを提出した従業員については、その功を認めて報いることが重要である。

【注】recognize 認める、reward 報いる、warrant ～は当然である、～を正当化する

---

51. 空所後がwho areと複数形の人になっていることに注目。つまり、空所には複数形の人になれる語が入ることになる。（C）anythingは人ではないので不適。残り3つはすべて人を表す語だが、（B）anyoneと（D）someoneはどちらも単数形なので空所には不適。（A）thoseは複数形なのでこれが正解になる。those whoはTOEIC頻出表現。 **正解（A）**

【訳】このトレーニングコースは、ガーデニングに興味のある方々に役立つ実用的なアドバイスを提供するために企画されたものである。

【注】be designed to ～するために企画された、guidance 指導、アドバイス

---

52. 空所前にthe、空所後にlargestとあるのでこれは最上級の問題。選択肢にはthreeに関連する語が並んでいるので、空所には「第三の」という意味の序数が入る。序数はfirstやsecondなど「何番目の」という意味の語で、選択肢の中では（C）thirdが序数なのでこれが正解。＜the＋序数＋最上級＞で「～番目に…な」という意味になる。 **正解（C）**

【訳】スターモーターズ社は世界で3番目に大きな自動車会社で、最も自動化された生産工場のひとつを所有していることを誇っている。

【注】boast 自慢する、誇りに思う、automated 自動化された

---

53. 文頭がUnder no circumstancesと否定の語句になっていることに注目。このように否定の語句を文頭に出して強い否定を表すとき、その後ろは（助）動詞＋主語と語順が倒置される。この問題の場合、employeesの後がreportと動詞の原形であること、また文意が「アルコールを飲んで出勤してはいけない」という内容なので、（A）mayが正解になる。 **正解（A）**

【訳】どんな状況においても従業員はアルコールの影響下で出勤してはならない。

【注】report for duty 出勤する、under the influence of ～ の影響下で

---

54. 空所前にeither productiveとeitherがあることに注目。TOEICではeitherがあり、その後に空所があるときは、ほぼ間違いなく空所にはeitherのペア表現であるorが入る。予想通り、選択肢（D）にorがあるのでこれが正解。こうしたペア表現は見た瞬間に正解が予想できるボーナス問題でもあるので、確実に正解できるようにしておこう。 **正解（D）**

【訳】効果的なマネージャーは、会議というのは生産的であるか、そうでなければ時間の無駄であることを知っている。

【注】effective 効果的な、productive 生産的な、waste of time 時間の無駄

55. Although it's extremely hard to make a new brand successful right away, it's fairly easy to launch -------.

(A) it   (B) one
(C) another   (D) other

56. The airline said it would give full refunds to passengers ------- flights were canceled or significantly delayed.

(A) which   (B) who
(C) whose   (D) those

57. ------- people choose to educate themselves, although most education is carried out with the guidance of a teacher.

(A) No   (B) Some
(C) Much   (D) Another

58. Even small cities like ------- can play an important role in solving the global problem of climate change.

(A) we   (B) our
(C) ours   (D) ourselves

59. The retailer expects its relationships with manufactures to become ------- stronger in the future.

(A) more   (B) even
(C) almost   (D) very

60. It is clear that the country's fragmented health care system is ------- equitable nor ethical.

(A) nothing   (B) only
(C) neither   (D) both

55. 文全体を読むと、「新しいブランドを成功させることは困難だが、立ち上げは比較的容易だ」という文意になるので、空所には同種類の不特定のものを表す代名詞が入ると考えられる。(A) itは特定のものを指すので不適。(C) anotherも (D) otherも不特定のものを指すが、別種類のものなので不適。(B) oneは同種類の不特定のものを指すのでこれが正解になる。　　　　　**正解（B）**

【訳】新しいブランドをすぐに成功させることは極めて困難だが、立ち上げることは比較的容易である。

【注】**extremely** 極めて、**right away** すぐに、**fairly** かなり、**launch** 立ち上げる

---

56. 空所前にpassengersという人の名詞が、また空所後にはflightsという名詞があるので空所には人の関係代名詞の所有格が入る。(A)whichは人以外に使う関係代名詞の主格か目的格なので不適。(B) whoは人の主格、(D) thoseは指示代名詞thatの複数形でこれも不適。(C) whoseが関係代名詞の所有格なのでこれが正解になる。　　　　　**正解（C）**

【訳】その航空会社は、フライトがキャンセルされたり大幅に遅れたりした乗客には全額返金すると述べた。

【注】**passenger** 乗客、**significantly delayed** 大幅に遅れる

---

57. 文の中頃にalthough mostという語があるので、空所にはmost「ほとんどの」と対比的な語が入ることが予想される。(A) Noでは完全否定になってしまい文意が通らない。また (C) Muchも (D) Anotherも空所後のpeopleを修飾できないので不適。(B) Someには「一部の」というmostと対比的な意味があり、文意にも合致するのでこれが正解になる。　　　　　**正解（B）**

【訳】ほとんどの教育は教師の指導を受けて行われているが、一部には独学を選ぶ人もいる。

【注】**choose** 選ぶ、**educate oneself** 独学する、**carry out** ～を行う、実行する

---

58. 選択肢を見るとweの格変化になっている。また、空所前に「～のような」という意味の前置詞likeがあるので、本来なら空所には small citiesを受けてour cityが入る。our cityと同じ意味になるのは所有代名詞の (C) oursなのでこれが正解。our cityをoursと表現するように、所有代名詞は同じ名詞の繰り返しを避けるために使われる。　　　　　**正解（C）**

【訳】我々の市のような小さな市でさえも、気候変動というグローバルな問題を解決するために重要な役割を果たすことができる。

【注】**even** ～でさえも、**play a role** 役割を果たす、**climate change** 気候変動

---

59. この問題では空所なしでも文が成立するので、空所にはstrongerという比較級を強める語が入る。(B) almostは「ほとんど」という意味で比較級の強意にはならない。また (D) veryも後が普通の形容詞なら強意になるが、比較級では使えない。(A)moreはこれ自体が比較級なので重複になる。(B) evenは比較級の強意に使えるのでこれが正解になる。　　　　　**正解（B）**

【訳】その小売業者は生産者との関係が将来さらに強くなることを期待している。

【注】**retailer** 小売業者、**relationship** 関係、**manufacturer** 生産者

---

60. これは先の問題54で見たのと同様のペア表現の問題である。空所後にnorという語があるので、その前にある空所にはnorとペアになるneitherが入るのではないかと予想する。選択肢を見ると、予想通り(C)にneitherがあるのでこれが正解。こうしたペア表現問題はじっくり考える問題ではなく、見た瞬間に解く問題。　　　　　**正解（C）**

【訳】その国の分裂した健康管理システムは、公正でも倫理的でもないことは明らかである。

【注】**fragmented** 分裂した、**equitable** 公正な、**ethical** 倫理的な

61. A famous scientist said that ------- who has never made a mistake has never tried anything new.

(A) another   (B) any
(C) those   (D) anyone

62. A recent survey found that the vast majority of people have experienced a mental health issue ------- or know someone who has.

(A) them   (B) themselves
(C) theirs   (D) their

63. There is a bus leaving ------- 15 minutes from each of the stops, and you can hop on and off as many times as you please.

(A) every   (B) any
(C) some   (D) another

64. It's no secret that ------- restaurants operate on a fairly slim profit margin.

(A) almost   (B) most
(C) most of   (D) the most

65. Jane Schwartz has been running ------- retail establishment for over 20 years.

(A) hers   (B) she
(C) her   (D) herself

66. Companies need to identify what will motivate ------- sales representative.

(A) all   (B) each
(C) most   (D) some

61. 空所後がwho hasと単数形になっていることに注目。（A）anotherは「別の人や物」という意味、（B）anyも「どれか」という意味なのでwhoとは繋がらない。（C）thoseは問題51でも見たようにthose whoという言い方はできるが、その場合はこれに続く動詞は複数形になるので不適。（D）anyoneは単数形を取るのでこれが正解になる。　　　　　　　　　　　　　　　**正解（D）**

【訳】今まで一度も間違いを犯したことがない人は、今まで一度も新しいことを試したことがない人だとある有名な科学者は語った。

【注】**famous** 有名な、**try anything new** 新しいことを試す

---

62. 空所後にor know someone who hasとある。これは「あるいはメンタル問題を抱えた人を知っている」という意味だが、orがあるので空所前は他人ではなく「自分自身」がメンタル問題を経験したという文意になると推測できる。選択肢にはtheyの格変化が並んでいるが、（B）themselves が「彼ら自身」のことを意味する再帰代名詞なのでこれが正解になる。　　　　　　**正解（B）**

【訳】最近の調査によると、大多数の人は自分自身でメンタルな健康問題を経験しているか、あるいはそれを経験した人を知っている。

【注】**survey** 調査、**vast majority** 大多数

---

63. これはeveryが持つ少し特別な意味の知識を問う問題。every はevery storeのようにevery＋単数名詞で「すべての〜」という意味になるが、every＋数詞＋複数名詞で「〜ごとに」という意味になるので（A）everyが正解。文法的に考えても正解に辿り着くまでには時間ばかりかかってしまうので、every 15 minutesと、このまま覚えてしまおう。この表現はPART 7でもよく出てくる。　　　　　　　　　　　　　　　　　　　　　　　　　　　　　　　　　　　**正解（A）**

【訳】各バス停から15分ごとに出発するバスがあり、何度でも自分の好きな回数乗り降りができる。

【注】**stop** 停留所、**hop on and off** 乗り降りする

---

64. これはmostとmost ofの使い方の違いの問題。先の問題39でも見たように、（B）mostの場合はその後に名詞の複数形を取ることができるが、（C）most ofのときにはofの後にtheが必要になるので、この問題は（B）mostが正解になる。（A）almostは「ほとんど」という副詞、また（D）the mostも余計なtheが入っているので不適。　　　　　　　　　　　　　　**正解（B）**

【訳】ほとんどのレストランがかなり薄い利益率で営業していることは秘密でも何でもない。

【注】**operate** 営業する、**fairly** かなり、**slim profit margin** 薄い利益率

---

65. 選択肢には人称代名詞の格変化が並んでいる。また空所前にrunningという他動詞、空所後にはretail establishmentという名詞があるので、空所には名詞を修飾する所有格が入る。（A）hersは所有代名詞で純粋な所有格とは異なる。（B）sheは主格、（D）herselfも再帰代名詞なので不適。（C）herが所有格なのでこれが正解になる。　　　　　　　　　　　　　　　　**正解（C）**

【訳】ジェーン・シュウォーツは20年以上に渡り小売店を経営してきている。

【注】**run** 経営する、**retail establishment** 小売店

---

66. 空所後にあるsales representativeがrepresentativeと単数形になっていることに注目。その前にあるsalesに惑わされて複数形だと勘違いしないこと。（A）allの後は複数形になるので不適。（C）と（D）もmost people、some people と表現するように後の名詞は複数形になるのでこれらも不適。残る（B）eachの後は単数形になるのでこれが正解になる。　　　　　　　　**正解（B）**

【訳】会社は何が営業部員をやる気にさせるのかを特定する必要がある。

【注】**identify** 特定する、明らかにする、**motivate** 刺激を与える、やる気にさせる

67. It seems that Kaitlin is ------- a great athlete that she could excel at any sport.

(A) such   (B) only
(C) so   (D) much

68. Prof. Salim, who exudes intellectual energy, delivered a series of lectures for ------- he became famous and highly respected.

(A) where   (B) who
(C) whom   (D) which

69. Dorchester Hotel is ------- more affordable than many of its competitors, and includes breakfast in its prices.

(A) too   (B) much
(C) so   (D) very

70. Halston University's new course on behavioral economics is ------- popular that more than 30% of first-year students have tried to register for it.

(A) such   (B) highly
(C) so   (D) far

67. 空所後にa great athlete「素晴らしい運動選手」とある。（B）onlyを入れると「素晴らしい運動選手にすぎない」という奇妙な意味になる。（C）so、（D）muchを空所に入れても、その後のa great athleteと繋がらず文として成立しないのでこれらも不適。（A）suchを入れるとsuch ... that ～（非常に…なので～である）というペア表現の意味になり文意が通る。　　　**正解（A）**

【訳】ケイトリンは非常に素晴らしい運動選手なのでどんなスポーツをやっても秀でることができるだろう。

【注】athlete 運動選手、excel 秀でる、優れている

68. 空所前にfor、また空所後にはhe became famousとある。ここで気づいてほしいのはforがfamous forという語句の一部であること。つまり空所にはforの前にあるlecturesという人以外の先行詞を受ける関係代名詞が入る。（A）は関係副詞、（B）と（C）は人の関係代名詞なのでどれも不適。（D）whichが人以外の関係代名詞なのでこれが正解になる。　　　**正解（D）**

【訳】知的エネルギーを発散させるサリム教授は、彼がそれによって有名となり非常に尊敬されるようになった一連の講義を行った。

【注】exude 発散させる、滲み出させる、a series of 一連の

69. この問題は空所がなくても文として成立するので、空所には文の成立に不可欠ではない強意などを意味する語句が入る。空所後がmore affordableと比較級であることにも留意。選択肢はどれも強意語だが、比較級を修飾できるのは（B）muchだけなのでこれが正解になる。（A）too、（C）so、（D）veryも強意語だが比較級を直接修飾することはできない。　　　**正解（B）**

【訳】ドーチェスター・ホテルは競合するホテルの多くよりもはるかに手頃な価格であり、しかも価格には朝食が含まれている。

【注】competitor 競争相手、ライバル、include 含む

70. 空所前にis、空所後にpopularとあるので、空所にはpopularに何らかの意味を付け加える語が入ると考えられる。実際、選択肢にはpopularを強調する語が並んでいる。もうひとつ注目すべきはpopularの後にthatがあること。空所が強意で、その後にthatがあるので、これはso that構文であると考えられる。（C）にsoがあるのでこれが正解になる。　　　**正解（C）**

【訳】ハルストン大学の行動経済学に関する新しいコースは非常に人気があり、一年生の30パーセント以上がコースを登録しようと試みた。

【注】behavioral economics 行動経済学、resister 登録する

第2部

語彙問題

Chapter 1 ■全84問

イディオム問題

パターン①　選択肢が動詞の問題

例題1 Most companies ------- an emphasis on maintaining their current employees by giving them a fair salary.

(A) employ (B) make
(C) put (D) apply

　まずは動詞のイディオムの問題を見ていきましょう。この例題では、空所を含めた ------- an emphasis onが特定の意味を持ったイディオムだということになります。この例題で問われているイディオムは、put an emphasis on「～を強調する」ですので、正解は (C) です。しかし、このイディオムを知らなければ、どの選択肢の動詞が正解であるかについて確信を持つことができません。逆に、イディオムを知っていれば、一瞬にして正解がわかりますので、時間を大幅に節約できるようになります。

【正解】 (C)
【訳】ほとんどの会社は公平な給与を与えることによって現在いる従業員を維持することに重点を置いている。
【注】**maintain** 維持する、**current** 現在の、**fair** 公平な

パターン②　選択肢が名詞の問題

例題2 Brunswick Bridge was closed for the ------- of the renovation work, reopening on March 10.

(A) duration (B) length
(C) frequency (D) proximity

イディオムとは、ふたつ以上の語が結びついて、原義とは異なった意味を持つ慣用表現のことです。ですから、イディオム問題については、論理的に考えても正解に辿り着けるとは限りません。そこがイディオム問題やこの後に見るコロケーション問題の難しいところです。最も効率的な対策としては、できるだけ多くの問題を解いて、出てきたイディオムを覚えていくことしかありません。

　次に選択肢が名詞の問題を見たいと思います。この例題では、空所前後のfor the ------- ofがイディオムの部分です。空所前にBrunswick Bridge was closedとあり、空所後にはthe renovation workとありますので、空所前後は「改修工事『の期間中は』閉鎖されていた」という意味になると考えられます。選択肢を見てみますと、(A) durationが「期間」という意味ですので、これが正解となります。for the duration of は「〜の期間中」という意味のイディオムです。

【正解】（A）
【訳】ブランズウィック橋は改修工事の期間中は閉鎖されていたが、3月10日に再び開通した。
【注】**renovation work** 改修工事、**reopen** 再開する

パターン③　選択肢が副詞の問題

例題3　Many companies try to keep ------- of the latest trends by attending trade shows in the country and abroad.

(A) even　　　　　　　(B) abreast

(C) far　　　　　　　 (D) aside

　最後に選択肢が副詞の問題を見てみたいと思います。この例題では空所前後のkeep ------- ofがイディオムです。空所前は「企業は〜しようと努力している」という意味で、また空所後は「展示会に出席することによって最新の傾向に」という意味ですので、この両方を繋ぐとkeep ------- ofで「〜に遅れないようにする」という意味になると考えられます。選択肢 (B) abreastは「進度が遅れずに」という意味で、keep abreast of でまさに「〜に遅れないようにする」という意味のイディオムになります。

【正解】（B）
【訳】多くの会社は国内や海外の展示会に出席することで最近の傾向に遅れないよう努力している。
【注】**latest trend** 最新の傾向、**trade show** 展示会、見本市、**abroad** 外国で

1. The recent survey conducted by the company indicates that its customers have a ------- for its older products over its new ones.

(A) tendency
(B) selection
(C) preference
(D) favor

2. Takoma Community Center offers a wide ------- of courses to meet your professional needs.

(A) arena
(B) array
(C) standard
(D) space

3. Our most advanced lawnmower is Powermower 7, which went into ------- last fall.

(A) assembly
(B) requirement
(C) production
(D) application

4. It has come to our ------- that you have not yet completed the basic training course required for all employees.

(A) ear
(B) office
(C) sight
(D) attention

5. The General Affairs Department announced yesterday that the company picnic was canceled because there is a strong ------- of rain on Sunday.

(A) opportunity
(B) time
(C) chance
(D) emergency

6. The company gave Mr. Thomas a large bonus in ------- of his valuable contribution.

(A) appreciation
(B) anticipation
(C) implication
(D) indignation

1. 「会社の調査で顧客が新しい商品より古い商品のほうが〜であることがわかった」というのが文意なので、空所には「好む」という意味の語が入ると予想される。(A) は「傾向」、(B) は「選択」、(D) は「恩恵」という意味。(C) preferenceがまさに「好み」、「優先」という意味なのでこれが正解。なお、favorが「好む」の意味で使われる場合は、in favor ofの形になることが多い。　　　　**正解(C)**

【訳】会社が最近行った調査では顧客はその会社の新しい商品よりも古い商品のほうを好むという結果が出ている。

【注】survey 調査、indicate 示唆する、have a preference for 〜を好む

2. 空所前後の語彙から「幅広いコース」を提供しているという文意になるので、空所には「範囲」や「種類」の類義語が入ると予想される。(A) は「舞台」、(C) は「基準」、(D) は「場所」という意味なので不適。(B) arrayは「一群」とか「勢ぞろい」という意味で文意が通る。　　　　**正解(B)**

【訳】タコマ・コミュニティーセンターはお客様の専門的な必要性にお応えできるように、幅広いコースを提供しております。

【注】a wide array of 幅広い範囲の、professional 専門的な

3. 空所前にwent into「〜に入った」とあるので、文全体から空所には「生産」とか「製造」の類義語が入ると考えられる。(B) は「必要条件」、(D) は「申請」という意味なのでどちらも不適。(A) には「組み立て」という意味があるが「生産」という意味はない。(C) productionがまさに「生産」という意味なのでこれが正解になる。　　　　**正解(C)**

【訳】我が社の最も高機能な芝刈り機であるパワーモウアー7は昨年の秋に生産に入った。

【注】advanced 高機能な、高性能な、lawnmower 芝刈り機、go into production 生産に入る

4. この文は、that以下のことを「私たちは知ることになった」というのが大意。つまり、ここは空所前にあるcome to our と合わせて「私たちに知られるようになる」という意味になる。この意味になるのはcome to one's attentionという熟語なので、空所には (D) attentionが入る。　**正解(D)**

【訳】全従業員が受講しなければならない基礎訓練コースをあなたがまだ完了していないと、私たちは知ることになった。

【注】complete 完了させる、basic training course 基礎訓練コース

5. 空所前後は「日曜日は雨になる可能性が高い」という意味なので、空所には「可能性」という意味の語が入ると考えられる。(A) は「機会」、(B) は「時間」、(D) は「緊急事態」という意味なのでどれも不適。(C) chanceは「機会」という意味以外に「可能性」という意味もあるのでこれが正解になる。　　　　**正解(C)**

【訳】日曜日は雨になる可能性が高いので予定されていた会社の遠足行事は中止になったと総務部は昨日発表した。

【注】General Affairs Department 総務部、company picnic 会社の遠足行事

6. 「トーマス氏の貴重な貢献に対して多額のボーナスを与えた」というのが文の大意なので、空所前後で「感謝して」という意味になる。(B) は「期待」、(C) は「含意」、(D) は「憤慨」という意味なのでどれも不適。(A) appreciationには「感謝の気持ち」という意味があるのでこれが正解になる。　　　　**正解(A)**

【訳】その会社はトーマス氏の会社に対する貴重な貢献に感謝して多額のボーナスを与えた。

【注】in appreciation of 〜に感謝して、valuable貴重な、contribution 貢献

7. A lot of changes are likely to happen at Micron Tech after the new CEO takes the ------- of the organization in two weeks.

(A) head   (B) top

(C) hat   (D) helm

8. Mr. Marshall spoke at ------- about the many challenges he faced in organizing his marketing team.

(A) charge   (B) length

(C) variety   (D) width

9. The president of Biltmore Engineering put an ------- on the importance of work-life balance in improving productivity.

(A) explanation   (B) energy

(C) emphasis   (D) expansion

10. We hope you will give our proposal ------- consideration and notify us of your decision at your earliest convenience.

(A) serious   (B) functional

(C) sizable   (D) high

11. All meeting participants are required to read the contract in its -------.

(A) submission   (B) preparation

(C) entirety   (D) revision

12. Each guest will receive a complimentary tasting glass for sampling the wines on -------.

(A) record   (B) offer

(C) notice   (D) purpose

7. after以下の文意を考えると、空所を含めたtakes the ------- ofで「〜のトップになる」という意味になると推測できる。選択肢はどれも正解に思えるかもしれないが、take the helm of だけが「〜のトップになる」という意味になるので、（D）helmが正解になる。　　　**正解（D）**

【訳】2週間後に新CEOがトップに就任してから、マイクロンテック社では多くの変化が起こることになるだろう。

【注】a lot of 多くの、happen 起こる、発生する、organization 組織

8. at ------- を除いたspoke aboutという語句でも十分に文として成立することに注目。つまり、at ------- が熟語で、ここに挿入されたものであることを示している。選択肢の中でatと一緒になって熟語となるのは（B）lengthだけなのでこれが正解。at lengthで「詳細に」という意味になる。　　　**正解（B）**

【訳】マーシャル氏は彼が指揮するマーケティングチームを組織する上で直面する多くの難題について詳細に語った。

【注】challenge 挑戦、難題、face 直面する、organize 組織する

9. 文全体から、会社の社長がワークライフバランスの重要性を「強く訴えた」という意味であると理解できる。（A）は「説明」、（B）は「エネルギー」、（D）は「拡大」という意味でどれも文意が通らない。put an emphasis onが「〜を強調する」という意味の熟語で、文意に合致するので（C）が正解になる。　　　**正解（C）**

【訳】ビルトモアエンジニアリング社の社長は、生産性を向上させる上でワークライフバランスの重要性を強調した。

【注】importance 重要性、productivity 生産性

10. 「私どもの提案を十分に検討してほしい」というのが文意なので、空所には「十分に」に当たる語が入る。（B）は「機能的な」、（C）は「相当な」、（D）は「高い」という意味でどれもconsiderationとは相性が悪い。give serious considerationが「十分に検討する」という意味なので、（A）が正解になる。　　　**正解（A）**

【訳】私どもの提案を十分にご検討いただき、できるだけ早い時期に御社のご決定をご連絡いただけることを希望しております。

【注】notify人of 〜 人に〜を知らせる、at one's earliest convenience できるだけ早い時期

11. 空所を含めたin its ------- でひとつの意味を持った熟語になる。（A）は「提出」、（B）は「準備」、（D）は「修正」という意味で、その前にin itsが来ても熟語にはならない。唯一熟語としての意味になるのは（C）のin one's entiretyで、「その全体」、「すべて」という意味になる。in one's entiretyはentirelyに言い換えることができる。　　　**正解（C）**

【訳】会議参加者は、全員その契約書のすべてを読んでおかなければならない。

【注】participant 参加者、contract 契約書

12. 無料でワインの試飲ができるというのが文の大意で、どんなワインなのかはthe wines on -------の部分になる。（A）on recordは「記録された」、（C）on noticeは「通告されて」、（D）on purposeは「故意に」という意味なのでどれも文意的に合わない。（B）on offerが「販売されて」という意味で文意に合致するのでこれが正解になる。　　　**正解（B）**

【訳】どのお客様も販売されているワインの試飲を無料でしていただけます。

【注】complimentary 無料の、sample 試飲（試食）する

13. The company decided it was ------- to give back to its staff and improve their work environment.

(A) moment   (B) time

(C) period   (D) turn

14. Conrad Inc. is in the process of ------- into other regions of the country to increase its market share.

(A) intermission   (B) stability

(C) expansion   (D) choice

15. When employees are given the ------- to customize their work schedule, they tend to be happier and more productive.

(A) need   (B) management

(C) expectation   (D) flexibility

16. The information you provide will be managed in the strictest -------.

(A) confidence   (B) responsibility

(C) secret   (D) convenience

17. Social media offers a ------- of information and insights on brands, products and services.

(A) collection   (B) group

(C) wealth   (D) storage

18. The candidate for the job should have a ------- to be exploratory and creative within the assigned role.

(A) challenge   (B) contingency

(C) willingness   (D) provision

13.「会社はスタッフに報いる適切なときだと判断した」というのが文の大意。空所には「適切なとき」に当たる語が入ると考えられる。選択肢はすべて「とき」に関連する語だが、(A)、(C)、(D) ともit was の後に直接来ることはできない。(B) it was time toで「〜するときが来た」という意味になるので文意が通る。　　　　　　　　　　　　　　　　　　　　**正解 (B)**

【訳】その会社は労働環境を改善してスタッフに還元するべきときが来たと判断した。

【注】give back to 〜に還元する、戻す、**work environment** 労働環境

---

14. 空所後にintoという前置詞があることに注目。空所にはintoを後に取ることができるintoと相性のよい語が入る。選択肢 (A) は「中断」、(B) は「安定」、(D) は「選択」という意味で、どれもintoとは馴染まない。(C) expansionは「拡大」という意味でintoと非常に相性がよい。**正解 (C)**

【訳】コンラッド社はマーケットシェアを伸ばすためにその国の他の地域への拡大を進めている最中である。

【注】in the process of 〜の最中（過程）である、**region** 地域

---

15. 従業員は自分で仕事のスケージュール管理ができる「裁量権」や「自由」が与えられれば、より幸福であるというのが文の大意なので、空所にはそれらの類義語が入る。(A)は「必要」、(B)は「管理」、(C) は「期待」という意味でどれも文意に合わない。(D) flexibilityが「柔軟性」という意味で文意に合致する。　　　　　　　　　　　　　　　　　　　　　　　　　　　**正解 (D)**

【訳】従業員は自分たちの仕事のスケジュールを管理する柔軟性が与えられれば、より幸福でより生産的であることが多い。

【注】give flexibility to 〜に柔軟性を与える、**customize** 自分の要求に合うように直す

16.「あなたが提供する情報は最も厳しく管理される」というのが文の大意。つまり情報が漏れないよう「秘密にする」ということ。in confidenceは熟語で「秘密に」、「内密に」という意味なので (A) が正解。confidenceは「自信」という意味が一般的だが、それ以外に「秘密」という意味もある。

正解 (A)

【訳】あなたが提供する情報は最も厳しく外部に漏れないように管理されます。

【注】**manage** 管理する、**strict** 厳しい

17.「SNSにはたくさんの情報が提供されている」というのが空所前後の意味になると考えられるので、a ------- ofで「たくさんの」、「大量の」という意味になる語を選ぶ。選択肢の中でその意味になるのは (C) のwealthを使ったa wealth ofなのでこれが正解。a wealth ofという熟語はPART 5だけでなくPART 6やPART 7でも頻出する。　　　　　　　　　　　　　　　**正解 (C)**

【訳】SNSはブランド、商品、サービスに関する大量の情報と見識を提供している。

【注】**social media**（日本語ぐり）SNS、**Insight** 洞察、見識

---

18. 前半に「求職者が持っておくべき」と書かれているので、空所にはその持っておくべきものが入ると考えられる。(A) は「挑戦」、(B) は「緊急事態」、(D) は「提供」という意味でどれも文意に合わない。(C) willingnessは「意欲」や「やる気」という意味なので文意に合致する。　**正解 (C)**

【訳】その仕事への求職者は、与えられた役割の範囲で探究的で創造的であろうとする意欲を持っていなければならない。

【注】**exploratory** 探求心がある、**assigned** 割り当てられた

19. Summer course registration begins the week of April 5 and a ------- of in-person and online courses will be available.

(A) fame   (B) height
(C) variety   (D) solicitation

20. If the equipment is still under -------, it makes sense to have it repaired rather than replaced.

(A) construction (B) obligation
(C) warranty   (D) responsibility

21. You must show ------- of employment when applying for an extension to your visa.

(A) policy   (B) proof
(C) recommendation (D) activity

22. Due to the heavy snow expected in Littleburg, the public library will be closed until further -------.

(A) extension   (B) notice
(C) safety   (D) regulation

23. Since these companies are under no legal -------, they can decide for themselves how much they want to invest in the construction project.

(A) incentive   (B) location
(C) obligation   (D) favor

24. Please keep in mind that people ------- for the position must be available to work on weekends.

(A) implying   (B) applying
(C) complying   (D) supplying

19. 問題17と同じように、a ------- ofという形式で出題されたときは「多数の」とか「広範囲の」といった意味ではないかと一度疑ってみる。そして選択肢の中に数、量、種類などに関する語があれば、それが正解である可能性が高い。この問題でも（C）varietyが種類を表すのでこれが正解。（A）は「名声」、（B）は「高さ」、（D）は「懇願」という意味でどれも文意とは無関係。　　　**正解（C）**

【訳】夏季コースの登録は4月5日の週に開始予定で、数多くの種類の出席形式あるいはオンライン形式のコースが用意されている。

【注】**registration** 登録、**in-person** じかに、本人が直接に

---

20. 冒頭にequipment「機器」とあるので、何か機械や道具に関する話であると推測できる。また、空所後は「新品に取り替えるよりも修理したほうがよい」という意味なので、空所には製品保証に関する語が入ると予想できる。選択肢の中でそれにピタリ合致するのが（C）warranty。（A）は「建設」、（B）は「義務」、（D）は「責任」という意味でどれも不適。　　　**正解（C）**

【訳】もし機器がまだ保証期間中であれば、新品に取り替えるよりも修理してもらうほうが道理にかなう。

【注】**under warranty** 保証期間中である、**make sense** 道理にかなう、筋が通っている

---

21. 「ビザの延長申請をする場合には雇用証明書を提出しなければならない」というのが文の大意なので、-------of employmentで「雇用証明書」という意味になると考えられる。（A）は「方針」、（C）は「推薦」、（D）は「行動」という意味なのでどれも不適。（B）proofが「証明」という意味なのでこれが正解になる。　　　**正解（B）**

【訳】ビザの延長申請をする場合には、雇用証明書を示さなければならない。

【注】**apply for** ～を申請する、**extension** 延長

---

22. 「豪雪が予想されるので図書館は後日連絡があるまで閉館される」というのが文の大意なので、until further -------で「後日連絡があるまで」という意味になる。（A）は「延長」、（C）は「安全」、（D）は「規則」という意味でどれも不適。until further noticeで「後日連絡があるまで」という意味になるので（B）が正解になる。　　　**正解（B）**

【訳】リトルバーグでは豪雪が予想されているため、公立図書館は後日連絡があるまで閉館される。

【注】**heavy snow** 豪雪、**expect** 予想する

---

23. 空所前にno legalとあり、また空所後は「どれだけ投資するかは彼ら自身で決定できる」という内容なので、空所前は「法的な拘束を受けてない」という意味だと推測できる。（A）は「誘引」、（B）は「場所」、（D）は「恩恵」という意味でどれも文意とは無関係。（C）obligationが「義務」という意味で文意にピタリ合致する。　　　**正解（C）**

【訳】これらの会社には法的な義務がまったくないので、彼らはその建設プロジェクトへの投資額を彼ら自身で決定できる。

【注】**under no obligation** ～する義務はない、**invest** 投資する

---

24. 空所後にfor the positionとあるので何かの仕事に応募していると推測できる。（A）は「暗示する」、（C）は「従う」、（D）は「供給する」という意味なのでどれも不適。（B）はapply forで「応募する」、「申し込む」という意味になるのでこれが正解。apply forはPART 5以外でも頻出。　　　**正解（B）**

【訳】その職に応募される方は、週末も働く必要があることに十分留意してください。

【注】**keep in mind** 留意する、**available** 対応できる

25. With its renovated offices and expanded hours, Excelsior Bank is well ahead of the -------.

(A) management   (B) competition
(C) progress   (D) expertise

26. In an emergency, employers are expected to provide as much notice as is practicable under the -------.

(A) circumstances   (B) networks
(C) obligations   (D) accommodations

27. If you are starting a business, it is vitally important to get a ------- on your competition.

(A) way   (B) wheel
(C) handle   (D) mirror

28. The country's economy contracted by 2.55 percent last year, while this year's outlook for economic growth is in the ------- of 3.5 percent.

(A) province   (B) area
(C) neighborhood   (D) district

29. Generally, a company is in the ------- of insolvency when it is no longer able to pay debts that are due.

(A) vicinity   (B) closeness
(C) approximation   (D) border

30. Though this database application offers a satisfying array of security measures to protect account information, it's not without its -------.

(A) perfections   (B) flaws
(C) merits   (D) expectations

25. 「オフィス改修と営業時間拡大をしたので、競争相手に有利な立場にある」というのが文の大意なので、ahead of the -------で「相手に有利な立場にある」という意味になる。選択肢でその意味になるのは（B）competition。competitionには「競争」だけでなく「競争相手」という意味もある。（A）は「経営」、（C）は「進歩」、（D）は「専門知識」という意味でどれも不適。　　**正解（B）**

【訳】オフィスの改修と営業時間の拡大によって、エクセルシオール銀行は競争相手よりも遥かに有利な立場にある。

【注】**expanded hours** 営業時間の拡大、**ahead of the competition** 競争相手に先んじている

....

26. 「緊急時には雇用主は可能なかぎり連絡をすべき」というのが文の大意。（B）は「ネットワーク」、（C）は「義務」、（D）は「適応」という意味なのでどれも文意的に不適。（A）circumstancesは「状況」という意味で文意に合致する。under the circumstancesは「そういう状況下で」という意味の熟語。　　**正解（A）**

【訳】緊急時には、雇用者はその状況下で可能なかぎり多くの連絡をすることが期待されている。

【注】**emergency** 緊急事態、**notice** 通知、連絡、**practicable** 実行できる

....

27. 少し難しい熟語の問題。選択肢のどれもが正解にも不正解にもなるように思えるかもしれないが正解は（C）のhandle。get a handle onは「～を理解する」という意味で、口語英語ではよく使われる熟語。なお、先の問題25でも出てきたように、文末のcompetitionは「競争相手」という意味であることに留意。　　**正解（C）**

【訳】もしあなたが新しいビジネスを始めるのであれば、競争相手についてよく理解することが極めて重要である。

【注】**vitally** 極めて、絶対に

....

28. 空所前後で「おおよそ3.5パーセント」という意味になる。つまりin the -------ofで「おおよそ」とか「約」というaboutとほぼ同じ意味になる。選択肢はどれも正解に思えるかもしれないが、正解は（C）のneighborhood。ほぼ同じ意味としてin the region ofという熟語もある。　　**正解（C）**

【訳】その国の経済は昨年2.55パーセント縮小したが、今年の経済成長見通しはおおよそ3.5パーセントである。

【注】**contract** 縮小する、**outlook** 見通し、展望、**economic growth** 経済成長

....

29. 空所後のinsolvencyは「破産状態」という意味。またwhen以下に「期日の来た負債を支払えない」とあることから、破産状態に「近い」ことが推測される。選択肢はどれも「近さ」に関連する語であるが正解は（A）vicinity。in the vicinity of は「～の近くに」という意味の熟語で文意にピタリ合致する。　　**正解（A）**

【訳】一般的に言えば、支払い期日の来た負債をもはや支払えなくなったときは、その会社は破産状態に近い。

【注】**generally** 一般的に、**no longer** もはや～ない、**debt** 負債、**due** 期日が到来した

....

30. 文の前半はsatisfyingと肯定的な評価になっており、また冒頭にもThoughがあるので、後半はその否定的な意味になると推測できる。空所前のnot withoutは言い換えれば「ある」という意味なので、空所には否定的な語が入る。選択肢の中で唯一否定的な意味があるのは（B）flaws「欠点」。　　**正解（B）**

【訳】このデータベースアプリは口座情報を守るための満足すべき数々の安全措置が施されているが、欠点がないわけではない。

【注】**satisfying** 満足させる、**array of** 数々の、**security measures** 安全措置、**account** 口座

....

31. Prof. Linda Koufax has received a prestigious award in ------- of her outstanding contribution to medical science.

(A) recognition   (B) conjunction
(C) anticipation   (D) conclusion

32. Nolan Electronics announced that it would ------- out its production of large flat panel displays because of declining sales.

(A) regret   (B) make
(C) give   (D) phase

33. The CEO of the company ------- Mr. Kim to head the newly created marketing team.

(A) replaced   (B) awarded
(C) appointed   (D) entered

34. Linus Corporation has recently implemented a new initiative ------- to provide a wide range of healthy organic foods in its employee cafeteria.

(A) enhancing   (B) aiming
(C) suggesting   (D) considering

35. After carefully ------- the pros and cons of the acquisition project, the company's CEO has decided not to go ahead with it.

(A) weighing   (B) expecting
(C) listening   (D) fostering

36. Mr. Sanchez abruptly ------- the company president of his intention to resign as head of the marketing department.

(A) said   (B) expressed
(C) notified   (D) spoke

31. 空所前に教授は賞を授与されたとあり、また空所後には教授の「優れた貢献」とあるので、空所を含むin ------- ofで「〜を認めて」という意味だと推測できる。(B) は「結合」、(C) は「期待」、(D) は「結論」という意味でどれも不適。(A) recognitionが「認めること」という意味で文意に合致する。　　　　正解 (A)

【訳】リンダ・コーファックス教授は、彼女の医学に対する優れた貢献を認められて権威ある賞を受賞した。

【注】prestigious 権威がある、contribution 貢献、medical science 医学

32. 文末にbecause of declining sales「販売が落ちているため」とあるので、生産を「中止する」方向であると推測される。(A) はoutを後に取れないので不適。そのほかの3つの語はoutを後に取ることができるが、「中止する」という意味になるのは (D) phaseのみ。phase outは「段階的に停止する」という意味になる。　　　　正解 (D)

【訳】ノーラン・エレクトロニクス社は販売が落ち込んでいるため大型フラットパネルディスプレイの生産を段階的に停止すると発表した。

【注】phase out production 生産を段階的に停止する、because of 〜のため

33. 文の後半に新設チームを「率いる」ためにとあるので、空所には「任命した」とか「就任させた」という意味の語が入ると予想される。(A) は「交替させる」、(D) は「入る」という意味なのでどちらも不適。(B) は「授与する」という意味で人を任命するときには使えない。(C) がまさに「任命する」という意味なのでこれが正解。　　　　正解 (C)

【訳】その会社のCEOは新設されたマーケティングチームのトップにキム氏を任命した。

【注】newly created 新設された

34. 空所後にtoがあることに注目。このtoは前置詞ではなく不定詞であることにも留意してほしい。選択肢 (A)、(C)、(D) はどれも他動詞で、その後にto不定詞を取ることはできない。(B) はその後にto不定詞を取ることができ、aim toで「〜を目指す」という意味になる。　　　　正解 (B)

【訳】最近ライナス社は、自社の社員食堂で健康によい有機食品を幅広く提供する新しい取り組みを始めた。

【注】initiative 取り組み、wide range of 幅広い、employee cafeteria 社員食堂

35. 空所後のpros and consは「賛否両論」という意味なので、空所には賛否両論を「検討した」とか、それに近い意味の語が入ると考えられる。(B) は「予想する」、(C) は「聞く」、(D) は「育てる」という意味なのでどれも文意に合わない。(A) weighには「重さを測る」のほかに「検討する」という意味があるのでこれが正解。　　　　正解 (A)

【訳】買収プロジェクトの賛否両論を慎重に検討したあと、その会社のCEOは買収を行わないことを決断した。

【注】pros and cons 賛否両論、acquisition 買収、go ahead with 〜を行う、実行する

36. 空所の少し後にofという前置詞があることに注目。選択肢の動詞の中から後にofを取るものを考える。(A) said、(B) expressed、(D) spokeはどれも目的語の後にofを取ることはないので不適。(C) はnotify A of Bで「AにBについて通知する」という意味になるのでこれが正解。　　　　正解 (C)

【訳】サンチェス氏は突然、会社の社長にマーケティング部の部長を辞任するという彼の意向を伝えた。

【注】abruptly 突然に、intention 意図、resign 辞任する

37. People can stay healthy at all ages by actively ------- in sports or other physical activities.

(A) supporting
(B) recognizing
(C) engaging
(D) introducing

38. Movie critics have ------- director Jane Rodriguez for the realistic representation of social issues in her new movie.

(A) condemned
(B) commended
(C) commenced
(D) conveyed

39. Jintel Appliances has recently recalled its MX-3500 air conditioners because of customer complaints ------- to malfunctioning sensors.

(A) pertaining
(B) surviving
(C) retaining
(D) attempting

40. An employee at an assembly plant complained that he was not properly ------- for the overtime he worked last month.

(A) connected
(B) communicated
(C) compensated
(D) congested

41. Emerson Appliances has announced its intention to ------- into a joint venture with Shearson Electric.

(A) enter
(B) subscribe
(C) extend
(D) exchange

42. According to our records, all the furniture you ordered was ------- to your home address three days ago.

(A) attached
(B) stored
(C) arrived
(D) shipped

37. 空所後にinという前置詞があることに注目。空所には後にinを取る動詞が入る。（A）support、（B）recognize、（D）introduceはどれも他動詞で後に前置詞は来ない。（C）engageは他動詞のほかに自動詞としても使われ、engage inで「〜に従事する」という意味になるのでこれが正解になる。　　　　　　　　　　　　　　　　　　　　　　　　　　　　　　**正解（C）**

【訳】スポーツ、あるいは他の肉体活動を積極的に行うことによって人は何歳になっても健康でいることができる。

【注】**stay healthy** 健康でいる、**actively** 積極的に、**physical activity** 肉体活動

---

38. 文の中盤にfor the realistic representationという肯定的な評価があるので、空所にも肯定的な動詞が入ると推測できる。（C）は「開始する」、（D）は「運ぶ」という意味で肯定でも否定でもない。（A）は「非難する」という明らかな否定語。（B）commendが「称賛する」という意味の唯一の肯定語なのでこれが正解。　　　　　　　　　　　　　　　　　　　　　　　　　　**正解（B）**

【訳】映画評論家たちは、ジェーン・ロドリゲス監督の新作映画は社会問題について現実的な描写をしているとして称賛した。

【注】**critic** 批評家、評論家、**director** 監督、**representation** 描写

---

39. 空所前にcustomer complaints「顧客の苦情」とあり、空所後にはmalfunctioning sensors「正常に動かないセンサー」とあるので、空所は後のtoと合わせて「〜に関する」という意味になると予想される。選択肢でその意味になるのは（A）だけで、pertaining toでまさに「〜に関連する」という意味になる。　　　　　　　　　　　　　　　　　　　　　　　　　　　　**正解（A）**

【訳】ジンテル電器はセンサーが正常に作動しないとの顧客からの苦情があったため、MS－3500というエアコンを最近リコールした。

【注】**complaint** 不満、苦情、**malfunctioning** 正常に作動しない

---

40. 文全体から残業代が正しく「支払われて」いないと従業員が不満を漏らしている（complain）ことが読み取れる。（A）は「連結する」、（B）は「情報をやり取りする」、（D）は「混雑させる」という意味で文意に合わない。（C）が「報酬を払う」という意味なので文意に合致する。　　**正解（C）**

【訳】組立工場で働いている従業員のひとりは、先月の残業代が適切に支払われていないと不満を訴えた。

【注】**assembly plant** 組立工場、**properly** 適切に、**overtime** 時間外勤務、超過勤務手当

---

41. 2つの会社が合弁事業を行うことを発表したというのが文の大意。つまり、-------intoで「行う」とかそれに類似の意味になる。（B）は「定期購読する」、（C）は「延長する」、（D）は「交換する」という意味なのでどれも不適。（A）はenter intoで事業などを「開始する」という意味になるのでこれが正解になる。　　　　　　　　　　　　　　　　　　　　　　　　　　　　　　　**正解（A）**

【訳】エマーソン電器はシェアソン電子との合弁事業を開始する意向を表明した。

【注】**intention** 意向，意図

---

42. 3日前に注文品は「発送された」というのが文の大意なので、空所には「発送する」という意味の語が入ると考えられる。（A）は「付ける」、（B）は「保管する」、（C）は「到着する」という意味なのでどれも文意から大きく外れる。（D）shipがまさに「発送する」という意味なのでこれが正解。　　　　　　　　　　　　　　　　　　　　　　　　　　　　　　　　　**正解（D）**

【訳】我が社の記録によると、あなたが注文したすべての家具は3日前にご自宅宛に発送されています。

【注】**according to** 〜によると、**home address** 自宅

43. Residents are strongly urged to stay home and ------- off the roads during the expected hurricane.

(A) keep   (B) make
(C) go   (D) put

44. The business consultant has extensive experience ------- with companies that have many international operations.

(A) toying   (B) breaking
(C) dealing   (D) agreeing

45. Written documents are effective only insofar as employees understand them and believe upper management ------- behind them.

(A) succeeds   (B) possesses
(C) stands   (D) persists

46. Employees must ------- to company non-disclosure regulations in regard to information obtained in the course of their work.

(A) respond   (B) adhere
(C) attempt   (D) subject

47. Todd has not been able to ------- anything from his apartment since the fire displaced all the building's residents.

(A) arrange   (B) confiscate
(C) modify   (D) retrieve

48. We recommend that you ------- with your doctor prior to starting any weight loss program.

(A) advise   (B) consult
(C) obtain   (D) consider

43. ハリケーンの間は家にいて道路に出ないようにというのが文の大意なので、------- offで「避ける」とか「出ない」という意味になる。(B) make、(C) go、(D) putは後にoffを取ることができるがどれも文意に合わない。(A) はkeep offで「近づかない」という意味で文意に合致する。　**正解 (A)**

【訳】予想されるハリケーンの間は、住民は自宅にいて道路に近づかないことが強く要請されている。

【注】resident 住民、urge 要請する、促す

44. このコンサルタントは企業に対応した幅広い経験があるというのが文の大意なので、------- withで「扱う」とか「対応する」という意味になると考えられる。(A) は「もて遊ぶ」、(B) は「破る」、(D) は「賛成する」という意味なのでどれも不適。(C) はdeal withで「〜に対応する」という意味になり文意に合致する。　**正解 (C)**

【訳】そのビジネスコンサルタントは、数多くの国際事業を展開する企業に対応した幅広い経験を持っている。

【注】extensive 広範囲の、幅広い、operation 事業

45. 空所前後は「上層経営陣が文書の内容をしっかり支えると信じる」というのが文の大意なので、------- behindで「支える」という意味になる語を考える。(A) は「成功する」、(B) は「所有する」、(D) は「持続する」という意味なのでどれも不適。(C) stand behindで「支持する」という意味なので文意に合致する。　**正解 (C)**

【訳】文書というのは従業員がその内容を理解し、上層経営陣がその内容を支持していると信じるかぎりにおいて有効である。

【注】effective 有効である、insofar as 〜するかぎりにおいて、upper management 上層経営陣

46. 従業員は会社規則に「従わなければ」ならないというのが空所前後の大意なので、------- toで「従う」という意味になる語を考える。(C) は「試みる」、(D) は「支配する」という意味なのでどちらも不適。(A) も「応答する」という意味なのでこれも不適。(B) はadhere toで「忠実に守る」という意味で文意にピタリ合致する。　**正解 (B)**

【訳】従業員は勤務の間に得た情報に関して機密保持の規則を忠実に守らなければならない。

【注】non-disclosure 機密保持、regulation 規則、obtain 獲得する、in the course of 〜の過程で

47. 自分の住む部屋から何も「取り戻せ」なかったというのが文の前半の大意なので、空所には「取り戻す」という意味の語が入る。(A) は「アレンジする」、(B) は「押収する」、(C) は「修正する」という意味なのでどれも不適。(D) retrieveがまさに「取り戻す」、「回収する」という意味なのでこれが正解になる。　**正解 (D)**

【訳】火事によって建物の住人全員が立ち退きとなったため、トッドは自分の部屋から何も取り戻すことができていない。

【注】fire 火事、displace 立ち退かせる

48. 減量プログラムを始める前には医者と「話す」ことを勧めるというのが文の大意なので、空所には「話す」とか「相談する」という意味の語が入ると考えられる。(C) は「獲得する」、(D) は「考慮する」という意味なのでどちらも不適。(A) も「アドバイスする」という意味なのでこれも不適。(B) consul withで「相談する」という意味なのでこれが正解になる。　**正解 (B)**

【訳】減量プログラムを始める前に医者と相談することをお勧めします。

【注】recommend 推薦する、勧める、prior to 〜する前に、weight loss 減量

49. Diners at Jimmy's Steakhouse particularly ------- of the mouth-watering desserts.

(A) improve   (B) approve
(C) inform   (D) require

50. The IT Department will hold a seminar on the newly installed software to ------- employees with its use.

(A) contribute   (B) reduce
(C) familiarize   (D) adopt

51. The government has agreed to ------- at the economic proposal submitted by the powerful business organization.

(A) see   (B) look
(C) observe   (D) stare

52. Scientists around the world are studying microorganisms on Earth to ------- insight into life on other planets.

(A) overcome   (B) gain
(C) disclose   (D) rely

53. The vehicle will have a full fuel tank at pick-up time, and must be returned with a full tank unless otherwise -------.

(A) specified   (B) completed
(C) purchased   (D) assembled

54. Wendy currently is ------- on a Ph.D. thesis on the topic of adult education.

(A) practicing   (B) constructing
(C) featuring   (D) working

49. ステーキハウスのお客はそのデザートが「好き」だというのが文の大意なので、------- ofで「〜が好き」とか「気に入る」という意味になる。（A）は「改善する」、（C）は「知らせる」、（D）は「要求する」という意味なのでどれも不適。（B）はapprove ofで「〜をよいと認める」という意味になるのでこれが正解。　　　　　　　　　　　　　　　　　　　　　　　　　　　　　　**正解（B）**

【訳】ジミーズ・ステーキハウスの顧客は、その食欲をそそるデザートを特に気に入っている。

【注】particularly 特に、mouth-watering 食欲をそそる、よだれの出そうな

---

50. 新しいソフトウェアに「慣れさせる」というのが空所前後の大意なので、空所には「慣れさせる」とか「習熟させる」という意味の語が入ると考えられる。（A）は「貢献する」、（B）は「減少させる」、（D）は「採用する」という意味なのでどれも不適。（C）familiarizeが「慣れ親しませる」という意味なのでこれが正解。　　　　　　　　　　　　　　　　　　　　　　　　　**正解（C）**

【訳】IT企画部は、従業員に新しくインストールされたソフトウェアの使い方に慣れさせるためにセミナーを開催する予定である。

【注】hold 開催する、newly installed 新たにインストールされた

---

51. 政府は経済に関する提言を「検討する」ことに同意したというのが文の大意。選択肢の動詞にはどれも「見る」という意味があるが、（A）と（C）は他動詞で後にatは取らない。（D）はatを後に取るが「見つめる」という意味になる。（B）はlook atで「検討する」という意味になるのでこれが正解。　　　　　　　　　　　　　　　　　　　　　　　　　　　　　　　　　　　　**正解（B）**

【訳】政府は、強力なビジネス団体が提出した経済提言を検討することに同意した。

【注】economic proposal 経済提言、submit 提出する

---

52. 地球外の惑星の生命体（life on other planets）に関する洞察を「得る」ためにというのが空所前後の大意なので、空所には「得る」とか「獲得する」という意味の語が入ると予想される。（A）は「克服する」、（C）は「公開する」、（D）は「頼る」という意味なのでどれも不適。（B）gainが「得る」という意味なのでこれが正解になる。　　　　　　　　　　　　　　　　　　　　　　**正解（B）**

【訳】世界中の科学者たちは、地球以外の惑星の生命体に関する知見を得るために地球上の微生物を研究している。

【注】microorganism 微生物、insight 洞察、知見

---

53. 車の返却時には満タンにせよというのが文末の語句を除いた大意。空所前のunless otherwiseは「それ以外〜でなければ」という意味なので、空所には「書かれた」とか「指定された」という意味の語が入ると予想される。選択肢でその意味に近いのは「明記された」という意味の（A）。（B）は「終了した」、（C）は「購入された」、（D）は「組み立てられた」という意味でどれも不適。　　**正解（A）**

【訳】車に乗るときには満タンの状態になっているので、特にそれ以外に別のことが明記されていないかぎりは満タンの状態で返却されなければならない。

【注】vehicle 車、車両、fuel tank 燃料タンク

---

54. 空所後にonという前置詞があることに注目。（B）constructは他動詞なので後に前置詞を取ることはできない。（A）practiceと（C）featureは自動詞と他動詞両方の使い方があるが、文意からどちらも不適である。（D）はwork onで「〜に取り組む」という意味になり文意にピタリ合致する。

　　　　　　　　　　　　　　　　　　　　　　　　　　　　　　　　　　　　　　　正解（D）

【訳】ウェンディーは現在、成人の教育についての博士論文に取り組んでいる。

【注】currently 現在、Ph.D. thesis 博士論文

55. Many people worry that the development of self-driving technology will ------- taxi and truck drivers out of work.

(A) put   (B) give
(C) provide   (D) extend

56. Leadership means encouraging people to develop their interests and abilities and to ------- up to their full potential.

(A) make   (B) push
(C) stay   (D) live

57. Online business typically ------- for about 60% of Zadex Fashions' total revenue.

(A) benefits   (B) represents
(C) highlights   (D) accounts

58. With computers and smartphones, it's possible to ------- with thousands of people without ever leaving home.

(A) hold   (B) connect
(C) treat   (D) hear

59. Workplace training ------- employees to gain the skills they need to perform their duties well.

(A) realizes   (B) enables
(C) issues   (D) values

60. Easton Dental Clinic ------- to provide the best oral health care tailored to the needs and preferences of our patients.

(A) verifies   (B) strives
(C) specializes   (D) convenes

55. この文のthat以下は、自動運転技術が進歩すればタクシーやトラック運転手は「失業する」だろうというのが大意なので、------- A out of workで「Aを失業させる」という意味になる。(B)、(C)、(D)はどれもそうした意味にならない。put A out of workがその意味になるので (A) が正解になる。

正解 (A)

【訳】自動運転技術が発展すれば、タクシーやトラック運転手を失業させることになるだろうと多くの人が心配している。

【注】**development** 発展、進展、**self-driving technology** 自動運転技術

56. 空所前の内容、また空所後の文末にfull potential「最大の潜在能力」とあることから、-------up toでそうした潜在能力に「応える」という意味になると推測できる。選択肢の動詞はどれも後にupという前置詞を取れるが、「〜に応える」という意味になるのは (D) のliveだけなのでこれが正解。live up to expectations「期待に応える」という表現もTOEICではよく出てくる。 **正解 (D)**

【訳】指導力というのは人が持つ興味や能力を開花させ、彼らが持つ潜在能力を最大限まで発揮できるように激励することである。

【注】**encourage** 激励する、促す、**live up to** (期待などに) 応える、**potential** 潜在能力

57. オンラインビジネスが会社収益の約60パーセントを「占める」というのが文の大意なので、------- forで「〜を占める」とか「構成する」という意味になる。(B) と (C) は他動詞なのでforは取らない。(A) は自動詞にもなるが後にforでは意味をなさない。(D) はaccount forで「占める」という意味になるのでこれが正解。 **正解 (D)**

【訳】通常、オンラインビジネスはザデックス・ファッション社の全収益の約60パーセントを占める。

【注】**typically** 通常は、典型的には、**revenue** 収益

58. コンピューターやスマートフォンがあれば家から出なくても多くの人と「繋がれる」というのが文の大意なので、空所には「繋がる」とか「結ぶ」という意味の語が入ると予想される。(A) は「持つ」、(C) は「扱う」、(D) は「聞く」という意味なのでどれも文意に合わない。(B) connectがまさに「繋がる」という意味なのでこれが正解。 **正解 (B)**

【訳】コンピューターとスマートフォンがあれば、家からまったく離れることなく何千もの人と繋がることができる。

【注】**without ever leaving home** 家をまったく離れることなく

59. 職場訓練を受ければスキルを身につけられるというのが文の大意なので、空所には「〜を可能にする」とか「達成させる」という意味の語が入ると考えられる。(C) は「発出する」、(D) は「評価する」という意味なのでどちらも不適。また (A) は「実現する」という意味があるが、ここでは文意が通らない。(B) enablesが「可能にする」という意味で文意も通る。 **正解 (B)**

【訳】職場訓練を受ければ、従業員は仕事をうまく行うのに必要なスキルを身につけることができる。

【注】**gain** 獲得する、**perform** 遂行する、**duty** 義務、職務

60. 空所後のtoはその後にprovideという動詞の原形があるので不定詞である。(A) verifyは他動詞だが、この文では目的語がないので不適。(C) specialize「専門にする」と (D) convene「招集される」は自動詞にもなるが、文意が合わない。(B) strivesは自動詞で、strive toで「〜するよう努力する」という意味になるのでこれが正解になる。 **正解 (B)**

【訳】イーストン・デンタルクリニックは患者のニーズと好みに合わせた最高の口腔衛生ケアが提供できるように努力している。

【注】**strive to** 〜するよう努力する、**oral care** 口腔衛生、**tailor** 〜に合わせる、**preference** 好み

61. Prices listed on our website are ------- to change without notice due to fluctuations in raw material costs.

(A) eligible   (B) subject

(C) able   (D) capable

62. Please be ------- that our discount offer does not apply to purchases made at our stores.

(A) aware   (B) ready

(C) acceptable   (D) skillful

63. Many people who retire at age 60 find it difficult to get by financially for the five years before they become ------- for pension benefits at 65.

(A) known   (B) renowned

(C) famous   (D) eligible

64. Mr. Hersey's criticism of the movie stands in ------- contrast to the praise it has received from other critics.

(A) likely   (B) prolific

(C) high   (D) stark

65. Multinational companies are highly ------- on international trade and commerce for their survival.

(A) independent   (B) dependent

(C) reluctant   (D) comfortable

66. More than 70% of business leaders believe employee engagement is ------- to achieving organizational success.

(A) integral   (B) equivalent

(C) accessible   (D) indebted

61. 原材料コストが変動するのでウェブサイト上の価格も変わるというのが文の大意。選択肢の語はすべて可能性を示唆するが、(A)、(C)、(D) はどれも文意的あるいは語法的にふさわしくない。(B) はsubject to changeで「変わる可能性がある」という慣用句なのでこれが正解になる。　**正解 (B)**

【訳】原材料費が変動しているため、私どものウェブサイトに掲載されている価格は事前予告なく変更されることがあります。

【注】without notice 事前予告なく、fluctuation 変動、raw material costs 原材料費

62. この文のthat以下は、店舗での購入品には割引は適用できないという意味で、文の冒頭はそのことに「留意してください」という意味になると考えられる。(B) は「用意できている」、(C) は「受け入れ可能な」、(D) は「熟練の」という意味なのでどれも不適。(A) awareが「気づいている」という意味で文意に合致する。　**正解 (A)**

【訳】私どもの割引は、店舗での購入品には適用されませんのでご留意ください。

【注】apply to ～に適用になる、purchase 購入

63. 空所を含んだ後半は「65歳で年金受給ができるまで」という意味なので、become ------- で「資格がある」とか「できるようになる」という意味になる。(A) は「知られる」、(B) と (C) はどちらも「有名な」という意味なのですべて不適。(D) eligibleが「資格のある」という意味で文意にピタリ合致する。　**正解 (D)**

【訳】60歳で引退する人の多くは、年金給付の受給資格が得られる65歳までの5年間を経済的に凌いでいくことは難しいと感じている。

【注】get by うまく切り抜ける、pension benefits 年金給付

64. 文の前半にcriticismとあり、空所のすぐ後にはpraiseと正反対の名詞があるので、空所にはcontrastを強める語が入ると予想される。(A) は「ありそうな」、(B) は「多産の」、(C) は「高い」という意味なのでどれも不適。(D) starkは「際立った」、「くっきりした」という強調する意味があり文意にも合致する。　**正解 (D)**

【訳】その映画に対するハーシー氏の批判は、他の批評家から受けた賞賛と際立って対照的になっている。

【注】criticism 批判、stand in stark contrast to ～と際立って対照的になっている、praise 賞賛

65. 空所後にonという前置詞があることに注目。(A) independentが取る前置詞はonではなくofかfrom。(C) は通常reluctant to +動詞の原形という形になる。(D) もonではなくcomfortable withとなる。(B) dependentは前置詞onをその後に取るのでこれが正解になる。　**正解 (B)**

【訳】多国籍企業は、その生き残りのために国際貿易と商取引に高度に依存している。

【注】multinational company 多国籍企業、dependent on ～に依存する、survival 生き残り

66. 従業員の関与が企業の成功には「不可欠」だというのが空所前後の大意なので、空所には「不可欠な」とか「重要な」という意味の語が入ると予想される。(B) は「等しい」、(C) は「利用可能な」、(D) は「負債がある」という意味なのでどれも不適。(A) がintegral toで「～に不可欠な」という意味になるのでこれが正解。　**正解 (A)**

【訳】従業員が関与することが、組織の成功を実現する上で不可欠であるとビジネス指導者の70一セントバ以上が信じている。

【注】engagement 関与、organizational success 組織としての成功

67. Some oil and gas companies have been ------- to increase investment due to the recent price surge.

(A) strategic   (B) hesitant
(C) pleased   (D) appreciative

68. Robotex, a startup company ------- in Silicon Valley, is now a leading developer of robot technology.

(A) stayed   (B) based
(C) remained   (D) lived

69. The Taylor City General Assembly met yesterday and thanked everyone ------- in the wildfire recovery efforts.

(A) involved   (B) arranged
(C) continued   (D) positioned

70. The two CEOs, Mr. Andrews and Mr. Waterman, have known each other for many years and thought the merger between their companies was a ------- fit.

(A) critical   (B) factual
(C) natural   (D) helpful

71. Reynolds Corporation's new database makes it easier for its employees to access ------- amounts of client information.

(A) detailed   (B) necessary
(C) relevant   (D) massive

72. Since its release in 1979, the song has become ------- with the holiday season, topping hit charts annually.

(A) inactive   (B) synonymous
(C) specific   (D) informative

67. 文末にdue to the recent price surgeというネガティブな情報があるので、空所には否定的な語が入ると予想される。（A）は「戦略的な」、（C）は「喜んで」、（D）は「感謝して」という意味で否定的な意味を持つ語はない。（B）hesitantは「躊躇して」という否定的ニュアンスのある語なのでこれが正解になる。　　　　　　　　　　　　　　　　　　　　　　　　　　　　　　**正解（B）**

【訳】最近の価格高騰のため、石油とガス会社の一部には投資を増やすことに躊躇しているところがある。

【注】investment 投資、price surge 価格高騰

68. 空所前後から、この会社がシリコンバレーに「ある」ことがわかる。つまり、空所には「ある」とか「所在する」という意味の語が入ると考えられる。選択肢はどれもその類義語と言えるが、（A）、（C）、（D）を入れると通常の能動態の意味になるのでどれも不適。（B）はbased inで「～を本拠とする」という意味になるのでこれが正解になる。　　　　　　　　　　　　　　　　　　　　　　**正解（B）**

【訳】シリコンバレーに本拠を置く新興企業であるロボテックス社は、今やロボット技術の主導的開発業者である。

【注】leading 主導的な、第1級の、developer 開発業者

69. 空所前後は「山火事復旧作業に関わった人」という意味だと考えられるので、空所には「関与した」という意味の語が入ると予想される。（B）は「整える」、（C）は「続ける」、（D）は「位置する」という意味なのでどれも文意に合わない。（A）はinvolved inで「～に関与した」という意味なのでこれが正解。

正解（A）

【訳】テイラー市の議会は昨日会合を開き、山火事復旧作業に関与した人全員に感謝した。

【注】General Assembly 議会、総会、wildfire 山火事、recovery effort 復旧作業

70. この文は2社の合併はフィットしたというのが大意なので、空所には肯定的な語が入ると考えられる。（A）は「批判的な」という否定的な意味。（B）は「事実に関する」という中立的な意味。（D）は「役立つ」という肯定的な意味だが、helpful fitとは言わない。（C）のnatural fitは「自然な調和」という肯定的な意味で文意にも合致する。　　　　　　　　　　　　　　　　　　　　　　**正解（C）**

【訳】アンドリュー氏とウォーターマン氏の2人のCEOは長年の知り合いで、両社の合併は自然な調和であると考えた。

【注】each other お互いに、merger 合併

71. 空所後にamounts「量」という名詞があることに注目。空所にはこれと親和性のある形容詞が入る。（A）は「詳しい」、（B）「必要な」、（C）は「関連する」という意味でどれもamountsを修飾する形容詞としてはふさわしくない。（D）massiveは「大量の」という意味で文意的にも合致する。

正解（D）

【訳】レイノルズ社の新しいデータベースは、従業員が大量の顧客情報にアクセスすることをより簡単にしてくれている。

【注】client information 顧客情報

72. その曲はホリデーシーズンを代表するようになったというのが空所前後の意味なので、空所には「同じこと」や「同義の」を意味する語が入ると考えられる。（A）は「不活発な」、（C）は「特定の」、（D）は「有益な」という意味なのでどれも不適。（B）synonymousがまさに「同義の」という意味で文意にも合致する。　　　　　　　　　　　　　　　　　　　　　　　　　　　**正解（B）**

【訳】1979年の発売以来、その曲はホリデーシーズンの代名詞となり、毎年ヒットチャートの首位になっている。

【注】release 発売、top 首位になる

73. O'Neill & Associates has decided to relocate to the office building ------- to the Sturbridge Hotel.

(A) eligible   (B) responsive

(C) adjacent   (D) comparable

74. Students enrolled in the Financial Planning course will develop real-world skills ------- to financial institutions.

(A) pertinent   (B) indifferent

(C) remarkable   (D) intimate

75. The information on this site is ------- for professional investors only.

(A) approved   (B) intended

(C) completed   (D) proceeded

76. It is important to be ------- of what we post on social media because careless posts can have harmful consequences.

(A) mindful   (B) informative

(C) appreciative   (D) applicable

77. Many corporate executives are ------- to hire additional employees until the economy improves.

(A) acceptable   (B) loath

(C) superior   (D) beneficial

78. We strive to become a workplace that is ------- of our society and pride ourselves as being an employer of choice.

(A) repressive   (B) instructive

(C) representative   (D) constructive

73. オフィスをあるビルに移転するというのが文の大意で、空所にはSturbridge Hotelとの位置関係を示す語が入ると考えられる。(A) は「資格がある」、(B) は「反応する」、(D) は「同等な」という意味でどれも位置とは関係ない。(C) はadjacent toで「〜に隣接した」という位置関係の意味になるのでこれが正解。 　　　　　　　　　　　　　　　　　　　　　正解（C）

【訳】オニール社はスターブリッジホテルの隣のオフィスビルに移転することを決定した。

【注】relocate 移転する、転居する

---

74. このコースを取れば金融機関に合ったスキルが得られるというのが文の大意なので、空所には「関連した」とか「適した」という趣旨の語が入ると考えられる。(B) は「無関心な」、(C) は「顕著な」、(D) は「親密な」という意味なのでどれも不適。(A) はpertinent toで「〜に関する」という意味で文意に合致する。 　　　　　　　　　　　　　　　　　　　　　正解（A）

【訳】財務企画コースに登録した学生は、金融機関に関連した実務に役立つスキルを身につけることができるだろう。

【注】enrolled in 〜に登録した、real-world 現実世界の、financial institution 金融機関

---

75. 空所後にfor professional investors onlyとあることから、このサイト情報は投資の専門家「向けの」ものであることがわかる。(A) は「承認する」、(C) は「完了する」、(D) は「進行する」という意味でどれも文意とは無関係。(B) はintended forで「〜を対象とした」という意味で文意にピタリ合致する。 　　　　　　　　　　　　　　　　　　　　　正解（B）

【訳】このサイト上の情報は専門的な投資家だけを対象としたものである。

【注】professional investor 投資の専門家、職業的投資家

---

76. 不注意なSNSの投稿は有害な結果をもたらすので「注意」せよというのが文の大意。(B) は「有益な」、(C) は「感謝する」、(D) は「適用できる」という意味なのでどれも文意から大きく外れる。(A) はmindful ofで「〜に気を留める」、「注意する」という意味で文意に合致する。 　　　　　　　　　　　　正解（A）

【訳】不注意なSNSへの投稿は有害な結果を招くことがあるので投稿内容には注意することが重要である。

【注】careless post 不注意な投稿、have harmful consequence 有害な結果を招く

---

77. 空所後は「経済が改善するまで追加の従業員を雇用することは」という意味なので、空所には追加従業員の雇用を「嫌がる」とか「気乗り薄」という意味の否定語が入ると予想される。(A) は「受け入れられる」、(C) は「より優れた」、(D) は「有益な」でどれも否定語ではない。(B) はloath toで「〜することに気が進まない」という意味の否定語なのでこれが正解。 　　　　　　正解（B）

【訳】企業経営者の多くは、経済が改善するまでは追加で従業員を雇用することに乗り気ではない。

【注】corporate executive 企業経営者、hire 雇用する、improve 改善する

---

78. 社会を反映するような職場になるよう努力しているというのが文の前半の大意になると考えられるので、空所には「表す」とかその類義語が入ると予想される。(A) は「抑圧的な」、(B) は「有益な」、(D) は「建設的な」という意味でどれも文意的にふさわしくない。(C) はrepresentative ofで「〜を代表する」という意味で文意にピタリ合致する。 　　　　　　　　　　　正解（C）

【訳】我が社は社会の姿をよく表す職場になることに努力しており、選ばれる雇用主であることに誇りを持っている。

【注】strive 努力する、workplace 職場、pride oneself on 〜を誇りにする

79. Should anyone wish to donate a monetary gift, please make your check ------- to the Farmington Food Bank.

(A) profitable

(B) perishable

(C) payable

(D) predictable

80. Employers are ------- from liability for their employees' negligence when they act beyond the scope of employment.

(A) independent

(B) immune

(C) practical

(D) incomplete

81. The flat sales of sedans contrast ------- with the record sales of small trucks and vans.

(A) sharply

(B) previously

(C) commonly

(D) aggressively

82. Sam is very hard-working and has climbed the corporate ladder in a ------- short time.

(A) positively

(B) cleverly

(C) remarkably

(D) naturally

83. Banks have been ------- seeking ways to distance themselves from the oil and gas industries.

(A) formerly

(B) rapidly

(C) actively

(D) numerously

84. The selection process will conclude on May 20 and successful candidates will be contacted ------- thereafter.

(A) early

(B) shortly

(C) objectively

(D) recently

79. 空所前のcheckは小切手のことなので、空所前後は小切手の受取人をFarmington Food Bankにしてほしいという意味になる。(A) は「利益が出る」、(B) は「腐りやすい」、(D) は「予測可能な」という意味でどれも小切手とは無関係。(C) payableが「支払われるべき」という意味で文意にも合う。　　　　　　　　　　　　　　　　　　　　　　　　　　　　　**正解 (C)**

【訳】もし金銭的な寄付をご希望の方は、ファーミントン・フードバンクを受取人とする小切手を切っていただきたくよろしくお願いします。

【注】donate 寄付する、**make one's check payable to** 〜を受取人とする小切手を切る

80. 雇用主は従業員の怠慢の責任を負わないというのが文の前半の大意なので、空所には「責任がない」という意味の語が入ると考えられる。(C) は「実際の」、(D) は「不完全な」という意味なのでどちらも不適。(A) は「独立した」という意味だがここでは使えない。(B) immune は「〜を免れる」という意味で文意にピタリ合致する。　　　　　　　　　　　　　　　　　　　　　　　**正解 (B)**

【訳】従業員が雇用の範囲を逸脱して行動するときには、雇用主は従業員の怠慢の責任から免除される。

【注】liability 法的責任、負債、negligence 怠慢、**beyond the scope of** 〜の範囲を逸脱して

81. 先の問題64は、in (stark) contrastという形容詞の問題であったが、ここではcontrastの意味を強める副詞の問題になっている。(B) は「以前に」、(C) は「一般的には」、(D) は「積極的に」という意味なのでどれも不適。(A) sharplyは「はっきりと」という意味で文意に合致する。　　　　　　　　　　　　　　　　　　　　　　　　　　　　　　　　　　　　**正解 (A)**

【訳】セダン販売の伸び悩みは、小型トラックやバンの記録的な売り上げと極めて対照的である。

【注】**flat sales** 販売の伸び悩み、**record sales** 記録的な売り上げ

82. 文全体からサムは「驚くべき」短時間で出世したと理解できるので、空所には「驚くべき」などと類義の副詞が入ると考えられる。(A) は「肯定的に」、(B) は「賢明に」、(D) は「自然に」という意味なのでどれも文意から外れる。(C) remarkablyは「著しく」という意味で文意も通る。　　　　　　　　　　　　　　　　　　　　　　　　　　　　　　　　　　　　**正解 (C)**

【訳】サムは非常に勤勉なので驚くべき短期間で出世した。

【注】hard-working、**climb the corporate ladder** 出世の階段を登る、出世する

83. 空所後のseeking waysとは「方法を探している」という意味で、どのような様子でseekingしいるのかを表すのが空所の副詞。(A) は「以前は」、(B) は「急速に」、(D) は「数多く」という意味でどれもふさわしくない。(C) activelyは「積極的に」という意味でseekingの副詞として非常に相性がよい。　　　　　　　　　　　　　　　　　　　　　　　　　　　　　　　　　　　　**正解 (C)**

【訳】銀行は石油とガス業界から距離を取ろうとして積極的に方法を探している。

【注】**distance oneself from** 〜から距離を取る

84. 合格者には選考後すぐに連絡するというのが文の大意なので、空所には「すぐに」という意味の副詞が入る。(C) は「客観的に」、(D) は「最近」という意味なので的外れ。(A) は「早く」という意味だがこの文脈では使えない。(B) shortlyがまさに「すぐに」という意味で文意にピタリ合致する。　　　　　　　　　　　　　　　　　　　　　　　　　　　　　　　　　　　　**正解 (B)**

【訳】選考過程は5月20日に終了する予定で、合格者にはその後すぐに連絡される。

【注】**selection process** 選考過程、**thereafter** その後

Chapter 2 ■全342問

コロケーション問題

パターン① 選択肢が動詞の問題

例題1 Employees should ------- caution not to disclose commercially sensitive information.

(A) increase (B) stimulate
(C) prepare (D) exercise

　コロケーション問題の最初の例題を見てみましょう。空所後にcaution「注意」という名詞がありますので、------- cautionで「注意する」という意味になることが予想できると思います。では、「注意する」という意味になって、cautionと相性のよい動詞は何かと言うと、答えは (D) のexerciseになります。exerciseの意味としては「運動する」と覚えている方が多いかもしれませんが、exerciseの基本的な意味は「～を行使する」とか「～を使う」で、「注意を使う」＝「注意する」となるわけです。

【正解】（D）
【訳】従業員は、会社のビジネス上の機密情報については口外しないように注意すべきである。
【注】**disclose** 公開する、開示する、**commercially** 商業的に、**sensitive** 機密の

パターン② 選択肢が名詞の問題

例題2 Mr. Gupta has earned his ------- as a consensus builder who puts diversity, equality and inclusion at the center of everything.

(A) criticism (B) reputation
(C) salary (D) endeavor

語彙問題の重要項目のふたつ目がコロケーション問題です。コロケーションとは簡単に言えば、ふたつ以上の単語でよく使われる語と語の相性のよい組み合わせのことです。たとえば日本語でも靴は「履く」ものであって、「着る」ものではありません。英語でも相性のよい語と語の組み合わせがあり、コロケーション問題はイディオム問題と同様、論理的に考えても正解を導き出せるとは限りません。

次に、選択肢が名詞の問題を見てみましょう。この例題で注目していただきたいのは空所前のearned his、それと空所後のas a consensus builder「まとめ役として」というふたつの語句で、このふたつを総合すると、空所前後は「彼は意見のまとめ役としての『評価』、『名声』を獲得した」という意味になると推測されます。選択肢を見ると、(B)のreputationがまさに「評判」という意味ですのでこれが正解になります。earnは「お金を稼ぐ」という意味以外に「名声や評判を得る」という重要な意味があり、earnとreputationは非常に相性がよいコロケーションになっています。

【正解】 (B)
【訳】 グプタ氏は物事すべての中心に多様性、平等、包摂性を置くまとめ役としての評判を得ている。
【注】 **diversity** 多様性、**equality** 平等、**inclusion** 包摂性、**at the center of** 〜の中心に

パターン③ 選択肢が副詞の問題

例題3 Ms. Murphy is a ------- qualified professional with a wealth of experience in solving organizational problems.

(A) highly
(B) closely
(C) largely
(D) informatively

最後に選択肢が副詞の問題を見ておきましょう。空所後にqualified「資格がある」という形容詞がありますが、それを形容する副詞として、空所には「高度な」資格があるという意味になると推測されます。(A)が「高度に」、「非常に」という意味ですのでこれが正解になります。しかし、highly qualifiedという相性のよいコロケーション表現を知っていれば、問題を見た瞬間に正解がわかり時間の節約にもなります。

【正解】 (A)
【訳】 マーフィーさんは組織の問題を解決する経験豊富で、非常に能力のある専門家である。
【注】 **professional** 専門家、**a wealth of** 豊富な、**organizational** 組織上の、組織的な

1. Hillcrest Inn has no dining -------, but the management would be happy to recommend great restaurants nearby.

(A) facilities   (B) vacancies
(C) sites   (D) projects

2. Star Food Market expressed its ------- for its loyal customers by offering a 20% discount.

(A) depreciation   (B) appreciation
(C) completion   (D) retention

3. Tristron released a new compact printer which offers better ------- at a lower price than similar printers on the market.

(A) exception   (B) instance
(C) document   (D) performance

4. The owner of the burger chain Bacon and Cheese announced that it will add three new ------- in the city.

(A) people   (B) extensions
(C) replacements   (D) locations

5. All employees at Huntington Mart must receive prior ------- from their immediate supervisors when requesting a shift change.

(A) obligation   (B) authorization
(C) recommendation   (D) expectation

6. Although our computers are on a secure network, employees should exercise ------- when sharing sensitive information with others.

(A) practice   (B) effort
(C) skill   (D) caution

1. 空所前は食事をするための何かがないという意味なので、空所には「施設」や「場所」などの類義語が入ると予想される。(B) は「空き」、(D) は「プロジェクト」という意味なのでどちらも不適。(C) は「場所」という意味だがdining siteとは言わない。(A) はdining facilityで「食事施設」という意味になるのでこれが正解。　　　　　　　　　　　　　　　　　　　　　　　**正解 (A)**

【訳】ヒルクレスト・インには食事施設はないが、ホテル側はその近くにある素晴らしいレストランをよろこんで推薦してくれる。

【注】**management** 経営者（側）、**nearby** 近くの

2. 空所後に、よく買ってくれる「忠実な顧客」に「20パーセントの割引」をするとあるので、空所には「感謝」やその類義語が入ると予想される。(A) は「価値の下落」、(C) は「完了」、(D) は「保持」という意味なのでどれも不適。(B) appreciationがまさに「感謝」という意味で文意的にもピタリ合致する。　　　　　　　　　　　　　　　　　　　　　　　　　　　　　　　　　**正解 (B)**

【訳】スターフードマーケットは売上貢献度の高い顧客に20パーセントの割引をすることによって感謝の意を表明した。

【注】**express** 表明する、**loyal** 忠実な、義理堅い

3. 空所前は「より優れた」、空所後は「同種のプリンターよりも安い価格で発売された」という意味なので、空所には「性能」やその類義語が入ると予想される。(A) は「例外」、(B) は「事例」、(C) は「書類」という意味なのでどれも文意に合わない。(D) performanceがまさに「能力」、「性能」という意味なのでこれが正解になる。　　　　　　　　　　　　　　　　　　　　　　　**正解 (D)**

【訳】トリストロン社は市場に出ている同種のプリンターよりもより安い価格で、しかもより性能に優れた新しいコンパクトプリンターを発売した。

【注】**similar** 同じ、同種の、**on the market** 市場に出ている

4. 全体からバーガーチェーンが新たに3つの店舗を開くという文意になると考えられるので、空所には「店舗」かそれの類義語が入ると考えられる。(A) は「人々」、(B) は「延長」、(C) は「代替」という意味なのでどれも文意に合わない。(D) locationsが「場所」とか「店舗」という意味で文意にピタリ合致する。　　　　　　　　　　　　　　　　　　　　　　　　　　　　　**正解 (D)**

【訳】ハンバーガーチェーンのベーコン＆チーズのオーナーは市内に新たに3つの店舗を開くと発表した。

【注】**add** 追加する

5. 勤務シフトを変更したいときは上司の事前「承認」を取得せよというのが文の大意なので、空所には「承認」とか「許可」という意味の語が入ると考えられる。(A) は「義務」、(C) は「推薦」、(D) は「期待」という意味なのでどれも文意に合わない。(B) authorizationが「許可」、「承認」という意味なのでこれが正解になる。　　　　　　　　　　　　　　　　　　　　　　　　　**正解 (B)**

【訳】ハンチントンマートの全従業員は、勤務シフトの変更を希望する場合、直属の上司から事前に許可を取得しなければならない。

【注】**prior** 事前の、**immediate supervisor** 直属の上司

6. 空所前後は他者と情報共有する際には注意せよというのが大意なので、空所には「注意」かその類義語が入ると予想される。(A) は「実行」、(B) は「努力」、(C) は「技能」という意味なのでどれも文意に合わない。(D) cautionがまさに「注意」という意味。exercise cautionで「注意する、注意を払う」という意味になる。なお、practice cautionも同じ意味。例題パターン①参照。　　**正解 (D)**

【訳】我が社のコンピューターは安全なネットワーク上にあるが、他者と機密情報を共有する際には、従業員は注意すべきである。

【注】**secure** 安全な、**sensitive** 機密の、秘密の

7. Dissenting shareholders may prevent the ------- of a proposed business expansion plan.

(A) experimentation   (B) implementation
(C) inclination   (D) fermentation

8. To survive in the market, it is essential for companies to focus on influencing consumer -------.

(A) behaviors   (B) points
(C) reports   (D) expressions

9. Our goal is to upgrade the aesthetics of the facility and increase the seating ------- by 50%.

(A) ability   (B) room
(C) capacity   (D) possibility

10. If you would like to stay at the conference -------, we would be happy to book a room for you.

(A) locality   (B) region
(C) neighborhood   (D) venue

11. Janex Systems has opened a new branch office in Singapore in order to establish a larger ------- in Southeast Asia.

(A) competition   (B) participation
(C) presence   (D) advancement

12. Our customer service representatives will be happy to answer any questions you may have about your insurance -------.

(A) paper   (B) bill
(C) policy   (D) title

7. Dissenting shareholder「反対する株主」がビジネス拡大計画を妨害するかもしれないというのが文の大意なので、空所には「実施」や「実行」という意味の語が入ると考えられる。(A) は「実験」、(C) は「傾向」、(D) は「発酵」という意味なのでどれも不適。(B) implementationが「実行」、「遂行」という意味で文意にも合致する。 **正解 (B)**

【訳】反対する株主たちによって、提案されているビジネス拡大計画の実行が妨害されることになるかもしれない。

【注】dissenting 反対する、異議を唱える、shareholder 株主、prevent防ぐ

---

8. 市場で生き残るためには消費者行動に影響を与える必要があるというのが文の大意なので、空所には「行動」やその類義語が入ると予想される。(B) は「点」、(C) は「報告」、(D) は「表現」という意味なのでどれも文意に合わない。(A) behaviorsが「行動」、「行動様式」という意味で文意にピタリ合致する。 **正解 (A)**

【訳】市場で生き残るためには、企業は消費者行動に影響を与えることに重点を置くのが不可欠である。

【注】survive 生き残る、essential 不可欠な、influence 影響を与える

---

9. 空所前後は座席数を50パーセント拡大したいという意味なので、空所には「数」かその類義語が入ると考えられる。(A) は「能力」、(B) は「部屋」、(D) は「可能性」という意味でどれもseatingを前に取ることはできない。(C)がseating capacityで「座席数」という意味の一種の成句になっているのでこれが正解。 **正解 (C)**

【訳】我々の目標は施設の美観を向上させ、座席数を50パーセント増加させることである。

【注】aesthetics 美学、美的価値観

---

10. 空所前は会議場に滞在したいのであればという意味なので、空所には「場所」かその類義語が入ると予想される。(B) は「地域」、(C) は「近隣」という意味なので不適。(A) は日本語では「場所」という意味になるがconference localityとは言わない。(D) conference venueで「会議場」という意味になるのでこれが正解。 **正解 (D)**

【訳】もし会議場で宿泊することをご希望であれば、よろこんで部屋を予約させていただきます。

【注】book a room 部屋を予約する

---

11. 空所前後は東南アジアでより大きな「地位」を築くとか、「存在」になるという意味だと考えられる。(A) は「競争」、(B) は「参加」、(D) は「進歩」という意味でどれも文意に合わない。(C) presenceが「存在」とか「存在感」という意味で文意にピタリ合致する。 **正解 (C)**

【訳】ジャネックス・システムズ社は東南アジアでより大きな存在感を確立するためにシンガポールに新しい支店を開設した。

【注】branch office 支店、establish a larger presence より大きな存在感を確立する

---

12. 選択肢から文末のinsurance -------は「保険証券」という意味になると考えられるので、空所には「証券」を意味する語が入る。選択肢の語はどれもその意味になりそうに思えるかもしれないが、正解は (C) のpolicy。policyには「政策」という意味以外に「保険証券」という意味もある。 **正解 (C)**

【訳】保険証券に関して何かご質問があれば、私どものカスタマーサービス係がよろこんでお答えいたします。

【注】representative 係の人間、担当者

---

13. The director of marketing asked the human resources department to fill two job ------- immediately.

(A) applications
(B) delegations
(C) descriptions
(D) openings

14. There has been remarkable ------- among investors about our company's tech-driven future.

(A) implication
(B) decrease
(C) enthusiasm
(D) accuracy

15. As part of our business ------- program, we will build a new manufacturing plant in Vietnam in September.

(A) retention
(B) revolution
(C) expansion
(D) emancipation

16. The company asks those who have purchased its products to contact customer service when they need ------- parts.

(A) replacement
(B) specialization
(C) change
(D) implementation

17. For every job, it takes a certain amount of time to acquire ------- in the necessary skills.

(A) opportunity
(B) discretion
(C) proficiency
(D) propensity

18. Our customer service ------- are uniquely suited and well-equipped providing the highest level of service.

(A) enthusiasts
(B) negotiators
(C) regulators
(D) professionals

13. 空所前後から2つの職が空いていると推測できるので、空所には「空き」かその類義語が入ると予想される。（A）は「適用」、（B）は「代表団」、（C）は「描写」という意味でどれも文意から外れる。（D）openingsがまさに「空き」とか「欠員」という意味。job openingという語句として覚えておこう。　　　　　　　　　　　　　　　　　　　　　　　　　　　　　　**正解（D）**

【訳】マーケティング部長はその2つの職の空きをすぐに埋めるように人事部に依頼した。

【注】human resources department 人事部、immediately すぐに、直ちに

---

14. この文は会社の「技術志向の将来」に投資家の期待が高まっているというのが大意なので、空所には「熱意」とか「好意」といった語が入ると予想される。（A）は「示唆」、（B）は「減少」、（D）は「正確性」という意味なのでどれも不適。（C）enthusiasmが「熱狂」とか「熱中」という意味で文意にピタリ合致する。　　　　　　　　　　　　　　　　　　　　　　　　　　　　　　　　**正解（C）**

【訳】技術志向の我が社の将来について投資家の間で大きな熱狂が起こっている。

【注】remarkable 顕著な、大きな、tech-driven 技術志向の

---

15. 空所後にベトナムに新工場を建てるとあるので、この会社はビジネス拡大を計画していると推測できる。（A）は「保持」、（B）は「革命」、（D）は「解放」という意味なのでどれも文意に合わない。（C）expansionが「拡大」という意味で文意にピタリ合致する。　　　　　　　**正解（C）**

【訳】ビジネス拡大計画の一環として、この9月にベトナムで新しい製造工場を建設する予定である。

【注】as part of ～の一部（一環）として、manufacturing plant 製造工場

---

16. 空所後にあるparts「部品」と相性のよい語を選ぶ。文全体から空所には「交換」とか「代替」という意味の語が入ると推測できる。（B）は「専門化」、（D）は「遂行」という意味。（C）は「変化」という意味だがchange partsとは言わない。（A）replacement partsで「交換部品」という意味になるのでこれが正解。replacement partsは代表的な複合名詞のひとつ。　　**正解（A）**

【訳】その会社は商品を購入した人に対して、交換部品が必要な場合にはカスタマーサービスに連絡するようお願いしている。

【注】purchase 購入する

---

17. 空所前のacquireは「獲得する」という意味。また、空所後は「必要なスキルにおける」という意味なので、空所には「熟練」や「経験」等の類義語が入ると考えられる。（A）は「機会」、（B）は「慎重」、（D）は「傾向」という意味なのでどれも文意から大きく外れる。（C）proficiencyがまさに「習熟」、「熟練」という意味で文意にも合う。　　　　　　　　　　　　　　　　　　　　　**正解（C）**

【訳】どんな仕事もその仕事に必要なスキルに習熟するためには一定の時間がかかる。

【注】certain amount of time 一定の時間、necessary 必要な

---

18. 空所前にカスタマーサービスとあるので、空所には「担当者」や「係員」といった語が入ると考えられる。（A）は「熱心な人」、（B）は「交渉者」、（C）は「規制者」という意味なので文意とはどれも無関係。（D）professionalsは「専門家」という意味だが、ここでは「専門的な知識を有する熟達した担当者」という意味になるのでこれが正解。　　　　　　　　　　　　　**正解（D）**

【訳】我が社のカスタマーサービスのプロたちは、最高のサービスを提供する他に類を見ないほどの適任者で十分な知識を身につけている。

【注】uniquely 他に類を見ないほど、suited 適任で、well-equipped 知識を身につけた

19. The CEO of Taylor Corp. expressed his ------- that the company's profits could decrease sharply due to the economic recession.

(A) optimism   (B) concern

(C) depression   (D) happiness

20. All employees working at the manufacturing plant in Roxville must comply with the plant's specified ------- at all times.

(A) incidents   (B) circumstances

(C) solutions   (D) procedures

21. The new marketing director of Rentrix Corp. has expressed a strong ------- to launch a new advertising campaign to increase sales.

(A) wish   (B) reluctance

(C) caution   (D) satisfaction

22. Employees are seeking ------- and clear communication from their employers as to what is expected of them.

(A) assurance   (B) specification

(C) proficiency   (D) prestige

23. A good ------- package can make employees feel appreciated and rewarded for their work.

(A) application   (B) distributions

(C) responsibility   (D) benefits

24. Those attending the political party's fundraising party are required to wear formal -------.

(A) perfume   (B) cloth

(C) ring   (D) attire

19. 空所後に利益が落ち込む可能性（profits could decrease）に言及しているので、空所には否定的な語が入ると予想される。(A) は「楽観」、(D) は「幸福」という肯定的な意味なのでどちらも不適。(C) は「落ち込み」という否定的な意味だが文意に合わない。(B) concernは「懸念」、「心配」という否定的意味で文意にも合致する。　　　　　　　　　　　　　　　　　　**正解 (B)**

【訳】テイラー社のCEOは景気後退のため会社の利益が急減する可能性に懸念を表明した。

【注】express 表明する、decrease sharply 急減する、recession 景気後退

20. 工場の「何か」を遵守しなければならないというのが空所前の意味なので、空所には「規則」とか「手順」といった意味の語が入ると予想される。(A) は「出来事」、(B) は「状況」、(C) は「解決策」という意味なのでどれも文意に合わない。(D) proceduresがまさに「手続き」、「手順」という意味なのでこれが正解になる。　　　　　　　　　　　　　　　　　　**正解 (D)**

【訳】ロックスビル工場に勤務する全従業員は常時、工場の規定の手続きを遵守しなければならない。

【注】comply with 〜を遵守する、specified 規定の

21. 文末にto increase salesとあるので、新部長としては積極的に広告を行いたい意向だと推測される。したがって、空所にはそうした積極性を表す語が入ると考えられる。(B) は「気乗りしないこと」、(C) は「注意」、(D) は「満足」という意味なのでどれも不適。(A) wishが「希望」という積極性を表す語で文意にも合致する。　　　　　　　　　　　　　　　　**正解 (A)**

【訳】レントリックス社の新マーケティング部長は、販売を伸ばすために新しい広告キャンペーンを行いたいという強い希望を表明した。

【注】launch 開始する、advertising campaign 広告キャンペーン

22. 従業員は雇用主から期待されていることに関して何かを求めており、その何かにあたるのが空所に入ることになる。(B) は「明細」、(C) は「熟達」、(D) は「敬意」という意味なのでどれも文意に合わない。(A) assuranceが「明言」、「請け合い」という意味で文意にも合致する。　　**正解 (A)**

【訳】従業員は彼らに何を期待されているのかということに関して、雇用主からの明言と明確な意思疎通を求めている。

【注】seek 求める、as to 〜に関して

23. 文の中盤にmake employees happyとあり、空所後にpackageとあるのでこれは従業員の福利厚生の話だと考えられる。(A) は「適用」、(C) は「責任」という意味なのでどちらも的外れ。(B) は「分配」という意味で関係ありそうだが、distributions packageとは言わない。(D)benefitsが「福利手当」という意味で文意に合致する。benefits packageという成句として覚えておきたい。**正解 (D)**

【訳】優れた福利厚生制度は、従業員に自分たちの仕事が感謝され、報いられていると感じさせることができる。

【注】feel appreciated and rewarded 感謝され、報いられていると感じる

24. 政党の資金調達パーティーに出席する人は正装する必要があるというのが文の大意なので、空所には「服装」を意味する語が入ると予想される。(A) は「香水」、(B) は「布」、(C) は「指輪」という意味なのでどれも不適。(D) attireが少しかしこまった「服装」のことを意味するのでこれが正解。　　　　　　　　　　　　　　　　　　　　　　　　　　　**正解 (D)**

【訳】政党の資金調達パーティーに出席する人は正装することが求められている。

【注】political party 政党、fundraising party 資金調達パーティー

25. Mr. Kaplan is known for exceptional client service, sharp business ------, and deep experience in the hospitality industry.

(A) locations   (B) reservations
(C) insights   (D) responses

26. The fast fashion retailer is among the companies that have made large ------- to charities.

(A) functions   (B) directions
(C) applications   (D) donations

27. The biggest trend in museum exhibit design today is the creative ------- of technology.

(A) maintenance   (B) foundation
(C) incorporation   (D) exclusion

28. Sampson Corporation will hold a mandatory training session on ------- procedures for all new employees.

(A) improvisation   (B) emergency
(C) expectation   (D) condition

29. In cases where a contract does not specify a ------- date, the work should be finished in a reasonable amount of time.

(A) compliance   (B) contingency
(C) completion   (D) competition

30. We will continue to see patients in person, but will initially try arranging a phone or online -------, whichever is easier.

(A) attraction   (B) submission
(C) repercussion   (D) consultation

25. これはカプラン氏に関することで、空所前にsharp businessとあるので、空所にはビジネスに関連する彼の長所になる語が入ると推測される。(A) は「場所」、(B) は「予約」、(D) は「反応」という意味でどれも文意に合わない。(C) insightsが「洞察力」という意味でビジネスマンとしての長所にもなり、文意も合致する。　　　　　　　　　　　　　　　　　　　　**正解 (C)**

【訳】カプラン氏は素晴らしい顧客サービス、鋭いビジネス洞察力、そして接客業における深い経験があることで知られている。

【注】**be known for** 〜で知られる、**hospitality industry** 接客業、サービス業

---

26. 文末にcharities「慈善事業」とあるので、空所にはそれへの「寄付」や「献金」などといった意味の語が入ると予想される。(A) は「機能」、(B) は「指示」や「方向」、(C) は「適用」という意味なのでどれもcharityとは無関係。(D) donationsが「寄付」という意味でまさに文意に合致する。　　　　　　　　　　　　　　　　　　　　　　　　　　　　　　　　　**正解 (D)**

【訳】そのファストファッション業者は慈善事業に多額の寄付を行った会社のひとつである。

【注】**retailer** 小売業者、**be among** 〜の中のひとつである

---

27. これは美術館展示に関する内容で、空所前後にcreativeとtechnologyとあるので、空所にはそうした技術の創造的な「使用」とか「取り込み」といった意味の語が入ると予想される。(A) は「維持」、(B) は「基盤」、(D) は「除外」という意味なのでどれも不適。(C) incorporationがまさに「組み込み」という意味で文意にも合致する。　　　　　　　　　　　　　　　　　　**正解 (C)**

【訳】今日における美術館展示デザインの最大の傾向は、創造的な技術の取り込みである。

【注】**trend** 傾向、**exhibit** 展示

---

28. 文の冒頭に会社名があり、空所後にはprocedures「手順」という語があるので、空所には会社の何かの手順や手続きに関する語が入ると予想できる。(A) は「即興」、(C) は「期待」、(D) は「状態」という意味でどれも文意と合わない。(B) emergencyが「緊急事態」という意味で文意にも合致する。　　　　　　　　　　　　　　　　　　　　　　　　　　　　　　　　**正解 (B)**

【訳】サンプソン社は、すべての新入社員が出席しなければならない緊急時の手順に関する訓練講習会を開催する予定である。

【注】**hold** 開催する、**mandatory** 必須の、義務的な

---

29. 文の後半にshould be finishedという語句があるので、空所には「終了」や「完了」の類義語が入ると予想される。(A) は「遵守」、(B) は「不測の事態」、(D) は「競争」という意味でどれも文意とは無関係。(C) completionがまさに「終了」、「完了」という意味で文意にピタリ合致する。

　　　　　　　　　　　　　　　　　　　　　　　　　　　　　　　　　　　　正解 (C)

【訳】契約が完了日を明記していない場合は、その仕事は合理的な時間内に終了するものとする。

【注】**in cases where** 〜の場合には、**specify** 明記する、**reasonable** 合理的な、分別のある

---

30. カンマの前にあるsee patients in personは「対面で患者を診察する」という意味で、後半は電話やオンラインで「診察する」という意味になる。(A) は「魅力」、(B) は「服従」や「提出」、(C) は「反響」という意味なのでどれも文意から大きく外れる。(D) consultationが特に専門家との「相談」という意味になるのでこれが正解。　　　　　　　　　　　　　　　　　　　　　　**正解 (D)**

【訳】これからも患者の皆さまには対面での診察もしますが、当初は電話かオンラインかどちらか、皆さまにとってより使いやすい方での診察も行っていく予定です。

【注】**initially** 当初は、**whichever is easier** より簡単な方どちらかで

31. The construction company was assigned the challenging ------- of creating a railway link in rugged terrain.

(A) investment
(B) maintenance
(C) project
(D) decision

32. Some employees consistently demonstrated superior performance that far exceeded the company's -------.

(A) repercussions
(B) regulations
(C) endorsements
(D) expectations

33. With more than 150,000 people living on the streets and in shelters, the state's homeless ------- is larger than that of any other state in the country.

(A) diversity
(B) example
(C) allowance
(D) population

34. Customers may experience a temporary ------- in service while using their smartphones.

(A) order
(B) space
(C) disruption
(D) complaint

35. All travel expense ------- requests must be submitted to the HR Department within three days after returning to the office.

(A) budget
(B) reimbursement
(C) allocation
(D) design

36. During its 25 years in business, Vincent Sports has established a ------- for designing high-quality shoes for professional athletes.

(A) reputation
(B) confirmation
(C) recognition
(D) consideration

31. 建設会社は何か難しい「仕事」を与えられたというのが文の大意なので、空所には「仕事」や「案件」の類義語が入ると考えられる。(A) は「投資」、(B) は「維持」、(D) は「決定」という意味なのでどれも文意から外れる。(C) project「プロジェクト」は「仕事」や「案件」と言い換えることができるのでこれが正解になる。　　　　　　　　　　　　　　　　　　　　　　　**正解（C）**

【訳】その建設会社は起伏の激しい地形で鉄道を繋ぐという困難なプロジェクトを割り当てられた。

【注】**assign** 割り当てる、**challenging** 困難な、**rugged terrain** 起伏に富んだ地形

---

32. 従業員の中には会社の期待以上に素晴らしい働きをした者もいたというのが文の大意なので、空所には「期待」という意味の語が入ると予想される。(A) は「反響」、(B) は「規則」、(C) は「支持」という意味でどれも文意に合わない。(D) expectationsがまさに「期待」という意味なのでこれが正解。　　　　　　　　　　　　　　　　　　　　　　　　　　　　　　　　**正解（D）**

【訳】従業員の中には一貫して会社の期待を遥かに上回る優れた業績を示した者もいた。

【注】**consistently** 一貫して、**demonstrate** 示す、**exceed** 上回る

---

33. 文の前半で15万人という具体的数字があることから、後半の空所も数字や量に関連する語が入ると推測される。(A) は「多様性」、(B) は「例」、(C) は「手当」や「許容」という意味なのでどれも文意から外れる。(D) populationが「人口」という意味で、数量を表すのでこれが正解になる。　　　　　　　　　　　　　　　　　　　　　　　　　　　　　　　　**正解（D）**

【訳】15万人以上が路上や避難所に住んでいるなど、その州のホームレスの人口はその国の他のどの州よりも多い。

【注】**shelter** 避難所

---

34. スマートフォンの使用時に一時的に障害が起きるかもしれないというのが文の大意なので、空所には「障害」、「不都合」といった悪い意味を持つ語が入ると予想される。(A) は「注文」、(B) は「空間」、(D) は「不平」という意味でどれも文意にそぐわない。(C) disruptionが「混乱」、「中断」という意味で文意にピタリ合致する。　　　　　　　　　　　　　　　　　　**正解（C）**

【訳】お客様はスマートフォンをご利用の際、一時的にサービスが中断される可能性があります。

【注】**experience** 経験する

---

35. within以下の文からこれは出張後の話だとわかる。また空所前にexpense「費用」という語もあるので、空所には「清算」や「支払い」といった語が入ると考えられる。(A) は「予算」、(C) は「分配」、(D) は「デザイン」という意味なのでどれも出張後の話とは無関係。(B) reimbursementが「返済」という意味で文意に合致する。　　　　　　　　　　　　　　　　　　　　**正解（B）**

【訳】すべての出張費用の返済申請は、オフィスに出社後3日以内に人事部に提出しなければならない。

【注】**travel expense** 出張費用、**submit** 提出する

---

36. 空所前にestablish「確立する」という動詞があるので、空所にはこれと意味的、コロケーション的に相性のいい名詞を選ぶ。(B) は「確認」、(C) は「認識」、(D) は「考慮」という意味でどれもestablishとは相性が悪い。(A) はestablish a reputationで「評判を確立する」という意味になるのでこれが正解になる。　　　　　　　　　　　　　　　　　　　　　　　　　**正解（A）**

【訳】過去25年間のビジネスを通じて、ビンセントスポーツ社はプロの運動選手向けの高品質の靴をデザインする会社としての評判を確立した。

【注】**during** ～の間に、**professional athlete** プロの運動選手

37. Kenmore Appliances has produced high-end electronic products over the past 20 years, and has received many positive ------- from its customers.

(A) requests
(B) testimonials
(C) attractions
(D) payments

38. Donations are being sought for residents who were displaced after a tornado damaged their apartment ------- last November.

(A) access
(B) relocation
(C) station
(D) complex

39. Using your company's name and logo consistently will help build brand ------- among customers.

(A) package
(B) business
(C) recognition
(D) maintenance

40. The person at the front desk gave us excellent ------- to an out-of-the-way restaurant.

(A) paths
(B) roads
(C) ways
(D) directions

41. We have seen economic ------- grow far beyond what can be considered either normal or morally justifiable.

(A) conversion
(B) agenda
(C) warranty
(D) disparity

42. The country's obsession with fine dining has created a huge ------- for qualified chefs across the country.

(A) specialty
(B) apology
(C) demand
(D) retirement

37. 空所前にpositive、また空所後にfrom its customersとあるので、空所には「評価」やその類義語が入ると予想される。(A) は「要求」、(C) は「魅力」や「観光名所」、(D) は「支払い」という意味なのですべて的外れ。(B) testimonialsが「顧客の声」や「推薦文」という意味で文意にも合致するのでこれが正解。　　　　　　　　　　　　　　　　　　　　**正解（B）**

【訳】ケンモア電器社は過去20年間、高級電気製品を製造してきたが、その間、顧客から多くの肯定的な声が寄せられた。

【注】high-end 高級な、positive 肯定的な

---

38. after以下は竜巻がアパートに被害を与えたという意味。apartment -------で、日本語の「マンション」という意味になる。(A) は「接近」、(B) は「転居」、(C) は「駅」、「位置」という意味なのでどれも文意から外れる。(C) complexが「複合施設」のことで、apartment complexで「集合住宅」という意味になる。　　　　　　　　　　　　　　　　　　**正解（D）**

【訳】昨年11月の竜巻によってマンションに被害を受けて退去しなければならなくなった住人のために寄付が募られている。

【注】donation 寄付、displace 退去させる、立ち退かせる

---

39. 企業名とロゴを一貫して使用すればbrand -------を確立できるというのが文の大意。(A) は「パッケージ」、(D) は「維持」という意味なのでここでは無関係。(B) は一見よさそうだが空所後にamong customersとあるのでbusinessではおかしい。(C) はbrand recognitionで「ブランド認知」という意味になり文意が通る。　　　　　　　　　　　　　　　**正解（C）**

【訳】企業名とロゴを一貫して使用すれば顧客の間でブランド認知を確立するのに役立つだろう。

【注】help build 確立するのに役立つ、among 〜の間で

---

40. 空所後にto an out-of-the-way restaurantと方向を示す前置詞のtoがあるので、空所には「方向」や「道筋」といった語が入ると予想される。(A)、(B)、(C) はどれも「道」に関連しているが、この文ではどれも意味を成さない。(D) directionsが「道順」という意味で文意もしっかり通る。　　　　　　　　　　　　　　　　　　　　　　　　　　　　　**正解（D）**

【訳】フロントデスクにいた人は辺鄙なところにあるレストランへの道順を見事に教えてくれた。

【注】excellent 素晴らしい、秀でた、out-of-the-way 辺鄙なところにある

---

41. 文の前半は経済に関する何かが広がっているという意味なので、空所には「格差」とか「差異」という意味の語が入ると考えられる。(A) は「変換」、(B) は「議題」、(C) は「保証」という意味なのでどれも文意から外れる。(D) disparityがまさに「格差」という意味で文意にも合致する。　　　　　　　　　　　　　　　　　　　　　　　　　　　　　**正解（D）**

【訳】我々は経済格差が正常あるいは道徳的に正当化できる範囲をはるかに超えて広がるのを見てきた。

【注】far beyond 〜を遥かに超えて、morally justifiable 道徳的に正当化できる

---

42. 冒頭にobsession with the fine dining「高級料理への執着」とあり、また空所後にはfor qualified chefs「有能な料理人に対する」とあるので、そうした高級料理への執着が料理人への大きな「需要」を産んでいると理解できる。選択肢の (C) demandが「需要」という意味なのでこれが正解。(A) は「専門分野」、(B) は「謝罪」、(D) は「引退」という意味なのでどれも文意に合わない。　　　　　　　　　　　　　　　　　　　　　　　　　　　　　**正解（C）**

【訳】その国における高級料理への傾倒は、国中で有能な料理人に対する大きな需要を産んだ。

【注】obsession 取り憑かれること、fine dining 高級料理、huge 巨大

43. The business ------- is changing quickly, and you'll need to keep moving to stay ahead of the competition.

(A) attention   (B) persistence
(C) landscape   (D) popularity

44. Companies can increase brand recognition by analyzing the reasons for product ------- among consumers.

(A) awareness   (B) abundance
(C) safety   (D) function

45. Hutton Home Supply has decided to make structural ------- to streamline its sales and distribution systems.

(A) restorations   (B) extensions
(C) alterations   (D) consultations

46. All Vinson Chemicals employees must complete the employee ------- survey by this Friday.

(A) expiration   (B) satisfaction
(C) submission   (D) recommendation

47. Employees who cannot work a scheduled ------- must find a suitable replacement.

(A) shift   (B) opportunity
(C) duration   (D) timing

48. If you plan to travel during the crowded summer months, it is essential that you take every ------- to avoid getting sick.

(A) preparation   (B) assignment
(C) consideration   (D) precaution

43. 文の前半はビジネスの状況変化が速いという意味なので、空所には「状況」とか「様子」といった意味の語が入ると予想される。(A) は「注意」、(B) は「粘り強さ」、(D) は「人気」という意味なのでどれも文意に合わない。(C) landscapeは「風景」以外に「状況」、「様相」という意味もあるのでこれが正解になる。　　　　　　　　　　　　　　　　　　　　　　　　　　　**正解 (C)**

【訳】ビジネス状況は速く変化しており、競争相手の先を行くためには行動し続ける必要がある。

【注】**stay ahead of** 〜の先を行く、〜に遅れをとられないようにする、**competition** 競争相手

44. 空所前後は消費者の間で商品がどれだけ「知られている」かを分析するという意味だと考えられるので、空所には「認知」や「意識」という意味の語が入ると予想される。(B) は「豊富」、(C) は「安全」、(D) は「機能」という意味で、いずれも文意に合わない。(A) awarenessは「認知」という意味で文意にピタリ合致する。　　　　　　　　　　　　　　　　　　　　　　　　**正解 (A)**

【訳】消費者の間で商品がどれだけ認知されているかその理由を分析することによって、企業はブランド認知を高めることができる。

【注】**analyze** 分析する、**reason** 理由、**consumer** 消費者

45. 業務を合理化する(streamline)ために会社はstructural -------をしたというのが文の大意なので、空所には「変化」やその類義語が入ると予想される。(A) は「回復」、(B) は「延長」、(D) は「相談」という意味なのでどれも不適。(C) alterationsが「変更」、「修正」という意味なので文意に合致する。　　　　　　　　　　　　　　　　　　　　　　　　　　　　　　　**正解 (C)**

【訳】ハットンホームサプライ社は販売と流通システムを合理化するために構造的な変更を行うことを決定した。

【注】**structural** 構造的な、**sales** 販売、**distribution** 流通

46. 空所後にsurveyとあるので空所には調査に関係する語が入ると予想される。(A) は「期限」、(C) は「提出」、(D) は「推薦」という意味でどれもsurveyとは関係ない。(B) satisfactionは「満足」という意味で、satisfaction surveyで「満足度調査」という意味になるのでこれが正解。**正解 (B)**

【訳】ビンソン化学社の全従業員は、今週金曜日までに従業員満足度調査への回答を終了しなければならない。

【注】**complete** 終了させる、終える、**survey** 調査

47. 予定の勤務時間に働けない場合は適切な交代を見つけよというのが文の大意なので、空所には「勤務」かその類義語が入ると予想される。(B) は「機会」、(C) は「期間」、(D) は「タイミング」という意味なのでどれも無関係。(A) shiftが「交代勤務」という意味なのでこれが正解になる。　　　　　　　　　　　　　　　　　　　　　　　　　　　　　　　**正解 (A)**

【訳】予定の交代勤務時間に働けない従業員は、適切な交代要員を見つけなければならない。

【注】**suitable** 適切な、**replacement** 交代要員

48. カンマ以下は病気にならないよう注意せよという意味なので、空所には「注意」とか「警戒」という意味の語が入ると予想される。(A) は「準備」、(B) は「割り当て」、(C) は「考慮」という意味なのでどれも文意に合わない。(D) precautionがまさに「予防措置」、「警戒」、「注意」という意味なのでこれが正解。　　　　　　　　　　　　　　　　　　　　　　　　　　　　　　　**正解 (D)**

【訳】もし混雑する夏の間に旅行を計画しているのなら、病気にならないように細心の注意を払うことが不可欠である。

【注】**take every precaution** 細心の注意を払う、**avoid** 避ける

49. High noise levels in the workplace cause ------- and reduce employee productivity.

(A) regulation   (B) distraction
(C) advantage   (D) outcome

50. The current real estate market in the country offers great ------- opportunities with high returns.

(A) requirement   (B) appointment
(C) investment   (D) affordability

51. Watermark National Park is a popular tourist ------- that boasts captivating scenery and enjoyable hiking trails.

(A) goal   (B) placement
(C) attraction   (D) journey

52. Employees' ability to continue work notwithstanding, those over age 65 will no longer be eligible for health -------.

(A) promise   (B) earning
(C) coverage   (D) revenue

53. During the last 25 years, Duke Aircraft has made considerable ------- to the development of the airline industry.

(A) considerations   (B) improvisations
(C) liquidations   (D) contributions

54. Information about your special meal ------- is not stored and will not be automatically added to your reservation.

(A) permission   (B) appetite
(C) demand   (D) preference

49. 職場で騒音がうるさいと仕事の「邪魔」や「障害」になるというのが文の前半の大意。(A)は「規則」、(C)は「利点」、(D)は「結果」という意味なので文意に合わない。(B) distractionが「気が散ること」、「注意散漫」という意味で文意にピタリ合致するのでこれが正解になる。　　　**正解 (B)**

【訳】職場で騒音レベルが高いと注意散漫の原因となり、従業員の生産性を下げることになる。

【注】**workplace** 職場、**cause** ～の原因となる、**productivity** 生産性

---

50. 現在の不動産市場は何かによって「高い利益率が得られる」よい機会だというのが文の大意なので、空所には金儲けに関する語が入ると予想できる。(A)は「必要なもの」、(B)は「指名」、(D)は「手ごろさ」という意味でどれも金儲けとは無関係。(C) investmentが「投資」のことでまさの金儲けの話なのでこれが正解。　　　**正解 (C)**

【訳】その国の現在の不動産市場は、高い利益率が得られる素晴らしい投資機会を提供している。

【注】**real estate** 不動産、**returns** 利益率

---

51. 空所前にa popular touristとあるので、空所には観光に関連した語が入ると考えられる。(A)は「目標」、(B)は「配置」という意味でどちらも観光とは無関係。(D)は「旅行」という意味で観光と関係あるが、文意に合わない。(C) attractionには「引きつける」という意味以外に「観光名所」という意味もあるのでこれが正解。　　　**正解 (C)**

【訳】ウォーターマーク国立公園は人を魅了する景色と楽しいハイキングトレイルを誇る人気のある観光名所である。

【注】**tourist attraction** 観光名所、**boast** ～を誇る、**captivating** 魅惑的な

---

52. 空所前にeligible for healthとあるので、空所には健康の資格に関連する語が入ると推測できる。(A)は「約束」、(B)は「収入を得ること」、(D)は「収益」という意味でどれも健康にも資格にも無関係。(C) coverageは「補償範囲」のことで、health coverageで「健康保険」という意味になるのでこれが正解。　　　**正解 (C)**

【訳】従業員が仕事を続けられるにもかかわらず、65歳以上の人には健康保険は適用されない。

【注】**notwithstanding** ～にもかかわらず、**no longer** もはや～ではない

---

53. 空所後は「航空機産業の発展に」という意味なので、空所には「貢献」とか「恩恵」などプラスの意味の語が入ると予想される。(A)は「考慮」、(B)は「即興」、(C)は「清算」という意味でどれも文意から外れる。(D) contributionsがまさに「貢献」という意味で文意にも合致する。

正解 (D)

【訳】過去25年間、デューク航空機は航空機産業の発展に多大な貢献をしてきた。

【注】**considerable** 相当な、重要な

---

54. 空所前にInformation about your special mealとあるので、空所には食事の「好み」や「好き嫌い」といった語が入ると予想される。(A)は「許可」、(B)は「食欲」、(C)は「要求」という意味でどれも文意的、表現的に不適。(D) preferenceが「好み」、「選好」という意味で文意にも合致する。

正解 (D)

【訳】特別な食事の好みに関するあなたの情報は保存しておりませんので、予約時にその情報が自動的に追加されることはありません。

【注】**meal preference** 食事の好み、**store** 保存する、**reservation** 予約

---

55. Students will gain experience in legal ------- that will supplement their existing knowledge and prepare them for a law career.

(A) manipulations   (B) practices
(C) accomplishments   (D) estimates

56. Concord has a plethora of high-quality Japanese ------- that have long been serving authentic Japanese cuisine.

(A) premises   (B) commodities
(C) establishments   (D) sites

57. Knowing who your competitors are, what they sell and how they sell it, helps you create your own marketing -------.

(A) strategy   (B) donation
(C) purchase   (D) surplus

58. To attract and retain top talent in today's competitive business market, companies need to offer attractive retirement -------.

(A) packages   (B) ambitions
(C) replacements   (D) directions

59. Before turning in your -------, it is better to have a signed contract from your new employer in hand.

(A) probability   (B) resignation
(C) excitement   (D) organization

60. Applicants who meet our ------- for experienced hires are invited to have an informal chat with a member of our HR Department.

(A) regulation   (B) criteria
(C) responsibility   (D) advantage

55. 空所前にgain experience in legalとあるので、空所には法律の「仕事」とか「業務」という意味の語が入ると予想される。（A）は「操作」、（C）は「業績」、（D）は「見積もり」という意味なのでどれも文意から外れる。（B）practicesは特に専門職の「仕事」や「実務」のことを意味するのでこれが正解になる。　　　　　　　　　　　　　　　　　　　　　　　　　　　正解（B）

【訳】学生たちは現在持っている知識を補完する法律実務の経験を得ることになり、将来の法律職に向けての準備をすることになる。

【注】gain 得る、supplement 補完する、existing 現在の、既存の

56. 文末にJapanese cuisine「日本料理」とあるので、空所には日本料理の「レストラン」とか「店」に関する語が入ると予想される。（A）は「敷地」、（B）は「商品」、（D）は「場所」という意味でどれも「店」ではない。（C）establishmentsには「設立」という一般的な意味以外に、「店舗」や「施設」という意味もあるのでこれが正解。　　　　　　　　　　　　　　　　　　　正解（C）

【訳】コンコードには長年本格派の日本料理を提供してきた高級日本料理店が数多くある。

【注】a plethora of 多くの、authentic 本物の、正真正銘の、cuisine 料理

57. 空所前にmarketingとあるので、空所にはマーケティングに関連するビジネス語が入ると予想される。（B）は「寄付」、（C）は「購入」、（D）は「余剰」、「黒字」という意味でビジネスに関連はするがmarketingとは結びつかない。（A）strategyは「戦略」という意味でmarketingと非常に相性がよい。　　　　　　　　　　　　　　　　　　　　　　　　　　　　　　正解（A）

【訳】誰が競争相手で、彼らは何をどんな方法で売っているのかを知ることは、あなたが自社のマーケティング戦略を策定する上で役に立つ。

【注】competitor 競争相手、create 作り出す、策定する

58. 企業が優秀な人材を集めるには魅力的な退職制度が必要だというのが文の大意なので、空所には「制度」や「契約」等の類義語が入ると考えられる。（B）は「野望」、（C）は「交替」、（D）は「指示」、「方向」という意味でどれも不適。（A）には「セットになったもの」という意味があり、retirement packagesで「退職制度」という意味になる。　　　　　　　　　　　　　　　　正解（A）

【訳】今日のような競争の激しいビジネス市場で最優秀の人材を引きつけ雇い続けるためには、企業は魅力的な退職制度を提示する必要がある。

【注】retain 雇う、competitive 競争の激しい、retirement packages 退職制度

59. 空所前のturn inは「提出する」という意味。また後半にはsigned contract from new employer「新雇用主とのサイン済み契約」とあるので、空所には「辞表」やその類義語が入ると予想される。（A）は「確率」、（C）は「興奮」、（D）は「組織」という意味でどれも的外れ。（B）resignationが「辞任」という意味で文意に合致する。　　　　　　　　　　　　　　　　　　　正解（B）

【訳】辞表を提出する前に、新しい雇用主がサインした契約書を入手しておくことが望ましい。

【注】signed contract サインされた契約書、employer 雇用主

60. 空所後のfor experienced hiresは「経験者採用のための」という意味。また空所前にはmeet our -------とあるので、空所には「基準」や「水準」と類義の語が入ると予想される。（A）は「規制」、（C）は「責任」、（D）は「利点」という意味なのでどれも文意とは無関係。（B）criteriaがまさに「基準」という意味なのでこれが正解。　　　　　　　　　　　　　　　　　　　　　正解（B）

【訳】経験者採用のための我が社の基準を満たした応募者は、人事部員との非公式な雑談に招待される。

【注】informal 非公式な、堅苦しくない、chat 雑談

61. The new employee in the marketing department has already received a big ------- from his boss.

(A) retirement
(B) consignment
(C) refinement
(D) assignment

62. We will ------- our position as the industry leader by becoming the preferred solutions provider.

(A) express
(B) deploy
(C) improvise
(D) solidify

63. We were notified that Riggetti Corp. will ------- an advertisement in the local newspaper tomorrow.

(A) take
(B) push
(C) ride
(D) place

64. Applicants must ------- a high level of knowledge and expertise in accounting.

(A) illustrate
(B) demonstrate
(C) forgive
(D) invite

65. The company announced that its CEO, Eric Shine, has resigned in order to ------- other opportunities in life.

(A) look
(B) compete
(C) inspire
(D) pursue

66. Finchem Corporation is planning to ------- a party to celebrate the arrival of its new president.

(A) throw
(B) make
(C) run
(D) exercise

61. 空所前後の語句から新入社員は上司から何か大きな「仕事」や「任務」などを受けたと推測される。(A) は「引退」、(B) は「委託」、(C) は「洗練」、「改良」という意味なのでどれも文意と合わない。(D) assignmentは「割り当て」、「任務」という意味でピタリ文意に合致する。　　　　　　　　　正解 **(D)**

【訳】マーケティング部の新入社員はすでに上司からの大きな任務を受けた。

【注】already 既に、receive 受ける、boss 上司

62. 空所後にour position as the industry leader「業界リーダーとしての我が社の地位」とあるので、空所にはその地位を「強める」とか「高める」といった意味の語が入ると考えられる。(A) は「表現する」、(B) は「配置する」、(C) は「即興で行う」という意味なのでどれもふさわしくない。(D) solidifyが「固める」という意味で文意にピタリ合致する。　　　　　　　　　正解 **(D)**

【訳】我が社は顧客の皆さまから好まれる問題解決提供者になることによって、業界リーダーとしての地位を確固たるものにしていく。

【注】preferred 好まれる、選好される、solution 解決策、provider 供給者

63. 空所後から、この会社が地方紙に広告を出すことがわかる。つまり ------- an advertisementで「広告を出す」という意味になる。正解は (D) のplace。placeには「広告などを出す」という意味がある。このほかにplace an order「注文する」という表現もTOEICでは頻出。　　　　　　　　　正解 **(D)**

【訳】リゲッティ社が明日、地方紙に広告を出すという連絡を我々は受けた。

【注】were notified 連絡を受けた、local newspaper 地方紙

64. 空所後にapplicantsに求められているものが書かれているので、空所には「示す」とか「見せる」といった語が入ると予想される。(C) は「許す」、(D) は「招く」という意味なので文意的に的外れ。(A) は「例示する」という意味だが、illustrate knowledgeとは言わない。(B) demonstrateが「はっきり示す」という意味で文意に合致する。　　　　　　　　　正解 **(B)**

【訳】応募者は会計学に関する高い水準の知識と専門能力をはっきりと示さなければならない。

【注】expertise 専門能力、専門性、accounting 会計学

65. 他の機会を利用して「何か」をするためにCEOを辞任したというのが文の大意なので、空所には「探す」とか「求める」といった意味の語が入ると考えられる。(A) は「見る」、(B) は「競争する」、(C) は「元気づける」という意味でどれも文意にそぐわない。(D) pursueが「追求する」という意味で文意にピタリ合致する。　　　　　　　　　正解 **(D)**

【訳】CEOのエリック・シャインが人生における他の機会を追求するために辞任したと会社は発表した。

【注】resign 辞任する、opportunity 機会

66. 空所前後からパーティーを開くことを計画していることがわかるので、空所には「開く」とか「開催する」という意味の語が入ると考えられる。(B)、(C)、(D) にはどれも「開く」という意味はない。(A) throwは「投げる」という意味だが、throw a partyで「パーティーを開く」という意味になるのでこれが正解になる。　　　　　　　　　正解 **(A)**

【訳】フィンケム社は新しい社長の就任を祝してパーティーを開催する予定である。

【注】celebrate 祝う、祝す、arrival 到着、就任

67. The new art museum now under construction is expected to ------- additional revenue for the city.

(A) believe　　　　　　　　(B) reimburse
(C) generate　　　　　　　　(D) donate

68. Greenburg ------- a large number of tourists who gained interest in the city through social media.

(A) enhances　　　　　　　　(B) attracts
(C) reduces　　　　　　　　(D) implements

69. The marketing director is planning to ------- an aggressive sales campaign in order to gain an advantage in the market.

(A) mount　　　　　　　　　(B) submit
(C) locate　　　　　　　　　(D) motivate

70. Extraordinary Footwear, one of the largest shoe retailers in the country, is planning to host a charity event to ------- funds for research in children's medicine.

(A) appreciate　　　　　　　(B) assemble
(C) compensate　　　　　　　(D) raise

71. Mr. Thomas has resigned from Rockwell Consulting after five years at the firm, and has ------- a position as the new CEO of a venture capital company.

(A) advised　　　　　　　　(B) informed
(C) accepted　　　　　　　　(D) promoted

72. Through its creative investment strategies, Morgan Capital strives to ------- financial gains for its clients.

(A) secure　　　　　　　　　(B) minimize
(C) request　　　　　　　　　(D) attribute

67. 新美術館によって追加収入が市に入ってくるというのが文の大意なので、空所には「生じさせる」とか「生み出す」といった意味の語が入ると予想される。(A) は「信じる」、(B) は「返済する」、(D) は「寄付する」という意味でどれも不適。(C) generateがまさに「生む」、「発生させる」という意味で文意が通る。**正解 (C)**

【訳】現在建設中の新美術館は、市に追加収入をもたらすと期待されている。

【注】under construction 建設中の、additional revenue 追加収入

---

68. 空所後に a large number of tourists「多くの観光客」とあるので、空所にはそうした観光客を「引きつける」という趣旨の語が入ると考えられる。(A) は「高める」、(C) は「減少させる」、(D) は「実施する」という意味でどれも文意に合わない。(B) attractsが「引きつける」、「魅惑する」という意味なのでこれが正解。**正解 (B)**

【訳】グリーンバーグ市はSNSを通じて市に興味を持った多くの観光客を引きつけている。

【注】a large number of 多数の、gain interest ～に興味を持つ

---

69. 空所後にan aggressive sales campaignとあるので、空所にはキャンペーンを「行う」という意味の語が入ると考えられる。(B) は「提出する」、(C) は「見つける」、(D) は「動機づける」という意味なのでどれも文意に合わない。(A) mountには「取り付ける」、「登る」のほかに、「開始する」という意味があるのでこれが正解。**正解 (A)**

【訳】マーケティング部長は市場で優位に立つために積極的なマーケティングキャンペーンを行う計画である。

【注】mount a campaign キャンペーンを行う、gain an advantage 優位に立つ

---

70. 空所後にfunds「資金」とあるので、空所には資金を「調達する」という意味の語が入ると推測できる。(A) は「感謝する」、「評価する」、(B) は「組み立てる」、(C) は「補償する」という意味なのでどれも文意的に不適。(D) はraise fundsで「資金調達する」という意味になるのでこれが正解になる。**正解 (D)**

【訳】その国最大の靴の小売業者のひとつであるエクストローディナリー・フットウェア社は、子ども用の薬品研究のための資金調達をする慈善イベントを主催する計画である。

【注】retailer 小売業者、host 主催する、children's medicine 子ども用の薬品

---

71. トーマス氏はある会社の新CEOになったというのが文の大意。空所後にa position「地位」とあるので、空所には「受け入れる」という意味の語が入ると予想される。(A) は「助言する」、(B) は「通知する」、(D) は「促進する」という意味なのでどれも文意に合わない。(C) がまさに「受け入れる」という意味なのでこれが正解。**正解 (C)**

【訳】トーマス氏は5年間在籍したロックウェル・コンサルティング社を辞任し、あるベンチャー・キャピタルの新CEOに就任した。

【注】resign 辞任する、firm 会社

---

72. 空所後は「顧客のために利益を」という意味なので、空所には「得る」とか「確保する」とう意味の語が入ると予想できる。(B) は「最小化する」、(C) は「要請する」、(D) は「～に帰する」という意味なのでどれも文意にふさわしくない。(A) secureが「確保する」という意味で文意にピタリ合致する。**正解 (A)**

【訳】独創的な投資戦略を通して、モーガン・キャピタルは顧客のために利益を確保すべく懸命に努力している。

【注】investment strategy 投資戦略、strive to ～するために努力する

73. This year's annual Riverdale Festival drew thousands to the town's main street to ------- music and food.

(A) turn off   (B) fill out
(C) take in   (D) pull off

74. Central banks and government officials are moving quickly to ------- problems in financial markets.

(A) finalize   (B) deploy
(C) address   (D) equalize

75. The Braddock City Library ------- the state's most extensive collection of rare documents related to the mountain regions.

(A) thrives   (B) hires
(C) contains   (D) conveys

76. The contract clearly ------- the date by which the renovation work should be finished.

(A) advances   (B) specifies
(C) denies   (D) interprets

77. Oakridge's fire department has conducted an investigation to ------- the cause of the fire in the downtown area.

(A) execute   (B) engage
(C) determine   (D) support

78. Every year Hutton Realty conducts team building sessions to ------- collaboration among its employees.

(A) decline   (B) foster
(C) reduce   (D) accept

73. 文頭にThe annual festival、また空所後にmusic and foodとあるので、空所には音楽や食べ物を「楽しむ」とかその類義語が入ると予想できる。（A）は「（スイッチなどを）切る」、（B）は「記入する」、（D）は「やり遂げる」という意味でどれも無関係。（C）take inには多くの意味があるが、そのひとつに「見物して楽しむ」という意味があるのでこれが正解になる。　　　　　　**正解（C）**

【訳】毎年開催されるリバーデール・フェスティバルは今年、音楽や食べ物を見物したり楽しんだりする何千もの人をメインストリートに呼び寄せた。

【注】**annual** 毎年の、**draw** 引き寄せる

----

74. 空所後にproblems「問題」とあるので、空所にはその問題を「解決する」とか「対処する」という意味の語が入ると考えられる。（A）は「仕上げる」、（B）は「配備する」、（D）は「等しくする」という意味なのでどれも的外れ。（C）addressには問題などに「対処する」、「取り組む」という意味があるのでこれが正解。　　　　　　**正解（C）**

【訳】中央銀行と政府関係者は金融市場の問題に対処するために迅速に動いている。

【注】**government official** 政府高官、役人、**financial market** 金融市場

----

75. 図書館に関することで、文の中盤にextensive collection of booksとあるので、空所には本が「存在する」とかその類義語が入ると予想される。（A）は「繁栄する」、（B）は「雇う」、（D）は「運ぶ」という意味でどれも文意とは無関係。（C）containsは「含む」という意味で、「存在する」という意味にもなるのでこれが正解。　　　　　　**正解（C）**

【訳】ブラドック市立図書館には、山岳地帯に関するめずらしい書類のその州における最も広範な収集物がある。

【注】**extensive** 広範な、**rare** 稀な、めずらしい

----

76. 冒頭にThe contract clearly「契約書は明確に」とあるので、空所には「述べる」とか「書かれている」といった意味の語が入ると予想できる。（A）は「前進させる」、（C）は「否定する」、（D）は「通訳する」という意味なのでどれも不適。（B）specifiesが「明記する」という意味で文意に合致する。　　　　　　**正解（B）**

【訳】契約書にはその修理作業が完了しなければならない日が明記されている。

【注】**renovation work** 修理（修復）作業

----

77. 空所後にthe cause of fire「火事の原因」とあるので、空所にはその原因を「突き止める」やその類義語が入ると予想される。（A）は「執行する」、（B）は「関与する」、（D）は「支援する」という意味なのでどれも文意に合わない。（C）determineには「決定する」のほかに、「見つけ出す」という意味もあるのでこれが正解。　　　　　　**正解（C）**

【訳】オークリッジ消防署は繁華街での火事の原因を突き止めるために調査を行った。

【注】**fire department** 消防署、**conduct** 実施する、**investigation** 調査、**cause** 原因

----

78. 空所後にcollaboration among its employees「従業員間での協力」とあるので、空所にはそうした協力関係を「促進する」とか「育てる」という趣旨の語が入ると考えられる。（A）は「断る」、（C）は「減じる」、（D）は「受け入れる」という意味なのでどれも文意にふさわしくない。（B）fosterが「育成する」という意味で文意にピタリ合致する。　　　　　　**正解（B）**

【訳】毎年ハットン不動産は、従業員の間での協力関係を育てるためにチーム作りの集会を行なっている。

【注】**team building session** チーム作りのための集会

----

79. Meyer Automobiles had to drastically ------- its marketing and advertising strategies because of the recent economic downturn.

(A) portray   (B) omit
(C) alter   (D) recognize

80. Allison Technologies has succeeded in ------- great interest in its new smartphones before their official release.

(A) collecting   (B) spawning
(C) performing   (D) adjusting

81. Charlotte Department Stores plans to ------- an intensive hospitality training program for its employees.

(A) implement   (B) supplement
(C) complement   (D) orient

82. The plant manager instructed workers to ------- the overall dishwasher assembly time in order to increase production.

(A) shorten   (B) heighten
(C) brighten   (D) lighten

83. The Sundance Hotel is currently ------- extensive renovations, and will resume its operations on April 15.

(A) pretending   (B) expressing
(C) undergoing   (D) retaining

84. Companies applying for building permits must ------- detailed plans to the city's Public Building Department.

(A) transmit   (B) submit
(C) remit   (D) commit

79. 文末にbecause of the recent economic downturn「最近の経済悪化のため」とあるので、会社はそうした状況を「修正する」必要があると推測できる。(A) は「描く」、(B) は「除く」、(D) は「認識する」という意味なのでどれも文意から外れる。(C) alterがまさに「変える」、「修正する」という意味で文意にも合致する。　　　　　　　　　　　　　　　　**正解 (C)**

【訳】最近の経済悪化のため、マイヤー自動車はマーケティングおよび広告戦略を大幅に変更する必要があった。

【注】drastically 大幅に、劇的に、economic downturn 経済の悪化、低迷

80. 空所後にgreat interest「大きな関心」とあるので、空所にはそうした関心を「引き起こす」とか「生む」といった意味の語が入ると考えられる。(A) は「集める」、(C) は「行う」、「演奏する」、(D) は「調整する」という意味なのでどれも不適。(B) spawningがまさに「生む」、「発生させる」という意味で文意に合致する。　　　　　　　　　　　　　　　　**正解 (B)**

【訳】アリソンテクノロジー社は正式発売前に新しいスマートフォンに対する大きな関心を生み出すことに成功した。

【注】great interest 大きな関心、official release 正式発売

81. 空所前にplans、また空所後にintensive hospitality training programとあるので、このデパートはそうしたtraining programを「行う」計画をしていると理解できる。(B) は「補う」、(C) は「補完する」、(D) は「順応させる」という意味なのでどれも文意に合わない。(A) implementが「実施する」という意味で文意にピタリ合致する。　　　　　　　　　　　　　　　　**正解 (A)**

【訳】シャーロット百貨店は従業員のための集中的な接客訓練プログラムを実施する予定である。

【注】intensive 集中的な、hospitality 接客、親切なもてなし

82. 空所の少し後にあるassembly timeという語句に注目。空所にはtimeに関連する語が入ると考えられる。(B) は「高める」、(C) は「明るくする」、(D) は「軽くする」という意味でどれもtimeとは無関係。(A) shortenは「短縮する」という意味でtimeに大いに関係し文意も通る。　**正解 (A)**

【訳】工場長は労働者に対して生産を増やすために全体的な食洗機の組み立て時間を短縮するよう指示した。

【注】instruct 指示する、overall 全体的な、assembly 組み立て

83. 空所後にextensive renovations「大規模な改修工事」とあるので、空所にはそうした工事を「行なっている」という意味の語が入ると考えられる。(A) は「~のふりをする」、(B) は「表明する」、(D) は「保つ」という意味なのでどれも文意にそぐわない。(C) undergoingは「受ける」、「経験する」という意味で文意が通る。　　　　　　　　　　　　　　　　**正解 (C)**

【訳】サンダンスホテルは現在大規模な改修工事をしており、4月15日に業務を再開する予定である。

【注】currently 現在、resume 再開する、operation 業務

84. 空所前にbuilding permitsとあり、また空所後にdetailed plansとあるので、文脈から空所には「提出する」とかその類義語が入ると予想される。(A) は「送信する」、(C) は「送金する」、(D) は「委ねる」とか「約束する」という意味なのでどれも文意的に不適。(B) submitが「提出する」という意味で文意に合う。　　　　　　　　　　　　　　　　**正解 (B)**

【訳】建設許可証を申請する会社は市の公共施設局に詳細な計画案を提出しなければならない。

【注】apply for ~を申請する、building permit 建設許可証

85. Please ------- this message if you have already renewed your subscription with us.

(A) discharge   (B) discontinue
(C) discourage   (D) disregard

86. Alex Scalapino, CEO of Dextron, ------- an invitation to the mayor for a special event on May 15 celebrating the company's 30-year anniversary.

(A) intended   (B) extended
(C) pretended   (D) contended

87. The company has decided to ------- its guests to dinner at a five-star French restaurant just across from the office.

(A) attend   (B) give
(C) treat   (D) leave

88. Stewart Mandel ------- Randon Electronics from his attic with his college friends and a bank account balance of $500.

(A) intended   (B) granted
(C) unveiled   (D) founded

89. The charity event will ------- the completion of the final phase of the museum's expansion and renovation.

(A) end   (B) make
(C) mark   (D) announce

90. We work with our corporate customers to ------- their efforts in providing employees with the best health care available.

(A) suggest   (B) confirm
(C) support   (D) transport

85. 既に契約の更新を終えているなら、このメッセージは「無視して」くださいというのが文の大意。(A) は「放出する」、(B) は「中止する」、(C) は「やる気を削ぐ」という意味でどれも文意に合わない。(D) がignoreと同じく「無視する」という意味なのでこれが正解になる。　　**正解 (D)**

【訳】もしも既に我が社との購読契約を更新されている場合はこのメッセージは無視してください。

【注】**renew** 更新する、**subscription** 購読予約

86. 空所後にan invitationとあるので、------- an invitationで「招待する」という意味になると考えられる。(A) は「意図する」、(C) は「～のふりをする」、(D) は「争う」という意味でどれもinvitationとは相性が悪い。(B) はextend an invitationで「招待する」という意味になり文意が通るのでこれが正解。　　**正解 (B)**

【訳】デクストロン社のCEOであるアレックス・スカラピーノは、会社の30周年記念を祝う5月15日の特別イベントに市長を招待した。

【注】**mayor** 市長、**celebrate** 祝う、**anniversary** 記念日

87. 空所後にits guests to dinnerとあるので、空所にはゲストを夕食に「招待する」とか「ご馳走する」という意味の語が入ると予想される。(A) は「出席する」、(B) は「与える」、(D) は「去る」という意味なのでどれも文意にそぐわない。(C) はtreat A to Bで「AをBでご馳走する」という意味があり、文意も通るのでこれが正解。　　**正解 (C)**

【訳】その会社はゲストをオフィスからほんの向かいにある5つ星のフランス料理店で接待することを決定した。

【注】**across from** ～の向かいに

88. 空所後にRandon Electronicsという会社名があるので、空所にはその会社を「創設した」とか「立ち上げた」という趣旨の語が入ると予想される。(A) は「意図する」、(B) は「与える」、(C) は「公表する」という意味なのでどれも文意にそぐわない。(D) が「創設する」という意味で文意が通る。　　**正解 (D)**

【訳】スチュアート・マンデルは、彼の家の屋根裏部屋から大学の友だちと一緒に500ドルの残高の銀行口座だけでランドンエレクトロニクス社を創設した。

【注】**attic** 屋根裏部屋、**bank account** 銀行口座

89. charity eventの開催が美術館の拡張改修工事の完了を「意味する」とか「示す」というのが文の大意だと考えられる。(A) は「終わる」、(B) は「作る」、(D) は「発表する」という意味でどれも文意に合わない。(C) markが「示す」とか「記念する」という意味で文意が通る。　　**正解 (C)**

【訳】チャリティイベントは美術館の拡張改修工事の最終段階の完了を記念する行事になる。

【注】**completion** 完了、**phase** 局面、段階、**expansion and renovation** 拡張改修工事

90. 空所後のtheirはcorporate customersのこと。文全体から空所には、顧客企業が従業員に最高の健康管理を提供する努力を「助ける」とか「支援する」といった意味の語が入ると考えられる。(A) は「示唆する」、(B) は「確認する」、(D) は「輸送する」という意味なのでどれも不適。(C) supportが「支援する」という意味で文意にも合致する。　　**正解 (C)**

【訳】私どもは顧客企業が従業員に最高の健康管理を提供する努力を一緒になって支援していく。

【注】**corporate** 企業の、**effort** 努力、**health care** 健康管理

91. We are very sorry to hear that you ------- difficulties with the Model
XY-5000 refrigerator you purchased recently at our store in Rockhill.

(A) inquired   (B) experienced
(C) digested   (D) quickened

92. With this new service, you can easily ------- the status and delivery
date of your shipment.

(A) order   (B) install
(C) design   (D) verify

93. Our human resource managers will ------- responsibility for hiring
procedures such as interviewing and selecting applicants.

(A) presume   (B) resume
(C) assume   (D) consume

94. One of the major objectives of the new company policy is to -------
cooperation among employees.

(A) enhance   (B) affect
(C) rely   (D) contain

95. Bill ------- his job as an investment banker after only three months
on the job.

(A) secured   (B) landed
(C) quit   (D) retained

96. The marketing director had to ------- responsibility for a recent TV
ad that was criticized strongly by the management.

(A) make   (B) get
(C) wear   (D) bear

91. 空所後のdifficultiesは「困難」とか「問題」という意味なので、空所には何か問題に「直面した」とか「経験した」という意味の語が入ると予想される。(A) は「調べる」、(C) は「消化する」、(D) は「速める」という意味なのでどれも文意から外れる。(B) が「経験する」という意味なのでこれが正解になる。　　　　　　　　　　　　　　　　　　　　　　　　　　　　**正解 (B)**

【訳】あなたが最近、私どものロックヒルの店舗で購入されたXY-5000型の冷蔵庫で問題があったとお聞きし、大変残念に思っております。

【注】refrigerator 冷蔵庫、purchase 購入する

92. 文末のof your shipmentは「あなたの注文品の発送」という意味。また空所後のstatusは「地位」ではなく「状況」という意味なので、空所には発送状況を「確認する」という意味の語が入ると考えられる。(A) は「注文する」、(B) は「据え付ける」、(C) は「デザインする」という意味でいずれも文意に合わない。(D) verifyが「確認する」という意味でピタリ文意に合致する。　**正解 (D)**

【訳】この新しいサービスによって、注文された商品の発送状況と到着日を簡単に確認することができます。

【注】easily 簡単に、delivery date 到着日

93. 文全体から ------- responsibilityで責任を「持つ」とか「担う」という意味になると考えられる。(A) は「推測する」、(B) は「再開する」、(D) は「消費する」という意味でどれもresponsibilityとは相性が悪い。(C) はassume responsibilityで「責任を負う」という意味になり文意もしっかり通る。　　　　　　　　　　　　　　　　　　　　　　　　　　　　　　　　**正解 (C)**

【訳】我が社の人事課長たちは面接や応募者の選択などの雇用手続きの責任を負う。

【注】hire 雇う、雇用する、procedure 手続き、interview 面接

94. 空所後にcooperation among employees「従業員間の協力」とあるので、空所にはそうした協力を「増強する」とか「向上させる」といった意味の語が入ると予想される。(B) は「影響を与える」、(C) は「頼る」、(D) は「含む」という意味なのでどれも文意にそぐわない。(A) enhanceは「高める」、「強める」という意味で文意にも合う。　　　　　　　　　　　　　　　　**正解 (A)**

【訳】会社の新方針の主要目的のひとつは従業員間の協力を強めることである。

【注】major 主要な、objective 目的、cooperation 協力

95. 文末に「3カ月その仕事をしたあと」とあるので、空所には仕事を「辞める」とか「辞任する」という意味の語が入ると予想される。(A) は「確保する」、(B) は「職を得る」、(D) は「保持する」という意味なのでどれも文意にそぐわない。(C) quitがまさに「辞める」という意味なのでこれが正解。　　　　　　　　　　　　　　　　　　　　　　　　　　　　　　　**正解 (C)**

【訳】ビルはたった3カ月その仕事をしただけで投資銀行家としての仕事を辞めた。

【注】investment banker 投資銀行家

96. 問題93と同じように空所後にresponsibilityがあり、------- responsibilityで「責任を負う」という意味になる。(A) は「作る」、(B) は「得る」、(C) は「着る」が基本義でどれもresponsibilityとは相性が悪い。(D) は「耐える」が基本義だが、bear responsibilityで「責任を負う」という意味になるのでこれが正解。　　　　　　　　　　　　　　　　　　　　　　　　　**正解 (D)**

【訳】マーケティング部長は、経営陣に強く批判された最近のテレビ広告の責任を負わなければならなかった。

【注】criticize 批判する、management 経営陣

97. A team of local architects is partnering with the state government to
------- many historic buildings in Clearview and its vicinity.

(A) innovate   (B) expire
(C) restore   (D) supply

98. Many retailers are eager to ------- the current favorable economic
conditions to attract new customers.

(A) persuade   (B) entice
(C) inform   (D) leverage

99. As public works operators, we connect with residents every day
while we're out in the community ------- roads.

(A) servicing   (B) running
(C) applying   (D) placing

100. The recent bubble in the stock market ------- an imminent financial
crisis.

(A) imagines   (B) overviews
(C) foretells   (D) distinguishes

101. Our Felicia Room can seat up to 50 people or ------- a cocktail party
of 100.

(A) expand   (B) increase
(C) hold   (D) widen

102. More marketing efforts are needed to help the company ------- its
profit goal this year.

(A) achieve   (B) enforce
(C) implement   (D) follow

97. 空所後にhistoric buildingsとあることに注目。文全体から空所にはそうしたhistoric buildingsを「修復する」とか「再建する」という意味の語が入ると推測される。(A) は「革新する」、(B) は「期限切れになる」、(D) は「供給する」という意味でどれも文意から外れる。(C) restoreが「修復する」という意味で文章にもピタリ合致する。　　　　　　　　　　　　　　　　**正解 (C)**

【訳】地元の建築家チームは、州政府と協力してクリアビュー市とその近郊にある多くの歴史的建造物を修復しようとしている。

【注】**architect** 建築家、**state government** 州政府、**vicinity** 近郊、近所

98. 空所前は小売業者は何かを切望しているという意味。また空所後には「好都合な経済状況」とあるので、小売業者はそうした良好な経済状況を「活用したい」と考えるはず。(A) は「説得する」、(B) は「誘う」、(C) は「通知する」という意味でどれも的外れ。(D) leverageがまさに「～をてことして活用する」という意味なのでこれが正解。　　　　　　　　　　　　　　　　**正解 (D)**

【訳】多くの小売業者は、新しい顧客を引きつけるために現在の好調な経済状況を活用したいと切望している。

【注】**eager** ～を切望する、**current** 現在の、**economic condition** 経済状況

99. 冒頭にas public works operators「公共工事業者として」とあり、また空所後にroads「道路」とあるので、空所はそうした道路の「補修を行う」という意味になると考えられる。(B) は「走る」、「運営する」、(C) は「適用する」、(D) は「置く」という意味なのでどれも文意にそぐわない。(A) servicingが「補修する」という意味で文意に合致する。　　　　　　　　　　　　　　　　**正解 (A)**

【訳】公共工事業者として我々はコミュニティーの中で道路の補修をするなど日々住民と接触している。

【注】**public works** 公共事業、**connect with** ～と繋がる、接触する

100. 空所前に「最近の株式市場のバブル」とあり、空所後には「差し迫った財政危機」とあるので、空所はそのバブルは財政危機を「予兆する」という意味になると予想される。(A) は「想像する」、(B) は「概観する」、(D) は「区別する」という意味でどれも文意から外れる。(C) foretellsが「前兆となる」という意味で文意的にも合う。　　　　　　　　　　　　　　　　**正解 (C)**

【訳】株式市場における最近のバブルは差し迫った財政危機の予兆である。

【注】**imminent** 差し迫った、**financial crisis** 財政危機

101. フェリシアルームは着席形式では50人まで、パーティー形式では100人まで「収容できる」というのが文の大意。(A) は「拡大する」、(B) は「増やす」、(D) は「広げる」という意味なのでどれも文意に合わない。(C) holdがまさに「開催する」、「開く」という意味なのでこれが正解になる。　　　　　　　　　　　　　　　　**正解 (C)**

【訳】我々のフェリシアルームは着席形式では50人まで、またカクテル形式では100人のパーティーを開くことができます。

【注】**up to** ～まで

102. 空所前にcompany、また空所後にprofit goal「利益目標」とあるので、空所にはその会社が利益目標を「達成する」という趣旨の語が入ると考えられる。(B)は「施行する」、(C)は「実施する」(D)は「従う」という意味なのでどれも文意的にふさわしくない。(A) achieveが「達成する」という意味で文意にピタリ合致する。　　　　　　　　　　　　　　　　**正解 (A)**

【訳】会社が今年の利益目標を達成するためには、もっとマーケティングについて努力する必要がある。

【注】**marketing effort** マーケティングに関する努力

103. The government has announced new policies that aim to ------- the energy market in response to the recent surge in prices.

(A) stabilize   (B) equalize
(C) legalize   (D) penalize

104. Many college students would like more time to ------- possible career paths before choosing a major.

(A) explore   (B) propose
(C) restore   (D) accept

105. Our return procedure remains the same, except that we will also refund postal charges you ------- when returning the items.

(A) deliver   (B) treat
(C) incur   (D) combine

106. Bringing more businesses into our state would go a long way toward ------- our economy in the near future.

(A) undergoing   (B) ensuring
(C) reviving   (D) exceeding

107. Changes to a schedule, especially at the last minute, can ------- business operations and cause stress among staff members.

(A) disrupt   (B) replace
(C) compete   (D) attain

108. McHenry's is dedicated to ------- outstanding service and excellent American cuisine made with the freshest ingredients.

(A) contracting   (B) authorizing
(C) reminding   (D) providing

103. 空所後は「最近の価格高騰への対応としてエネルギー市場を」という意味なので、空所にはそうした価格高騰を「沈静化させる」とか「安定させる」という意味の語が入ると予想される。(B)は「等しくする」、(C)は「法制化する」、(D)は「罰する」という意味なので文意から外れる。(A) stabilizeが「安定化する」という意味で文意的にも合致する。　　　　　**正解 (A)**

【訳】政府は最近の価格高騰への対応としてエネルギー市場を安定化させることを狙った新政策を発表した。

【注】 aim to ～を狙う、in response to ～へ対応として、surge 急上昇

---

104. 空所前にwould like more time「もっと時間がほしい」、また空所後にpossible career pathsとあるので、空所にはそうした進路を「決める」、「掘り下げる」といった意味の語が入ると考えられる。(B) は「提案する」、(C) は「回復する」、(D) は「受け入れる」という意味なのでどれも文意に合わない。(A) exploreが「探究する」という意味で文意に合致する。　　　　　**正解 (A)**

【訳】多くの大学生は専攻科目を選ぶ前に将来可能な職業進路を探究するためにもっと時間がほしいと思っている。

【注】 career path 職業の進路、昇進経路、major 専攻科目

---

105. 商品を返却する場合は郵便代も会社が「負担する」というのが文の後半の大意。(A)は「配達する」、(B)は「取扱う」、(D)は「混ぜ合わせる」という意味なのでどれも文意に合わない。(C) incurは「招く」というのが原義で、そこから費用などを「負担する」という意味になるのでこれが正解。　　**正解 (C)**

【訳】商品を返品する際にかかった郵便代も返金することを除き、そのほかの返品手続きはこれまでと同じです。

【注】 return procedure 返品手続き、except ～を除いて、postal charges 郵便代

---

106. 我が州にもっとビジネスを呼び込むことは経済を「何かする」のに大いに役立つだろうというのが文の大意なので、空所には「活性化する」とか「再生させる」といった語が入ると考えられる。(A) は「経験する」、(B) は「確実にする」、(D) は「超える」という意味なのでどれも文意から外れる。(C) revivingがまさに「復活させる」という意味で文意にも合致する。　　**正解 (C)**

【訳】我が州にもっとビジネスを呼ぶこむことは、我が州の経済を近い将来復活させることに大いに役立つだろう。

【注】 go a long way toward ～に向けて大いに役立つ

---

107. 空所前は「特に最後になっての予定変更」という意味なので、空所には否定的な意味の語が入ると予想される。(B) は「置き換える」、(C) は「競争する」、(D) は「達成する」でどれも否定的な意味はない。(A) disruptは「混乱させる」、「邪魔する」という否定的な意味で文意的にも合致する。　　**正解 (A)**

【訳】特に直前での予定変更は業務を混乱させ、スタッフの間にストレスを生じさせる。

【注】 at the last minute 直前になって、business operation 業務

---

108. 空所後の内容からレストランの話であると理解できるので、空所にはoutstanding serviceを「提供する」という意味の語が入ると推測される。(A) は「契約する」、(B) は「承認する」、(C) は「思い出させる」という意味なのでどれも文意にそぐわない。(D) providingが「提供する」、「供給する」という意味で文意にも合致する。　　**正解 (D)**

【訳】マクヘンリーズは傑出したサービスと最も新鮮な素材で作られた素晴らしいアメリカ料理を提供することに専心している。

【注】 dedicated to ～に専心している、cuisine 料理、ingredient 材料

109. Researchers have developed a new method of ------- hydrogen, which is significantly cheaper than gasoline.

(A) applying   (B) investing
(C) extracting   (D) replacing

110. Please fill out as much of the following form as you can, and ------- any questions you might have to Jennifer Sanchez.

(A) prepare   (B) direct
(C) ask   (D) inform

111. Employees are encouraged to avoid activities that are contrary to their companies' interests or ------- doubts about their loyalty.

(A) secure   (B) raise
(C) support   (D) approve

112. Effective supervision at all stages of production is critical to ------- the risks of on-the-job injuries.

(A) fluctuating   (B) eliminating
(C) resuming   (D) inflating

113. The CEO of the company met with some economists to discuss ways to ------- the expected economic downturn.

(A) update   (B) respond
(C) navigate   (D) prompt

114. If you ------- any technical problems that require immediate assistance, please don't hesitate to contact us.

(A) commit   (B) occur
(C) encounter   (D) persist

109. 空所後のhydrogenは今後のエネルギー源として期待されている「水素」のこと。(A) は「適用する」、(B) は「投資する」、(D) は「取り替える」という意味でどれも文意が通らない。(C) extractingは「抽出する」という意味なので、空所前後は「水素を抽出する新方法」という意味になり文意が通る。　　　　　　　　　　　　　　　　　　　　　　　　　　　**正解（C）**

【訳】研究者はガソリンよりもかなり安価である水素を抽出する新しい方法を開発した。

【注】develop 開発する、method 方法

---

110. 空所がある文の後半は「質問があればジェニファー・サンチェスにしてほしい」というのが大意。(A) は「準備する」、(D) は「通知する」という意味なので文意に合わない。(C) は「質問する」という意味だが前置詞toは取らない。(B) directは「向ける」という意味で文意的にも合致する。　　　　　　　　　　　　　　　　　　　　　　　　　　　　　　　　　**正解（B）**

【訳】下記の記入用紙にできるだけ多くのことを記入してください、そして何か質問があればジェニファー・サンチェスまでお願いします。

【注】fill out 記入する、as much as you can できるだけ多くのことを

111.「従業員は会社の利益に反する行動は避けるべきだ」というのが空所前の大意。空所前のorは「さもなければ」という意味でその前の内容を受ける。(A) は「確保する」、(C) は「支援する」、(D) は「承認する」という意味でどれも空所後のdoubtsと相性が悪い。(B) raiseには問題などを「引き起こす」という意味があり、raise doubtsで「疑念を引き起こす」という意味になる。　　**正解（B）**

【訳】従業員は会社の利益に反する行動を避けることが求められる、さもなければ自身の忠誠心について疑念を引き起こすことになる。

【注】contrary to ～に反する、interest 利益、doubt 疑い、loyalty 忠誠心

---

112. 冒頭にEffective supervisionとあり、空所後にはthe risksとあるので、有効な監視はリスクを「減少させる」とか「無くす」という意味になると予想される。(A) は「変動する」、(C) は「再開する」、(D) は「膨らませる」という意味でどれも文意に合わない。(B) eliminatingは「除外する」という意味で文意にピタリ合致する。　　　　　　　　　　　　　　　　　　　　　　　　　　**正解（B）**

【訳】生産のすべての段階で有効な監視をすることは職場での負傷事故のリスクを取り除く上で極めて重要である。

【注】supervision 監視、監督、critical 極めて重要な、on-the-job 職場での

---

113. 空所後にexpected economic downturn「予想される経済の悪化」とあるので、空所にはそうした悪い状況を「切り抜ける」という意味の語が入ると予想される。(A) は「更新する」、(B) は「反応する」、(D) は「促す」という意味なのでどれも不適。(C) navigateには「うまく乗り切る」という意味があるのでこれが正解。　　　　　　　　　　　　　　　　　　　　　　　　**正解（C）**

【訳】その会社のCEOは何人かのエコノミストと面談して予想される経済の悪化を乗り切る方法について議論した。

【注】way 方法、expected 予想される

---

114. 何か技術的な問題が出てきたら連絡してほしいというのが文の大意なので、空所には「直面する」とか「経験する」といった意味の語が入ると考えられる。(A) は「委ねる」、「責任を持つ」、(B) は「起こる」、(D) は「続く」という意味なのでどれも文意に合わない。(C) encounterは「出会う」、「遭遇する」という意味で文意にも合致する。　　　　　　　　　　　　　　　　　　　**正解（C）**

【訳】もしすぐに助けが必要な技術的問題に出会った場合には、躊躇せず我々にご連絡ください。

【注】technical problem 技術的問題、immediate 即時の、hesitate 躊躇する

115. Commitment to customers is our main priority, and we always ------- applicants who demonstrate the same attitude.

(A) convince   (B) seek
(C) utilize   (D) reveal

116. After careful consideration, the company has decided to ------- the production of its once-popular XY1500 printers.

(A) hesitate   (B) foster
(C) discontinue   (D) liquidate

117. Benton Bank, which entered the retail market five years ago, has since ------- its departments through a restructuring process.

(A) merged   (B) limited
(C) proceeded   (D) delivered

118. Tyson City's art museum ------- the latest installation in its contemporary art series.

(A) unveiled   (B) thrived
(C) summarized   (D) attained

119. Simon Pharma has expanded its presence in emerging markets by ------- a majority stake in a drug manufacturing company in India.

(A) demanding   (B) switching
(C) acquiring   (D) repeating

120. This introductory course is designed to ------- understanding of fundamental concepts in corporate planning.

(A) broaden   (B) alleviate
(C) impress   (D) suppress

115. 空所後にapplicants「求職者、応募者」とあるので、空所にはそうした求職者を「探す」とか「求める」という意味の語が入ると予想される。(A) は「納得させる」、(C) は「利用する」、(D) は「見せる」という意味なのでどれも不適。(B) seekが「求める」という意味で文意にも合致する。　**正解 (B)**

【訳】顧客へ献身することが我が社の主たる優先事項であり、それと同じ態度を示してくれる求職者を我々は求めている。

【注】**commitment** 献身、**priority** 優先事項、**attitude**態度

116. 文頭のAfter careful consideration「熟慮の末」や、空所後のits once-popular「かつては人気があった」という語句などから、会社はその商品の生産を「中止する」とか「中断する」という決定をしたと推測できる。選択肢(C)discontinueが「中止する」という意味なのでこれが正解になる。(A) は「躊躇する」、(B) は「育む」、(D) は「清算する」という意味。　**正解 (C)**

【訳】熟慮の末、その会社はかつては人気だったXY1500プリンターの生産を中止することを決定した。

【注】**careful consideration** 熟慮、**production** 生産

117. 空所後にあるdepartmentsは「百貨店」ではなく企業などの「部門」のこと。また文末にthrough a restructuring processという語句もあるので、リストラを通じて部門の「整理をした」という趣旨の語が入ると考えられる。選択肢の中でそれに近いのは「統合する」という意味の (A) merged。(B) は「制限する」、(C) は「進める」、(D) は「配達する」という意味。　**正解 (A)**

【訳】5年前に小口金融市場に参入したベントン銀行は、それ以降リストラによって社内の部門を統合整理した。

【注】**retail market** 小口金融市場、小売市場

118. 空所後にあるlatest installationとは「最新の展示品」という意味。また主語が美術館なので空所には展示品を「公開する」とかその類義語が入ると予想される。(B) は「繁栄する」、(C) は「要約する」、(D)は「達成する」という意味なのでどれも的外れ。(A) が「明かす」、「公開する」という意味なのでこれが正解になる。　**正解 (A)**

【訳】タイソン市の美術館は現代芸術シリーズの最新の展示品を公開した。

【注】**contemporary art** 現代芸術

119. 空所後のmajority stakeは企業などの「過半の出資（＝株式）」という意味なので、空所には「獲得する」とか「得る」という意味の語が入ると考えられる。(A) は「要求する」、(B) は「交換する」、(D) は「繰り返す」という意味なのでどれも文意にそぐわない。(C) acquiringが「獲得する」、「取得する」という意味なのでこれが正解になる。　**正解 (C)**

【訳】サイモンファーマ社はインドの製薬会社の過半の株式を取得することによって新興国市場での存在感を拡大した。

【注】**presence** 存在感、**emerging market** 新興国市場

120. この文は何かのコース案内で、空所後にunderstanding of「～の理解を」とあるので、空所にはそうした理解を「深める」とか「得る」といった意味の語が入ると予想される。(B) は「軽減する」、(C) は「印象づける」、(D) は「抑える」という意味なのでどれも文意にそぐわない。(A) broadenが「広げる」という意味で文意に合致する。　**正解 (A)**

【訳】この入門コースは経営企画についての基本概念の理解を広げるために企画されたものである。

【注】**introductory** 入門の、**fundamental** 基本的な、**corporate planning** 経営企画

121. Andy's Seafood plans to hire two additional waiters in order to
------- the increasing number of tourists.

(A) succeed   (B) rely
(C) accommodate   (D) capture

122. People are not allowed to enter into a contract if they do not have
the capacity to understand that they are ------- a legal obligation.

(A) exercising   (B) undertaking
(C) delegating   (D) attributing

123. We ------- the right to refuse service to anyone who is intoxicated or
behaves in a hostile manner.

(A) offer   (B) avoid
(C) compel   (D) reserve

124. Having up-to-date technology can ------- productivity and overall
workplace satisfaction by lightening workloads.

(A) drive   (B) associate
(C) celebrate   (D) alter

125. A good organization ------- a strong vision of where it will be in 10
years.

(A) assures   (B) serves
(C) scores   (D) conveys

126. We are offering online courses for employees who wish to -------
additional skills and qualifications.

(A) require   (B) browse
(C) guarantee   (D) gain

121. 観光客が増加しているので、追加でウェイターを2人雇うというのが文の大意。空所には増加する観光客に「対応する」とか「適応する」という意味の語が入ると考えられる。(A) は「成功する」、(B) は「頼る」、(D) は「捕まえる」という意味なのでどれも不適。(C) accommodateが「順応する」という意味で文意にピタリ合致する。　　　　　　　　　　　　　　**正解 (C)**

【訳】アンディーズ・シーフードは観光客が増えているのに順応するため、追加で2人のウェイターを雇う予定である。

【注】additional 追加の、increasing number of tourists 増加する観光客

---

122. 空所後にlegal obligation「法的義務」という語句があるので、空所には義務を「負う」という意味の語が入ると考えられる。(A) は「行使する」、(C) は「委任する」、(D) は「帰する」という意味なのでどれも文意に合わない。(B) はundertake an obligationで「義務を負う」という意味になるのでこれが正解。　　　　　　　　　　　　　　　　　　　**正解 (B)**

【訳】自分が法的義務を負っていることを理解する能力がなければ契約を結ぶことは許されない。

【注】enter into a contract 契約を結ぶ、capacity 能力

---

123. 泥酔した人や敵対的な人にはサービスをお断りするというのが文の大意。------- the rightで「権利を有する」という意味になると考えられる。(A) は「提供する」、(B) は「避ける」、(C) は「強いる」という意味でどれも的外れ。(D) がreserve the rightで「権利を留保する」という意味になるのでこれが正解。　　　　　　　　　　　　　　　　　　　　　　　　　**正解 (D)**

【訳】泥酔した人や敵対的な行動をする人にはサービスの提供を拒否する権利を我々は留保している。

【注】refuse 拒否する、behave 行動する、態度をとる

---

124. 最新技術によって生産性や従業員満足度も上げられるというのが文の大意なので、空所にはそうした生産性を「上げる」とか「推進する」といった意味の語が入ると予想される。(B) は「関連させる」、(C) は「祝う」、(D) は「変更する」という意味なのでどれも文意から外れる。(A) driveがまさに「推進する」、「活性化させる」という意味で文意に合致する。　　　　　**正解 (A)**

【訳】最新の技術があることで、仕事量を軽減して生産性や全体的な従業員満足度を推進することができる。

【注】up-to-date 最新の、overall 全体的な、lighten 軽減する、workload 仕事量

---

125. 空所後にstrong visionとあるので、空所にはそうしたstrong visionを「提供する」とか「伝達する」といった趣旨の語が入ると予想される。(A) は「保証する」、(B) は「奉仕する」、(C) は「得点する」という意味なのでどれも文意に合わない。(D) conveysには「伝える」という意味があり文意が通る。　　　　　　　　　　　　　　　　　　　　　　　　　　**正解 (D)**

【訳】優れた組織というのは、10年後にその組織がどこにいるのかということについての強いビジョンを伝えるものだ。

【注】where it will be どこにいるか、in 10 years 10年後に、10年以内に

---

126. 空所後にadditional skills とあるので、空所にはそうしたスキルを「身につける」という意味の語が入ると予想される。(A) は「必要とする」、(B) は「ざっと見る」、(C) は「保証する」という意味でどれも文意に合わない。(D) はgain skills で「スキルを身につける」という意味になるのでこれが正解。　　　　　　　　　　　　　　　　　　　**正解 (D)**

【訳】我が社では追加のスキルや資格を身につけたい従業員に対してオンラインコースを提供している。

【注】additional 追加の、qualification 資格

127. Today's workshop is designed to ------- various concerns you may have about balancing work and childcare.

(A) allay   (B) strengthen
(C) enhance   (D) abbreviate

128. Online platforms help us ------- connected and share important information with one another.

(A) inform   (B) check
(C) stay   (D) list

129. The company has ------- an internship program to enable college students to develop their professional interests.

(A) established   (B) specialized
(C) prohibited   (D) reported

130. If your symptoms ------- even after taking medication, you should contact a healthcare professional immediately.

(A) resist   (B) persist
(C) create   (D) cease

131. To ------- the processing of your application, please include your customer identification number in all correspondence.

(A) raise   (B) reserve
(C) expedite   (D) expand

132. Dr. Yoshimura has ------- the respect of virtually everyone in the scientific community.

(A) returned   (B) prepared
(C) succeeded   (D) earned

127. 空所後にvarious concerns「さまざまな心配」という語句があるので、空所にはそうした心配を「和らげる」とか「軽減する」という意味の語が入ると予想される。(B) は「強める」、(C) は「高める」、(D) は「短縮する」という意味でどれも文意にそぐわない。(A) allayが「軽くする」、「緩和する」という意味で文意にも合致する。 **正解 (A)**

【訳】本日のワークショップは仕事と育児の両立についてのさまざまな心配を緩和するべく企画されたものである。

【注】designed to ～のために企画された、childcare 育児

128. 空所後のconnectedは過去分詞。空所には過去分詞を後に取ることができる動詞が入る。(A) は「通知する」、(B) は「調べる」、(D) は「記載する」という意味でどれも過去分詞を取れない。(C) stayは「～のままでいる」というのが基本義で、後に過去分詞を取ることができるのでこれが正解になる。 **正解 (C)**

【訳】オンラインプラットフォームは私たちが繋がった状態にいて互いに重要な情報を共有できることに役立っている。

【注】connected 繋がった、結びついた、with one another お互いに

129. 空所前後から会社がインターンシップ・プログラムを「始めた」ことがわかるので、空所にはそれに類した語が入ると考えられる。(B) は「専門にする」、(C) は「禁止する」、(D) は「報告する」という意味なのでどれも文意に合わない。(A) には「創設する」という意味があり文意にもピタリ合致する。 **正解 (A)**

【訳】その会社は大学生たちが職業的な関心を育てるためのインターンシップ・プログラムを創設した。

【注】enable ～を可能にする、professional interests 職業的な関心

130. 薬を飲んでも病状が「続く」ようであればというのが文の前半の文意なので、空所には「続く」とか「持続する」という意味の語が入ると考えられる。(A) は「抵抗する」、(C) は「作り出す」、(D) は「止まる」という意味なのでどれも文意に合わない。(B) persistが「持続する」という意味なのでこれが正解になる。 **正解 (B)**

【訳】薬を飲んだ後でも病気の症状が続くようであれば、すぐに医療専門家に連絡すべきです。

【注】symptom 症状、take medication 薬を飲む、professional 専門家

131. 空所後は「あなたの申請の処理を」という意味なので、空所にはその申請処理を「早める」とか「迅速に行う」という趣旨の語が入ると予想される。(A) は「上げる」、(B) は「予約する」、(D) は「拡大する」という意味でどれも的外れ。(C) expediteがまさに「早める」、「促進させる」という意味なのでこれが正解。 **正解 (C)**

【訳】あなたの申請の処理を早めるため、我々とのすべての通信のやり取りにあなたのIDナンバーを入れてください。

【注】processing 処理すること、include 含める、correspondence 交信、手紙等でのやり取り

132. 空所後は「科学界のほぼすべての人の尊敬」という意味なので、空所には尊敬を「受ける」とかその類義語が入ると考えられる。(A) は「返す」、(B) は「準備する」、(C) は「成功する」という意味でどれも文意にそぐわない。(D) は「稼ぐ」という意味のほかに、名声・信用などを「得る」という意味があり文意的にも通る。例題パターン②を参照。 **正解 (D)**

【訳】ヨシムラ博士は科学界のほぼすべての人の尊敬を得ている。

【注】virtually 実質的には、scientific community 科学界

133. More than 500 business leaders in the food industry are expected to attend the exhibition and ------- their businesses.

(A) showcase   (B) specialize

(C) reflect   (D) report

134. Our list of recommended books is ------- with care so that people can find a book that interests them.

(A) involved   (B) assigned

(C) compiled   (D) furnished

135. Organizations can ------- their performance by listening to feedback from workers and increasing employee satisfaction.

(A) anticipate   (B) innovate

(C) improve   (D) present

136. Once you have ------- relationships with customers, it is important to maintain and improve upon them.

(A) expected   (B) forged

(C) implemented   (D) installed

137. Bradbury Business School is well known for ------- an excellent blend of theoretical and practical knowledge in its management education.

(A) reducing   (B) imparting

(C) satisfying   (D) nominating

138. There are a number of critical responsibilities that all store managers must -------.

(A) respect   (B) fulfill

(C) extend   (D) succeed

133. 展示会に多くの食品業界の関係者が出席し、自分たちのビジネスの「紹介をする」というのが文の大意。(B) は「専門化する」、(C) は「反映する」、(D) は「報告する」という意味でどれも文意とは無関係。(A) showcaseがまさに「見せる」、「紹介する」とういう意味なのでこれが正解。

正解（A）

【訳】食品業界のビジネスリーダーが500人以上展示会に出席し、自分たちのビジネスについて紹介することになっている。

【注】are expected to ～すると見込まれている、exhibition 展覧会

134. 空所前にlist of recommended books「推薦図書リスト」という語句があるので、空所にはリストを「編集する」とか「まとめる」という意味の語が入ると予想される。(A) は「関わる」、(B) は「割り当てる」、(D) は「備え付ける」という意味なのでどれも文意から外れる。(C) が「編集する」という意味で文意に合致する。

正解（C）

【訳】我々の推薦図書リストは、人々が自分たちの興味を引く本に出会えるように注意して編集されている。

【注】with care 注意して、interest 興味を抱かせる

135. 空所後のby以下に「フィードバックを聞く」とか「従業員満足度を上げる」とあるので、空所には組織の業績を「上げる」とか「良くする」という意味の語が入ると考えられる。(A) は「予測する」、(B) は「革新する」、(D) は「提示する」という意味なのでどれも的外れ。(C) improveが「改善する」という意味で文意にも合致する。

正解（C）

【訳】組織は労働者からのフィードバックを聞くことや従業員満足度を上げることによって業績を改善することができる。

【注】organization 組織、performance 業績

136. 空所後にrelationships with customers「顧客との関係」とあるので、空所にはそうした関係を「築き上げる」という意味の語が入ると予想される。(A) は「期待する」、(C) は「実施する」、(D) は「据えつける」という意味でどれも文意に合わない。(B) が関係などを「努力して築き上げる」という意味なのでこれが正解になる。

正解（B）

【訳】ひとたび顧客との関係を築き上げたら、その関係を維持し改善していくことが重要である。

【注】once ひとたび～すれば、maintain 維持する

137. このビジネススクールは企業経営に関する優れた教育で知られるというのが空所前後の大意なので、空所には知識を「与える」という意味の語が入ると考えられる。(A) は「減じる」、(C) は「満足させる」、(D) は「指名する」という意味なのでどれも不適。(B) impartingが「授ける」という意味で文意にも合致するのでこれが正解になる。

正解（B）

【訳】ブラッドベリー・ビジネススクールは企業経営教育における理論と実践を融合した素晴らしい知識を授けていることでよく知られている。

【注】well known for ～でよく知られている、theoretical 理論的な

138. 空所にはresponsibilities「責任」と相性のよい動詞が入ると考えられる。(A) は「尊敬する」、(C) は「伸ばす」、(D) は「あとを継ぐ」という意味で、どれもresponsibilitiesとは相性が悪い。(B) fulfillが義務や責任などを「果たす」という意味なのでこれが正解になる。

正解（B）

【訳】全店長が果たさなければならない多くの極めて重要な責任がある。

【注】a number of 多くの、critical 極めて重要な、store manager 店長

139. The Italian restaurant is run by Rick Saliemo, a star chef who ------- his skills at a well-known restaurant in San Leonardo.

(A) exaggerated   (B) described
(C) honed   (D) enlarged

140. Taking time to listen to customers and hear their side of the story can ------- all the difference.

(A) stay   (B) keep
(C) maintain   (D) make

141. From the very beginning of our company, we have ------- an approach of treating customers as we would friends and family.

(A) embraced   (B) positioned
(C) served   (D) protected

142. The financial well-being of companies depends on quickly ------- accounting irregularities and preventing them from occurring again.

(A) accepting   (B) detecting
(C) enhancing   (D) expecting

143. Financial companies usually ------- management fees from clients' accounts each quarter.

(A) deposit   (B) deduct
(C) induct   (D) maintain

144. Looking forward, Vance Medical Supply is expecting to see the rebound continue to ------- momentum due to new orders.

(A) regulate   (B) gain
(C) remove   (D) submit

139. 空所後にhis skills「彼の技能」とあるので、空所にはそのような技能を「磨く」とか「向上させる」といった意味の語が入ると予想される。(A) は「誇張する」、(B) は「描写する」、(D) は「拡大する」という意味なのでどれも不適。(C) がまさに「磨く」という意味で文意にピタリ合致する。　**正解 (C)**

【訳】そのイタリアレストランはリック・サリエモによって経営されているが、彼はサンレオナルドの有名なレストランで腕を磨いたスターシェフである。

【注】**run** 経営する、**hone one's skills** 腕を磨く

---

140. 顧客の話や言い分を時間をかけてよく聞くことが大きな差になるというのが文の大意。------ all the differenceで「大きな差になる」という意味になると考えられる。(A)、(B)、(C) どれを空所に入れてもそのような意味にはならないが、(D) を入れるとmake all the differenceでその意味になるのでこれが正解。　**正解 (D)**

【訳】時間をかけて顧客の話や言い分をじっくり聞くことが大きな差になる。

【注】**take time to** 時間をかけて~する、**their side of the story** 彼らの言い分、言いたいこと

---

141. 空所後にan approachという語があるので、空所にはそうしたアプローチを「取る」とか「採用する」という意味の語が入ると予想される。(B) は「位置付ける」、(C) は「奉仕する」、(D) は「守る」という意味でどれも文意に合わない。(A) は「抱擁する」が基本義だが、主義などを「採用する」という意味もあり文意が通る。　**正解 (A)**

【訳】我が社はまさに創設時から、自分たちの友だちや家族に接するのと同じように顧客にも接するというアプローチを採用してきた。

【注】**very** まさに、まさしく、**treat** 取り扱う、接する

---

142. 空所後にaccounting irregularities「不正会計」という語句があるので、空所にはそうした不正を「見つける」という趣旨の語が入ると予想される。(A) は「受け入れる」、(C) は「高める」、(D) は「期待する」という意味でどれも文意に合わない。(B) detectingが「見つける」、「気づく」という意味なのでこれが正解になる。　**正解 (B)**

【訳】企業の財政的健全性は不正会計を素早く見つけ出し、その再発を防止することにかかっている。

【注】**financial well-being** 財政的健全性、**depend on** ~次第である、**prevent** 防ぐ

---

143. 文の大意は、金融企業は顧客口座から管理費用を「差し引く」ということ。(A)は「預金する」、(C)は「任命する」、(D) は「維持する」という意味なのでどれも文意と整合的ではない。(B) deductは「控除する」、「差し引く」という意味で文意にピタリ合致する。　**正解 (B)**

【訳】金融企業は一般的に毎四半期、顧客の口座から管理費用を差し引く。

【注】**management fee** 管理費用、**clients' accounts** 顧客の口座

---

144. 空所後がmomentum due to new orders「新規の注文による勢い」となっているので、文全体から、------- momentumで「勢いを増す」とか「はずみをつける」という意味になると考えられる。(A) は「規制する」、(C) は「取り除く」、(D) は「提出する」という意味なのでどれも的外れ。(B) はgain momentumで「勢いを増す」という意味になるのでこれが正解。　**正解 (B)**

【訳】今後、バンス・メディカルサプライ社は新規の注文によって回復が引き続き勢いを増すと期待している。

【注】**looking forward** 将来に目を向けると、今後は、**rebound** 回復

145. The contractor must ------- all safety precautions in connection with the work to be performed at the site.

(A) preserve   (B) train
(C) surround   (D) practice

146. If you think you would ------- an excellent candidate for this role, please apply by sending in your résumé.

(A) make   (B) take
(C) get   (D) receive

147. Levy Group has decided to ------- its sponsorship of the city's annual music festival because of slumping business.

(A) expire   (B) prevent
(C) terminate   (D) persuade

148. Arborists are licensed after displaying the ability to ------- tree problems and recommend solutions.

(A) conclude   (B) aspire
(C) diagnose   (D) command

149. Starting a business from scratch can be a daunting and time-consuming endeavor that ------- a lot of risk.

(A) carries   (B) provides
(C) submits   (D) offers

150. Despite ------- exceptional popularity at one point in time, most of these stocks experienced notable declines after reaching a certain peak.

(A) distracting   (B) opening
(C) emphasizing   (D) achieving

145. 空所後にall safety precautionsとあるので、空所を含めた部分は「すべての安全措置を講じる」という意味になると予想される。（A）は「保存する」、（B）は「訓練する」、（C）は「囲む」という意味でどれもprecautionとは相性が悪い。（D）はpractice precautionsで「予防策を講じる」という意味になるのでこれが正解。　　　　　　　　　　　　　　　　　　　　　　正解（D）

【訳】契約業者は現場で行う作業に関してすべての安全措置を講じなければならない。

【注】**contractor** 契約業者、**in connection with** 〜に関連して

---

146. この仕事に適任だと思うなら履歴書を送って下さいというのが文の大意。------- an excellent candidateで「素晴らしい候補になる」という意味になる。（B）、（C）、（D）どれを入れてもそうした意味にはならない。（A）のmakeには「〜になる」という意味があるのでこれが正解。　正解（A）

【訳】もしあなたがこの役職の素晴らしい候補者になると思うのであれば、履歴書を送ってご応募ください。

【注】**candidate** 候補者、**role** 役、役職、**résumé** 履歴書

---

147. 空所後にits sponsorshipとあり、また文末にはbecause of slumping businessとあるので、空所にはスポンサーを「止める」という意味の語が入ると予想される。（A）は「有効期限が切れる」、（B）は「防止する」、（D）は「説得する」という意味でどれも文意に合わない。（C）terminateが「終了する」という意味で文意に合致する。　　　　　　　　　　　　　　　　　　　　正解（C）

【訳】レビーグループは営業不振のため毎年行われる市の音楽祭のスポンサーを降りる決定をした。

【注】**because of** 〜のため、**slumping business** 営業不振

---

148. 文頭のArboristは「樹木専門家」のこと。文末にrecommend solutionsとあるが、それをするためには、その前にtree problems を「診断する」必要がある。（A）は「結論づける」、（B）は「熱望する」、（D）は「命令する」という意味でどれも文意から外れる。（C）diagnoseがまさに「診断する」という意味なのでこれが正解になる。　　　　　　　　　　　　　　　　　　　　正解（C）

【訳】樹木の専門家は樹木の問題を診断し解決策を推薦できる能力を示した後に免許が与えられる。

【注】**display** 示す、発揮する、**solution** 解決策

---

149. 空所後にa lot of risk「多くのリスク」とあるので、空所を含めた語句はリスクを「伴う」という意味になると考えられる。（B）は「供給する」、（C）は「提出する」、（D）は「提供する」という意味でどれもriskとは相性が悪い。（A）はcarry riskで「危険を伴う」という意味になるのでこれが正解。　　　　　　　　　　　　　　　　　　　　　　　　正解（A）

【訳】一からビジネスを開始することは、多くのリスクを伴う非常に困難で時間のかかる営みである。

【注】**from scratch** 一から、**daunting** ひるませる、**endeavor** 努力、企て

---

150. 空所後にexceptional popularity「例外的な人気」とあるので、空所にはそうした人気を「得る」とか「獲得する」といった趣旨の語が入ると予想される。（A）は「気を散らす」、（B）は「開く」、（C）は「強調する」という意味なのでどれも文意的に不適。（D）achievingが「獲得する」、「勝ち取る」という意味で文意にピタリ合致する。　　　　　　　　　　　　　　　　　　　正解（D）

【訳】ある時点で例外的に高い人気を獲得しても、これらのほとんどの株は最高値をつけた後に顕著な価格下落に見舞われていた。

【注】**despite** 〜にもかかわらず、**notable** 顕著な、目立った

151. Wexner Consulting is seeking to hire experienced business consultants who can help client companies ------- corporate strategies.

(A) receive   (B) complain
(C) devise   (D) multiply

152. Washburn Corporation's revenue has increased substantially since the board ------- the aggressive M&A strategy.

(A) contributed   (B) authorized
(C) compared   (D) transported

153. Jason Murphy, one of the country's ------- financial analysts, will join us at our event to discuss the recent economic recession.

(A) devastating   (B) profiteering
(C) leading   (D) attending

154. Pandora's newly launched cosmetic line received ------- reviews from happy customers.

(A) versatile   (B) favorable
(C) previous   (D) despicable

155. The owner of the accounting firm was impressed with the candidate's ------- personality and energetic passion.

(A) lamentable   (B) cumulative
(C) engaging   (D) indignant

156. Members of Readers Club have ------- access to all the articles and reviews published in Current News Magazine.

(A) exclusive   (B) inclusive
(C) intrusive   (D) conclusive

151. 空所後にcorporate strategies「企業戦略」という語句があるので、空所にはそうした戦略を「策定する」とか「立案する」という意味の語が入ると予想される。(A) は「受け取る」、(B) は「不満を言う」、(D)は「増やす」という意味なのでどれも文意にふさわしくない。(C) deviseが「考案する」、「立案する」という意味で文意に合致する。　　　　　　　　　　　　　　**正解 (C)**

【訳】ウェクスナー・コンサルティング社は顧客企業の企業戦略を立案する手助けができる経験豊かなビジネスコンサルタントを雇用しようと努力している。

【注】**seek** 求める、**experienced** 経験豊かな

152. 空所前にthe board「取締役会」とあり、また空所後にはM&A strategyとあるので、取締役会がそうした戦略を「承認した」と入ると考えるのが妥当。(A) は「貢献する」、(C) は「比較する」、(D)は「運ぶ」という意味なのでどれも文意に合わない。(B) が「承認する」という意味なのでこれが正解。　　　　　　　　　　　　　　　　　　　　　　　　　　　　　　　**正解 (B)**

【訳】ウォッシュバーン社の収益は取締役会が積極的なM&A戦略を承認して以降大幅に増加した。

【注】**revenue** 収益、**substantially** 大幅に、大きく、**aggressive** 積極的な

153. 人物の紹介文なので、基本的には肯定的なことしか述べられない。空所にもそうしたプラス評価の語が入ると予想できる。(A) は「破壊的な」、(B) は「暴利を貪る」という否定的な意味、また (D)は「出席する」という中立的な意味なのでどれも不可。(C) leadingが「主導的な」、「有数の」という肯定的な意味なのでこれが正解になる。　　　　　　　　　　　　　**正解 (C)**

【訳】我が国有数の金融アナリストであるジェイソン・マーフィー氏が、最近の経済不況について我が社のイベントでお話をしてくれます。

【注】**discuss** 議論する、話をする、**recession** 景気後退、不況

154. 空所後にreviews from happy customersとあるので、この会社の新化粧品は顧客からよい評価を受けたと理解できる。(A) は「多用途の」、(C) は「以前の」、また (D) は「嫌悪すべき」という否定的な語なのでどれも不適。(B) favorableが「好意的な」というよい評価の意味なのでこれが正解になる。　　　　　　　　　　　　　　　　　　　　　　　　　　　　　**正解 (B)**

【訳】パンドラ社の新発売の化粧品は、それを気に入った顧客から好意的な評価を受けた。

【注】**newly launched** 新発売の、**cosmetic line** 化粧品

155. 求職者の人柄や情熱に「感銘を受けた」というのが空所前後の大意なので、空所には肯定的な形容詞が入ると予想される。(A) は「嘆かわしい」、(D) は「憤慨した」という否定的な意味。(B)は「累積的な」という中立的な意味。(C) engagingが「魅力的な」という肯定的な意味なのでこれが正解。　　　　　　　　　　　　　　　　　　　　　　　　　　　　　　　　**正解 (C)**

【訳】会計事務所のオーナーは求職者の魅力的な人柄とエネルギッシュな情熱に感銘を受けた。

【注】**accounting firm** 会計事務所、**be impressed** 感銘を受ける、**personality** 人柄

156. 空所前にMembers of Readers Clubとあるので、空所後にあるaccessはこの読書クラブのメンバーに「独占的」に与えられたものだと考えられる。(B) は「包括的な」、(C) は「押しつけがましい」、(D) は「決定的な」という意味なのでどれも文意から外れる。(A) exclusiveが「独占的な」という意味で文意に合致する。　　　　　　　　　　　　　　　　　　　　　**正解 (A)**

【訳】読書クラブのメンバーは「カレント・ニューズ・マガジン」誌で掲載されたすべての記事と批評を独占的に読むことができる。

【注】**article** 記事、**review** 批評、**publish** 出版する、公表する

157. We are looking for ------- candidates who love to meet new people and cultivate business relationships.

(A) unlimited
(B) energetic
(C) temporary
(D) reclusive

158. Mr. Bishop, CEO of Rogers Burgers, is looking forward to the ------- opening of its first store in Japan in September.

(A) predictable
(B) impressive
(C) nearby
(D) upcoming

159. Advertising in printed publications can be an ------- way of reaching your target audience.

(A) infectious
(B) incompetent
(C) equal
(D) effective

160. If you are friendly and have ------- people skills, you are encouraged to apply for a managerial position at our restaurant.

(A) exceptional
(B) ordinary
(C) intentional
(D) mediocre

161. World Tours is always looking for opportunities to reward our ------- customers by offering a wide range of services.

(A) skeptical
(B) loyal
(C) curious
(D) reasonable

162. Acorn Financial publishes an excellent weekly newsletter that boasts many ------- readers.

(A) bored
(B) avid
(C) cautious
(D) average

157. 空所後に「新しい人と会うことが好きでビジネス関係を構築できる候補者」とあるので、空所には「活発な」とか「外交的な」といった形容詞が入ると考えられる。（A）は「無限の」、（C）は「一時的な」、（D）は「引きこもりがちな」という意味なのでどれもふさわしくない。（B）energeticが「精力的な」という意味で文意が通る。　　　　　　　　　　　　　　　　　　**正解（B）**

【訳】我が社は新しい人と会うことが好きでビジネス関係を構築できる精力的な候補者を探している。

【注】**look for** ～を探す、**cultivate** 耕す、育てる

158. 空所前にlooking forward toとあり、また文末にin Septemberとあるので、これは未来のことであると考えられる。（A）は「予測可能な」、（B）は「印象的な」、（C）は「近くの」という意味でどれも文意に合わない。（D）upcomingが「来る」とか「もうすぐやって来る」という未来のことを意味するのでこれが正解。　　　　　　　　　　　　　　　　　　　　**正解（D）**

【訳】ロジャースバーガーのCEOであるビショップ氏は9月に日本で1号店が近く開店することを楽しみにしている。

【注】**look forward to** ～を楽しみにする、**opening** 開店

159. 空所後にway of reaching your target audience「対象者に届く方法」とあるので、空所はそのための「よい」方法という意味になると考えられる。（A）は「感染力のある」、（B）は「無能な」、（C）は「平等な」という意味なのでどれも文意にそぐわない。（D）effectiveが「有効な」という意味で文意にピタリ合致する。　　　　　　　　　　　　　　　　　　　　　　　**正解（D）**

【訳】出版物で広告することは狙っている対象者に届くための有効な方法である。

【注】**printed publication** 出版物、**reach** 届く

160. カンマ以下で「管理職にぜひ応募してほしい」と言っているので、当然「優れた」対人能力を持っている人を想定していると考えられる。（B）は「通常の」、（C）は「意図的な」、（D）は「平凡な」という意味なのでどの語も管理職にふさわしくない。（A）exceptionalが「非常に優れた」という意味で文意にピタリ合致する。　　　　　　　　　　　　　　　　　　　**正解（A）**

【訳】もしあなたが優しい人柄で優れた対人能力を持っているなら、我々のレストランの管理職にぜひ応募していただきたい。

【注】**apply for** ～に応募する、**managerial position** 管理職

161. 空所前にreward「報いる」、また空所後にcustomersとあるので、空所には「よく利用してくれる」という趣旨の語が入ると考えられる。（A）は「疑い深い」、（C）は「好奇心の強い」、（D）は「分別のある」という意味なのでどれも文意に合わない。（B）loyalが「忠実な」、「義理堅い」という意味で文意が通る。　　　　　　　　　　　　　　　　　　　　　　　　　**正解（B）**

【訳】ワールドツアー社は幅広いサービスを提供することによって、いつもよく利用してくれる顧客に報いる機会を常に探している。

【注】**opportunity** 機会、**a wide range of** 幅広い

162. 空所前にan excellent weekly newsletter that boasts manyとあるので、空所には肯定的な意味の形容詞が入ると予想される。（A）は「退屈した」、（C）は「慎重な」、（D）は「平均的な」という意味でどれも肯定的な意味ではない。（B）avidが「熱心な」という肯定的な意味で文意にも合致する。　　　　　　　　　　　　　　　　　　　　　　　　　　**正解（B）**

【訳】エイコーン・フィナンシャル社は多くの熱心な読者を誇る素晴らしい週刊ニュースレターを発行している。

【注】**publish** 発行する、出版する、**boast** ～を誇る、**reader** 読者

163. For decades, Winston Beverage Data has been the ------- source of information on beer and wine consumption worldwide.

(A) extensive
(B) awkward
(C) definitive
(D) acceptable

164. Allen Construction has conducted a ------- number of renovation and expansion projects over the past few years.

(A) thoughtful
(B) remarkable
(C) convenient
(D) possible

165. Crowdfunding has proven to be an effective and ------- tool in supporting civic and social initiatives.

(A) perfunctory
(B) restrictive
(C) variable
(D) reliable

166. Visitors to the annual exhibition must register in advance to receive a ------- parking permit.

(A) complimentary
(B) complete
(C) comprehensive
(D) competent

167. The president of Sentrix Corporation reiterated that customer data security is of ------- importance to the company.

(A) paramount
(B) severe
(C) difficult
(D) appropriate

168. Ralston General Hospital has made ------- improvements to its patient services over the past two years.

(A) dense
(B) likable
(C) notable
(D) indicative

163. 空所後にsource of information「情報源」とあるので、空所には「信頼できる」という意味の肯定的な語が入ると予想される。(B) は「不器用な」、(D) は「許容範囲内の」という意味でどれも肯定的ではない。(A) は肯定的だが文意に合わない。(C) definitiveが「決定的な」、「最も信頼できる」という意味で文意にも合致する。　　　　　　　　　　　　　　　　　　　　　**正解 (C)**

【訳】何十年にもわたり、ウィンストン・ベバレッジ・データは世界のビールとワイン消費量に関する最も信頼できる情報源である。

【注】consumption 消費、消費量、worldwide 世界中で

---

164. 空所後にあるnumberと相性のよい形容詞を選ぶ問題。(A) は「思いやりがある」、(C) は「便利な」、(D) は「可能な」という意味で、どれもnumberとは相性が悪い。(B) remarkableは「注目に値する」、「卓越した」という意味なので、remarkable numberで「目覚ましい数」という意味になり文意が通る。　　　　　　　　　　　　　　　　　　　　　　　　**正解 (B)**

【訳】アレン建設は過去数年間に目覚ましい数の改修拡張工事を行ってきた。

【注】conduct 行う、実施する、expansion 拡大、拡張

---

165. 空所前に effective and とあるので、空所にはeffectiveと同じ肯定的な意味の形容詞が入ると予想される。(A) は「気のない」、(B) は「制限的な」、(C) は「変わりやすい」という意味でどれも肯定的ではない。(D) reliableが「信頼できる」という肯定的な意味で文意にも合致する。
正解 (D)

【訳】クラウドファンディングは市民社会の取り組みを支援する有効で信頼できるツールであることが立証された。

【注】prove ～であることを示す、tool 道具、civic 市民の

---

166. 空所後のparking permitとは「駐車許可証」のこと。空所にはそのparking permitと相性のよい形容詞が入る。(B) は「完全な」、(C) は「包括的な」、(D) は「有能な」という意味でどれもparking permitを形容する語としては不適。(A) complimentaryは「無料の」という意味で文意に合致する。　　　　　　　　　　　　　　　　　　　　　　　　　　　　　　**正解 (A)**

【訳】毎年恒例の展示会への来場者が無料の駐車許可証を受け取るためには事前に登録しなければならない。

【注】annual 毎年の、exhibition 展示会、in advance 事前に

---

167. 空所前にcustomer data security、また空所後にimportance「重要性」とあるので、空所には「最高の」とか「最大限の」などといった意味の語が入ると予想される。(B) は「厳しい」、(C) は「困難な」、(D) は「適切な」という意味でどれもimportanceとは結びつかない。(A) paramountが「最重要の」という意味で文意にもピタリ合致する。　　　　　　　　　　　　　　　　**正解 (A)**

【訳】セントリックス社の社長は、会社にとって顧客データの安全管理が最重要であることを繰り返して述べた。

【注】reiterate 繰り返して言う、paramount importance 最も重要である

---

168. 空所前後のmade improvementsで「改善した」という意味になるので、空所にはその改善がどの程度のものであるかを示す語が入ると考えられる。(A) は「濃い」、(B) は「好ましい」、(D) は「表す」という意味なのでどれも文意に合わない。(C) notableが「顕著な」という程度を表す形容詞なのでこれが正解になる。　　　　　　　　　　　　　　　　　　　　　　　**正解 (C)**

【訳】ラルストン総合病院は過去２年間で患者へのサービスを大幅に改善した。

【注】patient services 患者へのサービス

169. Whether the occasion is a special dinner or a casual lunch, we offer delicious ------- Japanese food in a relaxing atmosphere.

(A) authorized
(B) authentic
(C) proper
(D) appropriate

170. Kim James is a ------- scientist, and she is also known as an accomplished writer.

(A) possible
(B) frequent
(C) general
(D) renowned

171. The processing of your loan application will be delayed if the bank requires ------- information.

(A) optimistic
(B) supplementary
(C) supportive
(D) noticeable

172. Although she was hired only three months ago, Pam Morris has already proven to be a ------- addition to the company.

(A) valuable
(B) tentative
(C) attentive
(D) exhaustive

173. Diamond Airways recommends that travelers have ------- insurance coverage for their flights.

(A) crucial
(B) adequate
(C) devoted
(D) available

174. The CEO expressed her ------- appreciation for the employees who worked hard to make the anniversary event so successful.

(A) reluctant
(B) prominent
(C) sincere
(D) equal

169. 空所後にJapanese foodとあるので、空所には「本格的な」という意味の語が入る予想される。(A) は「承認された」、(C) と (D) は「適切な」という意味で、Japanese foodの形容詞としてはふさわしくない。(B) authenticが「正真正銘の」、「本物の」という意味で、foodやcuisine「料理」を形容する語としてよく使われる。　　　　　　　　　　　　　　　　**正解（B）**

【訳】特別な夕食の場合であれ気軽な昼食の場合であれ、私どものレストランではゆったりした雰囲気の中で美味しい本物の日本料理を提供いたします。

【注】occasion 行事、場合、casual 気軽な、in a relaxing atmosphere ゆったりした雰囲気の中で

170. カンマの後にshe is also knownとあることに注目。also knownとあるのでscientistは元々「知られた」存在であったと推測される。(A) は「可能な」、(B) は「頻繁な」、(C) は「一般的な」という意味で、どれもscientistを形容する語としてはふさわしくない。(D) renownedが「有名な」という意味で文意にも合う。　　　　　　　　　　　　　　　　　　　　　　**正解（D）**

【訳】キム・ジェームズは有名な科学者であるが、彼女は熟達した作家としても知られている。

【注】accomplished 熟達した、実績のある、writer 作家

171. 銀行が「何らか」の情報を必要とする場合はローン申請処理は遅れるというのが文の大意なので、空所には「追加の」やその類義語が入ると考えられる。(A) は「楽観的な」、(C) は「支援する」、(D) は「顕著な」という意味でどれも文意に合わない。(B) supplementaryが「追加の」、「補う」という意味で文意に合致する。　　　　　　　　　　　　　　　　　　　　　**正解（B）**

【訳】もし銀行が追加の情報を必要とする場合、あなたのローン申請処理は遅れることになる。

【注】processing 処理、delay 遅らせる

172. 前半は「彼女は3カ月前に採用されたばかりだが」という意味なので、空所にはその逆接として「活躍している」といった肯定的な意味の語が入ると考えられる。(B) は「一時的な」、(C) は「用心深い」、(D) は「消耗させる」という意味でどれも文意的に合わない。(A) valuableが「貴重な」という意味の肯定語で文意にもピタリ合致する。　　　　　　　　　　　　　　　　　　**正解（A）**

【訳】パム・モリスは3カ月前に採用されたばかりだが、彼女はすでに会社にとっての貴重な人材になっている。

【注】already すでに、addition 追加、補強

173. 空所後にinsurance coverage「保険の補償」という語句があるので、空所には「十分な」やその類義語が入ると予想される。(A) は「重要な」、(C) は「献身的な」、(D) は「利用できる」という意味でどれも文意に合わない。(B) adequateが「十分な」、「適切な」という意味で文意にピタリ合致する。　　　　　　　　　　　　　　　　　　　　　　　　　　　**正解（B）**

【訳】ダイアモンド航空は、乗客の皆さまが搭乗に際して十分な保険補償をかけることをお勧めしています。

【注】recommend 推薦する、勧める

174. 空所後にappreciation「感謝」とあるので、空所にはこれと相性のよい形容詞が入る。(A) は「気乗りしない」、(B) は「目立った」、(D) は「平等な」という意味でどれもappreciationとは相性が悪い。(C) sincereが「心からの」という意味でappreciationの形容詞として非常に相性がよい。

正解（C）

【訳】会社の記念行事を大成功させるために一生懸命働いてくれた従業員に対して、CEOは心からの感謝の意を表した。

【注】express 表明する、anniversary event 記念行事

175. By using our express service, for an ------- charge of five dollars per item, you will be able to receive your order within 24 hours.

(A) accessible
(B) additional
(C) amicable
(D) active

176. Employees who plan to leave their desk for ------- periods of time must receive approval from their manager.

(A) extended
(B) expanded
(C) exhausted
(D) examined

177. Over the past several decades, Lexington Appliances has experienced many financially ------- situations.

(A) requesting
(B) challenging
(C) accepting
(D) duplicating

178. Please make sure that your suitcase has ------- space for any souvenirs you may purchase at your travel destination.

(A) capable
(B) eligible
(C) sufficient
(D) compatible

179. Carlson University offers ------- opportunities for field experience in which students can gain practical training.

(A) rigid
(B) diligent
(C) futile
(D) ample

180. The firm's marketing manager is confident that Ms. Parker will be an ------- hire.

(A) extraordinary
(B) anonymous
(C) obedient
(D) alternative

175. 文頭にusing our express service「急行便を使う」とあるので、当然それには「追加」料金がかかると考えられる。(A) は「利用可能な」、(C) は「友好的な」、(D) は「活発な」という意味なのでどれも文意的にふさわしくない。(B) additionalが「追加の」という意味で文意が通るのでこれが正解になる。　　　　　　　　　　　　　　　　　　　　　　　**正解（B）**

【訳】ひとつの商品につき5ドル追加料金をお支払いになり、私どもの急行便をご利用いただければ、24時間以内に注文品を受け取ることができます。

【注】charge 料金、per ～につき

176.「長い」時間にわたって離席する場合は上司の許可を得なさいというのが文の大意。(B) は「拡大した」、(B) は「疲れ切った」、(D) は「調べられた」という意味でどれも文意から外れる。(A) extendedは「伸ばされた」という意味で、extended periods of timeで「長時間」という意味になる。　　　　　　　　　　　　　　　　　　　　　　　　　　　　　　**正解（A）**

【訳】長時間にわたり離席する従業員は上司から許可を得なければならない。

【注】leave their desk 離席する、approval 許可、承認

177. 空所前にfinancially「財政的に」とあるので、空所には「苦しい」という意味の語が入ると予想される。(A) は「要請する」、(C) は「受け入れる」、(D) は「複製する」という意味なのでどれも文意に合わない。(B) challengingが「困難な」という意味で、financially challengingで「財政的に厳しい」という意味になり文意も通る。　　　　　　　　　　　　　　　　　　**正解（B）**

【訳】過去数十年にわたって、レキシントン電器は多くの財政的に厳しい状況を経験してきた。

【注】over the past several decades 過去数十年にわたり、situation 状況

178. お土産を買ってもそれが入るだけの「十分な」空間があるスーツケースを用意しなさいというのが文の大意。(A) は「能力がある」、(B) は「資格のある」、(D) は「両立する」という意味で、どれもスーツケースの空間を表現する形容詞としてはふさわしくない。(C)sufficientが「十分な」、「足りる」という意味で文意にピタリ合致する。　　　　　　　　　　　　　　　　　　　　**正解（C）**

【訳】スーツケースは旅先でお買いになるお土産が入るだけの十分な空間があるものをお持ちください。

【注】souvenir お土産、purchase 購入する、destination 目的地

179. 空所後にopportunities「機会」とあるので、この大学は「十分な」機会を提供しているという意味になると考えられる。(A) は「厳格な」、(B) は「勤勉な」、(C) は「無駄な」という意味なのでどれも文意から外れる。(D) ampleが「十分な」、「豊富な」という意味で文意も通る。　**正解（D）**

【訳】カールソン大学は学生が実務訓練ができる豊富な実地体験の機会を提供している。

【注】field experience 実地体験、practical training 実務訓練

180. 空所後のhireは名詞で「採用者」という意味。文の前半でマネージャーはconfidentだと言っているので、空所にはこの採用者に対する肯定的な語が入ると推測できる。(B) は「匿名の」、(C) は「従順な」、(D) は「代替の」という意味なのでどれも文意に合わない。(A) extraordinaryが「並外れた」という肯定的な意味で文意も通る。　　　　　　　　　　　　　　　　　　**正解（A）**

【訳】その会社のマーケティング課長は、パーカーさんが並外れた採用者になることに自信を持っている。

【注】confident 自信を持っている、firm 会社、企業

181. Everyone in the company has been putting ------- effort into making the newly launched lawnmower a big success.

(A) acceptable   (B) considerable
(C) sustainable   (D) perishable

182. Kortex Industries is proud to offer its customers ------- textile production equipment that improves efficiency.

(A) mediocre   (B) complex
(C) retrospective   (D) innovative

183. To meet the production goal, the factory has been operating around the clock for 20 ------- days.

(A) flexible   (B) authentic
(C) repetitive   (D) consecutive

184. Intex Fashions has been growing rapidly, thanks to ------- recommendations by many loyal customers.

(A) glowing   (B) fortunate
(C) convenient   (D) transferable

185. With its net earnings having increased by 50% over the past two years, Yum Foods is the most ------- company in the state.

(A) expressive   (B) lucrative
(C) persistent   (D) vulnerable

186. We make every effort to ensure that all our clients' personal and financial data remain completely -------.

(A) substantial   (B) congenial
(C) industrial   (D) confidential

181. 企業全体で新製品を成功させるために「大きな」努力をしているというのが文の大意。(A) は「受け入れられる」、(C) は「維持可能な」、(D) は「腐りやすい」という意味なので、effortを修飾する語としてはどれもふさわしくない。(B) considerableが「かなりの」、「相当な」という意味で文意に合致する。　　　　　　　　　　　　　　　　　　　　　　　　　　**正解 (B)**

【訳】その会社の全員が、新しく発売した芝刈り機を大きな成功に導くため相当な努力をしている。

【注】lawnmower 芝刈り機

182. 空所後から文末までは「効率を改善してくれる繊維生産機」という意味なので、空所にはその機械に対する肯定的な語が入ると予想される。(A) は「平凡な」、(B) は「複雑な」、(C) は「回顧的な」という意味でどれも肯定的な語ではない。(D) innovativeが「革新的な」という肯定的な意味なのでこれが正解になる。　　　　　　　　　　　　　　　　　　　　　　　**正解 (D)**

【訳】コーテックス・インダストリー社は、効率を改善する繊維生産機を顧客の皆さまにご提供できることを誇りに思っています。

【注】improve 改善する、efficiency 効率

183. 文頭に「生産目標を達成するために」とあり、その後の文から工場がフル稼働状態であることがわかるので、空所には「連続した」とか「続けて」といった意味の語が入ると考えられる。(A) は「柔軟な」、(B) は「本物の」、(C) は「反復的な」という意味なのでどれもふさわしくない。(D) consecutiveが「連続的な」という意味で文意に合致する。　　　　　　　　　　　　　　　**正解 (D)**

【訳】生産目標を達成するために工場は20日連続して24時間稼働している。

【注】meet 満たす、operate around the clock 24時間稼働する

184. 冒頭で会社が急成長としているとあり、空所前にはthanks toとその理由を表す語句があるので、空所にはrecommendationsを肯定する語が入ると考えられる。(B) は「幸運な」、(C) は「便利な」、(D) は「譲渡可能な」という意味でどれも文意に無関係。(A) glowingが「褒める」、「好意的な」という意味で文意にも合致する。　　　　　　　　　　　　　　　　　　　　　**正解 (A)**

【訳】インテックス・ファッションズは多くの義理堅い顧客による好意的な推薦のおかげで急成長している。

【注】grow rapidly 急成長する、thanks to ～のおかげで、recommendation 推薦

185. 文の前半でこの会社は過去2年で50パーセント以上収益が増えたとあるので、空所には「利益が出ている」という趣旨の語が入ると予想される。(A) は「表情豊かな」、(C) は「持続する」、(D) は「脆弱な」という意味なのでどれも文意とは無関係。(B) lucrativeがまさに「利益の上がる」、「儲かる」という意味なのでこれが正解。　　　　　　　　　　　　　　　　　　　　　**正解 (B)**

【訳】ヤム・フード社は過去2年で50パーセント以上純利益が増加しており、州内で最も利益を上げている会社である。

【注】net earnings 純利益、over the past two years 過去2年間に

186. 顧客の個人情報が漏洩しないよう完全に安全であるように最善を尽くすというのが文の大意なので、空所には「安全に」とか「秘密に」といった趣旨の語が入ると予想される。(A) は「相当な」、(B) は「心地よい」、(C) は「産業の」という意味なのでどれも文意から外れる。(D) confidentialが「秘密の」という意味で文意にピタリ合致する。　　　　　　　　　　　　　　　**正解 (D)**

【訳】我が社のすべての顧客の個人データおよび財政データを外部に漏洩させず完全に秘密を保持するよう、私どもは最大の努力をいたします。

【注】make every effort 最大の努力をする、completely 完全に

187. The tech company's CEO, Mike Baker, refused to be interviewed by the magazine because it had published ------- articles about him in the past.

(A) misleading   (B) nourishing

(C) complimentary   (D) incremental

188. After reviewing last month's disappointing sales figures, the board of directors has decided to implement a more ------- advertising campaign.

(A) intermittent   (B) stagnant

(C) occasional   (D) aggressive

189. With its ------- views of the surrounding landscape, the Pinnacle Hotel has become one of the most famous tourist destinations in the region.

(A) affordable   (B) breathtaking

(C) informative   (D) modest

190. According to our records, your ------- bank account balance is $20,000.

(A) inclusive   (B) remarkable

(C) current   (D) successful

191. Famous film critic Andy Spencer wrote a ------- review of the recently premiered movie about social issues in the 1960s.

(A) cozy   (B) comfortable

(C) rational   (D) rave

192. Our financial courses include exercises that will help you gain practical training in addition to ------- knowledge.

(A) subjective   (B) theoretical

(C) delinquent   (D) provisional

187. 2つ目のカンマ以降にこのCEOは雑誌のインタビューを受けることを拒否したとあるので、空所には否定的な語が入ると予想される。(B)は「栄養になる」、(C)は「称賛の」、(D)は「漸進的な」という意味でどれも否定語ではない。(A) misleadingが「誤解を招く」という意味の否定語なのでこれが正解。　　　　　　　　　　　　　　　　　　　　　　　　　　　　　　　**正解 (A)**

【訳】テック企業のCEOであるマイク・ベイカーは、その雑誌が過去に彼に関する誤解を招くような記事を掲載したことがあったのでインタビューを断った。

【注】publish 出版する、掲載する、article 記事

---

188. 文の前半に先月の「失望する売上高」(disappointing sales figures) とあるので、それを取り戻すためにはより「積極的な」広告キャンペーンをする必要があると考えられる。(A)は「断続的な」、(B) は「停滞気味の」、(C) は「時折の」という意味でどれも文意に合わない。(D) aggressiveが「積極的な」という意味で文意にピタリ合致する。　　　　　　　　　　　　　　　　　　　**正解 (D)**

【訳】先月の失望するような売上高について再検討した後、取締役会はより積極的な広告キャンペーンを打つことを決定した。

【注】implement 実行する

---

189. 周囲の景観によってあるホテルが有名な観光目的地になったというのが文の大意。空所後にviews of the surrounding landscapeとあるので、空所にはそのviewを肯定する語が入ると予想される。(A) は「手頃な価格の」、(C) は「有益な」、(D) は「質素な」という意味なのでどれも文意にそぐわない。(B) breathtakingが「息をのむような」という意味で文意に合致する。**正解 (B)**

【訳】周囲の息を呑むような風景が見えるピナクルホテルは、その地域で最も有名な観光目的地のひとつになった。

【注】surrounding 周囲の、landscape 風景、tourist destination 観光目的地

---

190. 空所後にbank account balanceとあるが、これは「銀行口座残高」という意味。(A) は「包含的な」、(B) は「顕著な」、「注目すべき」、(D) は「成功した」という意味でどれも銀行口座残高とは無関係である。(C) currentが「現在の」という意味で、current balanceで「現在の残高」という意味になる。　　　　　　　　　　　　　　　　　　　　　　　　　　　　　　　**正解 (C)**

【訳】私どもの記録によると、あなたの現在の銀行口座残高は2万ドルです。

【注】according to ～によると、balance 残高

---

191. 文の前半から映画評論家が新作映画の評論を書いたことがわかる。基本的にそうした映画評論は好意的か否定的かのどちらかになる。(A) と (B) はどちらも「居心地のよい」、(C) は「合理的な」という意味で映画の評価とは無関係。(D) raveが「激賞する」という意味で映画の評価と非常に相性のよい形容詞。　　　　　　　　　　　　　　　　　　　　　　　　　　　　　　**正解 (D)**

【訳】有名な映画評論家であるアンディ・スペンサーは、最近公開された1960年代の社会問題を扱った映画を激賞する評論を書いた。

【注】film critic 映画評論家、recently premiered 最近封切りになった

---

192. 空所前にpractical training in addition toとあるので、空所にはpracticalとは反対の意味の語が入ると予想される。(A) は「主観的な」、(C) は「怠慢な」、(D) は「暫定的な」という意味なのでどれも文意から大きく外れる。(B) theoreticalがpracticalと反対の「理論的な」という意味で文意も通る。なお、theoreticalには「理論上の」という意味もあり、文脈によっては「机上の空論」というネガティブな意味で使われることもある。　　　　　　　　　　　　　　　**正解 (B)**

【訳】私どもの財務コースには、理論的な知識に加えて実際的な訓練もできるような演習も含まれております。

【注】include 含む、exercise 演習、練習、in addition to ～に加えて

193. No matter who their customers are, retailers definitely need people skills in order to establish a ------- business.

(A) willing
(B) thriving
(C) upcoming
(D) fluctuating

194. This award-winning luxury hotel is surrounded by ------- green gardens.

(A) moderate
(B) lush
(C) slight
(D) relevant

195. Thrift stores are everywhere in the country these days, and their numbers are growing at an ------- pace.

(A) impatient
(B) exclusive
(C) immediate
(D) unprecedented

196. Hosting a retirement dinner in an elegant ------- dining restaurant is an ideal way to celebrate a colleague's years of service.

(A) fine
(B) daunting
(C) compassionate
(D) candid

197. No part of this book may be reproduced or copied in any form without ------- written permission from the author.

(A) urgent
(B) cautious
(C) express
(D) regular

198. The fund is successfully managed by a team of entrepreneurs and ------- venture capitalists.

(A) likable
(B) reasonable
(C) seasoned
(D) declared

193. 小売業者はビジネスを確立するには接客技術が必要だというのが文の大意。では、どんなビジネスを確立するのかと言えば、それは「繁盛する」、「成功する」ビジネスであると考えられる。(A) は「よろこんで～する」、(C) は「来る」、(D) は「変動する」という意味なのでどれも文意から外れる。(B) thrivingが「繁盛する」という意味で文意にピタリ合致する。　　　　　　　　　　**正解 (B)**

【訳】相手にするのがどんな顧客であったとしても、ビジネスを繁盛させるためには小売業者は絶対に接客技術が必要である。

【注】retailer 小売業者、definitely 絶対に、people skills 人との付き合い力、対人能力

194. 空所後にgreen gardens「緑の庭園」とあるので、空所にはgreenを修飾するのにふさわしい形容詞を選ぶ。(A) は「穏やかな」、(C) は「わずかな」、(D) は「関連する」という意味でどれもgreenとは無関係。(B) lushが植物などが「青々と茂った」という意味で文意に合致する。**正解 (B)**

【訳】賞を獲得したこの豪華なホテルは、青々と茂った庭園に囲まれている。

【注】award-winning 賞を獲得した、luxury hotel 豪華なホテル、surround ～を囲む

195. 冒頭のThrift storesというのは日本で言う「リサイクルショップ」のことで、それが「大変な」速度で増えているというのが文の大意。(A) は「我慢できない」、(B) は「独占的な」、(C) は「即時の」という意味でどれも文意にそぐわない。(D) unprecedentedが「空前の」、「前例のない」という意味で文意的にも合致する。　　　　　　　　　　**正解 (D)**

【訳】最近リサイクルショップは国中の至る所にあるが、その数は空前の速さで増えている。

【注】these days 最近は、at an unprecedented pace 空前の速さで

196. 空所前にelegantとあるので、このレストランは「高級」であると推測できる。(B) は「おじけずかせる」、(C) は「思いやりのある」、(D) は「率直な」という意味なのでどれもレストランの形容詞としては不適。(A) fineには「立派な」のほかに、「高級な」、「上質の」という意味があり文意も通る。　　　　　　　　　　**正解 (A)**

【訳】エレガントな高級レストランで退職記念夕食会を開催することは、長年にわたる同僚の勤務を祝福する理想的な方法である。

【注】fine dining restaurant 高級レストラン、ideal 理想的な、colleague 同僚

197. 作者からの「特別な」書面での許可がないかぎり、複製やコピーをしてはいけないというのが文の大意。(A) は「緊急の」、(B) は「注意深い」、(D) は「規則的な」という意味なのでどれも文意と合わない。(C) expressには形容詞として「急行の」のほかに、「特別な」という意味があるのでこれが正解になる。　　　　　　　　　　**正解 (C)**

【訳】作者からの特別な書面での許可がない限り、いかなる形であれこの本を複製したりコピーしたりすることは許されない。

【注】reproduce 複製する、in any form どんな形であれ、permission 許可

198. ファンドは起業家とベンチャーキャピタリストによってうまく管理されているというのが文の大意。したがって、ファンドの管理者は高い能力を持っていると推測される。(A) は「感じのよい」、(B) は「理性的な」、(D) は「宣言された」でどれも能力の高さを示唆しない。(C) seasonedが「経験豊かな」という意味で能力の高さを示しており文意にも合致する。　　　　　　　　　　**正解 (C)**

【訳】そのファンドは起業家のチームと経験豊かなベンチャーキャピタリストによってうまく管理されている。

【注】successfully 成功裏に、うまく、entrepreneur 起業家

199. Professor Patterson has made ------- contributions to mathematics throughout his distinguished career.

(A) secure   (B) invaluable
(C) mutual   (D) proper

200. Growth Financial is offering expert advice on making ------- investments to secure a stable income.

(A) amiable   (B) fragile
(C) sound   (D) eventual

201. For more than 40 years, Sentrix Corp. has enjoyed an ------- reputation for its excellent products and services.

(A) restrictive   (B) impeccable
(C) excessive   (D) functional

202. The film was highly ------- for its unique and beautiful animation and storytelling.

(A) complained   (B) praised
(C) disputed   (D) reimbursed

203. It is both effective and economically ------- for countries in the world to cooperate in the areas of disaster prevention and climate change.

(A) prudent   (B) recognizable
(C) inconvenient   (D) disastrous

204. It is thanks to the dedicated work of our ------- volunteers that we are able to accomplish so much.

(A) opposing   (B) emerging
(C) outstanding   (D) rewarding

199. 空所前後のhas made contributionsは「貢献した」という意味。空所には貢献の程度や内容を表す形容詞が入る。(A) は「安全な」、(C)は「相互の」、(D) は「正確な」という意味なのでどれもcontributionとは結びつかない。(B) invaluableが「非常に貴重な」という意味で文意にピタリ合致する。　　　　　　　　　　　　　　　　　　　　　　　　　　　　　　**正解（B）**

【訳】パターソン教授は彼の卓越した職歴を通して数学に非常に貴重な貢献をした。

【注】throughout ～を通して、distinguished 卓越した、際立った

---

200. グロースキャピタル社はsecure stable income「安定した収入を確保する」ための専門的助言を提供しているので、その助言は「健全な」投資をするためのものであると考えられる。(A) は「継続的な」、(B) は「壊れやすい」、(D) は「最終的な」という意味でinvestmentとは相性が悪い。(C) soundが「健全な」という意味で文意にピタリ合致する。　　　　　　　　　　**正解（C）**

【訳】グロースキャピタル社は安定収入を確保するために健全な投資をする専門的助言を提供している。

【注】expert advice 専門的助言、secure 確保する、income 収入

---

201. 文末にreputation for its excellent products and servicesとあるので、空所には肯定的な語が入ると予想される。(A) は「制限的な」、(C) は「過剰な」、(D) は「機能的な」という意味なのでどれもreputationとは結びつかない。(B) impeccableが「申し分のない」、「完璧な」という肯定的な意味で文意にも合致する。　　　　　　　　　　　　　　　　　　　**正解（B）**

【訳】40年以上にわたり、セントリックス社は素晴らしい製品とサービスを提供する会社として申し分のない評価を得てきた。

【注】enjoy 享受する、満喫する、reputation 評価、評判

202. 空所以下にuniqueとかbeautifulといった肯定語があるので、空所にも肯定語が入ると予想される。(A) は「不満を言う」、(C) は「口論する」、(D) は「返済する」という意味でどれも肯定語ではない。(B) praisedが「褒める」、「称賛する」という肯定語で文意にも合致する。　**正解（B）**

【訳】その映画はユニークで美しいアニメと物語によって高く称賛された。

【注】film 映画、highly praised 高く称賛（評価）される

---

203. 冒頭のすぐ後にboth effective andとあるので、空所にもeffectiveと同様の肯定語が入ると予想される。(B) は「認識できる」、(C) は「不便な」、(D) は「悲惨な」という意味でどれも肯定語ではない。(A) prudentが「思慮分別のある」、「良識がある」という肯定語で文意も通る。

正解（A）

【訳】世界の国々は災害予防や気候変動の分野で協力することが有効かつ経済的にも賢明である。

【注】cooperate 協力する、disaster provention 災害予防、climate change 気候変動

---

204. 文中にdedicated workやaccomplish so muchという称賛する語句があるので、空所にも称賛する肯定語が入ると予想される。(A) は「反対する」、(B) は「出現する」、(D) は「報いる」という意味でどれも肯定語ではない。(C) outstandingが「傑出した」、「際立った」という肯定語なのでこれが正解になる。　　　　　　　　　　　　　　　　　　　　　　**正解（C）**

【訳】私たちがこれほど多くのことを達成できたのは、ボランティアのみなさんの傑出した献身的働きのおかげである。

【注】thanks to ～のおかげである、dedicated 献身的な、accomplish 達成する

205. This year's conference on nutrition will feature Dr. Mike Tindall, a ------- figure in healthcare management, as the keynote speaker.

(A) prominent   (B) frequent
(C) persistent   (D) comfortable

206. "Sky Fish" is the most ------- movie I've seen this year, and one of the funniest.

(A) imaginative   (B) abundant
(C) durable   (D) confident

207. This Web site offers a wealth of ------- information to make your visit to our city as enjoyable as possible.

(A) informative   (B) affordable
(C) competitive   (D) optimistic

208. The country will need more ------- nurses than ever before because of its rapidly aging population.

(A) progressed   (B) surpassed
(C) administered   (D) registered

209. There is a ------- agreement among economists that the country's economy has not yet started to recover.

(A) radical   (B) confusing
(C) fundamental   (D) lengthy

210. Once hired, most telemarketers receive ------- on-the-job training before they begin working.

(A) considerate   (B) intensive
(C) accountable   (D) exact

205. 会議の目玉スピーカーはティンドール博士だというのが文の大意。目玉スピーカーとして呼ぶほどの人なので、空所には「有名な」とか「傑出した」といった意味の語が入ると予想される。(B) は「頻繁な」、(C) は「持続する」、(D) は「快適な」という意味でどれも文意とは無関係。(A) prominentが「卓越した」という意味で文意も通るのでこれが正解。　　　　　　　　　　　**正解 (A)**

【訳】今年の栄養に関する会議の呼び物は、健康管理分野の卓越した人物であるティンドール博士を基調講演者としてお招きすることです。

【注】nutrition 栄養、feature ～を呼び物にする、figure 人物

- -

206. 空所前にthe mostとあり、文末にもone of the funniestとあるので、空所にはこの映画を肯定する語が入ると考えられる。(B) は「豊富な」、(C) は「長持ちする」、(D) は「自信がある」でどれも肯定的だが映画の形容詞としては不適。(A) imaginativeが「想像力に富んだ」という意味で映画を評するのにピタリの語である。　　　　　　　　　　　　　　　**正解 (A)**

【訳】「スカイフィッシュ」は私が今年見た映画の中で最も想像力に富んだもので、最も面白いもののひとつでもあった。

- -

207. このウェブサイトには「有益な」情報がたくさん載っているというのが空所前後の意味。(B)は「値段の手ごろな」、(C) は「競争の激しい」、(D) は「楽観的な」という意味なのでどれも文意に合わない。(A) informativeがまさに「有益な」、「役に立つ」という意味で文意にも合致する。　　**正解 (A)**

【訳】このウェブサイトにはあなたの我が市への訪問をできるだけ楽しいものにするための多くの有益な情報が載っている。

【注】a wealth of 大量の、多量の、enjoyable 楽しい

- -

208. これは空所後にあるnurses「看護師」を修飾する適切な過去分詞を選ぶ問題。(A)は「進歩した」、(B) は「超えられた」、(C) は「管理された」、「実施された」という意味でどれもnurseを修飾する語としてはふさわしくない。(D) registeredは「登録された」という意味で、registered nurseで「公認看護師」という意味になるのでこれが正解。　　　　　　　　　　　　　**正解 (D)**

【訳】その国は急激に高齢化しているので、これまで以上に公認看護師が必要になるだろう。

【注】than ever before これまで以上に、rapidly 急激に、aging population 高齢化人口

- -

209. 空所後のagreementは「意見の一致」という意味。エコノミストの間でその国の経済に関する「原則的な」とか「基本的な」意見の一致があるというのが文の大意。(A) は「急進的な」、(B) は「混乱させる」、(D)は「長期にわたる」という意味なのでどれも文意から外れる。(C) fundamentalがまさに「基本的な」という意味なのでこれが正解。　　　　　　　　　　　　　　　**正解 (C)**

【訳】エコノミストの間ではその国の経済はまだ回復への動きが始まっていないという基本的な意見の一致がある。

【注】not yet まだ～ではない、recover 回復する

- -

210. 冒空所後にon-the-job trainingとあるので、空所にはtrainingと相性のよい形容詞が入る。(A) は「思慮深い」、(C) は「責任がある」、(D) は「正確な」という意味でどれもtrainingとは相性が悪く文意も通らない。(B) intensiveが「集中的な」という意味でtrainingとも相性がよい。

正解 (B)

【訳】雇用されれば、ほとんどのテレマーケティング担当者は実際に仕事を開始する前に集中的な実地訓練を受ける。

【注】once ひとたび～すれば、most ほとんどの、on-the-job training 実地訓練

- -

211. The company's new advertising strategy has been revised and approved by the recently ------- CEO.

(A) terminated (B) contained
(C) appointed (D) renovated

212. Rewarding employees creates a ------- environment that acknowledges outstanding effort.

(A) favorable (B) regrettable
(C) gradual (D) habitual

213. You must obtain our ------- written permission to reprint or publish any information on this site.

(A) late (B) past
(C) prior (D) near

214. It's expected that the continuing dry weather will be accompanied by ------- heat across most of the country.

(A) residential (B) structural
(C) lingering (D) dependable

215. Chief among his accomplishments was the ------- role he played in the establishment of the Child Safety Fund.

(A) instrumental (B) consecutive
(C) probable (D) relative

216. CDX Biomedical plans to hold a ------- meeting that will be attended by senior executives only.

(A) mutual (B) temporary
(C) clandestine (D) collaborative

211. 空所前にrecently「最近」、また空所後にCEOとあるので、空所前後は最近「任命された」CEOという意味になると予想される。（A）は「終了された」、（B）は「含まれた」、（D）は「改修された」という意味でどれも文意に合わない。（C）appointedが「任命された」という意味なのでこれが正解。　**正解（C）**

【訳】その会社の新しい広告戦略は、最近任命されたCEOによって修正され承認された。

【注】advertising strategy 広告戦略、revise 修正する、改正する

212. 冒頭にRewarding employees「従業員に報いること」とあるので、そうすることは当然肯定的で良好なenvironmentをcreateすると考えられる。（B）は「残念な」、（C）は「漸進的な」、（D）は「習慣的な」という意味なのでどれも文意から外れる。（A）favorableがまさに「有益な」、「好ましい」という意味なのでこれが正解になる。　**正解（A）**

【訳】従業員に報いることは優れた努力を認める好ましい環境を作り出す。

【注】reward 報いる、acknowledge 認める、outstanding 傑出した、非常に優れた

213. これは自社のウェブサイト上の情報などを転載する場合には、「事前に」書面での許可を取得することを求める文。（A）は「遅れた」、（B）は「過去の」、（D）は「近くの」という意味なのでどれも文意が通らない。（C）priorが「事前の」という意味で文意に合致する。　**正解（C）**

【訳】このサイト上のいかなる情報を転載または出版する場合には、事前に我々の書面での許可を取得しなければならない。

【注】obtain 取得する、written permission 書面での許可、reprint 転載する

214. 文中にcontinuing dry weatherとあるので、そうした乾燥した天候の際にはheat「高温」が同時に「続く」と考えられる。（A）は「住居の」、（B）は「構造的な」、（D）は「信頼できる」という意味なのでどれも文意的にふさわしくない。（C）lingeringはcontinuingの類義語で「長く続く」という意味で文意にピタリ合致する。　**正解（C）**

【訳】乾燥した天候が続いたときは同時に高温な気候が全国的に続くと予想される。

【注】dry weather 乾燥した天候、accompany ～と同時に起こる

215. 空所前は「彼の功績の中で最重要なもの」という意味なので、空所後にはroleを肯定的に評価する語が入ると予想される。（B）は「連続した」、（C）は「ありそうな」、（D）は「関係のある」という意味でどれも肯定語ではない。（A）instrumentalが「役に立つ」、「有益な」という肯定的な意味なのでこれが正解になる。　**正解（A）**

【訳】彼の功績の中で最重要なものは子ども安全基金の創設にあたって彼が果たした有益な役割である。

【注】chief 最重要な、accomplishment 功績、業績、role 役割、establishment 創設

216. 文の後半にattended by senior executives onlyとあるので、この会議は出席者が限定されたものであることがわかる。（A）は「相互の」、（B）は「一時的な」、（D）は「協力的な」という意味でどれも文意と関係ない。（C）clandestineは「秘密の」という意味で会議出席者が限定されることを示唆している。　**正解（C）**

【訳】CDXバイオメディカル社は上級経営陣だけが出席する秘密会議を開催する予定である。

【注】hold a meeting 会議を開催する、senior executives 上級経営陣

217. Construction is set to begin this year as soon as the company obtains the ------- permits.

(A) necessary   (B) conditional

(C) obvious   (D) precise

218. Mr. Fuller has written over 100 books and has an ------- reputation in the world of children's literature.

(A) indispensable   (B) unparalleled

(C) unforgettable   (D) effective

219. The technical jargon and the huge amount of detailed information in the project proposal make for ------- reading.

(A) assertive   (B) arduous

(C) virtual   (D) sacrificial

220. To ensure a high and ------- quality of customer service, Candora Clothing employees must strictly follow the company procedures.

(A) additional   (B) consistent

(C) frequent   (D) creative

221. On today's program, Anthony Baldwin interviews ------- journalist and author Brandon Anderson about his new book.

(A) complex   (B) supportive

(C) legendary   (D) essential

222. This modern house with a spacious garden is located in a quiet ------- area within walking distance from the nearest subway station.

(A) enduring   (B) residential

(C) industrial   (D) direct

217. 冒頭にConstruction is set to begin「建設が始まる」、また空所後にpermit「許可証」とあるので、「必要な」許可証を入手すれば建設を始めるという文意になると考えられる。（B）は「条件付きの」、（C）は「明らかな」、（D）は「正確な」という意味なのでどれも文意にそぐわない。（A）necessaryが「必要な」という意味なのでこれが正解になる。　　　　　　　　　　　　　　**正解（A）**

【訳】会社が必要な許可証を入手次第、建設を今年開始することになっている。

【注】**set to** ～することになっている、**as soon as** ～するとすぐに

----

218. 文の前半に100冊以上の本を書いたとあるので、空所にはその功績をたたえる肯定語が入ると考えられる。選択肢はどれも肯定語なので、文脈と空所後のreputationとの相性を考える。（A）は「不可欠な」、（C）は「忘れられない」、（D）は「有効な」という意味でどれもreputationとは相性が悪い。（B）unparalleledが「比類なき」という意味で文意に合致する。　　　　　**正解（B）**

【訳】フラー氏はこれまで100冊以上の本を書いてきており、児童文学の世界では比類なき評価を得ている。

【注】**reputation** 評価、評判、**children's literature** 児童文学

----

219. 文の前半にtechnical jargon、detailed informationとあるので、この提案書（proposal）は読むのが難しいと推測できる。空所にはそうした「困難さ」を表す語が入ると予想される。（A）は「自己主張する」、（C）は「事実上の」、（D）は「犠牲の」という意味なのでどれも文意が通らない。（B）arduousが「骨の折れる」という困難さを意味するのでこれが正解。　　　　　　　**正解（B）**

【訳】プロジェクト提案書には技術的専門用語と大量の詳細情報が記載されているので、それを読むことには大変な苦労が生じる。

【注】**jargon** 専門用語、**detailed** 詳細な、**proposal** 提案、**make for** ～を生じさせる

----

220. 空所前にa high andとあるので、空所にもhighと同じような肯定語が入ると予想される。（A）は「追加の」、（C）は「頻繁な」という意味で必ずしも肯定語とは言えない。またqualityとも相性が悪い。（D）は「創造的な」という肯定語ではあるが文意に合わない。（B）consistentが「一貫した」という意味の肯定語で文意にも合致するのでこれが正解。　　　　　　　　　　　　　　**正解（B）**

【訳】高く一貫した顧客サービスの質を確かなものにするため、キャンドナ・クロージング社の従業員は会社の定めた手順に厳格に従わなければならない。

【注】**ensure** ～を確かにする、**strictly** 厳格に、**procedure** 手順、手続き

----

221. テレビかラジオの番組でjournalist and authorである人物にインタビューするというのが文の大意なので、空所にはその人物を称賛する語が入ると予想される。（A）は「複雑な」、（B）は「支援する」、（D）は「必須の」という意味でどれも文意にそぐわない。（C）legendaryが「伝説的な」という褒め言葉なのでこれが正解。　　　　　　　　　　　　　　**正解（C）**

【訳】本日の番組ではアンソニー・ボールドウィンが伝説的なジャーナリストであり作家でもあるブランドン・アンダーソンに彼の新しい木についてインタビューする。

【注】**on today's program** 本日の番組では、**author** 作家

----

222. 冒頭にThis modern houseとあり、空所前にはquietとあることに注目。（A）は「長続きする」、（D）は「直接の」という意味なのでどちらもまったくの的外れ。（C）は「産業の」という意味なので空所前のquietとは結びつかない。（B）residentialが「住居用の」という意味で文意にも合致する。　　　　　　　　　　　　　　　　　　　　　　　**正解（B）**

【訳】広い庭園のあるこのモダンな家は、最寄りの地下鉄の駅から歩いて行ける距離の閑静な住宅地域にある。

【注】**spacious** 広々とした、**within walking distance from** ～から歩いて行ける距離にある

----

223. The Center for Innovation will provide basic infrastructure as well as a series of workshops to inspire ------- entrepreneurs.

(A) respective   (B) budding
(C) suspicious   (D) plausible

224. Jason Wu is a successful venture capitalist who has made many ------- investments over the past 10 years.

(A) gainful   (B) severe
(C) optional   (D) entire

225. The city's initial budget proposal for the year was based on a ------- economic forecast.

(A) beneficial   (B) conservative
(C) similar   (D) suitable

226. Since we held the workshop last year, there has been a ------- difference in employees' confidence and willingness to try new things.

(A) notable   (B) negotiable
(C) knowledgeable   (D) likable

227. We strongly recommend that customers who make ------- purchases set up an account to allow bigger savings.

(A) prominent   (B) expansive
(C) frequent   (D) rigorous

228. The restaurant's owner has worked hard to develop ------- relationships with neighboring businesses.

(A) applicable   (B) available
(C) amicable   (D) attentive

223. 文末のentrepreneur「起業家」というのは、まだ事業が初期段階で今後発展させていく人なので、空所にはそうした起業家のイメージにふさわしい語が入ると予想される。(A) は「それぞれの」、(C) は「疑わしい」、(D) は「もっともらしい」という意味でどれも文意に合わない。(B) buddingは「新進の」という意味で起業家を形容するのにふさわしい。　　　　　　　　　　　　　　　　**正解（B）**

【訳】イノベーション・センターは新進起業家を奮起させる一連のワークショップだけでなく基本インフラも提供する。

【注】**A as well as B** Bだけでなく A も、**as series of** 一連の、**inspire** 奮起させる

224. 文の前半に a successful venture capitalistとあるので、空所にも肯定語が入ると予想される。(B) は「厳しい」、(C) は「任意の」、(D) は「全部の」という意味でどれも肯定語ではなく文意も通らない。(A) gainfulは「儲かる」、「利益の上がる」という肯定語であり文意的にも合致する。　　　　　　　　　　　　　　　　**正解（A）**

【訳】ジェイソン・ウーは過去10年間に利益の出る数多くの投資を行なったベンチャーキャピタリストの成功者である。

【注】**successful** 成功した、**make investments** 投資を行う

225. 空所後のeconomic forecastとは「経済予測」のこと。空所はそうした経済予測を修飾する形容詞なので、「楽観的」とか「保守的」といった語が入ると予想される。(A) は「有益な」、(C) は「同様の」、(D) は「適切な」という意味なのでどれも文意に合わない。(B) conservativeがまさに「保守的な」という意味で文意に合う。　　　　　　　　　　　　　　　　**正解（B）**

【訳】今年度分のその市の当初予算案は、保守的な経済予測に基づいたものであった。

【注】**initial** 当初の、**budget proposal** 予算案、**based on** ～に基づいた

226. 空所後にあるdifference「差」は基本的に「大きい」か「小さいか」のどちらかである。(B) は「交渉できる」、(C) は「知識の豊富な」、(D) は「好ましい」という意味でどれもdifferenceの形容詞としては不適。(A) notableは「顕著な」、「目立った」という意味で、differenceの形容詞としてふさわしい。　　　　　　　　　　　　　　　　**正解（A）**

【訳】昨年ワークショップを開催して以降、新しいことを試みることに関する従業員の自信と意欲に顕著な違いがある。

【注】**confidence** 自信、**willingness** 意欲、やる気

227. 文末にto allow bigger savings「より大きな節約ができる」とあるが、大きな節約をするためには「頻繁に」買い物をする必要がある。(A) は「目立つ」、(B) は「拡張する」、(D) は「厳しい」という意味なのでどれも文意に合わない。(C) frequentが「頻繁に」という意味なのでこれが正解。　　　　　　　　　　　　　　　　**正解（C）**

【訳】頻繁にお買い物をしていただいているお客様は、より大きな節約ができる口座を設けられることを強くお勧めします。

【注】**strongly recommend** 強く勧める、**set up an account** 口座を設ける、**savings** 節約

228. 空所後にrelationships with neighboring businesses「近隣店との関係」とある。主語のレストラン店主としては、当然近隣店との「良好な」関係を築きたいはず。(A) は「適用可能な」、(B) は「「利用できる」、(D) は「用心深い」という意味なのでどれも文意にそぐわない。(C) amicableが「友好的な」という意味で文意にも合致する。　　　　　　　　　　　　　　　　**正解（C）**

【訳】レストランのオーナーは近隣の店と友好的な関係を築くために大変努力した。

【注】**work hard** 非常に努力する、**develop relationships** 関係を築く、**neighboring** 隣接する

229. When we put our house up for sale, we received several -------
offers within a few days.

(A) competitive   (B) probable
(C) accidental   (D) financial

230. Properly ------- equipment is important for your business and the
safety of your employees.

(A) instructed   (B) registered
(C) maintained   (D) purchased

231. Greason Chemical has made ------- achievements in improving
productivity over the past few years.

(A) potential   (B) impressive
(C) mechanical   (D) agreeable

232. Qualified applicants must have a ------- knowledge of accounting
and strong interpersonal skills.

(A) proven   (B) described
(C) inspected   (D) adjusted

233. The charity foundation has received ------- donations from the
corporate sector as well as private individuals.

(A) functional   (B) generous
(C) original   (D) resounding

234. After conducting ------- research, the company has concluded that
Sytech's computer software is the best for its future needs.

(A) positive   (B) mature
(C) intimate   (D) exhaustive

229. 自分の家を売りに出したら「よい値段」での申し出があったというのが文の大意。(B) は「ありそうな」、(C) は「偶然の」、(D) は「財政的な」という意味でどれも文意とは無関係。(A) competitiveは「競争力がある」という意味で、家の売り手にとっては魅力的なよい値段だったという意味になり文意が通る。　　　　　　　　　　　　　　　　　　　　　　　　　　　　　　**正解（A）**

【訳】我々が家を売りに出したとき、数日以内に幾つかのよい値段での購入の申し出を受け取った。

【注】put A up for sale Aを売りに出す、within a few days 数日以内に

---

230. 空所前にproperly「きちんと」という副詞、空所後にequipmentとあるので、空所には「維持された」という意味の語が入ると予想される。(A) は「指示された」、(B) は「登録された」、(D) は「購入された」という意味なのでどれも文意に合わない。(C) maintainedがまさに「維持された」、「メンテナンスされた」という意味で文意にピタリ合致する。　　　　　　　　　　　**正解（C）**

【訳】きちんとメンテナンスされた機材は、あなたのビジネスと従業員の安全にとって重要である。

【注】equipment 機材、用具

---

231. 空所後にachievements「成果」とあるので、空所には「素晴らしい」やその類義語が入ると考えられる。(A) は「潜在的な」、(C) は「機械的な」、(D) は「好ましい」という意味でどれもachievementsとは相性が悪い。(B) impressiveがまさに「素晴らしい」という意味で文意に合致する。　　　　　　　　　　　　　　　　　　　　　　　　　　　　　　　　　**正解（B）**

【訳】グリーソン化学社は過去数年の間に生産性の改善で素晴らしい成果を上げた。

【注】improve 改善する、over the past few years 過去数年間で

---

232. 空所前にQualified applicants must haveという語句があるので、空所が修飾するknowledgeは肯定的なものであると予想される。(B) は「描写された」、(C) は「検査された」、(D) は「調整された」という意味でどれも肯定語ではない。(A) provenが「証明された」という肯定語で文意にも合致するのでこれが正解。　　　　　　　　　　　　　　　　　　　**正解（A）**

【訳】資格のある応募者は会計に関する証明された知識と高い対人関係スキルを持っていなければならない。

【注】qualified 資格のある、accounting 会計、interpersonal skills 対人関係スキル

---

233. 空所後のdonationsを修飾する語として空所に入るのは「莫大な」とか「寛大な」といった意味の語だと予想される。(A) は「機能的な」、(C) は「最初の」、(D) は「鳴り響く」という意味でどれもdonationsとは無関係。(B) generousがまさに「寛大な」、「気前のよい」という意味なのでこれが正解になる。　　　　　　　　　　　　　　　　　　　　　　　　　　　　**正解（B）**

【訳】その慈善基金は民間だけでなく企業からも気前のよい寄付を受けた。

【注】charity foundation 慈善基金、corporate 企業の、private individuals 民間人

---

234. 空所後にresearch「調査」とあり、またカンマ以下にthe company has concludedとあるので、その調査は「徹底した」ものだったと推察される。(A) は「肯定的な」、(B) は「成熟した」、(C) は「親密な」という意味でどれもresearchとは結びつかない。(D) exhaustiveが「徹底的な」という意味なのでこれが正解。　　　　　　　　　　　　　　　　　　　　　　　**正解（D）**

【訳】その会社は徹底的な調査を行なったあと、サイテック社のコンピューターソフトが会社の将来ニーズにとって最良であるとの結論に至った。

【注】conduct research 調査を行う、conclude 結論を出す、決定する

235. Mike's Interior House offers an ------- selection of home and office furnishings.

(A) indirect   (B) unbeatable
(C) active   (D) effective

236. The mountain trail is an easy walk for ------- hikers because it is well-paved and not steep.

(A) adapted   (B) experienced
(C) continued   (D) equipped

237. Due to construction on Maddox Avenue, residents will need to find ------- routes.

(A) alternate   (B) capable
(C) careful   (D) official

238. The Career Center helped me a great deal because they explained how to look professional and feel ------- in interviews.

(A) concise   (B) extensive
(C) confident   (D) sufficient

239. ------- weather and unexpected costs have posed great challenges to the construction of the new library.

(A) Suitable   (B) Responsive
(C) Neat   (D) Inclement

240. Gray Building Co. is constructing a big shopping mall on ------- land in the suburb of Coolidge City.

(A) tiny   (B) vast
(C) frequent   (D) plenty

235. これはインテリア店の商品についての文なので、空所には肯定的な語が入るのではないかと考えてみる。(A) は「間接的な」、(C) は「活発な」、(D) は「効果的な」という中立か肯定的な意味だが、空所後のselectionとは結びつかない。(B) unbeatableは「無敵の」、「どこにも負けない」という肯定的な意味で文意的にも合致する。　　　　　　　　　　　　　　　　　　正解 (B)

【訳】マイクズインテリアハウスは家庭用とオフィス用両方の業界でも指折りの品揃えで家具調度品を提供している。

【注】selection 品揃え、furnishing 家具調度品

---

236. その山のトレイルを歩くのはハイカーにとって簡単だというのが文の前半の意味。空所にはそうしたハイカーの経験や熟練度合いを表す語が入ると考えられる。(A) は「順応した」、(C) は「継続した」、(D) は「設備が整った」という意味でどれも文意にそぐわない。(B) experiencedは「経験豊富な」という意味でハイカーの修飾語としてふさわしい。　　　　　　　正解 (B)

【訳】その山のトレイルはよく舗装されて険しくないので、経験豊かなハイカーにとっては簡単に歩ける。

【注】well-paved よく舗装されて、steep 険しい

---

237. マドックス通りが建設工事中のため、「別の」ルートを見つける必要があるというのが文の大意。(B) は「有能な」、(C) は「注意深い」、(D) は「公式の」という意味で、どれもroutesを修飾する語としては不適で文意も通らない。(A) alternateが「別の」、「代替の」という意味で文意にも合致する。　　　　　　　　　　　　　　　　　　　　　　　　　　正解 (A)

【訳】マドックス通りで建設工事中のため、住民は代替ルートを見つける必要がある。

【注】due to 〜のため、construction 建設 (工事)、resident 住民

---

238. 空所前にlook professional and feelとあるので、空所にはlook professionalと同じく面接で評価され、しかもfeel と相性のよい語が入ると考えられる。(A)は「簡潔な」、(B)は「広範囲の」、(D)は「十分な」という意味でどれもfeelとは相性がよくない。(C) confidentは「自信がある」という意味で、面接で評価される語でfeelとも相性がよい。　　　　　　　正解 (C)

【訳】キャリアセンターセンターは面接でプロらしく見え自信を持つ方法を説明してくれたので私には大変役立った。

【注】a great deal 大いに、look professional プロらしく見える、interview 面接

---

239. 空所後にunexpected costs「予期せぬ費用」と悪いことが書かれているので、空所にも否定的な意味の語が入ると考えられる。(A) は「適切な」、(B) は「反応する」、(C) は「小綺麗な」という、どちらかと言えば肯定的な意味の語。(D) Inclementは「荒れ模様の」という天候に関してよく使われる否定語で文意的にも合致する。　　　　　　　　　　　　　正解 (D)

【訳】悪天候と予期せぬ費用は新図書館の建設に大きな難題をもたらした。

【注】inclement weather 悪天候、pose (問題などを) もたらす、引き起こす

---

240. 空所後にland「土地」とあるので、空所にはその形容詞として「大きさ」に関係する語が入ると考えられる。(A) は「小さい」という意味で文法的には可能だが、big shopping mallを建設するので文意的にふさわしくない。(C) は「頻繁な」、(D) は「たくさんの」という意味でどちらもlandとは相性が悪い。(B) vastが「巨大な」という意味で文意にピタリ合致する。　　　正解 (B)

【訳】グレイ建設はクーリッジ市の郊外にある巨大な土地に大きなショッピングセンターを建設している。

【注】in the suburb of 〜の郊外で

241. If you want to start your own business, learning the common characteristics of ------- entrepreneurs is a good place to begin research.

(A) acceptable   (B) marginal
(C) flourishing   (D) complex

242. Community involvement has played a ------- role in both the success of our business and the satisfaction of our employees.

(A) gradual   (B) residual
(C) significant   (D) minimum

243. In some cases, mergers and acquisitions have a ------- impact on company profitability.

(A) renewable   (B) permissive
(C) periodical   (D) negative

244. We at Sigma Consultancy help companies become leaders in their fields through a ------- approach to product development.

(A) systematic   (B) predictable
(C) random   (D) repetitive

245. Steering through the challenges that lie ahead will require ------- decision-making and collaboration.

(A) lengthy   (B) agile
(C) ready   (D) diverse

246. Throughout his life, Mr. Purdue was an ------- traveler, having visited many cities around the world.

(A) productive   (B) insistent
(C) abundant   (D) enthusiastic

241. ビジネスを始めるのなら起業家に共通する特徴を学べというのが文の大意。学ぶべき対象であるそうした起業家は「成功している」か「うまくいっている」はず。(A) は「受け入れ可能な」、(B) は「周辺にある」、(D) は「複雑な」という意味でどれも文意にそぐわない。(C) flourishingが「繁栄している」という意味で文意にも合致する。　　　　　　　　　　　　　　　　**正解 (C)**

【訳】もしあなたが自分自身のビジネスを始めるのなら、繁栄している起業家に共通する特徴を学ぶことがそのための調査を開始するよい出発点になる。

【注】**common** 共通する、**characteristic** 特徴、**entrepreneur** 起業家

242. 空所前後は「役割を果たした」という意味。空所後のthe success of our business and the satisfaction of our employeesという語句から、その役割が肯定的なものであったと推測できる。(A) は「段階的な」、(B) は「残りの」、(D) は「最低限の」という意味でどれも肯定語ではない。(C) significantが「重要な」という肯定語で文意も通る。　　　　　　　　　　　　　　　　**正解 (C)**

【訳】コミュニティーに関与することは我が社のビジネスでの成功と従業員の満足両方の面で重要な役割を果たした。

【注】**involvement** 関与、**satisfaction** 満足

243. 文頭のIn some casesという語句に注目。文主語のmergers and acquisitionsは通常利益を上げるために行うものであるが、ときに「悪い」結果にもなるというのが文の大意。(A) は「再生可能な」、(B) は「大目に見る」、(C) は「定期的な」という意味なのでどれも文意にそぐわない。(D) negativeが「否定的な」という意味で文意に合う。　　　　　　　　　　　　　　　　**正解 (D)**

【訳】場合によっては企業の合併買収は収益性に否定的な影響をもたらすことがある。

【注】**mergers and acquisitions** 合併買収、**impact** 影響、**profitability** 収益性

244. 主語はコンサルタント会社なのでそのサービスを宣伝するに値する肯定的な語が入ると予想される。(B) は「予想可能な」、(C) は「思いつきの」、(D) は「繰り返す」という意味でどれも宣伝文句に値する形容詞ではない。(A) systematicが「体系的な」という肯定的な意味で文意も合致する。　　　　　　　　　　　　　　　　**正解 (A)**

【訳】私どもシグマコンサルタンシーは、商品開発への体系的な手法を通して、企業が各分野のリーダーになることをお手伝いします。

【注】**field** 分野、**through** 〜を通して、**product development** 商品開発

245. 空所後のdecision-making「意思決定」という語を修飾するにふさわしい形容詞を選ぶ問題。(A) は「長期にわたる」、(C) は「用意ができた」、(D) は「多様な」という意味で、どれもdecision-makingの修飾語としてはふさわしくない。(B) agileは「機敏な」、「迅速な」という意味で「意思決定」を形容するにふさわしい。　　　　　　　　　　　　　　　　**正解 (B)**

【訳】前途に待ち受ける難事を乗り越えていくには、迅速な意思決定と協力が必要となる。

【注】**steer** 進んでいく、**lie ahead** 先にある、**collaboration** 協力

246. 空所後にtraveler, having visited many citiesとあるので、パーデュー氏はかなり「熱心な」旅行者であったと想像できる。(A) は「生産的な」、(B) は「屈しない」、(C) は「豊富な」という意味でどれもtravelerとは相性が悪い。(D) enthusiasticが「熱心な」という意味で文意にも合致する。　　　　　　　　　　　　　　　　**正解 (D)**

【訳】人生を通して、パーデュー氏は世界中の多くの都市を訪問するなど熱心な旅行者であった。

【注】**throughout** 〜を通して、**traveler** 旅行者

247. The top two cities under ------- consideration for our next expansion are Langdon and Centerville.

    (A) serious   (B) competitive
    (C) relevant   (D) various

248. Many people in the workplace have experienced a time when they needed to meet sales goals within a ------- deadline.

    (A) tight   (B) wide
    (C) intimate   (D) eventual

249. For proper planning, an ------- number of guests must be given at the time of reservation.

    (A) approximate   (B) adjacent
    (C) opposite   (D) egregious

250. The Pinehurst Public Library offers a ------- collection of books, music, magazines and movies in both physical and digital formats.

    (A) repetitive   (B) diverse
    (C) valid   (D) predictable

251. Companies must balance their employees' need to know while protecting their ------- information.

    (A) proprietary   (B) generous
    (C) numerous   (D) routine

252. The professor is a ------- public speaker, appearing often on television to comment on international issues.

    (A) succinct   (B) brief
    (C) prolific   (D) precarious

247. 空所前後を足したunder considerationは「考慮中」という意味なので、空所には「真剣な」とか「深い」といった意味の形容詞が入ると予想される。（B）は「競争の激しい」、（C）は「関連のある」、（D）は「さまざまな」という意味なのでどれも文意にそぐわない。（A）seriousが「真剣な」という意味で文意にも合致する。　　　　　　　　　　　　　　　　　　　　　　正解（A）

【訳】我が社が次に拡大する都市として、現在真剣に検討されている上位2つの都市はラングドンとセンタービルである。

【注】expansion 拡大

248. 空所後にdeadline「期限」とあるので、空所には「余裕がある」か「きつい」かどちらかの意味の語が入ると予想される。（B）は「広い」、（C）は「親密な」、（D）は「最終的な」という意味なのでどれもdeadlineとは関係がない。（A）tightがまさに「余裕がない」、「詰まった」という意味で文意にも合致する。　　　　　　　　　　　　　　　　　　　　　　　　　　　　　正解（A）

【訳】仕事をしている多くの人が、きつい期限の中で販売目標を達成する必要があったときを経験している。

【注】workplace 職場、meet sales goals 販売目標を達成する

249. 文の後半は「予約時にゲスト数を教えてほしい」という意味。したがって、空所にはゲストの「おおよそ」とか「正確な」数という意味の語が入ると予想される。（B）は「隣接した」、（C）は「反対側の」、（D）は「ひどい」という意味なのでどれも数を形容する語としては不適。（A）approximateが「おおよその」、「概算の」という意味で文意も通るのでこれが正解。　　　　　　　　　　　正解（A）

【訳】適切に計画を立てるため、予約時におおよそのゲスト数をお教えいただく必要があります。

【注】proper planning 適切に計画すること、at the time of reservation 予約時に

250. 空所後がcollection of booksとなっているので、図書館には数多くの多様な本が揃っていることが推察できる。（A）は「反復的な」、（C）は「有効な」、（D）は「予想可能な」という意味でどれもcollection of booksを形容する語としてはふさわしくない。（B）diverseがまさに「多様な」、「種々の」という意味で文意にも合致する。　　　　　　　　　　　　　　　　正解（B）

【訳】パインハースト公共図書館には、実物形式およびデジタル形式の両方で多様な書籍、雑誌、映画が揃っている。

【注】physical 物理的な、実物の、format 形式、型

251. 空所前後は「会社の情報を守る」という意味。会社が守る情報は「機密性」が高いので、空所にはその関連語が入ると考えられる。（B）は「一般的な」、（C）は「多数の」、（D）は「所定の」という意味で機密性とは無関係。（A）proprietaryは「所有の」、「専有の」という意味で、proprietary informationで「企業秘密」という意味になり文意に合致する。　　　　　　正解（A）

【訳】企業は従業員が知る必要性と、企業秘密を守るということのバランスをとらなければならない。

【注】balance バランスをとる、need to know 知る必要性、protect 守る

252. カンマ後に、教授はappearing often on televisionとあるので、空所には教授のそうした情報発信の多さに関連した語が入ると予想される。（A）は「簡潔な」、（B）は「短い」、（D）は「危ない」という意味でどれも「多さ」とは無関係。（C）prolificが「多作の」、「多産の」という意味で文意的にも合致する。　　　　　　　　　　　　　　　　　　　　　　　　　正解（C）

【訳】その教授はしばしばテレビに出演して国際問題についてコメントするなど、情報発信の多い公的な話し手である。

【注】public speaker 公共の場で話をする人、appear on television テレビに出演する

253. Dr. Farmington has an ------- ability to explain complex concepts and make them accessible to all audiences.

(A) amiable   (B) amusing
(C) excessive   (D) uncanny

254. A feasibility study had determined that extensive renovation to the existing building of the historic school was not a ------- option.

(A) viable   (B) doubtful
(C) rigid   (D) vulnerable

255. The company experienced a significant improvement in profit margin due to the reduction of ------- costs.

(A) fixed   (B) prepared
(C) designed   (D) applied

256. The pharmaceutical company finally acquired a competitor following ------- negotiations over eight months.

(A) fundamental   (B) tough
(C) precise   (D) competent

257. When managers show ------- appreciation, it can boost employee morale, increase job satisfaction, and improve productivity.

(A) knowledgeable   (B) tense
(C) genuine   (D) probable

258. The online retailer's ------- list of items make it much easier for people to find what they want to buy.

(A) repressive   (B) comprehensive
(C) introspective   (D) permissive

253. ファーミントン博士は複雑なことも聴衆にわかりやすく説明できる「特別な」能力を持っているというのが文の大意。（A）は「親切な」、（B）は「面白い」、（C）は「過度の」という意味でどれも文意に合わない。（D）uncannyが「不思議な」、「異様な」という意味で文意も通る。　**正解（D）**

【訳】ファーミントン博士は、複雑な概念をすべての聴衆にわかりやすく説明できる不思議な能力を持っている。

【注】complex 複雑な、concept 概念、audience 聴衆

254. 大規模な改修工事を行うことはnot a optionとあるので、空所には「実行できる」とか「現実的な」といった意味の語が入ると予想される。（B）は「疑わしい」、（C）は「厳格な」、（D）は「脆弱な」という意味でどれも文意にそぐわない。（A）viableがまさに「実行可能な」という意味で文意が通るのでこれが正解。　**正解（A）**

【訳】実行可能性調査を行なったところ、その歴史的な学校の既存の建物に大規模な改修工事を行うことは不可能であるとの結論になった。

【注】feasibility study 実行可能性調査、existing 現存する、option 選択肢

255. 空所前後から何かのreduction of costs「経費削減」をしたことがわかる。会社の費用としては、「固定費」や「変動費」などが思い浮かぶ。（B）は「準備できた」、（C）は「企画された」、（D）は「応用された」という意味でどれも文意に合わない。（A）fixedは「固定された」という意味で、fixed costsで「固定費」という意味になり文意が通る。　**正解（A）**

【訳】その会社は固定費を削減した結果、利益幅が大幅に改善した。

【注】improvement 改善、profit margin 利益幅、reduction 減少、削減

256. 空所前のfollowingは「〜の後で」という意味の前置詞。またその前にfinally acquired a competitorとあるので、かなり「激しい」negotiationsを行なったと推察される。（A）は「基本的な」、（C）は「正確な」、（D）は「有能な」という意味でどれもnegotiationsとは相性が悪い。（B）toughが「難しい」、「きつい」という意味でnegotiationsとの相性もピタリ。　**正解（B）**

【訳】8カ月にもわたる難しい交渉の末に、ようやくその製薬会社は競争相手を買収した。

【注】pharmaceutical company 製薬会社、competitor 競争相手

257. 空所前後はshow appreciation「感謝を示す」という意味になるが、感謝を示すのは「心から」か「上部だけか」のどちらか。（A）は「知識の豊富な」、（B）は「緊張した」、（D）は「ありそうな」という意味でどれもappreciationとは結びつかない。（C）genuineが「本物の」、「心からの」という意味で文意にも合う。　**正解（C）**

【訳】マネージャーが心から感謝の意を表せば、従業員の士気を高め、仕事の満足度を上げ、生産性を向上させることができる。

【注】boost 上昇させる、morale 士気、job satisfaction 仕事満足度

258. 文の後半に「自分がほしいものをより簡単に探すことができる」とあるので、そのオンラインストアのリストは商品が「網羅されている」と思われる。（A）は「抑圧的な」、（C）は「内省的な」、（D）は「寛大な」という意味でどれも商品リストとは無関係。（B）comprehensiveが「包括的な」という意味で文意にも合致する。　**正解（B）**

【訳】そのオンラインストアの網羅的な商品リストによって、顧客は自分が買いたいものをより簡単に見つけることができる。

【注】online retailer オンラインストア、オンラインショップ、list of items 商品リスト

259. This workshop is designed to help you develop a ------- business that offers valuable products to the market.

(A) prosperous   (B) futile
(C) courageous   (D) budgetary

260. Retailers need to make their stores look unique and appealing in order to attract ------- customers.

(A) immediate   (B) prospective
(C) fortunate   (D) abrupt

261. If the merchandise is not available at the time of your order, we will inform you of an ------- time of delivery within two days.

(A) efficient   (B) advantageous
(C) optimistic   (D) estimated

262. Large-scale highway construction and improvement have created a ------- demand for heavy trucks.

(A) approximate   (B) constructive
(C) sizable   (D) meticulous

263. Financial analysts consider Triumphant Medical to be a ------- company because of its continued profitability.

(A) stable   (B) correct
(C) anonymous   (D) whole

264. The company conducted an ------- customer survey to identify market trends and key purchasing criteria.

(A) incredible   (B) opaque
(C) ostensible   (D) extensive

259. 空所前後でdevelop a businessとなるが、当然このワークショップは「儲かる」、「成功する」ビジネスを作り出す手助けをするためのものだと考えられる。(B) は「役に立たない」、(C) は「勇気ある」、(D) は「予算の」という意味なのでどれも文意的に的外れ。(A) prosperousが「繁栄している」、「成功している」という意味で文意にもピタリ合致する。　　　　正解 (A)

【訳】このワークショップは、あなたが価値ある商品を市場に届けることができるような、成功するビジネスを育てるために企画されたものである。

【注】is designed to ～するために企画されている、valuable 価値ある、有益な

---

260. 空所前後は「顧客を引きつけるためには」という意味。そうした顧客を修飾する語としては「新規の」とか「今後見込まれる」といった意味の語が予想される。(A) は「すぐの」、(C) は「幸運な」、(D) は「突然の」という意味でどれも文意から外れる。(B) prospectiveがまさに「有望な」、「見込みのある」という意味で文意にも合致する。　　　　正解 (B)

【訳】小売業者は、有望な顧客を引きつけるためには店をユニークで魅力あるように見せる必要がある。

【注】retailer 小売業者、appealing 魅力的な

---

261. 空所後のtime of deliveryは「配達時間」という意味。配達時間はすでに確定しているか未確定かのどちらかなので、空所にもそのどちらかの意味を表す語が入ると考えられる。(A)は「効率的な」、(B) は「有利な」、(C) は「楽観的な」という意味でどれも文意にそぐわない。(D) estimatedが「おおよその」、「推定の」という未確定の意味を表し文意にも合致する。　　　　正解 (D)

【訳】もし注文時に商品の在庫がない場合は、2日以内におおよその配達日時をご連絡します。

【注】merchandise 商品、at the time of one's order 注文時に、inform 知らせる

---

262. 空所後にdemand「需要」とある。demandは基本的に「大きいか」「小さいか」のどちらかなので、空所にもそのどちらかが入ると予想される。(A) は「おおよその」、(B) は「建設的な」、(D) は「極めて注意深い」という意味で、「大きい」「小さい」に関係ない。(C) sizableが「相当大きな」という意味なのでこれが正解。　　　　正解 (C)

【訳】ハイウェイの大規模な建設と改修工事は、大型トラックに対する相当大きな需要を生み出した。

【注】large-scale 大規模な、improvement 改修工事

---

263. 文末にits continued profitability「継続的な収益性」とあるので、空所にはこの会社を肯定する語が入ると予想される。(B) は「正しい」、(C) は「匿名の」、(D) は「全体の」という意味でどれも文意に合わない。(A) stableが「安定した」という肯定語で文意にも合致する。　　　　正解 (A)

【訳】金融アナリストはトライアンファント・メディカル社が継続的に利益を出していることから、安定した会社であると考えている。

【注】consider ～と考える、見なす、because of ～のため

---

264. 空所後のcustomer survey「顧客調査」を行うときには、それをどの程度の規模で行うかが問題になると考えられるので、空所にも規模に関する語が入ると考えられる。(A) は「信じられない」、(B) は「不透明な」、(C) は「表向きの」という意味でどれも文意に合わない。(D) extensiveが「大規模な」という意味で文意にピタリ合致する。　　　　正解 (D)

【訳】その会社は市場動向と重要な購買基準を特定するために大規模な顧客調査を行なった。

【注】conduct a survey 調査を行う、identify 特定する、purchasing criteria 購買基準

265. Jerry's experience in the tech industry was a great help in finding him a financially ------- job.

(A) demanding
(B) rewarding
(C) substantial
(D) high

266. The board of directors ------- decided to adopt the reorganization plan proposed by the corporate planning department.

(A) excessively
(B) prominently
(C) probably
(D) unanimously

267. The company announced that new computer software will be installed on a company-wide basis, which will ------- improve employee productivity.

(A) minimally
(B) densely
(C) significantly
(D) accidentally

268. Where people choose to shop ------- depends on how they view a store's cleanliness.

(A) thoughtfully
(B) famously
(C) promptly
(D) largely

269. The inaugural speech given by the company's new CEO was ------- received by executives as well as staff members.

(A) simply
(B) competitively
(C) warmly
(D) incessantly

270. The One Park Avenue Building is now owned by Star Insurance Co., but it was ------- owned by another company.

(A) prematurely
(B) formerly
(C) usually
(D) convincingly

265. 空所前にfinancially「金銭的に」、空所後にはjob「仕事」とあり、また文の前半にジェリーのテック業界での経験が大いに役立ったとあるので、空所には金銭的に「恵まれた」という意味の語が入ると予想される。(A) は「きつい」、(C) は「相当な」「実質的な」、(D) は「高い」という意味でどれも文意に合わない。(B) rewardingが「利益が得られる」、「やりがいのある」という意味で文意にも合致する。　　　　　　　　　　　　　　　　　　　　　　　正解 (B)

【訳】ジェリーのテック業界における経験は、彼が金銭的にやりがいのある仕事を見つける上で大いに役立った。

【注】experience 経験、a great help in ～で大いに役立つ

266. 空所前後は「取締役会が決定した」という意味。空所には取締役会がどのような様子で決定を下したかを示す語が入ると考えられる。(A) は「過度に」、(B) は「目立つように」、(C) は「おそらく」という意味でどれも決定の様子の描写としては不適。(D) unanimouslyは「満場一致で」という意味で文意にも合致する。　　　　　　　　　　　　　　　　　　　　正解 (D)

【訳】取締役会は、会社の経営企画部から提案された組織再編計画を採用することを満場一致で決定した。

【注】adopt 採用する、reorganization plan 組織再編計画、corporate planning department 経営企画部

267. 会社の新しいコンピュータソフトが従業員の生産性を改善するだろうというのが文の大意。新しいソフトを入れるのだから生産性は「大幅に」改善すると予想される。(A) は「最小限に」、(B) は「密集して」、(D) は「偶然に」という意味なのでどれも文意にそぐわない。(C) significantlyが「大幅に」、「大いに」という意味で文意にピタリ合致する。　　　　　　　　　　　　　　正解 (C)

【訳】その会社は新しいコンピューターソフトを全社的に導入すると発表したが、それによって従業員の生産性が大幅に改善されるだろう。

【注】install 導入する、設定する、on a company-wide basis 全社的に

268. 「人がどこで買い物をするかは店の清潔さによって決まる」というのが文の大意なので、空所にはその程度を表す副詞が入ると考えられる。(A) は「思慮深く」、(B) は「周知の通り」、(C) は「すぐに」という意味でどれも程度を示すものではない。(D) largelyが「大部分は」、「ほとんど」という程度を表し文意にも合致する。　　　　　　　　　　　　　　　　　　　　　　正解 (D)

【訳】人がどこで買い物をするか選ぶのは、店の清潔さをどのように感じるかということにほとんどかかっている。

【注】shop 買い物をする、depend on ～次第である、view 見なす、cleanliness 清潔さ

269. これは新CEOの就任スピーチがどのように受け入れられたかを問う問題。受け入れられ方は「暖かく」か「冷ややかに」かのどちらかになると考えられる。(A) は「単に」、(B) は「競争的に」、(D) は「絶え間なく」という意味なのでどれも文意的にふさわしくない。(C) warmlyが「暖かく」という意味で文意に合致するのでこれが正解。　　　　　　　　　　　　　　　　　　　正解 (C)

【訳】その会社の新CEOの就任スピーチは、スタッフだけでなく役員からも暖かく受け入れられた。

【注】inaugural 就任の、executive 会社役員、重役

270. 文中にnow ownedとnowがあることに注目。nowがあるということは、空所には過去に関する語が入ると予想できる。(A) は「時期尚早に」、(C) は「いつもは」、(D) は「説得力を持って」という意味でどれも文意から大きく外れる。(B) formerlyが「以前は」という意味の過去を示唆する副詞なのでこれが正解になる。　　　　　　　　　　　　　　　　　　　　正解 (B)

【訳】ワンパーク・アベニュー・ビルディングは現在、スター保険に所有されているが、以前は別の会社に所有されていた。

【注】own 所有する

271. Students are ------- encouraged to take a basic economics course before registering for this advanced class.

(A) optimistically   (B) radically

(C) profitably   (D) strongly

272. When companies behave negligently, customers' perceptions and purchasing decisions are ------- affected.

(A) adversely   (B) conveniently

(C) separately   (D) nearly

273. If you see an unattended bag or box at a station, please notify a staff member -------.

(A) immediately   (B) carefully

(C) randomly   (D) patiently

274. As growth slows in wealthy countries, many companies are ------- expanding their business in developing countries.

(A) negatively   (B) eloquently

(C) aggressively   (D) persuasively

275. The Ramsey Hotel is ------- located in the heart of the city near many shops and restaurants.

(A) hesitantly   (B) superficially

(C) ideally   (D) apparently

276. The training session will begin -------, so please return to your seat immediately.

(A) briefly   (B) shortly

(C) eagerly   (D) exactly

271. 上級クラスに登録する前には経済学の基本コースを取っておくことを勧めている内容なので、空所にはそれを「強く」勧めるという語が入ると予想される。(A) は「楽観的に」、(B) は「急進的に」、(C) は「利益が出るように」という意味でどれも文意にそぐわない。(D) strongly が「強く」という意味で文意にピタリ合致する。　　　　　　　　　　　　　　　　　　　**正解（D）**

【訳】学生はこの上級クラスに登録する前に、経済学の基本コースを取っておくことを強く勧める。

【注】economics 経済学、register 登録する、advanced class 上級クラス

---

272. 文の前半が companies behave negligently「会社が怠慢な行動をする」と否定的内容になっているので、空所にも否定語が入ると予想される。(B) は「都合よく」、(C) は「別々に」、(D) は「ほとんど」という意味でどれも否定語ではない。(A) adversely が「逆に」、「不利に」という否定語なのでこれが正解になる。　　　　　　　　　　　　　　　　　　**正解（A）**

【訳】会社が怠慢な行動をすれば、顧客の感じ方や購買決定は悪影響を受ける。

【注】behave 行動する、negligently 怠慢に、perception 感じ方、affect 影響する

---

273. 放置されたバッグや箱を見つけたら「すぐに」知らせてほしいというのが文の内容。(B) は「注意深く」、(C) は「乱雑に」、「無作為に」、(D) は「辛抱強く」という意味でどれも文意とは無関係。(A) immediately が「すぐに」、「直ちに」という意味で文意に合致する。　　　　　　　　　　**正解（A）**

【訳】もし駅で放置されたバックや箱を見つけたら、直ちに駅員に通知してください。

【注】unattended 放置された、notify 通知する、知らせる

---

274. 文の前半は「富裕国で成長が鈍化しているので」という意味。後半はそのため企業は途上国でのビジネス拡大に「積極的に」なっているという文意になる。(A) は「否定的に」、(B) は「雄弁に」、(D) は「説得力を持って」という意味なのでどれも文意から外れる。(C) aggressively が「積極的に」という意味で文意も通るのでこれが正解。　　　　　　　　　　　　　　　　　　**正解（C）**

【訳】富裕国での成長が鈍化しているので、多くの企業は途上国でのビジネスを積極的に拡大しようとしている。

【注】growth 成長、slow 鈍化する、wealthy 富裕な、developing countries 途上国

---

275. 空所後から、このホテルが多くの店やレストランがある市の中心にあることがわかる。つまり、このホテルは「理想的な」場所にあると考えられる。(A) は「躊躇して」、(B) は「表面的に」、(D) は「明らかに」という意味なのでどれも場所とは無関係。(C) ideally が「理想的に」という意味で文意にピタリ合致する。　　　　　　　　　　　　　　　　　　**正解（C）**

【訳】ラムゼーホテルは多くの店舗やレストランがある市の中心の理想的な場所にある。

【注】be located ～にある、in the heart of the city 市の中心部に

---

276. 空所後は「すぐに席に戻ってください」という意味なので、トレーニングは「すぐに」開始されると考えられる。(A) は「手短に」、(C) は「熱心に」、(D) は「厳密に」という意味なのでどれも時間とは関係がない。(B) shortly が「間もなく」、「すぐに」という意味で文意に合致する。

正解（B）

【訳】トレーニングセッションは間もなく始まりますので、すぐに席にお戻りください。

【注】return to one's seat 席に戻る、immediately すぐに

277. Frederick Bank has installed a new online checking account service which allows its customers to transfer funds to their savings accounts -------.

(A) incredibly   (B) hastily
(C) objectively   (D) automatically

278. The Lincoln Times is famous for its high-quality writing and for reporting that is ------- researched and fact-checked.

(A) apparently   (B) ridiculously
(C) meticulously   (D) increasingly

279. It's ------- clear that the government needs to pass comprehensive legislation to provide people with cleaner and safer energy choices.

(A) abundantly   (B) magically
(C) legally   (D) breathtakingly

280. Employees are reminded that the use of company equipment is ------- limited to work-related tasks.

(A) strictly   (B) confidentially
(C) expertly   (D) faithfully

281. Salad World's menu items change -------, so our customers can enjoy the freshest vegetables all year round.

(A) tacitly   (B) seasonally
(C) unanimously   (D) rapidly

282. The conference room on the 10th floor is the most ------- used venue for company activities and meetings.

(A) comparably   (B) deeply
(C) radically   (D) commonly

277. 口座間で資金移動できる新しいサービスをある銀行が始めたというのが文の大意なので、空所にはそのサービス内容にふさわしい語が入る。(A) は「信じられないほど」、(B) は「急いで」、(C) は「客観的に」という意味でどれも文意が通らない。(D) automaticallyが「自動的に」という意味で文意にピタリ合致する。　　　　　　　　　　　　　　　　　　　　　　**正解 (D)**

【訳】フレデリック銀行は普通預金口座に資金を自動的に移動できるオンラインの当座預金口座サービスを新たに開始した。

【注】checking account 当座預金口座、transfer 移動させる、savings account 普通預金口座

. . . .

278. 文の前半にリンカーンタイムズ紙は質の高い文章と報道で有名だとあるので、空所には肯定的な意味の副詞が入ると考えられる。(A) は「明らかに」、(B) は「ばかげて」、(D) は「ますます」という意味で必ずしも肯定的ではない。(C) meticulouslyが「細心の注意を払って」という肯定的な意味なのでこれが正解になる。　　　　　　　　　　　　　　　　　　　　　　**正解 (C)**

【訳】リンカーンタイムズ紙は、質の高い文章と細心の注意を払って調査し事実確認された報道で有名である。

【注】high-quality writing 質の高い文章、reporting 報道、fact-check 事実確認をする

. . . .

279. 空所にはclear「明らか」を修飾する副詞が入る。clearの修飾語として空所に入るのは「非常に」という意味の強意語が考えられる。(B) は「魔法のように」、(C) は「法的に」、(D) は「息をのむほど」という意味でどれも文意的に合わない。(A) abundantlyが「非常に」、「とても」という強調の意味なのでこれが正解になる。　　　　　　　　　　　　　　　　　　　　　　**正解 (A)**

【訳】人々によりクリーンで安全なエネルギー選択肢を与えるために、政府が包括的法律を成立させる必要があることは極めて明らかである。

【注】government 政府、comprehensive 包括的な、legislation 法律

. . . .

280. 空所後にlimited to work-related tasks「仕事関連の任務に限定」とあるので、空所には「厳しく」限定するという意味の語が入ると予想される。(B) は「ひそかに」、(C) は「専門的に」、(D) は「忠実に」という意味でどれも文意にそぐわない。(A) strictlyがまさに「厳重に」という意味で文意にも合致する。　　　　　　　　　　　　　　　　　　　　　　**正解 (A)**

【訳】会社の器具の使用は業務関連の任務に厳しく限定されることを従業員のみなさんは留意してください。

【注】be reminded ~に留意する、思い出す、work-related task 業務関連の任務

. . . .

281. 空所前にmenu items changeとあり、また後半に「新鮮な野菜を一年中楽しめる」とあるので、空所にはメニュー変更の頻度を表す語が入ると予想される。(A) は「暗黙のうちに」、(C) は「満場一致で」、(D) は「急速に」という意味でどれも頻度とは無関係。(B) seasonallyが「季節によって」という意味の頻度に関する語で文意も通る。　　　　　　　　　　　　　　　　　　　**正解 (B)**

【訳】サラダワールドのメニューは季節によって変わるので、お客様は一年中最も新鮮な野菜をお楽しみいただけます。

【注】freshest vegetables 最も新鮮な野菜、all year round 一年中

. . . .

282. 空所前後は「最も使用された場所」という意味なので、空所には「広く」や「一般的に」といった意味の語が入ると予想される。(A) は「同程度に」、(B) は「深く」、(C) は「急進的に」という意味なのでどれも文意から大きく外れる。(D) commonlyは「通例」とか「通常」という意味で文意的にも合致する。　　　　　　　　　　　　　　　　　　　　　　**正解 (D)**

【訳】10階の会議室は会社の行事や会議で通常、最も使用される場所である。

【注】venue 場所、会場、company activities 会社行事

. . . .

283. All products manufactured in our factory are ------- tested by our experienced quality control team.

(A) fundamentally　　　　　(B) rigorously
(C) effortlessly　　　　　　(D) lately

284. At first, many people were happy to dine at the newly opened Rizzi Restaurant, but they were disappointed by the ------- slow service.

(A) accumulatively　　　　　(B) excruciatingly
(C) doubtfully　　　　　　　(D) reticently

285. Hilton Place Shopping Center is within walking distance from the city center and is ------- located near a train station.

(A) conveniently　　　　　　(B) thoroughly
(C) quickly　　　　　　　　(D) rightly

286. Triscott Foods has increased its market share nationwide by ------- 25% over the past two years.

(A) approximately　　　　　(B) abundantly
(C) confidently　　　　　　(D) remarkably

287. Most of the company's executives attended the trade show, but the president was ------- absent.

(A) particularly　　　　　　(B) relatively
(C) conspicuously　　　　　(D) independently

288. At Lincoln Motors, vehicle testing standards are ------- higher than those established by the government.

(A) roughly　　　　　　　　(B) equally
(C) substantially　　　　　(D) favorably

283. 空所後にtested by our experienced quality control teamとあるので、その会社の製品は「厳しく」テストされていると推測される。(A) は「基本的に」、(C) は「楽々と」、(D) は「最近」という意味でどれも文意にそぐわない。(B) rigorouslyがまさに「厳しく」、「厳格に」という意味で文意にも合致する。　　　　　　　　　　　　　　　　　　　　　　　　　　　　　　　　**正解 (B)**

【訳】我々の工場で生産されたすべての製品は、我が社の経験豊かな品質管理チームによって厳しくテストされている。

【注】experienced 経験豊かな、quality control 品質管理

- -

284. 当初は新開店のレストランを歓迎していたが、サービスが遅いので失望したというのが文の大意。空所にはそのサービスがどれだけ遅い(slow)のかを表す語が入る。(A)は「累積的に」、(C)は「疑わしげに」、(D) は「黙って」という意味でどれもサービスの遅さとは無関係。(B) excruciatinglyは「耐え難いほどに」という意味で文意的にも合致する。　　　　　　　　　　　　　　**正解 (B)**

【訳】最初は多くの人が新しく開店したリッツィ・レストランで食事することをよろこんだが、サービスが耐え難いほど遅いので失望するようになった。

【注】dine 食事をする、newly opened 新しく開店した、disappointed 失望した

- -

285. 先の問題275と類似の問題だが、この問題では空所に入る副詞が異なる。この問題のショッピングセンターも駅に近く、空所にはその「便利さ」や「立地のよさ」を表す語が入ると考えられる。(B) は「完全に」、(C) は「速く」、(D) は「正しく」という意味でどれも文意的にそぐわない。(A) convenientlyがまさに「便利に」という意味なのでこれが正解になる。　　　　　　**正解 (A)**

【訳】ヒルトンプレイス・ショッピングセンターは市の中心から歩いて行ける距離にあり、また駅からも近い便利な場所にある。

【注】within walking distance from ～から歩いて行ける距離にある

- -

286. 空所後にある25パーセントという数詞を修飾する副詞としてまず思い浮かぶのは「おおよそ」とか「約」といった意味の語。(B) は「豊富に」、(C) は「自信を持って」、(D) は「際立って」という意味でどれも数詞を修飾する副詞としては不適。(A) approximatelyがまさに「おおよそ」という意味で文意にも合致する。　　　　　　　　　　　　　　　　　　　　**正解 (A)**

【訳】トリスコットフーズ社は、過去2年間で全国の市場シェアを約25パーセント増加させた。

【注】increase 増加させる、nationwide 全国で、全国的に

- -

287. 会社の重役は出席したが社長だけは欠席したというのが文の大意。重役が出席したのに社長だけが欠席となると、それは当然「目立つ」ことになる。(A) は「特に」、(B) は「比較的」、(D) は「独立して」という意味でどれも文意に合わない。(C) conspicuouslyが「目立って」という意味で文意にもピタリ合致するのでこれが正解。　　　　　　　　　　　　　　　　　　　**正解 (C)**

【訳】会社のほとんどの重役はその展示会に出席したが、社長は欠席して目立っていた。

【注】trade show 展示会、見本市、conspicuously absent 不在 (欠席) が目立つ

- -

288. 空所後がhigher thanと比較級になっているので、空所にはその比較級の意味を強めるか弱めるかどちらかの語が入ると予想される。(A) は「おおよそ」、(B) は「等しく」、(D) は「好意的に」という意味でどれも比較級と馴染まない。(C) substantiallyは「大幅に」という意味で、比較級の意味を強めているのでこれが正解。　　　　　　　　　　　　　　　　　　　　　　**正解 (C)**

【訳】リンカーンモーター社の車両試験の基準は、政府によって定められていたものよりも大幅に高くなっている。

【注】vehicle 車両、standard 基準、establish 定める、規定する

- -

289. News of the scandal is likely to spread quickly and ------- affect the reputation of the organization.

(A) materially
(B) symbolically
(C) interestingly
(D) eloquently

290. The branch managers' meeting next Thursday will begin ------- at 10:00 A.M.

(A) quickly
(B) flexibly
(C) accurately
(D) promptly

291. Halcyon Technology's newly released smartphone is ------- designed for people who use their phone for many hours each day.

(A) respectively
(B) specifically
(C) immensely
(D) transparently

292. The Fairfield Museum is currently undergoing renovations, with its reopening ------- planned for October 20.

(A) actively
(B) tentatively
(C) eminently
(D) willingly

293. Business owners are responsible for ------- reporting their earnings to shareholders and investors.

(A) aggressively
(B) sensitively
(C) delicately
(D) accurately

294. The information contained on this Web site is ------- general and does not apply to any specific individual or business.

(A) occasionally
(B) intentionally
(C) officially
(D) exclusively

289. 文の前半にNews of the scandalとあるので、それは組織の評判に「悪い」、「重大な」影響をもたらすと考えられる。(B) は「象徴的に」、(C) は「興味深く」、(D) は「雄弁に」という意味でどれも文意から外れる。(A) materiallyが「大いに」という意味で文意にも合致するのでこれが正解。　　　　　　　　　　　　　　　　　　　　　　　　　　　　　　　　　　　　　　**正解（A）**

【訳】そのスキャンダルのニュースは速く広がり、組織の評判に大きく影響を及ぼすことになるだろう。

【注】spread 広がる、affect 影響する、reputation 評判、名声

---

290. ある会議が10時に始まるということなので、空所には10時「きっかりに」という副詞が入るのではないかと予想する。(A) は「速く」、(B) は「柔軟に」、(C) は「正確に」という意味でどれも文意に合わない。(D) promptlyには「速やかに」という意味以外に、「きっかりに」という意味があるのでこれが正解。　　　　　　　　　　　　　　　　　　　　　　　　　　　　　**正解（D）**

【訳】来週木曜日の支店長会議は10時きっかりに開始される。

【注】branch manager 支店長

---

291. 文全体から、新発売のスマホは毎日何時間もスマホを使うヘビーユーザー向けであることが理解できる。したがって、空所前後は「特に」そうした人向けであるという意味になると推測できる。(A) は「それぞれ」、(C) は「巨大に」、(D) は「透き通って」という意味でどれも文意にそぐわない。(B) specificallyが「特に」という意味で文意にピタリ合致する。　　　　　　　　　　　　　　　　**正解（B）**

【訳】ハルシオンテクノロジー社の新発売のスマホは、毎日多くの時間スマホを使う人向けに特に設計されている。

【注】newly released 新発売の、specifically designed for ～のために特に設計された

---

292. 文の前半に美術館が現在改修工事中だとあり、再開日も「とりあえず」決まっているようである。(A) は「活発に」、(C) は「著しく」、(D) は「よろこんで」という意味でどれも空所後のplannedとは馴染まない。(B) tentativelyが「暫定的に」という意味で文意にも合致する。　　　**正解（B）**

【訳】フェアフィールド美術館は現在改修工事中であるが、再開日を10月20日とすることが暫定的に計画されている。

【注】currently 現在、undergo 経験する、受ける、reopening 再開

---

293. 空所前にBusiness owners are responsible「ビジネスオーナーには責任がある」とあり、空所後にはreporting「報告する」とあるので、空所には「正確に」報告するという意味の語が入ると考えられる。(A) は「積極的に」、(B) は「敏感に」、(C) は「繊細に」でどれも文意と無関係。(D) accuratelyがまさに「正確に」という意味で文意にも合致する。　　　　　　　　　　　　**正解（D）**

【訳】ビジネスオーナーは株主と投資家に対して利益を正確に報告する責任がある。

【注】earnings 利益、収益

---

294. 文の前半は「このウェブサイトの情報は一般的なものだ」という意味で、文全体から「あえて」そのように一般的なものにしていると推測できる。(A) は「時折」、(C) は「公式に」、(D) は「独占的に」という意味なのでどれも文意から外れる。(B) intentionallyが「意図的に」という意味で文意が通るのでこれが正解。　　　　　　　　　　　　　　　　　　　　　　　　　　　　**正解（B）**

【訳】このウェブサイトに含まれた情報は意図的に一般的なものにしてあり、特定の個人やビジネスに関わるものではない。

【注】contain 含む、apply to ～に適用する

---

295. Amanda's Café is ------- located on Elmer Street in downtown Houston and has become a tourist attraction.

(A) regularly   (B) centrally
(C) clearly   (D) generally

296. It is ------- necessary to the company that the new manufacturing plant be located within a short drive from its existing plant.

(A) strongly   (B) absolutely
(C) hopefully   (D) conveniently

297. A growing economy can lead to higher inflation and ------- higher interest rates.

(A) perfectly   (B) convincingly
(C) ultimately   (D) affordably

298. The company worked ------- to further develop its existing businesses while targeting potential areas for future growth.

(A) reluctantly   (B) practically
(C) readily   (D) diligently

299. Finley Department Store remains ------- optimistic about opportunities for growth in the near future.

(A) cautiously   (B) regrettably
(C) automatically   (D) previously

300. Simon & Schneider ------- hires applicants with little to no publishing experience, such as recent graduates and people transitioning to a new career.

(A) closely   (B) highly
(C) frequently   (D) lastly

295. 空所後にlocated「立地している」とある場合、TOEICでは「よいところに」立地している場合が多い。(A) は「定期的に」、(C) は「明らかに」、(D) は「一般に」という意味で立地とはまったく関係がない。(B) centrallyは「中心に」という意味でよい立地であることを表しているのでこれが正解。　　　　　　　　　　　　　　　　　　　　　　　　　　　　　　　　**正解（B）**

【訳】アマンダズカフェはヒューストンの中心街にあるエルマー通りの中心あり、観光名所になっている。

【注】**tourist attraction** 観光名所

---

296. 空所後にあるnecessary「必要な」という形容詞を修飾するにふさわしい副詞を選ぶ問題。(A) は「強く」、(C) は「願わくば」、(D) は「便利に」という意味で、どれもnecessaryとは相性が悪い。(B) を入れるとabsolutely necessaryとなるが、これで「絶対的に必要」という意味になり文意も通る。　　　　　　　　　　　　　　　　　　　　　　　　　　　　　　　**正解（B）**

【訳】新工場が現存の工場から車で近い距離にあることが会社にとっては絶対的に必要である。

【注】**manufacturing plant** 生産工場、**within a short drive** 車ですぐの距離、**existing** 現存の

---

297. 空所前後にhigher inflation、higher interest ratesと同様の語句がふたつあるが、時系列的にはhigher inflationに続き、その後「最終的に」higher interest ratesになると考えられる。(A) は「完全に」、(B) は「説得力を持って」、(D) は「手ごろな価格で」という意味なのでどれも文意に合わない。(C) ultimatelyがまさに「最終的に」という意味で文意に合致する。　　**正解（C）**

【訳】成長する経済はより高いインフレを招き、最終的にはより高い金利になる。

【注】**growing economy** 成長する経済、**lead to** 〜につながる

---

298. 空所後にto further develop「さらに発展させるため」とあるので、その会社の人間は「懸命に」努力したと考えられる。(A) は「嫌々ながら」、(B) は「実際には」、(C) は「すぐに」という意味なので文意から大きく外れる。(D) diligentlyが「勤勉に」、「熱心に」という意味で文意も通る。

　　　　　　　　　　　　　　　　　　　　　　　　　　　　　　　　　　　　　　　正解（D）

【訳】その会社は既存のビジネスをさらに発展させるだけでなく、将来の成長のための潜在的分野に狙いを定めて懸命に努力した。

【注】**existing business** 既存のビジネス、**potential** 潜在的な、**future growth** 将来の成長

299. 空所後にあるoptimistic「楽観的な」という形容詞を修飾するにふさわしい副詞は何か。(B)は「残念ながら」、(C) は「自動的に」、(D) は「以前は」という意味で、どれもoptimistの修飾語としてはふさわしくない。(A) はcautiously optimisticで「慎重ながらも楽観視している」という意味の成句でビジネス用語としてもよく使われる。このまま覚えるようにしよう。　　**正解（A）**

【訳】フィンリー百貨店は、近い将来における成長の機会について慎重ながらも楽観視している。

【注】**remain optimistic** 楽観的である、**opportunity for growth** 成長の機会

---

300. これは空所後のhires「雇う」という動詞を修飾するのにふさわしい副詞を選ぶ問題。(A) は「入念に」、(B) は「高く」、(D) は「最後に」という意味で、どれもhiresとは相性が悪く文意も通らない。(C) frequentlyは「頻繁に」という意味でhiresとの相性もよく文意的にも問題ない。　　**正解（C）**

【訳】サイモン&シュナイダー社は最近大学を卒業した人や新しいキャリアに移行しようとしている人など出版経験のほとんどあるいはまったくない人でも頻繁に雇用している。

【注】**publishing** 出版、**graduate** 卒業生、**transition to** 〜に移行する

301. Hedge fund managers seemed ------- concerned about the recent volatility of the stock market.

(A) favorably
(B) punctually
(C) hugely
(D) gratefully

302. The opening of the exhibition will be followed by a reception, to which everyone is ------- invited.

(A) desperately
(B) cordially
(C) gracefully
(D) efficiently

303. Having an air conditioner that starts and stops ------- is extremely frustrating.

(A) intermittently
(B) thoroughly
(C) primarily
(D) constructively

304. Most of the street parking located within two blocks of the government office complex is ------- marked, and limited to two hours.

(A) freely
(B) simply
(C) vaguely
(D) clearly

305. Avoiding head-to-head competition with other companies is ------- advised, especially for a new business.

(A) typically
(B) emphatically
(C) exclusively
(D) successfully

306. Grocery prices have risen -------, and it's making life harder for many families.

(A) intimately
(B) neatly
(C) sharply
(D) conceivably

301. 空所後にconcerned「心配している」とあるので、空所にはその心配の程度を表す語が入ると考えられる。(A) は「好意的に」、(B) は「時間通りに」、(D) は「感謝して」という意味で、どれも程度を表す語ではない。(C) hugelyは「大いに」、「極めて」という大きさの程度を表しているのでこれが正解になる。　　　　　　　　　　　　　　　　　　　　　　　　　　　**正解 (C)**

【訳】ヘッジファンドマネージャーたちは株式市場の最近の乱高下を大いに心配している。

【注】recent 最近の、volatility 不安定さ、乱高下、stock market 株式市場

302. 空所後にinvited「招待されて」とあるので、空所には招待のされ方を表す副詞が入ると考えられる。(A) は「必死に」、(C) は「優雅に」、(D) は「効率的に」という意味で、どれもinvitedとは相性が悪い副詞。(B) cordiallyは「心から」、「真心を込めて」という意味でinvitedとも相性がよく、cordially invitedという成句表現でよく使われる。　　　　　　　　　　　　　　　　**正解 (B)**

【訳】展示会のオープニングの後にはレセプションが開かれることになっており、みなさんにもぜひご出席いただきたいと思います。

【注】exhibition 展示会、展覧会、follow ～に続く

303. 空所前にstarts and stopsという語句があることに注目。つまり、このエアコンは動いたり停止したりするということなので、空所にはそうした状況を表す副詞が入ると考えられる。(B) は「完全に」、(C) は「主として」、(D) は「建設的に」という意味でどれも文意が通らない。(A) intermittentlyが「断続的に」、「途切れ途切れに」という意味で文意にもピタリ合致する。　　**正解 (A)**

【訳】断続的に 動いたり止まったりするエアコンを所有していることは極めていら立たしい。

【注】extremely 極めて、非常に、frustrating いら立たしい、イライラする

304. 空所後にmarkedとあるので、空所にはどのような状態でマークされているのかを表す副詞が入ると考えられる。(A) は「自由に」、(B) は「単に」という意味なので不適。(C) は「曖昧に」という意味で状態を表すが、「曖昧にマークする」のはおかしい。(D) clearlyはその反対に「明確に」という意味で文意にも合う。　　　　　　　　　　　　　　　　　　　　　　　　　　　　**正解 (D)**

【訳】政府のオフィスビルから2ブロック以内で路上駐車できるほとんどの場所は明確に印がつけられていて、駐車は2時間以内に制限されている。

【注】street parking 路上駐車、government 政府、office complex オフィスビル

305. 文の前半は「他社との直接対決は避けた方が賢明である」という意味。またカンマ以下に「特に新規ビジネスは」とあるので、空所にはadvisedを強める語が入ると予想される。(A) は「通常は」、(C) は「独占的に」、(D) は「成功裏に」という意味でどれも文意が通らない。(B) emphaticallyが「強く」、「断然」という意味で文意にも合う。　　　　　　　　　　　　　　　　　　　**正解 (B)**

【訳】他社との直接対決を避けることは、特に新規ビジネスにとっては強く勧められる。

【注】avoid 避ける、head-to-head competition 直接対決

306. 空所前にhave risen「上がった」とあるので、空所にはその上がり具合を表す副詞が入ると考えられる。(A) は「親密に」、(B) は「きちんと」、(D) は「もしかしたら」という意味で、どれも上がり具合を表す語ではない。(C) sharplyが「激しく」、「急激に」という意味で上昇具合を示し文意的にも合致する。　　　　　　　　　　　　　　　　　　　　　　　　　　　　**正解 (C)**

【訳】食品価格が急激に上がり、多くの家庭の生活がより苦しくなっている。

【注】grocery prices 食品価格、make life harder 生活をより苦しくする

307. Pirelli Analytics and Johnson Systems finally reached a merger agreement that was ------- beneficial to both companies.

(A) gladly
(C) reluctantly

(B) retrospectively
(D) mutually

308. Cranston Systems is ------- seeking business partners both inside the country and abroad.

(A) relatively
(C) substantially

(B) eagerly
(D) enormously

309. Submitted papers will be ------- reviewed in terms of novelty, relevance and technical quality by the members of the research committee.

(A) thoroughly
(C) strongly

(B) freshly
(D) urgently

310. Jensen Financial has launched a ------- redesigned Web site featuring more user-friendly functions.

(A) completely
(C) popularly

(B) analytically
(D) diversely

311. Brock Corporation recently hired a technical writer who is responsible for ------- editing information on its Web site.

(A) artificially
(C) simultaneously

(B) increasingly
(D) carefully

312. Dr. Gupta ------- accepted our invitation to speak at our next board meeting.

(A) proficiently
(C) efficiently

(B) graciously
(D) imminently

307. 文の前半から2社が合併の合意に達したことがわかる。合併というのは2社「双方にとって」beneficialなものであるはず。(A) は「よろこんで」、(B) は「遡って」、(C) は「嫌々ながら」という意味でどれも文意に合わない。(D) mutuallyが「お互いに」、「相互に」という意味で文意に合致する。 **正解 (D)**

【訳】ピレリ・アナリティックスとジョンソン・システムズは両社にとってお互いの利益になる合併合意について至った。

【注】finally ついに、reach 達する、merger agreement 合併合意

---

308. 空所後にseekingという動詞があるので、空所には「熱心に」などその度合いを示す副詞が入ると予想される。(A) は「比較的に」という意味なので不適。(C) は「大幅に」、(D) は「巨大に」という意味でどちらも度合いを示すが、seek とは相性が悪い。(B) eagerlyがまさに「熱心に」という意味で文意にも合う。 **正解 (B)**

【訳】クランストン・システムズ社は国内および海外でもビジネスパートナーを熱心に探し求めている。

【注】seek 探し求める、inside the country 国内で、abroad 海外で

---

309. 空所後にreviewed「評価される」とあるので、空所には「厳しく」や「完全に」などといった副詞が入ると予想される。(B) は「新鮮に」、(C) は「強く」、(D) は「至急に」という意味で、どれも文意にそぐわない。(A) thoroughlyが「徹底的に」、「完全に」という意味でreviewedとも相性がよく、文意的にも合致する。 **正解 (A)**

【訳】提出された書類は研究委員会のメンバーによってその新規性、関連性、技術的な質に関して徹底的に評価される。

【注】in terms of ～に関して、novelty 新規性、relevance 関連性

---

310. 空所後にredesigned「デザインし直した」という語があるので、空所にはどの程度の再デザインを行なったかを示す副詞が入ると考えられる。(B) は「分析的に」、(C) は「一般に」、(D)「さまざまに」という意味でどれも程度を表すものではない。(A) completelyは「完全に」という意味で、まさに再デザインの程度を表しているのでこれが正解。 **正解 (A)**

【訳】ジェンセン・フィナンシャル社はよりユーザーが使いやすい機能を特徴とする完全に再デザインしたウェブサイトを立ち上げた。

【注】launch 始める、立ち上げる、feature ～の特色となる、function 機能

---

311. 空所後にediting「校閲する」という動詞があるので、空所には「慎重に」とか「念入りに」といった意味の副詞が入ると予想される。(A) は「人工的に」、(B) は「ますます」、(C) は「同時に」という意味なので文意に合わない。(D) carefullyが「注意深く」という意味で文意にピタリ合致する。 **正解 (D)**

【訳】ブロック社はウェブサイト上の情報を注意深く校閲する責任のある技術ライターを最近雇用した。

【注】recently 最近、be responsible for ～に責任を持つ

---

312. 空所後にaccepted our invitation「招待を受け入れた」とあるので、空所にはどのような様子で招待を受け入れたのかを示す副詞が入ると考えられる。(A) は「上手に」、(C) は「効率的に」、(D) は「差し迫って」という意味でどれもacceptedと相性が悪い。(B) graciouslyが「快く」、「親切にも」という意味で、acceptedと相性もよいのでこれが正解になる。 **正解 (B)**

【訳】グプタ博士は、我が社の次回の取締役会で話をしてほしいという我が社の招待を快く受け入れてくれた。

【注】accept 受け入れる、invitation 招待、board meeting 取締役会

313. Informational reading is reading ------- for detail as well as for central ideas and themes.

(A) closely　　　　　　　　(B) forcefully
(C) tightly　　　　　　　　(D) perfectly

314. This workshop will give participants the knowledge and skills needed to ------- deal with workplace challenges.

(A) prematurely　　　　　　(B) properly
(C) hardly　　　　　　　　(D) impressively

315. Edison & McCarthy is the largest ------- owned law firm in the Greater Houston area.

(A) comfortably　　　　　　(B) famously
(C) locally　　　　　　　　(D) periodically

316. The company's newly launched lady's wear is ------- popular due to its variety of colors and designs.

(A) immensely　　　　　　(B) eventually
(C) anonymously　　　　　(D) productively

317. The university's campus will expand ------- in multiple phases over the next decade.

(A) occasionally　　　　　(B) incrementally
(C) perfunctorily　　　　　(D) routinely

318. The prime minister ------- defended the country's currency and trade policies.

(A) reluctantly　　　　　　(B) assertively
(C) equally　　　　　　　　(D) steeply

313. 空所後にfor detail「詳細を知るために」とあることに注目。そうした詳細を知るためには「しっかり」と読む必要がある。(B) は「強力に」、(C) は「きつく」、(D) は「完全に」という意味でどれもreadingとは相性が悪い。(A) closelyは「入念に」という意味でreadingとの相性が抜群によい。　　　　　　　　　　　　　　　　　　　　　　　　　　　　　　　　**正解（A）**

【訳】情報読書というのは、中心的な考えや主題を求めて読むだけでなく、細かい内容を知るために入念に読むということである。

【注】detail 詳細、細かいこと、central ideas 中心的な考え、theme 主題、テーマ

---

314. 空所後は「職場の問題に取り組む」という意味。そうした問題に対しては「きちんと」、「しっかり」取り組む必要がある。(A) は「時期尚早に」、(C) は「ほとんど〜ない」、(D) は「印象的に」という意味なのでどれも文意にそぐわない。(B) properlyが「適切に」という意味で文意が通る。　　　　　　　　　　　　　　　　　　　　　　　　　　　　**正解（B）**

【訳】このワークショップでは、参加者は職場での問題に適切に取り組むために必要な知識とスキルを身につけることになる。

【注】participant 参加者、deal with 〜に取り組む、対処する

---

315. 空所後にowned「所有されている」とあることに注目。空所にはownedと相性のよい副詞が入る。(A) は「心地よく」、(B) は「周知のとおり」、(D) は「定期的に」という意味でownedとは馴染まない。(C) locallyは「地元で」という意味で、locally ownedで「地域主体の」、「地元資本の」という意味になるのでこれが正解。　　　　　　　　　　　　　　　　　**正解（C）**

【訳】エディソン&マッカーシーは拡大ヒューストン地域で最大の地元資本の法律事務所である。

【注】law firm 法律事務所、Greater Houston ヒューストン近郊都市も含めた地域

---

316. 空所後にpopular「人気がある」とあるので、空所にはその人気が大変なものなのか、あるいはそれほどでもないのか、その程度を表す副詞が入ると考えられる。(B) は「最終的には」、(C) は「匿名で」、(D) は「生産的に」という意味でどれも程度を表すものではない。(A) immenselyが「非常に」、「大いに」という意味の程度を表す副詞なのでこれが正解。　　　　　　　**正解（A）**

【訳】その会社が新しく発売した女性用の服は、種類豊富な色とデザインがあるのでとても人気がある。

【注】newly launched 新しく発売した、variety of 種類豊富な

---

317. 空所後にin multiple phases「多くの段階を経て」という語句があるので、大学キャンパスの拡大が「徐々に」、「ゆっくり」したものになることが推測できる。(A) は「時折」、(C) は「おざなりに」、(D) は「いつも」という意味でどれも文意的に合わない。(B) incrementallyが「徐々に増加して」という意味で文意にも合致する。　　　　　　　　　　　　　　　　　　　　　　**正解（B）**

【訳】その大学のキャンパスは今後10年かけて多くの段階を経て徐々に拡大していく予定である。

【注】expand 拡大する、multiplc 多数の、decade 10年間

---

318. 空所後にdefended「守った」とある。prime ministerとしては自国の政策を「守る」のは当然で、それを「強く」守ったと推測される。(A) は「嫌々ながら」、(C) は「等しく」、(D) は「険しく」という意味でどれも文意にふさわしくない。(B) assertivelyが「はっきりと」、「自信を持って」という意味で文意が通るのでこれが正解。　　　　　　　　　　　　　　　　　　　　**正解（B）**

【訳】首相は自国の通貨および貿易政策を自信を持って擁護した。

【注】prime minister 首相、currency 通貨、trade 貿易、policy 政策

319. Our office will be closed until next Monday, but we will check e-mails ------- in order to attend to urgent matters.

(A) rapidly

(B) quietly

(C) aggressively

(D) periodically

320. Tricia Jackson is a ------- acclaimed writer with English and Jamaican roots whose stories have been published in several languages.

(A) critically

(B) demonstrably

(C) comfortably

(D) pleasantly

321. The new marketing manager has extensive experience in launching ------- successful products.

(A) affordably

(B) elaborately

(C) commercially

(D) conditionally

322. Please make sure all parts of the tool are fastened ------- before use.

(A) purely

(B) securely

(C) collaboratively

(D) preferably

323. Since becoming the university's president 10 years ago, Dr. Logan has ------- enhanced its reputation around the country.

(A) consistently

(B) restrictively

(C) traditionally

(D) beneficially

324. Over the past 5 years, our international businesses have expanded ------- thanks to our hard-working staff.

(A) carefully

(B) considerably

(C) completely

(D) shortly

319. 空所前にcheck e-mailsとあるので、空所にはそれをどの程度の頻度で行うかを示す副詞が入ると予想される。（A）は「急速に」、（B）は「静かに」、（C）は「積極的に」という意味でどれも文意的に合わない。（D）periodicallyが「定期的に」という意味で文意にピタリ合致する。　　**正解（D）**

【訳】来週月曜日まで我が社のオフィスは閉まっていますが、緊急の問題に対応するために定期的にEメールをチェックします。

【注】**attend to** ～に対応する、**urgent matters** 緊急の問題

320. 空所後にacclaimed writer「高く評価された作家」とあるので、空所には誰からacclaimedされたのかを示す副詞が入ると考えられる。（B）は「明らかに」、（C）は「心地よく」、（D）は「楽しく」という意味でどれも文意にそぐわない。（A）criticallyが「批評的に」という意味で、critically acclaimedで「批評家に高く評価された」という意味になり文意も通る。　　**正解（A）**

【訳】トリシア・ジャクソンは批評家から高く評価された作家で、英国とジャマイカ両方にルーツを持ち、その小説は数カ国語で出版されている。

【注】**writer** 作家、**publish** 出版する、**in several languages** 数カ国語で

321. 空所後にsuccessful products「成功した商品」という語句がある。「成功した商品」を修飾する語としては「非常に」や「営業的に」といった意味が考えられる。（A）は「手ごろな価格で」、（B）は「わざと」、「精巧に」、（D）は「条件付きで」という意味なのでどれもsuccessful productsとは相性が悪い。（C）commerciallyは「商業的に」という意味で文意にもピタリ合致する。**正解（C）**

【訳】新しいマーケティングマネージャーは商業的に成功した商品を立ち上げた幅広い経験を持っている。

【注】**extensive experience** 幅広い経験

322. 空所前にfastenedとあることに注目。fastenはベルトや金具などを「閉める」という意味なので、空所には「しっかりと」とか「安全に」といった意味の語が入ると予想される。（A）は「純粋に」、（C）は「協力して」、（D）は「できれば」という意味でどれも文意に合わない。（B）securelyがまさに「しっかりと」という意味なのでこれが正解。　　**正解（B）**

【訳】使用する前に器具のすべての部品がしっかり閉められていることを確認してください。

【注】**make sure** ～を確認する、**tool** 器具、道具

323. 冒頭に10年前に大学の学長になったとあり、空所後にはenhanced「高めた」とある。これらのことから、この学長がその間「ずっと」大学の評判を高めてきたと推測できる。（B）は「制限的に」、（C）は「伝統的に」、（D）は「有益に」という意味でどれも文意に合わない。（A）consistentlyが「一貫して」という意味で文意にピタリ合致する。　　**正解（A）**

【訳】10年前にその大学の学長になって以来、ローガン博士は一貫して大学の評価を全国的に高めてきた。

【注】**enhance** 高める、**reputation** 評価、名声、**around the country** 全国で

324. 空所前にhave expanded「拡大した」とあるので、空所にはどの程度拡大したのかを示す副詞が入ると考えられる。（A）は「注意深く」、（C）は「完全に」、（D）は「間もなく」という意味で、どれも程度を表すものではない。（B）considerablyが「かなり」、「大幅に」という程度を表し文意にも合致する。　　**正解（B）**

【訳】過去5年間、我が社の国際ビジネスは勤勉なスタッフのおかげで大幅に拡大した。

【注】**thanks to** ～のお陰で、**hard-working** 勤勉な、よく働く

325. All employers are ------- bound to ensure that their employees are not exposed to unreasonable harm at work.

(A) generously   (B) eventually
(C) legally   (D) responsibly

326. Finemart is proud of carrying only locally and ------- produced foods.

(A) regularly   (B) energetically
(C) organically   (D) brightly

327. Mr. Randall was ------- appointed to the position of chief financial officer of the company after his predecessor resigned.

(A) provisionally   (B) practically
(C) obviously   (D) hesitantly

328. Downloading new software without the company's permission is strictly prohibited and the policy is ------- enforced.

(A) stringently   (B) relatively
(C) sharply   (D) exceedingly

329. If you have paid your monthly premiums, your insurance company is ------- obligated to serve you.

(A) progressively   (B) purposefully
(C) contractually   (D) formerly

330. Our bag is ------- lightweight, so you can easily carry it wherever you go.

(A) continually   (B) exceptionally
(C) favorably   (D) accurately

325. 空所前後のare boundは「拘束されている」という意味で、空所にはどういう意味で拘束されているのかを示す副詞が入ると考えられる。(A)は「寛大に」、(B)は「最終的に」、(D)は「責任を持って」という意味でどれもboundとは相性が悪い。(C) legallyは「法律的に」という意味で文意が通る。

正解 (C)

【訳】すべての雇用主は、職場で従業員が不合理な危害にさらされないようにすることが法的に拘束されている。

【注】expose ～をさらす、unreasonable harm 不合理な危害

---

326. 空所後のproduced foodは「生産された食品」という意味なので、空所にはどのように生産されたかを示す副詞が入ると考えられる。(A) は「定期的に」、(B) は「精力的に」、(D) は「明るく」という意味でどれも文意にそぐわない。(C) organicallyは「有機的に」という意味で、organically produced foodsで「有機食品」という意味になり文意も通る。

正解 (C)

【訳】ファインマートは地元で取れた有機食品しか売らないことを誇りにしている。

【注】proud of ～を誇りにする、carry（商品などを）店に置く、locally 地元で

---

327. 空所後にappointed「任命された」とあるので、空所にはそれと相性のよい副詞が入る。(B)は「実質的に」、(C) は「明らかに」、(D) は「躊躇して」という意味なのでどれも文意に馴染まない。(A) provisionallyは「暫定的に」、「一時的に」という意味で、appointedとも相性がよく文意にも合致する。

正解 (A)

【訳】ランドール氏は前任者が辞任した後、会社の最高財務担当役員の地位に暫定的に任命された。

【注】chief financial officer 最高財務担当役員、predecessor 前任者、resign 辞任する

---

328. 空所後にenforced「実施される」とあるので、空所には「厳格に」という意味の副詞が入ると予想される。(B) は「比較的に」、(C) は「鋭く」、(D) は「甚だしく」という意味でどれもenforcedとは相性が悪い。(A) stringentlyが「厳しく」という意味で文意にピタリ合致する。

正解 (A)

【訳】会社の許可なくして新しいソフトウェアをダウンロードすることは厳しく禁止されており、その会社方針は厳格に実施される。

【注】without ～なしで、permission 許可、strictly prohibited 厳しく禁止されて

329. 文の前半のmonthly premiumsは「月額保険料」という意味。保険料を支払っているかぎりは、保険会社は「契約的」、「法律的」に義務を負っているというのが文の大意。(A) は「進歩的に」、(B) は「意図的に」、(D) は「以前は」という意味でどれも文意に合わない。(C) contractuallyがまさに「契約的に」という意味で文意にピタリ合致する。

正解 (C)

【訳】もしあなたが月額保険料を支払っているのなら、保険会社はあなたに契約上の義務を負っている。

【注】insurance company 保険会社、obligated 義務がある

---

330. 空所後にlightweight「軽量」とあるので、空所にはその軽量の程度を表す副詞が入ると予想される。(A) は「継続的に」、(C) は「好意的に」、(D)は「正確に」という意味でどれもlightweightとは無関係。(B) exceptionallyは「例外的に」、「非常に」という程度を表す副詞で文意にも合致する。

正解 (B)

【訳】私どものバッグは極めて軽量なので、どこへでも簡単に持ち運ぶことができます。

【注】easily 簡単に、容易に、wherever どこに～しても

---

331. After careful consideration, Mr. Johnson decided to ------- decline the job offer because he didn't want to relocate to a big city.

(A) respectfully
(B) inadvertently
(C) competitively
(D) selectively

332. The company's new CEO has a ------- different management style than his predecessor.

(A) correctly
(B) briefly
(C) frequently
(D) markedly

333. Customer reviews written on online shopping sites ------- influence the decision of potential buyers.

(A) eagerly
(B) greatly
(C) incidentally
(D) patiently

334. Health and medical colleges were ------- represented among schools with high growth rates.

(A) satisfactorily
(B) beneficially
(C) accordingly
(D) heavily

335. The think tank's event is ------- suited to those who are interested in learning more about what is happening in the banking sector.

(A) particularly
(B) enthusiastically
(C) randomly
(D) sporadically

336. Please make sure that our company logo is ------- displayed in a way that catches visitors' attention.

(A) perfunctorily
(B) prominently
(C) rigorously
(D) excessively

331. 空所前後は「大都市に行きたくなかったので職の申し出を断った」という意味。空所にはどのように断ったのかを表す副詞が入ると考えられる。(B) は「不注意に」、(C) は「競争的に」、(D) は「選択的に」という意味でどれも文意的に不適。(A) respectfullyは「丁重に」、「恭しく」という意味で文意にピタリ合致する。　　　　　　　　　　　　　　　　　　　　　**正解 (A)**

【訳】熟慮した末に、ジョンソン氏は大都市に移転したくなかったのでその職の申し出を丁重に断った。

【注】after careful consideration 熟慮の末に、decline 断る、relocate to ～に移転する

---

332. 空所後にdifferent「違った」とあるので、その前の空所にはどの程度違っているのかを表す副詞が入ると考えられる。(A) は「正確に」、(B) は「手短に」、(C) は「頻繁に」という意味で、どれもdifferentの程度を示すものではない。(D) markedlyは「著しく」、「際立って」という意味で程度を表す副詞なのでこれが正解。　　　　　　　　　　　　　　　　　　　**正解 (D)**

【訳】その会社の新CEOは、前任者とは著しく異なった経営手法を用いる。

【注】management style 経営手法、predecessor 前任者

---

333. 空所後のinfluenceは名詞ではなく「影響する」という意味の動詞。空所にはどれほど影響するのかを表す副詞が入ると考えられる。(A)は「熱心に」、(C) は「偶然に」、(D) は「辛抱強く」という意味でどれもinfluenceとは相性が悪い。(B) greatlyは「大いに」という程度を表す副詞で文意が通る。　　　　　　　　　　　　　　　　　　　　　　　　　　　**正解 (B)**

【訳】オンラインショッピングサイトに書かれた顧客の評価は、潜在的な購入者の決定に大きな影響を与える。

【注】customer review 顧客の評価、decision 決定、potential 潜在的な

---

334. 空所前後のwere representedは「代表された」という意味。空所にはどの程度representされていたのを示す副詞が入る。(A) は「満足のいくように」、(B) は「有益に」、(C) は「それに応じて」という意味でどれも文意にそぐわない。(D) heavilyは「たくさん」、「大量に」という意味で、representと相性がよく文意にも合致する。　　　　　　　　　　　　　　　　**正解 (D)**

【訳】健康医学関係の大学が高い成長率を誇る大学の中に数多く入っていた。

【注】medical colleges 医学大学、growth rates 成長率

---

335. 空所後にsuited「適している」とあるので、空所にはそれを肯定的に表す副詞が入ると予想される。(B) は「熱心に」、(C) は「無作為に」、(D) は「散発的に」という意味でどれもsuitedとは相性が悪い。(A) particularlyは「特に」という意味でsuitedとの相性が抜群によい。　**正解 (A)**

【訳】そのシンクタンクのイベントは、現在金融界で起こっていることをもっと知りたいという方に特に適している。

【注】those who are interested in ～に興味を持っている人、banking sector 金融界

---

336. 会社のロゴをどのようにdisplayするかというのがこの文の内容。ロゴをdisplayするのであれば、当然それを「目立つように」するはず。(A) は「おざなりに」、(C) は「厳格に」、(D) は「過度に」という意味でどれも文意に合わない。(B) prominentlyがまさに「目立つように」という意味で文意的にも合致する。　　　　　　　　　　　　　　　　　　　　　　**正解 (B)**

【訳】我が社のロゴが訪問者の注意を引くよう必ず目立つように掲示してください。

【注】in a way that ～するように、catch visitors' attention 訪問者の注意を引く

337. Please expect the application process to take ------- five weeks, which includes the time needed for application review.

(A) promptly   (B) roughly
(C) quickly   (D) numerically

338. It is ------- important for the company to strictly adhere to government safety regulations.

(A) gradually   (B) accidentally
(C) effortlessly   (D) critically

339. Staff members of the marketing and engineering departments worked very ------- to develop the new product.

(A) originally   (B) probably
(C) respectively   (D) collaboratively

340. Learning a foreign language is an investment of time and money that is ------- profitable.

(A) inevitably   (B) amazingly
(C) objectively   (D) customarily

341. After the interview, I was ------- optimistic about my chances of landing a permanent job at the company.

(A) intensively   (B) radically
(C) fairly   (D) quickly

342. Lionel Clothing has been ------- successful due to its fast fashion approach and significant online presence.

(A) enormously   (B) permissively
(C) marginally   (D) conclusively

337. 空所後にfive weeks「5週間」と数詞があることに注目。空所には数詞と相性のよい副詞が入る。(A) は「すぐに」、(C) は「速く」、(D) は「数値的に」という意味でどれもコロケーション的に不適。(B) roughlyは「おおよそ」という意味で数値との相性が抜群によい副詞である。　　**正解（B）**

【訳】申請書の評価期間も含めて、申請処理には約5週間かかるとお考えください。

【注】application process 申請処理、include ～を含む、review 評価

338. 空所後にimportant「重要である」とあるので、空所にはどれほど重要であるかを表す副詞が入ると考えられる。(A) は「徐々に」、(B) は「偶然に」、(C) は「苦もなく」という意味でどれもimportantとは相性が悪い。(D) criticallyには「非常に」という意味があり、文意的にも適切なのでこれが正解になる。　　**正解（D）**

【訳】企業は政府の安全規則を厳格に遵守することが極めて重要である。

【注】strictly 厳格に、adhere to ～を遵守する

339. 空所前にworked veryとあり、また空所後にはdevelop the new productとあるので、ふたつの部署が「協力して」新製品開発を行なったと推測される。(A) は「最初は」、(B) は「おそらく」、(C) は「それぞれ」という意味でどれも文意に合わない。(D) collaborativelyがまさに「協力して」という意味なのでこれが正解になる。　　**正解（D）**

【訳】マーケティングとエンジニアリング両部のスタッフは、お互いに大いに協力して新製品を開発した。

【注】develop new products 新製品を開発する

340. 空所後にprofitable「有益な」とあるので、空所にはその有益さの程度を表す副詞が入ると考えられる。(A) は「不可避的に」、(C) は「客観的に」、(D) は「習慣的に」という意味でどれも文意的にそぐわない。(B) amazinglyが「驚くほどに」という程度の大きさを表す副詞で文意的にも適切である。　　**正解（B）**

【訳】新しい外国語を習得することは驚くほど有益な時間とお金の投資である。

【注】foreign language 外国語、investment 投資

341. 空所後にoptimistic「楽観的な」とあるので、その前の空所にはどれほど楽観的であるのかその程度を示す副詞が入ると考えられる。(A) は「集中的に」、(B) は「急進的に」、(D) は「速く」という意味でどれもoptimisticとは結びつかない。(C) fairlyが「かなり」という程度を表す副詞で文意が通る。　　**正解（C）**

【訳】面接の後、私はその会社で永続的な職を得られる可能性にかなり楽観的であった。

【注】interview 面接、chances 可能性、land a permanent job 永続的な職を得る

342. 空所後にsuccessful「成功した」とあるので、空所にはその成功度合いを示す副詞が入ると考えられる。(B) は「寛容に」、(C) は「わずかに」、(D) は「決定的に」という意味でどれも文意にそぐわない。(A) enormouslyは「非常に」という意味で成功度合いを表すことができるのでこれが正解。　　**正解（A）**

【訳】ライオネル・クロージング社は、そのファストファッションへのアプローチ方法とオンラインでの大きな存在感によって非常に成功している。

【注】due to ～のため、significant かなりの、online presence オンラインでの存在感

Chapter 3 ■全324問

文脈問題

パターン① 選択肢が動詞の問題

例題 1 Morgan Corporation's profit will ------- significantly next year, assuming that the lucrative housing development project can be finalized by the end of this year.

(A) invent　　　　　(B) surpass

(C) increase　　　　(D) consume

　文脈問題について具体的に見ていくことにしましょう。この例題では、まず前半で「モーガン社の利益が来年大きく〜するだろう」とあり、後半は「今年の年末までに儲かる住宅開発プロジェクトが最終決定されることを前提に考えると」という意味ですので、空所には利益が「増える」という意味の語が入ることが予想されます。選択肢 (C) のincreaseが「増える」という意味ですのでこれが正解になります。。

【正解】（C）

【訳】その儲かる住宅開発プロジェクトが今年の年末までに最終決定されることを前提に考えると、モーガン社の利益は来年大幅に増加するだろう。

【注】**significantly** 大幅に、**assume** 〜を前提とする、**lucrative** 儲かる

パターン② 選択肢が形容詞の問題

例題 2 Mr. Baker will serve as interim director of marketing until a ------- replacement is named.

(A) permanent　　　(B) quick

(C) precious　　　　(D) enthusiastic

語彙問題の最後の項目として、文脈問題を取り上げます。これまでイディオム問題とコロケーション問題を見てきましたが、これらの問題はそのイディオムやコロケーションを知っていれば文を読まずとも一瞬にして正解がわかります。それに対して、文脈問題では空所前後だけでなく文全体を読んで正解を導く必要があります。その意味では文脈問題こそ語彙問題の王道だと言えるでしょう。

　次に選択肢に形容詞がある文脈問題を見ていきましょう。この例題では前半にas interim director「暫定的な部長として」という語句があって、後半に「交替の人間が任命されるまで」と書かれています。その交替の人間の前に空所があるので、空所にはinterimと対比的な「常設の」という意味の形容詞が入ることが予想されます。選択肢（A）のpermanentが「常設の」という意味ですのでこれが正解になります。

【正解】（A）
【訳】ベイカー氏は常設の交替要員が任命されるまで、暫定的にマーケティング部長をする予定です。
【注】interim 暫定的な、臨時の、replacement 交替要員、name 任命する、指名する

パターン③　選択肢が副詞の問題

例題3　Many residents are concerned that the proposed construction of a shopping mall will ------- affect the city's beautiful landscape.

(A) correctly　　　　　(B) adversely
(C) publicly　　　　　(D) positively

　最後に選択肢が副詞の問題です。空所後にaffect「影響を与える」という動詞がありますが、影響にはよい影響と悪い影響があります。選択肢にはどちらの副詞もあるため、正解を選ぶには文脈の理解が必要です。前半に「ショッピングモールの建設に多くの住民が懸念を抱いている」と書かれています。つまり住民はその建設が「悪影響」を及ぼす可能性があると危惧していることになりますので（B）のadversely「逆に」が正解になります。adversely affectは「悪影響を与える」という意味の成句です。

【正解】（B）
【訳】提案されているショッピングモールの建設は、美しい景観に悪影響を与えると多くの住民が懸念を抱いている。
【注】resident 住民、proposed 提案されている、landscape 景観、景色

1. Although improving product quality is no easy task, the ------- for doing so outweigh the challenges.

(A) contributions
(B) upgrades
(C) rewards
(D) differences

2. As consumers look to boost their overall health and well-being, protein-enriched ------- are gaining popularity.

(A) advertisements
(B) bottles
(C) beverages
(D) pharmacies

3. There is widespread ------- among employees that they must continually improve their professional skills.

(A) reimbursement
(B) recognition
(C) investment
(D) security

4. The pitcher will be out of the line-up for the ------- of the season as he recovers from arm surgery.

(A) schedule
(B) period
(C) remainder
(D) limitation

5. If you have any special dietary -------, please speak to our staff at your earliest convenience.

(A) requirements
(B) traditions
(C) habits
(D) intentions

6. The book recently published by William Peterson provides an excellent ------- of the stock market.

(A) analysis
(B) compilation
(C) intermission
(D) production

1. 文末にoutweigh the challenges「難題に勝る」とあるので、空所にはそのchallengesに対する「褒賞」、「恩恵」などの類義語が入ると予想される。(A) は「貢献」、(B) は「性能向上」、(D) は「差」という意味でどれも文意に合わない。(C) rewardsが「褒賞」、「利益」という意味で文意が通る。

正解 (C)

【訳】製品の品質を改善することは大変な仕事であるが、それを行うことは難題への挑戦の苦労をはるかに上回る恩恵が得られる。

【注】improve 改善する、no easy task 大変な仕事、outweigh ~に勝る、上回る

2. 空所前にprotein-enriched「たんぱく質が豊富な」とあるので、空所には食べ物や飲み物が入ると予想される。(A) は「広告」、(B) は「ボトル」、「瓶」、(D) は「薬局」という意味なのでどれも文意とは無関係。(C) beveragesが「飲み物」、「飲料」という意味で文意にも合致する。 正解 (C)

【訳】消費者が全体的な健康や満足できる生活状態を高めることを目指しているので、たんぱく質が豊富な飲料は人気が出ている。

【注】consumer 消費者、look to ~することを目指す、gain popularity 人気が出る

3. 空所前後は「従業員の間で空所に入る何かが広がっている」という意味。(A) は「返済」、(C) は「投資」、(D) は「安全」という意味で、どれも文意的にふさわしくない。(B) recognitionは「認識」という意味で文意にピタリ合致する。

正解 (B)

【訳】従業員の間で、継続的に自分たちの職業スキルを向上させていかなければならないという幅広い認識がある。

【注】widespread 普及した、広がった、continually 継続的に

4. 腕の手術のため、その投手は「残りの」シーズンは出場できないというのが文の大意。(A) は「予定」、(B) は「期間」、(D) は「制限」という意味なのでどれも文意に合わない。(C) remainderが「残り」、「残余」という意味で文意に合致する。なお、remainderと同じ意味の語としてはrestがある。

正解 (C)

【訳】その投手は腕の手術からの回復のため、残りのシーズンはラインナップから外れることになる。

【注】out of the lineup ラインナップから外れる、recover 回復する、surgery 手術

5. 空所前にspecial dietaryとあるが、このdietaryは「食事に関する」という意味。つまり、食事に関して何か特別な「注文」や「要求」があれば連絡してくれという話。(B) は「伝統」、(C) は「習慣」、(D) は「意図」という意味なのでどれも文意から外れる。(A) requirementsが「必要なもの」、「要求」という意味で文意にも合致するのでこれが正解。 正解 (A)

【訳】もし食事に関して特別なご依頼がありましたら、できるだけ早めに私どものスタッフにご連絡ください。

【注】at one's earliest convenience できるだけ早く

6. ピーターソン氏の近著は株式市場についての素晴らしい何かを提供しているというのが文の大意なので、空所には「解説」とか「分析」といった語が入ると予想される。(B) は「編集」、(C) は「中断」、(D) は「生産」という意味なのでどれも不適。(A) analysisが「分析」という意味で文意にもピタリ合致する。

正解 (A)

【訳】ウィリアム・ピーターソン氏によって最近出版された本は、株式市場についての素晴らしい分析を提供している。

【注】recently published 最近出版された、stock market 株式市場

7. The Society of Builders reserves the ------- to revise the conference schedule or program as necessary.

(A) right
(B) attitude
(C) management
(D) venue

8. Expecting a large ------- at the Friday night meeting, city officials have decided to hold it at the Redmond Community Center.

(A) giveaway
(B) turnout
(C) pickup
(D) payout

9. Nutera Electric announced that it will phase out production of the once-popular personal computer model ZY-650 because of a recent ------- in sales.

(A) popularity
(B) renovation
(C) improvement
(D) decline

10. While the internet has many positive aspects, it also has many -------.

(A) crimes
(B) drawbacks
(C) ideas
(D) concerns

11. Jackson City and its ------- are well known as cultural and historic areas that boast a wide range of museums.

(A) environment
(B) vicinity
(C) atmosphere
(D) destination

12. Some of the sales representatives expressed serious concerns about ------- in the recently launched product.

(A) advantages
(B) assets
(C) defects
(D) effects

7. 空所前のreserve は「予約する」ではなく「留保する」という意味。留保するものでまず思い浮かぶのは「権利」。(B) は「態度」、(C) は「管理」、(D) は「会場」という意味でどれもreserveとは関係がない。(A)rightがまさに「権利」という意味なのでこれが正解になる。reserve the right「権利を留保する」という成句で覚えよう。　　　　　　　　　　　　　　　　　　　　　**正解（A）**

【訳】建築家協会は必要に応じて会議スケジュールやプログラムを修正する権利を留保する。

【注】revise 修正する、as necessary 必要に応じて

8. 空所前のExpecting a largeは「大きな何かを期待する」という意味。また空所後にはat the Friday night meetingとあるので、空所にはそのmeetingへの「出席者」という意味の語が入ると予想される。(A) は「景品」、(C) は「貨物」、(D) は「支払い」という意味なのでどれも文意的に不適。(B) turnoutが「出席者」という意味なのでこれが正解になる。　　　　　　　　**正解（B）**

【訳】金曜日の夜の会議には多くの出席者が見込まれるので、市の関係者はその会議をレッドモンド・コミュニティー・センターで開催することに決定した。

【注】city officials 市の関係者、役人、hold 開催する

9. 文中にphase out「段階的に中止する」とあることに注目。生産を中止するのは販売「不振」が原因だと考えられる。(A) は「人気」、(B) は「改修」、(C) は「改善」という意味でどれも文意に合わない。(D) declineが「下落」、「減少」という意味で文意にピタリ合致する。　**正解（D）**

【訳】ニュートラ・エレクトリック社は最近の販売減少のため、かつては人気が高かったパソコンZY-650の生産を段階的に中止していくと発表した。

【注】once-popular かつて人気があった、because of 〜のため

10. 冒頭にWhile という逆接の接続詞があり、またカンマの前にはpositive aspectsとあるので、後半の空所にはpositive aspectsとは反対の語が入ると考えられる。(A) は「犯罪」、(C) は「考え」、(D) は「心配」という意味でどれも文意に合わない。(B) drawbacksがpositive aspectsとは反対の「欠点」、「難点」という意味なのでこれが正解になる。　　　　　　　　　　　　**正解（B）**

【訳】インターネットには多くの肯定的な面があるが、その一方で多くの欠点もある。

【注】positive aspects 肯定的な面

11. 冒頭から空所の前までが主語になる。空所後にareという複数形のbe動詞があるので、空所にはJackson Cityと同様の意味を持つ語が入ると考えられる。(A) は「環境」、(C) は「雰囲気」、(D) は「目的地」という意味なのでどれも文意にそぐわない。(B) vicinityは「近郊」、「付近」という意味で文意が通る。　　　　　　　　　　　　　　　　　　　　　　　　　　　　　　　**正解（B）**

【訳】ジャクソン市とその近郊は多様な美術館を誇る文化歴史地域としてよく知られている。

【注】cultural and historic area 文化歴史地域、boast 誇る

12. 空所前にexpressed serious concerns「深刻な懸念を表明した」とあるので、空所には懸念を起こさせるような否定語が入ると予想される。(A) は「利点」、(B) は「資産」、(D) は「効果」という意味でどれも懸念を起こさせるものではない。(C) defectsが「欠陥」、「欠点」という意味の否定語で文意にもピタリ合致する。　　　　　　　　　　　　　　　　　　　　**正解（C）**

【訳】販売担当者の何人かは最近発売された製品の欠陥について深刻な懸念を表明した。

【注】sales representative 販売（営業）担当者、concern 懸念、心配

13. TRX Securities was pleased to announce the upward ------- of its profit forecast for the year.

(A) commission   (B) extension
(C) litigation   (D) revision

14. Although it's too early to measure the impact of increased sales, the company says its employees are more engaged and its ------- rate has decreased significantly.

(A) turnover   (B) cost
(C) maintenance   (D) profit

15. Mr. Patel was unable to attend a meeting with an important customer due to ------- on the expressway.

(A) retaliation   (B) congestion
(C) transportation   (D) concentration

16. After taking a long -------, celebrated writer Hugo Miramar has published his first novel in five years.

(A) excursion   (B) travel
(C) hiatus   (D) picnic

17. ------- for the Excellence Award for company employees must be submitted to the human resources department by October 15.

(A) Nominations   (B) Eliminations
(C) Destinations   (D) Motivations

18. The architect worked hard to ensure that the high-rise building had a solid ------- that could withstand even the strongest earthquakes.

(A) anticipation   (B) recommendation
(C) expiration   (D) foundation

13. 文の前半にwas pleased「うれしく思った」とあり、またそのすぐ後にもupward「上向きの」とあるので、空所前後は利益予想の上向き「修正」という意味になると考えられる。(A) は「委任」、(B) は「延長」、(C) は「訴訟」という意味なのでどれも文意にそぐわない。(D) revisionがまさに「修正」、「改訂」という意味なのでこれが正解。　　　　　　　　　　　　　　　**正解（D）**

【訳】TRX証券は今年の利益予想の上方修正をよろこんで発表した。

【注】upward revision 上方修正、profit forecast 利益予想

---

14. 文の後半から従業員が「よりやる気を出している」ことがわかる。やる気を出している従業員が多いということは「退職者」も少なくなっているはず。(B) は「費用」、(C) は「維持」、(D) は「利益」という意味なのでどれも退職とは無関係。(A) turnoverが「離職率」のことなのでこれが正解になる。　　　　　　　　　　　　　　　**正解（A）**

【訳】売上が伸びたことの影響を測るにはまだ早すぎるが、会社によると従業員はよりやる気を出し、離職率も大幅に下がっている。

【注】measure 測る、impact 影響、decrease 減少する、significantly 大幅に

---

15. パテル氏が重要顧客との会議に出席できなかった理由が空所以下に書かれている。空所後にon the expresswayとあるので、空所には「混雑」や「事故」など会議出席の障害になる語が入ると考えられる。(A) は「報復」、(C) は「輸送」、(D) は「集中」という意味なのでどれも文意にふさわしくない。(B) congestionが「混雑」という意味で文意にもピタリ合致する。　　**正解（B）**

【訳】パテル氏は高速道路が混雑していたため、重要顧客との会議に出席することができなかった。

【注】attend 出席する、due to ～のため、expressway 高速道路

---

16. 文末にfirst novel in five years「5年ぶりの小説発表」とあることに注目。つまり、これはMiramar氏には小説を書かない「中断期間」があったことを示唆している。(A) は「小旅行」、(B) は「旅行」、(D) は「行楽」、「遠足」という意味なのでどれも文意から外れる。(C) hiatusがまさに「中断」、「休止」という意味で文意にピタリ合致する。　　　　　　　　　　　　　**正解（C）**

【訳】長い中断の後、有名な作家であるヒューゴ・ミラマーは5年ぶりに小説を出版した。

【注】celebrated 有名な、高名な、writer 作家、novel 小説

---

17. 文中にmust be submitted「提出しなければならない」とあるので、空所には提出すべきものが入ると考えられる。(B) は「除外」、(C) は「目的地」、(D) は「意欲」、「やる気」という意味でどれも提出するものではない。(A) Nominationsは「指名」、「推薦」という意味で、まさに提出するものなのでこれが正解になる。　　　　　　　　　　　　　　**正解（A）**

【訳】会社従業員に対する優秀賞の推薦は10月15日までに人事部に提出されなければならない。

【注】Excellence Award 優秀賞．submit 提出する

---

18. 空所後は「最も強い地震でも耐えられる」という意味。また空所前にはsolidという形容詞もあるので、空所には「基礎」とか「土台」といった語が入ると予想される。(A) は「期待」、(B) は「推薦」、(C) は「期限切れ」という意味でどれも文意とは無関係。(D) foundationが「土台」、「基盤」という意味で文意もしっかり通る。　　　　　　　　　　　　　**正解（D）**

【訳】その建築家は、高層ビルが最も強い地震が来ても耐えられるだけのしっかりした土台を持てるように一生懸命に努力した。

【注】architect 建築家、high-rise building 高層ビル、withstand 耐える、持ちこたえる

19. General Industry's newest aircraft, A350, has the ------- to cover all ranges – from short-haul to long-haul.

(A) knowledge   (B) proximity
(C) durability   (D) versatility

20. Please provide a written ------- of any damage to the vehicle when returning it to our staff.

(A) agreement   (B) description
(C) completion   (D) termination

21. Many customers say this container is perfect for home organization and provides all the ------- they need.

(A) possibility   (B) information
(C) placement   (D) storage

22. Your research paper should be a minimum of 20 pages in -------, not including the title and reference pages.

(A) length   (B) usage
(C) width   (D) explanation

23. The effective ------- of responsibilities determines the financial success of an organization.

(A) consumption   (B) anticipation
(C) delegation   (D) participation

24. Shifting ------- about the company's future are fueling big swings in its stock price.

(A) investigations   (B) expectations
(C) recommendations   (D) designations

19. 空所後に cover all ranges「すべての距離をカバーする」とあるので、これは使い勝手のよい「融通のきく」飛行機であると考えられる。（A）は「知識」、（B）は「近さ」、（C）は「耐久性」という意味なのでどれも文意に合わない。（D）versatility が「汎用性」、「用途の広さ」という意味で文意にピタリ合致する。　　　　　　　　　　　　　　　　　　　　　　　**正解（D）**

【訳】ジェネラル重工の最新の飛行機である A350 は、近距離から長距離まですべての範囲をカバーする汎用性を持っている。

【注】short-haul 近距離、long-haul 長距離

20. 空所前に written「書かれた」、また空所後に of any damage「いかなる損傷の」とあるので、空所には「描写」とか「説明」などといった語が入ると予想される。（A）は「一致」、「合意」、（C）は「完了」、（D）は「終了」という意味でどれも文意に馴染まない。（B）description が「描写」、「記述」という意味で文意にも合致するのでこれが正解。　　　　　　　　　　　**正解（B）**

【訳】私どものスタッフに返却する際には、車両へのどんな損傷についても記述したものを提供してください。

【注】damage to the vehicle 車両への損傷

21. 空所は this container「容器」が提供するものなので、「空間」とか「収納」といった意味の語が入ると予想される。（A）は「可能性」、（B）は「情報」、（C）は「配置」という意味でどれも文意から外れる。（D）storage がまさに「貯蔵場所」、「収納庫」という意味で文意にピタリ合致する。

正解（D）

【訳】この容器は家庭内のものを整理するのに最高で、必要とするものすべてを収納してくれると多くの顧客が語っている。

【注】home organization 家庭内の整理整頓

22. 空所前に 20 pages in とあるので、空所には「長さ」に関する語が入ると考えられる。（B）は「使用法」、「用途」、（C）は「幅」、（D）は「説明」という意味なのでどれも長さとは無関係。（A）length がまさに「長さ」という意味で文意にも合致する。　　　　　　　　　　　**正解（A）**

【訳】あなたの研究論文は、題名と参考文献のページを含めず最低 20 ページ以上でなければならない。

【注】research paper 研究論文、a minimum of 最低限の、reference 参考文献

23. 空所後に of responsibilities「責任の」とあり、それが組織の成功を左右するという文意なので、空所にはそうした責任、権限の「委譲」という意味の語が入ると予想される。（A）は「消費」、（B）は「予想」、（D）は「参加」という意味でどれも文意にそぐわない。（C）delegation がまさに、「委任」、「委譲」という意味で文意も通る。　　　　　　　　　　　　　　　　　　　　**正解（C）**

【訳】責任（権限）の委譲を有効に行うことは組織の財務的成功を決定する。

【注】effective 有効な、determine 決定する、financial 財務的、金銭的

24. 空所後にある about the company's future「会社の将来に関する」もので、shifting「変化する」するものとは何か。それが空所に入る。（A）は「調査」、（C）は「推薦」、（D）は「指名」という意味なので、どれも「会社の将来」とも「変化」とも関係ない。（B）expectations は「予想」、「期待」という意味で文意にも合致する。　　　　　　　　　　　　　　　　**正解（B）**

【訳】その会社の将来に関する変化する予想は株価を大きく変動させている。

【注】fuel 煽る、刺激する、big swings 大きな変動、stock price 株価

25. The company's newly launched product has received a lot of media ------- and aroused great interest among consumers.

(A) stability   (B) attention

(C) consequence   (D) campaign

26. At the end of the program, you will meet representatives of local construction companies to discuss employment ------- and opportunities.

(A) accomplishments   (B) requirements

(C) participations   (D) experiences

27. Mr. Dickinson contacted Everton Bank to check on the ------- of the checking account he opened online.

(A) introduction   (B) sensitivity

(C) tendency   (D) status

28. Our guest accommodation facility offers both daily and weekly rates, with a full range of ------- and 24-hour security.

(A) expenses   (B) responsibilities

(C) amenities   (D) preferences

29. As the workforce becomes smaller, a growing number of employers are focusing on employee ------- and advancement.

(A) delight   (B) availability

(C) retention   (D) complaint

30. Many people in the city had serious concerns about the ------- of residents from the decision-making process.

(A) exclusion   (B) persuasion

(C) necessity   (D) reluctance

25. 空所前にreceived a lot of mediaとあり、また空所後にはaroused great interest「大きな関心を喚起した」とあるので、メディアから大きな「注目」、「露出」を受けたと推測される。(A)は「安定」、(C)は「結果」、(D)は「組織的活動」という意味でどれも文意に合わない。(B) attentionがまさに「注目」という意味なのでこれが正解になる。　　　　　　　　　　　　　　　**正解（B）**

【訳】その会社の新発売商品はメディアに大きく取り上げられ、消費者の間で大きな関心を引き起こした。

【注】media attention メディアの注目、arouse 喚起する、引き起こす

....

26. セミナーか何かの後、建設会社の人と就職に関する相談ができるというのが文の大意。空所前にemploymentとあるので空所にはこれに関連した語が入ると考えられる。(A)は「業績」、(C)は「参加」、(D)は「経験」という意味でどれも文意から外れる。(B) requirementsが「必要条件」という就職に関連した意味で文意にも合致する。　　　　　　　　　　　　　　**正解（B）**

【訳】プログラムの終わりには、地元の建設会社の代表者と会って就職の必要条件や機会について話すことができます。

【注】representative 代表者、local 地元の、employment 雇用

....

27. 空所前にcheck on、また空所後にof the checking account「当座預金口座の」とあるので、空所前後は当座預金口座の「状況」をチェックするという意味になると考えられる。(A)は「紹介」、(B)は「感受性」、(C)は「傾向」という意味でどれも文意にそぐわない。(D) statusには「地位」のほかに、「状況」という意味もあり文意にピタリ合致する。　　　　　　　　　**正解（D）**

【訳】ディッキンソン氏はオンラインで開設した当座預金口座の状況をチェックするためにエバートン銀行に連絡した。

【注】contact 連絡する、コンタクトをとる、check on 〜をチェックする、確認する

....

28. 空所前にa range of「広範な」とあるので、空所には「サービス」やそれに関連した語が入ると考えられる。(A)は「費用」、(B)は「責任」、(D)は「好み」という意味でどれもホテルが提供するサービスとは無関係。(C) amenitiesがまさにホテル滞在を「快適にする設備や品物」という意味なのでこれが正解。　　　　　　　　　　　　　　　　　　　　　**正解（C）**

【訳】私どもの宿泊施設ではご利用いただける広範な設備と備品、さらには24時間の安全をご提供しており、1日および1週間両方の料金も提示しています。

【注】accommodation facility 宿泊施設、rate 料金、security 安全

....

29. 労働者数が少なくなると、雇用主は従業員をより大切にするというのが文の大意。そうなると雇用主は従業員の昇進や「維持」にも関心を払う必要が出てくる。(A)は「よろこび」、(B)は「使用可能」、(D)は「不満」という意味でどれも文意から外れる。(C) retentionが「保持」という意味で文意にピタリ合致するのでこれが正解。　　　　　　　　　　　　　**正解（C）**

【訳】労働者の数がより少なくなるにつれ、より多くの雇用主は従業員の保持と昇進に焦点を合わせるようになる。

【注】workforce 労働力、growing number of より多くの、employer 雇用主

....

30. 空所前にserious concerns「深刻な懸念」とあるので、空所には否定的な語が入ると予想される。(B)は「説得」、(C)は「必要性」という意味でどちらも否定語ではない。(D)は「不承不承」という否定的な意味だが文意的に合わない。(A) exclusionが「除外」という否定語で文意的にも通る。

正解（A）

【訳】その市の多くの人は、意思決定過程から住民が除外されていることに深刻な懸念を抱いた。

【注】resident 住民、decision-making process 意思決定過程

....

31. Successful applicants will be granted ------- to remain in the country for two years after graduating from college.

(A) description   (B) presentation
(C) relocation   (D) permission

32. Creating loyalty programs is an important way to ensure that regular customers are rewarded for their -------.

(A) demand   (B) value
(C) patronage   (D) relationship

33. Your ------- in the insurance plan will not go into effect until you have submitted all the necessary documents.

(A) summary   (B) enrollment
(C) precaution   (D) progress

34. Students are expected to work on the project by themselves, with minimal ------- from teachers.

(A) repetition   (B) discussion
(C) instruction   (D) preparation

35. Simon never requested financial help, even though he had limited -------.

(A) motivations   (B) resources
(C) occupations   (D) functions

36. Board members and CEOs must deal with an ------- of issues to achieve organizational success.

(A) abundance   (B) employment
(C) opportunity   (D) improvement

31. 空所前後のgranted ------- to remain in the countryで「国内にいるための何かを与えられる」という意味になる。国内に滞在し続けるためには、当然その国の「許可」が必要になる。（A）は「描写」、（B）は「提示」、（C）は「転居」という意味でどれも文意が通らない。（D）permissionがまさに「許可」という意味で文意的にも合致する。　　　　　　　　　　　　　　　　　**正解（D）**

【訳】合格した応募者は大学卒業後2年間この国に留まる許可を与えられる。

【注】grant 与える、remain 留まる、graduate from college 大学を卒業する

---

32. 空所前にcustomers are rewarded for theirとあることに注目。顧客がrewardされるのは買い物をしてくれるからだと考えられる。（A）は「要求」、（B）は「価値」、（D）は「関係」という意味でどれもrewardされる理由にはならない。（C）patronageは「愛顧」、「引き立て」という意味で文意にもピタリ合致する。　　　　　　　　　　　　　　　　　　　　　　　**正解（C）**

【訳】ポイントプログラムを作ることは常連顧客の愛顧に確実に報いる重要な方法である。

【注】create 作る、regular customer 常連顧客、reward 報いる

---

33. 空所後にin the insurance plan「保険プランに」とあるので、空所には「加入」とか「登録」といった意味の語が入ると予想される。（A）は「要約」、（C）は「予防策」、（D）は「進歩」という意味でどれも文意に合わない。（B）enrollmentがまさに「加入」、「登録」という意味なのでこれが正解。

正解（B）

【訳】保険プランへの加入は、あなたがすべての必要な書類を提出するまで発効しません。

【注】insurance 保険、go into effect 発効する

---

34. 空所前後で「教師からの最低限の何か」という意味になる。教師から受けるのは基本的に「指導」だと考えられる。（A）は「繰り返し」、（B）は「議論」、（D）は「準備」という意味でどれも文意に合わない。（C）instructionがまさに「指示」、「指導」という意味で文意にも合致する。　**正解（C）**

【訳】教師からは最低限の指導のもと、生徒たちは自分たちでそのプロジェクトに取り組むことを期待されている。

【注】work on ～に取り組む、minimal 最低限の

---

35. 文の前半に財政援助を求めなかったとある一方、カンマ後にeven thoughがあるので、サイモンは金銭的に余裕がなかったと推測できる。（A）は「動機」、（C）は「職業」、（D）は「機能」という意味でどれも文意が通らない。（B）はlimited resourcesで「限られた資源」＝「お金に余裕がない」という意味になるのでこれが正解。　　　　　　　　　　　　　　　　　　　　**正解（B）**

【訳】サイモンはお金に余裕がなかったが、財政援助を決して求めなかった。

【注】financial help 財政援助、limited 限定的な

---

36. 組織が成功するためには取締役会やCEOたちは「多くの」問題に取り組まなければならないというのが文の大意。（B）は「雇用」、（C）は「機会」、（D）は「改善」という意味でどれも文意にそぐわない。（A）abundanceは「多量」、「大量」という意味で文意にピタリ合致する。　**正解（A）**

【訳】取締役会メンバーとCEOたちは、組織を成功させるために数多くの問題に取り組まなければならない。

【注】deal with ～に取り組む、achieve 達成する、organizational 組織的な

37. Once you enter the city hall, you are not allowed to eat or drink for the ------- of your visit.

(A) distraction   (B) culmination
(C) approximation   (D) duration

38. Additional benefits and ------- will be offered in certain circumstances, such as relocation requested by the company.

(A) investment   (B) employment
(C) remuneration   (D) guarantee

39. The nationwide truck driver shortage is causing ------- to businesses across the country.

(A) disruptions   (B) justifications
(C) confirmations   (D) transportations

40. Because of its ------- to parks and shopping malls, Woodland Apartment is very popular among young people.

(A) association   (B) direction
(C) proximity   (D) location

41. To secure a space in the spring session, please complete the ------- form below.

(A) rejection   (B) inventory
(C) registration   (D) negotiation

42. Participation in the annual music festival gives our company wide ------- to young people.

(A) relation   (B) exposure
(C) encouragement   (D) pleasure

37. ひとたび市庁舎に入ったら飲食は禁止というのが文の大意。空所後にof your visitとあるので、ここはあなたが訪問している「間」という意味になると考えられる。(A) は「気を散らすこと」、(B) は「頂点」、(C) は「概算」という意味でどれも文意が通らない。(D) durationがまさに「期間」という意味なのでこれが正解。　　　　　　　　　　　　　　**正解 (D)**

【訳】ひとたび市庁舎に入ったら、庁舎内にいる間は飲食を禁止されている。

【注】**once** ひとたび～すれば、**city hall** 市役所、市庁舎、**for the duration of** ～の間

38. 文末のrelocation requested by the companyは「会社要請による転勤」という意味。そうした転勤の際は会社から援助されるという文意なので、空所には援助されるものが入ると考えられる。(A) は「投資」、(B) は「雇用」、(D) は「保証」という意味でどれも転勤で会社が援助するものではない。(C) remunerationは「報酬」という意味で文意にもピタリ合致する。　　**正解 (C)**

【訳】会社が依頼した転勤のような特定の場合には、追加の恩典や報酬が提供される。

【注】**additional** 追加の、**benefit** 恩典、**certain circumstances** 特定の状況

39. 空所前はトラック運転手の不足が問題を引き起こしているという意味なので、空所には何か否定的な語が入ると予想される。(B) は「正当化」、(C) は「確認」、(D) は「輸送」という意味でどれも否定語ではない。(A) disruptionsが「混乱」という意味の否定語なのでこれが正解になる。

正解 (A)

【訳】全国的なトラック運転手の不足は、ビジネスに全国的な混乱を引き起こしている。

【注】**nationwide** 全国的な、**shortage** 不足、**cause** ～を引き起こす

40. 空所後にto parks and shopping mallsとあるので、空所には「近さ」とか「近距離」といった意味の語が入ると予想される。(A) は「関連」、「組合」、(B) は「方向」、(D) は「位置」という意味でどれも文意に合わない。(C) proximityがまさに「近さ」、「近接」という意味で文意にも合致する。　　　　　　　　　　　　　　　　　　　　　　　　　　　**正解 (C)**

【訳】公園とショッピングモールに近いので、ウッドランドアパートメントは若い人たちに大変人気がある。

【注】**because of** ～のため、**popular** 人気がある

41. 空所後にform「用紙」とあるので、空所には「申込み」とか「登録」といった意味の語が入ると予想される。(A) は「拒否」、(B) は「在庫」、(D) は「交渉」という意味でどれもformとは関係がない。(C) registrationがまさに「登録」という意味で文章も通る。　　**正解 (C)**

【訳】春学期で席を確保するために、下記の登録用紙にすべて記入してください。

【注】**secure** 確保する、**spring session** 春学期、**below** 下の、下記の

42. 音楽祭に参加することは大いに会社の「宣伝」、「認知」につながるというのが文の大意。(A) は「関係」、(C) は「奨励」、「励まし」、(D) は「よろこび」という意味で、どれも会社の「宣伝」や「認知」とは関係がない。(B) exposureが「露出」、「社会やマスコミに出ること」という意味で文意にもピタリ合致する。　　　　　　　　　　　　　　　　　　　　　　　**正解 (B)**

【訳】毎年恒例の音楽祭に参加することは、広く若い人に我が社のことを知ってもらう機会になる。

【注】**participation** 参加、**annual** 毎年の

43. Lamar Company is working closely with business consultants to expand its ------- into Asia.

(A) presence   (B) construction
(C) application   (D) profit

44. Mr. Marcus is knowledgeable about many things, but his core area of ------- is retail marketing.

(A) approval   (B) performance
(C) expertise   (D) implementation

45. Under the extended warranty for your PX7 motorbike, you are eligible for a complimentary ------- every six months.

(A) introduction   (B) interruption
(C) installation   (D) inspection

46. Even if you understand the value of constructive -------, it can be difficult to control negative emotions when receiving it.

(A) praise   (B) satisfaction
(C) criticism   (D) energy

47. Membership gives you ------- to all of the gym's equipment and amenities at any time.

(A) preference   (B) promotion
(C) security   (D) access

48. Thanks to the new product launch this year, Pixel Entertainment is expected to report a record ------- this year.

(A) expense   (B) number
(C) bargain   (D) profit

43. 空所前にexpand itsとあり、空所後にinto Asia「アジアへ」とあるので、空所には「ビジネス」、「営業」などその類義語が入ると考えられる。(B) は「建設」、(C) は「適用」、(D) は「利益」という意味で文意的に馴染まない。(A) presenceは「存在（感）」という意味で文意的にも通るのでこれが正解。　　　　　　　　　　　　　　　　　　　　　　　　　　　　　　　**正解（A）**

【訳】ラマー社はアジアへその存在を拡大しようとビジネスコンサルタントと緊密に仕事をしている。

【注】expand 拡大する、closely 緊密に

44. 文の前半にマーカス氏が多くのことを知っているとあり、また空所前にhis core areaとあるので、空所には「専門性」や「専門的知識」といった語が入ると予想される。(A) は「承認」、(B) は「演技」、(D) は「遂行」という意味でどれも文意が通らない。(C) expertiseがまさに「専門知識」、「専門技能」という意味なのでこれが正解。　　　　　　　　　　　　　　　　　　　　　　　　**正解（C）**

【訳】マーカス氏は多くのことをよく知っているが、中核となる専門分野は小売マーケティングである。

【注】knowledgeable 博識な、知識が豊富な、retail 小売業

45. 冒頭にUnder extended warrantyとあることに注目。warrantyがあるということは無料で「点検」など何かしてもらえる権利があるということ。(A) は「紹介」、(B) は「中断」、(C) は「据付」という意味でどれも文意に合わない。(D) inspectionが「検査」、「点検」というwarrantyに関係する意味で文意にも合致する。　　　　　　　　　　　　　　　　　　　　　　　　**正解（D）**

【訳】PX7オートバイの延長保証では、6カ月ごとに無料で点検することができます。

【注】extended 延長された、warranty 保証、complimentary 無料の

46. 文の後半は「それを受けた際には否定的な感情をコントロールするのが難しい」という意味。それを受けて否定的感情（negative emotions）になるのであるから、空所にも否定的な語が入るはず。(A) は「称賛」、(B) は「満足」、(D) は「活力」という意味でどれも否定語ではない。(C) criticismが「批判」という否定語なのでこれが正解になる。　　　　　　　　　　　**正解（C）**

【訳】建設的な批判の価値については理解していても、それを受けた際には否定的な感情をコントロールすることは難しい。

【注】value 価値、constructive criticism 建設的な批判、negative emotions 否定的感情

47. 冒頭のMembership gives youは「メンバーになれば〜ができる」という意味。空所後にジムの器具などすべてとあるので、空所にはそれらが「使用可能」という意味の語が入ると予想される。(A) は「好み」、(B) は「昇進」、(C) は「安全」という意味でどれも文意に合わない。(D) accessがまさに「利用する権利」という意味なのでこれが正解になる。　　　　　　　　　　　**正解（D）**

【訳】メンバーになれば、いつでもジムのすべての器具と快適な設備をご利用いただけます。

【注】equipment 器具、機器、amenities 備品・設備

48. 冒頭にThanks to the new product launchとあるので、この会社にはよいことが起こっていると推測できる。また空所前にrecord「記録的な」とあることにも注目。(A) は「費用」、(B) は「数」、(C) は「お買い得品」という意味なので不適。(D) profitが「利益」という意味でrecordとも相性がよく文意も合致する。　　　　　　　　　　　　　　　　　　　　　　　　**正解（D）**

【訳】新製品を今年発売したおかげで、ピクセル・エンターテインメント社は今年最高益を記録すると予想されている。

【注】thanks to 〜のおかげで、report 記録する、record profit 最高益

49. Julia's Kitchenware is engaged in an effort to dramatically improve the ------- of its products.

(A) growth
(B) frequency
(C) treatment
(D) functionality

50. Participants of this workshop will receive a ------- of the book, *Better Learning*, along with other useful learning materials.

(A) review
(B) payment
(C) copy
(D) bill

51. The ------- of funds is critical to the development and promotion of the region's tourism industry.

(A) ambition
(B) conclusion
(C) occasion
(D) availability

52. The three-year project at the business school contributed to increased ------- of the importance of entrepreneurship education.

(A) awareness
(B) publication
(C) contract
(D) supply

53. This year brought the highest attendance since our conference's ------- 50 years ago.

(A) reception
(B) inception
(C) transition
(D) condition

54. Companies have an ------- to ensure the health and safety of their employees.

(A) expectation
(B) obligation
(C) application
(D) objection

49. 空所前にimprove、空所後にof its productsとあるので、通常なら空所には「品質」を意味するqualityが入る。しかし選択肢にはqualityはないので、それに関連する語を選ぶ。(A) は「成長」、(B) は「頻度」、(C) は「取り扱い」という意味でどれも文意にそぐわない。(D) functionalityは「機能性」という意味でqualityの一部であると考えられるのでこれが正解。　**正解 (D)**

【訳】ジュリアズ・キッチンウェアはその製品の機能性を劇的に改善する努力をしている。

【注】engaged in 〜に従事している、effort 努力、dramatically 劇的に

---

50. ワークショップに参加すれば本を「1冊」受け取ることができるというのが文の大意。(A)は「評価」、(B) は「支払い」、(D) は「請求書」という意味なのでどれも文意に合わない。(C) copyには一般的な「コピー」という意味のほかに、本や雑誌などの「1冊」、「1部」という意味があり文意にピタリ合致する。　**正解 (C)**

【訳】このワークショップに参加すれば有益な学習教材とともに『ベターラーニング』1冊も受け取ることができます。

【注】participant 参加者、along with 〜とともに、learning material 教材

---

51. 空所後のfundsは「資金」という意味なので、空所には資金の「存在」とか「調達」といった意味の語が入ると予想される。(A) は「野望」、(B) は「結論」、(C) は「機会」という意味でどれもfundsとは無関係。(D) availabilityが「入手可能性」、「調達可能性」という意味で文意に合致する。　**正解 (D)**

【訳】資金調達の可能性は、その地方の観光業の発展と促進にとって極めて重要である。

【注】critical 極めて重要な、promotion 促進、育成、region 地域、地方

---

52. 空所前のcontributed to increasedは何かを「増すことに貢献した」という意味で、空所後は「起業家精神教育の重要性」という意味。空所にはその重要性を「認識」させるという意味の語が入ると予想される。(B) は「出版」、(C) は「契約」、(D) は「供給」という意味でどれも文意が通らない。(A) awarenessがまさに「認識」という意味なのでこれが正解になる。　**正解 (A)**

【訳】ビジネススクールでのその3年のプロジェクトは起業家精神教育の重要性についての認識を深めることに貢献した。

【注】contribute to 〜に貢献する、役立つ、entrepreneurship 起業家精神

---

53. 空所前後はこの会議が50年前に「できて」からという意味だと推測できるので、空所には「創設」とか「始まり」といった意味の語が入ると考えられる。(A) は「受け入れ」、(C) は「移行」、(D) は「条件」という意味でどれも文意から外れる。(B) inceptionが「始まり」という意味なのでこれが正解になる。　**正解 (B)**

【訳】我々の会議が50年前に創設されて以降、今年が過去最高の出席者数であった。

【注】highest attendance 過去最高の出席者数、conference 会議

---

54. 空所前は「企業は持っている」、空所後は「従業員の健康と安全を確保する」という意味なので空所には「義務」や「責任」といった語が入ると予想される。(A) は「期待」、(C) は「適用」、(D) は「異議」という意味でどれも文意的に不適。(B) obligationがまさに「責任」、「義務」というピタリの意味なのでこれが正解。　**正解 (B)**

【訳】企業は従業員の健康と安全を確保する責任がある。

【注】ensure 〜を確保する、確実にする

55. People with relevant work experience and excellent customer service skills should have the best ------- of getting a job at a higher-paying restaurant.

(A) investigations   (B) inquiries
(C) combinations   (D) prospects

56. Employees may submit a list of ------- incurred in accordance with the company's reimbursement policies.

(A) plans   (B) issues
(C) accounts   (D) expenses

57. ------- has increased greatly over the past two years, thanks to a reduction in sales tax.

(A) Emphasis   (B) Consumption
(C) Reliability   (D) Diversity

58. In today's competitive market, companies need to do more to attract top talent than just offer attractive -------.

(A) receipts   (B) sequences
(C) paychecks   (D) locations

59. The symposium will take place over a three-day -------, opening with a keynote speech by Prof. Keith Randall.

(A) enrollment   (B) period
(C) attendance   (D) time

60. The company's CEO called for a widescale ------- of its international strategy.

(A) overhaul   (B) response
(C) estimate   (D) closure

55. 文の前半は「経験と素晴らしいサービススキルを持った人」という意味。そうした経験とスキルを持った人は高給を出してくれる職を得る「可能性」が高くなる。(A) は「調査」、(B) は「問い合わせ」、(C) は「組み合わせ」という意味でどれも文意にそぐわない。(D) prospectsが「見込み」、「可能性」という意味で文意にピタリ合致する。 **正解 (D)**

【訳】関連する職務経験と優れた顧客サービス技能を持っている人は、高給を出すレストランで職を得る可能性が最も高い。

【注】relevant 関連のある、high-paying 高給を出す

56. 空所後にincurredがあることに注目。incurは費用などを「招く」とか「負担する」という意味なので、空所には費用に関連した語が入ると予想される。(A) は「計画」、(B) は「問題」、(C) は「口座」という意味でどれもincurとは関係ない。(D) expensesがまさに「費用」という意味なのでこれが正解になる。 **正解 (D)**

【訳】従業員は会社の経費精算規定にのっとり費用負担したリストを提出しなければならない。

【注】in accordance with ～にのっとり、reimbursement 返済、払い戻し

57. カンマ以下の文末に「売上税が下がったおかげで」とあるので、空所には「利益」とか「消費」など経済に関する語が入ると予想される。(A) は「強調」、(C) は「信頼性」、(D) は「多様性」という意味でどれも文意が通らない。(B) Consumptionが「消費」という経済に関する語で文意にも適合する。 **正解 (B)**

【訳】売上税が下がったおかげで過去2年間で消費が大いに増加した。

【注】greatly 大いに、thanks to ～のおかげで、reduction 減少、下がること

58. 空所前にattractiveな何かをjust offerするだけでなくと書かれているので、空所には「給料」とか「労働条件」といった語が入ると予想される。(A) は「受領」、(B) は「連続」、(D) は「場所」という意味でどれも文意にそぐわない。(C) paychecksが「給与」という意味で文意にも合致する。 **正解 (C)**

【訳】今日のような競争が激しい市場においては、企業は最高の人材を引きつけるためにはたんに魅力的な給与を提供する以上のことをする必要がある。

【注】competitive 競争が激しい、top talent 最高の人材

59. 空所前にover a three-dayとあることに注目。overは「～を通して」という「期間」を表す前置詞である。(A) は「登録」、「入学」、(C) は「出席」、(D) は「時間」という意味でどれも期間とは関係ない。(B) periodがまさに「期間」という意味なのでこれが正解になる。 **正解 (B)**

【訳】シンポジウムは3日間にわたって行われ、オープニングの基調講演はキース・ケンドール教授によって行われる。

【注】take place 行われる、開催される、keynote speech 基調講演

60. 空所前にwidescale「広範囲の」とあり、空所後にはof its international strategy「国際戦略の」とあるので、その会社は国際戦略の「見直し」をしていると考えられる。(B) は「反応」、(C) は「見積もり」、(D) は「閉鎖」という意味なのでどれも文意から外れる。(A) overhaulが「総点検」、「全面的な見直し」という意味で文意にピタリ合致する。 **正解 (A)**

【訳】その会社のCEOは国際戦略を広範囲に全面的に見直すことを求めた。

【注】call for ～を要求する、求める、international strategy 国際戦略

61. Equipment maintenance will be postponed due to the current -------
on access to the manufacturing plant.

(A) operation   (B) inspection

(C) registration   (D) restriction

62. Having a written job description ensures that both employer and
employee clearly understand the ------- that the job requires.

(A) actions   (B) impacts

(C) responsibilities   (D) opportunities

63. Companies should scour the internet for reviews in public forums to
see how their products and services compare to those of their
-------.

(A) competition   (B) excellence

(C) specialization   (D) development

64. Many companies are looking for ------- to convey value as
customers are increasingly turning to lower-priced goods.

(A) venues   (B) alleys

(C) ways   (D) rooms

65. The company is planning a ------- to reduce its fixed costs and
become more competitive.

(A) reorganization   (B) celebration

(C) cooperation   (D) projection

66. It's an established fact that having fewer ------- for promotion
makes workers more likely to switch jobs.

(A) functions   (B) opportunities

(C) organizations   (D) assignments

61. 文の前半に機械のメインテナンスはpostponed「延期される」とあり、また空所後にはon access とあるので、何かアクセスすることに「問題」があると推測できる。(A) は「作業」、(B) は「検査」、(C) は「登録」という意味でどれも文意に合わない。(D) restrictionは「制限」という意味でまさに問題を象徴しており、文章にも整合的なのでこれが正解。　　　　**正解（D）**

【訳】現在製造工場へのアクセスが制限されているため、機械のメインテナンスは延期されるだろう。

【注】due to 〜のため、**current** 現在の、**manufacturing plant** 製造工場

62. 空所後にthat the job requires「その仕事が要求する」とあるので、空所にはそれが要求する「業務内容」やその類似語が入ると予想される。(A) は「行動」、(B) は「影響」、(D) は「機会」という意味でどれも文意に合わない。(C) responsibilitiesは「責任」という意味で文意にも合致する。　　　　**正解（C）**

【訳】書面での職務明細書を持っていることは、雇用主と従業員がともに仕事で要求される責任を明確に理解することを確実にする。

【注】job description 職務明細書、**clearly understand** 明確に理解する、**require** 要求する

63. 冒頭にCompanies should scour the internet「企業はインターネットを徹底的に調べるべき」だとあり、それは「競争相手」の製品やサービスと自社のそれを比較するためだというのが文の大意。(B) は「卓越」、(C) は「専門化」、(D) は「成長」という意味なのでどれも文意が通らない。(A) competitionは「競争」以外に、「競争相手」という意味もあり文意も通るのでこれが正解。　**正解（A）**

【訳】企業はインターネット上の公的フォーラムの評価を徹底的に調べて、自分たちの製品とサービスが競争相手と比較してどうであるかを知るべきである。

【注】scour 徹底的に調べる、**review** 評価、**compare to** 〜と比較する

64. 空所前にare looking for「探している」とあり、空所後にはto convey value「価値を伝えるため」とあるので、空所にはそうした価値を伝えるための「方法」という意味の語が入ると考えられる。(A) は「会場」、(B)「小道」、(D) は「部屋」という意味なのでどれも文意に合わない。(C) waysがまさに「方法」という意味で文意にも合致する。　　　　**正解（C）**

【訳】消費者がますます低価格の商品に目を向けているので、多くの企業は商品の価値をうまく伝える方法を探している。

【注】look for 〜を探す、**convey** 伝える、**increasingly** ますます、**turn to** 目を向ける

65. 空所後にto reduce its fixed costs「固定費を削減するため」とあるので、空所には会社の組織や方針の「変更」を意味する語が入ると予想される。(B) は「祝賀」、(C) は「協力」、(D) は「予測」という意味なのでどれも文意にそぐわない。(A) reorganizationが組織などの「再編成」、「改造」という意味で文意とも整合的。　　　　**正解（A）**

【訳】その会社は固定費を削減してより競争力のある会社になるために組織再編を検討している。

【注】reduce 削減する．**fixed costs** 固定費（変動費はvariable costs）

66. 空所前にfewer「より少ない」、空所後にfor promotion「昇進のための」とあるので、空所にはそうした昇進の「機会」という意味の語が入ると考えられる。(A) は「機能」、(C) は「組織」、(D) は「任務」という意味なのでどれもpromotionとは無関係。(B) opportunitiesがまさに「機会」という意味なのでこれが正解になる。　　　　**正解（B）**

【訳】昇進の機会が少なければ、社員が職を変えようとするのは確証された事実である。

【注】established 証明された、確証された、**switch jobs** 職を変える

67. It is with great pleasure that I announce the ------- of Dr. Sandra Fitzgerald as our new director of research.

(A) appointment   (B) requirement

(C) arrival   (D) inclusion

68. The ------- of responsibilities among different departments in the company should be clearly articulated.

(A) analysis   (B) division

(C) exception   (D) enhancement

69. All employees are eligible to attend this seminar, provided that they receive ------- from their supervisor.

(A) lecture   (B) budget

(C) rejection   (D) approval

70. The company said the third quarter was more difficult than expected, citing a ------- in customer traffic.

(A) progress   (B) decrease

(C) rise   (D) replacement

71. If you feel you possess the ------- we are looking for, we would love to hear from you.

(A) performances   (B) interests

(C) qualities   (D) attentions

72. The motor vehicles department will complete a vehicle's ------- only after an inspection has been passed.

(A) examination   (B) registration

(C) approval   (D) participation

67. 文末にas our new director of research「新研究部長として」という語句があるので、空所には「任命」という意味の語が入ると予想される。（B）は「必要条件」、（C）は「到着」、（D）は「包含」という意味でどれも文意にそぐわない。（A）appointmentがまさに「任命」という意味なのでこれが正解になる。　　　　　　　　　　　　　　　　　　　　　　　　　　正解（A）

【訳】我が社の新研究部長としてサンドラ・フィッツジェラルド博士の任命を発表できることは大変なよろこびです。

【注】great pleasure 大きなよろこび、director of research 研究部長

---

68. 文末にshould be clearly articulated「明確に表現されるべき」とあり、また空所後にof responsibilitiesとあるので、空所には責任の「分担」という意味の語が入ると考えられる。（A）は「分析」、（C）は「例外」、（D）は「強化」という意味なのでどれも文意が通らない。（B）divisionが「分割」という意味で文意にもピタリ合致する。　　　　　　　　　　　　　　正解（B）

【訳】会社の中の異なった部門間の責任の分割は明確に述べられるべきである。

【注】responsibility 責任、articulate 明確に述べる

---

69. 文中のprovided thatは「もし〜ならば」という意味の接続詞。空所前後は「もし上司から何かを受ければ」という意味なので、空所には「許可」とか「承認」という意味の語が入ると予想される。（A）は「講義」、（B）は「予算」、（C）は「拒絶」という意味でどれも文意にそぐわない。（D）approvalが「許可」という意味で文意にピタリ合致する。　　　　　　　　　　　　　　　　　　正解（D）

【訳】上司から許可を得れば、すべての従業員はこのセミナーに出席することができる。

【注】eligible 資格がある、supervisor 上司

---

70. 文の中頃にwas more difficult than expected「予想以上に困難であった」とあるので、空所には否定的な語が入ると予想される。（A）は「進捗」、（C）は「上昇」、（D）は「代替」という意味でこの中に否定語はない。（B）decreaseが「減少」という意味の否定語で文意にも合致する。

正解（B）

【訳】その会社は第三四半期は予想以上に厳しかったと述べ、その理由として顧客の来店者数が減少したことを上げた。

【注】cite 引用する、言及する、customer traffic 来店者数、客足

---

71. 空所前にpossess「所有する」とあり、また空所後にwe are looking for「我々が探している」とあるので、空所には我々が探している「能力」、「資質」などの語が入ると予想される。（A）は「演技」、（B）は「興味」、（D）は「注意」という意味でどれも文意にふさわしくない。（C）qualitiesがまさに「資質」という意味なのでこれが正解になる。　　　　　　　　　　　　正解（C）

【訳】もし我々が探している資質をあなたが持っていると感じているなら、あなたからの連絡をいただきたいと思っています。

【注】possess 所有する、持つ、look for 〜を探す、hear from 〜から連絡をもらう

---

72. 文頭のmotor vehicle departmentは自治体などの車両登録局のこと。空所後にafter an inspectionとあるので、空所には車両「登録」という意味の語が入ると予想される。（A）は「試験」、（C）は「承認」、（D）は「参加」という意味なのでどれも文意に合わない。（B）registrationがまさに「登録」という意味なのでこれが正解になる。　　　　　　　　　　　　　　　　　正解（B）

【訳】車両登録局は車両検査に合格した後にのみ車両登録を完了させる。

【注】complete 完了させる、vehicle 車両、inspection 検査、点検

73. In-person appointments are available to all patients, but you will first be asked to explain your ------- over the phone or online.

(A) agendas   (B) developments
(C) concerns   (D) outcomes

74. On our Majestic City Tour, you will have a chance to sample some of the best ------- from various cultures.

(A) demonstration   (B) cuisine
(C) position   (D) store

75. Although Mr. Mason received many job rejections, his ------- was rewarded when he was finally offered a lucrative job.

(A) persistence   (B) opportunity
(C) selection   (D) hesitation

76. Theft of company equipment is grounds for immediate ------- and criminal prosecution.

(A) occupation   (B) discharge
(C) repair   (D) priority

77. The only results that can be predicted with any ------- are those that have occurred repeatedly in the past.

(A) calculation   (B) adjustment
(C) insurance   (D) reliability

78. Education is not merely about gaining knowledge; it is also a ------- of developing creativity and character.

(A) help   (B) means
(C) practice   (D) road

73. 文頭のIn-person appointmentsは「直接面談での診察」という意味。それを行う場合は診察前に電話などで自分の「症状」や「懸念」を説明する必要があるというのが文の大意。(A) は「議題」、(B) は「発展」、(D) は「結果」という意味でどれも文意が通らない。(C) concernsが「心配」という意味で文意にも合致する。　　　　　　　　　　　　　　　　　　　　　**正解（C）**

【訳】すべての患者は直接面談での診察予約ができるが、その場合は最初に電話かオンラインで自分が心配していることについての説明を求められる。

【注】**appointment** 予約、約束、**patient** 患者、**explain** 説明する

---

74. 文中にあるsampleという動詞に注目。sampleには「試食する」という重要な意味がある。試食に関連するのは「料理」関係の語である。(A) は「実演」、(C) は「地位」、(D) は「店」という意味でどれも料理とは無関係。(B) cuisineがまさに「料理」という意味なのでこれが正解。　　　　　　　　　　　　　　　　　　　　　　　　　　　　　　　　　**正解（B）**

【訳】我が社のマジェスティック・シティツアーでは、さまざまな文化に由来した最高の料理をいくつか試食する機会があります。

【注】**various** さまざまな、**culture** 文化

---

75. 文の前半は「メイソン氏は何度も求職を断られたが」という意味。文頭にAlthoughという逆接の接続詞があるので、後半は何度も断られたが「辛抱強く」頑張ったという流れになると考えられる。(B) は「機会」、(C) は「選択」、(D) は「躊躇」という意味でどれも文意にそぐわない。(A) persistenceが「粘り強さ」という意味で文意にピタリ合致する。　　　　　　**正解（A）**

【訳】メイソン氏は何度も求職を断られたが、高い給料の仕事をオファーされたときに彼の粘り強さはようやく報われた。

【注】**rejection** 拒絶、**reward** 報いる、**lucrative** 儲かる、給料がよい

---

76. 文頭にTheft of company equipment「会社の備品を盗む」とあり、またその後にis grounds for「〜の根拠になる」とあるので、空所には「解雇」という意味の語が入ると予想される。(A) は「職業」、(C) は「修理」、(D) は「優先順位」という意味なのでどれも文意が通らない。(B) dischargeがまさに「解雇」という意味で文意に合致する。　　　　　　　　　　　　　　　　　　　　**正解（B）**

【訳】会社の備品を盗むことは即時解雇と刑事訴追の根拠となる。

【注】**theft** 窃盗、**immediate discharge** 即時解雇、**criminal prosecution** 刑事訴追

---

77. 文の前半は「予想できる唯一の結果は」という意味。また後半は「過去に繰り返し起こったこと」という意味なので、両者を総合すると、空所には「確実」という意味の語が入ると予想される。(A)は「計算」、(B) は「調整」、(C) は「保険」という意味でどれも文意にそぐわない。(D) reliabilityが「確実性」という意味なのでこれが正解になる。　　　　　　　　　　　　　　　　　**正解（D）**

【訳】確実に予想できる唯一の結果は、過去に繰り返し起こったことだけである。

【注】**result** 結果、**predict** 予想する、**occur repeatedly** 繰り返し起こる

---

78. 空所前にaがあり、空所後にはof developing creativity and character「創造性と人格を養う」とあるので、空所にはそれらを養う「手段」という意味の語が入ると予想される。(A) は「助け」、(C) は「実践」、(D) は「道」という意味でどれも無関係。(B) meansがまさに「手段」という意味なのでこれが正解。なお、meansは-sがあるが単数扱いにもなる。　　　　　　**正解（B）**

【訳】教育では知識を得ることだけが重要なのではない。教育は創造性と人格を養う手段でもある。

【注】**merely** ただたんに、**gain knowledge** 知識を得る、**creativity** 創造性、**character** 人格

79. If you like -------, don't miss out on this whitewater rafting experience.

(A) probability   (B) excitement
(C) attachment   (D) supervision

80. Many companies will have booths set up where students can talk to their -------.

(A) events   (B) representatives
(C) directions   (D) curators

81. The ------- of the agreement can be extended for five years by mutual consent.

(A) expenditure   (B) content
(C) certainty   (D) validity

82. Having a great business strategy is absolutely necessary, but it offers no ------- of great results.

(A) sponsor   (B) imitation
(C) guarantee   (D) reflection

83. If your item of choice is out of stock, we will seek your ------- to fill your order with a similar product.

(A) rejection   (B) foundation
(C) inspiration   (D) acceptance

84. Mr. Evans was promoted to a senior position overseeing the new software development prior to his -------.

(A) comprehension   (B) resolution
(C) investigation   (D) resignation

79. 文の後半にwhitewater rafting experience「急流下りの経験」とあるので、空所にはそうした楽しい「冒険」や「スリル」といった語が入ると考えられる。(A) は「可能性」、(C) は「連結」、「愛着」、(D) は「監視」という意味なのでどれもここでは無関係。(B) excitementが「興奮させるもの」という意味で文意に合致する。　　　　　　　　　　　　　　　　　　　　**正解（B）**

【訳】もしあなたが刺激を好むのなら、この急流下りの体験は見逃さないようにしてください。

【注】**miss out on** 〜の機会を見逃す、**whitewater** 急流の

80. 空所前のtheirは冒頭のmany companiesのことを意味しているので、空所にはそうした会社の「代表者」という意味の語が入ると考えられる。(A) は「行事」、(C) は「指示」、「方向」、(D) は「学芸員」という意味なのでどれも文意にふさわしくない。(B)representativesがまさに「代表者」、「担当者」という意味なのでこれが正解になる。　　　　　　　　　　　　　　　**正解（B）**

【訳】多くの企業がブースを設ける予定で、そこで学生たちは企業の担当者と話すことができる。

【注】**have booths set up** ブースを設ける

81. 空所後にagreement「合意」とあり、またその後ろにはcan be extended「延長できる」とあるので、空所には合意の「期限」とか「有効性」といった意味の語が入ると予想される。(A) は「支出」、(B) は「内容」、(C) は「確実性」という意味なのでどれも文意が通らない。(D) validityが「有効性」という意味で文意にピタリ合致する。　　　　　　　　　　　　　　　　**正解（D）**

【訳】合意の有効性については両者の同意により5年間延長することができる。

【注】**extend** 延長する、**mutual** 相互の、**consent** 同意

82. 空所前にoffers no「何も提供しない」とあり、空所後にはof great results「素晴らしい結果」とあるので、空所には「保証」とか「確実性」などという意味の語が入ると予想される。(A) は「支援者」、(B) は「模倣」、(D) は「反射」という意味なのでどれも不適。(C) guaranteeが「保証」という意味で文意が通る。　　　　　　　　　　　　　　　　　　　　　　　**正解（C）**

【訳】優れたビジネス戦略を持つことは絶対に必要なことであるが、それは素晴らしい結果を保証するものではまったくない。

【注】**absolutely** 絶対に、**great result** 素晴らしい結果

83. 文の前半は「あなたの注文品が在庫にない場合は」という意味。また空所前にseek your「あなたの何かを求める」とあるので、空所には「許可」とか「承諾」という意味の語が入ると思われる。(A) は「拒否」、(B) は「基盤」、(C) は「鼓舞」という意味なのでどれも文意が通らない。(D) acceptanceがまさに「許可」、「承諾」という意味で文意に合致する。　　　　　　　**正解（D）**

【訳】もしあなたのご注文品が在庫にない場合は、同様の商品でご注文の代わりをさせていただけるかご許可を求めます。

【注】**item of choice** 選択した商品、**out of stock** 在庫切れ、**similar** 同じような、同様の

84. 冒頭に「エバンス氏は昇進した」とあり、また空所前にprior to「〜する前に」とある。つまり、エバンス氏は何かをする前に昇進していたことになる。(A) は「理解」、(B) は「決意」、(C) は「調査」という意味でどれも文意にそぐわない。(D) resignationは「辞任」という意味で文意的にも適合する。　　　　　　　　　　　　　　　　　　　　　　　　　　**正解（D）**

【訳】エバンス氏は辞任する前に、新しいソフトウェア開発を管理する上級職に昇進していた。

【注】**promoted to** 〜に昇進する、**oversee** 監督する、管理する

85. We ask all patients visiting for the first time to submit a ------- issued by a physician from another medical institution.

(A) referral   (B) valuation
(C) publication   (D) catalog

86. The mayor made a major contribution to the growth of the city with the ------- of a new airport.

(A) irrigation   (B) dedication
(C) appreciation   (D) representation

87. Although the meeting lasted for more than two hours, there was only one minor ------- about the terms of the contract.

(A) cooperation   (B) submission
(C) manipulation   (D) altercation

88. Prior to the ------- of contract, the facility of the construction company was inspected by representatives from the state's department of transportation.

(A) award   (B) subscription
(C) attraction   (D) support

89. One of the greatest ------- of solar energy is that it produces no carbon dioxide, methane or other emissions that warm the atmosphere.

(A) advantages   (B) merchandises
(C) profits   (D) interests

90. In today's globalized world, ------- of a foreign language is key to gaining a competitive edge in business.

(A) introduction   (B) mastery
(C) assembly   (D) performance

85. 空所後は「他の医療機関の医師が出した」という意味。医師が他の医療機関の医師に出すのは「紹介状」である可能性が高い。(B) は「評価」、(C) は「出版」、(D) は「目録」という意味でどれも医師とは関係ない。(A) referralがまさに「紹介状」という意味なのでこれが正解になる。　**正解（A）**

【訳】初めて当院にお越しになるすべての患者様は、ほかの医療機関の医師の紹介状を提出していただくようお願いします。

【注】**patient** 患者、**physician** 医師、**medical institution** 医療機関

---

86. 空所前は「市長は市の発展に大いに貢献した」という意味。空所後にof a new airportとあるので、市長は新空港の「建設」や「着工」によって市の成長に貢献したと考えられる。(A) は「灌漑」、(C) は「感謝」、(D) は「表現」、「代表」という意味でどれもここでは関係ない。(B) dedicationには「献身」のほかに、「竣工」という意味があり文意にピタリ合致する。　**正解（B）**

【訳】市長は新空港の竣工を行い、市の成長に大きな貢献をした。

【注】**mayor** 市長、**make a major contribution** 大きな貢献をする、**growth** 成長

---

87. 空所後にterms of the contract「契約条件」とあり、また空所前にはonly one minorとあるので、契約条件についての些細な「やり取り」や「行き違い」があったと考えられる。(A) は「協力」、(B) は「提出」、(C) は「操作」という意味でどれも文意にそぐわない。(D) altercationは「口論」という意味で文意も通るのでこれが正解。　**正解（D）**

【訳】会議は2時間以上続いたが、契約条件に関しては些細な口論がひとつあっただけだった。

【注】**last** 続く、**minor** 些細な

---

88. 空所前にPrior to「〜の前に」、また空所後にof contract「契約の」とあるので、ここは契約の「約束」とか「授与」といった意味になると考えられる。(B) は「購読予約」、(C) は「引きつけること」、(D) は「支援」という意味なので文意に合わない。(A) awardがまさに「授与」という意味なのでこれが正解。　**正解（A）**

【訳】契約の授与に先立って、その建設会社の施設は州の運輸局からの代表者によって検査された。

【注】**contract** 契約、**facility** 施設、**department of transportation** 運輸局

---

89. 文中のthat以下にit produces no carbon dioxide「二酸化炭素を排出しない」など、環境に「よいこと」が書かれていることに注目。(B) は「商品」、(C) は「利益」、(D) は「興味」、「関心」という意味でどれも環境とは関係ない。(A) advantagesは「利点」という意味で文意的にも合致する。　**正解（A）**

【訳】太陽エネルギーの最大の利点のひとつは、それが二酸化炭素、メタンや他の物質など大気を温暖化する排出物を一切出さないことである。

【注】**carbon dioxide** 二酸化炭素、**methane** メタン、**emission** 排出物、**atmosphere** 大気

---

90. 空所後にof a foreign language「外国語の」とあるので、その前の空所には「習得」という意味の語が入ると予想される。(A) は「紹介」、「入門」、(C) は「集会」、「組み立て」、(D) は「演技」という意味でどれも文意が通らない。(B) masteryが「熟達」、「精通」という意味なのでこれが正解になる。　**正解（B）**

【訳】今日のようなグローバル化した世界においては、外国語をマスターすることはビジネスで競争優位性を獲得する上での鍵である。

【注】**competitive edge** 競争優位性

---

91. As project coordinators, we are responsible for the day-to-day ------- of the construction project from the outset.

(A) management   (B) regulation
(C) creation   (D) generation

92. Our menu contains a wide variety of dishes prepared from the finest ------- sourced locally.

(A) quality   (B) produce
(C) instrument   (D) fertilizer

93. This report provides an overview of the challenges and ------- of managing a joint venture.

(A) consultations   (B) celebrations
(C) analyses   (D) complexities

94. Owens Foods is happy to sponsor a day-long outing for employees to ------- of their choice.

(A) destinations   (B) motivations
(C) adjustments   (D) invitations

95. Auto analysts were impressed by the car's newly designed rearview mirror, which offers much better -------.

(A) transmission   (B) consistency
(C) method   (D) visibility

96. We would like to express our sincere ------- for your continued patronage.

(A) sympathy   (B) depreciation
(C) gratitude   (D) display

91. 冒頭にAs project coordinators「プロジェクト調整者として」とあることに注目。その役割はまさにプロジェクトの日々の状況を「管理」すること。(B) は「規制」、(C) は「創造」、(D) は「産出」という意味でどれも文意にそぐわない。(A) managementがまさに「管理」という意味なのでこれが正解になる。　　　　　　　　　　　　　　　　　　　　　　　　　　　　　　　**正解 (A)**

【訳】プロジェクト調整者として、我々は最初からその建設プロジェクトの日々の管理に責任を負っている。

【注】day-to-day 日々の、from the outset 最初から

---

92. 冒頭にmenuとあるのでこれがレストランに関する文であるとわかる。また空所後にsourced locally「地元で調達した」とあるので、空所には「食料品」とか「農産物」などの語が入ると考えられる。(A) は「品質」、(C) は「道具」、(D) は「肥料」という意味なのでどれも文意的に不適。(B) produceが「農産物」という意味なのでこれが正解になる。　　　　　　　　**正解 (B)**

【訳】私どものメニューには、地元で調達した最高の農産物で調理した幅広い種類の料理があります。

【注】contain 含む、dish 料理、prepared 調理した

---

93. 空所前にchallenges「難しい課題」とあり、また空所後にof managing a joint venture「合弁事業を管理する」とあるので、空所には合弁事業の「難しさ」に関連した語が入ると予想される。(A) は「相談」、(B) は「祝賀」、(C) は「分析」という意味でどれもここでは無関係。(D) complexitiesが「複雑さ」という意味で「難しさ」に関連した語なのでこれが正解。　　　**正解 (D)**

【訳】このレポートは合弁事業を管理する難題や複雑さについての概観を提供している。

【注】overview 概観、manage 管理する

---

94. 会社が従業員の日帰り旅行 (a day-long outing) を支援するというのがこの文の大意。ではどこに行くのかというのが空所前後になる。空所前のtoの後には「場所」が来るはず。(B) は「動機」、(C) は「調整」、(D) は「招待」という意味なのでどれも文意に合わない。(A) destinationsがtoの後にふさわしい「目的地」という意味で文意的にも合致する。　　　　　　**正解 (A)**

【訳】オーエンス食品は、従業員のために彼らが選んだ目的地への日帰り旅行をよろこんで支援する。

【注】outing 外出、遠出、choice 選択

---

95. これはthe car's newly designed rearview mirror「バックミラー」についての文なので、空所には「視界」や「見通し」などバックミラーに関係する語が入ると予想される。(A) は「送信」、(B) は「一貫性」、(C) は「方法」という意味でどれもバックミラーとは関係がない。(D) visibilityがまさに「視界」、「可視性」という意味なのでこれが正解になる。　　　　　**正解 (D)**

【訳】自動車アナリストたちはその車の新しくデザインされたバックミラーがこれまでよりも遥かによく見えることに感銘を受けた。

【注】newly designed 新しくデザインされた、rearview mirror バックミラー

---

96. 空所前にsincere「心からの」、また空所後にfor your continued patronage「継続的なご愛顧に対して」とあるので、空所には「感謝」や「謝意」という意味の語が入ると思われる。(A) は「同情」、(B) は「価値の下落」、(D) は「表示」という意味なのでどれも文意にそぐわない。(C) gratitudeがまさに「感謝」という意味なのでこれが正解。　　　　　　　　　　　　　　**正解 (C)**

【訳】みなさまがこれまで継続的にご愛顧いただきましたことに心からの感謝の意を表したいと思います。

【注】express 表す、表明する、patronage 愛顧、引き立て

---

97. The CEO of the company is quite sure that Mr. Johnson has the experience and ------- necessary to fill the position of HR Director.

(A) tasks (B) skills
(C) needs (D) disciplines

98. After careful consideration, it has been determined that installing new software is the cheapest of all the ------- available.

(A) exhibitions (B) corrections
(C) assortments (D) options

99. Once you understand where your Web page ------- is coming from, you can create more focused Web content.

(A) member (B) traffic
(C) guest (D) customer

100. After falling 5,000 points in three months, the stock market -------
more than 2,500 points in three days.

(A) reminded (B) recommended
(C) regained (D) reached

101. The internal discussion on how to boost sales is expected to -------
next Monday.

(A) resume (B) assemble
(C) visit (D) practice

102. The recent rise in food and energy prices is ------- very concerning by consumers.

(A) compiled (B) digested
(C) deemed (D) convened

97. 空所前にexperience andとあることに注目。空所には「人事部長の職を務めるのに必要な」experienceと同様の関連語が入ると考えられる。(A)は「任務」、(C)は「必要」、(D)は「規律」という意味でどれもここでは不適。(B) skillsは「技能」という意味で文意にピタリ合致する。

正解 **(B)**

【訳】その会社のCEOは、ジョンソン氏は人事部長の職を務めるのに必要な経験と技能を持っていると確信している。

【注】necessary 必要な、fill the position 職を埋める(務める)、HR Director 人事部長

98. 空所前にinstalling new software is the cheapest of all the「新しいソフトを入れることがすべての何かの中で最も安価」とあるので、空所には「選択肢」という意味の語が入ると予想される。(A)は「展示会」、(B)は「修正」、(C)は「詰め合わせ」という意味でどれも文意が通らない。(D) optionsがまさに「選択肢」という意味なのでこれが正解になる。

正解 **(D)**

【訳】熟慮の結果、新しいソフトウェアを入れることが、利用できるすべての選択肢の中で最も安価であるとの結論に至った。

【注】consideration 熟慮、available 利用可能な

99. 空所前後は「ウェブサイトの何がどこから来ているのか」という意味。ウェブサイトに来るのは「閲覧者」なので、空所にはその類義語が入ると予想される。(A)は「メンバー」、(C)は「客」、(D)も「顧客」という意味でウェブサイトの関連語としてはふさわしくない。(B) trafficが「人の往来」という意味で文意に合致する。

正解 **(B)**

【訳】あなたのウェブサイトの閲覧者がどこから来ているのかが理解できれば、より焦点を絞ったウェブサイトのコンテンツを作ることができる。

【注】once ひとたび~すれば、focused 焦点を絞った、content 内容、中身

100. 文の前半に「3カ月で5,000ポイント下落したあと」とあり、また文末には「3日で2,500ポイント以上」とあるので、空所にはその分を「取り戻した」という意味の語が入ると予想される。(A)は「思い出させる」、(B)は「推薦する」、(D)は「達する」という意味なのでどれも文意にふさわしくない。(C) regainedが「取り戻す」という意味なのでこれが正解。

正解 **(C)**

【訳】3カ月で5,000ポイント下落したあと、株式市場は3日で2,500ポイント以上を取り戻した。

【注】fall 下落する、stock market 株式市場

101. 文頭にinternal discussionとあり、また空所後に未来を示唆するnext Mondayがあるので、空所には「再開する」とか「始まる」という意味の語が入ると考えられる。(B)は「組み立てる」、(C)は「訪問する」、(D)は「実践する」という意味なのでどれも文意が通らない。(A) resumeがまさに「再開する」という意味なのでこれが正解になる。

正解 **(A)**

【訳】いかにして販売を増加させるかということに関する内部議論は、来週月曜日に再開する予定である。

【注】internal 内部の、boost 増加させる、sales 販売

102. 空所後のvery concerning by consumersは「消費者は大変心配である」という意味。つまり、消費者はそのように「考えている」ということを意味する。(A)は「編集する」、(B)は「消化する」、(D)は「招集する」という意味なのでどれもここでは無関係。(C) deemedが「考える」、「見なす」という意味なのでこれが正解。

正解 **(C)**

【訳】最近の食品とエネルギー価格の上昇は大変心配なことであると消費者に見なされた。

【注】recent 最近の、rise 上昇、concerning 心配させる

103. Cybersecurity is an issue that business leaders can no longer ------- to ignore or relegate to IT departments.

(A) avoid
(C) provide
(B) grow
(D) afford

104. Although many types of alternative energy have been developed over the past few decades, they have not yet ------- conventional energy to a significant extent.

(A) replenished
(C) rewarded
(B) recovered
(D) replaced

105. We are writing to remind you to renew your subscription to Current News at your earliest convenience, as it will ------- on September 13.

(A) expire
(C) install
(B) inspire
(D) execute

106. Greer Corporation announced yesterday at a press conference that its CEO, Susan Bennett, will be ------- at the end of this month after 10 years with the company.

(A) managing
(C) retiring
(B) introducing
(D) merging

107. After struggling for many years, Tyler Electric has finally begun to ------- due to the popularity of its new refrigerator.

(A) raise
(C) increase
(B) thrive
(D) decline

108. Complaints are ------- to Ms. Nancy Corda, who is known for handling customer service issues promptly and thoroughly.

(A) accelerated
(C) awarded
(B) resorted
(D) forwarded

103. 空所前にcan no longerとある。また空所後にto不定詞があるので、空所にはこれと相性のよい動詞を選ぶ。(A) は「避ける」、(B)「伸びる」、(C) は「供給する」という意味でどれも相性が悪い。(D) は「する余裕がある」という意味で、can no longer afford toで「もはや〜する余裕はない」という意味になり文意が通る。　　　　　　　　　　　　　　　　　　　　　　　　　**正解 (D)**

【訳】サイバーセキュリティーは、ビジネス指導者がもはや無視したりIT部門に任せっきりにしたりすることができない問題である。

【注】issue 問題、ignore 無視する、relegate 〜に任せる、委ねる

104. 空所前にnot yet、また空所後にconventional energyとあるので、文の前半にあるalternative energyがまだconventional energyを「取り替えて」いないと読める。(A) は「補充する」、(B) は「回復させる」、(C) は「報いる」という意味でどれも文意が通らない。(D) replacedが「取り替える」という意味で文意にも合致する。　　　　　　　　　　　　　　　　　　　　　　　　**正解 (D)**

【訳】過去数十年間に多くの代替エネルギーが開発されてきたが、従来型のエネルギーを大幅に取り替えるまでには至っていない。

【注】alternative 代替の、conventional 従来型の、to a significant extent 大幅に、かなりの程度まで

105. 文の前半は購読の更新をしてほしいとの依頼で、カンマ以下の後半は購読が9月13日に「切れる」という理由になっている。(B) は「鼓舞する」、(C) は「設定する」、「据え付ける」、(D) は「実行する」という意味でどれも文意にそぐわない。(A) expireがまさに「期限が切れる」という意味なのでこれが正解。　　　　　　　　　　　　　　　　　　　　　　　　　　　　　　**正解 (A)**

【訳】お客様のカレント・ニューズ誌の購読は9月13日に切れますので、できるだけお早めに購読の更新をしていただくようお願いいたします。

【注】remind 〜を思い出させる、at your earliest convenience できるだけ早く

106. 文末にafter 10 years with the company「10年その会社に勤務した後に」とあるので、空所には会社を「辞める」とか「引退する」といった意味の語が入ると考えられる。(A)は「管理する」、(B) は「紹介する」、(D) は「合併する」という意味でどれも文意的にふさわしくない。(C) retiringが「引退する」という意味なのでこれが正解になる。　　　　　　　　　　　　　　　　　　　　　**正解 (C)**

【訳】グリア社は昨日の記者会見で、CEOのスーザン・ベネットが会社での10年間の勤務の後、今月末に引退すると発表した。

【注】press conference 記者会見

107. 冒頭にAfter struggling for many years、また空所後にdue to the popularity of its new refrigeratorとあるので、この会社の業績が「改善して」きたことが推測できる。(A) は「上げる」、(C) は「増加する」、(D) は「下落する」という意味なのでどれも文意的に不適。(B) thriveが「繁栄する」という意味でピタリ文意に合致する。　　　　　　　　　　　　　　　　　　　　　　　**正解 (B)**

【訳】タイラー・エレクトリック社は長年苦しんだが、新しい冷蔵庫が人気を得たおかげでようやく業績がよくなり始めた。

【注】struggle 苦しむ、finally ようやく、refrigerator 冷蔵庫

108. 空所後は「コーダさんは顧客サービスの問題をうまく取り扱うことで知られている」という意味なので、苦情はコーダさんに「送られる」ことになると予想される。(A) は「加速させる」、(B) は「(手段などに) 訴える」、(C) は「授与する」という意味でどれも文意にふさわしくない。(D) forwardedがまさに「送付する」という意味で文意がしっかり通る。　　　　　　　　　　　　　**正解 (D)**

【訳】顧客からの苦情は、顧客サービスの問題を迅速かつ完全に処理することで知られるナンシー・コーダさんに送付される。

【注】complaint 不平不満、苦情、promptly 迅速に、thoroughly 完全に、十分に

109. Sandrix Industries has an immediate opening for a logistics manager whose responsibilities ------- overseeing shipping arrangements and staff training.

(A) conclude   (B) solve
(C) explore   (D) include

110. If a company that started as a small family business continues to -------, its accounting and other control mechanisms may need to change.

(A) select   (B) upend
(C) decline   (D) expand

111. YM Landscaping ------- a long history serving both residential and commercial clients.

(A) adheres   (B) collaborates
(C) boasts   (D) demands

112. The opening ceremony for our new store in Brockton will ------- promptly at 10:00 A.M.

(A) arise   (B) commence
(C) decide   (D) hesitate

113. The company has learned that committed and satisfied employees are more likely to ------- those around them.

(A) motivate   (B) afford
(C) predict   (D) determine

114. This year's shareholder recommendations include a proposal that the company ------- contract employees for future openings on its board.

(A) apply   (B) consider
(C) deliver   (D) transport

109. 空所前にlogistics manager whose responsibilities「物流マネージャーの責任」とあるので、その後にはその責任には何が「含まれる」かについて書かれていると予想される。(A) は「結論を出す」、(B) は「解決する」「解く」、(C) は「探究する」という意味なのでどれも文意が通らない。(D) includeが「含む」という意味で文意にピタリ適合する。　　　　**正解（D）**

【訳】サンドリックス重工は、配送手配やスタッフ訓練の管理を業務とする物流マネージャーの職に今空きがある。

【注】immediate opening 今すぐの空き、oversee 管理する、shipping 配送、出荷

---

110. 空所前に「小さな家族企業として始まった会社」とあり、カンマ後には「管理機構を変える必要がある」とある。小企業がそうした変更をするのは、会社が「成長して」大きくなったときだと考えるのが普通。(A) は「選択する」、(B) は「ひっくり返す」、(C) は「下がる」という意味なのでどれも不適。(D) expandが「拡大する」という意味なのでこれが正解。　　　　**正解（D）**

【訳】もし小さな家族企業として始まった会社が拡大を続ける場合には、会計や他の管理機構を変更する必要があるかもしれない。

【注】accounting 会計、control mechanism 管理機構

---

111. 空所後にa long history「長い歴史」とあるので、この会社はそれを「誇り」に思うなど肯定的に考えていると予想される。(A) は「付着する」、(B) は「協力する」、(D) は「要求する」という意味でどれも文意に整合的ではない。(C) boastsが「誇る」、「自慢する」という意味で文意に合致するのでこれが正解。　　　　**正解（C）**

【訳】YMランドスケーピング社は住宅およびビジネス両方の顧客に奉仕してきた長年の歴史を誇りにしている。

【注】serve 奉仕する、residential 住宅の、commercial 商業の、ビジネスの

---

112. 空所前は「新店舗の開店式は」という意味で、空所後には「10時きっかりに」とあるので、空所には「始まる」、「開始する」などといった意味の語が入ると予想される。(A) は「起こる」、(C)「決定する」、(D)は「躊躇する」という意味でどれも文意にふさわしくない。(B) commenceがまさに「始まる」という意味なのでこれが正解。　　　　**正解（B）**

【訳】ブロックトンの新店舗の開店式は10時きっかりに始まる予定である。

【注】opening ceremony 開店式、promptly きっかり、速やかに

---

113. 空所前は「熱心で満足した従業員はより多く何かをする」という意味。また空所後は「周りの人間」という意味なので、空所には「刺激する」という意味の語が入ると考えられる。(B) は「余裕がある」、(C) は「予想する」、(D) は「決める」という意味なのでどれもここでは無関係。(A) motivateが「刺激する」という意味で文意もしっかり通る。　　　　**正解（A）**

【訳】仕事熱心で満足した従業員は、周りにいる人間を刺激することが多いということをその会社は学んだ。

【注】committed 熱心に取り組む、satisfied 満足した

---

114. 文の前半に「今年の株主推薦には提案が含まれている」とあり、空所後には「取締役に将来空きが出た際には契約社員を」とあるので、空所には「検討する」という意味の語が入ると考えられる。(A) は「応用する」、(C) は「届ける」、(D) は「輸送する」という意味なのでどれも文意が通らない。(B) considerが「検討する」という意味なのでこれが正解になる。　　　　**正解（B）**

【訳】今年の株主推薦には、取締役に将来空きが出た際には会社が契約社員も検討することを求める提案が含まれている。

【注】shareholder 株主、contract employees 契約社員、opening 空き、空席

115. Your Antivirus Protection Program is set to expire on March 15, so please renew your subscription to ------- your computer.

(A) install   (B) protect

(C) implement   (D) operate

116. CPL System recommends ------- its sales representatives to learn more about the new product.

(A) eliminating   (B) choosing

(C) contacting   (D) promoting

117. In order to ------- a construction permit, the owner must submit a completed application package to the department of health.

(A) prolong   (B) obtain

(C) delay   (D) lengthen

118. Many studies show that heavy alcohol consumption can ------- some of the benefits of exercise.

(A) relate   (B) negate

(C) advance   (D) propose

119. Stetson Manufacturing ------- to support the local community in whatever ways it can.

(A) allows   (B) owes

(C) strives   (D) activates

120. All content on this Web site including text, illustrations and photographs is protected by copyright law unless otherwise -------.

(A) unveiled   (B) indicated

(C) experienced   (D) structured

115. 冒頭にAntivirus Protection Program「ウィルス防止プログラム」とあることに注目。つまり、このプログラムはウィルス感染を「防ぐ」ことが主目的であることがわかる。（A）は「インストールする」、（C）は「実施する」、（D）は「作動する」という意味なのでどれも文意にそぐわない。（B）protectがまさに「防止する」という意味なのでこれが正解。 **正解（B）**

【訳】あなたがご契約されているアンチウィルス・プログラムは3月15日に期限が切れますので、あなたのコンピューターを守るためにも契約を更新してください。

【注】**set to** ～することになっている、**expire** 期限が切れる、**subscription** 購読・購買契約

116. 空所後は「新製品についてもっと知りたければ販売員に」という意味なので、空所には「連絡をとる」とか「コンタクトする」という意味の語が入ると考えられる。（A）は「除去する」、（B）は「選ぶ」、（D）は「促進する」という意味なのでどれも文意から外れる。（C）contactingがまさに「連絡をとる」という意味なのでこれが正解。 **正解（C）**

【訳】CPLシステム社は、自社の新製品についてもっと知りたい場合は販売員に連絡を取ることを勧めている。

【注】**recommend** 推薦する、勧める、**sales representative** 販売員、販売担当者

117. 空所後にa construction permit「建設許可」とあるので、空所にはそれを「得る」、「獲得する」という意味の語が入ると予想される。（A）は「長引かせる」、（C）は「遅らせる」、（D）は「長くする」という意味なのでどれも不適。（B）obtainが「獲得する」、「入手する」という意味なのでこれが正解。 **正解（B）**

【訳】建設許可を取得するためには、所有者は保健局に完成された申請一式を提出しなければならない。

【注】**owner** 所有者、**application package** 申請一式

118. 空所前のheavy alcohol consumptionは「アルコールを大量に飲む」という意味。そうすることは当然、空所後のsome of the benefits of exercise「運動効果の一部」を「帳消しにする」ことになる。（A）は「結びつける」、（C）は「前進させる」、（D）は「提案する」という意味なのでどれもここでは文意が通らない。（B）negateがまさに「取り消す」という意味なのでこれが正解。 **正解（B）**

【訳】大量にアルコールを飲むことは、運動による効果の一部を取り消すことになることを多くの研究が示している。

【注】**study** 研究、調査、**consumption** 消費、**benefit** 恩恵、利益、**exercise** 運動

119. 文末にin whatever it can「できることはどんな方法でも」とあるので、その会社が「努力している」ことが推測できる。（A）は「許す」、（B）は「負っている」、（D）は「活性化する」という意味でどれも文意にそぐわない。（C）strivesが「努力する」という意味で文意にピタリ合致する。 **正解（C）**

【訳】ステットソン工業はできることはどんな方法でも地元のコミュニティーを支援する努力をしている。

【注】**local** 地元の、**in whatever way** どんな方法でも

120. 空所前のunless otherwiseは「それ以外に～でなければ」という意味なので、文全体から判断して、ここは「特段の記載がなければ」という意味になると考えられる。（A）は「発表する」、（C）は「経験する」、（D）は「構築する」という意味なのでどれも文意的にふさわしくない。（B）indicatedが「述べる」という意味で文意的にも合致する。 **正解（B）**

【訳】文章、イラスト、写真を含めこのウェブサイト上のすべてのコンテンツは特段の記載がないかぎり、著作権法で守られています。

【注】**copyright law** 著作権法

121. We could ------- your help finding a good candidate for our new marketing team.

(A) succeed   (B) use

(C) review   (D) practice

122. The application will be ------- if the applicant does not submit documents separately as described below.

(A) rejected   (B) misplaced

(C) processed   (D) registered

123. Originally built in 1928, the Beamont Hotel was carefully renovated to ------- the historical integrity of the building.

(A) suggest   (B) practice

(C) complete   (D) retain

124. Our internet service increased data speeds, ------- connection issues and improved productivity by more than 30%.

(A) widened   (B) emerged

(C) devoted   (D) eliminated

125. If customers ------- your company's product too hard to use, they will likely lose interest in it.

(A) look   (B) find

(C) see   (D) inquire

126. While we value feedback from employees about their supervisors, we understand that some may ------- to provide comments anonymously.

(A) determine   (B) confirm

(C) prefer   (D) agree

121. 「新マーケティングチームに入る優秀な候補者を見つけるのを手伝ってほしい」というのが文の大意。つまり、could -------で「〜がほしい」という意味になる。(A)、(C)、(D) はどれもそうした意味にはならない。(B) の could use がまさに「〜がぜひほしい」、「〜を必要としている」という意味の熟語なのでこれが正解。この熟語は PART 7 などでもしばしば出てくる。 **正解 (B)**

【訳】我々の新しいマーケティングチームに入る優秀な候補者を見つけるのをぜひあなたに手伝っていただきたい。

【注】**candidate** 候補者

---

122. 空所後は「申請者が下記の記載通りに書類を提出しない場合は」という意味。そのようなルールを守らない申請は当然「拒否される」と考えられる。(B) は「置き間違える」、(C) は「処理する」、(D) は「登録する」という意味なのでどれも文意にそぐわない。(A) rejected が「拒否する」という意味で文意にも合致する。 **正解 (A)**

【訳】もし申請者が下記に記載の通り書類を別にして提出しなければ申請は拒否される。

【注】**application** 申請、**separately** 別に、**as described below** 下記に記載の通り

---

123. 空所後に historical integrity of the building「建物の歴史的な完全性」とあるので、空所にはそうした状態を「維持する」とか「保つ」という意味の語が入ると予想される。(A) は「示唆する」、(B) は「実践する」、(C) は「完成させる」という意味なのでどれも文意に合わない。(D) retain が「保持する」という意味で文意にも整合的。 **正解 (D)**

【訳】1928年に最初に建てられたビーモントホテルは、その建物の歴史的に完全な状態を保持するために入念に改修工事が行われた。

【注】**originally** 最初は、**carefully** 入念に、注意深く、**historical** 歴史的な、**integrity** 完全な状態

---

124. 空所後に connection issues「接続の問題」とあるので、空所にはそうした問題を「解決する」とか「取り除く」といった意味の語が入ると考えられる。(A) は「広げる」、(B) は「出現する」、(C) は「捧げる」という意味でどれも文意にそぐわない。(D) eliminated が「除去する」という意味で文意もしっかり通る。 **正解 (D)**

【訳】我が社のインターネットサービスはデータ速度が増加し、接続問題も排除し、生産性を30%以上も改善しました。

【注】**increase** 増加させる、**improve** 改善する

---

125. 空所がある前半は「あなたの会社の商品が使いにくいと顧客が思えば」という意味。つまり、空所には「思う」という意味の語が入ると考えられる。(A) も (C) も「見る」、(D) は「尋ねる」という意味なので、どれも文意に合わない。(B) find は「見つける」のほかに、「〜だと感じる」という意味もあるのでこれが正解になる。 **正解 (B)**

【訳】もし顧客があなたの会社の商品をあまりに使いにくいと感じるならば、彼らはきっとそれに対する関心を失うだろう。

【注】**lose Interest in** 〜に対する関心を失う

---

126. 空所後に「コメントは匿名で (anonymously) 提供する」とあり、また空所前にも some may「一部には〜かもしれない」とあるので、空所には「好む」とか「選好する」という意味の語が入ると予想される。(A) は「決定する」、(B) は「確認する」、(D) は「賛成する」という意味でどれも文意が通らない。(C) prefer が「〜を好む」という意味なのでこれが正解になる。 **正解 (C)**

【訳】我が社は上司に関する従業員からのフィードバックを大切だと考えているが、中には匿名でのコメントを望む人がいることを理解している。

【注】**value** 評価する、**supervisor** 上司、大切にする、**anonymously** 匿名で

127. Christine was barely a year into working as a flight attendant when the economic recession ------- the travel industry.

(A) occurred   (B) upended

(C) renewed   (D) launched

128. Your work will ------- both acquiring new customers and expanding our business with current ones.

(A) complete   (B) assign

(C) entail   (D) imply

129. The Baxter Award for Excellence in Teaching ------- teachers who motivate students and help them succeed.

(A) recognizes   (B) settles

(C) publishes   (D) advises

130. With our new order tracking system, customers can view their order's status to ------- it or track its location.

(A) add   (B) predict

(C) edit   (D) supply

131. It's clear that the Earth has ------- significant climate change in recent years, mainly due to warming caused by greenhouse gases.

(A) maintained   (B) scheduled

(C) issued   (D) undergone

132. Raising prices in an effort to increase profits is a risky move that is likely to -------.

(A) backfire   (B) organize

(C) arise   (D) refresh

127. 空所前にeconomic recessionとあるので、空所にはrecessionが引き起こす悪いことを意味する語が入ると考えられる。(A) は「起こる」、(C) は「更新する」、(D) は「開始する」という意味なのでどれも文意にそぐわない。(B) upendedが「ひっくり返す」、「覆す」という悪い意味で文意にも合致する。 **正解 (B)**

【訳】景気後退が旅行業界を一変させたとき、クリスティンは客室乗務員として働き始めてやっと1年になったところだった。

【注】**barely** やっと～する、**flight attendant** 客室乗務員、**economic recession** 景気後退

128. 空所前のYour work「あなたの仕事」は空所後に書かれている内容になるというのが文の意味なので、空所には「含む」とか「伴う」といった語が入ると考えられる。(A) は「完成させる」、(B) は「割り当てる」、(D) は「暗示する」という意味でどれもここでは文意が通らず不適。(C) entailが「～を伴う」という意味なのでこれが正解になる。 **正解 (C)**

【訳】あなたの仕事は新規顧客を獲得し、既存顧客とのビジネスを拡大することである。

【注】**acquire** 獲得する、**current** 現在の、既存の

129. 空所前は教師に与えられる賞の名前。基本的に賞は人(この文では教師)の功績や働きを「認める」ものである。(B) は「解決する」、(C) は「出版する」、(D) は「助言する」という意味でどれも文意にそぐわない。(A) recognizesが「評価する」、「表彰する」という意味で文意にピタリ合致する。 **正解 (A)**

【訳】バクスター優秀教師賞は生徒たちにやる気を起こさせ、彼らが成功するのを手助けする教師を表彰するものである。

【注】**motivate** やる気を起こさせる、鼓舞する、**succeed** 成功する

130. 会社は新しい注文追跡システムを導入したようで、それによって注文状況(order status)や注文品が今どこにあるかを確認したり、配送日時を「変更したり」することができる。(A) は「追加する」、(B) は「予想する」、(D) は「供給する」という意味でどれも文意にそぐわない。(C) editが「編集する」、「修正する」という意味で文意に合致する。 **正解 (C)**

【訳】我が社の新しい注文追跡システムでは、顧客のみなさまは注文状況を見て配送日時を修正したり、商品がどこにあるのかを確認できる。

【注】**view** 見る、閲覧する、**order status** 注文状況、**track** 追跡する、**location** 場所

131. 空所後にsignificant climate change「大きな気候変動」とあるので、地球は気候変動を「経験した」という意味の語が入ると予想される。(A) は「維持する」、(B) は「予定する」、(C) は「発行する」という意味なのでどれも文意に合わない。(D) undergoneがまさに「経験する」、「受ける」という意味で文意もしっかり通る。 **正解 (D)**

【訳】主として温室効果ガスによる温暖化によって、近年地球が大きな気候変動に見舞われてきたことは明らかである。

【注】**mainly** 主として、**warming** 温暖化、**greenhouse gas** 温室効果ガス

132. 文の前半は「利益を増加させようとして価格を上げるのは危険な動きである」という意味。そうした動きは当然消費者からの「反発」を買うことになる。(B) は「組織する」、(C) は「起こる」、(D) は「回復させる」という意味でどれもここでは文意的にふさわしくない。(A) backfireがまさに「裏目に出る」、「しっぺ返しを食らう」という意味で文意にピタリ合致する。 **正解 (A)**

【訳】利益を増加させようとして価格を上げることは、裏目に出る可能性が高い危険な戦略である。

【注】**raise** 上げる、**in an effort to** ～しようと努力して、**risky** 危険な

133. One of the best ways to make sure your employees are not ------- by talent poaching is to step up your internal incentives.

(A) neglected   (B) enticed
(C) attempted   (D) hesitated

134. Maxwell Corp's employees are ------- against reading company documents on public transportation or in spaces where others can see them.

(A) objected   (B) fostered
(C) reported   (D) cautioned

135. If you arrive after the concert has begun, you will be asked to wait in the back of the theater until ushers can ------- you.

(A) satisfy   (B) leave
(C) seat   (D) supervise

136. Mr. Silva was severely ------- for leaving his station without informing the manager.

(A) reprimanded   (B) reacted
(C) regretted   (D) retreated

137. Please complete the document with as much detail as possible, as this will ------- in the rapid processing of your application.

(A) enhance   (B) reciprocate
(C) assist   (D) feature

138. Although Harper Corporation has yet to ------- profitability, its business has been growing at an astounding pace.

(A) return   (B) inflate
(C) achieve   (D) enable

133. これは少し難しいかもしれない。空所後のtalent poachingは「人材の引き抜き」という意味なので、空所前後は従業員が人材の引き抜きに「誘惑され」ないようにという意味になると考えられる。(A) は「無視する」、(C) は「試みる」、(D) は「躊躇する」という意味なのでどれも文意が通らない。(B) enticedが「誘惑する」という意味で文意にピタリ合致する。　　　**正解（B）**

【訳】従業員が人材の引き抜きに惑わされないよう万全を期す最良の方法のひとつは、社内のインセンティブを強化することである。

【注】**make sure** 万全を期す、確実にする、**step up** 強化する、**internal** 内部の

134. 空所後にagainst reading company documents「会社の文書を読むな」とあるので、空所にはそのように「注意する」という意味の語が入ると予想される。(A) は「反対する」、(B) は「育成する」、(C) は「報告する」という意味で、どれもここではふさわしくない。(D) cautionedが「警告する」という意味で文意にピタリ合致する。　　　**正解（D）**

【訳】マックスウェル社の従業員は、社内文書を公共交通機関や他人がそれを見ることができるような場所で読むことに対して警告されている。

【注】**company document** 社内文書、**on public transportation** 公共交通機関で

135. 空所前のusherは「案内人」という意味。コンサートが開始された後に劇場に到着した場合はusherに「着席させて」もらうまで待つ必要があるというのが文の大意。(A) は「満足させる」、(B) は「離れる」、(D) は「管理する」という意味なのでどれも文意にそぐわない。(C) seatが「席に案内する」という意味なのでこれが正解になる。　　　**正解（C）**

【訳】もしコンサートが始まった後に到着した場合は、案内人が席に案内するまで劇場の後方で待機することを求められます。

【注】**in the back of the theater** 劇場の後方で

136. 空所後のleaving his stationは「自分の持ち場を離れる」という意味。また文末にはwithout informing the manager「上司に連絡せずに」とあるので、空所には「叱責される」とか「批判される」といった意味の語が入ると考えられる。(B) は「反応する」、(C) は「後悔する」、(D) は「後退する」という意味なのでどれも文意にそぐわない。(A) reprimandedが「叱責される」という意味で文意にも合致する。　　　**正解（A）**

【訳】シルバ氏はマネージャーに連絡せずに自分の持ち場を離れたので厳しく叱責された。

【注】**severely** 厳しく、**inform** 知らせる、連絡する

137. 文の前半は「できるだけ詳細に書類に記入してください」という意味。そして、そうすることが「あなたの申請を速く処理する」ことを「助ける」という意味になる。(A) は「高める」、(B) は「報いる」、(D) は「特徴づける」という意味なのでどれも不適。(C) assistが「助ける」、「役に立つ」という意味なのでこれが正解になる。　　　**正解（C）**

【訳】できるだけ詳細に書類に記入して完成させてください。そうすればあなたの申請を迅速に処理することができます。

【注】**as much detail as possible** できるだけ詳細に、**rapid** 迅速に、**processing** 処理

138. 空所前にhas yet to「まだ～していない」とあり、空所後にはprofitability「収益性」とあるので、空所前後はまだ収益性を「達成」、「実現」できていないという意味になると考えられる。(A) は「戻る」、(B) は「膨張させる」、(D) は「可能にする」という意味なのでどれも文意にそぐわない。(C) achieveが「達成する」という意味で文意にピタリ合致する。　　　**正解（C）**

【訳】ハーパー社はまだ収益性を達成できていないが、そのビジネスは驚くべきペースで成長している。

【注】**astounding** 驚くべき、驚異的な

139. Providing adequate supervision usually ------- spending time on the factory floor and observing each work area.

(A) assures   (B) discusses
(C) consults   (D) involves

140. Elite Fashions ------- you to consider environmental sustainability when purchasing clothing.

(A) realizes   (B) approves
(C) encourages   (D) refers

141. As with any cost increase, rising interest rates can ------- challenges to businesses.

(A) push   (B) pose
(C) respond   (D) apply

142. Wagner Construction is expected to ------- its profits this year as housing demand far exceeds prior expectations.

(A) repeat   (B) outline
(C) reduce   (D) double

143. You should be very careful about taking advice from anyone whose experiences and credentials you cannot -------.

(A) generalize   (B) verify
(C) compromise   (D) maintain

144. Dr. Park, a world-renowned scientist, ------- an invitation to speak at our annual conference on healthcare due to a prior engagement.

(A) accepted   (B) completed
(C) declined   (D) finalized

139. 空所前にあるProviding adequate supervisionは「十分な管理をする」という意味で、空所後はそれをすることには何が「含まれている」かを示している。(A) は「保証する」、(B) は「議論する」、(C) は「相談する」という意味なのでどれも文意にそぐわない。(D) involvesが「含む」、「要する」という意味で文意も合致するのでこれが正解。　**正解 (D)**

【訳】十分な管理をすることは通常工場の現場で時間を過ごし、それぞれの作業区域を観察することが含まれている。

【注】adequate 十分な、observe 観察する

....

140. 空所後にconsider environmental sustainability「環境持続性を考慮する」とある。店としては顧客に自店での購入時にはそれを考慮して「ほしい」という意味だと推測できる。(A)は「気づく」、(B)「承認する」、(D) は「委ねる」という意味なのでどれも文意から外れる。(C) encouragesが「勧める」という意味で文意も通る。　**正解 (C)**

【訳】エリート・ファッションズ社は、顧客が自店で服を購入する際に環境持続性について考慮することを勧めている。

【注】consider 考慮する、environmental sustainability 環境持続性、purchase 購入する

....

141. 空所前にrising interest rates「金利上昇」とあり、空所後にはchallenges to businessesとあるので、文としては金利上昇がビジネスに難題を「もたらす」という流れになると考えられる。(A) は「押す」、(C) は「反応する」、(D) は「適用する」という意味なのでどれも文意にそぐわない。(B) poseが問題などを「もたらす」という意味で文意が通る。　**正解 (B)**

【訳】どんな費用の増加とも同じように、金利上昇はビジネスに難題をもたらす。

【注】as with ～と同様に、cost increase 費用の増加、challenge 難題、問題

....

142. 空所の少し後のas以下は「住宅需要が事前の予想をはるかに上回っている」という意味なので、この会社の今年の利益は「増える」と考えられる。(A) は「繰り返す」、(B) は「概要を述べる」、(C) は「下げる」という意味でどれも文意的に馴染まない。(D) doubleが「倍増させる」という意味で文意にも合致する。　**正解 (D)**

【訳】住宅需要が事前予想をはるかに上回っているので、ワグナー建設の今年の利益は倍増することが見込まれている。

【注】housing demand 住宅需要、far exceed はるかに上回る、prior expectation 事前予想

....

143. 文の前半は「人からアドバイスを受けることに注意しなさい」という意味。ではどんな人のアドバイスは注意すべきかというと、その人の経験や資格が「確認」できない場合という意味になる。(A) は「一般化する」、(C) は「妥協する」、(D) は「維持する」という意味なのでどれもここでは関係がない。(B) verifyが「確認する」という意味で文意に合致する。　**正解 (B)**

【訳】その経験や資格についてあなたが確認できない人からのアドバイスを受けることには、細心の注意を払うべきである。

【注】credential 資格、信用証明物

....

144. 文末にdue to a prior engagement「先約があるため」とあるので、空所には招待を「断る」という意味の語が入ると予想される。(A) は「受ける」、(B) は「完成させる」、(D) は「終了させる」という意味でどれもここでは文意が通らない。(C) declinedが「断る」という意味で文意的にも合致する。　**正解 (C)**

【訳】世界的に有名な科学者であるパク博士は毎年開催される健康管理に関する会議で講演する招待を受けたが先約があるため断った。

【注】world-renowned 世界的に有名な、invitation 招待、prior engagement 先約

145. The overall profitability of the banking sector has ------- because of escalating expenses.

(A) deteriorated
(B) occurred
(C) demonstrated
(D) improved

146. It has been ------- that preschool children learn best through hands-on experience.

(A) proven
(B) awarded
(C) impressed
(D) provided

147. Dan's Bakery thought the new cinnamon bread would be very popular, but it does not seem to ------- to many consumers.

(A) apply
(B) remain
(C) keep
(D) appeal

148. Clear communication will ------- ambiguity and confusion about a company's approach to reaching its goals.

(A) foster
(B) increase
(C) minimize
(D) maintain

149. High-quality metal roofing is pricier than others, but homeowners who choose it can ------- savings on their energy bills.

(A) jeopardize
(B) realize
(C) distribute
(D) transfer

150. According to a recent study, about 40% of retirees are spending more than they had -------.

(A) reserved
(B) employed
(C) expected
(D) promoted

145. 空所後にbecause of escalating expenses「増加する費用のため」とあるので、空所には「悪化した」とか「下がった」という意味の語が入ると予想される。（B）は「起こる」、（C）は「証明する」、（D）は「改善する」という意味でどれも文意から外れる。（A）deterioratedがまさに「悪化する」という意味なのでこれが正解になる。 **正解（A）**

【訳】銀行業界の全体的な収益性は増加する費用のため悪化した。

【注】**overall** 全体的な、**profitability** 収益性、**banking sector** 銀行業界

---

146. 空所後にあるthat以下のことが〜されたという意味になるので、空所には「否定された」でも、「証明された」でもどちらの語でも入ることができる。しかし、（B）は「授与する」、（C）は「印象づける」、（D）「供給する」という意味なのでどれも文意が通らない。（A）provenが「証明する」という意味で文意も通るのでこれが正解。 **正解（A）**

【訳】就学前の児童は自分で直接体験したことから最もよく学ぶということが証明されている。

【注】**preschool** 就学前の、**hands-on** 直接参加する、実地体験する

---

147. 新しく作ったシナモンブレッドが消費者には「受けて」いないというのが文の大意。（A）は「適用する」、（B）は「残っている」、（C）は「保つ」という意味なのでどれも文意に合わない。（D）appealが「魅力がある」、「引きつける」という意味で文意が通る。 **正解（D）**

【訳】ダンズ・ベイカリーは新しく作ったシナモンブレッドが人気商品になると思ったが、多くの消費者を引きつけてはいないようである。

【注】**popular** 人気がある、**seem** 〜のように思われる、**consumer** 消費者

---

148. 主語のClear communicationをすることができれば、空所後にあるambiguity and confusion「曖昧さと混乱」を「無くす」、「減少させる」ことができるはず。（A）は「助長する」、（B）は「増加させる」、（D）は「維持する」という意味なのでどれも文意から大きく外れる。（C）minimizeが「最小限に抑える」という意味なのでこれが正解になる。 **正解（C）**

【訳】明快なコミュニケーションは、会社がその目標を達成するための方法についての曖昧さや混乱を最小限に抑えることになる。

【注】**ambiguity** 曖昧さ、**confusion** 混乱、**reach** 達する、届く

---

149. 空所後にsavings「節約」とあるので、空所＋savingsで「節約できる」という意味になると思われる。（A）は「危険にさらす」、（C）は「分配する」、（D）は「移す」という意味でどれも文意にそぐわない。（B）realizeには「気づく」のほかに、「実現する」という意味もあるのでこれが正解。 **正解（B）**

【訳】高品質の金属製の屋根ふき材は他のものよりも高価だが、それを選ぶ住宅所有者はエネルギー代を節約できる。

【注】**roofing** 屋根ふき材、**pricey** 高価な、**homeowner** 住宅所有者、**bill** 請求書

---

150. 文の後半は「退職者の40パーセントは思ったよりも多くお金を使っている」という意味になるので、空所には「予想する」とか「思う」といった意味の語が入ると考えられる。（A）は「予約する」、（B）は「雇用する」、（D）は「促進する」という意味なのでどれも文意にそぐわない。（C）expectedが「予想する」という意味で文意もしっかり通る。 **正解（C）**

【訳】最近の調査によると、退職者の約40パーセントは自分たちが予想したより多くのお金を使っている。

【注】**according to** 〜によると、**study** 調査、**retiree** 引退した人、退職者

---

151. Newsome Building will be ------- in a month to make room for more green space in the flower garden.

(A) replenished   (B) demolished

(C) upgraded   (D) upholstered

152. Nicolas Fam, a famous tennis player, told reporters that he had ------- from the tournament due to an abdominal injury.

(A) followed   (B) noticed

(C) withdrawn   (D) allowed

153. All real estate signs must be ------- within 30 days after a property is sold or rented.

(A) permitted   (B) satisfied

(C) placed   (D) removed

154. A company is not only a workplace; it is also a place where social relationships and friendships are -------.

(A) exchanged   (B) announced

(C) formed   (D) located

155. Alston Tech provides a wide range of job-related information to those who ------- to work in the tech industry.

(A) express   (B) wish

(C) motivate   (D) dedicate

156. Kaitlin is a reporter at Business Today, where she mainly ------- retail and small businesses.

(A) contemplates   (B) supervises

(C) runs   (D) covers

151. 文の中頃に to make room for more green space「より多くの緑の空間を作るため」とあるので、そのためにはこのビルを「改築する」か「取り壊す」必要があると考えられる。(A) は「補充する」、(C) は「格上げする」、(D) は「布張りをする」という意味でどれも文意が通らない。(B) demolished が「取り壊す」という意味で文意にピタリ合致する。　　**正解 (B)**

【訳】花園により多くの緑の空間を設けるため、ニューサムビルは1カ月以内に取り壊される予定である。

【注】**in a month** 1カ月以内に、**room** 空間

---

152. 文末に due to an abdominal injury「腹部の負傷のため」とあるので、空所にはトーナメントから「離脱した」という意味の語が入ると予想される。(A) は「従う」、(B) は「気がつく」、(D) は「許す」という意味でどれも文意にふさわしくない。(C) withdrawn が「退場する」、「撤退する」という意味で文意にピタリ合致する。　　**正解 (C)**

【訳】有名なテニス選手であるニコラス・ファムは、腹部の負傷のためそのトーナメントから撤退すると記者に語った。

【注】**reporter** 記者、**abdominal** 腹部の、**injury** 負傷、傷

---

153. 冒頭の real estate signs とは住宅を売りに出す際に不動産業者が家の前に出す表示のこと。家が売れた場合には、その表示を30日以内に「取り除く」必要があるというのが文の大意。(A) は「許可する」、(B) は「満足させる」、(C) は「置く」という意味なのでどれも文意にそぐわない。(D) removed が「取り除く」という意味で文意とも整合的である。　　**正解 (D)**

【訳】不動産が売却されたり借りられたりした場合には、それから30日以内にすべての不動産の表示を撤去しなければならない。

【注】**real estate** 不動産、**property** 不動産物件、所有物

---

154. 冒頭は「会社はたんに職場を意味するだけではない」という内容。後半にそれ以外の会社の意義が書かれている。すなわち、会社は社会的関係や友情が「作られる」場でもあるということ。(A) は「交換する」、(B) は「発表する」、(D) は「見つける」という意味なのでどれも文意が通らない。(C) formed が「形成する」という意味で文意が通る。　　**正解 (C)**

【訳】会社は単なる職場ではない。それは社会的関係や友情が形成される場でもある。

【注】**workplace** 職場、**social relationship** 社会的関係

---

155. 文の前半はこの企業は「広範な仕事関連の情報を提供している」という意味。そうした情報を提供する対象はテック業界で「働きたい」と思っている人のはず。(A) は「表明する」、(C) は「刺激する」、(D) は「献身する」という意味なのでどれも文意から外れる。(B) wish が「望む」という意味で文意的にも合致する。　　**正解 (B)**

【訳】オルストンテック社は、テック産業で働きたいと思っている人たちに対して仕事関連の広範な情報を提供している。

【注】**a wide range of** 広範な、**job-related** 仕事関連の

---

156. 冒頭でケイトリンは記者であると書かれている。また空所後には retail and small businesses とあるので、ケイトリンはそうした分野を「担当して」いると考えられる。(A) は「熟考する」、(B) は「管理する」、(C) は「経営する」という意味なのでどれも文意が通らない。(D) covers が「報道する」という意味で文意が通る。　　**正解 (D)**

【訳】ケイトリンはビジネス・トゥデー誌の記者で、彼女は主として小売業と小企業を報道している。

【注】**reporter** 記者、**mainly** 主として、**retail** 小売業、**small business** 小企業

157. The movie was successful enough to ------- a sequel, but the second film was not as big a hit as the first.

(A) suspend
(C) interrupt

(B) spawn
(D) enhance

158. After the 6-month trial period, each employee will be ------- on their overall performance.

(A) evaluated
(C) appointed

(B) presented
(D) engaged

159. The property manager must ensure that renters fully ------- their rental agreement.

(A) prompt
(C) comprehend

(B) work
(D) aim

160. Since we are not offering any entry-level positions at this time, those without prior experience are not ------- to apply.

(A) submitted
(C) attempted

(B) allowed
(D) designated

161. As ------- in the company guidelines, sales representatives will receive daily compensation for business travel.

(A) practiced
(C) encouraged

(B) directed
(D) stated

162. Carrington is proud of its cultural heritage and ------- to be discovered and explored by people from around the world.

(A) hopes
(C) hesitates

(B) expresses
(D) verifies

157. 空所前にwas successful enough「～するに十分なほど成功した」とあり、空所後には sequel「続編」とあるので、その映画が続編を「産む」ほど成功したことがわかる。(A)は「中断する」、(C)は「妨げる」、(D)は「高める」という意味でどれも文意が通らない。(B) spawnがまさに「発生させる」という意味で文意にピタリ合致する。　　　　　　　　　　　　　　　　　**正解 (B)**

【訳】その映画は十分に成功したので続編が制作されたが、2作目の映画は最初のものほど大きなヒットにはならなかった。

【注】**enough** 十分に、**film** 映画

158. 文頭にAfter the 6-month trial period「6カ月の試用期間後」とあり、また空所後にon their overall performance「彼らの全般的な仕事ぶり」とあることから、その後試用期間中の働きを「評価される」と推測できる。(B)は「提示する」、(C)は「任命する」、(D)は「従事させる」という意味でどれも文意にそぐわない。(A) evaluatedがまさに「評価する」という意味なのでこれが正解。　　　　　　　　　　　　　　　　　　　　　　　　　　　　**正解 (A)**

【訳】6カ月の試用期間のあと、各従業員は全体的な仕事ぶりについて評価されることになる。

【注】**trial period** 試用期間、**overall** 全体的な、**performance** 仕事ぶり、業績

159. 空所前にrenters fully「借り手が完全に」とあり、空所後にはtheir rental agreement「賃貸契約を」とあるので、空所には「理解する」やその類義語が入ると考えられる。(A)は「促す」、(B)は「働く」、(D)は「狙う」という意味なのでどれも文意的に不適。(C) comprehendが「理解する」という意味なのでこれが正解になる。　　　　　　　　　　　　　　　　　　　　　　**正解 (C)**

【訳】物件管理者は借り手が賃貸契約の内容を完全に理解していることを確かめなければならない。

【注】**property manager** 物件管理者、**ensure** 確実にする、**fully** 完全に、十分に

160. 文の前半にnot offering any entry-level positions「初心者用の職は提供していない」とある。また空所前には「事前の経験がない人」とあるので、そうした人の応募は「許され」ないと推測できる。(A)は「提出する」、(C)は「試みる」、(D)は「指名する」という意味なのでどれも文意が通らない。(B) allowedが「許す」という意味なのでこれが正解になる。　　　　　　　　　　　**正解 (B)**

【訳】現在、我が社では初心者用の職は提供していないので、事前の経験がない人の応募は許されません。

【注】**entry-level position** 初心者用の職、**at this time** 現在、**prior experience** 事前の経験

161. 空所後にin the company guidelines「会社の指針の中に」とあるので、空所には「書かれた」とか「述べられた」といった意味の語が入ると予想される。(A)は「実践する」、(B)は「指示する」、(C)は「奨励する」という意味なのでどれも文意にそぐわない。(D) statedがまさに「述べる」という意味なのでこれが正解。　　　　　　　　　　　　　　　　　　　　　　　　　　　　　**正解 (D)**

【訳】会社の指針の中に述べられているように、販売員は出張に関して日当を受けることになっている。

【注】**guideline** 指針、**sales representative** 販売員、**daily compensation** 日当

162. 空所後にto be discovered and explored by people from around the world「世界中の人たちに発見され探究される」とあるので、キャリントン市はそれを「望んでいる」と考えられる。(B)は「表明する」、(C)は「躊躇する」、(C)は「確認する」という意味なのでどれも文意に馴染まない。(A) hopesが「望む」という意味なのでこれが正解になる。　　　　　　　　　　　　　**正解 (A)**

【訳】キャリントン市は文化遺産を誇りにしており、世界中の人々にもっと発見され探究されたいと望んでいる。

【注】**cultural heritage** 文化遺産、**discover** 発見する、**explore** 探究する、探検する

163. Our employees' career advancement is very important to us, so we prefer to ------- people from within the company.

(A) approve   (B) enlarge
(C) promote   (D) hire

164. Even though launching a new brand has never been easier, ------- a global one may actually be getting harder.

(A) building   (B) suggesting
(C) investigating   (D) assigning

165. All community council meetings are open to the public, and residents are encouraged to -------.

(A) enjoy   (B) donate
(C) attend   (D) select

166. During the 90-minute class, you will be ------- to a number of strategic planning tools.

(A) aimed   (B) experienced
(C) introduced   (D) influenced

167. Many companies have to ------- dividends in the face of earning shortfalls, but some sectors are hit harder than others.

(A) widen   (B) cut
(C) increase   (D) obtain

168. Almost 50% of patients don't take their medications as ------- and therefore fail to experience their benefits.

(A) described   (B) subscribed
(C) prescribed   (D) ascribed

163. 空所後にpeople from within the company「社内からの人間」とあり、また文の前半からも会社としては社内の人間を「昇進させ」たいことが読み取れる。(A) は「承認する」、(B) は「拡大する」、(D) は「雇う」という意味でどれも文意にそぐわない。(C) promoteが「昇進させる」という意味で文意にもピタリ合致する。　　　　　　　　　　　　　　　　　　　　　　　　　**正解 (C)**

【訳】我が社の従業員の出世は我々にとって非常に大切であり、我々としては社内の人間が昇進することを望んでいる。

【注】advancement 発展、前進、within the company 社内で

164. 文の前半は「新ブランドを立ち上げること自体は簡単」という内容。後半はそれに対してグローバルなブランドを「作り上げる」ことは非常に難しいという意味。(B) は「示唆する」、(C) は「調査する」、(D) は「割り当てる」という意味なのでどれも文意が通らない。(A) buildingが「築く」、「作り上げる」という意味で文意に合致するのでこれが正解。　　　　　　　　　　**正解 (A)**

【訳】新しいブランドを立ち上げること自体は今までになく簡単だが、グローバルなブランドを作り上げることは実際、今まで以上に難しくなっているかもしれない。

【注】has never been easier 今まで以上に簡単、actually 実際に、get harder より難しくなる

165. 文の前半に会議がopen to the publicと書かれていることに注目。また空所前にはresidents are encouragedとあるので、空所には「出席する」とか「参加する」という意味の語が入ると考えられる。(A) は「楽しむ」、(B) は「寄付する」、(D) は「選択する」という意味なのでどれも文意が通らない。(C) attendが「出席する」という意味なのでこれが正解。　　　　　　　　　　　**正解 (C)**

【訳】コミュニティーのすべての評議会は公衆に開かれており、住民にはぜひ出席していただきたい。

【注】council meeting 評議会、open to the public 公衆に開かれている

166. 文の前半に「この90分のクラスでは」とあるので、後半ではそこで「教えられる」ことについての言及があると考えられる。(A) は「狙う」、(B) は「経験する」、(D) は「影響する」という意味でどれも文意にそぐわない。(C) introducedは「紹介する」、「案内する」という意味で文意が通る。　　　　　　　　　　　　　　　　　　　　　　　　　　　　　　　　　　　　　　　**正解 (C)**

【訳】その90分のクラスでは、多くの戦略計画作りの手法について紹介される予定である。

【注】a number of 多くの、strategic planning 戦略計画作り、tool 手法、道具

167. 空所後のdividendsは「配当」のこと。またそのすぐ後にin the face of earning shortfalls「収入の不足に直面して」とあるので、空所には配当を「減らす」という意味の語が入ると予想される。(A) は「広げる」、(C) は「増やす」、(D) は「獲得する」という意味なのでどれも文意が通らない。(B) cutが「削減する」という意味で文意にピタリ合致する。　　　　　　　　　　　　　　**正解 (B)**

【訳】多くの企業は収入の不足に直面して配当を削減しなければならないが、一部の産業はほかの産業よりもより厳しい状況にある。

【注】in the face of 〜に直面して、earning shortfall 収入不足

168. 空所前にdon't take their medications as「〜のように薬を飲まない」とあるので、空所には常識的に考えて「処方する」という意味の語が入ると予想される。(A) は「描写する」、(B) は「定期購読する」、(D) は「〜に帰する」という意味でどれも文意にそぐわない。(C) prescribedが薬などを「処方する」という意味で文意が通る。　　　　　　　　　　　　　　　　**正解 (C)**

【訳】ほぼ50パーセントの患者が処方された通りに薬を飲まないので、薬の恩恵を経験できずにいる。

【注】almost ほとんど、patient 患者、medication 薬剤、therefore そのために

169. Employers have to pay for all overtime worked by their employees, even if it wasn't -------.

(A) participated   (B) hired
(C) authorized   (D) implemented

170. After nearly a decade, Mr. Robinson is retuning to Northcott Enterprises and will ------- his term as CEO on July 1.

(A) inaugurate   (B) reap
(C) surpass   (D) install

171. Under no circumstances may you ------- any of the textual or graphic materials found on this site.

(A) invite   (B) strengthen
(C) execute   (D) modify

172. Though not highly educated, John Summers ------- with many ideas and came up with a few important inventions.

(A) agreed   (B) experimented
(C) relied   (D) returned

173. Dining workers at Hamstead University have ------- a new contract that includes a pay raise and improved benefits.

(A) portrayed   (B) agreed
(C) innovated   (D) secured

174. Our clients ------- us for providing practical advice and quality service, delivered with a personal touch.

(A) tutored   (B) complimented
(C) located   (D) requested

169. 文の前半は従業員にすべての残業代を払う必要があるという意味。また空所前は「それが〜でないとしても」という意味なので、空所には「承認する」という意味の語が入ると思われる。（A）は「参加する」、（B）は「雇う」、（D）は「実行する」という意味なのでどれも文意が通らない。（C）authorizedが「許可する」という意味で文意も通る。　　　　　　　　　　　　　　　　**正解（C）**

【訳】雇用主は従業員の残業に対して、それが許可されていないものでもすべて支払わなければならない。

【注】employer 雇用主、overtime 残業

---

170. ロビンソン氏は10年ぶりに古巣企業に戻ってきて、CEOとしての任期を「始める」というのが文の大意。（B）は「収穫する」、（C）は「超える」、（D）は「設置する」という意味なのでどれも文意にそぐわない。（A）inaugurateが「開始する」という意味で文意にピタリ合致する。　**正解（A）**

【訳】ロビンソン氏は約10年ぶりにノースコット・インダストリー社に戻ってきて、7月1日からCEOとしての任期を開始する予定である。

【注】nearly ほぼ、decade 10年間、term 任期

---

171. 文頭にUnder no circumstances may youとあり、また空所後には「どんな原文や図形の資料も」とあるので、空所には「修正する」、「改変する」などという意味の語が入ると予想される。（A）は「招待する」、（B）は「強化する」、（C）は「実行する」という意味でどれも文意に合わない。（D）modifyが「修正する」という意味で文意にピタリ合致する。　　　　　　　　**正解（D）**

【訳】いかなる状況下においてもこのサイト上で見られるどのような原文、あるいは図形の資料も修正してはいけない。

【注】under no circumstances いかなる状況においても〜してはいけない、textual 原文の

---

172. 空所後にmany ideas、またその後にはcame up with a few important inventions「いくつかの重要な発明を考え出した」とあるので、選択肢から発明や実験に関連する語を選ぶ。（A）は「賛成する」、（C）は「頼る」、（D）は「戻す」という意味なのでここではどれも発明や実験と関係ない。（B）experimentedが「実験する」という意味なのでこれが正解。　　　　　　　　　　**正解（B）**

【訳】あまり高度な教育は受けていなかったが、ジョン・サマーズは多くのアイデアを実験し、いくつかの重要な発明を考え出した。

【注】highly educated 高度な教育を受けている、come up with 〜を考え出す、思いつく

---

173. 空所後にa new contract「新契約」とあるので、空所にはそうした新契約を「勝ち取る」、「獲得する」という意味の語が入ると予想される。（A）は「描く」、（C）は「革新する」という意味なのでどれも関係がない。（B）は「同意する」という意味で、意味的には問題ないがagree には前置詞が必要。（D）securedが「確保する」という意味で文意が通る。　　　　　　　**正解（D）**

【訳】ハムステッド大学の食堂労働者は、賃上げとよりよい福利手当を含んだ新しい契約を確保した。

【注】pay raise 賃上げ、昇給、improved 改善された、benefits 福利手当、給付金

---

174. 空所後にus for providing practical advice and quality serviceとあるので、空所にはそうしたサービスを提供していることを「称賛する」という意味の語が入ると考えられる。（A）は「家庭教師をする」、（C）は「見つける」、（D）は「要請する」という意味でどれも文意が通らない。（B）complimentedがまさに「称賛する」という意味なのでこれが正解になる。　　　　　**正解（B）**

【訳】我が社が実践的なアドバイスと上質なサービスを人間的な温かみを持って提供していることを顧客は称賛した。

【注】client 顧客、practical advice 実践的なアドバイス、quality service 上質なサービス

175. Johnson Electric is ------- with inventing many technological advancements, including the floppy disk and the hard disk drive.

(A) related
(B) concerned
(C) introduced
(D) credited

176. The restaurant's prices are affordable, but it does not ------- on the quality of the food.

(A) distinguish
(B) rely
(C) compromise
(D) prioritize

177. Our high ratings ------- the positive experiences of our patients and the high standards set by our physicians, nurses and support staff.

(A) reflect
(B) expedite
(C) control
(D) resolve

178. Electricity service may be ------- until full payment is made or a payment plan has been agreed upon.

(A) disconnected
(B) presented
(C) selected
(D) proposed

179. This site is -------, so we advise users not to visit it until the issue has been fixed.

(A) compromised
(B) adjusted
(C) indicated
(D) explored

180. Gyms may be reopening, but you can maintain your fitness at home with this ------- equipment.

(A) similar
(B) economical
(C) leisurely
(D) intensive

175. 空所後に with inventing many technological advancements「多くの技術的発展を発明したことに」とあるので、ジョンソン社がそうした発明をしたと「評価されている」と考えられる。（A）は「関係する」、（B）は「心配する」、（C）は「紹介する」という意味なのでどれも文意にそぐわない。（D）credited が「評価される」という意味で文意に合致する。　　　　　　　　**正解（D）**

【訳】ジョンソン・エレクトリック社はフロッピー・ディスクやハード・ディスク・ドライブを含む多くの技術的発展の発明で高い評価を得ている。

【注】credited with ～で高い評価を得る、**technological advancement** 技術的発展

176. 文の前半で「レストランの価格は手ごろだ」とあり、後半ではその料理の quality については「～しない」と書かれている。つまり、このレストランは価格は手ごろだが、品質については「妥協しない」という意味になると推測できる。（A）は「区別する」、（B）は「頼る」、（D）は「優先する」という意味なのでどれも文意にそぐわない。（C）compromise が「妥協する」という意味で文意にピタリ合致する。　　　　　　　　**正解（C）**

【訳】そのレストランの価格は手ごろであるが、料理の質については妥協しない。

【注】**affordable** 手ごろな、**quality** 質、品質

177. 空所後に the positive experiences とか high standards など肯定的な内容が書かれているので、この病院の high ratings はそれらを「反映している」と考えられる。（B）は「早める」、（C）は「制御する」、（D）は「決心する」、「解決する」という意味なのでどれも文意が通らない。（A）reflect が「反映する」という意味で文意にも合致する。　　　　　　　　**正解（A）**

【訳】我々が高い評価を受けているのは、患者の肯定的な経験と我々の医師、看護師や補助スタッフが設定した高い基準を反映している。

【注】**positive** 肯定的な、**patient** 患者、**physician** 医師

178. 空所後に until full payment is made「全額支払いがなされるまで」とあるので、Electricity service はそれまで「切られる」ことが予想される。（B）は「提示する」、（C）は「選択する」、（D）は「提案する」という意味でどれも文意に合わない。（A）disconnected がサービスなどを「停止する」という意味で文意にピタリ合致する。　　　　　　　　**正解（A）**

【訳】全額支払いがなされるか、支払い計画が合意されるまでは電力サービスが停止されるかもしれない。

【注】**electricity service** 電力サービス、**full payment** 全額支払い、**agree upon** ～に合意する

179. 空所後では「問題解決までこのサイトを見ないように忠告している」とある。つまり、このサイトは「危険にさらされている」と考えられる。（B）は「調節する」、（C）は「示す」、（D）「探究する」という意味でどれも文意にそぐわない。（A）compromised には「妥協する」以外に、「危険にさらす」という重要な意味があり文意もピタリ合致する。　　　　　　　　**正解（A）**

【訳】このサイトは危険な状態にあるので問題が解決されるまでこのサイトを見ないようお願いします。

【注】**advise** 忠告する、助言する、**issue** 問題、**fix** 修理する、解決する

180. 空所後の equipment は「器具」のことで、この文では特に「フィットネス用器具」を意味しているので選択肢の中から「器具」と最も関係がある語を選ぶ。（A）は「同様の」、（C）は「くつろいだ」、（D）は「集中的な」という意味でどれも「器具」とは相性がよくない。（B）economical は「安価な」という意味で「器具」とも相性がよく文意も通る。　　　　　　　　**正解（B）**

【訳】ジムは再開しているかもしれないが、この安価な器具を使えば自宅でも健康を維持することができる。

【注】**reopen** 再開する、**maintain** 維持する、**fitness** 体の健康

181. Many big city residents love to spend time in relaxing locations because city life is so -------.

(A) hectic
(B) pleasant
(C) ridiculous
(D) accommodating

182. The director of the HR Department announced that the company's new salary and compensation policy will be ------- immediately.

(A) reflective
(B) effective
(C) collective
(D) supportive

183. Please note that there are only two days ------- to book tickets to the National Healthcare Conference at the reduced rate.

(A) continuing
(B) lasting
(C) remaining
(D) benefiting

184. Portway University is grateful for Mr. Lee because he has been very ------- in developing the university's first online courses.

(A) convenient
(B) instrumental
(C) amiable
(D) reluctant

185. Many investors remain ------- that the recent uptick in stock prices represents the start of a sustained recovery.

(A) liable
(B) vulnerable
(C) skeptical
(D) authentic

186. Santex Inc.'s net profit for the third quarter was down 15% from the ------- quarter, disappointing investors.

(A) pertinent
(B) different
(C) previous
(D) relevant

181. 文の前半は「大都市の住人はリラックスできる場所で時間を過ごしたい」という意味。その理由は都市生活が「慌ただしい」からだと考えられる。(B) は「心地よい」、(C) は「ばかげた」、(D) は「親切な」という意味でどれも文意にそぐわない。(A) hecticが「バタバタした」、「慌ただしい」という意味で文意にピタリ合致する。 **正解(A)**

【訳】都会の生活は非常に慌ただしいので、多くの大都市住民はリラックスできる場所で時間を過ごしたいと思っている。

【注】relaxing location リラックスできる場所、city life 都会生活

182. 空所後にimmediately「すぐに」とあるので、何かが実施されると推測される。実施されるということは、言い換えれば「有効になる」ということ。(A) は「反射する」、(C) は「集合体の」、(D) は「支援する」という意味でどれも文意とは無関係。(B) effectiveが「実施されて」、「効力を発する」という意味で文意も通る。 **正解(B)**

【訳】人事部長は会社の新しい給与報酬制度が即刻実施されると発表した。

【注】compensation 報酬、immediately 即刻、即座に

183. 空所前にthere are only two days「2日しかない」とあるので、空所には「残り」という意味の語が入ると予想される。(A) は「継続する」、(B) も同じく「続く」、(D) は「利益をもたらす」という意味なのでどれも文意的に不適。(C) remainingが「残りの」、「残っている」という意味で文意が通る。 **正解(C)**

【訳】全国健康管理会議のチケットを割引価格で予約できるのはあと2日しか残っていないことにご注意ください。

【注】note 気づく、注意する、book 予約する、at a reduced rate 割引価格で

184. 文の前半に大学はリー氏にgrateful「感謝している」とあり、また空所後にはin developing the university's first online coursesとあるので、リー氏はその開発に貢献して「役立った」と考えられる。(A) は「便利な」、(C) は「感じのよい」、(D) は「嫌々な」という意味なので文意が通らない。(B) instrumentalがまさに「役に立つ」という意味なのでこれが正解。 **正解(B)**

【訳】ポートウェイ大学は大学の初めてのオンライン授業開発にリー氏が大変貢献してくれたので、リー氏に感謝している。

【注】grateful 感謝している、develop 開発する

185. 空所後は「最近の株価上昇が持続的株価回復になる」という意味で、それをinvestorsがどう考えるかが空所に入る。可能性としては「楽観的」か「懐疑的か」のどちらか。(A) は「責任がある」、(B) は「脆弱な」、(D) は「本物の」という意味なのでここではどれも的外れ。(C) skepticalが「懐疑的な」という意味で文意にピタリ合致する。 **正解(C)**

【訳】多くの投資家は最近の株価上昇が持続的な株価回復の始まりとなるという見方について懐疑的である。

【注】investor 投資家、uptick 上昇、represent 表す、sustained 持続的な

186. 空所前にdown 15% from the「～から15パーセントダウンした」とある。では何から15パーセントダウンしたのか。空所後にquarterとあるので、それは「前の」quarterからであると考えられる。(A) は「関連のある」、(B) は「異なった」、(D) も「関連のある」という意味なのでどれも文意が通らない。(C) previousが「前の」という意味なのでこれが正解になる。 **正解(C)**

【訳】サンテックス社の第三四半期の純利益は、前の四半期から15パーセントのダウンとなり、投資家を失望させた。

【注】net profit 純利益、disappoint 失望させる

187. Analysts believe the proposed merger between Cydex Corp. and Firontech Inc. would be extremely ------- to both companies.

(A) arrogant
(B) beneficial
(C) reticent
(D) conclusive

188. Housing rental costs in Porttown have increased significantly, which makes living there even more -------.

(A) insightful
(B) difficult
(C) affordable
(D) generous

189. Many legislators found the mayor's proposal to build a new city hall so ------- that they immediately moved to stop the plan.

(A) practical
(B) reassuring
(C) repugnant
(D) agreeable

190. Lintech Corporation has been struggling financially because its products are rumored to be less ------- than those of its competitors.

(A) reliable
(B) deficient
(C) cooperative
(D) diligent

191. Employees who are not comfortable using the latest computer software can receive ------- training.

(A) exceptional
(B) additional
(C) conditional
(D) intentional

192. Although Stuart Chemical has been one of the most successful companies in the state, its recently released financial figures show ------- profits.

(A) accelerating
(B) working
(C) declining
(D) promising

187. 文の前半では2社の合併計画について書かれている。その合併をアナリストがどう思うかが空所に入る。合併は吉と出るか凶と出るかのどちらか。(A) は「傲慢な」、(C) は「寡黙な」、(D) は「決定的な」という意味でどれも文意にそぐわない。(B) beneficialが「恩恵がある」という吉の意味になり文意も通るのでこれが正解。　　　　　　　　　　　　　　　　　　　　**正解 (B)**

【訳】サイデックス社とフィロンテック社の間の合併計画は、両社にとって極めて有益なものになるだろうとアナリストたちは信じている。

【注】proposed 提案されている、merger 合併、extremely 極めて

188. 文の前半に「ポートタウンでの家賃費用が大きく上がった」とあるので、そこに住むことはこれまで以上に「難しくなる」ことが予想される。(A) は「洞察力がある」、(C) は「手頃な」、(D) は「寛大な」という意味でどれも文意から外れる。(B) difficultが「難しい」という意味で文意が通る。　　　　　　　　　　　　　　　　　　　　　　　　　　　　　　　　　　　　**正解 (B)**

【訳】ポートタウンの家賃費用は大きく上がったので、そこに住むことを一層難しくしている。

【注】housing rental cost 家賃費用、significantly 大きく、even more 一層〜

189. 空所後にthat they immediately moved to stop the planとあるので、legislatorsはmayor's proposalが「気に入らなかった」と考えられる。(A) は「実際的な」、(B) は「安心させる」、(D) は「同意する」という意味でどれも文意に合わない。(C) repugnantが「不快な」という意味でまさに文意に合致する。　　　　　　　　　　　　　　　　　　　　　　　　　**正解 (C)**

【訳】多くの議員は新しい市庁舎を建てるという市長の提案を非常に不快に感じたので、すぐにその計画を中止させるように動いた。

【注】legislator 議員、mayor 市長、city hall 市庁舎

190. 文の前半にこの会社はstruggling financiallyだとあり、その理由についてはbecause以下に書かれている。空所前後から、その理由は競争相手よりもその製品がless「信頼できる」からだと推測できる。(B) は「不足した」、(C) は「協力的な」、(D) は「勤勉な」という意味なのでどれも文意から外れる。(A) reliableがまさに「信頼できる」という意味なのでこれが正解。　　**正解 (A)**

【訳】リンテック社は、その製品が競合他社の製品よりもより信頼性が低いと噂されているため財政的に苦しんでいる。

【注】struggle 悪戦苦闘する、rumored to 〜と噂されている、competitor 競争相手

191. 空所前に「最新のコンピューターソフトを使うのが苦手な従業員は〜を受けることができる」とあり、空所後にtrainingとあるので、空所には「特別の」とか「追加の」といった意味の語が入ると考えられる。(A) は「例外的な」、(C) は「条件つきの」、(D) は「意図的な」という意味なのでどれも文意にそぐわない。(B) additionalが「追加の」という意味で文意にピタリ合致する。**正解 (B)**

【訳】最新のコンピューターソフトを使うのが苦手な従業員は追加のトレーニングを受けることができる。

【注】not comfortable 〜が苦手な、latest 最新の

192. 文の前半は「スチュアート化学社は州内で最も成功した会社のひとつ」という意味だが、冒頭にAlthoughがあるので、後半は否定的な内容になっていると予想される。(A) は「加速する」、(B)「働く」、「稼働する」、(D) は「期待できる」という意味なのでどれも文意にそぐわない。(C) decliningが「低下する」という否定語で文意的にも合致する。　　　　　　　　　　　**正解 (C)**

【訳】スチュアート化学社は州内で最も成功した会社のひとつであるが、最近発表された財務数字は利益が低下していることを示している。

【注】recently released 最近発表された、financial figures 財務数字

193. The management consultant recommended reducing the number of staff members, but the board of directors was ------- to do so.

(A) happy
(B) lazy
(C) curious
(D) reluctant

194. The rate of inflation in the country has remained ------- over the last two years.

(A) ready
(B) imaginable
(C) sufficient
(D) steady

195. Although ------- parking is available at the Perry Hotel, it is advisable that you reserve a parking space in advance.

(A) competitive
(B) limited
(C) sufficient
(D) specific

196. While it is not -------, we encourage you to complete this form to register in advance if you plan to speak at our next community meeting.

(A) advisable
(B) mandatory
(C) voluntary
(D) objectionable

197. In an interview with The Economic Times, the renowned economist spoke about the risks of banks engaging in ------- activities.

(A) speculative
(B) informative
(C) innovative
(D) supportive

198. Sales in the electronics industry have slowed significantly due to ------- market conditions.

(A) opening
(B) improving
(C) specializing
(D) worsening

193. 文の前半は「コンサルタントはスタッフ数を減らすことを勧めた」という意味。しかし、カンマの後にbutがあるので、board of directorsはそれを「嫌がった」と考えられる。(A) は「よろこんで」、(B) は「怠惰な」、(C) は「好奇心の強い」という意味でどれも文意にそぐわない。(D) reluctantが「気乗りしない」という意味なのでこれが正解。　　　　　　　正解 **(D)**

【訳】経営コンサルタントはスタッフの数を減らすことを勧めたが、取締役会はそうすることを嫌がった。

【注】**reduce** 減らす、**board of directors** 取締役会

194. 空所前は「その国のインフレ率は〜のままである」という意味なので、「過去2年間」にインフレ率が「激変した」のか「安定していた」のかが問われている。(A) は「準備ができて」、(B) は「想像できる」、(C) は「十分な」という意味なのでどれも文意にそぐわない。(D) steadyが「安定した」という意味で文意が通る。　　　　　　　正解 **(D)**

【訳】その国のインフレ率は過去2年間安定していた。

【注】**rate of inflation** インフレ率、**remain** 〜のままである

195. 文の後半に「事前に駐車場の予約を勧める」とある。予約を勧めるのは駐車スペースが「限定的な」場合だが、文頭にAlthoughがあるので、空所にはその逆の「十分な」という意味の語が入ると考えられる。(A) は「競争の激しい」、(B) は「限定的な」、(D) は「特定の」という意味でどれも文意が通らない。(C) sufficientが「十分な」という意味なのでこれが正解になる。　　　　　　　正解 **(C)**

【訳】ベリーホテルでは十分な駐車スペースがありますが、事前に駐車スペースを予約されることをお勧めします。

【注】**advisable** 望ましい、賢明な、**in advance** 事前に

196. 空所後にwe encourage「奨励する」とあることに注目。「奨励する」ということは、換言すれば「義務で」はないことを示唆している。(A) は「望ましい」、(C) は「任意の」、(D) は「不愉快な」という意味でどれも文意に合わない。(B) mandatoryが「義務的な」という意味で文意にピタリ合致する。　　　　　　　正解 **(B)**

【訳】義務ではないが、もし次回のコミュニティー会議で発言するつもりならこの用紙に記入の上、事前に登録することをお勧めします。

【注】**complete** 完成させる、**register** 登録する

197. 空所前にthe risks of banks engaging in「銀行が〜に関与するリスク」とあるので、空所には空所後のactivitiesを否定する語が入ることが予想される。(B)は「有益な」、(C)は「革新的な」、(D) は「支援する」という意味でどれも否定語ではない。(A) speculativeが「投機的な」という否定語なのでこれが正解。　　　　　　　正解 **(A)**

【訳】エコノミック・タイムズ誌とのインタビューにおいて、その有名なエコノミストは銀行が投機的な活動に関与するリスクについて語った。

【注】**renowned** 有名な、名高い、**engage in** 〜に関与する

198. 空所前にhave slowed significantly「大きく鈍化した」とあることに注目。その理由としてはmarket conditionsが「悪化した」ことが考えられる。(A) は「開く」、(B) は「改善する」、(C) は「特殊化する」という意味でどれも文意にそぐわない。(D) worseningが「悪化する」という意味なのでこれが正解になる。　　　　　　　正解 **(D)**

【訳】エレクトロニクス産業の販売は、市場の状況が悪化したため大きく鈍化した。

【注】**slow** 鈍化する、**due to** 〜のため、**market conditions** 市場の状況

199. If you have any ------- using the e-mail form, please contact any of our offices in the state.

(A) applications   (B) difficulties
(C) selections   (D) emergencies

200. These days many people find it more ------- to engage with others through digital platforms.

(A) profitable   (B) urgent
(C) optimistic   (D) convenient

201. Tickets are still -------, but they're selling out more quickly than they did last year.

(A) reliable   (B) available
(C) acceptable   (D) welcome

202. Mr. Hatfield, manager of investor relations, will serve as the company's ------- contact for analysts and institutional investors.

(A) rapid   (B) sharp
(C) abundant   (D) primary

203. More than 200 flights have been canceled for three ------- days because of strong winds and heavy rain.

(A) consecutive   (B) alternative
(C) objective   (D) conservative

204. The relocation to a new office downtown was a ------- expense for the company.

(A) favorable   (B) capable
(C) considerable   (D) solid

199. 文の後半は「我が社の事務所に連絡してください」という意味。連絡するのは何か「問題」があるときだと考えられる。(A) は「申請」、「適用」、(C) は「選択」、(D) は「緊急事態」という意味でどれも文意が通らない。(B) difficultiesが「困難」、「障害」という意味で文意に合致する。

正解 (B)

【訳】もしEメールのフォームの使用に何か問題がある場合は、州内にある我が社の事務所にご連絡ください。

【注】contact 連絡する

---

200. 空所後にthrough digital platforms「デジタルプラットフォームを通して」とある。これによって人はより「簡単に」、「便利に」engage with othersできるようになったというのが文の大意。(A) は「利益が出る」、(B) は「緊急の」、(C) は「楽観的な」という意味でどれも文意にそぐわない。(D) convenientが「便利な」という意味なのでこれが正解になる。

正解 (D)

【訳】近頃はデジタルプラットフォームを通して他者とより便利にやり取りできるようになったと思っている人が多い。

【注】these days 近頃は、最近は、engage with ～を関与する、関わる

---

201. 空所前にstillがあり、また空所後にチケットは「昨年よりも早く売れている」とある。つまり、チケットはまだ「残っている」が、売り切れる前に早く買いなさいという趣旨である。(A) は「信頼できる」、(C) は「受け入れ可能な」、(D) は「歓迎される」という意味でどれも文意にそぐわない。(B) availableが「入手可能」という意味で文意に合致する。

正解 (B)

【訳】チケットはまだ入手可能だが、昨年よりも速い勢いで売れている。

【注】sell out 売り切る、売り尽くす

---

202. 文の前半にハットフィールド氏がinvestor relations「投資家向けの広報活動」担当の課長だとあるので、アナリストや機関投資家に対して彼が会社の「主たる」連絡先 (contact) になっていると考えられる。(A) は「急な」、(B) は「鋭い」、(C) は「豊富な」という意味でどれも文意が通らない。(D) primaryが「主要な」という意味で文意にピタリ合致する。

正解 (D)

【訳】投資家向け広報の担当課長であるハットフィールド氏は、アナリストや機関投資家に対する会社の主要な連絡先 (窓口) になる。

【注】serve as ～の役目を果たす、contact 連絡先、institutional investor 機関投資家

---

203. 空所前に for three、また空所後にdaysとあるので空所前後は3日「連続して」という意味になると考えられる。(B) は「代替の」、(C) は「客観的な」、(D) は「保守的な」という意味でどれも文意に合わない。(A) consecutiveがまさに「連続して」という意味で文意にも合致する。

正解 (A)

【訳】強風と激しい雨のために、200以上の飛行便が3日連続してキャンセルになった。

【注】because of ～のため、strong winds 強風、heavy rain 激しい雨

---

204. 文の前半は「ダウンタウンの新しいオフィスに移転する」という意味。また空所後にexpense「費用」とあるので、空所にはその費用の程度を示す語が入ると考えられる。(A) は「好意的な」、(B) は「有能な」、(D) は「頑丈な」という意味でどれも費用とは無関係。(C) considerableが「かなり」、「相当な」という意味で文意に合致する。

正解 (C)

【訳】ダウンタウンの新オフィスへの移転は、会社にとってかなりの出費であった。

【注】relocation 移転、downtown 町や市の中心街

205. Something all ------- businesses have in common is success in building customer loyalty.

(A) plummeting   (B) falling
(C) encouraging   (D) flourishing

206. The IT department has decided that ------- security software is needed in order to prevent the recently detected computer virus from compromising client information.

(A) conditional   (B) aspiring
(C) supplementary   (D) introductory

207. The Pomona Hotel has been completely renovated in recent years and is in ------- condition throughout.

(A) explicit   (B) poor
(C) intimate   (D) excellent

208. At Lombardi's Ristorante, tourists and locals alike can enjoy exceptional seafood dishes ------- to the Richcoast region.

(A) distinct   (B) usual
(C) consistent   (D) unanimous

209. It is far from clear that investing in ethanol is either economically ------- or energy-efficient.

(A) proficient   (B) similar
(C) careful   (D) sound

210. Long commutes and the daily work grind can cause employees to feel -------, exhausted or bored.

(A) excessive   (B) restless
(C) expansive   (D) relentless

205. 空所後に「ビジネスが共通して持っているもの」とあり、それは「顧客忠誠心を獲得するのに成功していることである」と書かれている。そのような成功しているビジネスは「繁栄している」はずである。(A) は「急落する」、(B) は「下落する」、(C) は「励ます」という意味でどれも文意にそぐわない。(D) flourishing がまさに「繁栄する」という意味なのでこれが正解。　　**正解 (D)**

【訳】繁栄しているビジネスが共通して持っているものは、顧客忠誠心を築き上げるのに成功していることである。

【注】**have in common** 共通して持っている、**customer loyalty** 顧客忠誠心

---

206. 空所後に security software is needed とあり、その理由は「最近発見されたウィルスを防ぐため」だと書かれている。つまり、現状のソフトでは不十分であることが示唆されている。(A) は「条件つきの」、(B) は「意欲的な」、(D) は「入門の」という意味なのでどれも文意が通らない。(C) supplementary が「補助の」という意味で文意にピタリ合致する。　　**正解 (C)**

【訳】最近発見されたコンピューターウィルスによって顧客情報が危険にさらされることを防ぐために、追加の防御ソフトが必要であると IT 部は判断した。

【注】**prevent** 防ぐ、**detect** 発見する、**compromise** 危険にさらす

207. 文の前半に has been completely renovated とあるので、そのホテルは「良好な」状態にあると考えられる。(A) は「明確な」、(B) は「貧しい」、「みすぼらしい」、(C) は「親密な」という意味でどれも文意から外れる。(D) excellent が「優れた」という意味で文意にピタリ合致する。　　**正解 (D)**

【訳】ポモナホテルは近年完全に改修され、あらゆる面で素晴らしい状態にある。

【注】**completely** 完全に、**in recent years** 近年、**throughout** あらゆる所で

---

208. 空所前に exceptional seafood dishes とあり、空所後に to the Richcoast region とあるので、そのリストランテで出す料理がリッチコースト地域に「独特の」、「特有の」ものであると推測できる。(B) は「普通の」、(C) は「一貫した」、(D) は「全会一致の」という意味でどれも文意に合わない。(A) distinct が「違った」、「独特な」という意味で文意に合致する。　　**正解 (A)**

【訳】ロンバルディ・リストランテでは観光客も地元民も同様に、リッチコースト地域独特の素晴らしいシーフード料理を堪能することができる。

【注】**local** 地元民、**alike** 同様に、**dishes** 料理

---

209. 文の中頃に investing in ethanol「エタノールに投資すること」とあり、空所にはこれが economically「経済的に」どうなのかを示す語が入る。(A) は「熟達した」、(B) は「同様の」、(C) は「注意深い」という意味でどれも economically とはそぐわない。(D) sound は「健全な」という意味で文意にピタリ合致する。　　**正解 (D)**

【訳】エタノールに投資することが経済的に健全であるか、またエネルギー効率がよいのかまったく明確になっていない。

【注】**far from** まったく〜ではない、**energy-efficient** エネルギー効率がよい

---

210. 空所後に exhausted or bored「疲れ果てるか退屈するか」という否定語が並んでいるので、空所にも否定語が入ると予想される。(A) は「過度な」という否定語だが feel とは相性が悪い。(C) は「拡張する」、(D) は「容赦ない」という意味でどちらも文意から外れる。(B) restless が「落ち着かない」という意味で文意にも合致する。　　**正解 (B)**

【訳】長い通勤時間と毎日の単調な仕事は従業員を落ち着きがなく、疲れ果てたり、退屈したり感じさせる。

【注】**commute** 通勤、**work grind** つまらない単調な仕事

211. Problems can occur when you use a printer that has been left idle for an ------- period of time.

(A) estimated   (B) renewed
(C) extended   (D) advanced

212. Important construction projects should be overseen by a supervisor with experience beyond that of ------- site managers.

(A) ordinary   (B) absolute
(C) regional   (D) creative

213. The use of company computers by employees for private purposes is not considered -------.

(A) operational   (B) appropriate
(C) sensitive   (D) careful

214. The room is filled with toxic chemicals and cannot be entered unless ------- clothing is worn.

(A) restrictive   (B) comfortable
(C) protective   (D) tight

215. Companies that emphasize ------- approaches tend to foster a more productive work environment.

(A) occasional   (B) collaborative
(C) disruptive   (D) general

216. If no parking spaces are available in your requested location, we will recommend an ------- location.

(A) prompt   (B) official
(C) alternative   (D) immediate

211. 冒頭にProblems can occurとあり、そうした問題がいつ起こるかがwhen以下に書かれている。空所前にleft idle「不稼動状態」とあり、そうした状態が「長」時間続くと問題が起こると考えられる。(A) は「評価された」、(B) は「更新された」(D) は「進んだ」という意味でどれも文意が通らない。(C) extendedが「長期の」という意味で文意にピタリ合致する。　　　　　　　　　**正解 (C)**

【訳】長期間不稼動状態にしていたプリンターを使う場合には、問題が起こることがある。

【注】**occur** 起きる、発生する、**extended period of time** 長期間

---

212. 冒頭のImportant construction projectsは、この種の仕事は他と違って特別であることを示唆している。また文全体からこうした仕事には「通常の」現場監督以上の経験が必要なことがわかる。(B) は「絶対的な」、(C) は「地域の」、(D) は「創造的な」という意味でどれも文意から外れる。(A) ordinaryがまさに「通常の」という意味なのでこれが正解。　　　　　　　　　**正解 (A)**

【訳】重要な建設プロジェクトは、通常の現場監督以上の経験を持った人間によって監督されるべきである。

【注】**oversee** 監督する、**beyond** ～を越えて、**site manager** 現場監督

---

213. 空所前は「会社のコンピューターを従業員が私用で使うことは～ではない」という意味なので、空所には「適切な」という意味の語が入ると考えられる。(A) は「使用可能な」、(C) は「敏感な」、(D) は「注意深い」という意味でどれも文意にそぐわない。(B) appropriateがまさに「適切な」という意味で文意に合致する。　　　　　　　　　**正解 (B)**

【訳】従業員が私用目的で会社のコンピューターを使うことは適切ではないと見なされる。

【注】**for private purposes** 私用目的で、**consider** 考える、見なす

---

214. 文の前半は「その部屋は有毒な化学物質で満ちている」という意味で、そんな部屋には「防護」服を着ていないと入れないというのが文の大意。(A) は「制限的な」、(B) は「快適な」、(D) は「体にぴったりした」という意味でどれも文意に合わない。(C) protectiveが「保護用の」という意味なのでこれが正解になる。　　　　　　　　　**正解 (C)**

【訳】その部屋は有毒な化学物質で満ちているので、防護服を着ていないと入室できない。

【注】**toxic** 有毒な、有害な、**chemical** 化学物質、**clothing** 服

---

215. 文の後半にfoster a more productive work environment「より生産的な職場環境を育てる」とあるので、空所にはそうした職場を産むにふさわしい肯定語が入ると考えられる。(A) は「時折の」、(C) は「混乱させる」、(D) は「一般的な」という意味でどれも肯定語ではない。(B) collaborativeが「協力的な」という肯定語であり文意も通る。　　　　　　　　　**正解 (B)**

【訳】協力的なアプローチを強調して大切にする会社は、より生産的な職場環境を育てる傾向がある。

【注】**emphasize** 強調する、**tend to** ～する傾向がある、**foster** 肯くる、育成する

---

216. 文の前半は「依頼した駐車スペースがない場合は」という意味で、そんな場合には「代わりの」場所を勧めるというのが文の大意。(A) は「迅速な」、(B) は「公式の」、(D) は「即座の」という意味でどれも文意が通らない。(C) alternativeがまさに「代替の」、「代わりの」という意味で文意にピタリ合致する。　　　　　　　　　**正解 (C)**

【訳】もしあなたが依頼した場所に駐車スペースがない場合は、代替の場所をお教えします。

【注】**location** 場所、**recommend** 推薦する、勧める

217. In contrast to full-time employees, ------- contractors are not protected by worker's compensation and wage laws.

(A) significant   (B) dependable
(C) independent   (D) direct

218. Many employees in the tech industry are adamantly ------- to returning to the office because they say it reduces productivity.

(A) optimistic   (B) opposed
(C) urgent   (D) agreeable

219. All the members of our accounting department are easy to work with and ------- in every detail of their job.

(A) secure   (B) severe
(C) thorough   (D) contemporary

220. Emerson Appliances made substantial revisions to its assembly manuals because many customers found them very -------.

(A) confusing   (B) interesting
(C) satisfying   (D) admiring

221. Mr. Gupta, the marketing manager, adjusted the amount of work so that it was more ------- for the new hire.

(A) accountable   (B) durable
(C) manageable   (D) preventable

222. Whether you enroll in our on-campus classes or award-winning online programs, Maryville University will make your educational journey -------.

(A) applicable   (B) capable
(C) imaginable   (D) unforgettable

217. 文頭にIn contrast to full-time employees「常勤従業員とは対照的に」とあるので、空所は full-time employeesとは対照的な「独立した」契約者を意味すると考えられる。(A)は「重要な」、(B) は「信頼できる」、(D)は「直接の」という意味でどれも文意に合わない。(C) independentが「独 立の」という意味なのでこれが正解。　　　　　　　　　　　　　　　　　　　　　**正解（C）**

【訳】常勤従業員とは対照的に、独立契約者は労働者報酬賃金法によって守られていない。

【注】in contrast to ～と対照的に、compensation 報酬、wage 賃金、時間給

218. 空所前のadamantly は「断固として」という意味。また文末のbecause以下は「生産性を下 げるから」という意味なので、空所は「反対して」という意味になると考えられる。(A) は「楽観的な」、 (C) は「緊急の」、(D) は「同意する」という意味でどれも文意にそぐわない。(B) opposedが「反 対して」という意味なのでこれが正解。　　　　　　　　　　　　　　　　　　　　　**正解（B）**

【訳】テック産業の多くの従業員は生産性が下がるからという理由で、オフィスに戻って仕事をすることに断固として 反対している。

【注】reduce ～を下げる

219. 空所後にin every detail of their job「仕事のすべての詳細において」とあるので、空所には「完 全な」とか「注意深い」といった意味の語が入ると予想される。(A)は「安全な」、(B)は「手厳しい」、(D) は「現代的な」という意味でどれも文意にそぐわない。(C) thoroughが「完璧な」という意味で文 意もピタリ合致する。　　　　　　　　　　　　　　　　　　　　　　　　　　　　**正解（C）**

【訳】我が社の経理部のすべてのメンバーは一緒に仕事しやすい人たちで、仕事のあらゆる詳細について完璧である。

【注】accounting department 経理部、easy to work with 一緒に働きやすい、detail 詳細

220. 文の前半に会社が「組み立て説明書を大きく改訂した」とある。改訂するのはそれまでの版に「わ かりにくい」など何らかの問題があったからだと推測される。(B) は「興味深い」、(C) は「満足さ せる」、(D) は「感嘆する」という意味でどれも文意にそぐわない。(A) confusingが「混乱させる」 という意味で文意にも適合する。　　　　　　　　　　　　　　　　　　　　　　　**正解（A）**

【訳】多くの顧客がエマーソン電器の組み立て説明書がわかりにくいと感じたので、会社はそれを大幅に改訂した。

【注】revision 改訂、改正、assembly manual 組み立て説明書

221. 文の前半に「グプタ氏が仕事量を調節した」とある。では何のためにそうしたかのかというと、 それは新規雇用者「new hire」がよりうまく「対応できる」ようにするためだと考えられる。(A) は「責 任がある」、(B) は「耐久性のある」、(D) は「防止できる」という意味なのでどれも文意に合わない。 (C) manageableが「扱いやすい」という意味で文意も通る。　　　　　　　　　　　　**正解（C）**

【訳】マーケティング課長のグプタ氏は、新規雇用者が仕事をより処理しやすくなるように仕事量を調節した。

【注】adjust 調節する、amount of work 仕事量、new hire 新規雇用者

222. この大学に入学すれば、あなたの教育は一生ものの「忘れられない」ものになるというのが文 の大意。(A) は「適用できる」、(B) は「有能な」、(C) は「想像できる」という意味でどれも文意 にそぐわない。(D) unforgettableがまさに「忘れられない」という意味で文意にピタリ合致する。　　　　　　　　　　　　　　　　　　　　　　　　　　　　　　　　　　　　　　**正解（D）**

【訳】我が大学キャンパスでの授業であれ、賞を獲得したオンライン授業であれ、メアリービル大学はあなたの教 育行程を忘れがたいものにします。

【注】award-winning 受賞した、journey 旅程、行程

223. If for any reason the shipment does not arrive at the ------- time, please contact us immediately.

(A) described   (B) mentioned
(C) controlled   (D) specified

224. United Chemical and Swanson Paint have begun ------- talks on a sales agreement in the international market.

(A) preliminary   (B) ongoing
(C) regular   (D) ordinary

225. Given his ------- track record and keen eye for new products, everyone in the company expects Mr. Cooper to take on a larger role.

(A) stellar   (B) average
(C) additional   (D) cooperative

226. Kingstown University is proud of its ------- student body, which includes more than 1,000 international students.

(A) assertive   (B) diverse
(C) strategic   (D) rapid

227. This ------- course is specifically designed to help first-year students communicate effectively with other students and instructors.

(A) analytical   (B) reasonable
(C) introductory   (D) enthusiastic

228. We are looking for talented, energetic and ------- people to join us on our mission to provide outstanding hospitality through our food and services.

(A) typical   (B) personable
(C) dismal   (D) petulant

223. 文の前半は「どんな理由であれ発送品が〜した時間に届かない場合は」という意味なので、空所には「指定した」という意味の語が入ると考えられる。（A）は「表現された」、（B）は「言及された」、（C）は「制御された」という意味なのでどれも不適。（D）specifiedがまさに「指定の」という意味なのでこれが正解になる。　　　　　　　　　　　　　　　　　　　　　　　　　**正解（D）**

【訳】どんな理由であれ発送品が指定時間に到着しない場合は、すぐ我が社にご連絡ください。

【注】for any reason どんな理由であれ、shipment 発送、出荷

224. 空所前後のhave begun talks on a sales agreementは「販売協定について話し合いを始めた」という意味。話し合いを始めたということは、これまでは行なっていないことを示唆する。（B）は「継続中の」、（C）は「定期的な」、（D）は「通常の」という意味でどれも文意に合わない。（A）preliminaryが「予備の」という意味で文意が通る。　　　　　　　　　　　　　　**正解（A）**

【訳】ユナイテッド化学とスワンソン塗料の両社は、国際市場における販売協定に関する予備会談を開始した。

【注】talk 話し合い、会談、sales agreement 販売協定

225. 空所の少し後にand keen eye for「〜に対する鋭い観察眼」とあるので、空所にはそれと並列の関係にある肯定的な語が入ると予想される。（B）は「平均的な」、（C）は「追加の」という意味でどちらも肯定語ではない。（D）は「協力的な」という意味の肯定語だが文意にそぐわない。（A）stellarが「非常に素晴らしい」という意味の肯定語で文意にも合致する。　　　**正解（A）**

【訳】極めて素晴らしい実績と新製品に対する鋭い観察眼を考えれば、社内の誰もがクーパー氏は今後もっと大きな役割を担うだろうと考えている。

【注】track record 実績、業績、take on 引き受ける、挑戦する、role 役割

226. 文末にincludes more than 1,000 international studentsとあるので、この大学は外国からの学生も多く在籍する「多様性に富んだ」大学であると推察される。（A）は「断定的な」、（C）は「戦略的な」、（D）は「急速な」という意味でどれも文意にそぐわない。（B）diverseがまさに「多様な」という意味なのでこれが正解。　　　　　　　　　　　　　　　　　　　　　　　　**正解（B）**

【訳】キングストン大学は、1,000人以上の外国人学生を含む多様な学生集団であることを誇りにしている。

【注】proud of 〜を誇りにする、student body 学生集団

227. 空所のすぐ後にis specifically designed to help first-year studentsとあるので、このコースが「入門的な」ものであることが推測できる。（A）は「分析的な」、（B）は「合理的な」、（D）は「熱心な」という意味でどれも文意から外れる。（C）introductoryが「入門の」、「初歩の」という意味で文意にも合致する。　　　　　　　　　　　　　　　　　　　　　　　　**正解（C）**

【訳】この入門コースは、一年生の学生が他の学生や教師と有効なコミュニケーションができる手助けをすることを特に意識して企画されている。

【注】specifically 特に、first-year student 一年生、instructor 教師、講師

228. 文全体から、これはレストランで働く人に関する内容だとわかるので、空所にはtalentedやenergetic と同様の肯定語が入ると予想される。（A）は「典型的な」、（C）は「陰鬱な」、（D）は「短気な」という意味でどれも肯定語ではなく文意からも大きく外れる。（B）personableが「愛想がよい」という意味の肯定語で文意にも合致する。　　　　　　　　　　　　　　**正解（B）**

【訳】料理とサービスを通してずば抜けた歓待を提供するという我々の使命に一緒に参加してくれる才能豊かで、エネルギッシュで愛想のよい人を我々は探している。

【注】look for 〜を探す、mission 使命、hospitality 歓待、もてなし

229. Victoria Air has been offering special meals for customers with specific ------- needs.

(A) secondary

(B) dietary

(C) optional

(D) healthy

230. Many artists use ------- colors that are not necessarily true to life but evoke a specific mood or emotion.

(A) intense

(B) direct

(C) traditional

(D) meticulous

231. The mountain resort is ------- and there are so many things to keep you busy during your stay there.

(A) reticent

(B) amazing

(C) independent

(D) frequent

232. No matter how ------- you are, understanding the emotions of others is not always easy.

(A) insensitive

(B) perceptive

(C) potential

(D) explicit

233. Due to his ability to handle a wide variety of work, Mr. Gibson is ------- in creating fully-functional business teams.

(A) precious

(B) temporary

(C) proficient

(D) prohibitive

234. Needless to say, regular customers make more frequent purchases than ------- customers.

(A) conservative

(B) previous

(C) quick

(D) occasional

229. 文中に offering special meals for customers「顧客に特別食を提供している」とあるので、そうした顧客には特別な「食事に関する」必要性があると考えられる。(A) は「二次的な」、(C) は「選択的な」、(D) は「健康的な」という意味でどれも文意に合わない。(B) dietary が「食事に関する」という意味で文意にもピタリ合致する。　　　　　　　　　　　　　　　　　　　　　**正解 (B)**

【訳】ビクトリア航空は、食事に関して特別な要請のあるお客に対して特別食を提供している。

【注】**special meals** 特別食、**specific** 特定の、具体的な、**needs** 必要性

---

230. 空所後は「必ずしも実物そっくりではなく、特定の気分や感情を喚起する色」という意味。そうした色は自然なものではなく「激しい」ものだと考えられる。(B) は「直接的な」、(C) は「伝統的な」、(D) は「細部にこだわった」という意味でどれも文意に合わない。(A) intense が「激しい」、「強烈な」という意味で文意も通る。　　　　　　　　　　　　　　　　　　　　　**正解 (A)**

【訳】多くの芸術家は必ずしも実物そのものではなく、特定の気分や感情を喚起する激しい色を使う。

【注】**not necessarily** 必ずしも〜ではない、**true to life** 実物そっくりの、**evoke** 喚起する

---

231. 山岳地帯にあるリゾートについての文なので、リゾートを形容するのにふさわしい語を選ぶ。(A) は「寡黙な」、(C) は「独立した」、(D) は「頻繁な」という意味でどれもリゾートの形容詞としてはふさわしくない。(B) amazing が「驚異的な」、「素晴らしい」という意味でリゾートの形容詞として最適。　　　　　　　　　　　　　　　　　　　　　**正解 (B)**

【訳】山岳地帯にあるそのリゾートは大変素晴らしく、非常に多くのことがあるのであなたがそこに滞在している間は忙しく過ごすことができます。

【注】**keep you busy** 忙しくする、**during your stay** あなたの滞在中

---

232. 空所後は「他者の感情を理解することは必ずしも簡単ではない」という意味。また文頭には No matter how とあるので、ここはあなたがどれほど「鋭敏な」人だとしてもという意味になると考えられる。(A) は「無神経な」、(C) は「潜在的な」、(D) は「明快な」という意味なのでどれも文意から外れる。(B) perceptive が「敏感な」という意味で文意も通る。　　　　　　　　　**正解 (B)**

【訳】あなたがいくら敏感な人だとしても、他者の感情を理解することは必ずしも簡単ではない。

【注】**no matter how** いくら〜でも、**emotion** 感情、**not always** 必ずしも〜ではない

---

233. 文の前半は「多様な仕事をやることができる彼の能力のため」という意味で、彼の能力を賞賛しているので、空所には肯定語が入ると予想される。(A) は「貴重な」という肯定語だが文意に合わない。(B) は「一時的な」、(D) は「法外な」という意味でどちらも肯定語ではない。(C) proficient が「熟達した」という肯定語なのでこれが正解になる。　　　　　　　　　　　　　　**正解 (C)**

【訳】多様な仕事を取り扱うことができる能力があるため、ギブソン氏は完全に機能するビジネスチームを作ることに熟達している。

【注】**handle** 取り扱う、**a wide variety of** 多様な、**functional** 機能する

---

234. これはいつも買ってくれる regular customers と、それ以外の customer を対比させた文。regular customer の反対は、いつもではなく「ときどき」買い物してくれる customer である。(A) は「保守的な」、(B) は「前の」、(C) は「素早い」という意味でどれもここでは無関係。(D) occasional が「ときどきの」という意味で文意にもピタリ合致する。　　　　　　　　　　**正解 (D)**

【訳】言うまでもないことだが、いつも買ってくれる定期的な顧客はときどき買ってくれる顧客よりもより多く買い物をしてくれる。

【注】**needless to say** 言うまでもなく、**frequent** 頻繁な、**purchase** 購買

235. Timothy Johnson had a ------- career as a professional speaker, but he wanted to widen the reach of his message.

(A) prosperous   (B) skillful
(C) complicated   (D) correct

236. Please try to carpool, as parking space at our annual music festival site is -------.

(A) attentive   (B) finite
(C) operational   (D) negative

237. Business competition is a contest for companies selling ------- products targeting the same audience.

(A) proper   (B) critical
(C) similar   (D) healthy

238. Ashton University has a long and ------- tradition of international education, dating back to its founding over 150 years ago.

(A) additional   (B) enduring
(C) challenging   (D) convenient

239. The Jackson City Marathon is a widely ------- annual event which has been held in the city for over 50 years.

(A) anticipated   (B) intended
(C) preserved   (D) estimated

240. As a rule of thumb, it takes about 10,000 hours of ------- practice to master a profession, art, or language.

(A) usual   (B) approximate
(C) comfortable   (D) intensive

235. カンマ後のbut以下に「彼は自分のメッセージが届く範囲を広げたかった」とあるので、既に彼がある程度「成功して」いたと推察される。（B）は「熟達した」、（C）は「複雑な」、（D）は「正しい」という意味でどれも文意に合わない。（A）prosperousがまさに「成功している」、「繁栄している」という意味なのでこれが正解。**正解（A）**

【訳】ティモシー・ジョンソンはプロの講演者として成功したキャリアを持っていたが、彼は自分の話が届く範囲を広げたかった。

【注】**professional speaker** プロの講演者、**widen** 広げる、**reach** 届く範囲

236. 文頭にあるcarpoolは「自動車に相乗りする」という意味。つまり、駐車場が「限られて」いるので、できるだけ相乗りしてほしいというのが文の大意。（A）は「注意深い」、（C）は「使用可能な」、（D）は「否定的な」という意味でどれも文意にそぐわない。（B）finiteが「限定的な」という意味なのでこれが正解。**正解（B）**

【訳】毎年開催の音楽祭の会場は駐車場が限られているので、できるだけ相乗りでの来場をお願いします。

【注】**as** 〜なので、**annual** 毎年の、**site** 場所、会場

237. この文ではBusiness competitionとはどんな競争であるかが書かれている。文末にtargeting the same audienceとあるので、空所にもsameの同義語が入ると予想される。（A）は「適切な」、（B）は「批判的な」、（D）は「健康的な」という意味なのでどれも文意的に合わない。（C）similarが「同様の」という意味で文意にも合致する。**正解（C）**

【訳】ビジネスコンペは同じ観客を対象にして同じような製品を会社が売るコンテストである。

【注】**contest** 競技会、**audience** 観客、聴衆

238. 空所前に long andとあるので、空所にもlongと同様の意味の語が入ると予想される。（A）は「追加の」、（C）は「困難な」、（D）は「便利な」という意味でどれもlongとは関係がない。（B）enduringが「長く続く」という意味で、longの同義語であり文意的にも合致する。**正解（B）**

【訳】アッシュトン大学は、150年前の創設時代にさかのぼる長く永続的な国際教育の伝統を有している。

【注】**tradition** 伝統、**date back to** 〜にさかのぼる、**founding** 創設

239. このマラソン大会は50年以上続く名物イベントで、広く「楽しみにされて」いる毎年恒例の大会であることが文全体から読み取れる。（B）は「意図された」、（C）は「保存された」、（D）は「見積もられた」という意味でどれも文意にそぐわない。（A）anticipatedがまさに「期待して待たれた」という意味なのでこれが正解。**正解（A）**

【訳】ジャクソンシティ・マラソンは、50年以上にわたってジャクソン市で開催されてきた広く楽しみにされている毎年恒例のイベントである。

【注】**widely** 広く、**annual event** 毎年恒例のイベント

240. 空所前にtakes about 10,000 hours「1万時間かかる」とあり、空所後にpractice「練習」とあるので、そうした練習はハードで「集中的な」ものであると推察される。（A）は「通常の」、（B）は「おおよその」、（C）は「快適な」という意味でどれも文意に合わない。（D）intensiveが「集中的な」という意味で文意にピタリ合致する。**正解（D）**

【訳】大まかな経験則で言えば、ある職業、芸術や言語をマスターするためには約1万時間の集中的な練習が必要である。

【注】**as a rule of thumb** 大まかに（経験則で）言えば、**take** 〜を必要とする、**practice** 練習

241. Our records indicate that you are ------- for your 6-month dental checkup at our clinic.

(A) willing   (B) normal
(C) overdue   (D) logical

242. At the beginning of the soccer match, it was ------- how many empty seats there were in the stadium.

(A) public   (B) noticeable
(C) ample   (D) amiable

243. The retail giant has posted record quarterly profits due to ------- sales of its premium consumer goods.

(A) essential   (B) robust
(C) necessary   (D) drastic

244. In the tight labor market, some employers are hesitant to fire even ------- performers.

(A) poor   (B) exceptional
(C) outstanding   (D) friendly

245. The current abundance of popular science books written for laymen has made a wide variety of topics accessible to ------- readers.

(A) conspicuous   (B) eloquent
(C) ambivalent   (D) casual

246. The deposit is ------- refundable if the booking is canceled at least 14 days before the arrival date.

(A) exclusively   (B) regularly
(C) slowly   (D) fully

241. これは歯科医からの連絡文のようで、自分たちの記録ではあなたの半年ごとの歯の検査時期が「過ぎている」という意味になると理解できる。(A) は「〜する気がある」、(B) は「通常の」、(D) は「論理的な」という意味でどれも文意にそぐわない。(C) overdueが「期日が過ぎた」という意味なのでこれが正解になる。なお、overdueは支払いの「期日が過ぎた」という文脈でよく使われる。

正解 (C)

【訳】我がクリニックの記録によると、あなたは半年ごとの歯の検査の時期が過ぎています。

【注】indicate 示す、checkup 検査、健康診断

242. 空所後にhow many empty seats there were「いかに多くの空席があったか」とあるので、その様子は「顕著ではっきりした」ものであったと推測される。(A) は「公的な」、(C) は「豊富な」、(D) は「親切な」という意味なのでどれも文意から外れる。(B) noticeableが「目立つ」、「顕著な」という意味で文意にピタリ合致する。

正解 (B)

【訳】そのサッカーの試合の始めの時点で、スタジアムの中でいかに多くの空席があったかということが目立っていた。

【注】at the beginning of 〜の始めに、empty seat 空席

243. 空所前にposted record quarterly profitsとあるので、空所後にあるsalesが「好調で」あったと推測される。(A) は「必須の」、(C) は「必要な」、(D) は「過激な」という意味でどれもsalesとは無関係。(B) robustが「たくましい」、「頑強な」という意味で文意にピタリ合致する。

正解 (B)

【訳】その巨大小売業者は、高級消費財の堅調な販売のおかげで四半期として過去最高の利益を記録した。

【注】post 掲示する、記録する、premium 高級な、consumer goods 消費財

244. 文頭のIn the tight labor marketとは「厳しい労働市場では」という意味。そうした環境ではemployersは不利な立場なので、「出来の悪い」従業員でさえも解雇するのをためらうことになる。(B) も (C) も「非常に優れた」、(D) は「友好的な」という意味でどれも文意的に不適。(A) poorが「出来のよくない」という意味なのでこれが正解。

正解 (A)

【訳】厳しい労働市場においては、雇用主の中には出来の悪い従業員でも解雇するのを躊躇う者もいる。

【注】tight 需給が逼迫した、labor market 労働市場、fire 解雇する

245. 文の前半は「素人向けの一般科学書が今は非常に多い」という意味で、そうした状況によって「熱心でない」読者も多様な本が読めるようになったというのが大意。(A) は「目立つ」、(B) は「雄弁な」、(C) は「どっちつかずの」という意味でどれも文意から外れる。(D) casualが「熱心でない」、「詳しくない」という意味で文意に合致する。

正解 (D)

【訳】今は素人向けに書かれた一般科学書が非常に多くあるので、あまり熱心でない読者も数多くのトピックの本を読めるようになった。

【注】abundance 多量、豊富さ、popular science book 一般科学書、layman 素人、門外漢

246. 冒頭のdepositは「手付金」という意味。また空所後にrefundable「払い戻しができる」とあるので、空所には「完全に」とか「全額」という意味の語が入ると予想される。(A) は「独占的に」、(B) は「定期的に」、(C) は「ゆっくりと」という意味なのでどれも文意にそぐわない。(D) fullyが「完全に」という意味なのでこれが正解。

正解 (D)

【訳】到着日の少なくとも14日前までに予約のキャンセルをしていただければ、手付金は全額払い戻しすることができます。

【注】booking 予約、at least 少なくとも、arrival date 到着日

247. I was ------- surprised to find that my investment of $10,000 had increased to $25,000 in just three years.

(A) pleasantly   (B) reluctantly

(C) gracefully   (D) disappointingly

248. Residents of the city have been complaining for a long time that there are ------- any good restaurants nearby.

(A) normally   (B) dependably

(C) hardly   (D) easily

249. All passwords must be changed once again by Wednesday even if you have done so -------.

(A) previously   (B) typically

(C) rapidly   (D) continually

250. Significant increases in consumer spending were seen ------- across many business sectors.

(A) selectively   (B) broadly

(C) politely   (D) respectively

251. People with high blood pressure should have medical examinations ------- in order to prevent serious illness.

(A) remotely   (B) faithfully

(C) intermittently   (D) regularly

252. New employees are required to visit the company Web site and download relevant software ------- to their laptop computers.

(A) simply   (B) directly

(C) extensively   (D) hardly

247. 空所前後は「驚いた」という意味だが、どのように驚いたのだろうか。文の後半に「1万ドルの投資が3年で2万5千ドルになった」とあるので、その驚きは「うれしい」ものだったはず。(B)は「嫌々ながら」、(C)は「優雅に」、(D)は「失望して」という意味なのでどれも文意から外れる。(A) pleasantlyがまさに「うれしく」という意味なのでこれが正解。　　　　　　　　　　　正解 **(A)**

【訳】たったの3年で私の1万ドルの投資が2万5千ドルに増えたのがわかって、うれしい驚きだった。

【注】be pleasantly surprised うれしい驚きである、investment 投資

---

248. 文頭に「市の住民は長く不満を言ってきた」とあるので、that以下は近くによいレストランが「ない」という意味になると推測される。(A)は「通常は」、((B)は「信頼性をもって」、D)は「簡単に」という意味でどれも文意に合わない。(C) hardlyが「ほとんど〜がない」という意味なのでこれが正解。　　　　　　　　　　　　　　　　　　　　　　　　　　　　　　正解 **(C)**

【訳】その市の住民は、近所によいレストランがほとんどないと長い間不満を漏らしてきた。

【注】complain 不満を言う、nearby 近くに、近隣に

---

249. 文の前半は「全パスワードを水曜日までに再度変更せよ」という意味で、その後にeven if you have done soとあるので、空所には「以前に」とか「すでに」という意味の語が入ると予想される。(B)は「典型的に」、(C)は「急速に」、(D)は「継続的に」という意味でどれも文意にそぐわない。(A) previouslyが「以前に」という意味で文意にピタリ合致する。　　　　　　　正解 **(A)**

【訳】以前に変更していたとしても、すべてのパスワードを水曜日までに再度変更してください。

【注】once again もう一度、even if たとえ〜だとしても

---

250. 空所後にacross many business sectors「多くのビジネス分野にわたって」とあるので、それが「広く」広がっていると推測される。(A)は「選択的に」、(C)は「丁寧に」、(D)は「それぞれに」という意味でどれも文意から外れる。(B) broadlyが「広く」という意味で文意が通る。

正解 **(B)**

【訳】消費者支出の大幅な増加が多くのビジネス分野にわたって広く見られた。

【注】significant increase 大幅な増加、consumer spending 消費者支出

---

251. 文の前半は「高血圧の人は医療検査を受けるべき」という意味で、その後にそれは「重篤な病気を防ぐため」だとある。つまり、病気を防ぐために「定期的に」検査を受診すべきというのが文の大意。(A)は「遠隔で」、(B)は「誠実に」、(C)は「断続的に」という意味でどれも文意にそぐわない。(D) regularlyが「定期的に」という意味なのでこれが正解。　　　　　　正解 **(D)**

【訳】高血圧の人は重篤な病気を防ぐために定期的に医療検査を受けるべきである。

【注】high blood pressure 高血圧、examination 検査、serious illness 重篤な病気

---

252. 会社のウェブサイトにアクセスして、関連するソフトウェアを自分のコンピューターに「直接」ダウンロードしてほしいというのが文の大意。(A)は「単に」、(C)は「広範に」、(D)は「ほとんど〜ない」という意味でどれも文意から外れる。(B) directlyがまさに「直接に」という意味なのでこれが正解。　　　　　　　　　　　　　　　　　　　　　　　　　　　　　　正解 **(B)**

【訳】新入社員は会社のウェブサイトにアクセスして、自分の仕事に関連するソフトウェアを直接自分のラップトップにダウンロードすることが求められている。

【注】visit the company Web site 会社のウェブサイトにアクセスする、relevant 関連する

253. We are delighted to have received so many applications, but -------, only a few applicants who meet the company's rigorous standards will be offered jobs.

(A) regrettably
(C) contentiously
(B) anxiously
(D) cautiously

254. Wealth for You is a monthly business newsletter offered ------- to our valuable clients and investors.

(A) joyfully
(C) apologetically
(B) interestingly
(D) exclusively

255. Mr. Wu's plan for modernizing the plant seemed so feasible that the company's CEO approved it -------.

(A) enthusiastically
(C) analytically
(B) reluctantly
(D) skeptically

256. Since his secretary resigned ------- last month, Mr. Gupta is in desperate need of filling the position as soon as possible.

(A) abruptly
(C) immediately
(B) promptly
(D) imminently

257. Company employees should be aware that anything posted on social media can ------- be accessed by their employers.

(A) nearly
(C) sharply
(B) immensely
(D) potentially

258. Technology devices will be provided to all students ------- so that they can participate equally in remote learning.

(A) actively
(C) shortly
(B) supportively
(D) exceptionally

253. 文の前半には多く求職があったことが書かれている。しかし、「残念なことに」その内のonly a few applicantsしか職は提供されないというのが文の大意。(B) は「心配そうに」、(C) は「けんか腰で」、(D) は「慎重に」という意味なのでどれも文意にふさわしくない。(A) regrettablyが「残念ながら」という意味で文意にもピタリ合致する。　　　　　　　　　　　　**正解 (A)**

【訳】非常に多くの求職応募があり我が社としてはよろこばしいことですが、残念ながら我が社の厳格な基準を満たした少数の応募者にだけ職は提供されます。

【注】delighted to ~してうれしい、meet 満たす、rigorous standard 厳格な基準

254. 空所後にto our valued clients and investors「我が社の重要なお客様と投資家のみなさまに」とあるので、このニュースレターがそうした人たち「だけ特別に」提供されていると推察される。(A) は「うれしそうに」、(B) は「興味深いことに」、(C) は「申し訳なさそうに」という意味でどれも文意に合わない。(D) exclusivelyが「~だけ」という意味なのでこれが正解。　　　　　**正解 (D)**

【訳】ウェルス・フォー・ユーは、我が社の重要なお客様と投資家のみなさまだけに提供されている月刊のビジネスニュースレターです。

【注】monthly 月刊の、valuable 重要な、貴重な

255. 文の前半は「ウー氏の工場最新化計画は非常に実行可能に思えた」という意味。そのため会社のCEOはその計画に「強く」賛同したと考えられる。(B) は「嫌々ながら」、(C) は「分析的に」、(D) は「懐疑的に」という意味なのでどれも文意から大きく外れる。(A) enthusiasticallyが「積極的に」、「熱心に」という意味で文意にピタリ合致する。　　　　　　　　**正解 (A)**

【訳】ウー氏の工場最新化計画は非常に実現可能に思われたので、会社のCEOはその計画に積極的に賛同した。

【注】modernize 最新化する、feasible 実行可能な、approve 賛同する、承認する

256. 空所前にhis secretary resignedとあり、後半ではグプタ氏はその代わりを「埋めるのに必死である」ことがわかる。そこまで必死なのは、秘書の辞任が「突然」だったからだと推察される。(B) は「即座に」、(C) は「すぐに」、(D) は「差し迫って」という意味なのでどれも文意にそぐわない。(A) abruptlyが「突然に」という意味なのでこれが正解。　　　　　　　　　**正解 (A)**

【訳】彼の秘書が先月突然辞任したので、グプタ氏はできるだけ早くその職を埋めることを心底必要としている。

【注】resign 辞任する、in desperate need of ~を心底必要とする、fill 満たす

257. 文頭で「会社の従業員は知っておくべきだ」と注意を促している。では、何に注意を促しているのか。それはSNSに投稿した内容が雇用主によってアクセスされる「可能性がある」ということ。(A) は「ほとんど」、(B) は「大いに」、(C) は「鋭く」という意味なのでどれも文意に馴染まない。(D) potentiallyが「潜在的に」という意味で可能性を表すのでこれが正解。　　　　　　**正解 (D)**

【訳】SNSに投稿したどんな内容のものでも雇用主にアクセスされる可能性があることを従業員は知っておくべきである。

【注】aware ~に気づく、posted on social media SNSに投稿された

258. 文の前半は「技術機器が全学生に提供される」という意味なので、空所にはそれがいつ提供されるかを示す語が入ると予想される。(A) は「活発に」、(B) は「支援して」、(D) は「例外的に」という意味でどれも文意からほど遠い。(C) shortlyが「間もなく」という意味で文意にも合致する。　　　　　　　　　　　　　　　　　　　　　　　　**正解 (C)**

【訳】全学生が平等に遠隔学習に参加できるよう、技術機器が間もなく全学生に配布される予定である。

【注】device 機器、equally 平等に、remote learning 遠隔学習

259. The news that Mr. Peterson will soon be promoted to CEO has not been ------- confirmed yet.

(A) officially   (B) similarly
(C) recently   (D) securely

260. TJ Furniture has ------- been creating new ways to make furniture shopping more enjoyable.

(A) necessarily   (B) haltingly
(C) differently   (D) consistently

261. If anything, investors seem optimistic that the worst is behind them and the economy will bounce back ------- in the next year.

(A) marginally   (B) intriguingly
(C) appropriately   (D) vigorously

262. The Best Company for Career Development Award was based on ratings provided by employees who ------- evaluated their workplaces.

(A) anonymously   (B) knowingly
(C) widely   (D) briefly

263. Customers responded ------- to the bargain prices the retailer offered throughout the store.

(A) casually   (B) occasionally
(C) excitedly   (D) prominently

264. The award-winning economic research concerning stock market volatility was published last year and is now used ------- by people in the financial industry.

(A) eloquently   (B) widely
(C) fairly   (D) necessarily

259. 文の前半は「ピーターソン氏がすぐCEOに昇格するというニュースは」という意味で、その
ニュースはまだ確認されていない。そうした確認は会社が「公式に」するものである。(B) は「同様
に」、(C) は「最近」、(D) は「安全に」という意味でどれも文意にそぐわない。(A) officiallyが「公
式に」という意味で文意にピタリ合致する。 **正解 (A)**

【訳】ピーターソン氏がすぐCEOに昇格するというニュースはまだ公式には確認されていない。

【注】**promote** 昇格させる、**confirm** 確認する、**not yet** まだ〜していない

----

260. これは家具店に関する文で、空所後にbeen creating new waysとあるので、この家具店は
そうしたことを「長く」続けてきたと推測される。(A) は「必ずしも」、(B) は「途切れ途切れに」、
(C) は「異なって」という意味でどれも文意に合わない。(D) consistentlyが「絶えず」、「一貫して」
という意味で文意にピタリ合致する。 **正解 (D)**

【訳】TJ家具店は、家具の買い物がもっと楽しいものになるように絶えず新しい方法を創造し続けてきた。

【注】**furniture** 家具、**new ways** 新しい方法、**enjoyable** 楽しい

----

261. 文の前半にinvestors seem optimisticとある。また中盤のand以下では「最悪期は脱し経済
は来年回復する」とあるので、経済の回復は「力強い」ものになると考えられる。(A)は「わずかに」、(B)
は「興味を持って」、(C) は「適切に」という意味なのでどれも不適。(D) vigorouslyがまさに「元
気に」、「力強く」という意味で文意にピタリ適合する。 **正解 (D)**

【訳】どちらかと言えば、投資家は楽観的で、最悪期は脱し経済は来年はしっかりと回復するだろうと考えている。

【注】**if anything** どちらかと言えば、**bounce back** 回復する

----

262. 空所前にこの賞は「従業員による採点に基づいている」とあり、それら従業員は自身の職場に
ついての評価をしている。自身の職場を公平に評価するためには「匿名で」ある必要がある。(B)
は「知っていながら」、(C) は「広く」、(D) は「短く」という意味でどれも文意にそぐわない。(A)
anonymouslyがまさに「匿名で」という意味なのでこれが正解。 **正解 (A)**

【訳】キャリア育成最高企業賞は、匿名で自分たちの会社の職場を評価した従業員によって提供された採点に基づ
いていた。

【注】**based on** 〜に基づく、**rating** 採点、評価、**workplace** 職場

----

263. 空所後にto the bargain pricesとあるので、文頭のCustomersは「よろこんで」、「熱狂的に」
反応したと考えられる。(A) は「何げなく」、(B) は「時折」、(D) は「顕著に」という意味でどれ
も文意に合わない。(C) excitedlyが「興奮して」という意味で文意にピタリ合致する。 **正解 (C)**

【訳】その小売業者が店中で行った特売価格に顧客は興奮して反応した。

【注】**respond** 反応する、**bargain prices** 特売価格、**retailer** 小売業者

----

264. 文の前半にThe award-winning economic researchとあるので、その調査が優れたものだっ
たことがわかる。そのため、調査は金融業界の人間に「広く」使われていると考えられる。(A) は「雄
弁に」、(C) は「かなり」、(D) は「必然的に」という意味でどれも文意にそぐわない。(B) widely
がまさに「広く」という意味なのでこれが正解。 **正解 (B)**

【訳】株式市場の変動に関するその賞を取った経済調査は昨年出版されたが、今では金融業界の人間に広く使われ
ている。

【注】**award-winning** 受賞した、**concerning** 〜に関する、**financial industry** 金融業界

265. After enduring smoke and fumes for many years, the villagers ------- succeeded in closing down the trash incineration facility.

(A) profoundly
(C) eventually
(B) heavily
(D) succinctly

266. Although Christine Perry's play was set to open last weekend, it was postponed ------- due to cast issues.

(A) unexpectedly
(C) repeatedly
(B) increasingly
(D) successfully

267. This seminar will focus ------- on legal issues that foreign entities face when entering the country's market.

(A) conclusively
(C) accidentally
(B) mainly
(D) intimately

268. After the installation of new software, Cooper Mining ------- experiences technical difficulties anymore.

(A) simultaneously
(C) rarely
(B) occasionally
(D) nearly

269. Whether it's a welcome party or any other company event, your occasion will be ------- executed by our professional culinary and service teams.

(A) effortlessly
(C) finally
(B) convincingly
(D) probably

270. People in the country have reacted ------- to the new traffic violation law which will take effect next month.

(A) productively
(C) punctually
(B) unfavorably
(D) thoroughly

265. 文の前半から村民が長年煙や悪臭に耐えてきたことがわかる。空所後にsucceeded in closing downとあるので、村民が「ようやく」施設を閉鎖させることに成功したと思われる。(A) は「深く」、(B) は「重く」、(D) は「簡潔に」という意味でどれも文意から外れる。(C) eventuallyが「ようやく」、「最終的に」という意味で文意にも合致する。　　　　　　　　　　　　　　　**正解（C）**

【訳】長年にわたり煙と悪臭に耐えてきて、村民たちはようやくゴミ焼却施設を閉鎖させることに成功した。
【注】endure 耐える、fume 悪臭、trash incineration facility ゴミ焼却施設

266. 文の前半は「ある劇が先週末に開幕予定だったが」という意味で、それが延期されたとある。延期理由はdue to以下にあり、空所には延期された状況が入ると考えられる。(B) は「ますます」、(C) は「繰り返して」、(D) は「首尾よく」という意味でどれも文意にそぐわない。(A) unexpectedlyが「不意に」という意味で文意にピタリ合致する。　　　　　　　　　　　　　　　**正解（A）**

【訳】クリンティン・ペリーの劇は先週末に開幕する予定であったが、配役の問題で突如延期されることになった。
【注】play 劇、set to ～することになっている、postpone 延期する、cast 配役

267. 空所前後は「このセミナーは法律問題に焦点を当てる」という意味で、空所には「どの程度」その問題に焦点を当てるのかを示唆する語が入ると考えられる。(A) は「最終的に」、(C) は「偶然に」、(D) は「親密に」という意味でどれも程度を表すものではない。(B) mainlyが「主として」という程度を示す副詞で文意にも合致する。　　　　　　　　　　　　　　　**正解（B）**

【訳】このセミナーは外国企業がその国の市場に参入する際に直面する法律問題に、主として焦点を当てる予定である。
【注】focus on ～に焦点を当てる、legal issues 法律問題、entity 組織、事業体

268. 文頭にAfter the installation of new softwareとあるので、その後は技術的問題も以前より「少なくなった」と考えられる。(A) は「同時に」、(D) は「ほとんど」という意味でどちらも文意とは無関係。(B) は「たまに」という意味だが文末にanymoreがあるので不可。(C) rarelyが「めったに～しない」という意味で文意にも合う。　　　　　　　　　　　　　　　**正解（C）**

【訳】新しいソフトウェアを導入してから、クーパー鉱山社は技術的問題をめったに経験しないようになっている。
【注】installation 導入、据え付け、experience 経験する、technical difficulty 技術的問題

269. 文の前半は「それが歓迎会であれその他のどんな会社行事であっても」という意味。そんな会社行事は我々の料理とサービス担当者が「楽々と」こなしますというのが文の大意。(B) は「納得いくように」、(C) は「ようやく」、(D) は「おそらく」という意味でどれも文意にそぐわない。(A) effortlesslyが「楽々と」、「苦もなく」という意味で文意にピタリ合致する。　　　　　　　　　　　　　　　**正解（A）**

【訳】それが歓迎会であれその他どんな会社行事であれ、御社の行事は我々のプロの料理、サービス担当者が楽々とこなしていきます。
【注】welcome party 歓迎会、execute 実行する、culinary 料理の

270. 空所前にhave reacted「反応した」とある。そうした反応の仕方としては好意的か否定的かのどちらか。(A) は「生産的に」、(C) は「時間どおりに」、(D) は「完全に」という意味で反応の仕方の副詞としてはふさわしくない。(B) unfavorablyが「好意的でなく」という意味で、反応の仕方として十分にあり得る。　　　　　　　　　　　　　　　**正解（B）**

【訳】その国の国民は来月発効する新しい交通違反法に対して否定的な反応をした。
【注】traffic violation law 交通違反法、take effect 発効する

271. We are experienced negotiators and litigators who will ------- protect your interests to the full extent of the law.

(A) extremely
(B) moderately
(C) correspondingly
(D) assertively

272. Mr. Gable first won the annual salesman award and ------- surpassed the all-time sales record at Furniture Heaven.

(A) subsequently
(B) practically
(C) conservatively
(D) precisely

273. Camdex Corporation's working practices are ------- reviewed to ensure that they adequately reflect the company's business direction.

(A) adversely
(B) periodically
(C) vaguely
(D) wisely

274. Even if employees seem satisfied with their work, it doesn't ------- mean they're committed to it.

(A) gradually
(B) necessarily
(C) significantly
(D) currently

275. Unfortunately, Montrose Corp's business plan has been ------- successful at best, offering no realistic strategy for expansion.

(A) absolutely
(B) economically
(C) marginally
(D) conspicuously

276. If you have no spouse, children or parents, your estate will be divided ------- among your siblings.

(A) explicitly
(B) visibly
(C) partially
(D) equally

271. 空所後に protect your interests to the full extent of the law「法が許す最大限まで利益を守る」とあるので、これはあなたの利益を「しっかり」守る姿勢を示している。(A) は「極度に」、(B) は「適度に」、(C) は「相応に」という意味でどれも文意に合わない。(D) assertively が「自信たっぷりに」、「きっぱりと」という意味で文意にも合致する。　　　　　　　　　　　　　　　　　**正解（D）**

【訳】我々は法が許す最大限まであなたの利益をきっちりと守る経験豊かな交渉者であり訴訟当事者である。

【注】experienced 経験豊かな、litigator 訴訟当事者、to the full extent 最大限まで

272. 文頭に Mr. Gable first won とあるように、first「最初に」という語が入っていることに注目。first があるということは「その続き」があることを示唆している。(B) は「実際には」、(C) は「保守的に」、(D) は「正確に」という意味でどれも文意から外れる。(A) subsequently がまさに「その後に」という意味なのでこれが正解になる。　　　　　　　　　　　　　　　**正解（A）**

【訳】ゲーブル氏は最初に年間販売員賞を受賞し、その後ファーニチャー・ヘブンにおける過去最高の販売記録を超える業績を上げた。

【注】surpass ～を超える、all-time 過去最高の、空前の

273. 空所後の reviewed は「見直される」という意味。では、どんなときに見直されるのか。それを示す語が空所に入ることになる。(A) は「逆に」、(C) は「曖昧に」、(D) は「賢明に」という意味でどれも文意に馴染まない。(B) periodically が「定期的に」、「周期的に」という意味で文意にも合致する。　　　　　　　　　　　　　　　　　　　　　　　　　**正解（B）**

【訳】キャムデックス社では会社事業の方向性を十分に反映させるために労働慣行を定期的に見直している。

【注】working practices 労働慣行、adequately 十分に、reflect 反映する、direction 方向性

274. 文の前半は「たとえ従業員が仕事に満足しているように見えても」という意味。また後半は「仕事に専心していることを意味しない」という意味なので、空所には「必ずしも」という意味の語が入ると考えられる。(A) は「徐々に」、(C) は「大いに」、(D) は「現在は」という意味でどれも文意にふさわしくない。(B) necessarily が「必ずしも」という意味なのでこれが正解。　　**正解（B）**

【訳】たとえ従業員が仕事に満足しているように見えても、それは彼らが仕事に全力を注いでいることを必ずしも意味しない。

【注】even if たとえ～でも、seem ～のように思える、committed to ～に全力を注いでいる

275. 文頭に Unfortunately、また文末に offering no realistic strategy for expansion とあるので、空所には successful を部分的に否定するような語が入ると予想される。(A) は「絶対に」、(B) は「経済的に」、(D) は「目立って」という意味でどれも文意にそぐわない。(C) marginally には「かろうじて」という否定的ニュアンスの意味があり文意も通る。　　　　　　　　**正解（C）**

【訳】残念なことに、モントローズ社のビジネス計画はせいぜいかろうじて成功していると言える程度で、現実的な拡大戦略がまったく示されていない。

【注】unfortunately 残念ながら、at best せいぜい、よくても、realistic 現実的な

276. 文の前半は「配偶者や子どもなどがいなければ」という意味。またカンマ後に estate「財産」、文末に siblings「兄弟姉妹」とあるので、財産は兄弟姉妹で「平等に」分割されるという意味になると考えられる。(A) は「明確に」、(B) は「目に見えて」、(C) は「部分的に」という意味でどれも文意に合わない。(D) equally が「平等に」という意味で文意にも合う。　　　　　　　　**正解（D）**

【訳】もしあなたに配偶者、子ども、親がいなければ、あなたの財産は兄弟姉妹の間で平等に分割されることになる。

【注】spouse 配偶者、divide 分割する

277. Cindy, our tour guide, proved herself to be very accommodating, ------- changing the schedule of our final day in Singapore at our request.

(A) ambitiously
(B) quickly
(C) normally
(D) potentially

278. Moderate amounts of caffeine have been shown to ------- increase energy and alertness.

(A) generally
(B) patiently
(C) negatively
(D) prematurely

279. Strategic decisions are made very -------, whereas operational decisions might be made monthly or even weekly.

(A) commonly
(B) shortly
(C) repetitively
(D) infrequently

280. Due to a clerical error, several reviewers were ------- excluded from our previous list of "Reviewer Acknowledgments."

(A) respectively
(B) decently
(C) mistakenly
(D) mutually

281. The new manager, Mr. Barrel, spoke ------- at first, sometimes searching for words, but soon grew confident and assured.

(A) surprisingly
(B) haltingly
(C) eloquently
(D) persuasively

282. The region's unemployment rate is higher than the state average, which means that skilled workers are ------- available.

(A) pleasantly
(B) readily
(C) amicably
(D) consecutively

277. 空所前にaccommodating「親切な」、「融通のきく」とあるので、シンディは旅行者の要求を容れて「即座に」スケジュールを変更してくれたと考えられる。(A) は「野心的に」、(C) は「通常は」、(D) は「潜在的に」という意味でどれも文意に合わない。(B) quicklyが「すぐに」という意味で文意にピタリ合致する。　　　　　　　　　　　　　　　　　　　　　　　　正解（B）

【訳】我々のツアーガイドであったシンディはとても融通のきく人で、我々の要求に応じてシンガポール最後の日の日程をすぐに変更してくれた。

【注】prove oneself 能力を示す、at one's request ～の要求で

278. 文頭にModerate amounts「ほどほどの量」とあるので、肯定的な内容の文であることを予感させる。(C) は「否定的に」、(D) は「時期尚早に」という否定的な副詞なのでここでは不適。(B) は「辛抱強く」という肯定語だが文意にそぐわない。(A) generallyは「一般的に」という中立的な意味だが文意が通るのでこれが正解。　　　　　　　　　　　　　　　　　　正解（A）

【訳】ほどほどの量のカフェインを摂取することはエネルギーと覚醒度を増加させることが証明されている。

【注】moderate ほどほどの、show 論証する、alertness 覚醒

279. 文の後半にoperational decisionsはmonthly やweeklyで行うとあるので、それと対比される文頭のStrategic decisionsは、それほど「頻繁ではない」頻度で行われると考えられる。(A) は「一般に」、(B) は「すぐに」、(C) は「繰り返して」という意味でどれも文意から外れる。(D) infrequentlyが「まれに」という意味で文意にも合う。　　　　　　　　　　　　正解（D）

【訳】戦略決定は非常にまれにしか行われないが、その一方実務的決定は毎月あるいは毎週行われることもある。

【注】strategic 戦略的な、whereas その一方で、operational 実務的な

280. 文頭にDue to a clerical error「事務的エラーのため」とあり、そのために数人の評者がリストから「間違って」除外されたというのが文の大意だと考えられる。(A) は「それぞれ」、(B) は「きちんと」、(D) は「相互に」という意味でどれも文意に合わない。(C) mistakenlyがまさに「間違って」という意味なのでこれが正解。　　　　　　　　　　　　　　　　　　　　　　正解（C）

【訳】事務的エラーのため、何人かの評者の名前が前回の「評者への謝辞」のリストから除外されていた。

【注】clerical 事務的な、reviewer 評者、評論家、exclude 除外する、acknowledgment 謝辞

281. 空所のすぐ後にsometimes searching for words「ときに言葉を探しながら」とあるので、バレル氏が流暢にではなく、「途切れ途切れに」話をしたと推察される。(A) は「驚いたことに」、(C) は「雄弁に」、(D) は「説得力を持って」という意味でどれも文意が通らない。(B) haltinglyが「途切れ途切れに」という意味で文意も通る。　　　　　　　　　　　　　　　　　正解（B）

【訳】新マネージャーであるバレル氏は最初言葉を探しながら途切れ途切れに話したが、すぐに自信に満ちたようになった。

【注】search for ～を探す、confident 自信に満ちた、assured 自信のある

282. 文の主語はThe region's unemployment rate「その地域の失業率」であることに注意。失業率が州内平均よりも高いということは、労働者が「すぐに」見つかることを暗示している。(A) は「楽しく」、(C) は「友好的に」、(D) は「連続して」という意味でどれも文意にそぐわない。(B) readilyがまさに「すぐに」という意味で文意にピタリ合致する。　　　　　　　　正解（B）

【訳】その地域の失業率は週内平均よりも高い、つまりそれは熟練労働者がすぐに見つかることを意味している。

【注】region 地域、unemployment rate 失業率、skilled worker 熟練労働者

283. The city's musical theater ------- opens for the season on October 1, but it is currently closed for renovations.

(A) regularly
(B) normally
(C) constantly
(D) consistently

284. Those who are eager to learn more about Earth's history and evolution should ------- take our fascinating museum tour.

(A) particularly
(B) frequently
(C) definitely
(D) actually

285. We offer the know-how needed to plan a publishing strategy to those who hope to publish books -------.

(A) cautiously
(B) commercially
(C) patiently
(D) beneficially

286. Admission to Bauman University remains conditional until you finish some additional coursework -------.

(A) dominantly
(B) satisfactorily
(C) structurally
(D) defectively

287. Jennifer said that she has had no formal art education and her style developed in an ------- organic way.

(A) entirely
(B) interestingly
(C) excitedly
(D) selectively

288. Mr. Sanjay worked as an assistant at a small bank before ------- getting a job at a prestigious bank in New York.

(A) adequately
(B) clearly
(C) ultimately
(D) exactly

283. 文の後半にその音楽劇場が「現在は」閉まっているとある。ということは、空所には「いつもは」などその類義語が入ると考えられる。(A) は「定期的に」、(C) は「常に」、(D) は「一貫して」という意味でどれも文意にそぐわない。(B) normallyが「通常は」という意味で文意にも合致する。

正解 (B)

【訳】その市の音楽劇場は通常は10月1日にシーズンがオープンするが、現在は改修工事のため閉鎖になっている。

【注】musical theater 音楽劇場、closed 閉まっている、renovation 改修工事

---

284. 主語は文前半の「地球の歴史や進化についてもっと知りたい人」で、そういう人はツアーに「絶対に」参加すべきだというのが文の大意だと考えられる。(A) は「特に」、(B) は「頻繁に」、(D) は「実際は」という意味でどれも文意に馴染まない。(C) definitelyが「確かに」、「絶対に」という意味なのでこれが正解になる。

正解 (C)

【訳】地球の歴史と進化についてもっと学びたいと思っている人は、私どもの博物館の魅力的なツアーに絶対に参加すべきです。

【注】eager to 〜を切望する、evolution 進化、fascinating 魅力的な、興味をそそる

285. 空所前は「出版したい人に対して出版戦略のノウハウを提供する」というのがその大意。ではどのような状態あるいは形態で出版するのか。(A) は「慎重に」、(C) は「辛抱強く」、(D) は「有益に」という意味でどれも出版形態とは関係ない。(B) commerciallyが「商業的に」という意味で文意にピタリ合致する。

正解 (B)

【訳】我が社は商業出版したいと思っている人に対して、出版戦略を計画するのに必要なノウハウを提供している。

【注】plan 計画する、publishing strategy 出版戦略

---

286. 文の前半は「大学入学は条件つき」という意味。そして、その条件というのは追加の学習課題を「満足な状態で」終わることだというのが文の大意だと考えられる。(A)は「支配的に」、(C)は「構造的に」、(D) は「不完全に」という意味でどれも文意にそぐわない。(B) satisfactorilyが「満足のいくように」という意味で文意が通る。

正解 (B)

【訳】バウマン大学への入学は、あなたが追加の学習課題を満足に終了するまで条件つきである。

【注】remain conditional 条件付きのままで、coursework 学習課題

---

287. 文の前半に「ジェニファーは正式な芸術教育をまったく受けていない」とあるので、彼女の芸術スタイルは「完全に」自然な形で作られていったと考えられる。(B) は「興味深いことに」、「C」は「興奮して」、(D) は「選択的に」という意味でどれも文意から外れる。(A) entirelyが「まったく」、「完全に」という意味なのでこれが正解。

正解 (A)

【訳】ジェニファーによると彼女は正式な芸術教育をまったく受けたことがなく、彼女のスタイルは完全に自然な形で育った。

【注】formal education 正式な教育、organic 有機的な、自然な

---

288. 空所前後は「ニューヨークの銀行で職を得る前に」という意味。また文の前半に、その前は「小さな銀行で働いていた」とあるので、空所には「最終的に」といった意味の語が入ると考えられる。(A) は「十分に」、(B) は「明らかに」、(D) は「正確に」という意味なのでどれも文意として不適。(C) ultimatelyがまさに「最終的に」という意味なのでこれが正解。

正解 (C)

【訳】サンジェイ氏は最終的にニューヨークの一流銀行で職を得る前、小さな銀行でアシスタントとして働いていた。

【注】get a job 職を得る、prestigious 一流の、著名な

289. In today's ------- connected work environment, communicating with one another is easier than ever.

(A) optionally
(B) randomly
(C) increasingly
(D) hopefully

290. Local residents ------- wait for the opening of Ristorante Russo in the Magnolia Shopping Center.

(A) eagerly
(B) additionally
(C) reliably
(D) roughly

291. The French restaurant was ------- located in the suburbs, but moved to a downtown location with more tourists.

(A) sufficiently
(B) originally
(C) currently
(D) instantly

292. Vinson Energy is ------- confident it will continue to grow faster than the rest of the industry in the coming years.

(A) fairly
(B) possibly
(C) periodically
(D) closely

293. For some businesses, it may be beneficial to advertise periodically instead of -------.

(A) measurably
(B) enthusiastically
(C) continuously
(D) widely

294. On a per capita basis, the national healthcare spending has increased ------- in the last three decades.

(A) typically
(B) deliberately
(C) collaboratively
(D) exponentially

289. 空所前後は「今日のような繋がった職場環境においては」という意味。空所にはそのような職場でどのように繋がっているのかを表す副詞が入ると考えられる。(A) は「任意に」、(B) は「無作為に」、(D) は「願わくは」という意味でどれもconnectedとは相性が悪い。(C) increasinglyが「ますます」という意味で文意に合致する。　　　　　　　　　　　　　　　　　　　　　　　　　**正解 (C)**

【訳】今日のようなますます繋がった職場環境においては、お互いにコミュニケーションをとることはこれまでになく簡単である。

【注】work environment 職場環境、one another お互いに、than ever これまで以上に

290. 空所後にwait for the opening of Ristorante Russoとあるので、住民はそのレストランの開店を「楽しみに」して待っていると想像できる。(B) は「追加して」、(C) は「確実に」、(D) は「おおよそ」という意味でどれもwait forとは相性がよくない。(A) eagerlyがまさに「熱心に」という意味なのでこれが正解。　　　　　　　　　　　　　　　　　　　　　　　　　**正解 (A)**

【訳】地元の住民はマグノリア・ショッピングセンターでリストランテ・ルッソが開店することを熱心に待っている。

【注】local resident 地元の住民、opening 開店

291. 文の中頃にあるカンマ後にbut moved to「移転した」とあるので、そのフレンチレストランは「元々は」別の場所にあったことがわかる。(A) は「十分に」、(C) は「現在は」、(D) は「すぐに」という意味なのでどれも文意に合わない。(B) originallyが「最初は」、「元々は」という意味で文意に合致する。　　　　　　　　　　　　　　　　　　　　　　　　　**正解 (B)**

【訳】そのフレンチレストランは最初は郊外にあったが、より多くの観光客がいる町の中心街に場所を移した。

【注】in the suburbs 郊外に、location 場所

292. 空所後にconfident it will continue to grow「今後も成長を続けることに自信がある」とあるので、空所にはどれくらい自信があるのかを示す副詞が入ると考えられる。(B) は「ひょっとしたら」、(C) は「定期的に」、(D) は「注意深く」という意味でどれも自信の程度を示す副詞としては不適。(A) fairlyは「かなり」という程度を表す副詞で文意にも合致する。　　　　　　　　　　　　　　　　　　　　　　　　　**正解 (A)**

【訳】ビンソン・エネルギー社は、今後数年も業界よりも早く成長を続けていけるとかなり自信を持っている。

【注】industry 業界、産業、in the coming years 今後数年のうちに

293. 空所前にperiodically instead of「〜するよりも周期的に」という語句があるので、空所にはperiodicallyと対照的な副詞が入ると予想される。(A) は「明らかに」、(B) は「熱心に」、(D) は「広く」という意味でどれも文意にそぐわない。(C) continuouslyが「継続的に」という意味でperiodicallyと対照的な関係にあるのでこれが正解。　　　　　　　　　　　　　　　　　　　　　　　　　**正解 (C)**

【訳】一部のビジネスにとっては、継続的に広告するよりも周期的に行う方がより有益かもしれない。

【注】beneficial 有益な、advertise 広告する、instead of 〜に代わりに

294. 空所前にincreased「増加した」とあるので、空所にはその増加の度合いを示す副詞が入ると考えられる。(A) は「典型的に」、(B) は「故意に」、(C) は「協力して」という意味でどれも増加の程度とは無関係。(D) exponentiallyが「急激に」、「飛躍的に」という意味で増加の程度を表し文意にも合致する。　　　　　　　　　　　　　　　　　　　　　　　　　**正解 (D)**

【訳】ひとり当たりでは、国の健康管理支出は過去30年間で急激に増加した。

【注】per capita ひとり当たり、healthcare spending 健康管理関連支出、decade 10年

295. Simon Airlines has been ------- affected by a slump in business travel due to economic slowdown.

(A) constantly
(C) closely
(B) adversely
(D) permanently

296. Mitch Kapor ------- stunned the marketing team with his innovative ideas and approach to sales expansion.

(A) cordially
(C) continually
(B) meticulously
(D) proportionately

297. All advertising and promotional items must be disinfected and ------- packaged before being distributed to customers.

(A) respectfully
(C) simply
(B) flexibly
(D) individually

298. The event received ------- positive feedback on social media from participants and fans alike.

(A) resoundingly
(C) severely
(B) infamously
(D) exquisitely

299. After struggling for several years, Dayton Pharma ------- began to turn profitable due to the success of its new drug.

(A) finally
(C) consciously
(B) economically
(D) efficiently

300. Dinatex's profits are expected to rise ------- over the next few years as the company plans to offer a series of new products.

(A) unanimously
(C) diligently
(B) negatively
(D) steadily

295. 空所後にa slump in business travel「ビジネス出張の落ち込み」とあるので、空所には「悪い」影響を表す副詞が入ると考えられる。(A) は「常に」、(C) は「入念に」、(D) は「永久に」という意味でどれも文意に合わない。(B) adverselyが「逆に」、「不利に」という否定的な意味で文意にも合致する。　**正解 (B)**

【訳】サイモン航空は経済の鈍化によるビジネス出張客の落ち込みによって悪影響を受けている。

【注】affect 影響する、economic slowdown 経済の鈍化

296. 空所後のstunned the marketing teamは「マーケティングチームを驚かせた」という意味なので、空所にはその驚かせ方を示す副詞が入ると考えられる。(A) は「真心込めて」、(B) は「慎重に」、(D) は「比例して」という意味でどれもstunとは相性が悪い。(C) continuallyは「絶えず」という意味で文意にも合う。　**正解 (C)**

【訳】ミッチ・ケイパーは、彼の販売拡大に対する革新的なアイデアとアプローチで、絶えずマーケティングチームを驚かせた。

【注】innovative 革新的な、sales expansion 販売拡大

297. 空所後にpackaged「包装される」とあるので、その前の空所にはどのような状態でpackageされるかを示す副詞が入ると考えられる。(A) は「敬意を持って」、(B) は「柔軟に」、(C) は「単に」という意味でどれも文意にそぐわない。(D) individuallyが「個別に」という意味で文意にも合致する。　**正解 (D)**

【訳】すべての広告および宣伝品は、顧客に配られる前に消毒し個別に包装されなければならない。

【注】promotional 宣伝の、disinfect 消毒する、distribute 配る

298. 空所後にpositive feedbackとあるので、空所にはそれがどれほどpositiveなものであったかを示す副詞が入ると予想される。(B) は「不名誉にも」、(C) は「厳しく」、(D) は「絶妙に」という意味でどれもpositive feedbackとは結びつかない。(A) resoundinglyが「圧倒的に」という意味で文意にも合致する。　**正解 (A)**

【訳】そのイベントはSNS上で、参加者とファンの両方から同じように圧倒的に肯定的な評価を受けた。

【注】feedback 評価、反応、participant 参加者、alike 同様に

299. 文頭にAfter struggling for several yearsとあり、空所後にもbegan to turn profitable「利益が始める」とあるので、空所には「ようやく」という意味の語が入ると予想される。(B) は「経済的に」、(C) は「意識的に」、(D) は「効率的に」という意味でどれも文意にそぐわない。(A) finallyが「ようやく」という意味なのでこれが正解になる。　**正解 (A)**

【訳】数年苦闘した後、デイトン・ファーマ社は新薬の成功によってようやく利益が始め出すようになった。

【注】struggle 苦しむ、苦闘する、new drug 新薬

300. 文中のas以下は「会社は一連の新商品を出す計画だ」という意味なので、この会社の利益は今後も「堅調に」伸びていくと考えられる。(A) は「全会一致で」、(B) は「否定的に」、(C) は「勤勉に」という意味でどれも文意にそぐわない。(D) steadilyが「着実に」という意味で文意にもピタリ合致する。　**正解 (D)**

【訳】ダイナテックス社は今後一連の新商品を出していく計画なので、今後数年間は着実に利益が伸びていくと予想されている。

【注】over the next few years 今後数年間、a series of 一連の

301. The actual sales figures in major markets were ------- consistent with the company's expectations.

(A) openly
(B) variously
(C) roughly
(D) cautiously

302. All articles submitted to Marketing Trends must be written ------- for the magazine.

(A) importantly
(B) expressly
(C) approvingly
(D) tightly

303. People in Everton are ------- in favor of constructing a new highway to relieve traffic congestion.

(A) responsibly
(B) competitively
(C) shortly
(D) overwhelmingly

304. The recent success of LX Technology's smartphone is ------- due to its effective marketing campaign.

(A) comparatively
(B) largely
(C) tentatively
(D) urgently

305. Since our advertising campaign for magazine subscriptions last year resulted very -------, we plan to do it again this year.

(A) correctly
(B) gracefully
(C) positively
(D) neutrally

306. Spencer City Community Center is a ------- volunteer-run organization serving its community.

(A) completely
(B) statistically
(C) faithfully
(D) publicly

301. 文頭のThe actual sales figureと文末のthe company's expectationsは、「実際の数字」と「予想（の数字）」という対照になっている。この2つの数字がどの程度consistentであったかというのが問題。(A) は「率直に」、(B) は「さまざまに」、(D) は「慎重に」という意味なのでどれも文意にそぐわない。(C) roughlyが「おおよそ」という意味で程度を表し文意にも合致する。　**正解 (C)**

【訳】主要な市場における実際の販売額は、会社の予想とおおよそ一致していた。

【注】**actual** 実際の、**sales figure** 販売額、**consistent** 〜と一致した、**expectation** 予想、期待

---

302. 空所前にmust be written「書かれなければならない」、また空所後にfor the magazineとあるので、空所にはその雑誌の「ためだけに」という意味の語が入ると予想される。(A) は「重大に」、(C) は「賛成して」、(D) は「きつく」という意味でどれも文意から外れる。(B) expresslyが「明示的に」、「特別に」という意味で文意が通る。　**正解 (B)**

【訳】マーケティング・トレンド誌に寄稿されるすべての記事は、この雑誌のために特別に書かれたものでなければならない。

【注】**article** 記事、**submit** 提出する

---

303. 空所後にin favor of「賛成して」とあるので、空所にはその賛成度合いを表す副詞が入ると考えられる。(A) は「責任を持って」、(B) は「競争して」、(C) は「間もなく」という意味なのでどれも賛成度合いを示す副詞としては不適。(D) overwhelminglyが「圧倒的に」という意味で賛成度合いを示す語としてふさわしい。　**正解 (D)**

【訳】エバートンの住民は交通渋滞を軽減するために、新しい幹線道路を建設することに圧倒的に賛成している。

【注】**relieve** 軽減する、**traffic congestion** 交通渋滞、混雑

---

304. 「スマートフォンの成功はマーケティングがうまくいったことによる」というのが文の大意。空所にはそのマーケティングがどれほど役立ったのかを示す副詞が入る。(A)は「比較的に」、(C) は「暫定的に」、(D) は「緊急に」という意味でどれも程度を示す副詞としては不適。(B) largelyが「大部分は」、「主として」という意味で文意も通る。　**正解 (B)**

【訳】LXテクノロジー社のスマートフォンの最近の成功は、マーケティング・キャンペーンが有効であったことがその主たる理由である。

【注】**due to** 〜が原因で、**effective** 有効な

---

305. 空所後にwe plan to do it again this year「今年も再度行う」とあるので、昨年行った広告キャンペーンが「うまく」いったと考えられる。(A) は「正確に」、(B) は「優雅に」、(D) は「中立的に」という意味でどれも文意に合わない。(C) positivelyが「肯定的に」という意味で文意にも合う。　**正解 (C)**

【訳】昨年行った我が雑誌の購読キャンペーンがうまくいったので、今年も再度行う計画である。

【注】**since** 〜なので、**magazine subscription** 雑誌購読、**result** 〜という結果となる

---

306. 空所後にvolunteer-run organizationとあるので、空所にはその組織がどの程度volunteer-runであったかを示す副詞が入ると考えられる。(B) は「統計的に」、(C) は「忠実に」、(D) は「公的に」という意味でどれも程度を表すものではない。(A) completelyが「完全に」という意味で文意にピタリ合致する。　**正解 (A)**

【訳】スペンサー市のコミュニティーセンターは完全にボランティアによって運営され、コミュニティーに奉仕している組織である。

【注】**volunteer-run** ボランティアによって運営されている、**organization** 組織

307. Dr. Roger Jensen, a renowned economist, has written ------- about the economic fluctuations in the country.

(A) certainly   (B) unwillingly

(C) extensively   (D) distinctly

308. U.S. airlines are doing a ------- better job of keeping flights on schedule, although more than one in five flights still arrive late.

(A) finely   (B) punctually

(C) essentially   (D) slightly

309. The meeting will start ------- at 8:30 A.M. so that it can conclude the same day.

(A) lately   (B) promptly

(C) anxiously   (D) conditionally

310. To be considered for this position, applicants must have supervisory experience and the ability to work with others -------.

(A) collaboratively   (B) securely

(C) automatically   (D) freely

311. Since social media has changed marketing -------, today's marketers need to understand it fully.

(A) slowly   (B) gratefully

(C) dramatically   (D) regrettably

312. Some of our manufacturing plants have ------- increased their output, while output at others has been reduced.

(A) legibly   (B) financially

(C) significantly   (D) hardly

307. 空所後のabout以下から、ジェンセン博士が経済変動ついて書いてきたことがわかる。空所にはその執筆がどの程度のものであったかを示す副詞が入ると予想される。(A)は「確かに」、(B)は「嫌々ながら」、(D)は「はっきりと」という意味でどれも執筆の範囲や程度とは無縁。(C) extensivelyが「広く」、「大規模に」という意味なのでこれが正解になる。　　　　**正解（C）**

【訳】有名な経済学者であるロジャー・ジェンセン博士は、その国の経済変動について広く執筆してきた。

【注】renowned 有名な、economic fluctuation 経済変動

---

308. 文の中頃にあるalthough以下に「まだ5本に1本の割合で飛行機の到着が遅れる」とあるので、よくなったにしてもその改善は「わずかな」ものであると推測される。(A) は「立派に」、(B) は「時間どおりに」、(C) は「基本的に」という意味でどれも文意から大きく外れる。(D) slightlyがまさに「わずかに」という意味で文意が通る。　　　　**正解（D）**

【訳】アメリカの航空会社はまだ5本に1本の割合で遅れて到着しているが、以前に比べると定時の発着にわずかな改善が見られる。

【注】airline 航空会社、on schedule 時間どおりに

---

309. 文の中頃にあるso that以下は「会議がその日のうちに終了できるように」という意味。そのようにするためには、会議は8時半「きっかりに」開始しなければならない。(A) は「最近」、(C) は「心配そうに」、(D) は「条件つきで」という意味でどれも文意から外れる。(B) promptlyが「きっかりに」という意味で文意に合致する。promptlyはTOEIC頻出語のひとつ。　　　　**正解（B）**

【訳】その会議は同日中に終了するために8時半きっかりに開始される。

【注】so that ～できるように、conclude 終了する

---

310. 空所前にあるthe ability to work with others「他者と働く能力」について、雇用主が求職者に求めるのは「協力して」働く能力であると考えられる。(B) は「安全に」、(C) は「自動的に」、(D) は「自由に」という意味でどれも文意に合わない。(A) collaborativelyがまさに「協力して」という意味なのでこれが正解になる。　　　　**正解（A）**

【訳】この職で検討されるためには、応募者は管理経験と他者と協力して働く能力を持っていなければならない。

【注】consider 検討する、考慮する、supervisory experience 管理経験

---

311. 空所後は「今日のマーケティング担当者はSNSを十分理解する必要がある」という意味。ではなぜその必要があるのか。それはSNSがマーケティングを「大きく」変えてしまったからだと考えられる。(A) は「ゆっくり」、(B) は「感謝して」、(D) は「残念ながら」という意味でどれも文意にそぐわない。(C) dramaticallyが「劇的に」という意味で文意にピタリ合致する。　　　　**正解（C）**

【訳】SNSはマーケティングを劇的に変えてしまったので、今日のマーケティング担当者はそれを十分に理解しておく必要がある。

【注】since ～なので、marketer マーケティング担当者、fully 十分に

---

312. カンマ以下ではwhileという逆接の接続詞に続いて「生産量を落とした工場もある」と書かれているので、文の前半はその反対に「大きく」伸ばした工場もあるという意味になると考えられる。(A) は「明瞭に」、(B) は「金銭的に」、(D) は「ほとんど～ない」という意味でどれも文意にそぐわない。(C) significantlyがまさに「大いに」という意味なのでこれが正解になる。　　　　**正解（C）**

【訳】一部の生産工場は生産量を大きく増加させたが、その一方で生産量を減少させた工場もあった。

【注】manufacturing plant 生産工場、output 生産量

313. While the wages at Benton Industry are excellent, its working conditions are ------- demanding and taxing.

(A) physically
(B) mildly
(C) gradually
(D) constructively

314. This visually stimulating exhibition will ------- be popular with visitors of all ages.

(A) surely
(B) hurriedly
(C) narrowly
(D) nearly

315. Eddington's Safety Department has determined that all safety regulations are followed ------- at Riley Theater.

(A) potentially
(B) adequately
(C) hopefully
(D) wrongfully

316. Accountants help make sure that a firm is run ------- and its records are maintained accurately.

(A) obviously
(B) dismally
(C) efficiently
(D) cheerfully

317. Most people have a preferred coffee or tea brand, a trusted car maker, and a fashion label they return to -------.

(A) properly
(B) conservatively
(C) considerably
(D) repeatedly

318. With the success of several new locations, Panzitta's Restaurant is ------- seeking new franchise partners across the country.

(A) completely
(B) inclusively
(C) actively
(D) beneficially

313. 文末のdemanding and taxing は「要求が厳しく負担が大きい」という意味。そうした仕事というのは「肉体的に」負担の大きい仕事であると考えられる。(B) は「控えめに」、(C) は「徐々に」、(D) は「建設的に」という意味でどれも文意に合わない。(A) physicallyが「肉体的に」という意味なのでこれが正解。　　　　　　　　　　　　　　　　　　　　　**正解 (A)**

【訳】ベントン・インダストリーの賃金は素晴らしいが、その労働環境は肉体的に厳しく負担が大きい。

【注】**wage** 賃金、**excellent** 素晴らしい、**working conditions** 労働環境、職場環境

314. 空所前後のexhibition will be popular with visitors of all agesは「展覧会は全年齢の訪問者に人気となるだろう」という意味。空所にはその「人気になる」確率を示す副詞が入ると考えられる。(B) は「急いで」、(C) は「かろうじて」、(D) は「ほとんど」という意味でどれも文意にそぐわない。(A) surelyが「きっと」という確率を示す副詞なのでこれが正解。　　　　　　　　　　　　**正解 (A)**

【訳】この視覚的に刺激的な展覧会はきっと全年齢の訪問者に人気になるだろう。

【注】**visually stimulating** 視覚的に刺激的な、**exhibition** 展覧会

315. 空所前に all safety regulations are followed「すべての安全規則は守られている」とあるので、空所にはそれがどの程度守られているのかを示す副詞が入ると考えられる。(A) は「潜在的に」、(C) は「願わくは」、(D) は「不法に」という意味でどれも文意にそぐわない。(B) adequatelyが「十分に」という意味で文意もしっかり通る。　　　　　　　　　　　　　　　　　　　　　**正解 (B)**

【訳】エディントン市の安全局は、ライリー劇場ではすべての安全規則が十分に守られていると判断した。

【注】**determine** 判断する、**safety regulation** 安全規則、**follow** 守る、遵守する

316. 空所前のis runは「経営されている」という意味。主語がAccountants「会計士」なので、その役割は「効率的に」経営されることを手助けすることだと考えられる。(A) は「明らかに」、(B) は「陰鬱に」、(D) は「陽気に」という意味でどれも文意に合わない。(C) efficientlyが「効率的に」という意味で文意にピタリ合致する。　　　　　　　　　　　　　　　　　　　　　**正解 (C)**

【訳】会計士は、企業が効率的に経営され、その記録が正しく維持されることを確実にする手助けをする。

【注】**firm** 企業、会社、**record** 記録、**accurately** 正しく、正確に

317.「ほとんどの人は自分の好みのコーヒー、自動車メーカー、ファッションのブランドを持っている」というのが文の大意。そうしたブランドは人が「繰り返して」買うものである。(A)は「適切に」、(B)は「保守的に」、(C) は「相当に」という意味でどれも文意的に不自然。(D) repeatedlyがまさに「繰り返して」という意味で文意にピタリ合致する。　　　　　　　　　　　　　　　**正解 (D)**

【訳】ほとんどの人は自分の好みのコーヒーや紅茶ブランド、信頼する自動車メーカー、繰り返し戻ってきて買うファッションブランドを持っている。

【注】**preferred** 好みの、**trusted** 信頼される

318. 文の前半に「いくつかの新店舗が成功した」とあるので、このレストランは繁盛して「積極的に」店舗を拡大しようとしていると考えられる。(A) は「完全に」、(B) は「包括的に」、(D) は「有益に」という意味でどれも文意にそぐわない。(C) activelyが「積極的に」という意味で文意に合致する。　　　　　　　　　　　　　　　　　　　　　　　　　　　　　　　　　**正解 (C)**

【訳】パンツィッタ・レストランはいくつかの新店舗で成功したので、新しいフランチャイズパートナーを国中で積極的に探し求めている。

【注】**location** 店舗、場所、**seek** 探し求める、**across the country** 国中で

319. Mandeville is a ------- populated residential area and is adjacent to the famous Sandy Aquarium.

(A) safely
(B) suddenly
(C) densely
(D) assuredly

320. These ready-made suits manufactured by Lintex Fabrics are sold ------- to businesspersons.

(A) chiefly
(B) easily
(C) formerly
(D) approximately

321. If the workload is managed efficiently, it will lead to better mental health and, -------, improved productivity.

(A) implicitly
(B) marginally
(C) successively
(D) consequently

322. United Card ------- charged Ms. Suzuki's credit card twice for the same purchase and apologized for the mistake.

(A) responsibly
(B) inadvertently
(C) generally
(D) faithfully

323. Employee compliance with company policies and procedures needs to be ------- enforced, not on an ad hoc basis.

(A) undoubtedly
(B) ceaselessly
(C) intentionally
(D) hesitantly

324. We have revamped our official Web site and introduced an online booking system that allows you to book rooms quickly and -------.

(A) securely
(B) overwhelmingly
(C) quietly
(D) spectacularly

319. 空所後にpopulated「人が住んでいる」とある。人が住んでいる場所は「密集して」いるか「過疎」かのどちらかである可能性が高い。（A）は「安全に」、（B）は「突然に」、（D）は「確かに」という意味でpopulatedの副詞としてはどれも不適。（C）denselyは「密集して」という意味で文意にピタリ合致する。　　　　　　　　　　　　　　　　　　　　　　　　　　　　**正解（C）**

【訳】マンデビルは人口密度の高い住宅地域で、有名なサンディ水族館に隣接している。

【注】densely populated 人口密度が高い、residential area 住宅地域、adjacent to ～に隣接する

320. 空所前にare sold「売られている」とあり、空所後にはto businesspersonsとあるので、空所には「全面的に」、「部分的に」、「主に」といった程度や割合を示す副詞が入ると予想される。（B）は「簡単に」、（C）は「以前は」、（D）は「おおよそ」という意味だがどれも文意にそぐわない。（A）chieflyが「主として」という意味で文意が通る。　　　　　　　　　　　　　　　　　　　　　**正解（A）**

【訳】リンテックス・ファブリックス社によって作られたこれらの既製服は、主としてビジネスパーソンに売られている。

【注】ready-made suit 既製服、manufacture 生産する

321. 空所前のbetter mental healthの「結果として」、空所後のimproved productivityに結びつくというのが文の流れになると考えられる。（A）は「暗黙のうちに」、（B）が「わずかに」、（C）が「連続して」という意味でどれも文意に合わない。（D）consequentlyが「その結果として」という意味なのでこれが正解。　　　　　　　　　　　　　　　　　　　　　　　　　　　　**正解（D）**

【訳】もし仕事量が効率的に管理されれば、それはよりよい心の健康を導くことになり、その結果として生産性が向上することになる。

【注】workload 仕事量、lead to ～を導く、～に通じる、mental health 心の健康

322. 空所後は「同じ買い物について鈴木さんのカードに二重課金した」とあり、文末には「そのミスを謝罪した」とあるので、それが故意ではなく「うっかり」ミスであったと考えられる。（A）は「責任を持って」、（C）は「一般的に」、（D）は「誠実に」という意味でどれも文意とは無関係。（B）inadvertentlyがまさに「うっかりして」という意味なのでこれが正解。　　　　　　　　　　**正解（B）**

【訳】ユナイテッド・カード社は不注意により同一の買い物に対して鈴木さんのカードに二重課金したので、その過ちを謝罪した。

【注】charge 課金する、支払い請求する、apologize 謝罪する

323. 文末のnot on an ad hoc basisは「その場しのぎではなく」という意味。逆に言うと、これは「いつも」、「不断に」という意味になる。（A）は「疑いようもなく」、（C）は「意図的に」、（D）は「躊躇して」という意味でどれも文意にそぐわない。（B）ceaselesslyが「絶え間なく」という意味で文意にも合致する。　　　　　　　　　　　　　　　　　　　　　　　　　　　**正解（B）**

【訳】従業員の会社方針や手順に関する遵守はその場しのぎの対応ではなく、絶え間なく実施される必要がある。

【注】compliance 遵守、procedure 手順、手続き、enforce 強化する、実施する

324. 空所前にbook rooms quickly「迅速に部屋を予約する」とあるので、空所には部屋の予約に関してquicklyと同じような便利さを示す副詞が入ると考えられる。（B）は「圧倒的に」、（C）は「静かに」、（D）は「華々しく」という意味でどれも文意的に不適。（A）securelyが「安全に」という意味で文意がしっかり通る。　　　　　　　　　　　　　　　　　　　　　　　　　　　**正解（A）**

【訳】我々は公式ウェブサイトを改良し、部屋の予約が迅速にかつ安全にできるオンライン予約システムを導入した。

【注】revamp 改良する、introduce 導入する、booking system 予約システム

第3部

模擬テスト

第1回 **PART 5 模試**

解答時間については中級者は 10 分、上級者は 8 分を目安にしてください。

かかった時間		正解数	/ 30 問	●解答と解説 *p.*488

問題 1-30 の各文において語や句が抜けています。各文の下には選択肢が 4 つ与えられています。文を完成させるのに最も適切な答えを (A) 〜 (D) の中から選んでください。

1. We are delighted to hear how ------- your experience on our hiking tour was.

(A) considerable
(B) enjoyable
(C) capable
(D) amicable

2. To show ------- appreciation to customers, we are offering 10% off all items on our restaurant menu.

(A) us
(B) we
(C) our
(D) whose

3. The term "start-up" came to be ------- used around the year 2000, when internet businesses started to thrive.

(A) wide
(B) width
(C) widely
(D) widening

4. To be eligible ------- assistance from the government, you need to show financial need and willingness to actively seek employment.

(A) over
(B) for
(C) in
(D) with

5. Customers without access to a smartphone or computer can call 555-815-4565 ------- an appointment.

(A) arranging
(B) to arrange
(C) arranged
(D) have arranged

6. Richard Marconi is a ------- renowned architect who has designed many outstanding buildings around the country.

(A) nationally
(B) formally
(C) regularly
(D) previously

7. The internet is an excellent advertising platform ------- its tremendous popularity among various age groups.

(A) like
(B) though
(C) unless
(D) given

8. Refunds requested because of delivery ------- will be processed after the items are returned to our warehouse.

(A) to delay
(B) delays
(C) are delayed
(D) will delay

9. The chief engineer was asked to ------- the root cause of the defect reported by customers.

(A) investigate
(B) display
(C) persist
(D) require

10. Farmers managed to produce abundant crops ------- the fact that there was not much rain this year.

(A) even though
(B) since
(C) but
(D) despite

11. Employees are strongly urged to use caution when sending files online, especially if a file ------- sensitive information.

(A) will contain
(B) has contained
(C) contains
(D) containing

12. The Starlight Hotel staff members are ready to do everything they can to make sure that guests have a ------- stay.

(A) comfort
(B) comfortable
(C) comfortably
(D) comfortability

13. For companies that pride ------- on customer service, the hospitality competition was a great opportunity to stand out in their industry.

(A) them
(B) their
(C) theirs
(D) themselves

14. Major responsibilities of a product development manager include ------- trade shows and explaining our new products in detail to customers.

(A) attending
(B) looking
(C) observing
(D) participating

15. In addition to general information about the museum, the ------- designed Web site includes easy-to-access information about special exhibitions.

(A) elegance
(B) elegantly
(C) elegant
(D) elegances

16. All travel arrangements must be made ------- the company's approved travel contractors.

(A) for
(B) over
(C) through
(D) in

17. Applications for event permits must be made in person and will be reviewed on a first-come, first-served -------.

(A) basic
(B) basis
(C) base
(D) basically

18. This year's Fairfield Music Festival will------- from April 1st to 5th at the Fairfield Common Garden.

(A) make
(B) push
(C) run
(D) walk

19. Please visit our Web site ------- you would like more information about our business and work environment.

(A) whether
(B) though
(C) during
(D) if

20. Candidates for this position must have strong ------- skills and basic computer skills.

(A) communicate
(B) communicating
(C) communication
(D) communicated

21. Folger Motors' electric car production has been ------- increasing over the last few years.

(A) rapid
(B) rapidly
(C) rapidity
(D) more rapid

22. Though it was drizzling and cloudy, the views from the top of the tower were------- breathtaking.

(A) additionally
(B) frugally
(C) disappointingly
(D) utterly

23. Jackson City and its ------- are well known as cultural and historic areas boasting many museums.

(A) vicinity
(B) environment
(C) space
(D) venue

24. Airport officials are advising travelers to arrive at the airport well in advance of their ------- departure time.

(A) schedule
(B) scheduled
(C) scheduling
(D) to schedule

25. Recruiting healthcare ------- and administrative staff members can be a time-consuming process.

(A) professions
(B) profess
(C) professors
(D) professionals

26. Many economists ------- that the global economy will decline sharply in about a year due to high energy prices.

(A) respect
(B) anticipate
(C) commend
(D) stipulate

27. The vacancy rate is high for affordable apartments ------- expensive ones.

(A) at least
(B) as well as
(C) thus
(D) although

28. Sandomir Paint has announced its ------- to merge with its competitor and rival, Lemix Paint, this fall.

(A) intention
(B) retention
(C) contention
(D) discussion

29. With ------- 40 years of experience working at a major energy company, Peter has a great deal of knowledge about the nation's energy policy.

(A) largely
(B) actively
(C) fairly
(D) nearly

30. Tyler Kent's performance at the theater last night was exciting and full of energy, ------- he wasn't feeling well.

(A) after
(B) depending
(C) even though
(D) as far as

第2回 PART 5 模試

解答時間については中級者は 10 分、上級者は 8 分を目安にしてください。

| かかった時間 | | 正解数 | / 30 問 | ●解答と解説 *p.*492 |

問題 1-30 の各文において語や句が抜けています。各文の下には選択肢が 4 つ与えられています。文を完成させるのに最も適切な答えを (A) 〜 (D) の中から選んでください。

1. It is not always feasible to manufacture the quantity of products sufficient to satisfy market -------.

(A) demanding
(B) demand
(C) demanded
(D) demandingly

2. Mr. Jacobs volunteers as a firefighter, in addition to being the mayor and running ------- own hardware store.

(A) him
(B) his
(C) himself
(D) he

3. Employees are given the ------- and flexibility to complete their assignments according to a schedule that works best for them.

(A) reliability
(B) practicality
(C) autonomy
(D) affordability

4. The marketing of many vitamin and mineral supplements ------- directed mainly towards women.

(A) are
(B) have been
(C) is
(D) will have been

5. Max is an excellent ------- to our team and we are delighted to have him on board.

(A) add
(B) additional
(C) additive
(D) addition

6. We ask that you contact us immediately ------- any unauthorized use of your personal data.

(A) in the event of
(B) enough
(C) due to
(D) when

7. The building was formerly ------- by commercial businesses, but it is currently vacant.

(A) occupy
(B) occupying
(C) occupied
(D) occupation

8. The community center is closed ------- for repairs to areas damaged by flooding.

(A) permanently
(B) slightly
(C) temporarily
(D) enormously

9. We are highly experienced ------- addressing various tax-related issues which can affect transactions.

(A) by
(B) in
(C) to
(D) over

10. If you have any questions or concerns about ------- recent purchase, please feel free to contact us at 555-4179.

(A) you
(B) yourself
(C) yours
(D) your

11. We provide affordable ------- high-quality interpreting services to a wide variety of clients.

(A) however
(B) against
(C) yet
(D) unless

12. An urgent order ------- and the products were received in less than a week.

(A) was placing
(B) will be placing
(C) places
(D) was placed

13. ------- in the healthy eating seminars arranged by the HR Department was much larger than originally anticipated.

(A) Enroll
(B) Enrolls
(C) Enrollment
(D) Enrolling

14. The Hamptons is a newly renovated hotel in Remington providing exceptional accommodations and ------- service.

(A) disgusting
(B) impeccable
(C) mediocre
(D) reticent

15. Retail businesses make most of their profits in the final quarter of the year — often more than in the other three quarters -------.

(A) combined
(B) combining
(C) combination
(D) combines

16. Over the years, Sweeney Construction has demonstrated its expertise and ------- to detail in numerous housing projects.

(A) promotion
(B) attention
(C) maintenance
(D) development

17. The minimum experience and training requirements must be met by the job application date, unless ------- specified.

(A) if
(B) however
(C) otherwise
(D) except

18. Franklin University announced that students ------- scholarship renewal forms shortly.

(A) received
(B) have received
(C) will be receiving
(D) are received

19. Raymerville has a bustling downtown with many retail ------- to suit everyone's interests.

(A) establishments
(B) styles
(C) corridors
(D) owners

20. You are ------- invited to attend a banquet in honor of Clayton Engineering's CEO, Mr. Rex Patterson, who will be retiring at the end of this month.

(A) cordial
(B) cordiality
(C) cordialities
(D) cordially

21. Please complete this form in its ------- and return it to our customer service department.

(A) whole
(B) entirety
(C) all
(D) every

22. Just days before its opening, the show was canceled ------- the building could be used for hurricane relief.

(A) such as
(B) so that
(C) because of
(D) even

23. The building will be closed and off limits ------- the duration of the renovation work.

(A) for
(B) at
(C) between
(D) amid

24. Kendall Kitchen stated ------- that the move to liquidate the business was in the best interests of its employees and shareholders.

(A) emphasis
(B) emphatic
(C) emphatically
(D) emphasize

25. In this course, students will become ------- in the basic tools of financial analysis and acquire the skills to engage in financial operations.

(A) proficient
(B) creative
(C) eloquent
(D) affluent

26. More people are now choosing to give their time to charities ------- donating financially.

(A) except for
(B) provided that
(C) instead of
(D) other than

27. The company's operating income grew substantially due to ------- market conditions.

(A) restrictive
(B) intimate
(C) affordable
(D) favorable

28. When ------- commercial buildings, materials have to be ordered in stages to accommodate phased building schedules.

(A) construct
(B) construction
(C) constructive
(D) constructing

29. The director of corporate planning made an excellent presentation on the large-scale ------- of the company's distribution network.

(A) resignation
(B) compliance
(C) path
(D) reorganization

30. Providing ------- customer service is extremely important to a company's success in gaining a competitive edge.

(A) excellent
(B) excellence
(C) excellently
(D) excel

第3回 PART 5 模試

解答時間については中級者は10分、上級者は8分を目安にしてください。

| かかった時間 | 正解数 | / 30問 | ●解答と解説 p.496 |

問題1-30の各文において語や句が抜けています。各文の下には選択肢が4つ与えられています。文を完成させるのに最も適切な答えを (A) ～ (D) の中から選んでください。

1. Mock interviews are important because they enable students to prepare for ------- employment in a realistic setting.

(A) they
(B) their
(C) them
(D) themselves

2. One of the few changes users will actually notice is that the screen ------- before it shuts down.

(A) dimming
(B) dimmer
(C) dims
(D) dimmed

3. Our attorneys are very experienced to help your company succeed in the ------- regulatory environment.

(A) presentation
(B) present
(C) presenting
(D) presented

4. Please provide your mobile phone number along with the delivery address, as this will help ------- the delivery process.

(A) expedite
(B) inform
(C) fasten
(D) locate

5. From July 15 to 22, Harrington will be home to a major sporting event that will draw an ------- audience.

(A) acceptable
(B) enormous
(C) attentive
(D) indicative

6. Cambridge Corporation's employee ------- include a range of offerings to help employees balance their work and personal life.

(A) respects
(B) attractions
(C) reimbursements
(D) benefits

7. The country's economy is more ------- on the world stage than at any time in the past decade.

(A) repetitive
(B) intensive
(C) competitive
(D) inquisitive

8. ------- many companies do not require their staff to wear formal business attire, employees are expected to look presentable at work.

(A) However
(B) Considering
(C) While
(D) Like

9. Global Financial ------- a hybrid work model next week that requires employees to come to the office only two days a week.

(A) implement
(B) implementing
(C) was implemented
(D) will be implementing

10. ------- you aim to accomplish in your work, we're here to help you make an optimal impact on your organization.

(A) Whichever
(B) Wherever
(C) However
(D) Whatever

11. For an individual to be considered for service ------- the Board of Directors, certain criteria must be met.

(A) with
(B) to
(C) on
(D) in

12. The author shows an exceptional ------- to balance humor, drama, suspense and romance seamlessly.

(A) attitude
(B) misunderstanding
(C) choice
(D) ability

13. Certificates will be awarded to ------- who participate in all four workshops, whether online or recorded.

(A) those
(B) anyone
(C) these
(D) someone

14. Our advanced logistics system ensures ------- delivery to all our customers.

(A) rely
(B) reliability
(C) reliably
(D) reliable

15. The CEOs of the two companies are discussing plans for a ------- beneficial cooperative relationship.

(A) mutual
(B) mutually
(C) mutuality
(D) mutualistic

16. There is ------- information about how communication skills can be taught effectively.

(A) many
(B) a few
(C) little
(D) another

17. The software is ------- on a trial basis, so you can try before you buy.

(A) radical
(B) immediate
(C) available
(D) complete

18. The TV series remained popular ------- the years, including with children of baby boomers.

(A) through
(B) amid
(C) to
(D) between

19. Experts believe that online marketing ------- traditional marketing entirely in the near future.

(A) was replacing
(B) will be replaced
(C) will replace
(D) had been replaced

20. There are many things you can do to make your office more -------, whether it's a home office or a company space.

(A) giving
(B) inviting
(C) looking
(D) demanding

21. Our three- and four-bedroom homes have sold ------- well despite the recent economic downturn.

(A) amazing
(B) amaze
(C) amazingly
(D) amazement

22. Dr. Singh has ------- been appointed Professor of Marketing at Hillsburg University.

(A) soon
(B) sometimes
(C) still
(D) recently

23. Audience members loved the enthusiasm and passion of the keynote speaker and found his talk to be highly -------.

(A) inform
(B) information
(C) informatively
(D) informative

24. For complete ------- of each course, please see the 2022-2023 Curriculum Guide.

(A) descriptions
(B) agendas
(C) factors
(D) regulations

25. Midas Heavy Industry had ------- capital both to support investment and to develop new products.

(A) others
(B) enough
(C) anything
(D) many

26. If your meeting will ------- longer than an hour, it is a good idea to provide snacks and beverages for attendees.

(A) keep
(B) resume
(C) begin
(D) last

27. Without ------- capital or resources, a business can't continue.

(A) sufficiency
(B) sufficiently
(C) sufficient
(D) suffice

28. After decades of controversy, Taylor City's professional football team is set to ------- its name and mascot.

(A) inspect
(B) retire
(C) exceed
(D) amplify

29. The newly ------- CEO faced a number of challenges as he took over the company's leadership.

(A) appointment
(B) appoint
(C) appointing
(D) appointed

30. If you think your Web site has been -------, please contact us immediately and we will let you know what you need to do to solve the problem.

(A) completed
(B) compromised
(C) established
(D) experienced

第4回 PART 5 模試

解答時間については中級者は10分、上級者は8分を目安にしてください。

| かかった時間 | | 正解数 | / 30問 | ●解答と解説 *p.*500 |

問題1-30の各文において語や句が抜けています。各文の下には選択肢が4つ与えられていま
す。文を完成させるのに最も適切な答えを (A) 〜 (D) の中から選んでください。

1. This workshop is designed
------- for graduate students
and others who are interested
in pursuing academic careers.

(A) specific
(B) specificity
(C) specify
(D) specifically

2. Please complete this form fully
as ------- will be submitted for
review by the Financial Aid
Committee.

(A) you
(B) theirs
(C) it
(D) he

3. Applicants must have ------- an
undergraduate degree in
physics or a closely related
field.

(A) just as
(B) as well as
(C) at least
(D) even though

4. The movie released last month
was ------- a winner at the box
office.

(A) clear
(B) clearly
(C) clearing
(D) clearer

5. Increasing ------- at hotels and
other lodging businesses
across the state will help put
people back to work.

(A) occupancy
(B) occupation
(C) occupied
(D) occupant

6. In order to thrive, companies
need to create strategies to
------- bring in new customers.

(A) eloquently
(B) conveniently
(C) steadily
(D) technically

7. The seminar will be live-streamed for those who wish to observe ------- participate.

(A) in conjunction with
(B) rather than
(C) still
(D) in case

8. Starting, nurturing and growing a business is a time-consuming ------- that requires focus, sacrifice and discipline.

(A) education
(B) effect
(C) exploration
(D) endeavor

9. Our healthcare business team will work ------- your staff to provide you with custom solutions.

(A) alongside
(B) around
(C) against
(D) across

10. By this time next week, tens of thousands of students across the city ------- their first day of the new school year.

(A) has finished
(B) to finish
(C) have been finished
(D) will have finished

11. ------- the payment be made after the deadline, statutory interest will be charged.

(A) Anyway
(B) Should
(C) Everything
(D) In case of

12. Florence Coffee is emphasizing mobile orders, with customers ------- their orders at the door.

(A) picking up
(B) coming up
(C) looking up
(D) getting up

13. We will send you our ------- of additional costs as soon as possible.

(A) resource
(B) provision
(C) estimate
(D) suggestion

14. If any part of this database is reproduced or transmitted in any form, the source must be ------- stated.

(A) explicit
(B) most explicit
(C) more explicit
(D) explicitly

15. Sunflower Fruit Juice is famous for the ------- quality of its 100% fruit products.

(A) amicable
(B) creative
(C) uncompromising
(D) effective

16. If you're not afraid of obstacles, that confidence will make you stand out ------- the rest.

(A) towards
(B) for
(C) into
(D) from

17. If a customer is unhappy with our company, we need to find out the reason, ------- it our products or our service.

(A) were
(B) is
(C) be
(D) was

18. I would like to ------- to your attention a possible solution to a serious issue in our factory.

(A) refer
(B) bring
(C) give
(D) develop

19. Mr. Garcia has worked ------- with many educators in the development of reading and math programs.

(A) extends
(B) extension
(C) extensive
(D) extensively

20. ------- the company improved its product quality, its sales have increased about 50% from last year.

(A) Whether
(B) Why
(C) Since
(D) Nevertheless

21. The marketing manager was ------- satisfied with the progress of the new advertising campaign.

(A) incidentally
(B) largely
(C) reticently
(D) adequately

22. The recent recruitment of new staff members has allowed Mr. Emerson to ------- some of his responsibilities to other people.

(A) delegate
(B) abandon
(C) return
(D) accept

23. Companies need to put more resources and time into customer acquisition ------- they can't assume that customers will stay around forever.

(A) due to
(B) because
(C) despite
(D) even

24. At Thornton University, you will have ------- to a wealth of academic resources and an active student community.

(A) pool
(B) center
(C) access
(D) extension

25. Everyone at Montana Restaurant & Café is dedicated to ------- the best food in the city.

(A) serving
(B) serve
(C) served
(D) service

26. When customers have accurate knowledge about your products, they will have ------- complaints.

(A) never
(B) fewer
(C) much
(D) neither

27. The guest lecturer is a gifted speaker who increases students' ------- for the subject.

(A) enthusiastic
(B) enthuse
(C) enthusiasm
(D) enthusiastically

28. The right distributor can enhance a company's ------- in the market and give it an edge in terms of speed and efficiency.

(A) transportation
(B) exposure
(C) description
(D) purpose

29. It is always a challenge to find people who are willing to ------- additional responsibilities.

(A) assume
(B) launch
(C) meet
(D) require

30. To support our library's mission to serve every reader in our community, we've been working to improve the ------- of our Web site.

(A) accessibly
(B) accessible
(C) accessibility
(D) accessed

第5回 PART 5 模試

解答時間については中級者は 10 分、上級者は 8 分を目安にしてください。

| かかった時間 | | 正解数 | / 30 問 | ●解答と解説 *p.504* |

問題 1-30 の各文において語や句が抜けています。各文の下には選択肢が 4 つ与えられています。文を完成させるのに最も適切な答えを (A) 〜 (D) の中から選んでください。

1. To get started, select a specific tour below, or ------- click the "Launch Virtual Tour" button.

(A) clearly
(B) closely
(C) simply
(D) nearly

2. Some car dealers are making it easier for customers to look at cars or bring ------- vehicles in for service whenever it is convenient for them.

(A) they
(B) them
(C) themselves
(D) their

3. Freshmart had a ------- time entering the country's market because of cultural factors.

(A) hardly
(B) hardest
(C) harder
(D) hard

4. There ------- a number of drivers of Alista Banking Group's strong growth over the past few years.

(A) have been
(B) was
(C) will be
(D) had been

5. Guests are delighted with our ------- and comfortable hotel, which is conveniently located in the heart of Los Amigos.

(A) available
(B) notorious
(C) cozy
(D) redundant

6. Food distributors need to use refrigerator trucks, ------- clothing companies require dry vans.

(A) if
(B) during
(C) likewise
(D) while

464

7. The company's ------- for growth in this industry will depend on its investment in technology.

(A) prospecting
(B) prospective
(C) prospectus
(D) prospect

8. Four fully equipped training kitchens are ------- the outstanding features of Moderno Culinary School.

(A) in
(B) among
(C) except
(D) during

9. The product you ordered is not in stock at the moment, but it can be shipped ------- it becomes available.

(A) as soon as
(B) with
(C) as far as
(D) soon

10. Wilshire has the largest ------- of artists in the country, although it is not a major international art hub like New Langdale.

(A) donor
(B) recipient
(C) concentration
(D) attraction

11. More than 30,000 fans were in ------- at the 40,000-seat stadium, which was completed just a year ago.

(A) attend
(B) attendant
(C) attention
(D) attendance

12. All the workers were friendly and highly skilled, and their repair job was -------.

(A) flawless
(B) daunting
(C) mediocre
(D) reluctant

13. Monthly donations enable us to plan more effectively, meaning your money will have an even ------- impact.

(A) great
(B) greatly
(C) greater
(D) greatest

14. The management consultant has been ------- in helping a wide range of organizations build their growth strategy.

(A) intimate
(B) instrumental
(C) expansive
(D) confidential

15. ------- you decide to travel this year, we'll guide you through the preparation process and get you there safely.

(A) Whether
(B) Whatever
(C) Whoever
(D) Wherever

16. After the company empowered its employees to make their own schedules, employee turnover decreased ------- more than 50%.

(A) with
(B) by
(C) for
(D) at

17. Based on your work history, we believe your ------- are more than sufficient for the job.

(A) qualifications
(B) qualifies
(C) qualifier
(D) qualifying

18. This study analyzes how likely it is that certain jobs ------- by automation.

(A) was replaced
(B) is replacing
(C) replaced
(D) will be replaced

19. I knew Dr. Gupta ------- because he did his postgraduate research at Lincoln Institute of Technology while I was there.

(A) reluctantly
(B) casually
(C) informatively
(D) persuasively

20. There is no denying how important ------- stability is for the growth of a business.

(A) financially
(B) finance
(C) financial
(D) to finance

21. With more than 30 years of experience in the retail business, Eric Schneider is ------- qualified to fill this important position.

(A) uniquely
(B) predominantly
(C) acutely
(D) fearlessly

22. Detailed instructions on the virtual interview process will be provided ------- the applicant is invited for an interview.

(A) after
(B) whether
(C) upon
(D) while

23. There was no ------- that the machine was malfunctioning at the time of the inspection.

(A) dedication
(B) procrastination
(C) extension
(D) indication

24. Our company's employee benefits include not ------- paid time off and health insurance, but also continuing education.

(A) even
(B) soon
(C) only
(D) simply

25. A recent poll revealed that consumers are ------- in favor of the use of sustainable materials in products.

(A) overwhelm
(B) overwhelmed
(C) overwhelming
(D) overwhelmingly

26. Our managers know how to inspire their staff members to work hard and ------- their skills.

(A) conduct
(B) innovate
(C) assume
(D) hone

27. San Bernard is a hotbed of ------- innovation, with ever-increasing job opportunities for people interested in the restaurant industry.

(A) culinary
(B) experimental
(C) unique
(D) seasonal

28. Customers can purchase ------- cartridges at our authorized retail stores.

(A) replace
(B) replacing
(C) replacement
(D) replaced

29. The two IT companies have parted ways ------- and will forge ahead independently.

(A) intimately
(B) amicably
(C) powerfully
(D) formidably

30. Our sales staff work ------- to offer exceptional service and outstanding shopping experiences to our customers.

(A) approximately
(B) harmlessly
(C) exponentially
(D) tirelessly

第6回 PART 5 模試

解答時間については中級者は 10 分、上級者は 8 分を目安にしてください。

| かかった時間 | | 正解数 | / 30 問 | ●解答と解説 *p.*508 |

問題 1-30 の各文において語や句が抜けています。各文の下には選択肢が 4 つ与えられていま
す。文を完成させるのに最も適切な答えを (A) 〜 (D) の中から選んでください。

1. ------- to the seminar will be
sent out to educators and local
government officials.

(A) Invite
(B) Invitations
(C) Inviting
(D) Invited

2. If the problem ------- after the
user has updated their
software, there is a significant
chance that the issue is with the
device's hardware.

(A) had persisted
(B) will persist
(C) persists
(D) persisting

3. Cindy Gomez has established
------- as one of the most
distinguished science writers.

(A) she
(B) her
(C) hers
(D) herself

4. A new hotel will be constructed
on what was ------- the site of a
museum dedicated to artists
from the region.

(A) formerly
(B) thoroughly
(C) regularly
(D) normally

5. The investment manager was
the most ------- professional we
have encountered in the
industry.

(A) respective
(B) primary
(C) complimentary
(D) insightful

6. After receipt of the returned
product, you will be notified
------- five days as to whether
you are entitled to a refund or
replacement.

(A) by
(B) within
(C) during
(D) for

7. ------- the battery can last up to 14 days with optimal settings, we recommend that it be changed at least once every 7 days.

(A) While
(B) During
(C) In case
(D) Because

8. Companies ------- a reputation for dependability or lack thereof, and that affects consumers' decisions as to whether to buy their products.

(A) assess
(B) introduce
(C) develop
(D) imagine

9. Whether you're using our card for purchases or ------- money from an ATM, you'll find it much more convenient than carrying cash.

(A) withdrawal
(B) withdrew
(C) to withdraw
(D) withdraw

10. All my life I have preferred to watch sports events rather than participate in them -------.

(A) me
(B) mine
(C) my
(D) myself

11. Kieler Corporation set ------- financial goals last year and exceeded all of them.

(A) ambitions
(B) ambition
(C) ambitious
(D) ambitiously

12. Most of our business analysts joined us ------- after earning an undergraduate degree, but some started working here after gaining industry experience.

(A) immediately
(B) gradually
(C) overwhelmingly
(D) effortlessly

13. To show our appreciation for your ------- use of our online shopping site, we would like to offer you a 15% discount on your next purchase.

(A) frequent
(B) frequency
(C) frequently
(D) frequented

14. Mr. Satia is ------- proud of his impressive accomplishments in computer science.

(A) justify
(B) justified
(C) justifiable
(D) justifiably

15. Executive Vice President Carlos Santos ------- the roles of president and CEO until Jason Wolfe takes over.

(A) is assumed
(B) will assume
(C) to assume
(D) assumed

16. Sustainability and corporate social responsibility are no longer things that businesses can talk about while failing to act -------.

(A) on
(B) for
(C) away
(D) over

17. This report provides a technical ------- of why energy prices are unlikely to fall in the foreseeable future.

(A) information
(B) fermentation
(C) implementation
(D) explanation

18. It is difficult to estimate with precision the amount of funding ------- to support the highway construction project.

(A) needy
(B) needs
(C) needing
(D) needed

19. Clay Electronics is expected to ------- the number of employees because of worsening economic prospects.

(A) foster
(B) reduce
(C) increase
(D) complete

20. The office administration software will answer ------- calls forwarded to the office and take down messages.

(A) much
(B) little
(C) any
(D) every

21. Insulation is one of the best ways to reduce temperature ------- in the home.

(A) fluctuating
(B) fluctuation
(C) fluctuate
(D) fluctuated

22. Most businesses owe their success to the hard work and ------- of employees.

(A) dedication
(B) evaluation
(C) education
(D) duration

23. ------- employees are given a significant role in the implementation of safety and health programs, they become more committed to the programs' success.

(A) Despite
(B) With
(C) Once
(D) Enough

24. Bill Olsen has published many best-sellers and is ------- respected as a nonfiction writer.

(A) highest
(B) high
(C) higher
(D) highly

25. The conference will ------- recent trends and advancements regarding sustainability in the tourism industry.

(A) perform
(B) anticipate
(C) feature
(D) engage

26. We really liked this Italian restaurant, ------- the long wait to get a table.

(A) except for
(B) although
(C) soon
(D) in addition to

27. The movie was ------- acclaimed both domestically and internationally, but was commercially unsuccessful.

(A) impatiently
(B) critically
(C) briefly
(D) badly

28. The objectives of the advertisement are to ------- awareness of our brand and bring consumers to our Web site.

(A) claim
(B) produce
(C) raise
(D) educate

29. The meeting was a great success ------- the efforts of the conference organizers as well as the local authorities.

(A) even though
(B) thanks to
(C) despite
(D) nevertheless

30. All employees are asked to acquire a complete ------- of the new company policy regarding the work environment.

(A) understanding
(B) understand
(C) understood
(D) understands

第7回 PART 5 模試

解答時間については中級者は 10 分、上級者は 8 分を目安にしてください。

| かかった時間 | | 正解数 | / 30 問 | ●解答と解説 *p.*512 |

問題 1-30 の各文において語や句が抜けています。各文の下には選択肢が 4 つ与えられています。文を完成させるのに最も適切な答えを (A) 〜 (D) の中から選んでください。

1. When the HR manager was away on summer vacation, his assistant manager was ------- for arranging work assignments for all employees.

(A) responsibility
(B) responsible
(C) responsibly
(D) response

2. For any questions ------- our services and products, please feel free to contact us by e-mail or phone.

(A) among
(B) by
(C) concerning
(D) relating

3. Employees ------- are an organization's main asset, so they must be treated well.

(A) they
(B) them
(C) their
(D) themselves

4. Your booking cannot be confirmed until payment is made for the ------- of your stay.

(A) assistance
(B) hospitality
(C) duration
(D) season

5. If employees do not think they have opportunities for professional growth, they will move ------- in search of them.

(A) elsewhere
(B) anything
(C) forever
(D) even

6. When it comes to making purchasing decisions, consumers can devote only limited amounts of time and ------- to assessing options.

(A) attention
(B) attentive
(C) attend
(D) attentively

7. The charity organization could not fulfill its mission without the ------- of its supporters.

(A) appraisal
(B) revenue
(C) generosity
(D) conformity

8. In order to retain a law firm ------- fees are reasonable, the board of directors has been investigating various alternatives.

(A) who
(B) which
(C) when
(D) whose

9. Due to the popularity of our previous workshops, we will be running ------- session by the end of this year.

(A) others
(B) other
(C) another
(D) neither

10. Palmtree Steakhouse is a welcome addition to our city's culinary -------.

(A) transportation
(B) landscape
(C) territory
(D) venue

11. We live in a digitally ------- world where most people can easily access information via mobile devices.

(A) exaggerated
(B) imagined
(C) filled
(D) connected

12. After the presentation, groups will take a student-guided walking tour of campus, which will last ------- an hour.

(A) rough
(B) roughness
(C) roughly
(D) roughing

13. Your local labor union has been working hard ------- your behalf on many fronts, such as raising minimum wages.

(A) with
(B) into
(C) at
(D) on

14. Retailers display their merchandise ------- in stores or online to attract customers' attention.

(A) prominently
(B) drastically
(C) intentionally
(D) recently

15. To increase innovation and progress, we will continue to ------- the conventional, the traditional and the business-as-usual.

(A) imply
(B) challenge
(C) recommend
(D) sell

16. Sanford Corporation's new policies ------- to help employees stay physically and mentally healthy.

(A) design
(B) will design
(C) are designed
(D) are designing

17. The play received ------- reviews from critics when it was performed at the MacCracken Theater last month.

(A) efficient
(B) consistent
(C) apparent
(D) rave

18. The ideal candidate has leadership experience and is an ------- thinker who can work collaboratively with a team.

(A) analyze
(B) analytical
(C) analysis
(D) analytically

19. ------- understaffed and dealing with operational problems, the Metzger Museum achieved its goal of attracting one million visitors.

(A) Still
(B) With
(C) Although
(D) However

20. It is ------- known that the survival rate of new businesses is extremely low in the country.

(A) widen
(B) wider
(C) widely
(D) wide

21. Baldwin Moving ------- that 95% of its customers are happy with its service.

(A) claims
(B) obtains
(C) agrees
(D) completes

22. Our long-selling brands will continue to play a ------- role in our business portfolio.

(A) defective
(B) vital
(C) limited
(D) total

23. These workshops, which are expected to take about two hours -------, will be conducted by Ms. Lucia Sanchez.

(A) enough
(B) either
(C) each
(D) many

24. We are pleased to ------- our shareholders to view our new products immediately after the shareholders' meeting.

(A) invite
(B) order
(C) support
(D) seek

25. Emoto Trading Corp. is highly ------- on international trade and commerce for its survival.

(A) depend
(B) depending
(C) dependent
(D) dependence

26. Participants are advised to book hotel accommodations well ------- of the annual business meeting.

(A) in front
(B) in case
(C) in advance
(D) in addition

27. Despite working with multiple suppliers, Culper Appliances has found it very difficult to obtain ------- materials.

(A) competent
(B) dependent
(C) reliable
(D) beneficial

28. All patients must read and sign this form ------- receiving medical treatment at Sander Clinic.

(A) despite
(B) prior to
(C) against
(D) even

29. The CEO of Hull Industries was proud that the company was recognized as the most ------- in the industry.

(A) innovate
(B) innovative
(C) innovatively
(D) innovation

30. The meeting was ------- successful as a networking opportunity for groups of people from various industries.

(A) indispensably
(B) tentatively
(C) lastly
(D) hugely

第8回 PART 5 模試

解答時間については中級者は 10 分、上級者は 8 分を目安にしてください。

| かかった時間 | | 正解数 | / 30 問 | ●解答と解説 *p.*516 |

問題 1-30 の各文において語や句が抜けています。各文の下には選択肢が 4 つ与えられています。文を完成させるのに最も適切な答えを (A) ～ (D) の中から選んでください。

1. We are offering all drinks at discount prices this weekend to show ------- appreciation for your patronage.

(A) us
(B) our
(C) ourselves
(D) we

2. We provide continuous on-site project management to ensure that everything runs smoothly until the project's -------.

(A) complete
(B) completely
(C) completing
(D) completion

3. Contractors have the freedom to work at their discretion, ------- employees typically work in accordance with instructions set down by their employer.

(A) after
(B) even
(C) along
(D) whereas

4. Susan Lee ------- to New York next September to head our emerging markets team.

(A) would transfer
(B) was transferred
(C) will be transferring
(D) transferred

5. Rather than set up a new factory, Luminex Glassworks is more likely to increase production ------- at its existing factories.

(A) alternatively
(B) incrementally
(C) prohibitively
(D) satisfactorily

6. An ------- rate loan generally offers a guaranteed low rate for an initial period of time, after which it reverts to the standard rate.

(A) introduce
(B) introducing
(C) introduction
(D) introductory

7. Our faculty is ------- the best in the country, and our academic programs are recognized worldwide.

(A) among
(B) for
(C) by
(D) except

8. The upcoming ------- of the parkway and interchange will be the main topic of a public hearing on Thursday.

(A) execution
(B) performance
(C) standard
(D) reconstruction

9. All ------- from the sales of donated goods will go towards supporting the park maintenance project.

(A) proceedings
(B) proceeds
(C) proceeded
(D) procedures

10. If you're not 100% satisfied with our product, you can exchange it for ------- one from the same category.

(A) the other
(B) others
(C) another
(D) each other

11. Mintex Trading's marketing strategy needs -------, and this means shifting the focus from wholesalers to consumers.

(A) fix
(B) to fix
(C) fixing
(D) fixed

12. Businesses need a steady supply of new customers to replace former customers who no longer have an active ------- with them.

(A) capability
(B) duration
(C) inclusion
(D) relationship

13. Great care has been taken to ensure the ------- of the data that will be presented at the upcoming medical conference.

(A) reliable
(B) reliability
(C) rely
(D) reliably

14. Several large-scale initiatives have been launched by the government to ------- tourism in the country.

(A) promote
(B) promise
(C) maintain
(D) include

15. Some team members are unable to attend the technology meeting on November 5, so we have decided to move the meeting back ------- one week to November 12.

(A) by
(B) for
(C) in
(D) to

16. As a community-owned utility, we are always looking for ways to help our customers ------- money on their electricity bills.

(A) to be saving
(B) saved
(C) save
(D) will save

17. Depending on the size of the company ------- you work, you may be entitled to paid parental leave.

(A) what
(B) where
(C) how
(D) when

18. ------- the volume of applications we receive, it isn't always possible for our hiring team to reply to unsuccessful applicants.

(A) Therefore
(B) Although
(C) Since
(D) Given

19. TJ Rex has ------- advertised discounts to entice customers to visit its stores more often.

(A) sincerely
(B) distinctively
(C) aggressively
(D) presumably

20. The ------- and modern design of the executive lounge creates the perfect setting for networking or relaxation.

(A) sleek
(B) proper
(C) futile
(D) standard

21. ------- its abundant water resources, the City of Sandbury has faced a number of challenges concerning wastewater treatment.

(A) Although
(B) However
(C) Despite
(D) Because of

22. It is important to research your industry, identify competitors and understand risks before the ------- of your business.

(A) start
(B) starting
(C) to start
(D) started

23. All applicants must have ------- in using a computer and navigating the Internet.

(A) deficiency
(B) proficiency
(C) productivity
(D) effectiveness

24. ------- shipping, we take the utmost care to deliver your order on time and in perfect condition.

(A) As for
(B) Seldom
(C) Even if
(D) Due to

25. The annual business cycle for companies in seasonal industries is fairly -------.

(A) predict
(B) predicted
(C) prediction
(D) predictable

26. During his ------- at Mitford Financial, Mr. Feinstein participatcd in many of the most significant IPOs in the technology sector.

(A) longevity
(B) tenure
(C) intern
(D) apprentice

27. Creating loyalty programs is an important way to ensure that regular customers are rewarded for their continued -------.

(A) demand
(B) patronage
(C) value
(D) exchange

28. Goggles and other ------- gear must be worn at all times to prevent injuries.

(A) protection
(B) protect
(C) protective
(D) protectively

29. The online store app allows users to ------- products, descriptions and prices.

(A) browse
(B) optimize
(C) serve
(D) look

30. Daisy Investment has encountered some ------- to their plan to buy the drugstore chain.

(A) opposite
(B) opposition
(C) opposed
(D) opposing

第9回 PART 5 模試

解答時間については中級者は10分、上級者は8分を目安にしてください。

かかった時間		正解数	/ 30問	●解答と解説 *p.*520

問題1-30の各文において語や句が抜けています。各文の下には選択肢が4つ与えられています。文を完成させるのに最も適切な答えを(A)〜(D)の中から選んでください。

1. It is important to maintain ties with friends who celebrate all ------- gifts and talents.

(A) you
(B) your
(C) yourself
(D) yours

2. Teleworking is here to stay and may ------- productivity if implemented properly.

(A) rise
(B) decrease
(C) lower
(D) enhance

3. Lawyers and scholars have long been trained to read documents -------.

(A) closely
(B) perfectly
(C) wisely
(D) additionally

4. ------- a garage into a habitable room may require official approval, to make sure the space meets local regulations.

(A) Convert
(B) Conversion
(C) Converting
(D) Converted

5. Our management approach enables us to provide solutions that deliver superior performance at lower ------- costs.

(A) operate
(B) operating
(C) operated
(D) operable

6. We'll keep you posted about any updates in your application's -------.

(A) form
(B) environment
(C) status
(D) consumption

7. Our restaurant is very busy on weekends, so we recommend ------- early to secure a table.

(A) arriving
(B) arrived
(C) arrival
(D) to arrive

8. Mr. Peterson asked how far ------- the park reconstruction work was.

(A) between
(B) with
(C) among
(D) along

9. Employee benefits are important for workforce -------, because a happy team is likely to be more productive.

(A) efficiency
(B) efficient
(C) more efficient
(D) efficiently

10. ------- for business or social events, we always deliver delicious food and first-class service.

(A) When
(B) Whether
(C) Regarding
(D) Because

11. This document provides an ------- of our company's strategic direction and major business activities.

(A) opportunity
(B) advantage
(C) overview
(D) estimation

12. People can support the city's library by donating not just books, but also funds for its -------.

(A) entry
(B) practice
(C) retention
(D) upkeep

13. Some of the publications are available only in print, but ------- are also available online.

(A) other
(B) another
(C) others
(D) the other

14. Most marketing managers would say that they have a ------- understanding of their company's target markets.

(A) solid
(B) minimum
(C) restrictive
(D) potential

15. The management is ------- that the company has been recognized by Business Currents magazine as one of the best places to work in the country.

(A) thriller
(B) thrilling
(C) thrilled
(D) thrill

16. The show has been drawing ------- large audiences and receiving high marks from critics.

(A) increase
(B) to increase
(C) increasing
(D) increasingly

17. ------- feedback from residents, Parktown held five well-attended public hearings.

(A) Seeking
(B) Investigating
(C) Rejecting
(D) Implementing

18. A cash deposit of 100 dollars is required ------- check-in as a security deposit to cover any damage.

(A) through
(B) upon
(C) with
(D) along

19. The medical care that people are receiving is neither adequate ------- timely.

(A) or
(B) none
(C) and
(D) nor

20. Banks have adjusted to increased ------- from other types of financial institutions, as well as to changes in the regulatory environment.

(A) compete
(B) competition
(C) competing
(D) competitive

21. A ------- plan can help you define the direction that your business should take.

(A) strategizing
(B) strategize
(C) strategically
(D) strategic

22. The last phase of downtown revitalization in Trenton won't be completely finished ------- the winter cold sets in.

(A) prior to
(B) by
(C) before
(D) still

23. It is clear that consumer buying habits have shifted ------- over the last few years.

(A) patiently
(B) rapidly
(C) convincingly
(D) infamously

24. Companies ------- on the stock exchange represent a broad spectrum of businesses from around the world.

(A) listed
(B) utilized
(C) fluctuated
(D) reserved

25. You can cancel your magazine ------- free of charge at any time before the renewal date.

(A) application
(B) appointment
(C) improvement
(D) subscription

26. Napoli Bakery created its hugely popular Napoli Rewards app to bring ------- more customers into its stores.

(A) extremely
(B) always
(C) quite
(D) even

27. Please join us for this ------- class, where our experts will address three key factors in effective marketing strategy.

(A) inform
(B) information
(C) informative
(D) informed

28. Make sure to submit the application form and other necessary documents and pay the admission -------.

(A) money
(B) bill
(C) revenue
(D) fee

29. The water distribution network on Marsha Island has been severely damaged ------- recent storms, forcing residents to use bottled water.

(A) due to
(B) by way of
(C) when
(D) seldom

30. Building a specific plan enables management to coordinate business activities in order to more efficiently achieve target -------.

(A) objections
(B) objects
(C) objectives
(D) objectively

第10回 PART 5 模試

解答時間については中級者は 10 分、上級者は 8 分を目安にしてください。

かかった時間		正解数	/ 30 問	●解答と解説 p.524

問題 1-30 の各文において語や句が抜けています。各文の下には選択肢が 4 つ与えられています。文を完成させるのに最も適切な答えを (A) ～ (D) の中から選んでください。

1. Jefferson City Historical Society is ------- to making the city's long and rich history accessible to all.

(A) dedicate
(B) dedicating
(C) dedication
(D) dedicated

2. If you are seeking a mortgage, take a look at our competitive deals to find something ------- suits your needs.

(A) when
(B) that
(C) who
(D) whose

3. Ziegler Fashions said its strategic priorities include a ------- focus on online business through its partnership with Maximo Technology.

(A) renew
(B) renewal
(C) renewing
(D) renewed

4. ------- you haven't read a book in a while, it's probably not a great idea to commit to reading 100 books this year.

(A) If
(B) Likewise
(C) Although
(D) Concerning

5. The legislature ------- an additional provision stipulating that the land could only be used for educational purposes.

(A) insert
(B) inserted
(C) will be inserted
(D) is inserted

6. This business strategy workshop comes at an ------- time, as companies are facing many challenges resulting from price hikes.

(A) indecent
(B) artificial
(C) opportune
(D) enthusiastic

7. In most cases, rental car insurance overlaps ------- your personal auto insurance policy.

(A) to
(B) with
(C) into
(D) for

8. Tops Groceries is at a critical ------- in its transformation into a nationwide chain.

(A) direction
(B) road
(C) juncture
(D) trend

9. The Windam region has experienced many dangerous hurricanes recently ------- climate change.

(A) due to
(B) in spite of
(C) moreover
(D) although

10. Our store is ------- located in Braxton's bustling downtown commercial area.

(A) inaccurately
(B) immediately
(C) creatively
(D) currently

11. The first 100 guests at the grand ------- celebration will receive a free tote bag.

(A) open
(B) opening
(C) opened
(D) openly

12. There are ------- any jobs in the region, and wages are often too low to support a family.

(A) few
(B) hardly
(C) much
(D) many

13. The large number of attendees at the mayor's farewell banquet was ------- of her popularity in the city.

(A) indicate
(B) indication
(C) indicative
(D) indicated

14. The board of directors is responsible for ------- all aspects of the company's work.

(A) overseeing
(B) oversee
(C) overseen
(D) oversaw

15. The country's declining and aging population ------- significant challenges to its economy.

(A) looks
(B) poses
(C) records
(D) expands

16. Our hotel offers many rooms where you can host various functions and work ------- interruption.

(A) from
(B) of
(C) despite
(D) without

17. Internet has made it possible for just about any company to ------- an ad campaign targeting a specific market.

(A) hold
(B) own
(C) visit
(D) run

18. It is very important for leaders to show ------- for employees' hard work and dedication.

(A) appreciate
(B) appreciatively
(C) appreciative
(D) appreciation

19. If you wish to cancel your reservation, you must notify us at least 48 hours before your arrival date ------- receive a full refund.

(A) instead of
(B) in order to
(C) without
(D) even though

20. Meeting with my client remotely from home was not ------- easy, but comfortable and efficient.

(A) until
(B) as
(C) only
(D) for

21. The financial analyst's recent report brought to readers' ------- the growing uncertainty in the financial market.

(A) observation
(B) appreciation
(C) recommendation
(D) attention

22. Companies need to streamline their internal business processes in order to achieve ------- outcomes.

(A) desirable
(B) desire
(C) desirous
(D) desirably

23. ------- its excellent marketing strategy, Finkle Electronics has a significant brand presence and market share.

(A) As soon as
(B) In spite of
(C) Now that
(D) Because of

24. We are currently experiencing problems with our phones, and we apologize for the -------.

(A) instrument
(B) inconsistency
(C) inconvenience
(D) interception

25. After ------- many domestic markets, the company determined that San Fernandez was the most ideal location for its next store.

(A) evaluation
(B) evaluating
(C) evaluate
(D) evaluated

26. Our shops ------- products from some of the best-known brands in the world.

(A) involve
(B) develop
(C) carry
(D) donate

27. ------- it is not mandatory, we encourage you to view our menu online and e-mail your order prior to your visit.

(A) Although
(B) Still
(C) Since
(D) Due to

28. If you experience any technical ------- in using our products, please contact our customer service department.

(A) facilitations
(B) solutions
(C) difficulties
(D) hardships

29. Most CEOs have confidence in the country's ------- economic growth and in their own organization's expansion.

(A) continuance
(B) continued
(C) continues
(D) continually

30. Fordam Motors has been studying the ------- of launching electric vehicle sales in international markets within two years.

(A) feasibility
(B) achievement
(C) fulfillment
(D) expectation

1. **(B)**	2. **(C)**	3. **(C)**	4. **(B)**	5. **(B)**	6. **(A)**	7. **(D)**	8. **(B)**	9. **(A)**	10. **(D)**
11. **(C)**	12. **(B)**	13. **(D)**	14. **(A)**	15. **(B)**	16. **(C)**	17. **(B)**	18. **(C)**	19. **(D)**	20. **(C)**
21. **(B)**	22. **(D)**	23. **(A)**	24. **(B)**	25. **(D)**	26. **(B)**	27. **(B)**	28. **(A)**	29. **(D)**	30. **(C)**

1. 文の前半にWe are delighted to hear howとあるので、ツアー体験が肯定的なものであったと推測できる。(A) は「相当な」、(C) は「能力がある」、(D) は「友好的な」という意味でどれも不適。(B) は「楽しい」という意味で文意にピタリ合致する。 **正解 (B)**

訳 我が社のハイキングツアー体験があなたにとって大変楽しかったとお聞きしてうれしく思っています。

注 delighted to ～してうれしい、experience 経験、体験

2. 空所後にappreciationという名詞があるので、空所には名詞を修飾する人称代名詞の所有格が入る。(A)は目的格、(B)は主格、(D) は人称代名詞ではなく関係代名詞の所有格なのでどれも不適。(C) ourはweの所有格で空所後のappreciationを修飾できる。 **正解 (C)**

訳 お客様への感謝の意を示すため、私どものレストランの全メニューで10パーセントの値引きをしています。

注 appreciation 感謝、謝意

3. 空所前にbe、空所後にusedがあるのでこれは動詞の受動態だと考えられる。動詞を修飾するのは副詞だが、(A) は形容詞、(B) は名詞、(D) は動名詞か現在分詞なのでどれも不適。(C) widelyが副詞なのでこれが正解。widely usedはよく使われるコロケーションなのでこのまま覚えよう。 **正解 (C)**

訳 「スタートアップ」という言葉は2000年頃に広く使われるようになったが、その頃にインターネットビジネスが盛んになりだした。

注 term 言葉、thrive 繁栄する、成長する

4. 適切な前置詞を選ぶ問題。これはeligibleにはどんな前置詞が後に続くか知っていれば一瞬で解けるが、知らなければ考えても解けない。形容詞eligibleの後にはforが来るので正解は (B)。eligible forは「～の資格がある」という意味で、TOEIC最頻出表現のひとつ。 **正解 (B)**

訳 政府からの援助を受けるためには、財政的な必要性と積極的に職探しをする意欲を示さなければならない。

注 willingness 進んでやる気持ち、actively 積極的に、seek 求める

5. 空所前に電話番号、また空所後にはan appointmentとあるので空所にはアポイントを「調整するために」電話するという目的を意味する語句が入ると考えられる。(A) と (C) は分詞で文として成立しない。(D) も文として成立しない。(B) のto不定詞は目的を表すのでこれが正解。 **正解 (B)**

訳 スマートフォンやコンピューターにアクセスできないお客様は、アポイントを調整するために555-815-4565にお電話いただけます。

注 arrange 調整する

6. 空所後のrenownedは「有名な」という意味。(B) formally「公式に」、(C) regularly「定期的に」を入れても奇妙な意味になる。(D) previously「以前は」は語の繋がりとしては可能だが文意が通らない。(A) は nationally renownedで「全国的に有名な」という意味で文意が通る。 **正解 (A)**

訳 リチャード・マルコーニは国中で数多くのビルの素晴らしいデザインを手がけた全国的に有名な建築家である。

注 architect 建築家、outstanding 傑出した

7. 空所後は名詞句になっているので空所には前置詞が入る。(B) thoughと (C) unlessは接続詞なので除外する。(A) likeは前置詞だが、「～のように」という意味なので文意と合わない。(D) givenは「～を考慮すれば」という意味の前置詞で文意にピタリ合致する。　　　**正解 (D)**

訳 インターネットは、多様な年齢層にものすごい人気があることを考えれば素晴らしい宣伝広告プラットフォームである。

注 advertising 広告、宣伝、tremendous すごい、素晴らしい

8. 空所前にbecause ofという前置詞があるので、その後のdeliveryと空所がまとまって名詞句になっていると推測される。deliveryが名詞なのでその後の空所にも名詞が入る。(A) はto不定詞、(C) は動詞の受動態、(D) は助動詞＋動詞。唯一の名詞である (B) delaysが正解。　　　**正解 (B)**

訳 配達遅延のために求められた返金はその商品が私どもの倉庫に返却された後に処理されることになっています。

注 because of ～のために、process 処理する、warehouse 倉庫

9. 空所後にthe root cause「根本的な原因」とあるので、空所には原因に関係する動詞が入ると考えられる。(B) displayは「展示する」、(C) persistは「持続する」、(D) requireは「要求する」という意味でどれも不適。(A) investigateは「調査する」という意味で文意に合致する。　　　**正解 (A)**

訳 チーフエンジニアは顧客から報告された欠陥の根本原因を調査するように依頼された。

注 defect 欠陥、不良品

10. 空所前後で内容が逆になっていることに注目。また空所後はthe factと名詞なので空所には逆接の前置詞が入る。(A) と (C) は接続詞なのでどちらも不適。(B) は前置詞の場合「～以来」という意味なので、ここでは不適。(D) despiteは「～にもかかわらず」という意味の逆接の前置詞なのでこれが正解。　　　**正解 (D)**

訳 今年はあまり雨が降らなかったにもかかわらず、農家は大量の作物を収穫することができた。

注 abundant 豊富な、大量の、crop 作物、収穫物

11. 選択肢にはcontain「含む」の各種時制が並んでいるが、文の後半からこれはfileにsensitive informationが含まれているときという現在時制であることがわかる。(A) は未来表現、(B) は現在完了形、(D) は動名詞か現在分詞なのでどれも不適。(C) が現在形なのでこれが正解。　　　**正解 (C)**

訳 オンラインで特に取り扱いに注意を要する情報が含まれているファイルを送る場合には従業員は注意することが強く求められている。

注 strongly urged 強く求められる、use caution 注意する

12. 空所後にstay「滞在」という名詞があるので空所には名詞を修飾する形容詞が入る。選択肢 (A) comfortは名詞、(C) comfortablyは副詞、(D) comfortabilityも名詞なのでどれも不適。(B) comfortable「快適な」が唯一の形容詞なのでこれが正解。　　　**正解 (B)**

訳 スターライト・ホテルのスタッフはお客様が快適なご滞在ができるよう何でもする準備ができています。

注 make sure 確かめる、確実なものにする

13. 空所前のprideは名詞ではなく「～を誇る」という意味の他動詞。このような場合、prideは再帰代名詞を取る。(A) は目的格、(B) theirは所有格、(C) theirsは所有代名詞なのでどれも不適。(D) themselvesが再帰代名詞なのでこれが正解。　　　**正解 (D)**

訳 顧客サービスを誇りにしている会社にとっては、サービス競争は業界で目立つための素晴らしい機会である。

注 hospitality もてなし、歓待、stand out 目立つ、突出する

14. 選択肢に「出席する」、「見る」、「参加する」等の動詞が並ぶが、(B) lookにはatが、(D) participateにはinという前置詞が必要。(C) observeは他動詞で前置詞は不要だが「観察する」という意味で文意に合わない。(A) attend「出席する」が文意に合致。　　　**正解(A)**

訳 商品開発マネージャーの主な責任には、展示会に出席して、顧客に私どもの新商品を詳しく説明することが含まれている。

注 major 主要な、trade show 展示会、in detail 詳細に

15. 空所後がdesigned siteと過去分詞＋名詞になっているので、空所には過去分詞を修飾する副詞が入る。(A) eleganceは名詞、(C) elegantは形容詞、(D) elegancesも名詞なので不適。(B) elegantlyが副詞で、elegantly designedで「エレガントにデザインされた」という意味になる。 **正解（B）**

訳 エレガントにデザインされたオンラインサイトには美術館に関する一般情報に加えて、特別展に関するアクセスしやすい情報も含まれている。

注 **in addition to** ～に加えて、**special exhibition** 特別展

16. 文の前半には「すべての出張手配はされなければならない」とあり、後半には「会社が承認した旅行契約社」とあるので、その旅行契約社「を通して」出張手配する必要があると推測される。選択肢の中で「～を通して」という意味になるのは (C) なのでこれが正解。 **正解（C）**

訳 すべての出張手配は会社が承認した旅行契約社を通してしなければならない。

注 **travel arrangement** 出張手配、**approved** 承認された、**contractor** 契約者（社）

17. 空所前がfirst-servedと過去分詞になっているので空所には名詞が入ると予想される。(A) basicは形容詞、(D) basicallyは副詞なので不適。(B) と (C) が名詞だが、on a ～ basisは「～を基本として」という成句で、(C) baseは使われないので (B) basisが正解。 **正解（B）**

訳 イベントの許可申請は自分自身で直接行わなければならず、審査は先着順に行われる。

注 **in person** 自分で直接に、**on a first-come, first-served basis** 先着順で

18. 空所には音楽祭が「開催される」とか「継続される」といった意味の動詞が入ることが予想される。(A) make、(B) push、(D) walkにはそうした意味はない。(C) runにはさまざまな意味があるが、そのひとつに行事などが「継続する」という意味があるのでこれが正解。 **正解（C）**

訳 今年のフェアフィールド音楽祭はフェアフィールド・コモンガーデンで4月1日から5日まで開催される。

19. 文の前半では「ウェブサイトを見てください」とあり、後半には「あなたが私どもの情報をもっと欲しい」とあるので、全体の文意は「もし私どもの情報がもっと欲しいのなら」ということだと推測できる。選択肢でそれに合致するのは (D) ifだけなのでこれが正解。 **正解（D）**

訳 もしあなたが私どものビジネスや労働環境についてもっと情報をご希望なら、ぜひウェブサイトをご覧ください。

注 **work environment** 労働環境

20. 空所後にskillsという名詞がある。選択肢 (A) は動詞の原形で名詞を修飾できないので不適。(B) は現在分詞、(D) は過去分詞でこれら分詞は名詞を修飾することもできるがここでは不適。skillsについては (C) communication skillsと名詞が2つ重なる複合名詞になる。 **正解（C）**

訳 この役職の候補者は、優れたコミュニケーション能力と基本的なコンピュータースキルを持っていなければならない。

注 **candidate** 候補者、**position** 役職、地位

21. 空所前がhas beenで、空所後はincreasingとなっているのでこれは現在完了進行形。動詞のincreasingを修飾するのは副詞である。選択肢 (A) は形容詞、(C) は名詞、(D) は形容詞の比較級なのでどれも不適。(B) rapidlyが副詞なのでこれが正解。 **正解（B）**

訳 フォルジャー・モーター社の電気自動車生産は過去数年で急速に増加している。

注 **electric car** 電気自動車、**rapidly** 急速に、**increase** 増加する

22. 空所後がbreathtaking「息をのむような」という形容詞なので、空所にはこの形容詞を修飾するのにふさわしい副詞が入る。(A) additionally「追加的に」、(B) frugally「質素に」、(C) disappointingly「がっかりするほどに」はどれも文意にそぐわない。(D) utterlyは「まったく」という意味で文意に合致する。 **正解（D）**

訳 霧雨が降って曇りだったが、塔の最上階からの眺めは本当に息をのむほどであった。

注 **drizzle** 霧雨が降る

23. 空所後にcultural and historic areasとあるので、空所にはある一定規模の面積を有する意味を持った語が入ると予測できる。(B) environment「環境」、(C) space「空間」はそれに合致せず、(D) venue「会場」は文意が通らない。(A) vicinityは「近郊」という意味でこれに合致する。　**正解（A）**

訳 ジャクソン市とその近郊は文化的、歴史的地域としてよく知られており、多くの美術館があることを誇っている。

注 boast 誇る、自慢する

24. 空所後にdeparture timeという名詞句があるので空所には形容詞か分詞が入る。(A) は動詞の原形、(D)はto不定詞なので除外。(C) は現在分詞で「予定をする出発時間」と奇妙な意味になる。過去分詞の (B) は「予定された出発時間」となり文意が通る。**正解(B)**

訳 空港当局者は旅行者に対して、予定出発時間に十分余裕をもって早めに空港に到着するようにアドバイスしている。

注 well in advance of ～に十分前もって、departure 出発

25. 冒頭にRecruitingとあり、また空所後にもadministrative staff membersとあるので空所にはhealthcareに関係する人が入る。(A) professionsは「専門職」という名詞、(B) は動詞なので除外。(C) と (D) は人だが、(C) professorsは「教授」という意味なのでここでは不適。(D) professionalsが「専門家」という意味で文意に合致する。　**正解（D）**

訳 健康管理の専門家と事務作業員を雇うことは時間のかかる作業である。

注 time-consuming 時間がかかる

26. 冒頭にMany economistsとあり、空所後にthe global economy will declineとあるので、空所には「予想する」という動詞が入ると考えられる。(A) は「尊敬する」、(C) は「褒める」、(D) は「規定する」という意味でどれも不適。(B) anticipateは「予想する」という意味で文意に合致。**正解(B)**

訳 多くの経済学者は、高騰したエネルギー価格が原因で世界経済が1年ほどで著しく落ち込むと予想している。

訳 decline 下降する、sharply 激しく、鋭く

27. 空所後はexpensive onesと名詞句になっているので空所には前置詞が入る。(A) at least「少なくとも」は副詞句、(C) thus「このように」は副詞。また (D) although「～ではあるが」は接続詞なのでどれも不適。(B) as well asは「AだけでなくBも」という意味の前置詞で文意に合致する。　**正解（B）**

訳 空室率は価格の高いマンションだけでなく手頃な価格のものについても高い。

注 vacancy rate 空室率、expensive 高価な

28. 空所前にannounced「発表した」とあり、空所後にはto merge「合併する」とあるので、空所には合併する「意向」かそれに近い語が入ると予想される。(A) intentionがまさに「意向」という意味なのでこれが正解。(B)は「保持」、(C) は「主張」、(D) は「議論」という意味でどれも不適。　**正解（A）**

訳 サンドミール・ペイント社はその競争相手でライバルでもあるレミックス社と今秋合併する意向を発表した。

注 competitor 競争相手、競合他社

29. 空所後の40 yearsという数と相性のよい副詞を選ぶ。(A)largelyは「主に」とか「大部分」、(B) activelyは「積極的に」、(C) fairlyは「かなり」という意味でどれも40 yearsとは相性が悪い。(D) nearlyは「～に近く」とか「ほぼ」という意味で数と相性がよい副詞なのでこれが正解。　**正解（D）**

訳 主要なエネルギー会社でほぼ40年の勤務経験があるピーターは国のエネルギー政策について多くの知識をもっている。

注 great deal of 多くの、policy 政策

30. 文の前半では演技が素晴らしかったとある一方、空所後にはhe wasn't feeling wellとあるので、空所には逆接の接続詞が入ると考えられる。(B)dependingは前置詞なので除外。残りは接続詞だが、(A) after、(D) as far asとも逆接ではない。(C) even thoughが逆接なのでこれが正解。　**正解（C）**

訳 タイラー・ケントは気分はあまりよくなかったが、昨夜の彼の劇場での演技は刺激的で活力に溢れたものだった。

注 performance 演技、even though ～ではあるが

1. (B)	2. (B)	3. (C)	4. (C)	5. (D)	6. (A)	7. (C)	8. (C)	9. (B)	10. (D)
11. (C)	12. (D)	13. (C)	14. (B)	15. (A)	16. (B)	17. (C)	18. (C)	19. (A)	20. (D)
21. (B)	22. (B)	23. (A)	24. (C)	25. (A)	26. (C)	27. (D)	28. (D)	29. (D)	30. (A)

1. (A) demandingや (C) demandedを空所に入れても意味をなさない。また副詞の (D) demandinglyでも奇妙な意味になる。(B) demandを入れるとmarket demandとなり、「市場の需要」を意味する複合名詞になるのでこれが正解。　**正解 (B)**

訳 市場の需要を満たすのに十分な製品の量を生産することは必ずしも実行できることではない。

注 **feasible** 実行可能な、**quantity** 量、**sufficient** 十分な

2. 空所後にown hardware storeとownがあることに注目。ownは人称代名詞の所有格の後に置いてそれを所有していることや固有のものであることを強調する。(A) himは目的格、(C) himselfは再帰代名詞、(D) heは主格なので不適。(B) hisが所有格なのでこれが正解。　**正解 (B)**

訳 ジェイコブス氏は市長であり彼自身の工具店を経営していることに加えて消防士のボランティアもしている。

注 **firefighter** 消防士、**mayor** 市長、**run** 経営する、**hardware store** 工具店

3. 空所前後は、従業員が自分の都合で仕事ができるflexibilityが与えられているという意味なので、空所にはflexibilityの近似語が入る。(A)は「信頼性」、(B) は「実際性」、(D)「価格の手頃さ」という意味なのでどれも不適。(C) は「自主性」という意味でflexibilityとも整合的で文意に合致する。　**正解 (C)**

訳 従業員たちは自分たちに最も都合のよいスケジュールで仕事をすることができる自主性と柔軟性を与えられている。

注 **complete** 終了させる、**assignment** 割り当てられた仕事、任務

4. 空所前にあるThe marketing of many vitamin and mineral supplementsという文の主語が単数形なので空所にはそれに呼応した動詞が入る。(A) と (B) は複数形なので不適。また問題文は現在のことについて述べているので未来完了形の (D) も不適。(C) isが現在の単数形なのでこれが正解。　**正解 (C)**

訳 多くのビタミンとミネラル補助栄養剤のマーケティングは主として女性に対して向けられている。

注 **direct** ～に向ける、**mainly** 主として、主に

5. 空所前にexcellentという形容詞があるので、空所には形容詞が修飾する名詞が入る。(A) addは動詞、(B) additionalは形容詞なので不適。(C) と (D) が名詞だが、(C) additiveは食品などの「添加物」という意味なので文意に合わない。(D)additionが「追加」という意味で文意に合致。　**正解 (D)**

訳 マックスは我々のチームにとって素晴らしい追加メンバーであり、彼が我々の仲間になってくれたことをよろこんでいる。

注 **addition** 追加、**on board** (組織などに) 参加して

6. 空所後がany unauthorized use of your personal dataと名詞句なので空所には前置詞が入る。(B) enoughは副詞、(D) whenは接続詞なので除外。(C) due toは前置詞だが「～のため」という意味で文意に合わない。(A) in the event ofは「～の場合には」という意味の前置詞で文意に合致。　**正解 (A)**

訳 あなたの個人データが許可なく使用されている場合はただちにご連絡ください。

注 **immediately** ただちに、**unauthorized** 許可されていない

7. 空所前にwas、空所後にbyがあるのでこれは動詞の受動態であると考えられる。受動態はbe動詞＋過去分詞である。選択肢を見ると、（A）は動詞の原形。（B）は進行形か現在分詞、（D）は名詞なのでどれも不適。（C）occupiedが過去分詞なのでこれが正解。

正解（C）

訳 そのビルは以前は商業目的のビジネスで埋まっていたが、現在は空になっている。

注 **formerly** 以前は、**occupy** ～を占める、**currently** 現在は

8. 空所前にis closed「閉鎖される」、また空所後にfor repairs「修理のため」とあるので閉鎖は一定の期間であると推測できる。（A）は「永遠に」、（B）は「少し」、（D）は「非常に」という意味でどれも不適。（C）temporarilyが「一時的に」という意味で文意に合致する。

正解（C）

訳 コミュニティーセンターは洪水によって被害を受けた箇所を修理するために一時的に閉鎖される。

注 **flooding** 洪水

9. 空所前に「私どもは非常に経験豊富だ」とあり、空所後には何に経験豊富であるかが書かれている。（A）は「～によって」、（C）は「～へ」、（D）は「～の上に」という意味でどれも空所前後がうまく繋がらない。（B）inは「～において」という意味で文がうまく繋がる。

正解（B）

訳 私どもは取引に影響するさまざまな税に関する問題に対処することに非常に豊富な経験があります。

注 **address**（問題などに）対処する、**tax-related** 税に関する、**affect** 影響する

10. 選択肢にはyouの格変化が並んでいる。空所後がrecent purchase「最近買った商品」と名詞句になっているので、空所には人称代名詞の所有格が入る。（A）youは主格、（B）yourselfは再帰代名詞、（C）yoursは所有代名詞なのでどれも不適。（D）yourが所有格なのでこれが正解。

正解（D）

訳 もし最近お買いになった商品についてご質問や疑問点があれば、いつでもお気軽に555-4179までお電話ください。

注 **concern** 心配、懸念、**purchase** 購買

11. 空所前後にaffordable、high-qualityという語あるが、通常はaffordableでhigh-qualityであることは少ない。つまり空所には反対概念の両語を結びつける語が入る。（A）、（B）、（D）はどれも両語を結びつけることができない。（C）yetにはbutとほぼ同じ意味があり文意が通るのでこれが正解。

正解（C）

訳 私どもはさまざまな顧客に対して手頃な価格でありながら高品質の翻訳サービスを提供しています。

注 **interpreting service** 翻訳サービス、**a wide variety of** さまざまな

12. 空所後がproducts were receivedと受動態の過去形であることから空所も同様に受動態の過去形が入ると考えられる。（A）は過去形だが能動態、（B）は未来表現の能動態、（C）は現在形なのでどれも不適。（D）was placedだけが受動態の過去形なのでこれが正解。

正解（D）

訳 緊急の注文をしたところ、商品を1週間以内に受け取ることができた。

注 **urgent** 緊急の、**place an order** 注文する

13. 文全体の動詞はwasになるので、空所にはその主語となる名詞が入る。（A）は動詞の原形、（B）は動詞の三単現。（D）は動名詞で主語になれるが「登録すること」という意味なのでここでは不適。（C）Enrollmentは「登録」あるいは「登録者数」という意味で文意が通る。

正解（C）

訳 人事部によって実施された健康的な食事に関するセミナーの登録者数は当初予想されたよりもはるかに多かった。

注 **originally anticipated** 当初予想された

14. 文全体からホテルが素晴らしいサービスを提供していると推測できるので、選択肢から肯定的意味を持つ物を選ぶ。（A）は「むかつく」、（C）は「ありきたりの」という否定的意味。（D）は「無口な」という意味で内容とずれる。（B）impeccableは「完璧な」という肯定的意味なのでこれが正解。

正解（B）

訳 ハンプトンズはレミントン市にある新しく改装されたホテルで、素晴らしい宿泊施設と完璧なサービスを提供している。

注 **exceptional** 特に優れた、例外的な、**accommodation** 宿泊施設（設備）

15. 空所前はthree quartersと名詞句になっているので、空所にはその名詞句を後ろから修飾する分詞が入る。(C) は名詞、(D) は動詞なので不適。(B) は現在分詞だが、(B) では前の名詞句を修飾できない。(A) combinedを入れると「ほかの3四半期を合計した」となり文意が通る。　　　**正解 (A)**

訳 小売業は年間の最終四半期にその大半の利益を上げており、その額はしばしばその前の3つの四半期を合計した額よりも多い。

注 **retail business** 小売業、**profit** 利益、**quarter** 四半期、**combine** 結合させる

----

16. 空所後にto detailという語句があることに注目。to detailは「詳細にわたって」という意味。(A) は「促進」、(C) は「維持」、(D) は「開発」という意味でどれも文意に合わない。(B) attentionは「注意」という意味でto detailと結びつくのでこれが正解。　　**正解 (B)**

訳 スウィーニー建設は過去多くの住宅建設プロジェクトにおいてその専門的技術と詳細にわたる配慮を示してきた。

注 **demonstrate** 示す、実証する、**expertise** 専門的技術、**numerous** 数多くの

----

17. 空所前のunlessは「〜でなければ」という意味。また空所後のspecifyは「具体的に述べる」という意味なので、文意から空所前後は「特に述べられていなければ」という趣旨になると推測される。それに適合する語は (C)otherwise。unless otherwise... は「特段の〜がないかぎり」という意味の成句。
　　　　　　　　　　　　　　正解 (C)

訳 特段述べられていないかぎりは、求職応募日までに最低限の経験と訓練の必要条件を満たしていなければならない。

注 **minimum** 最低限の、**requirement** 必要条件

----

18. これは動詞の時制と態の問題。文末にshortlyがあることに注目。shortlyは「間もなく」という意味で未来のことを表す。(A) は過去形、(B) は現在完了形、(D) は受動態の現在形なのでどれも不適。(C) will be receivingは未来進行形で予定を表すのでこれが正解。　　　　　　　　　　　　**正解 (C)**

訳 学生は間もなく奨学金の更新手続き用紙を受け取ることになるとフランクリン大学は発表した。

注 **scholarship** 奨学金、**renewal** 更新

----

19. 空所前にbustling downtown「にぎやかな中心街」とあり、その後にwith retail「小売の」とあるので、空所には小売の「店舗」に相当する語が入ると考えられる。(B) は「様式」、(C) は「廊下」、(D) は「所有者」という意味でどれも不適。(A) にはまさに「店舗」という意味があるのでこれが正解。　　**正解 (A)**

訳 レイマービルにはにぎやかな中心街があり、そこにはどんな人の興味にも合った多くの小売店がある。

注 **suit** 〜に合う、適する

----

20. 空所後にinvitedがある。invitedは動詞なので空所には動詞を修飾する副詞が入る。(A) は形容詞、(B) は名詞、(C) も名詞なのでいずれも不適。(D) cordiallyが副詞なのでこれが正解。なお、cordially invite「心を込めて招待する」はよく使われる成句なのでこのまま覚えよう。　　　　**正解 (D)**

訳 クレイトン・エンジニアリング社のCEOで今月末に引退するレックス・パターソン氏に敬意を表して祝宴を開催しますのでご出席ください。

注 **cordially** 心を込めて、**in honor of** 〜に敬意を表して、記念して

----

21. 選択肢はどれも「すべて」という意味に関連している。空所後に修飾する語がないので (D) everyが不適であることはすぐわかる。残り (A)、(B)、(C) についてはどれも正解に思えるかもしれないが、in one's entiretyで「全体として」という意味の熟語なので (B) が正解。　　　　　　　**正解 (B)**

訳 この用紙にすべてを記入して私どもの顧客サービス部まで返送してください。

注 **complete** 完了させる、**form** 記入用紙

----

22. 空所後が主語と動詞を持った節なので空所には文と文を繋ぐ接続詞が入る。(A) such asと (C) because ofは前置詞なので不適。また (D) evenは副詞なのでこれも不適。(B) so thatは「〜ができるように」という意味の接続詞なのでこれが正解になる。　　**正解 (B)**

訳 その建物をハリケーン被災者の救援のために使うために、そのショーは開幕のほんの数日前に中止になった。

注 **just days before** ほんの数日前、**relief** 救援

23. 空所後にduration「期間」という語がある。空所にはこの「期間」と相性のよい前置詞が入る。(B) atは一点を表し、(C) betweenは後にandが必要。(D) amidは「〜の中で」という意味でどれも相性が悪い。(A) forは期間を表しdurationと相性が抜群によい。
正解 (A)

訳 そのビルは改修工事の期間中閉鎖され立ち入り禁止になる。

注 **off limits** 立ち入り禁止の、**for the duration of** 〜の期間中

24. 空所前にstated「述べた」という動詞があるので、空所には動詞を修飾する副詞が入る。(A) emphasisは名詞、(B) emphaticは形容詞、(D) emphasizeは動詞なのでどれも不適。(C) emphaticallyが副詞なのでこれが正解になる。
正解 (C)

訳 ケンドール・キッチン社はビジネスを清算することが従業員と株主にとって最善のことであると強調して述べた。

注 **state** 述べる、**emphatically** 強調して、**liquidate** 清算する、**shareholder** 株主

25. このコースで学生は財務分析などができるようになるというのが文の大意。(B) creativeは「創造的な」、(C) eloquentは「雄弁な」、(D) affluentは「豊かな」という意味でどれも不適。(A) proficientは「熟達した」という意味でまさに文意に合致する。**正解 (A)**

訳 このコースでは、学生は財務分析の基本的な方法に熟達するようになり、財務営業に従事するためのスキルを身につけることができる。

注 **tool** 道具、**acquire** 獲得する、**engage in** 〜に従事する

26. 空所前にはgive their time to charitiesとある一方、空所後にはdonating financiallyと対照的なことが書かれている。また空所後は動名詞句になっているので空所には逆接の前置詞が入る。選択肢の中で逆接の前置詞は(C) instead of「〜の代わりに」なのでこれが正解。
正解 (C)

訳 今ではより多くの人がお金を寄付するのに代わって、慈善事業に自分たちの時間を提供することを選ぶようになってきている。

注 **donate** 寄付する、**financially** 金銭的に、財務的に

27. 空所前にgrew substantiallyとあるので、空所にはmarket conditionsが良好だったことを意味する語が入ると考えられる。(A) は「制約的な」、(B) は「親密な」、(C) は「お手頃価格の」とどれもmarket conditionsとは無関係。(D) favorableは「好ましい」という意味なのでこれが正解。**正解 (D)**

訳 その会社の営業収入は市場の状況が良好だったので大きく伸びた。

注 **operating income** 営業収入、**substantially** 大幅に

28. 冒頭に接続詞のWhenがある。通常、このように接続詞がある場合、その後には主語＋動詞という形になるが、前半と後半の主語が同じときには主語が省略されて動詞の-ing形か-ed形に変わる。選択肢を見ると(D) がconstructingと-ing形なのでこれが正解。
正解 (D)

訳 商業ビルを建設する際には段階的な建設スケジュールに合わせて、建設資材も段階に分けて発注されなければならない。

注 **commercial** 商業的な、**material** 材料、**phased** 段階的な

29. (A) は「辞任」、(B) は「遵守」、(C) は「道」という意味でどれも空所前後の語句とは関連がない。(D) reorganizationは「組織再編」という意味。large-scale reorganizationで「大規模な組織再編」という意味になり文意にピタリ合致する。**正解 (D)**

訳 経営企画部の部長は会社の流通網の大規模な組織再編について素晴らしいプレゼンを行なった。

注 **corporate planning** 経営企画部、**distribution** 流通

30. 空所後にcustomer serviceという名詞句があるので、空所には名詞句を修飾する形容詞が入る。(B) excellenceは名詞、(C) excellentlyは副詞、(D) excelは動詞なのでどれも不適。(A) excellentが形容詞なのでこれが正解になる。**正解 (A)**

訳 素晴らしい顧客サービスを提供することは会社が競争上の優位性を首尾よく獲得する上で極めて重要である。

注 **extremely** 極めて、**competitive edge** 競争上の優位性（他社に優っている点）

1. (B)	2. (C)	3. (B)	4. (A)	5. (B)	6. (D)	7. (C)	8. (C)	9. (D)	10. (D)
11. (C)	12. (D)	13. (A)	14. (D)	15. (B)	16. (C)	17. (C)	18. (A)	19. (C)	20. (B)
21. (C)	22. (D)	23. (D)	24. (A)	25. (B)	26. (D)	27. (C)	28. (B)	29. (D)	30. (B)

1. 空所前にstudents、空所後にemployment という名詞があるので、空所には人称代名詞が並ぶ選択肢のうち、名詞を修飾する所有格が入る。(A) は主格、(C) は目的格、(D) は再帰代名詞なので不適。(B) theirが人称代名詞の所有格なのでこれが正解になる。

正解（B）

訳 模擬面接は学生が現実的な状況のもとで就職への準備をさせることができるので重要である。

注 mock 模擬の、enable ～できるようにする、setting 状況、場面

----

2. 空所後が節として完結しているので、that the screen -------の部分も主語＋動詞という形になる。主語はscreenなので空所には動詞の三単現が入る。(A) はbe動詞のない進行形、(B) は形容詞dimの比較級、(D) は過去形なのでどれも不適。(C) dimsが三単現なのでこれが正解。

正解（C）

訳 ユーザーが実際に気がつくいくつかの変化のひとつはシャットダウンする前にスクリーンが薄暗くなることである。

注 notice 気がつく、dim 薄暗くなる、ほの暗くなる

----

3. 空所前にtheという冠詞、空所後にregulatory environmentという名詞句があるので空所には形容詞が入る。(A) は名詞、(C) と (D) は分詞で動詞の「提出する」という能動・受動の意味なのでどれも不適。(B) presentには「現在の」という形容詞の意味があるのでこれが正解。

正解（B）

訳 私どもの弁護士は大変経験豊富で、現在の規制環境下で御社が成功するのをお手伝いすることができます。

注 attorney 弁護士、regulatory 規制に関する

----

4. 文の前半で配達住所と電話番号を知らせてほしいとあり、後半はそれが配達を助けるとあるので、空所には「急がせる」とか「早める」といった意味の語が入ると予想される。(B) は「知らせる」、(C) は「締める」、(D) は「発見する」という意味。(A) が「促進する」という意味で文意に合致する。

正解（A）

訳 配送過程を迅速に処理することができるので、配達先の住所と携帯電話番号をお知らせください。

注 along with ～と一緒に、process 過程

----

5. スポーツイベントを開催するのでハリントンには「大勢の」観客が来るというのが文の大意である。(A) は「受け入れ可能な」、(C) は「注意深い」、(D) は「～を表す」という意味でどれも文意に合わない。(B) enormousが「非常に大きい」という意味で文意に合致する。

正解（B）

訳 7月15日から22日まで、ハリントンは非常に多くの観客が訪れる主要なスポーツイベントを開催する予定である。

注 home to ～の拠点である、開催地である、draw 引きつける、audience 観客

----

6. 空所前にemployeeという名詞があり、選択肢もすべて名詞なのでこれは複合名詞の問題である。(A) は「尊敬」、(B) は「魅力」、(C) は「払戻し」という意味でどれも不適。(D) benefitsは「利益」とか「恩恵」という意味で、複合名詞のemployee benefitsで「従業員の福利厚生」という意味になり、文意に合致する。

正解（D）

訳 ケンブリッジ・コーポレーションの福利厚生には、従業員が仕事と個人の生活のバランスを取るために役立つさまざまな提供物が含まれている。

注 a range of さまざまな、offering 提供されるもの

7. 空所前にThe country's economyとあるので、空所には経済に関する語が入ると予想される。選択肢 (A) は「繰り返しの」、(B) は「集中的な」、(D) は「探究的な」という意味でどれも経済とは関係ない。(C) competitiveは「競争力のある」という経済に関係する意味で文意に合致する。
正解 (C)

訳 その国の経済は世界において過去10年のどの時期よりも今のほうが競争力がある。

注 past decade 過去10年間

8. 文の前半では正式なビジネス服の着用を要求していないとある一方、後半ではpresentable「見苦しくない」ことを期待しているとある。つまり、前後半で文意が逆になっているので空所には逆接の接続詞が入る。選択肢の中でそれに当てはまるのは (C) のWhile。
正解 (C)

訳 多くの会社は、従業員に対して正式なビジネス用の服装を着るようには要求していないが、従業員は仕事場では見苦しくない身なりをしていることが期待されている。

注 formal 正装の、attire 服装、衣装

9. 空所の少し後のnext weekに注目。これによって空所には未来表現が入ることがわかる。(B) はbe動詞のない進行形、(C) は過去形の受動態なのでどちらも不適。(A) も動詞の現在形なので不適。(D) will be implementingが唯一の未来表現なのでこれが正解。
正解 (D)

訳 グローバル・フィナンシャル社は従業員が週に2回だけオフィスに出勤すればよいハイブリッド型の労働形態を来週から実施する予定である。

注 implement 実施に移す、実行する

10. 空所後にyou aim to accomplishという語句があるので、空所にはaccomplishの目的語になる物や事が入る。(B)、(C) はともに物や事に関連しない。(A) は物や事に関連するが「どちらでも」という意味なので不適。(D) は「何でも」という意味で文意に合致する。
正解 (D)

訳 あなたが仕事で何を成し遂げようとお考えでも、私たちはあなたが組織で最適な影響を与えることができるようにお手伝いします。

注 accomplish 成し遂げる、optimal 最適な

11. 空所後のthe Board of Directorsは企業などの取締役会のこと。そのメンバーであるときに使う前置詞は (C) のonである。何かの委員会のメンバーである場合には、on the committeeのようにonを使う。
正解 (C)

訳 個人が取締役会のメンバーになることを検討してもらうためにはある一定の基準を満たさなければならない。

注 consider 検討する、criteria 基準

12. 空所前にThe author shows an exceptional「作家は例外的な何かを示している」とあるので、空所には「才能」や「能力」といった語が入ると予想される。(A)は「態度」、(B) は「誤解」、(C) は「選択」という意味でどれも不適。(D) abilityがまさに「能力」という意味で文意に合致。
正解 (D)

訳 その作家はユーモア、ドラマ、サスペンス、ロマンスを途切れることなくバランスよく書くことができる例外的な才能を示している。

注 seamlessly 途切れることなく、balance 調和させる、バランスよく配置する

13. 空所後がwho participateと動詞が複数形であることに注目。したがって、空所には複数形の代名詞が入る。(B) anyoneと (D) someoneは単数形。(C) theseは複数形だが、these whoという言い方はしないので (A) thoseが正解。＜to those who＋動詞の複数形＞と覚えよう。
正解 (A)

訳 オンラインであろうと録画したものを見たのであろうと、4つのワークショップすべてに出席した人には証明書が与えられる。

注 certificate 証明書、award 与える、授与する

14. 空所後にdeliveryという名詞があるので、空所には名詞を修飾する形容詞が入る。(A) relyは動詞、(B) reliabilityは名詞、(C) roliablyは副詞なのでどれも不適。(D) reliableが形容詞なのでこれが正解。なお、reliableと同義でTOEICによく出てくる単語にdependableがある。
正解 (D)

訳 私どもの高度な物流システムはすべての顧客への信頼できる配送を確かなものにしています。

注 advanced 高度な、logistics 流通、ensure 確かなものにする、確実にする

15. 空所後にbeneficialという形容詞がある。基本的に形容詞を修飾するのは副詞なので空所には副詞が入る。（A）mutualは形容詞、（C）mutualityは名詞、（D）mutualisticも形容詞なので不適。（B）mutuallyが副詞なのでこれが正解。mutually beneficialは「お互いに有益な」という意味の成句。　**正解（B）**

訳 その2社のCEOはお互いにとって有益な協力関係を樹立するための計画を議論している。

注 **CEO** 最高経営責任者、**cooperative** 協力的な

16. 空所後のinformationが可算・不可算名詞のどちらであるかを問う問題。informationは不可算名詞なので空所にはそれに対応する語が入る。（A）と（B）は不可算名詞を修飾できない。（D）も「他のどれかひとつ」という意味なので不適。（C）は不可算名詞を修飾できるのでこれが正解。　**正解（C）**

訳 コミュニケーションスキルをどのようにしたら効果的に教えることができるかということについての情報はほとんどない。

注 **little** ほとんど〜ない、**effectively** 効果的に

17. 空所後のon a trial basisは「試しとして」という意味。またso以降の文は「買う前に試すことができる」という意味なので、空所には試しとして「利用することが可能」という意味になると予想される。（A）は「過激な」、（B）は「即座の」、（D）は「完全な」という意味なのでどれも不適。唯一文意に合致するのが（C）available。　**正解（C）**

訳 このソフトウェアはトライアルでお使いいただくことができますので、お買い求めになる前にお試しください。

注 **available** 利用可能な、入手可能な、**on a trial basis** トライアルで、試しに

18. そのテレビシリーズが長年人気だったというのが文の大意。空所には長年に「わたり」を意味する前置詞が入ると予想される。（B）amidは「〜の中へ」、（C）toは「〜へ」、（D）betweenは「〜の間で」という意味でどれも不適。（A）throughが「〜を通して」という意味で文意に合致する。　**正解（A）**

訳 そのテレビシリーズはベビーブーマー世代の子どもたちを含め、長年にわたって人気があった。

注 **through the years** 長年にわたり

19. 文末にin the near futureとあるので、この文の動詞の時制は未来表現になる。（A）は過去進行形、（D）は受動態の過去完了形なので不適。（B）と（C）が未来表現だが、（B）の受動態では文意が通らないので、能動態の未来表現である（C）が正解。　**正解（C）**

訳 近い将来、オンラインマーケティングは従来型のマーケティングを完全に置き替えてしまうことになるだろうと専門家は考えている。

注 **expert** 専門家、**traditional** 伝統的な、従来型の、**entirely** 完全に、まったく

20. 文意を考えると、空所にはオフィスをより「魅力的」にするという意味の肯定的な語が入ると予想される。（A）givingは「心の広い」、（C）lookingは「〜に見える」、（D）demanding「要求が厳しい」という意味でどれも文意にそぐわない。（B）invitingには「魅力的な」という意味があり文意に合致。　**正解（B）**

訳 自宅のオフィスであれ会社のスペースであれ、あなたのオフィスをもっと魅力的なものにするためにあなたができる多くのことがある。

注 **whether 〜 or ...** 〜であれ……であれ

21. 空所後にwellという副詞があるので、空所には副詞を修飾するもうひとつの副詞が入ると考えられる。（A）amazingは形容詞、（B）amazeは動詞、（D）amazementは名詞なのでどれも不適。（C）amazinglyが副詞なのでこれが正解になる。　**正解（C）**

訳 最近の景気悪化にもかかわらず、我が社の3つと4つのベッドルームがある家は驚くほどよく売れた。

注 **amazingly** 驚くほど、**economic downturn** 景気の悪化

22. 空所前がhas、空所後がbeen appointedとなっているのでこれは現在完了形である。（A）soonは未来表現で使われる。（B）sometimesは文意に合わない。（C）stillも「まだ」という意味で文意が通らない。（D）recentlyは現在完了形でよく使われる副詞で文意も通る。　**正解（D）**

訳 シン博士は最近ヒルズバーグ大学のマーケティングの教授に任命された。

注 **appoint** 任命する

23. 空所前にhighlyという副詞があるので、空所には副詞を受ける形容詞が入る。(A) informは動詞、(B) informationは名詞、(C) informativelyは副詞なのでどれも不適。(D) informativeは形容詞なのでこれが正解。highly informativeは「非常に有益な」という意味でTOEICでも頻出。　　**正解（D）**

訳 聴衆は基調演説のスピーカーの熱意と情熱が気に入るだけでなく、彼の話も大変有益だと思った。

注 audience 聴衆、enthusiasm 熱意

24. 空所前のcompleteが「完全な」という意味の形容詞なので、空所にはこれを受けるにふさわしい名詞が入る。(B)agendasは「議題」、(C)factorsは「要因」、(D)regulationsは「規則」という意味でどれも意味が通らない。(A) descriptionsは「記述」という意味で文意にピタリ合致する。　　**正解（A）**

訳 各コースの完全な記述説明については2022-2023年度版の授業案内を見てください。

注 complete 完全な

25. 空所後にcapital「資本」という名詞があるので、空所には名詞を修飾する形容詞が入る。(A) othersと (C) anythingは代名詞なので不適。(B) enoughと (D) manyが形容詞だが、manyは不可算名詞であるcapitalを修飾できないので、(B) のenoughが正解になる。　　**正解（B）**

訳 マイダス重工業は投資と新商品開発を行うに十分な資本を持っている。

注 support 支える、investment 投資、develop 開発する

26. 空所後にlonger than an hourとあるので、空所には時間の長さに関する語が入ると予想される。(B) resumeは「再開する」、(C) beginは「始まる」という意味で長さに関係ない。(A) はmeetingがkeep longerとは言えない。(D) lastには「続く」という意味があり文意が通る。　　**正解（D）**

訳 もし会議が1時間以上続くようなら、出席者に軽食と飲み物を提供するのはよい考えである。

訳 beverage 飲み物、attendee 出席者

27. 空所後にcapitalという名詞があるので空所には名詞を修飾する形容詞が入る。(A) sufficiencyは名詞、(B) sufficientlyは副詞、(D) sufficeは動詞なのでどれも不適。(C) sufficientは「十分な」という意味の形容詞で文意も通る。　　**正解（C）**

訳 十分な資本あるいは各種資源がなければ、ビジネスは継続できない。

注 resource 資源

28. フットボールチームがその名前とマスコットに何かしようとしている。(A) inspectは「検査する」、(C) exceedは「超える」、(D) amplifyは「増幅する」という意味でどれも文意にそぐわない。(B) retireには「引退させる」のほかに「廃棄する」、「使わなくする」という意味もあり文意に合致する。　　**正解（B）**

訳 何十年にもわたる論争の末、テイラー市のプロフットボールチームはその名前とマスコットを廃棄する予定である。

注 controversy 論争、set to ～する予定である

29. 空所前にnewlyという副詞、空所後にはCEOという名詞があるので空所には形容詞か分詞が入る。(A) は名詞、(B) は動詞なのでどちらも不適。(C) は現在分詞だが「任命するCEO」というおかしな意味になる。(D) の過去分詞では「任命されたCEO」となり文意も通る。　　**正解（D）**

訳 会社の指導者の地位を引き継いで新しく任命されたCEOは数多くの難題に直面した。

注 face 直面する、challenge 難題、take over 引き継ぐ

30. 文全体からよくないことが起こったと推察できるので、空所には否定的意味を持つ語が入る。(A) は「終了させる」、(C) は「設立する」、(D) は「経験する」という意味でどれも否定的意味はない。(B) compromiseには「妥協する」以外に「不正アクセスする」という意味があり文意に合致する。　　**正解（B）**

訳 もし御社のウェブサイトが不正アクセスされた場合、すぐ私どもにご連絡いただければその問題の解決方法をお教えします。

注 immediately すぐに、直ちに、solve 解決する

1. (D)	2. (C)	3. (C)	4. (B)	5. (A)	6. (C)	7. (B)	8. (D)	9. (A)	10. (D)
11. (B)	12. (A)	13. (C)	14. (D)	15. (C)	16. (D)	17. (C)	18. (B)	19. (D)	20. (C)
21. (B)	22. (A)	23. (B)	24. (C)	25. (A)	26. (B)	27. (C)	28. (B)	29. (A)	30. (C)

1. 空所前がis designedと動詞の受動態になっているので、空所にはその動詞を修飾する副詞が入る。(A) specificは形容詞、(B) specificityは名詞、(C) specifyは動詞なのでどれも不適。(D) specificallyが副詞なのでこれが正解になる。　**正解 (D)**

訳 このワークショップは学問を職業としていくことに関心のある大学院生およびその他の人のために特に企画されたものである。

注 **specifically** 特に、**graduate student** 大学院生、**pursue** 追求する

2. 空所後がwill be submittedと受動態であることに注目。人はsubmittedできないので空所には物が入る。(A) と (D) は人なので不適。(B) theirsは「彼らの物」という意味だが、空所前にtheirsの指す物がないのでこれも不適。(C) itは空所前のthis formを指すのでこれが正解。　**正解 (C)**

訳 この記入用紙は財政援助委員会に検討のため提出されることになるのですべて記入してください。

注 **fully** すべて、完全に、**submit** 提出する、**review** 検討

3. 空所がなくても文として成立するので、空所には (B) のような前置詞や (D) のような接続詞は入ることはできない。(A) just asは「～とまさに同じように」という意味で文意に合わない。(C) at leastは「少なくとも」、「最低でも」という意味で文意に合致する。　**正解 (C)**

訳 応募者は少なくとも物理かそれに隣接する学問分野の学士号を持っていなければならない。

注 **undergraduate degree** 大学の学士号、**physics** 物理、**related field** 関連分野

4. 空所後はa winnerと冠詞＋名詞になっている。空所前ではなく空所後にaが来ていることに留意。aが空所前にあれば空所には名詞を修飾する形容詞が入るが、aが空所後にあるので空所には副詞が入る。選択肢の中で副詞は (B) clearlyなのでこれが正解。　**正解 (B)**

訳 先月リリースされた映画は、興行収入面で明らかに大ヒットであった。

注 **winner** 勝者、大ヒット、**at the box office** 興行収入面で

5. 空所前にIncreasingという現在分詞があるので空所には名詞が入る。(C) は過去形か過去分詞なので不適。残りは名詞だが、(B)は「占領」とか「職業」、(D) は「居住者」という意味なのでどちらも不適。(A) occupancyはホテルなどの「稼働（率）」のことで文意にピタリ合致する。　**正解 (A)**

訳 州全体でホテルやその他宿泊業の稼働率が上昇していることは州民が仕事に戻れる助けになるだろう。

注 **lodging business** 宿泊業、**put people back to work** 人を仕事に戻す

6. 文の前半に「戦略を構築する必要がある」とあり、空所後には「新規顧客を呼び込む」とあるので、空所には「継続的に」という趣旨の語が入ると予想される。(A) は「雄弁に」、(B) は「都合よく」、(D) は「技術的に」という意味なのでどれも不適。(C) は「絶えず」という意味で文意に合致する。　**正解 (C)**

訳 企業が繁栄するためには新規顧客を呼び込むための戦略を構築する必要がある。

注 **thrive** 繁栄する、**strategy** 戦略

7. 空所前後がobserve「見る」とparticipate「参加する」という反対の意味をもつ動詞なので、空所には逆接の語句が入る。(A)は「〜に関連して」、(C)は「まだ」、(D)は「〜の場合」という意味でどれも逆接の意味はない。(B)が「〜よりもむしろ」という逆接の意味をもつのでこれが正解。　**正解(B)**

訳 そのセミナーは直接参加するのではなく、見て参加したいという方々のためにライブストリームされる。

注 for those who wish to 〜したい人のために

---

8. 「ビジネスを成長させるのは時間がかかる何かだ」というのが空所前の文意なので、空所には「行動」とか「尽力」などの語が入ると予想される。(A)は「教育」、(B)は「効果」、(C)は「探求」という意味でどれも文意的にそぐわない。(D) endeavorがまさに「努力」という意味で文章に合致する。　**正解(D)**

訳 ビジネスを始め、育て、成長させるのは集中、犠牲、規律を必要とする時間のかかる努力である。

注 nurture 育てる、time-consuming 時間がかかる、discipline 規律

---

9. 空所前後は「御社のスタッフと一緒になって働く」という趣旨なので、空所には「ともに」とか「協力して」といった意味の語が入る。(B) は「〜の周りに」、(C)「〜に対して」、(D)「〜を横切って」という意味でどれも不適。(A) alongsideは「〜のそばに」という意味で文意に合致。　**正解(A)**

訳 私どもの健康管理ビジネスチームは御社のスタッフのそばで一緒になって働き、御社に合った解決策をご提供いたします。

注 custom solution 顧客の注文に応じた解決策

---

10. 文頭にBy this time next week「来週の今頃までには」と未来完了形を暗示する語句があることに注目。(A) は現在完了形、(B) はto不定詞、(C) は受動態の現在完了形なのでどれも不適。(D) will have finishedがまさに未来完了形なのでこれが正解。　**正解(D)**

訳 来週の今頃までには市内の何万人もの学生が新学年の初日を終えているだろう。

注 tens of thousands of 何万人もの、new school year 新学年

---

11. 文の前半と後半がどちらも主語＋動詞を持った節になっているので、空所には接続詞が入ると考えられる。(A) は副詞、(C) は代名詞、(D) は前置詞なのでどれも不適。(B) shouldは助動詞だが、これを文頭に出すと接続詞であるifを使わずに仮定の意味を表す倒置表現になるのでこれが正解。　**正解(B)**

訳 締切日の後に支払いがなされた場合は法定金利が課されることになる。

注 payment 支払い、deadline 締切、statutory interest 法定金利

---

12. 全体の文意から空所には注文をドアのところで「受け取る」という趣旨の熟語が入ると予想される。(B) は「やって来る」、(C) は「見上げる」、(D) は「起きる」という意味なのでどれも不適。(A) picking upが「受け取る」、「手に入れる」という意味なのでこれが正解。　**正解(A)**

訳 フローレンスコーヒーは携帯電話からの注文を強く推奨しており、顧客はドアのところで注文を受け取ることができる。

注 emphasize 強調する、力説する

---

13. 空所前にはsend you ourとあり、空所後にはadditional costsとあるのでコストに関する何かを送ると理解できる。(A) は「資源」、(B) は「供給」、(D) は「示唆」という意味なのでどれも不適。(C) estimateには「見積もり」というコストに関連する意味があり文意にピタリ合致する。　**正解(C)**

訳 追加コストの関する見積もりをできるだけ早くお送りします。

注 additional 追加の

---

14. 空所前がbe、空所後がstatedとなっているのでこれは動詞の受動態である。動詞を修飾するのは副詞なので空所には副詞が入る。(A) explicitは形容詞、(B) most explicitは最上級、(C) more explicitは比較級なのでどれも不適。(D) explicitlyが副詞なのでこれが正解。　**正解(D)**

訳 このデータベースのどの部分がどのような形であれ複製されたり送信されたりする場合には、出典は明示されなければならない。

注 reproduce 複製する、再現する、transmit 送信する、state 述べる

15. 空所後を読むと、quality of its 100% fruit productsとあるので、混ぜ物なしで100パーセント果物を使用していることがわかる。(A) は「友好的な」、(B) は「創造的な」、(D) は「有効な」という意味でどれも文意に合わない。(C) は「妥協しない」という意味で、混ぜ物なしの純粋さを表しているのでこれが正解。　　　　　　　　**正解（C）**

訳 サンフラワー・フルーツジュースは果物を100パーセント使った妥協しない品質で有名である。

注 famous for 〜で有名な

16. 空所前のstand outは「目立つ」、空所後のthe restは「その他の人々」という意味なので、空所には「〜から」とか「〜の間で」という意味の語が入ると予想される。(A) は「〜へ向かって」、(B) は「〜のために」、(C) は「〜の中へ」なので不適。(D) fromは「〜から」という意味で文意が通る。　　**正解（D）**

訳 もしあなたが障害を恐れないのであれば、その自信は他の人々からあなたを目立たせることになるだろう。

注 obstacle 障害、confidence 自信

17. 空所後は「それが我が社の商品であれサービスであれ」という意味だと理解できる。実はこれは問題11のshouldと同じく、beを文頭に出すことによってifを省略することができる倒置法である。つまりbe itはif it isという譲歩の意味になるので (C) が正解になる。　　　　　　　　　　　　**正解（C）**

訳 もしお客様が我が社に不満を感じているなら、それが我が社の商品であれサービスであれ、その理由を見つけ出すことが必要である。

注 find out 見つけ出す、reason 理由

18. これは動詞の入った熟語の問題。(D) developは何となく違うが、他の選択肢はどれもありそうに思えるかもしれない。正解は (B) のbring。bring... to one's attentionで「人の注意を〜に向けさせる」という意味になる。ここでは目的語がto one's attentionの後に来ている。　　　　　**正解（B）**

訳 私どもの工場における重大な問題に関する可能な解決策のひとつをご提案させていただきたいと思います。

注 solution 解決策、serious issue 重大な問題

19. 空所前にworkedという動詞があるので空所には動詞を修飾する副詞が入る。(A) extendsは動詞、(B) extensionは名詞、(C) extensiveは形容詞なのでどれも不適。(D) extensivelyが副詞なのでこれが正解になる。work extensivelyは頻出表現のひとつなのでこのまま覚えよう。　　　**正解（D）**

訳 ガルシア氏は国語と数学教育プログラムの発展のために多くの教育者と幅広く協働してきた。

注 extensively 幅広く、educator 教育者、development 発展

20. 空所を含む前半が節であること、また文意的に前半が後半の原因になっているので空所には原因を表す接続詞が入る。(B) と (D) は副詞なので不適。(A) は接続詞だが原因を表すものではない。(C) Sinceが「〜なので」という原因を表す接続詞。　　**正解（C）**

訳 その会社は商品の品質を改善したので売上高が昨年より50パーセント増加した。

注 improve 改善する、quality 品質、sales 売上高

21. 空所後にあるsatisfied「満足した」を修飾するのにふさわしい副詞を選ぶ問題。(A) incidentallyは「偶然に」、(C) reticentlyは「無口に」、(D) adequatelyは「十分に」という意味でどれも文意に合わない。(B) largelyは「概ね」、「大部分は」という意味で文意にピタリ合致する。　**正解（B）**

訳 マーティング・マネージャーは新しい広告キャンペーンの進展に概ね満足していた。

注 progress 進展、advertising 広告

22. 空所後にsome of his responsibilities to other peopleとあるので、空所には責任の一部を「渡す」とか「任せる」という意味の動詞が入ると予想される。(B)は「放棄する」、(C) は「返す」、(D) は「受け入れる」という意味でどれも不適。(A) が「委譲する」という意味で文意が通る。　**正解（A）**

訳 最近新しいスタッフを採用したのでエマーソン氏は彼の責任の一部を他者に委譲することができた。

注 recruitment 新規採用

23. 空所後が主語＋動詞を持った節であること、また後半が前半の理由説明になっているので、空所には理由を表す接続詞が入る。(A) due toと (C) despiteは前置詞、(D) evenは副詞なので不適。(B) becauseが理由の接続詞なのでこれが正解。　**正解 (B)**

訳 企業は顧客獲得にためにもっと資源と時間を注ぎ込む必要がある、なぜなら顧客がいつまでも顧客のままでいてくれるとは想定できないからである。

注 **resource** 資源、**customer acquisition** 顧客獲得、**assume** 想定する、仮定する

24. 空所後にtoという前置詞があることに注目。(A) は「水たまり」とか「集めたもの」という意味、また (B) は「中心」という意味だがどちらもtoとは相性が悪い。(D) は後にtoを取ることもできるが文意に合わない。(C) はhave access toで「～を利用できる」という意味がある。　**正解 (C)**

訳 ソーントン大学では学生は豊富な学問的資源と活発な学生共同体を活用することができる。

注 **a wealth of** 豊富な、**academic** 学問的な

25. この問題のポイントは空所前にあるtoが不定詞ではなく前置詞であることを理解すること。前置詞の後には名詞か動名詞が来るが、ここでは空所後にthe best foodという名詞句があるため、目的語を取れる動名詞が入る。(B) serveは動詞の原形、(C) servedは過去形か過去分詞、(D) serviceは名詞なのでどれも不適。(A) servingが動名詞なのでこれが正解。　**正解 (A)**

訳 モンタナ・レストラン・アンド・カフェの全員が市内で最高の食事を出すことに尽力している。

注 **dedicated to** ～に打ち込んでいる、献身的に行う

26. 文の前半で「顧客が商品に関する正確な知識を持っているとき」とあるので、後半は「より少ない」complaints「不満」という流れになると予想される。また空所後のcomplaintsが複数形なので空所には可算名詞を取れる語が入る。選択肢でそれを満たすのは(B) fewerだけなのでこれが正解。　**正解 (B)**

訳 顧客が商品に関する正確な知識を持っているときは、商品に関する不満もより少ない。

訳 **accurate** 正確な

27. 空所前がstudents'と名詞の所有格になっているので空所には所有格を受ける名詞が入る。(A) enthusiasticは形容詞、(B) enthuseは動詞、(D) enthusiasticallyは副詞なのでどれも不適。(C) enthusiasmが名詞なのでこれが正解になる。　**正解 (C)**

訳 客員講師はその科目に対する学生の熱意を増加させてくれる才能溢れたスピーカーである。

注 **lecturer** 講師、**gifted** 才能がある、**enthusiasm** 熱意

28. 空所前後は「市場における会社の何かを高めてくれる」という文意になる。(A) transportationは「輸送」、(C) descriptionは「描写」、(D) purposeは「目的」という意味でどれも文意に合わない。(B) exposureは「露出」という意味で文意にピタリ合致する。　**正解 (B)**

訳 適切な流通業者を使えば市場における会社の露出を高めることができ、速さや効率性の面で優位に立てる。

注 **distributor** 流通業者、**enhance** 高める、**edge** 優位、**efficiency** 効率性

29. 空所後にあるresponsibilities「責任」という名詞と相性のよい動詞を選ぶ問題。(B) は「立ち上げる」、(C) は「満たす」、(D) は「要求する」という意味でどれも相性がよくない。(A) assume には「責任などを引き受ける」という意味がありresponsibilityと抜群に相性がよい。　**正解 (A)**

訳 追加の責任を進んで引き受けてくれる人を見つけるのは常に難しい。

注 **challenge** 挑戦、困難なこと、**additional** 追加の

30. 空所前にtheという冠詞、また空所後にはofという前置詞があるので空所には名詞が入る。(A) accessiblyは副詞、(B) accessibleは形容詞、(D) accessedは過去形か過去分詞なのでどれも不適。(C) accessibilityが名詞なのでこれが正解になる。　**正解 (C)**

訳 コミュニティーのすべての読者に奉仕するという図書館の使命を支援するため、ウェブサイトの使いやすさの改善に取り組んでいる。

注 **mission** 使命、**serve** 奉仕する、**accessibility** 使いやすさ

1. (C)	2. (D)	3. (D)	4. (A)	5. (C)	6. (D)	7. (D)	8. (B)	9. (A)	10. (C)
11. (D)	12. (A)	13. (C)	14. (B)	15. (D)	16. (B)	17. (A)	18. (D)	19. (B)	20. (C)
21. (A)	22. (A)	23. (D)	24. (C)	25. (D)	26. (D)	27. (A)	28. (C)	29. (B)	30. (D)

1. 空所後にはclickというパソコンなどを使う際の動詞がある。(A) は「明らかに」、(D) は「ほとんど」という意味でclickとは結びつかない。(B) は「注意して」という意味だがこの文脈ではおかしい。(C) simplyを入れれば「ただクリックするだけ」とピタリ文意に合致する意味になる。　**正解 (C)**

訳 開始するには、下にあるどれか具体的なツアーを選ぶか、あるいは「バーチャルツアーを開始」というボタンをクリックするだけです。

注 get started 開始する、specific 具体的な、特定の

2. 空所後にvehicles「車」という名詞があるので、空所には人称代名詞の所有格が入る。(A) theyは主格、(B) themは目的格、(C) themselvesは再帰代名詞なのでどれも不適。(D) theirが所有格なのでこれが正解になる。　**正解 (D)**

訳 一部の自動車ディーラーはいつでも顧客が都合のよいときに自動車を見たり、点検修理のために自動車を持ち込みやすくしている。

注 service 点検修理、whenever ～するときはいつでも

3. 空所前にaという冠詞、空所後にはtimeという名詞があるので、空所には形容詞が入る。(A) hardlyは「ほとんど～ない」という副詞、(B) hardestは形容詞の最上級、(C)harderは比較級なのでどれも不適。(D) hardが「難しい」という意味の形容詞なのでこれが正解。　**正解 (D)**

訳 文化的要因のためフレッシュマートはその国の市場に入ることに苦労した。

注 have a hard time 苦労する、enter 入る、cultural factor 文化的要因

4. 文末にover the past few years「過去数年間」という語句があることに注目。over the... という語句があるときは、多くの場合その時制は現在完了形である。(B) は過去形、(C) は未来表現、(D) は過去完了形なのでどれも不適。(A) have beenが現在完了形なのでこれが正解。　**正解 (A)**

訳 過去数年間におけるアリスタ銀行グループの力強い成長には数多くの原動力がある。

注 a number of 多数の、driver 原動力

5. 空所前にdelightedとあり、空所後にもcomfortableという語があるので、空所にも肯定的な語が入ると予想される。(A)は「入手できる」という中立的意味。(B) は「悪名高い」、(D) は「余分な」という否定的意味。(C) がcomfortableとほぼ同義の「居心地のよい」という肯定的意味。　**正解 (C)**

訳 お客様はロスアミーゴスの中心の便利な場所にある居心地がよく快適な私どものホテルのことが気に入ってよろこんでいる。

注 conveniently located 便利な場所にある

6. 空所前にrefrigerator trucksとある一方、文末にはdry vansとあるので、空所を挟んだふたつの節は逆接的である。したがって空所には逆接の接続詞が入る。(B)は前置詞、(C) は副詞なので不適。(A) ifは接続詞だが順接なのでこれも不適。(D) whileが逆接の接続詞なのでこれが正解になる。　**正解 (D)**

訳 食品の流通業者は冷蔵トラックを使う必要があるが、衣類品の会社は乾燥用のバンを使えばよい。

注 refrigerator 冷蔵庫、clothing company 衣料品の会社

7. 空所前がcompany'sという名詞の所有格になっているので、空所には名詞が入る。(A)は動名詞で、基本的に前に冠詞はつかないので不適。(B)は形容詞。(C) prospectusは名詞だが株式発行などの「目論見書」という意味。(D) prospectが「見通し」という意味で文意に合致する。　　**正解（D）**

訳 この産業における会社の成長見通しはテクノロジーへの投資にかかっている。

注 **growth** 成長、**depend on** ～次第である

8. 空所前のFour fully equipped training kitchensが、いくつかあるoutstanding featuresの「一部である」というのが文意。(A)は「～の中で」、(C)は「～を除いて」、(D)は「～の間に」という意味なので不適。(B) amongは「同種のものの中のひとつで」という意味で文意が通る。　　**正解（B）**

訳 完璧に設備が整った4つの訓練用の台所はモデルナ料理学校が誇る素晴らしい特徴のひとつである。

注 **fully equipped** 完璧な設備が整った、**culinary school** 料理学校

9. 空所後が主語と動詞を持つ節になっているので空所には接続詞が入る。(B) withは前置詞、(D) soonは副詞なので不適。(C) as far asは「～に関するかぎり」という意味なので空所後の文意に合わない。(A) as soon as は「～次第すぐに」という意味で文意にピタリ合致する。　　**正解（A）**

訳 あなたがご注文になった商品は現在在庫がありませんが、入手でき次第すぐに出荷いたします。

注 **in stock** 在庫がある、**at the moment** 現在、**ship** 出荷する

10. その市には最も多くの芸術家がいるというのが前半の文意なので、空所には芸術家の「集団」とか「塊」のような名詞が入ると予想できる。(A)は「寄付者」、(B)は「受賞者」、(D)は「魅力」「観光名所」という意味なのでどれも不適。(C) concentrationが「集中」、「集団」という意味で文意に合致する。

正解（C）

訳 ニューランズデールのような主要な国際的芸術の中心地ではないが、ウィルシャー市には国内で最も多くの芸術家が集まっている。

注 **major** 主要な、**hub** 中心地、拠点

11. 空所前にinという前置詞があるので空所には名詞が入る。(A) attendは動詞。(B)は「接客係」、(C)も「注意」という意味の名詞だが文意に合わない。(D)はin attendanceで「出席して」という意味になり、文意にもピタリ合致する。　　**正解（D）**

訳 3万人以上のファンが4万人収容のスタジアムに来ていたが、そのスタジアムはほんの1年前に完成したばかりであった。

注 **40,000-seat stadium** 4万人収容のスタジアム、**just** ほんの

12. 文の前半は労働者全員がfriendly and highly skilledと肯定的。さらにandとあるので空所にも肯定的な形容詞が入ると予想できる。(B)は「ひるませる」、(C)は「平凡な」、(D)は「気乗りしない」という意味なのでどれも文意にそぐわない。(A) flawlessが「完璧な」という肯定的な意味で文意的にも合致する。　　**正解（A）**

訳 彼らの労働者全員が親しみやすく非常に技量に優れ、彼らの修理作業は完璧であった。

注 **highly skilled** 高い技量を持った、**repair job** 修理作業

13. 空所前にevenという副詞があることに注目。evenやstillは比較級の前に置くと「さらにいっそう～だ」という強調の役割を果たす。(A)は形容詞、(B)は副詞、(D)は最上級なのでどれも不適。(C) greaterが比較級なのでこれが正解になる。　　**正解（C）**

訳 毎月寄付をいただけると、私どもはより効果的に計画できるので、あなたのお金がより大きな効果を持つことになる。

注 **donation** 寄付

14. 「その経営コンサルタントは多くの組織の成長戦略策定に役立った」というのが文の大意なので、空所には「役立つ」や「効果的」といった意味の語が入る。(A)は「親密な」、(C)は「広範囲の」、(D)は「秘密の」という意味なのでどれも不適。(B)がまさに「役立つ」という意味で文意に合致する。　　**正解（B）**

訳 その経営コンサルタントは広範囲のさまざまな組織が成長戦略を策定する上で役に立った。

注 **a wide range of** 広範囲の、**organization** 組織、**growth strategy** 成長戦略

15. 旅行に関する話であることから、空所には場所に関連した語が入ると予想される。(A) は「〜かどうか」という意味なので不適。残り3つは語尾に〜everがあり複合関係詞と呼ばれるが、場所に関係するのは「どこへ〜しても」という意味の (D)。　**正解 (D)**

訳 今年どこへ旅行されるにしても、私どもはあなたが十分準備できるようにお手伝いし、目的地に安全に到着していただけるようにいたします。

注 **preparation process** 準備過程

---

16. 空所後がmore than 50%と数字になっていることに注目。こうした数字を強調するときには文末に＜by＋差を表す数値＞を置いて表現することができる。したがって正解は(B)となる。空所後に数値があるときには前置詞はbyの可能性が高いと覚えておこう。
　正解 (B)

訳 その会社が従業員に自分で仕事の予定を組めるようにしたら、従業員の離職率は50パーセント以上減少した。

注 **empower** 〜に権利を与える、**turnover** 離職率、**decrease** 減少する

---

17. 空所前にyourという人称代名詞の所有格があるので空所には名詞が入る。(B) qualifyは動詞、また (D) qualifyingは動名詞だがこれ単独では不可。(C) qualifierは「予選」という名詞の意味があるが文意に合わない。(A) qualificationは「資格」という意味で文意にピタリ合致する。　**正解 (A)**

訳 あなたの職歴に基づいて考えると、あなたはこの仕事をするのに十分以上の資格がある。

注 **based on** 〜に基づく、**work history** 職歴、**more than sufficient** 十分以上

---

18. この問題のポイントは態と時制。空所後にby automationとあるので、これは受動態であると考えられる。また空所前にhow likelyやjobs、空所後にautomationとあるので仕事に関する未来予測だと考えられる。受動態で未来表現になっているのは (D) だけなのでこれが正解になる。　**正解 (D)**

訳 この研究はどれほどの確率で特定の仕事がオートメーションによって取り替えられることになるかを分析している。

注 **study** 研究、調査、**certain** 特定の、ある種の

---

19. 同じ職場で一緒にいたのでグプタ博士のことを知っているというのが文の大意。(A) は「嫌々ながら」、(D) は「説得力を持って」という意味。(C) は「有益に」という意味で(A)、(D) ほど意味は外れていないが文意に合わない。(B) は「何となく」、「偶然に」という意味で文意が通る。　**正解 (B)**

訳 私がリンカン工科大学にいたときにグプタ博士は大学院で研究をしていたので何となく彼のことを知っている。

注 **postgraduate research** 大学院での研究

---

20. 空所後にstabilityという名詞があるので空所には名詞を修飾する形容詞が入る。(A) financiallyは副詞、(B)financeは名詞か動詞、(D)to financeはto不定詞なのでどれも不適。(C) financialが形容詞なのでこれが正解になる。　**正解 (C)**

訳 ビジネスの成長にとって財政的な安定がいかに重要であるかを否定することはできない。

注 **there is no denying** 〜を否定することはできない、**financial stability** 財政的安定

---

21. 文全体からシュナイダー氏にはその仕事をするのに十分またはそれ以上の資格があることがわかる。(B) は「主に」、(C) は「鋭く」、(D) は「恐れずに」という意味なのでどれも文意にそぐわない。(A) は「ユニークに」という意味以外に、「比類なく」という意味があり文意にピタリ合致する。　**正解 (A)**

訳 小売業で30年以上の経験があるエリック・シュナイダーはこの重要な仕事を埋めるのに比類なき資格を有している。

注 **retail business** 小売業、**qualified** 資格がある

---

22. 空所前後がともに節なので空所には接続詞が入る。またふたつの節は時間的には後半の後に前半が起こる。(C) は前置詞。残りは接続詞だが (B) は「〜かどうか」、(D) は「〜しながら」とか「〜だけれども」という意味なのでどれも不適。(A) が「〜の後で」という意味で文意が通る。　**正解 (A)**

訳 応募者が面接に呼ばれた後にオンライン面接に関する詳しい指示が与えられる。

注 **detailed instruction** 詳しい指示、**invite** 招待する

---

23. 空所後は「検査時にその機械が故障している」という意味。また空所前にnoとあるので空所には機械故障の「兆候」とか「印」といった語が入ると予想される。(A) は「献身」、(B) は「先送り」、(C) は「拡大」という意味でどれも不適。(D) がまさに「兆候」という意味なのでこれが正解になる。　**正解 (D)**

訳 検査時にはその機械が故障していることを示す兆候は何もなかった。

注 **malfunction** 故障する、異常をきたす、**inspection** 検査

24. 空所前にnot、カンマの後にbut alsoとあることから、これはnot only A but also B「AであるだけでなくBも」というペア表現であることがわかる。(C) にonlyがあるのでこれが正解。なお、onlyがmerelyに代わったり、alsoがなかったりすることもある。**正解(C)**

訳 我が社の従業員福利厚生には有給休暇や健康保険だけでなく、継続的な教育も含まれている。

注 **employee benefits** 従業員の福利厚生、**paid time off** 有給休暇

25. 空所後にin favor ofという熟語がある。これは「〜を支持して」という形容詞句なので空所には形容詞を修飾する副詞が入る。(A) は動詞、(B) は過去形か過去分詞、(C) は現在分詞なので不適。(D) overwhelminglyが副詞なのでこれが正解になる。　**正解 (D)**

訳 最近の世論調査によると、消費者は商品に持続可能な材料が使われていることを圧倒的に支持している。

注 **poll** 世論調査、**consumer** 消費者、**overwhelmingly** 圧倒的に

26. 空所後にtheir skillsとある。skillに関連する動詞としては「向上させる」とか「磨く」という意味の語が連想される。(A) は「行う」、(R) は「革新する」、(C) は「仮定する」とか「担う」という意味でどれも文意に合わない。(D) honeがまさに「磨く」とう意味なのでこれが正解になる。　**正解 (D)**

訳 私どものマネージャー陣は、スタッフたちが一生懸命働き、スキルを磨くよう鼓舞する方法を知っています。

注 **inspire** 鼓舞する、奮い立たせる

27. 文末にfor people interested in the restaurant industryとあることに注目。この語句からこの文はレストランや料理に関するものであると推察できる。(B) は「実験的な」、(C) は「唯一の」、(D) は「季節の」という意味でどれも関係ない。(A) culinaryは「料理の」という意味なのでこれが正解。　**正解 (A)**

訳 サンバーナードは料理の革新の温床であり、レストラン産業に興味のある人にとってはこれまでになく就業機会が多く提供されている。

注 **hotbed** 温床、**ever-increasing** 増え続ける、**job opportunity** 就業機会

28. 空所後にcartridgesという名詞があるので空所には形容詞か分詞が入ると考えるかもしれない。一般的にはその考え方でよいが、ときに＜名詞＋名詞＞という複合名詞になる場合がある。この問題がまさにそれで空所には名詞の (C) replacementが入る。**正解 (C)**

訳 お客様は私どもが承認した小売店で取り替え用カートリッジをご購入いただけます。

注 **authorized** 承認された、**retail store** 小売店

29. 空所前にparted waysとある。これは「別れる」という意味の熟語。空所にはその別れの状況を表す副詞が入る。(A) は「親密に」、(C) は「強力に」、(D) は「恐ろしいほどに」という意味でどれも別れにふさわしくない。(B) amicablyは「平和的に」という意味で文意が通る。　**正解 (B)**

訳 その2つのIT企業は平和的に別れ、お互いに独立して前に進むことになった。

注 **forge ahead** 前に進む、**independently** 独立して

30. 空所前にOur sales staff workとあり、空所後にはoffer exceptional serviceとあるのでスタッフはよく働いていると想像される。(A) は「おおよそ」、(B) は「無害に」、(C) は「急激に」という意味でどれもworkと合わない。(D) は「疲れを知らずに」という意味で文意に合致する。　**正解 (D)**

訳 私どものセールススタッフは疲れを知らずに働いて、顧客に対して格別のサービスと買物経験を提供しております。

注 **exceptional** 例外的な、格別の、**outstanding** 極めて優れた、傑出した

1. **(B)**	2. **(C)**	3. **(D)**	4. **(A)**	5. **(D)**	6. **(B)**	7. **(A)**	8. **(C)**	9. **(C)**	10. **(D)**
11. **(C)**	12. **(A)**	13. **(A)**	14. **(D)**	15. **(B)**	16. **(A)**	17. **(D)**	18. **(D)**	19. **(B)**	20. **(C)**
21. **(B)**	22. **(A)**	23. **(C)**	24. **(D)**	25. **(C)**	26. **(A)**	27. **(B)**	28. **(C)**	29. **(B)**	30. **(A)**

1. 空所後にtoという前置詞、またその少し後にwill be sent outとあるので空所には文の主語となる名詞が入る。(A) は動詞、(D) は過去形か過去分詞なので不適。(C) は動名詞になるが「招待することが送られる」という奇妙な意味になる。(B) は「招待状」という名詞で文意が通る。　**正解 (B)**

訳 そのセミナーへの招待状は教育関係者と地方自治体の役人に送られる。

注 local government 地方自治体、official 役人、公務員

2. 「ソフトウェアをアップデートした後も問題が続くようなら」というのが前半の文意なので、空所には現在の状態を表す動詞の現在形が入る。(A) は過去完了形、(B) は未来表現、(D) はbe動詞のない進行形なのでどれも不適。(C) persistsが現在形なのでこれが正解になる。　**正解 (C)**

訳 ソフトウェアをアップデートした後も問題が続くようであれば、機器のハードウェアに問題がある可能性が高い。

注 persist 持続する、続く、significant chance かなりの可能性

3. 空所前にestablishという他動詞があるので空所には目的語が入る。(A) は主格、(C) は所有格なので不適。(B) と (D) が正解候補だが、空所には主語と同じ人が入るので再帰代名詞の (D) が正解。establish oneself asは「～としての地位を確立する」という成句。　**正解 (D)**

訳 シンディ・ゴメスは最も優れた科学ライターの一人としての地位を確立している。

注 distinguished 優れた、抜群の、傑出した

4. 空所前後からホテル建設の場所には以前美術館があったことがわかる。その「以前」にあたる語が空所に入る。(B)は「完全に」、(C) は「定期的に」、(D) は「通常は」という意味でどれも文意にそぐわない。(A) がまさに「以前は」という意味なのでこれが正解。　**正解 (A)**

訳 新しいホテルは、以前その地域出身の芸術家たちに捧げられた美術館があった場所に建設される。

注 site 場所、現場、dedicate ～に捧げる、region 地域

5. 投資マネージャーが最も「優れた」プロであったというのが文意。(A)は「それぞれの」、(B) は「主要な」、(C) は「無料の」という意味なのでどれも文意から外れる。(D) insightfulは「洞察力がある」という意味で文意に合致する。　**正解 (D)**

訳 その投資マネージャーは我々が業界で出会った中で最も洞察力に富んだプロであった。

注 professional プロ、職業人、encounter 出会う、遭遇する

6. 空所前にyou will be notifiedとあり、空所後にはfive daysとあるので、空所には「～以内に」という前置詞が入ると予想される。(A) は「～までに」(C) は「～の間」、(D) は「～のために」という意味なのでどれも不適。(B) withinが「～以内に」という意味なのでこれが正解。　**正解 (B)**

訳 返送された商品の受け取りのあと5日以内に、あなたが返金か商品の取り替えかどちらの権利があるか通知されます。

注 notify 通知する、entitled to ～の権利がある、replacement 取り替え

7. 電池は最大14日持続するが7日ごとに交換することを推奨しているというのが文の大意。また、カンマまでの前半は節であることから、空所には逆接の接続詞が入る。(B) は前置詞なので除外する。残り3つは接続詞だが、逆接（譲歩）の接続詞は (A) だけなのでこれが正解になる。　**正解 (A)**

訳 この電池は最適な設定では最大14日持続するが、少なくとも7日ごとに一度交換することを推奨している。

注 battery 電池、last 持続する、optimal setting 最適な設定

8. 空所前後から会社が評判を「築く」という趣旨の語が空所に入ると予想される。(A) assessは「評価する」、(B) introduceは「紹介する」、(D) imagineは「想像する」という意味なのでどれも不適。(C) developにはまさに「育む」という意味があるのでこれが正解になる。　**正解 (C)**

訳 信頼性があるかないかという評判を会社は自ら育んでいくものだが、そうした評判は消費者がその会社の商品を買うかどうかの決定に影響を与える。

注 reputation 評判、dependability 信頼性、lack 欠如、thereof それの、affect 影響する

9. 空所前にusing our card for purchases「我が社のカードを購買目的で使う」という語句があり、その後にorがある。つまり、orの後の空所には購買以外の目的を表す語が入ると予想される。選択肢の中で目的を表すのはto不定詞の (C) to withdrawなのでこれが正解になる。　**正解 (C)**

訳 私どものカードを購買のため、あるいはATMからお金を引き出すためにお使いでも、現金を持ち歩くよりもずっと便利だとお感じになるでしょう。

注 purchase 購買、withdraw 引き出す

10. 空所前までで文が完結しているので、人称代名詞の (A) 目的格、(B) 所有代名詞、(C) 所有格が空所に入ることはできない。(D) myselfは再帰代名詞として「ほかでもない私自身が」という強調を表し文意も通る。　**正解 (D)**

訳 私は生涯を通じて、私自身が直接スポーツ行事に参加するよりも見ることのほうが好きだった。

注 rather than 〜よりもむしろ

11. 空所後にfinancial goals「財務目標」という名詞句があるので、空所には名詞句を修飾する形容詞が入る。(A) ambitionsと (B) ambitionはどちらも名詞、(D) ambitiouslyは副詞なのでどれも不適。(C) ambitiousが形容詞なのでこれが正解になる。　**正解 (C)**

訳 キーラー社は昨年野心的な財務目標を設定し、そのすべてを上回って達成した。

注 set 設定する、exceed 〜を超える

12. 文の前半では「大学を卒業して」とある一方、後半では「業界経験を積んでから」とある。つまり、前後半の内容が反対になっているので空所には「経験を積んで」からではなく、「すぐに」という意味の語が入る。(A) immediatelyがまさに「すぐに」という意味なのでこれが正解になる。　**正解 (A)**

訳 我が社のビジネスアナリストのほとんどは学位を取得してすぐに入社したが、一部の者は業界での経験を積んでから働き始めている。

注 earn 獲得する、稼ぐ、degree 学位

13. 空所後にuseという名詞があるので空所には名詞を修飾する形容詞が入る。(B) frequencyは名詞、(C) frequentlyは副詞、(D) frequentedは「足繁く通う」という意味の動詞の過去形なのでどれも不適。(A) frequentが「頻繁な」という意味の形容詞なのでこれが正解になる。　**正解 (A)**

訳 私どものオンラインショッピングサイトをいつもご利用していただいていることへの感謝の印として、次にお買い上げになる商品について15パーセント割引させていただきます。

注 appreciation 感謝、on your next purchase 次に買うとき

14. 空所後にproudという形容詞があるので、空所には形容詞を修飾する副詞が入る。(A) justifyは動詞の原形か現在形、(B) justifiedは過去形か過去分詞、(C) justifiableは形容詞なのでどれも不適。(D) justifiablyが「正当に」という意味の副詞なのでこれが正解。　**正解 (D)**

訳 サティア氏はコンピューター科学における彼の素晴らしい業績を誇りにしているがそれは当然のことである。

注 impressive 素晴らしい、accomplishment 業績、成果

15. これは時制の問題。空所後の後半にuntil Jason Wolfe takes overと未来のことが書かれているので、空所にも未来表現が入る。(A) は現在形の受動態、(C) はto不定詞、(D) は過去形なのでどれも不適。(B) will assume が未来表現なのでこれが正解になる。　　　　　　　　**正解 (B)**

訳 ジェイソン・ウルフが引き継ぐまで、執行副社長のカルロス・サントスが社長兼CEOの職務を引き受ける。

注 **assume the role of** 〜の役職を引き受ける、**take over** 引き継ぐ

16. 文意は「今や持続可能性や企業の社会的責任は単に語るものではなく実際に行動を起こすべき」ということ。つまりact+前置詞で「行動を起こす」という意味になる。(B)、(C)、(D) にはそうした意味はないが、(A) のact onで「〜に基づいて行動する」という意味になるのでこれが正解。　　　　**正解 (A)**

訳 持続可能性や企業の社会的責任は、企業にとってはもはや議論してすむことではなく行動を起こすべきことである。

注 **sustainability** 持続可能性

17. 空所前にa technicalとあるので、空所には可算名詞が入ることになる。(B) は「発酵」、(C) は「実施」という意味の不可算名詞で意味的にもおかしい。(A) は意味的には可能だが不可算名詞なので不可。(D) explanationには可算・不可算の両方の意味があるのでこれが正解になる。　　　　**正解 (D)**

訳 この報告書は近い将来エネルギー価格がなぜ下落しそうにないのかについての技術的な説明をしてくれている。

注 **in the foreseeable future** 近い将来

18. 空所前にfunding「資金」とあり、空所後にはto support「支えるために」とあるので空所前後は「支えるために必要とされる資金」という意味になる。(A)、(B)、(C) は空所前のfundingを修飾できないが、(D) neededは「必要とされる」という意味になり文意に合致する。　　　　**正解 (D)**

訳 ハイウェー建設プロジェクトを支えるのに必要な資金額を正確に見積もることは難しい。

注 **estimate** 見積もる、**with precision** 正確に、

19. 空所後にbecause of worsening economic prospectsと悪い情報があるので、空所にも否定的な意味の動詞が入ると予想される。(A)は「育てる」、(C)は「増加させる」、(D) は「完了させる」というどれも肯定的な意味。(B) reduceが「減らす」という否定的な意味なのでこれが正解になる。　　　　**正解 (B)**

訳 クレイ・エレクトロニクス社は悪化する経済見通しのため従業員数を削減する予定である。

注 **because of** 〜のため、**prospect** 見通し、見込み

20. 空所後にcallsという複数形の可算名詞があることに注目。(A) muchと (B) littleは可算名詞を後に取れないのでどちらも不適。(D) everyは可算名詞を修飾することはできるが後には単数形を取るのでこれも不適。(C) anyは後に複数形の可算名詞を取れるのでこれが正解になる。　　　　**正解 (C)**

訳 その事務管理ソフトウェアはかかってきたどんな電話もオフィスに転送しメッセージを記録することができる。

注 **forward** 転送する、**take down** 書き留める、記録する

21. 空所前にreduce temperatureとあり、temperatureの後が空所になっているので、temperatureと空所を合わせてひとつの名詞句、つまり複合名詞になっていると考えられる。(A) は現在分詞、(C) は動詞、(D) は過去分詞なのでどれも不適。(B) fluctuationが名詞なのでこれが正解。　　　　**正解 (B)**

訳 断熱材は屋内の温度変動を減らす最高の方法のひとつである。

注 **insulation** 断熱材、**fluctuation** 変動

22. 空所前にhard work「一生懸命の仕事」とあるので、空所にもそれと似た意味の語が入ると考えられる。(B)evaluationは「評価」、(C) educationは「教育」、(D) durationは「期間」という意味でどれもhard workとは意味が大きく異なる。(A) dedicationは「献身」という意味で、hard workとピタリ符合する。　　　　**正解 (A)**

訳 ほとんどのビジネスはその成功を従業員の一生懸命な仕事と献身に負っている。

注 **owe** 〜に負う、〜のおかげである

23. 空所後が節であり、全体で「〜されれば……する」という順接の関係になると考えられるので、空所には順接の接続詞が入る。(A) Despiteと (B) Withは前置詞、(D) Enoughは副詞なのでどれも不適。(C) Onceが順接の接続詞なのでこれが正解になる。　　**正解 (C)**

訳 従業員たちは職場での安全および健康プログラムの実施においてひとたび重要な役割を与えられれば、そのプログラムの成功により真剣に取り組む。

注 **significant role** 重要な役割、**implementation** 実施

---

24. 空所前にis、空所後にrespectedがあるのでこれは動詞の受動態。空所には動詞を修飾する副詞が入る。(A) highestは形容詞の最上級、(B) は形容詞、(C) は比較級なのでどれも不適。(D) highlyが副詞なのでこれが正解になる。highly respectedはPART 6や7でも頻出する。　　**正解 (D)**

訳 ビル・オルセンは多くのベストセラーを出版し、ノンフィクション・ライターとして非常に尊敬されている。

注 **publish** 出版する、**highly** 高く、非常に

---

25. 空所前にconference、空所後にrecent trendsとあるので、空所にはその会議を「特徴づける」とか「目立たせる」といった意味の語が入ると予想される。(A) は「演じる」、(B) は「予期する」、(D) は「関与する」という意味なのでどれも不適。(C) は「呼び物にする」という意味でまさに文意に合致する。　　**正解 (C)**

訳 その会議は観光業における持続可能性に関する最近の傾向や進歩について特に呼び物にする予定である。

注 **conference** 会議、**regarding** 〜に関する

---

26. 文の前半ではレストランが気に入ったとあるが、空所後にはlong waitと否定的な意味の名詞句があるので、空所には前半の否定あるいは逆接の前置詞が入る。(C) と (D) は否定でも逆接でもない。(B)は逆接だが接続詞。(A) が「〜を除いて」という逆接的な意味を持った前置詞なのでこれが正解。　　**正解 (A)**

訳 私たちは席に着くまで長く待たされたのを除いて、このイタリアン・レストランが大変気に入った。

訳 **long wait** 長く待たされる

---

27. 空所前後のwas acclaimedで「称賛された」という意味になる。(A) は「我慢できずに」、(C) は「短く」、(D)「悪く」という意味なのでどれもacclaimとは相性が悪い。(B) criticallyはここでは「批判的に」という意味ではなく、「批評家により」という意味なのでこれが正解になる。　　**正解 (B)**

訳 その映画は国内だけでなく国際的にも批評家から高く評価されたが、商業的には不成功であった。

注 **critically acclaimed** 批評家に高く評価される、**commercially** 商業的に

---

28. 空所後のawarenessという名詞と相性のよい他動詞を選ぶ問題。(A)claimは「主張する」とか「要求する」、(B) produceは「生産する」、(D) educateは「教育する」という意味なのでどれも相性が悪い。(C) raiseは「高める」、「上げる」という意味でawarenessと相性がよいのでこれが正解。　　**正解 (C)**

訳 広告の目的は我が社のブランドの認識を高め、消費者に我が社のウェブサイトに来てもらうことである。

注 **objective** 目的、**awareness** 認識

---

29. 空所後が名詞句であることをまず確認しておこう。会議が成功した原因が空所後に書かれているので、空所には順接の前置詞が入る。(A) even thoughは接続詞、(D) neverthelessは副詞なので不適。(C) despiteは前置詞だが逆接。(B) thanks toが順接の前置詞なのでこれが正解になる。　　**正解 (B)**

訳 地方自治体の関係者だけでなく主催者の努力のおかげでその会議は大きな成功を収めた。

注 **conference organizer** 会議主催者、**local authorities** 地方自治体当局、関係者

---

30. 空所前にcompleteという形容詞、また空所後にofという冠詞があるので、空所には名詞か名詞相当句が入る。(B) understandは動詞の原形、(C) understoodは過去形、(D) understandsは動詞の三単現なのでどれも不適。(A) understandingが名詞なのでこれが正解。　　**正解 (A)**

訳 全従業員は労働環境に関する会社の新しい方針について完全に理解することが求められている。

注 **acquire** 獲得する、**work environment** 労働環境

1. (B)	2. (C)	3. (D)	4. (C)	5. (A)	6. (A)	7. (C)	8. (D)	9. (C)	10. (B)
11. (D)	12. (C)	13. (D)	14. (A)	15. (B)	16. (C)	17. (D)	18. (B)	19. (C)	20. (C)
21. (A)	22. (B)	23. (C)	24. (A)	25. (C)	26. (C)	27. (C)	28. (B)	29. (B)	30. (D)

1. 空所前がwasというbe動詞なので空所には形容詞が入る。選択肢（A）responsibility は名詞、（C）responsibly は副詞、（D）response も名詞なのでどれも不適。（B）responsible が形容詞なのでこれが正解。なお、（A）は「責任」という意味だが、（D）は「反応」という意味。　　**正解（B）**

訳 人事課長が夏季休暇でいなかったとき、彼の部下の課長補佐が全従業員の仕事の割り当ての責任者であった。

注 HR manager 人事課長、work assignment 仕事の割り当て

2. 空所前後から空所には「〜に関する」とか「〜に関連した」という意味の語が入ると予想される。（A）は「〜の間で」、（B）は「〜によって」という意味なのでどちらも不適。（D）relating も後にto がないのでこれも不適。（C）concerning がまさに「〜に関する」という意味なのでこれが正解。　**正解（C）**

訳 私どものサービスや商品に関するいかなるご質問についても、Eメールか電話でお気軽にご連絡ください。

注 feel free to contact 気軽に連絡する

3. 空所前にEmployeesという名詞、また空所後にareがあるので空所がなくても文として成立する。そうした場合、空所には強調する語が入ることが多い。（A）、（B）、（C）はどれもまったく意味をなさない。（D）の再帰代名詞には名詞や代名詞を強調する役割があり文意も通る。　　**正解（D）**

訳 従業員こそが組織の主要な財産なので、彼らにはよい待遇をしなければならない。

注 organization 組織、asset 財産

4. 文の大意は「滞在期間中の支払いがあるまで予約は確認されない」ということ。したがって、空所には「期間」かそれに類似の語が入ると予想される。（A）は「支援」、（B）は「歓待」、（D）は「季節」という意味でどれも関係がない。（C）が「期間」という意味なのでこれが正解になる。　**正解（C）**

訳 滞在期間中の支払いがなされるまで予約は確認できません。

注 booking 予約、for the duration of your stay あなたの滞在期間中

5. 「仕事で成長する機会がないと思えば、従業員はほかの職場に移ろうとする」というのが文の大意。したがって、空所には「ほかのところに」という意味の語が入ると予想される。（B）、（C）、（D）はどれもその意味とかけ離れている。合致するのは（A）なのでこれが正解になる。　**正解（A）**

訳 もし従業員がここにいても職業的な成長機会がないと思えば、彼らはそうした成長機会を求めて他社に移るだろう。

注 opportunity 機会、professional growth 職業的成長、in search of 〜を求めて

6. 空所前にtimeという名詞、その直後にandがあることから、空所には同様に名詞が入ると考えられる。また空所後のtoはdevote A to BのtoでこのtoはB前置詞になるので空所に入るのはやはり名詞。（B）attentive は形容詞、（C）attendは動詞、（D）attentivelyは副詞なのでどれも不適。（A）attentionが名詞なのでこれが正解。　**正解（A）**

訳 物を買う決断に関しては、消費者はさまざまな選択肢を評価するのに限られた時間と関心しか向けることができない。

注 when it comes to 〜に関しては、devote 〜 を捧げる、assess 評価する

7. 「支援者の協力がなければ慈善団体は使命を果たせない」というのが大意なので、空所には「協力」や「支援」などの類義語が入ると予想される。(A) は「評価」、(B) は「収入」、(D) は「順守」という意味でどれも関係ない。(C) は「気前のよさ」という意味で文意が通る。　**正解（C）**

訳 慈善団体は支援者の寛大な協力がなければその使命を果たすことができなかった。

注 charity organization 慈善団体、fulfill its mission その使命を果たす

- -

8. 空所前にlaw firmとあり、空所後にfees are reasonableという語句があるので、空所にはその両者を結びつける関係代名詞の所有格が入る。(A) whoは主格、(B) は人以外の主格か目的格、(C) whenは接続詞なのでどれも不適。(D) whoseが所有格なのでこれが正解になる。　**正解（D）**

訳 妥当な料金の弁護士事務所を雇うために取締役会はさまざまな選択肢を調査している。

注 retain 雇う、law firm 弁護士事務所、reasonable 妥当な、alternative 選択肢

- -

9. 空所後がsessionという単数形であることに注目。(A) othersは「ほかの複数のもの」、(D) neitherは「どちらも～でない」という意味なので不適。また (B) otherは後が単数の場合は常にtheが必要。(C) anotherは「ほかの不特定のひとつ」という意味で文意に合致する。　**正解（C）**

訳 前回のワークショップが人気だったので、年末までにもう一回ワークショプを開催する予定である。

注 popularity 人気、previous 以前の

- -

10. 「パームツリー・ステーキハウスはこの市の料理界にとって歓迎」というのが文の大意なので、空所には「業界」、「状況」、「シーン」等の語が入ると予想される。(A) は「輸送」、(C) は「領土」、(D) は「会場」という意味でどれも文意から外れる。(B) が「景観」という意味で文意にピタリ合致する。　**正解（B）**

訳 パームツリーステーキハウスは我々の市の料理シーンにとって歓迎すべき補強である。

注 addition 追加物、補強、culinary 料理の

- -

11. 空所前にdigitally、空所後にはworldとあるのでここはデジタルで「繋がった」世界という意味になると予想できる。(A) は「誇張された」、(B) は「想像された」、(C) は「満たされた」という意味なのでどれも不適。(D) がまさに「繋がった」という意味なのでこれが正解。。　**正解（D）**

訳 私たちはデジタル的に繋がった世界に生きており、そこではモバイル機器を通して人々は容易に情報にアクセスできる。

注 easily 容易に、via ～を通して、device 機器

- -

12. 空所前にlastという動詞、空所後にan hourという時間の名詞があるので空所には副詞が入る。(B) は名詞、(D) は現在分詞や動名詞なので不適。(A) roughには副詞の意味もあるが「乱暴に」という意味。(C) roughlyが「おおよそ」という意味の副詞なのでこれが正解。　**正解（C）**

訳 プレゼンのあと、学生たちがグループ別に皆さんを約1時間のキャンパスツアーにお連れします。

注 student-guided 学生が案内する、last 続く

- -

13. これは前置詞を含んだ熟語の問題。文法的に考えても時間ばかりかかって正解に辿り着けるとはかぎらない。正解は (D) のon。on one's behalfで「～のために」、「～に代わって」という意味。behalfには「利益」という意味があるが、この熟語の形で使われるのがほとんど。　**正解（D）**

訳 あなたの所属する地方の労働組合は最低賃金を引き上げるなど、多くのことであなたに代わって一生懸命頑張っています。

注 labor union 労働組合、minimum wage 最低賃金

- -

14. 空所前に「商品を陳列する」、また文末に「顧客の注意を引くために」とあるので、商品を「目立つように」陳列すると考えられる。(B) は「劇的に」、(C) は「意図的に」、(D) は「最近」という意味なのでどれも不適。(A) がまさに「目立つように」という意味で文意に合致する。　**正解（A）**

訳 小売業者は店舗でもオンラインでも顧客の関心を引くために自分たちの商品を目立つように陳列する。

注 retailer 小売業者、attract 引く、魅惑する

15. 空所後のthe conventional, the traditional and the business-as-usualはすべて従来型のやり方のことを意味している。「革新と成長を起こすためにそうした従来型のやり方に挑戦する」というのが文の大意。選択肢の中でそれにふさわしい動詞は（B）challengeなのでこれが正解になる。　**正解（B）**

訳 革新と成長を増やしていくために、我々は従来型のもの、伝統的なもの、通常通りのやり方に挑戦し続けていく。

注 conventional 従来型の、traditional 伝統的な、business-as-usual いつも通りの

16. 空所前後は「サンフォード社の新方針は従業員に役立つために〜されている」というのが大意で。つまり、ここでは空所は受動態になる。（A）、（B）、（D）はどれも能動態で文意が通らない。(C)だけが受動態で「設計された」という意味になり文意が通る。　**正解（C）**

訳 サンフォード社の新しい方針は従業員が肉体的にも精神的にも健康でいられることを目的に設計されている。

注 physically 肉体的に、mentally 精神的に、stay healthy 健康でいる

17. 空所前後からある劇が批評家から何らかの評価を得たとわかる。基本的に評価は良いか悪いかのどちらかである。（A）は「効率的な」、（B）は「一貫して」、（C）は「明らかな」という意味でどれも評価とは関係ない。（D）raveは「激賞の」という意味で文意に合致。　**正解（D）**

訳 その劇は先月マクラッケン劇場で上演され、批評家たちから激賞された。

注 review 評価、critic 批評家、perform 演じる

18. 空所前に冠詞のan、空所後にはthinkerという名詞があるので空所には形容詞が入る。（A）analyzeは動詞、（C）analysisは名詞、（D）analyticallyは副詞なのでどれも不適。（B）analyticalが形容詞なのでこれが正解。analytical thinkerは「論理的に考える人」という意味。　**正解（B）**

訳 理想的な候補者は指導経験があり、チームと一緒になって協働でき論理的に考えることができる人である。

注 ideal 理想的な、collaboratively 協力して

19. 空所のある前半部分には主語と動詞がないが、主節と同じ主語の場合は接続詞の後の主語と動詞が省略されることがある。本問もそれにあたり、空所には接続詞が入る。（A）と（D）は副詞、（B）は前置詞なのでどれも不適。（C）Althoughが接続詞なのでこれが正解になる。　**正解（C）**

訳 メツガー美術館は人員不足で実務上の問題にも取り組んでいるが、100万人の来館者目標を達成することができた。

注 understaffed 人員不足で、operational 実務上の、achieve 達成する

20. 空所前にis、空所後にknownとあるのでこれは動詞の受動態である。空所には動詞を修飾する副詞が入る。（A）widenは動詞、（B）widerは形容詞の比較級、（D）wideは形容詞なのでどれも不適。（C）widelyが副詞なのでこれが正解になる。　**正解（C）**

訳 その国で新しく創業したビジネスの生存率が極めて低いことは広く知られている。

注 survival rate 生存率、extremely 極めて

21. 顧客の95パーセントが自社のサービスに満足していると、ある会社は「主張している」というのが文の大意。（B）は「獲得する」、（C）は「賛成する」、（D）は「終了する」という意味なのでどれも不適。（A）claimsは「主張する」という意味で文意にピタリ合致する。

　　　正解（A）

訳 ボールドウィン運送は95パーセントの顧客がそのサービスに満足していると主張している。

注 happy with its services サービスに満足している

22. 文の前半で「我が社の最もよく売れるブランド商品は引き続き」とあるので、空所には「重要な」という意味の形容詞が入ることが予想される。（A）は「欠陥のある」、（C）は「限定的な」、（D）は「全体の」という意味なのでどれも不適。（B）vitalがまさに「極めて重要な」という意味。　**正解（B）**

訳 我が社の最も売れるブランド商品は我が社のビジネスラインアップの中で引き続き重要な役割を果たしていくだろう。

注 portfolio 品揃え、製品ラインアップ

23. 空所前までの文でワークショップは1回につき約2時間かかることがわかる。つまり、空所には「どれも」とか「それぞれ」という意味の語が入ると考えられる。(A)は「十分に」、(B)は「どちらか一方の」、(D)は「多くの」という意味なので不適。(C)が「それぞれ」という意味なのでこれが正解。　**正解（C）**

訳 これらのワークショップはそれぞれ約2時間かかるが、ルシア・サンチェスさんによって実施される予定である。

注 conduct 実施する、執り行う

24. 「我が社の新製品を見ていただきたい」というのが文の大意なので、空所には勧誘の動詞が入ると予想される。(B)は「命令する」という意味なので完全に的外れ。(C)は「支援する」、(D)「追求する」という意味で(B)ほどではないがそれでも不適。(A)には「招く」というまさに勧誘の意味がある。　**正解（A）**

訳 株主総会後すぐに株主の皆様には我が社の新製品をぜひご覧いただきたいと思います。

注 view 見る、immediately すぐに、shareholders' meeting 株主総会

25. 空所前にhighlyという副詞があるので、空所には副詞が修飾する形容詞が入る。(A) dependは動詞、(D) は名詞なので不適。(B) dependingは空所前にisがあるので動詞の進行形になるが、dependは原則として進行形にしない。(C) dependentは形容詞なのでこれが正解になる。　**正解（C）**

訳 江本商事はその生き残りを国際貿易取引に非常に依存している。

注 highly 高度に、非常に、dependent on ～に依存する

26. これは群前置詞の問題。会議のできるだけ前にホテルの予約をすることを勧めるというのが文の大意。(B) は「～の場合は」、(D) は「～に加えて」という意味なので不適。(A) は「～の前に」という意味だが場所についてなのでこれも不適。(C) は時間的に「前もって」という意味なのでこれが正解になる。　**正解（C）**

訳 毎年開催されるその会議の参加者は十分前もってホテルの宿泊予約をすることをお勧めします。

訳 participant 参加者、book 予約する、hotel accommodation ホテル宿泊

27. 後半に資材の確保が難しいとあるが、当然その資材は生産に役立つ資材であるはず。(A) は「有能な」、(D) は「恩恵がある」という意味なので不適。(B) は「信頼できる」ではなく「依存する」という意味。(C) が「信頼できる」という意味なのでこれが正解。　**正解（C）**

訳 多くのサプライアーと仕事をしているにもかかわらず、カルバー電器は信頼できる資材の調達が大変困難であると感じている。

注 multiple 多数の、supplier 供給業者、obtain 獲得する

28. 患者は受診時かその前に用紙にサインせよというのが文の大意。空所後にreceivingという動名詞があるので空所には前置詞が入る。(D) は副詞。残りは前置詞だが、(A) は「にもかかわらず」、(C) は「～に対して」という意味なので不適。(B) は「～の前に」という意味で文意にも合致する。　**正解（B）**

訳 すべての患者はサンダークリニックで治療を受ける前にこの用紙を読んでサインしなければならない。

注 patient 患者、medical treatment 医学的治療

29. 空所前にthe mostという最上級を示唆する語があるので空所には最上級を受ける形容詞が入る。(A) innovateは動詞、(C) innovativelyは副詞、(D) innovationは名詞なのでどれも不適。(B) innovativeが形容詞なのでこれが正解になる。　**正解（B）**

訳 ハル重工業のCEOは会社が業界で最も革新的であると認められたことを誇りにしていた。

注 proud ～を誇りにする、recognize 認める、認識する

30. 空所後のsuccessfulという形容詞を修飾するのにふさわしい副詞を選ぶ。(A) indispensablyは「不可欠に」、(B) tentativelyは「暫定的に」、(C) lastlyは「最後に」という意味でどれもsuccessfulとは馴染まない。(D) hugelyは「とても」という意味でsuccessfulと相性がよい。　**正解（D）**

訳 その会議はさまざまな業界からの人々が人脈構築する機会として非常に大きな成功であった。

注 networking 人脈構築、人脈作り、opportunity 機会

1. (B)	2. (D)	3. (D)	4. (C)	5. (B)	6. (D)	7. (A)	8. (D)	9. (B)	10. (C)
11. (C)	12. (D)	13. (B)	14. (A)	15. (A)	16. (C)	17. (B)	18. (D)	19. (C)	20. (A)
21. (C)	22. (A)	23. (B)	24. (A)	25. (D)	26. (B)	27. (B)	28. (C)	29. (A)	30. (B)

1. 選択肢には人称代名詞の格変化したものが並ぶ。空所後にappreciation「感謝」という名詞があるので、空所には人称代名詞の所有格が入る。(A) usは目的格、(C) ourselvesは再帰代名詞、(D) weは主格なのでどれも不適。(B) ourが所有格なのでこれが正解になる。　　　**正解 (B)**

訳 皆様の日頃のご愛顧に感謝して今週末はすべての飲み物を割引価格でご提供いたします。

注 patronage 愛顧、引き立て

2. 空所前がproject'sと名詞の所有格になっているので空所には名詞が入る。(A) completeは動詞、(B) completelyは副詞なので不適。(C) completingは動名詞にもなるが後ろに続く語がない。(D) completionは紛れもない名詞なのでこれが正解。　　　**正解 (D)**

訳 私どもはプロジェクトが完成するまで、すべてがスムーズに進行するように現場での継続的なプロジェクト管理を行います。

注 continuous 継続的な、on-site 現場の、ensure 確実にする、completion 完成

3. 空所前後がどちらも主語＋動詞の節になっているので空所には接続詞が入る。また前後の内容が反対方向なので逆接の接続詞になる。(B) は副詞、(C) は前置詞なので不適。(A)afterは接続詞だが逆接ではない。(D) whereasは逆接の接続詞なのでこれが正解になる。　　　**正解 (D)**

訳 契約者は自分の裁量で働く自由があるが、その一方、従業員は雇用者が定めた指示に従って働くのが一般的である。

注 at one's discretion 自分の裁量で、in accordance with ～に従って

4. 空所の少し後にnext Septemberとあるので時制は未来である。(A)は仮定法現在、(B)は受動態の過去形、(D) は過去形なのでどれも不適。(C) will be transferringが未来表現なのでこれが正解。時制の問題は文のどこかに時制を示す語句がある場合が多いのでそれに注意しよう。　　　**正解 (C)**

訳 スーザン・リーは新興市場チームを率いるために来年の9月にニューヨークに転勤する予定である。

注 head 率いる、emerging market 新興市場

5. 「新しい工場建設はせず、既存の工場での生産を増やす」というのが文の大意で、どのようにして既存の工場で増やすのかが問題。(A) は「代替的に」、(C) は「法外に」、(D) は「満足のいくように」という意味でどれも文意に合わない。(B) incrementallyは「徐々に」という意味で文意に合致する。　　　**正解 (B)**

訳 ルミネックス・ガラス社は新工場を建てるよりも、既存の工場で徐々に生産を増やしていく可能性のほうが高い。

注 set up 建設する、existing 既存の、現存の

6. 空所前にanという冠詞、空所後にrateという名詞があるので空所には形容詞が入る。(A) は動詞、(B) は現在分詞か動名詞、(C) は名詞なのでどれも不適。(D) が形容詞なのでこれが正解。introductory rateとは銀行ローンなどの借入初期の優遇レートのこと。　　　**正解 (D)**

訳 初期金利ローンは、一般的に借入初期は低金利が保証され、一定の期間を過ぎると通常の金利に戻る。

注 introductory 初期の、入門の、generally 一般的に、revert to ～に戻る

7. 空所前後を含めた文の前半は「我が校の教授陣は国内でもベストなひとつ」というのが大意。(B)は「〜のために」、(C) は「〜によって」、(D) は「〜を除いて」という意味なのでどれも不適。(A) amongには「〜(と同類) の中のひとつ」という意味があり文意が通る。　**正解 (A)**

訳 我が校の教授陣は国中でもベストなひとつであり、我が校の教育プログラムは世界的にも認められている。

注 faculty 教授陣、recognize 認める

8. 空所後にparkway and interchangeとあることから、道路関係の内容であると推測できる。(A) は「遂行」、(B) は「演奏」、(C)は「標準」という意味なのでどれも道路とは関係ない。(D) reconstructionが「再建」という意味で道路に関係があり、文意的にも合致する。　**正解 (D)**

訳 近々予定されている公園道路とインターチェンンジの再建は、木曜日に行われる公聴会の主要議題になるだろう。

注 parkway 公園道路 (中央や両側に植樹した道路)、public hearing 公聴会

9. 空所前にAllとあるので空所には名詞が入る。また、空所後は「寄付された物の販売が公園管理に向けられる」とあるので、空所にはお金に関連する語が入ると予想される。(A)、(B)、(D) が名詞だが、お金に関連するのは「収益」という意味のある (B) proceedsだけなのでこれが正解。**正解(B)**

訳 寄付された物の販売で得られる全収益は、公園管理プロジェクトの支援に向けられる予定である。

注 go towards 〜に向けられる

10.「商品に満足できない場合は同じ分野の別の商品と交換する」というのが文の大意。(A) the otherは特定の商品という意味、また (B) や (D) はそれぞれothers one、each other oneという言い方はしない。(C) anotherは「他の不特定のどれかひとつ」という意味で文意に合致する。　**正解 (C)**

訳 もし私どもの商品に100パーセントご満足いただけていないなら、同じ分野の別の商品と交換することができます。

注 exchange 交換する

11. needには助動詞としての用法もあるが、ここではneedsとなっているので一般動詞。したがって、動詞の原形の (A) と過去形の (D) は不適。(B) はto be fixedと受動態なら正解だがto fixでは意味をなさない。(C) は動名詞で、need + -ingは「〜される必要がある」という意味になる。　**正解 (C)**

訳 ミンテックス商事のマーケティング戦略は修正が必要であるが、それはビジネスの焦点を卸売業者から消費者に移すことを意味する。

注 fix 修正する、shift 移す、wholesaler 卸売業者

12.「ビジネスは活発な関係を持たなくなった顧客を新しい顧客に入れ替える必要がある」というのが文の大意。(B) は「期間」、(C)は「包含」という意味でここでは不適。(A) のactive capabilityも文意が通らない。(D) はactive relationshipで「活発な関係」という意味になり文意が通る。　**正解 (D)**

訳 ビジネスにはもはや活発な関係を持たなくなった古い顧客に取って代わって、新しい顧客を安定的に確保することが必要である。

注 steady supply 安定した供給

13. 空所前にtheという冠詞、空所後にはofという前置詞があるので空所には名詞が入る。(A) reliableは形容詞、(C) relyは動詞、(D) reliablyは副詞なのでどれも空所にふさわしくない。(B) reliabilityが名詞なのでこれが正解になる。　**正解 (B)**

訳 来る医学会議でプレゼンされる予定のデータの信頼性を確かなものにするために多大なる注意が払われた。

注 great care 多大なる注意、ensure 確かにする

14. 文の前半には「政府がいくつかの大規模な取り組みを行なった」とあり、空所後には「国の観光業」とあるので、空所には観光業を「発展させる」といった意味の語が入ると予想される。それに匹敵するのは「促進する」という意味の (A) promoteなのでこれが正解。　**正解 (A)**

訳 国の観光業を促進するためにいくつかの大規模な取り組みが政府によって実施されている。

注 large-scale 大規模な、initiative 取り組み、tourism 観光業

15. 文の後半は「会議を1週間延期することに決めた」という内容。この問題のポイントは最初の会議開会日と延期した開催日の間の1週間という差をどんな前置詞で表すかということ。選択肢の中で2つのものの差を表せる前置詞は（A）byだけなのでこれが正解。　　　　　　　　　　　　　　正解（A）

🈯 何人かのチームメンバーは11月5日に開催される技術会議に出席できないので、その会議を11月12日まで1週間延期することを決定した。

📝 move the meeting back to ～まで会議を延期する、延ばす

16. 空所前にhelp our customersとあることに注目。このようにhelp＋目的語という形のときはその後ろには動詞の原形かto不定詞が来ることが多い。（B）は過去形、（D）は未来表現なので不適。（A）はto saveであれば正解だがそうではない。（C）は動詞の原形なのでこれが正解になる。　　正解（C）

🈯 コミュニティが所有する公益事業として、我々は常に顧客の皆様が電気代を節約できる方法を探求している。

📝 utility 公益事業、electricity bill 電気代

17. 空所前にcompanyという名詞があり、空所後がyou workと節になっているので、空所には場所の関係副詞が入る。（A）whatは関係代名詞なので除外。残り3つは関係副詞にもなるが、（C）howは方法ややり方、（D）whenは時に関するものなので不適。（B）whereが場所に関する関係副詞。　正解（B）

🈯 あなたが働く会社の規模によっては、有給の育児休暇を得る権利があるかもしれない。

📝 depending on ～によっては、parental leave 育児休暇

18. 空所後は名詞句。また内容的には前半が後半の原因・理由になるので空所には順接の前置詞が入る。（A）は副詞、（B）は接続詞なので不適。（C）sinceは前置詞でもあるが「～以来」という意味。（D）givenは「～を考えると」という意味の前置詞で文意が通る。　　　　　　　　　　　　　　正解（D）

🈯 受け取る大量の応募数を考えれば、我が社の雇用担当チームが不合格者に返事することは必ずしも可能ではない。

📝 volume 量、多量、unsuccessful 不合格の

19. 空所後のadvertised「宣伝する」にふさわしい副詞を考える。（A）sincerelyは「心を込めて」、（B）distinctivelyは「明確に」、（D）presumablyは「おそらく」という意味なのでどれもadvertiseとは相性が悪い。（C）aggressivelyは「積極的に」という意味で文意に合致する。　　　　　　　正解（C）

🈯 TJレックス社は顧客に対して、店舗にもっと頻繁に訪れてもらえるように積極的に割引を宣伝した。

📝 entice 気を引く、誘惑する、誘う

20. 空所後にmodernという別の形容詞があるので、空所にはこれと類似あるいは相性のよい形容詞が入ると予想される。（B）は「適切な」、（C）は「無益な」、（D）は「標準的な」という意味なのでどれも不適。（A）sleekには「お洒落な」とか「光沢のある」という意味がありmodernとも相性がよく、文意が通る。　　　　　　　　　　　　　　正解（A）

🈯 そのエグゼクティブラウンジのお洒落でモダンなデザインは人脈構築やくつろぎのための最高の環境を作り出している。

📝 setting 状況、舞台装置、relaxation くつろぎ、気晴らし

21. 問題18と同じく空所後が名詞句なので空所には前置詞が入る。問題18との違いは前後半の内容が反対であること。したがって、空所には逆接の前置詞が入る。（A）は接続詞、（B）は副詞なので不適。（D）は前置詞だが順接。（C）Despiteだけが逆接の前置詞なので、これが正解になる。　　正解（C）

🈯 豊富な水資源があるにもかかわらず、サンドベリー市は廃水処理に関して多くの難しい問題に直面してきた。

📝 abundant 豊富な、a number of 多くの、wastewater treatment 廃水処理

22. 空所前にbeforeという前置詞があるので、空所には名詞が入る。（B）startingは動詞の進行形か動名詞、（C）to startはto 不定詞、（D）は過去形ないしは過去分詞なのでどれも不適。（A）startが名詞なのでこれが正解になる。　　　　　　　正解（A）

🈯 ビジネスを始める前には業界調査を行って競争相手を特定し、リスクを理解することが重要である。

📝 identify 特定する、competitor 競争相手

23. 文意から空所にはコンピューター使用に関連した名詞が入ると考えられる。(A) は「欠陥」という意味なので関係ない。(C) は「生産性」、(D) は「有効性」という意味でまったく的外れではないが文意的に不適。(B) proficiencyは「習熟」とか「熟練」という意味で文意にピタリ合致する。　**正解（B）**

訳 すべての応募者はコンピューターの使用とインターネットの操作に習熟していなければならない。

注 **navigate** 操縦する、舵取りをする

24. 空所後にshipping「発送」という名詞があるので空所には前置詞が入る。(B) Seldomは副詞、(C) Even ifは接続詞なので不適。残る (A) と (D) が前置詞だが、(D) Due toは「〜のため」という意味なので文意に合わない。(A) As forは「〜に関して」という意味で文意に合致する。　**正解（A）**

訳 私どもは発送に最大の注意を払い、ご注文品を予定通りの時間に最高の状態でお届けいたします。

注 **take the utmost care** 最大の注意を払う、**on time** 時間通りに

25. 空所前はis fairlyとbe動詞＋副詞になっているので、空所には形容詞が入る。(A) predictは動詞、(C) predictionは名詞なのでどちらも不適。(B) predictedは過去分詞で「かなり予想される」という奇妙な意味になる。(D) predictableは「予想できる」という意味で文意に合う。　**正解（D）**

訳 季節性が強い業界の会社の毎年のビジネスサイクルはかなり予想可能である。

注 **annual** 毎年の、**seasonal** 季節要因による、**fairly** かなり

26. 冒頭にDuringという前置詞があることから、空所には時間に関する語が入ると予想される。(A)longevityは「寿命」、(C)internと(D) apprenticeはどちらも「実習生」という意味なので不適。(B) tenureは「在職期間」というまさに時間に関する意味で文意にピタリ合致する。　**正解（B）**

訳 ミットフォード・フィナンシャル社に在職中、ファインスタイン氏はテクノロジー分野における最も重要な新規株式公開の多くに参加した。

訳 **participate in** 〜に参加する、**IPO** 新規株式公開

27. ポイントサービスに関する文で、空所前にcontinuedという語があるので、空所には「支援」やその類義語が入ると予想される。(A) は「要求」、(C) は「価値」、(D) は「交換」という意味でどれも文意にそぐわない。(B) patronageが「愛顧」、「引き立て」という意味で文意に合致する。　**正解（B）**

訳 ポイントサービス・プログラムを構築することは、固定客の継続的な引き立てに報いるようにする重要な方法である。

注 **way** 方法、やり方、**reward** 報いる、見返りを与える

28. 空所後がgearという名詞なので空所には名詞を修飾する形容詞が入る。(A) protectionは名詞、(B) protectは動詞、(D) protectivelyは副詞なのでどれも不適。(C) protectiveが形容詞なのでこれが正解。protective gearは「防具」という意味でTOEIC頻出語句のひとつ。　**正解（C）**

訳 負傷を防止するために常にゴーグルや他の防具をつけていなければならない。

注 **at all times** 常に、常時、**prevent** 防ぐ、**injury** 負傷、けが

29. これはアプリについての文で、空所にはそのアプリを使えば商品などが「見られる」という意味の語が入ると予想される。(B) は「最適化する」、(C) は「奉仕する」という意味なのでどちらも不適。(D) は後にatがないのでこれも不適。(A) は「ざっと見る」という意味で文意が通る。　**正解（A）**

訳 そのストアアプリを使えば商品、商品説明、価格を見ることができる。

注 **allow** 〜を許す、**description** 商品説明、記述

30. 空所前にsomeという形容詞があるので空所には形容詞が修飾する名詞が入る。(A) oppositeは形容詞、(C) opposedは過去形か過去分詞なので不適。(D) は動名詞にもなるが some opposingという言い方はしない。(B) oppositionが名詞なのでこれが正解になる。　**正解（B）**

訳 デイジー・インベストメントはドラッグストアチェーンを買収しようとしたが多少の反対にあった。

注 **encounter** 出会う、遭遇する、**opposition**反対

1. (B)	2. (D)	3. (A)	4. (C)	5. (B)	6. (C)	7. (A)	8. (D)	9. (A)	10. (B)
11. (C)	12. (D)	13. (C)	14. (A)	15. (C)	16. (D)	17. (A)	18. (B)	19. (D)	20. (B)
21. (D)	22. (C)	23. (B)	24. (A)	25. (D)	26. (D)	27. (C)	28. (D)	29. (A)	30. (C)

1. 空所後がgifts and talentsと名詞になっているので、空所には人称代名詞の所有格が入る。(A) youは主格、(C) yourselfは再帰代名詞、(D) yoursは所有代名詞なのでどれも不適。(B) yourが所有格なのでこれが正解になる。　**正解 (B)**

訳 あなたのすべての天賦の才能や能力を称賛してくれる友人との関係を維持することは大切である。

注 maintain 維持する、tie 結びつき、celebrate 称賛する、gift 天賦の才能

2. 文末にif implemented properly「正しく実行されれば」とあるので、空所には肯定的な語が入ると予想される。(B) と (C) は「下げる」という否定的な意味。(A) は肯定的な意味だが「上がる」という自動詞なので不適。(D) enhanceは「高める」という他動詞なのでこれが正解。　**正解 (D)**

訳 テレワーキングが普及して、それが正しく実行されるなら生産性を高めるかもしれない。

注 here to stay 普及する、productivity 生産性

3. 空所にはreadと相性のよい副詞が入る。まず (D) は「追加的に」という意味でまったくの的外れ。(B) は「完璧に」、(C) は「賢明に」という意味で (D) ほど外れてはいないがそれでも文意に合わない。(A) closelyには「注意深く」という意味がありreadと相性がよく、文意にピタリ合致する。
　正解 (A)

訳 法律家や学者は書類を注意深く読む訓練を長い間受けてきた。

注 scholar 学者、document 書類

4. この問題の最大のポイントは空所からroomまでが主語になっていることを理解すること。つまり、空所には動名詞が入る。(A) Convertは動詞、(B) Conversionは名詞、(D) Convertedは過去形か過去分詞なのでどれも不適。(C) Convertingが動名詞なのでこれが正解になる。　**正解 (C)**

訳 その空間が地元の規制を満たしていることを確実にするため、ガレージを居住空間にリフォームするには正式な承認が必要かもしれない。

注 convert 変換する、habitable space 居住空間、regulation 規制、規則

5. 空所後にcostsという名詞があるので、空所には形容詞かそれに準じた分詞が入る。(A) は動詞。(C) は過去分詞だが「運営された費用」という奇妙な意味になる。(D) も「操作可能な」という意味なので不適。(B) operatingを入れると「運営費用」という正しい英語になる。　**正解 (B)**

訳 私どもの管理手法は、より低い運営費用でより優れた業績を上げる解決策を提供できます。

注 management approach 管理手法、solution 解決策、superior より優れた

6. 「申請状況に何か進展があれば連絡する」というのが文の大意なので、空所には「状況」やその類義語が入ると予想される。(A) は「記入用紙」、(B) は「環境」、(D) は「消費」という意味でどれも不適。(C) statusには「地位」のほかに「状況」という意味もあるのでこれが正解。　**正解 (C)**

訳 あなたの申請状況の最新状況についてはこれからも連絡いたします。

注 keep you posted あなたに絶えず連絡する、update 最新情報

7. 空所前にあるrecommendは他動詞だが、動名詞を目的語にとる代表的な動詞。to不定詞は目的語に取ることができない。また空所後にearlyという副詞があるので空所には名詞ではなく動名詞が入る。(B) arrivedは過去形か過去分詞、(C) arrivalは名詞、(D)to arriveは不定詞なのでどれも不適。(A) arrivingが動名詞なのでこれが正解になる。 **正解（A）**

🈁 私どものレストランは週末は大変混雑しますので、席を確保するには早めのご来店をお勧めします。

🈁 recommend 勧める、推薦する、secure 確保する

8. 「どの程度公園の再建は進んだのかと聞いた」というのが文の大意だが、これは熟語なので知っていないと正解は厳しい。正解は（D）のalong。far alongで「進捗する」という意味になる。farを使った熟語にはfew and far between「ごく稀な」もあり、過去に出題されたことがある。 **正解（D）**

🈁 ピーターソン氏は公園の再建工事はどれほど進捗したのかと質問した。

🈁 park reconstruction work 公園再建工事

9. 空所前にfor workforceとあり、空所後にはカンマがあるので、空所に入るのは副詞、形容詞の後置修飾、名詞＋名詞の複合名詞のいずれか。(A) のworkforce efficiency「労働者の効率性」が文意に合致するのでこれが正解。 **正解（A）**

🈁 従業員の福利厚生は労働者の効率性にとって重要である。なぜなら幸福なチームはより生産的である可能性が高い。

🈁 employee benefits 従業員の福利厚生、workforce 労働力

10. 空所とforの間にはthey areが省略されていること、また空所の少し後にorがあることに注目。つまり、文意は「それらがビジネス行事であろうと社交行事であろうと」ということなので、空所には（B）Whetherが入る。whether A or Bは「AであれBであれ」という意味。 **正解（B）**

🈁 それらがビジネス行事であれ社交行事であれ、私たちは常に美味しい食事と一級のサービスを提供します。

🈁 social event 社交行事

11. 文の大意は「この書類には我が社の戦略方針が書かれている」ということなので、空所には「概略」やその類義語が入ると予想される。(A) は「機会」、(B) は「利点」、(D) は「概算」という意味でどれも文意と合わない。(C) がまさに「概要」、「概観」という意味で文意にピタリ合致する。 **正解（C）**

🈁 この書類は我が社の戦略方針と主要なビジネス内容の概要を提供している。

🈁 strategic 戦略的な、direction 方向、方針

12. 「図書館への支援は本の寄付だけでなくお金でもできる」というのが文の大意。空所に入るのはそのお金が何のために使われるかということ。(A) は「入ること」、(B) は「実行」、(C) は「保持」という意味なのでどれも不適。(D)は「良好な状態に維持すること」という意味で文意に合致する。 **正解（D）**

🈁 市立図書館への支援は本の寄付だけでなく維持管理のためのお金を寄付することによってもできる。

🈁 donate 寄付する、fund お金、資金

13. 冒頭に「一部の」という意味のSomeがあることに注目。Someが冒頭にあるときは、その後どこかにothersが来ることが多い。some ～, others ...で「～なものもあれば、…なものもある」という意味になる。一種のペア表現なので覚えてしまおう。 **正解（C）**

🈁 出版物の一部は印刷物でしか入手できないが、オンラインで利用できるものもある。

🈁 publication 出版物、print 印刷物

14. この文はマーケティングの専門家に関するもので、彼らは当然会社が狙う市場についての「しっかりした」理解を持っていると考えられる。(B)は「最小の」、(C)は「制限的な」、(D)は「潜在的な」という意味でどれも文意にそぐわない。(A) sollldが「確かな」という意味で文意にピタリ合致する。 **正解（A）**

🈁 ほとんどのマーケティング・マネージャーは自分たちは会社が目標とする市場についての確かな理解を持っていると言うだろう。

🈁 understanding 理解、target 目標

15. 経営陣は会社が最もよい職場のひとつに選ばれて「よろこんでいる」というのが文の大意。(A) thrillerも (D) thrillも意味をなさない。(B) is thrillingも不適。(C) はis thrilledでよろこびなどで「ワクワクしている」という意味になり文意に合致する。　**正解 (C)**

訳 経営陣は会社がビジネス・カレント誌によって国内で最もよい職場のひとつに選ばれたことを大変よろこんでいる。

注 recognize 認識する、認める

16. 空所後にlargeという形容詞があるので、空所には形容詞を修飾する副詞が入る。(A) increaseは動詞、(B) to increaseはto不定詞なので不適。また (C) increasingも動詞の進行形、現在分詞、動名詞のどれかなので不適。(D) increasinglyが副詞なのでこれが正解になる。　**正解 (D)**

訳 そのショーはますます多くの観客を引きつけるようになり、批評家たちからも高い評価を受けている。

注 draw 引く、high marks 高い得点、評価

17. 空所後のfeedbackに相性のよい動詞としては「与える」とか「求める」というのが思いつく。選択肢 (B) investigateは「調査する」、(C) rejectは「拒否する」、(D) implementは「実行する」という意味でどれも文意に合わない。(A) seekがまさに「求める」という意味。　**正解 (A)**

訳 住民からのフィードバックを求めて、パークタウンはこれまでに5回、多くの人が集まった公聴会を開催した。

注 resident 住民、well-attended 多くの人が出席した

18. 文全体から、現金がチェックインの「ときに」求められていることが推測できる。(A) throughは「～を通して」、(C) withは「～と一緒に」、(D) alongは「～に沿って」という意味でどれも文意に合わない。(B) uponはonと同義で「～するとすぐに」という意味があるのでこれが正解。　**正解 (B)**

訳 何か損傷した際の費用をまかなうための保証金として、チェックインの際に現金で100ドルの前払い金をいただいております。

注 deposit 預金、cover 補う、まかなう

19. これは典型的なneither A nor B「AでもBでもない」というペア表現の問題。空所の少し前にneitherがある場合、その空所にはnorというペア表現の片割れが入ると考えてまず間違いない。なお、この問題とは逆にneitherが空所になりnorが書かれている場合もある。　**正解 (D)**

訳 人々が受けている医療ケアは十分でも時宜にかなったものでもない。

注 medical 医療の、adequate 十分な

20. 空所前にincreasedという形容詞の役割を果たす過去分詞があるので、空所には名詞が入る。(A) competeは動詞、(D) competitiveは形容詞なので不適。(C) は動名詞にもなるがincreased competingとは言わない。(B) competitionが名詞なのでこれが正解。　**正解 (B)**

訳 銀行は政府の規制環境の変化に加えて、他の金融機関からのますます激しくなる競争にも順応してきた。

注 adjust 順応する、institution 機関、regulatory 規制に関する

21. 空所前にAという冠詞、空所後にはplanという名詞があるので、空所には形容詞が入る。(A) strategizingは動詞の進行形、現在分詞、動名詞のどれか、(B) strategizeは動詞、(C) strategicallyは副詞なのでどれも不適。(D) strategicが形容詞なのでこれが正解になる。　**正解 (D)**

訳 戦略計画はあなたのビジネスが向かうべき方向を明確にするのに役立つだろう。

注 strategic 戦略的な、define 明確にする、決める

22. 空所前後がそれぞれ主語＋動詞を持った節なので、空所には接続詞が入る。(A) prior とと (B) byはともに前置詞。また (D) stillは副詞なのでこれも不適。(C) beforeには前置詞のほかに接続詞としての意味もあるのでこれが正解になる。　**正解 (C)**

訳 トレントンの市街地再活性化の最終段階は冬の寒さが訪れる前までに完全には終わらないだろう。

注 phase 段階、局面、revitalization 再活性化、set in 始まる

23. 購買習慣がどう変化したかを問う問題。そうした習慣変化を容する副詞としては「顕著に」とか「急激に」などという語が予想される。(A) は「辛抱強く」、(C) は「納得いくように」、(D) は「不名誉にも」という意味なのでどれもふさわしくない。(B)が「急速に」という意味で文意に合致する。　**正解 (B)**

訳 消費者の購買習慣が過去数年間で急速に変化したことは明らかである。

注 **buying habit** 購買習慣、**shift** 変わる

---

24. 空所後に stock exchange「株式市場」とあるので、空所には「上場された」という意味の語が入ると予想される。(B)utilizedは「利用された」、(C) fluctuatedは「変動した」、(D) reservedは「予約された」という意味なのでどれも不適。(A) listedがまさに「上場された」という意味なのでこれが正解。

正解 (A)

訳 その株式市場に上場された会社は世界中からの幅広い領域のビジネスを代表している。

注 **represent** 表す、代表する、**spectrum** 範囲、領域

---

25. 空所前にmagazine「雑誌」という語があるので、空所には「予約」などの語が入ると予想される。(A) applicationは「応用」、(B) appointmentは「約束」、(C) improvementは「改善」という意味でどれも雑誌とは関係がない。(D) subscriptionが「購読」という意味で文意に合致する。　**正解 (D)**

訳 雑誌購読の更新日までであれば、いつでも無料で購読契約をキャンセルすることができます。

注 **free of charge** 無料で、**renewal date** 更新日

---

26. 空所後にmoreという比較級があるので、空所にはそれを強調する副詞が入る。(A) extremelyは「極めて」、(D)alwaysは「いつも」、(C) quiteは「非常に」という意味の副詞だが 比較級を強調できない。(D) evenは比較級の前におくと「一層〜である」という強調の意味になる。　**正解 (D)**

訳 ナポリ・ベーカリーはもっと多くのお客様にご来店いただくために、非常に人気のあるナポリ・リウォード・アプリを製作した。

訳 **hugely popular** 非常に人気がある

---

27. 空所後にclassという名詞があるので空所には形容詞が入る。(A) は動詞、(B) は名詞なので不適。(D) informedは過去分詞で形容詞にもなるが「博識な」という意味なので文意が通らない。(C)informativeは「有益な」という意味の形容詞で文意に合致。　**正解 (C)**

訳 有効なマーケティング戦略における3つの鍵となる要因について専門家が講演するこの有益なコースにぜひご参加ください。

注 **address** 話をする、**factor** 要因

---

28. 文末は入学金を払うようにという意味なので、空所には「料金」に相当する名詞が入ると考えられる。(A) は「お金」全般について使えるがadmission moneyとは言わない。(B) billは「請求書」、(C) revenueは「収入」という意味なので不適。(D) feeがまさに「料金」という意味なのでこれが正解。　**正解 (D)**

訳 申請用紙およびその他の必要な書類を提出し、入学金を必ずお支払いください。

注 **submit** 提出する、**admission fee** 入学金

---

29. 空所前にseverely damagedとあり、空所後にはrecent stormsという名詞句があるので空所には原因を表す前置詞が入る。(C) は接続詞、(D) は副詞なので不適。(B) は前置詞だが「〜を経由して」という意味。(A) due toが「〜のために」という意味の原因を表す前置詞なのでこれが正解。　**正解 (A)**

訳 マーシャ島の水の供給網は最近の嵐によって激しい損傷を受けたため、島の住民にはボトル入りの水の使用を強いることになった。

注 **distribution network** 供給網、**severely** 激しく、**force** 〜を強いる

---

30. 空所前にachieve targetとあるので、空所には名詞か副詞が入ると予想される。(A)、(B)、(C) は名詞だが、(A) は「反対」、「異議」、(B)は「物体」という意味なので不適。(D) は副詞だが「客観的に」という意味なので文意に合わない。(C) が「目標」という意味の名詞で文意に合致する。　**正解 (C)**

訳 具体的な計画を構築することで、経営陣はより効率的に経営目標を達成するために、ビジネス活動を調整できるようになります。

注 **enable** 〜を可能にする、**management** 経営陣、**coordinate** 調整する

1. (D)	2. (B)	3. (D)	4. (A)	5. (B)	6. (C)	7. (B)	8. (C)	9. (A)	10. (D)
11. (B)	12. (B)	13. (C)	14. (A)	15. (B)	16. (D)	17. (D)	18. (D)	19. (B)	20. (C)
21. (D)	22. (A)	23. (D)	24. (C)	25. (B)	26. (C)	27. (A)	28. (C)	29. (B)	30. (A)

1. 空所前にisというbe動詞があるので、空所には形容詞かそれに準じた分詞が入る。(A) dedicateは動詞、(C) dedicationは名詞なのでどちらも不適。(B) dedicatingは現在分詞だがdedicateは他動詞であるために後ろに目的語が必要なので不適。(D) dedicatedは過去分詞で文法的にも正しい。　　**正解（D）**

訳 ジェファーソン市歴史協会は、同市の長く豊かな歴史をすべての人に身近なものに感じてもらうことに専心している。

注 dedicated to ～に専心している

2. 空所前にsomethingという代名詞があり、空所後にはsuitsと動詞があるので、空所には人以外の関係代名詞の主格が入る。(A) whenは接続詞なので除外。(C) whoは人の主格、(D) は所有格なのでどちらも不適。(B) thatは人以外にも使える関係代名詞の主格なのでこれが正解。　　**正解（B）**

訳 もし住宅ローンをお求めでしたら、私どもの競争力ある取扱い商品の中からあなたのニーズに合ったものをお探しください。

注 mortgage 住宅ローン、suit 合う、ふさわしい

3. 空所前にaという冠詞、空所後にはfocusという名詞があるので空所には形容詞か分詞が入る。(A) は動詞、(B) は名詞なので除外。(C) renewingは現在分詞だが「更新する焦点」という奇妙な意味になる。(D) renewedは過去分詞で「更新された焦点」という意味で文意が通る。　　**正解（D）**

訳 ジーグラー・ファッション社によれば、同社の戦略的な優先項目にはマキシモ・テクノロジー社との連携を通しオンラインビジネスへ新たに焦点を合わせることが含まれる。

注 priority 優先順位、renew 更新する

4. 空所がある前半とカンマ以下がどちらも節であり、また前半と後半は同じ方向の内容なので、空所には順接または条件の接続詞が入る。(B) Likewiseは副詞、(D) Concerningは前置詞なのでどちらも不適。(C) Althoughは接続詞だが逆接。(A) Ifが条件の接続詞なのでこれが正解になる。　　**正解（A）**

訳 もしあなたがしばらく1冊の本も読んでいないのなら、今年は100冊読むと約束するのはあまりよい考えではないだろう。

注 in a while しばらく、probably おそらく、commit 約束する

5. 空所前にlegislature「議会」という単数の名詞がある。また空所後に目的語があるので、空所には能動態の動詞が入る。(A) は三単現のsがないので不適。(C) と (D) も受動態なので不適。(B) insertedは能動態の過去形で、文意も通るのでこれが正解。　　**正解（B）**

訳 その土地は教育目的だけにしか使用できないことを規定する追加条項を議会は盛り込んだ。

注 additional provision 追加条項、stipulate 規定する、purpose 目的

6. 文の大意は、このワークショップは企業が物価の値上がりに直面する今という「時宜に合った」ときに開催されるということ。(A) は「不適当な」、(B) は「人工的な」、(D) は「熱心な」という意味でどれも文意にそぐわない。(C) opportuneは「適切な」という意味で文意にピタリ合致する。　　**正解（C）**

訳 企業が物価上昇に起因する多くの困難に直面する今という適切なタイミングで、このビジネス戦略ワークショップは開催される。

注 face 直面する、result from ～に起因する、price hikes 値上がり

7. これは空所前にあるoverlap「重複する」という動詞と相性のよい前置詞を選ぶ問題。overlapと相性のよい前置詞は（B）のwith。このように動詞の一部には相性のよい特定の前置詞を取るものがあるので、overlap withとひとかたまりで覚えるようにしよう。　　　　　　　　**正解（B）**

訳 ほとんどの場合、レンタカーの保険はあなたが個人的に加入している自動車保険と重複している。

注 insurance policy 保険証券

8. 空所前にat a criticalとatという場所や時間を表す前置詞があることに注目。文全体から食品店が何か重要な時点か場所にいることがわかる。(A)directionにatは不適。(B)roadと（D）trendも文として不自然。(C)junctureは重大な「岐路」という意味で文意にピタリ合致する。　　　　**正解（C）**

訳 トップス食料品店は全国的なチェーンへと変化する上でいま非常に重大な岐路にある。

注 critical 非常に重大な、transformation 変化、nationwide 全国的な

9. 空所後にclimate changeという名詞句があるので、空所には前置詞が入る。また文意的に空所後のclimate changeが空所前の内容の原因になっている。(C)は副詞、(D)は接続詞なので除外。(B)は前置詞だが逆接。（A）は「〜のために」という原因を表す前置詞なのでこれが正解。　　　**正解（A）**

訳 ウィンダム地方は気候変動の影響により、最近多くの危険なハリケーンを経験した。

注 region 地域、地方、climate change 気候変動

10. 空所後にlocatedとあるので、場所と関係がありそうな副詞をまず考える。(A) inaccuratelyは「不正確に」、(B) immediatelyは「すぐに」、(C) creativelyは「創造的に」という意味なのでどれも場所とは無関係。(D) currentlyは「現在は」という意味で文意が通る。　　　　　　　　　　**正解（D）**

訳 現在、私たちの店はブラクストンの活気ある中心街の商業地域にある。

注 bustling 活気のある、賑わっている

11. 空所後にcelebrationという名詞があるので空所には形容詞か分詞、あるいは名詞が入る。（D）は副詞なので除外する。（A）は形容詞だが「公開された」という意味なので不適。(C)もopened celebrationとは言わない。正解の（B）openingは「開始」という意味の名詞で、opening celebrationという複合名詞になる。　　　　　　　　**正解（B）**

訳 その大規模な開幕祝典に来場する最初の100人のゲストは無料のトートバッグがもらえる。

注 celebration 祝典、祝賀会

12. 空所前後を続けるとThere are any jobsとなるが、これは文法的には正しくないので空所にはany jobsを否定する語が入ると予想される。（A）、（C）、（D）はどれも後にanyは取れないので不適。(B) hardlyは「ほとんど〜ない」という意味の否定語で文意に合致する。　　　　　　　**正解（B）**

訳 その地域にはほとんど仕事がなく、賃金もしばしば低すぎて家族を養えない。

注 region 地域、wage 賃金、support a family 家族を養う

13. 空所前にwasというbe動詞があるので、空所には名詞、形容詞、分詞が入る。（A）indicateは動詞なので不適。（D）indicatedは過去分詞だが、indicated ofとは言わない。残る（B）indicationと（C）indicativeが正解候補だが、indicative ofで「〜を示している」という意味になるので、（C）が正解。　　　　　　　　**正解（C）**

訳 市長の送別晩餐会の出席者の数の多さはその市での市長の人気を示している。

注 attendee出席者、mayor市長、indicative of 〜を示している、popularity 人気

14. 空所前にforという前置詞があることに注目。前に前置詞があるので空所には名詞か動名詞が入ると予想される。（B）overseeは動詞、（C）overseenは過去分詞、（D）は過去形なのでどれも不適。（A）overseeingが動名詞なのでこれが正解になる。　　　　　**正解（A）**

訳 取締役会はその会社の仕事のすべての面を監督する責任がある。

注 board of directors 取締役会、aspect 局面、状況、oversee 監督する

15. 「人口減少が経済に重大な困難をもたらしている」というのが文の大意なので、空所には「与える」、「もたらす」といった語が入ると予想される。(A) は「見る」、(C) は「記録する」、(D) は「拡大する」という意味でどれも文意から外れる。(B)poseが「もたらす」、「引き起こす」という意味で文意に合致する。

正解（B）

訳 減少し高齢化するその国の人口は経済に重大な困難をもたらしている。

注 **aging population** 高齢化する人口

16. これはホテルが設備のよさに言及している文なので、当然よいことが書かれているはず。空所前後のworkとinterruption「中断」という2語を考えると、空所には中断「なく」という前置詞が入ると予想される。(D) withoutがまさに「〜がなくて」という意味なのでこれが正解。

正解（D）

訳 私どものホテルには、さまざまな会合を開催したり、中断することなしに働くことができる多くの部屋があります。

注 **various** さまざまな、**function** 会合、催し物

17. 空所後にあるan ad campaign「広告キャンペーン」を「行う」という意味の動詞を選ぶ問題。(A) holdは会議などを「開催する」という意味。(B) ownは「所有する」、(C) visitは「訪問する」という意味なのでどちらも不適。(D) runにはまさに「行う」という意味がある。

正解（D）

訳 インターネットによってどんな会社でも特定の市場を狙った広告キャンペーンを行うことができるようになった。

注 **target** 標的にする、狙う、**specific** 特定の

18. 空所前にshowという他動詞があるので、空所にはその目的語になる名詞が入る。(A) appreciateは動詞、(B) appreciativelyは副詞、(C) appreciativeは形容詞なのでどれも不適。(D) appreciationが名詞なのでこれが正解になる。

正解（D）

訳 指導者は従業員の勤勉な労働と献身に対して感謝を示すことが大変重要である。

注 **appreciation** 感謝、**dedication** 献身

19. 「予約キャンセルで全額返金を受け取るには48時間前までに連絡せよ」というのが文の大意。空所後はreceiveという動詞の原形であることに留意。(A) と (C) は前置詞、また (D) は接続詞なのでどれも不適。(B) in order toは「〜するために」という意味で後ろに動詞の原形を取る。

正解（B）

訳 ご予約をキャンセルしたい場合、全額返金を受け取るためには到着日の少なくとも48時間前までにご連絡をいただかなくてはなりません。

注 **reservation** 予約、**notify** 〜に知らせる

20. 空所前にnot、その少し後にbutがあるのでこれはnot only A but also B「AだけでなくBも」というペア表現である。実際、(C) にonlyがあるのでこれが正解。TOEICに出るペア表現は限られており、見た瞬間に正解できるボーナス問題なので確実に正解できるようにしておこう。

正解（C）

訳 家にいて顧客とリモートで会うことは簡単だっただけでなく、快適で効率的であった。

注 **client** 顧客、得意先、**comfortable** 快適な

21. 空所前にあるbrought to readers'という語句に注目。これを見て気づいてほしいのは「〜の注意を向けさせる」という意味の熟語bring to one's attentionという表現。この熟語を知らなければいくら考えても時間がかかるだけなので、このまま覚えてほしい。第4回の問題18を参照。

正解（D）

訳 その財務アナリストの最近のレポートは金融市場において不確実性が増していることに読者の注意を向けさせた。

注 **growing** 増大する、**uncertainty** 不確実性、**financial market** 金融市場

22. 空所後にoutcomesという名詞があるので空所には形容詞が入る。(B) desireは動詞か名詞、(D)desirablyは副詞なので不適。(C) は形容詞だがdesirous ofで「〜を望む」という意味なのでこれも不適。(A) desirableが「望ましい」という意味で文意に合致する。

正解（A）

訳 望ましい結果を達成するために、企業は内部の業務過程を効率化する必要がある。

注 **streamline** 効率化する、簡素化する、**internal** 内部の、**outcome** 結果

23. 空所のある前半は主語と動詞がない名詞句である。また、前半が後半の理由になっているので空所には順接の前置詞が入る。(A)と(C)は接続詞なので不適。(B)は前置詞だが逆接。(D) Because ofが理由を表す順接の前置詞なのでこれが正解。　**正解（D）**

訳 優れたマーケティング戦略のおかげでフィンクル・エレクトロニクス社は相当大きなブランドの存在感と市場占有率を持っている。

注 presence 存在感

24. 電話に問題が起きており、「ご不便」をおかけしていることをお詫びしますというのが文の大意。(A) instrumentは「道具」、(B) inconsistencyは「矛盾」、(D) interceptionは「横取り」という意味なのでどれも不適。(C) inconvenienceが「不便」、「不都合」という意味で文意に合致する。　**正解（C）**

訳 現在、私どもの電話に問題が生じております。ご不便をおかけしていることをお詫びいたします。

注 currently 現在、apologize 謝る、謝罪する

25. 空所前にあるAfterは接続詞である。接続詞がある場合、通常、その後ろには主語と動詞が続くが、前半と後半の主語が同じ場合は接続詞の後の主語が省略されて接続詞＋動詞-ing形になることがある。(B) evaluatingがその形になっているのでこれが正解。

正解（B）

訳 その会社は多くの国内市場を検討した後、次の店舗を出店するのにサンフェルナンデスが最も理想的な場所であるという結論に達した。

注 evaluate 評価する、domestic 国内の、location 場所

26. 我が店では世界中で最も知られた商品を「売っている」というのが文の大意。(A) involveは「〜に関与する」、(B) developは「発展させる」、(D) donaleは「寄付する」という意味でどれも店とは関係ない。(C) carryには商品を「扱っている」という意味があるのでこれが正解。　**正解（C）**

訳 私どもの店では世界中で最もよく知られたいくつかのブランドの商品を取り扱っている。

訳 best-known 最もよく知られた

27. 空所後が主語と動詞のある節なので空所には接続詞が入る。また前半と後半の内容が逆方向になっているので、空所には逆接の接続詞が入る。(B) Stillは副詞、(D) Due toは前置詞なのでどちらも不適。(C) Sinceは接続詞だが順接。(A) Althoughが逆接の接続詞なのでこれが正解になる。　**正解（A）**

訳 これは必須事項ではありませんが、私どものレストランにお越しになる前に、オンラインでメニューをご覧になり、電子メールで注文していただくようお願いいたします。

注 mandatory 必須の、義務の、encourage 促す、prior to 〜の前に

28. 商品に技術的「問題」があれば連絡してほしいというのが文の大意。(A) facilitationsは「促進」、(B) solutionsは「解決」という意味なのでどれも不適。(D)は「困難」という意味で日本語ではよさそうだがtechnical hardshipsとは言わない。技術的問題というときには(C)のdifficultiesを使う。　**正解（C）**

訳 もし私どもの商品をお使いになって何か技術的な問題を経験された場合には、私どもの顧客サービス部にご連絡ください。

注 technical difficulties 技術的問題

29. 空所後にeconomic growthと名詞句があるので、空所には形容詞か分詞が入る。(A) continuanceは名詞、(C) continuesは動詞、(D) continuallyは副詞なのでどれも不適。(B) continuedが「継続的な」という意味の過去分詞なのでこれが正解。　**正解（B）**

訳 ほとんどのCEOはその国の継続的な経済成長と彼ら自身の企業の拡大に自信を持っている。

注 confidence 自信、economic growth 経済成長、expansion 拡大

30. 電気自動車を世界市場で立ち上げることを検討しているというのが文の大意。(B) achievementは「達成」、(C) fulfillmentも(B)と同じく「達成」、(D) expectationは「期待」という意味でどれも立ち上げとは無関係。(A) feasibilityが「実現可能性」という意味で文意に合致する。　**正解（A）**

訳 フォーダム自動車は、今後2年間のうちに世界市場で電気自動車の販売を立ち上げる可能性について検討している。

注 study 検討する、electric vehicle 電気自動車

三輪裕範（みわ やすのり）

1957 年兵庫県生まれ。1981 年神戸大学法学部を卒業後、伊藤忠商事に入社。1991 年にハーバード・ビジネス・スクールにて経営学修士号（MBA）を取得。その後、ニューヨーク店経営企画課長、大蔵省財政金融研究所主任研究官、経団連 21 世紀政策研究所主任研究員、伊藤忠商事会長秘書、調査情報部長、伊藤忠インターナショナル上級副社長（SVP）兼ワシントン事務所長等を歴任。2017 年にはジョンズ・ホプキンス大学大学院高等国際問題研究所（SAIS）の上級客員研究員を務める。英検 1 級、TOEIC® L&R テスト満点 18 回取得（2024 年 3 月現在）。著書は、『超訳 努力論』、『時間がない人が学び続けるための知的インプット術』、『ニュース英語の読み方』（以上、ディスカヴァー・トゥエンティワン）、『四〇歳からの勉強法』、『ビジネスマンの英語勉強法』、『ヒラリーの野望』、『アメリカのパワーエリート』（以上、筑摩書房）、『通のアメリカ英語』、『ハーバード・ビジネス・スクール』（以上、丸善）、『ニューヨーク・タイムズ物語』（中央公論新社）、など多数。

TOEIC® L&R テスト PART 5
至高の1500問

2024 年 3 月 1 日　第 1 版第 1 刷発行
2024 年 4 月 30 日　第 2 刷発行

著者：三輪裕範

デザイン：松本田鶴子

発行人：坂本由子
発行所：コスモピア株式会社
〒 151-0053 東京都渋谷区代々木 4-36-4 MC ビル 2F
営業部：Tel: 03-5302-8378 email: mas@cosmopier.com
編集部：Tel: 03-5302-8379 email: editorial@cosmopier.com

https://www.cosmopier.com/（会社・出版物案内）
https://e-st.cosmopier.com/（コスモピア e ステーション）

印刷・製本／シナノ印刷株式会社